Doc. Ing. Michal Klimik, CSc.
Ing. Pavel Mokráň

EKONOMICKÝ SLOVNÍK

SLOVAK - ENGLISH
ENGLISH - SLOVAK

DICTIONARY OF ECONOMICS

CCJ-Fremdsprachenzentrum
CENTRUM CUDZÍCH JAZYKOV

EDÍCIA: SLOVNÍKY

ISBN 80-967110-3-2

III. vydanie

Návrh obálky: Miroslav Krenčey
Tlač a väzba: Nitrianske tlačiarne, a. s.
Printed in Slovakia

Úvod

Anglicko-slovenský a slovensko-anglický EKONOMICKÝ SLOVNÍK je moderne koncipovaným odborným prekladovým slovníkom, ktorý sa rozsahom 39 tisíc hesiel zaraďuje vo svojej kategórii na prvé miesto.

Je určený pokročilým profesionálnym používateľom anglického jazyka, predovšetkým vedúcim a odborným pracovníkom finančných inštitútov a búrz, majiteľom, šéfom, účtovníkom a sekretárkam zmiešaných podnikov, ale pravdaže najmä prekladateľom a tlmočníkom.

Slovník je výsledkom tvorivej snahy autorskej dvojice praktikov, ktorí sami odbornú angličtinu roky používali pri prekladoch, tlmočení a pri svojej pedagogickej a odbornej praxi. Vychádzali z excerpcie originálnych anglických textov z Anglicka a z USA, ako aj z rôznych súborov odbornej terminológie. Slovensko-anglická časť slovníka vznikla elektronickým preusporiadaním anglicko-slovenskej časti, a preto slovník obsahuje aj niektoré všeobecné termíny, najmä ak sú základom viacslovných pomenovaní. Slovník má tradičné hniezdové usporiadanie hesiel, z priestorových dôvodov je pri opakovaní prvé slovo viacslovného pomenovania nahradené vodorovnou vlnovkou. Tá vždy nahrádza jediné slovo, napríklad aj neslabičnú predložku „s".

Viacslovné spojenia podstatných a prídavných mien majú v anglicko-slovenskej časti väčšinou prirodzený slovosled, v slovensko-anglickej časti sú triedené podľa podstatného mena, čiarka medzi nimi naznačuje zmenu slovosledu: *agenda, mzdová* namiesto *mzdová agenda*. Pri viacslovných termínoch so slovesami je heslo abecedne zatriedené podľa slovesa.

Ďakujem autorom za ich náročnú prácu, ďakujem i PhDr. Viere Kučerovej, lektorke anglicko-slovenskej ekvivalencie a doc. Ing. Klimikovej, CSc., za nezištné rady a cenné konzultácie, ako aj mnohým ďalším, ktorí sa na slovníku podieľali rozličným spôsobom.

Užívateľom nášho slovníka prajem, aby im účinne pomáhal pri ich náročnej odbornej práci, aby v ňom vždy našli všetko, čo budú potrebovať.

Dr. Ivan Krenčey
vydavateľstvo CCJ-Fremdsprachenzentrum

A

abandon zrieknuť sa vlastníckeho práva; vzdať sa; opustiť; zanechať; zriecť sa
abandoned claims nedobytné pohľadávky
abandonment preúčtovanie; zrieknutie sa nejakého práva; opustenie; odstúpenie od; vyradenie investícií z použitia
~ **cost** udržiavacie náklady (pri trvalom odstavení)
abate znížiť; zmierniť; zmenšiť; zlacniť; poskytnúť zrážku; odčítať; rušiť; stratiť platnosť; zastaviť
abatement rabat; zrážka
abatement: no abatement bez zrážky
abbreviate skrátiť; zostručniť; zhustiť; zjednodušiť
abbreviature výpis; abstrakt
abeyance stav opustenosti majetku; dočasná neplatnosť; dočasné zrušenie majetkového práva
abeyance: in abeyance v očakávaní; v zhode s; v súlade s
~ **be in abeyance** byť dočasne neplatný, nepoužívaný
abide riadiť sa niečím; dodržiavať niečo; trvať na niečom; očakávať
~ **by terms of an agreement** dodržať zmluvné ustanovenie
ability schopnosť; spôsobilosť; dôvtip; vlohy; solventnosť; hospodárska spôsobilosť plniť svoje záväzky
able schopný; nadaný; zručný; oprávnený; svojprávny
~ **to compete** konkurencie-schopný
~ **to draw bills** spôsobilý vystavovať zmenky
~ **to pay** solventný; platobne schopný
abolish zrušiť; anulovať; odstrániť
~ **duties** zrušiť clá
abolition of price control zrušenie cenovej kontroly
above hore; zhora; naviac; vyššie
~ **amount** vyššie uvedená čiastka
~ **and below the line** pod čiarou, nad čiarou
~ **board** čestný; otvorený; poctivý
~ **par** nad nominálnou hodnotou
abroad v cudzine; do cudziny; zahraničný; v obehu; rozšírený
abrogation odstránenie; zrušenie zákona
~ **of a convention** vypovedanie zmluvy
~ **of an agreement** anulovanie zmluvy
abrupt nesúvislý; náhly; neočakávaný
~ **price movements** neočakávané pohyby cien
absent from work nedostaviť sa, neprísť do práce
absentee landlord vlastník pozemku alebo nehnuteľnosti, ktorý nežije v mieste majetku
absolute absolútny; neobmedzený; bezpodmienečný; nadradený
~ **limiting value** absolútna hraničná hodnota
~ **ownership** absolútne vlastníctvo
~ **possession** neobmedzená držba
~ **price administration** cenový diktát
absorb pohltiť; prevziať (niesť) náklady; spojiť prevodom jeden účet s druhým, keď prvý účet stratí identitu
absorbed zaujatý; pohrúžený
~ **burden** započítaná réžia
~ **cost** režijné náklady zúčtované na výkony
~ **overhead** režijné náklady zúčtované na výkony
absorbing costing prirážková kalkulácia
absorption costing kalkulácia úplných vlastných nákladov
~ **faculty of the market** absorpčná schopnosť trhu; náročnosť trhu
~ **point** absorpčný bod (keď trh s cennými papiermi odmieta ďalšie ponuky)
absorptive capacity absorpčná schopnosť
~ **capacity of the market** odberná kapacita trhu
abstain from st. zdržať sa niečoho
~ **from the assessment of duty** upustiť od uloženia cla
abstract výťah; výpis; prehľad; oddeliť
~ **of account** výpis z účtu
~ **of balance sheet** výpis z bilancie; prehľad majetku
~ **of customer order** prepis objednávky zákazníka
~ **of title** dokument potvrdzujúci právny nárok na nehnuteľnosť; výpis z pozemkových kníh
abstraction of bank funds odcudzenie bankových fondov
abstractive report súhrnná správa
abundance of cash prebytok hotovosti
~ **of money** prebytok hotovosti
abusive financial practices podozrivé finančné praktiky
accede to a convention pristúpiť k dohode
accelerated depreciation urýchlené odpisovanie; degresívny odpis; zrýchlený pokles ceny
accelerating premium úkolová mzda; pružná mzda; progresívna prémia; progresívna mzda
accelerator akcelerátor (pomer kapitálu k objemu výkonov)
~ **principle** teória, podľa ktorej investície závisia od rastu výroby
accept a bill akceptovať zmenku
~ **a cancellation** akceptovať storno

~ **an offer** prijať ponuku
~ **an order** prijať objednávku
~ **the condition of payment** akceptovať platobnú podmienku
~ **under reserve** prijať s výhradou
acceptable prijateľný; eskontovateľný
acceptance akcept; prijatie
~ **credit** akceptačný úver; zmenkový úver; reimburzný úver; reimburzný akreditív
~ **in blank** akceptácia bianko
~ **inspection** štatistické preberanie
~ **liability ledger** termínovník zmeniek; kniha akceptovaných zmeniek
~ **maturity tickler** termínovník akceptačných záväzkov
~ **of the product** ochota kúpiť ponúkaný tovar
~ **register** zmenkový termínovník
~ **test** prijímacia skúška; preberanie; preberací test
~ **upon protest** akceptovanie na protest
acceptance: against acceptance proti prijatiu; proti akceptovaniu
~ **for non-acceptance** pre neprijatie; pre neakceptovanie
acceptant osoba prijímajúca zmenku
accepted batch listing výpis prijatých dávok
~ **bill** akceptovaná zmenka
accepters ledger účet eskontovaných zmeniek
accepting house akceptačná banka
acceptor akceptant
access of wealth prírastok majetku
~ **right** právo prístupu (vlastníka majetku)
~ **time** vybavovacia doba
accession prístup; prírastok (hodnoty); príspevok
~ **catalogue** prírastkový katalóg
~ **rate** počet pracovníkov prijatých do zamestnania ako percento zo všetkých zamestnaných
~ **tax** daň z daru a dedičstva
accident insurance úrazové poistenie
~ **resulting from employment** úraz vzniknutý pri zamestnaní
accidental death benefit poistka proti úrazu so smrteľným následkom
~ **error** náhodná chyba
~ **insurance** úrazové poistenie
accommodation ubytovanie; výpomoc (peňažná); pôžička; dohoda; kompromis
accommodate with money požičať peniaze
accommodating úslužný; ochotný urobiť kompromis; vyhovujúci
accommodating: on accommodating terms za výhodných podmienok
accommodation výpomoc; prispôsobenie sa niečomu; ubytovanie; vybavenie (with - niečím); akomodačný
~ **bill** zmenka z ochoty; konosament
~ **draft** zmenka z ochoty
~ **paper** akomodačný cenný papier
~ **party** kto podpíše zmenku z ochoty
accord dohoda; súhlas
~ **a permission** vydať, udeliť povolenie
accordance: in accordance with the pattern of demand v súlade s dopytom
according to custom podľa zvyku
~ **to exchange regulations** podľa výmenných (burzových) zvyklostí
~ **to our letter** k nášmu listu
~ **to our order** podľa našej objednávky
account účet; konto; vyúčtovanie; správa o činnosti; zodpovednosť; evidencia; priazeň (zákazníka); základné rozdelenie burzového kalendára; účtovať
~ **activity** aktivita účtu; pohyb na účte
~ **asset** účtovné aktíva
~ **balance** bilancia; účtovná súvaha
~ **book** účtovná kniha
~ **class** účtovná trieda
~ **classification** účtovná osnova
~ **clerk** účtovník
~ **coding** klasifikácia účtov
~ **current** bežný účet; kontokorent
~ **day(s)** deň splatnosti; likvidačné dni; zúčtovacie dni
~ **department** učtáreň
~ **distribution** rozvrhnutie nákladov
~ **executive** registrovaný zástupca (na burze); vedúci saldokonta
~ **file** saldokonto
~ **hold** pozdržanie konta
~ **holder** vlastník účtu; držiteľ účtu; majiteľ účtu
~ **in balance** vyrovnaný účet
~ **inquiry** účtovný prieskum
~ **manner** účtovný postup
~ **of income from operations** účet prevádzkových príjmov
~ **of journey** cestovná správa
~ **of liabilities** účet pasív
~ **of overdrawn** predisponovaný účet; prečerpaný účet
~ **payable** splatný účet; účet veriteľov; kreditný účet; účet dodávateľov
~ **payable remmitance** úhrada pohľadávok
~ **purchase(s)** účet z nákupu; vyúčtovanie nákupu
~ **receivable** pohľadávka
~ **rendered** účtovaná, ale doposiaľ nezaplatená položka
~ **system** účtová sústava
accountabilities účtovné položky
accountability center zúčtovacie stredisko
accountable advance záloha na vyúčtovanie

~ **profit** účtovný zisk
accountancy účtovníctvo
~ **department** učtáreň
~ **general department** hlavná učtáreň
accountant účtovník; revízor účtov
accountant's certificate účtovná správa
accounter tabelátor; účtovací stroj
accounting účtovníctvo; účtovná evidencia; vzájomné zúčtovanie; konto; zodpovednosť; správa; účtovný; účtovanie
~ **checks** kontrola účtov
~ **classification** účtovný systém
~ **costs** účtovné náklady
~ **crosswalk** účtovný mostík
~ **department** učtáreň
~ **documents** účtovné písomnosti
~ **entries** účtovné položky
~ **forms** účtovné formuláre; tlačivá
~ **holder** vlastník účtu
~ **in the general ledger** účet hlavnej knihy
~ **item** účtovný prípad; ú-á položka
~ **of disbursements** účet výdavkov
~ **of fees** zúčtovanie poplatkov
~ **operation** účtovná operácia
~ **papers destruction** skartovanie účtovných písomností
~ **period** účtovné obdobie
~ **procedure** účtovný postup
~ **purchase** nákupný účet
~ **rate of return** účtovná návratnosť
~ **record** účtovný zápis
~ **standard** účtovný predpis
~ **statement** účtovný výkaz
~ **system** účtovný systém; účtovná sústava
~ **techniques** účtovné techniky
~ **transaction** účtovný prípad
accounts účtovná uzávierka (ročná); účtovanie; finančný výkaz; výkazníctvo
~ **office** učtáreň
~ **receivable** účty pohľadávok; účty dlžníkov; debetné položky
~ **receivable financing** financovanie prostredníctvom pohľadávok
~ **receivable turnover** obrat účtov pohľadávok
~ **receivable ledger** saldokonto dlžníkov; hlavná kniha účtov dlžníkov
~ **supervisor** vedúci účtovník
accredit splnomocniť; poveriť; akreditovať; uznať
accredited agent autorizovaný sprostredkovateľ
accretion account prírastok konta
across-the-board celkový; paušálny
~**-the-board tax cut** paušálne zníženie daní
accrual nárast; časové rozlíšenie
~ **basis** spôsob vedenia účtov; príjmy-výdavky neboli realizované
accruals prechodné položky časového rozlíšenia; výdavky budúcich období; prírastky
~ **and deferrals** regulácia (usporiadanie) účtov; časove rozlíšené položky minulých a budúcich období
accrue prírastok; nárok; rásť; hromadiť sa; narastať (úroky); vznikať (záväzok)
accrued nabehnutý; narastený (úrok); vzniknutý
~ **changes** vzniknuté úroky; napočítané úroky
~ **cost** časovo rozlíšené náklady
~ **depreciation** časove rozlíšené odpisy; súhrn odpisov
~ **expense** výdavok, ktorý nebol zaplatený
~ **expenses** časove rozlíšené výdavky
~ **income** časovo rozlíšený príjem
~ **income tax** akumulovaná dôchodková daň
~ **interest** akumulovaný úrok; nahromadený úrok; vzniknutý úrok
~ **liabilities** termínované dlhy; termínované záväzky; časove rozlíšené pasíva
~ **profits** časove rozlíšené zisky predchádzajúcich období; zisky budúcich období
~ **receipts** časove rozlíšené príjmy predchádzajúcich období
~ **revenue** časove rozlíšený výnos
~ **taxes** časove rozlíšené dane; daňová rezerva
~ **wages** časovo rozlíšené mzdy (rezervy na mzdy)
accruer prírastok
accruing časové rozlíšenie
accruement nárast; prírastok
accumulate akumulácia; nahromadenie
accumulated depreciation akumulované odpisy
~ **depreciation of small and short-term objects** oprávky k drobným a krátkodobým predmetom
~ **dividend** nahromadená (nevyplatená) dividenda
~ **profit tax** akumulovaná daň zo zisku
~ **provision for depreciation and amortization** rezerva pre odpisy a amortizáciu
~ **surplus** akumulovaná rezerva; rezervný fond
accumulating supplies nahromadené zásoby
accumulation nahromadenie; akumulácia; tabelovanie; sumarizácia; akumulačný
~ **bond** akumulačná obligácia
~ **of capital** akumulácia kapitálu
~ **of stock** akumulácia kapitálu, zásob
accumulative dividend akumulovaná dividenda
achievement of economic independence dosiahnutie hospodárskej samostatnosti

acid test ratio skúška úverovej bonity; schopnosť splniť svoje záväzky
acknowledge correctness of an account potvrdiť správnosť účtu
~ **receipts** prijímať vklady
acknowledgement of a debt potvrdenie, priznanie dlhu
acme vyvrcholenie; kulminácia
acquest získaná vec (inak ako dedičstvom)
acquit a debt splatiť dlh
acquiescence in st. tichý súhlas; podvolenie sa; prispôsobenie sa
acquire dosiahnuť; získať
acquired nadobúdací; získaný
acquisition akvizícia; prínos; kúpa; zisk; vymoženosť
~ **cost** obstarávacie náklady; akvizičné náklady
~ **of multiple skills** osvojenie si ďalšej kvalifikácie
~ **prices of fixed assets** obstarávacie ceny základných fondov
acquittance kvitancia; potvrdenie o splnení; splatenie dlhu
acquitted bill kvitovaný účet; vyrovnaný účet; zaplatený účet
across the board paušálny
~ **the board increase** paušálny prírastok
act čin; skutok; zákon; dokument; výnos; zmluva; protokol; rozhodnutie; nariadenie; konať; pôsobiť; pracovať; rokovať
~ **as cashier** viesť pokladňu
~ **bona fide** konať v dobrej viere
~ **for sb.** konať v niekoho zastúpení
~ **of God** vyššia moc (nehoda bez ľudského zavinenia)
~ **of protest** zmenkový protest
~ **on st.** konať podľa niečoho
acting manager pracovník poverený vedením závodu
~ **on your authority** na základe vášho splnomocnenia
active account živý účet; aktívny účet
~ **assets** obežné prostriedky
~ **bad debt account** živý účet nedobytnej pohľadávky
~ **balance of trade (payments)** aktívna obchodná bilancia; aktívne saldo obchodnej platobnej bilancie
~ **batch** aktívna dávka
~ **bonds** pevne zúročiteľné obligácie
~ **capital** aktíva; obežné prostriedky
~ **commerce** zahraničný obchod
~ **crowd** aktívna skupina (na burze)
~ **debts** nezaplatené pohľadávky (dlhy)
~ **market** živý trh
~ **money** peniaze v obehu
~ **partner** aktívny partner; verejný spoločník
~ **securities** bežné cenné papiere
~ **stock** bežné akcie; aktívne akcie
~ **trade balance** aktívna obchodná bilancia
activity činnosť; aktivita; výkonnosť; zamestnanosť; prevádzka
~ **accounting** zodpovednostné aktívne účtovníctvo
~ **analysis** analýza činností; aktívna analýza
~ **charge** poplatok za vedenie vkladového účtu
~ **expenses** pružné náklady; prevádzkové náklady
~ **factor** stupeň zamestnanosti
~ **of competitors** činnosť konkurencie
~ **ratio** početnosť pohybov na účte; ukazovateľ hospodárskej aktivity
~ **status report** správa o stave účtu
actual budget skutočný (súčasný) rozpočet
~ **cash value** skutočná peňažná hodnota
~ **cost** skutočné náklady; skutočne vzniknutá strata
~ **costing** výpočet vlastných nákladov; výsledná kalkulácia
~ **date** termín splatnosti; aktuálny dátum splatnosti
~ **demand** skutočný dopyt
~ **loss** skutočná strata
~ **market** skutočný trh; súčasný trh
~ **output** skutočný výkon; užitočný výkon
~ **overhead rate** skutočná režijná prirážka; skutočná režijná sadzba
~ **price** skutočná cena; denná trhová cena
~ **profit** skutočný zisk
~ **slack** skutočná rezerva (o sieťovom grafe)
~ **value** skutočná hodnota
~ **yield of taxes** skutočný daňový výnos
actually outstanding skutočne nezaplatené; v obehu
actuals denné hodnoty
actuarial document (value) účtovný doklad (fakturovaná hodnota)
acunation mincovníctvo
ad damnum clause doložka o škode
~ **valorem** podľa hodnoty
~ **valorem duty** hodnotové clo; clo z hodnoty
~ **valorem tax** daň z hodnoty
~ **valorem taxes** dane podľa hodnoty
adapt to competitors prispôsobiť sa konkurencii
adaptive adaptívny; prispôsobivý
~ **replacements** adaptívne náhrady
add sčítať; pripočítať; pridať; dodať; doplniť
~-**on minimum tax** minimálna daňová prirážka
~ **the interest to the capital** pripísať úroky
added outlays dodatočné výdavky
~ **value** pridaná hodnota

addition formula sumačný vzorec
additional accident benefit úrazové pripoistenie
~ **allowance** doplnková zľava; dodatočný rabat; dodatočný prídel
~ **charge** prirážka k cene; dodatočná prirážka; príplatok
~ **charges** mimoriadne náklady; dodatočné náklady; náklady naviac
~ **cost** dodatočné náklady
~ **discount** zvláštna zľava; mimoriadna zľava
~ **dividend** superdividenda
~ **expenditure** dodatočné náklady
~ **fee** prirážka
~ **insurance** pripoistenie
~ **premium** prémiová prirážka
~ **tare** váha dvojitého obalu
~ **tax** daňová prirážka
address adresa; prípis; prejav; adresovať; osloviť; chopiť sa; pustiť sa
~ **to sb.** adresovať niekomu; obrátiť sa na niekoho
~ **to the customer** adresovať (zásielku) na zákazníka
addressed bill adresovaná zmenka; domicilovaná zmenka
addressee adresát; príjemca listu
adduce uviesť; citovať; predniesť
~ **in evidence** uviesť ako dôkaz
adeem odvolať; zrušiť
adequate adekvátny; primeraný; zodpovedajúci; dostatočný
adhere pevne sa držať; byť stúpencom; dodržiavať; zachovávať
~ **to the rules of procedure** dodržiavať pravidlá konania
adhesion priľnutie; oddanosť; podpora; pripojenie sa k zmluve
adjective vedľajšia okolnosť; formálny; procedurálny
adjournment odloženie; odročenie; odklad; prestávka
adjudicate posudzovať; rozhodovať; súdiť; uznať; priznať
adjudication of bankruptcy súdne rozhodnutie o úpadku; prehlásenie o úpadku
~ **order** vyhláška o zriadení konkurznej správy
adjunct account doplnkový (prídavný) účet
adjust upraviť; urobiť úpravu; urovnať; regulovať; odhaliť; prispôsobiť sa
~ **a general average** rozvrhnúť výdavky havárie
~ **accounts** odsúhlasiť účty
~ **an entry** odsúhlasiť záznam
~ **book value** rektifikovaná bilančná hodnota aktív
~ **the prices** upraviť ceny
adjustable peg upraviteľná trhová cena
~ **rate** upraviteľná sadzba
adjusted budget upravený rozpočet
~ **demand deposit** upravený vklad bez výpovednej lehoty
~ **gross income** upravený hrubý príjem
~ **income** upravený príjem; upravený zisk
~ **trial balance** upravená súvaha; upravená bilancia
adjuster likvidátor (škôd, poistení); odhadca
adjusting entry opravná položka; vyrovnávacia položka
adjustment adaptácia; odsúhlasenie účtov; prispôsobenie; odhad škody pri poistení; oprávka
~ **bond** konverzný dlhopis
~ **cost** prispôsobovacie náklady
~ **for price changes** očistenie od vplyvov cenových zmien
~ **letter** odpoveď na reklamáciu
~ **of an account** vyrovnanie, odsúhlasenie účtu
~ **of the draft budget** rektifikačný list
admass široká verejnosť ovplyvňovaná reklamou; masová reklama
administer aplikovať; vykonávať; pomáhať; prispieť; riadiť
administered market riadený trh
~ **price** aplikovaná cena
administration riadenie; vedenie; správny úrad; ministerstvo; vláda
~ **board** správna rada
~ **of assets** správa majetku
~ **of the customs** colná správa
administrative audit vnútropodniková účtovná revízia
~ **board** správna rada
~ **center** vnútropodnikové stredisko
~ **council** správna rada
~ **expenses** správna réžia; náklady na správu
~ **overhead expenses** správna réžia
~ **protection** administratívna ochrana; využitie regulácií
~ **provision** administratívna doložka
~ **revenues** výnos zo spravovania (počas výkonu funkcie)
~ **staff** administratívni pracovníci
administrator správca
admissibility prístupnosť; prijateľnosť
~ **of transaction** prípustnosť hospodárskej operácie
admission pripustenie; prístup; vstup; priznanie; prijímací
~ **by invitation** len pre pozvaných
~ **fee** zápisné
~ **of shares of stock exchange** kótovanie cenných papierov
~ **on** otvorené v
~ **requirements** podmienky pre prijatie

admit vpustiť; umiestniť; uznať; pripustiť; dovoliť
~ **a debt** uznať dlh
~ **of a profit** rentovať sa; vynášať
admittance prístup; vstup; povolenie
admitted assets priznané aktíva
adopt prijať; prevziať; podniknúť; schváliť
~ **a measure** urobiť opatrenie
adult (population) dospelí (obyvateľstvo)
adulterate falšovať; znehodnotiť
advance pokrok; záloha; vyššia ponuka; zvýšiť cenu; platiť pred splatnosťou
~ **account** účet záloh
~**-allocation** zálohový prídel
~ **bill** zmenka vystavená pred odoslaním tovaru
~ **booking** predpredaj
~ **claim against sb.** vzniesť nárok voči niekomu
~ **credit** predbežný úver
~ **decline index** index vzostupu a poklesu
~ **financing** predbežné financovanie
~ **for payroll** záloha (na plat)
~ **funding** tvorba rezervných fondov
~ **in prices** zvýšenie cien; stúpanie cien
~ **in the labor productivity** rast produktivity práce
~ **money** finančná záloha
~ **of money** finančná záloha
~ **on receivables** úver na pohľadávky
~ **on salary** záloha na plat
~ **on security(ies)** Lombardný úver
~ **order** predbežná objednávka
~ **payment** preddavok; záloha; predplatné
~ **price** zvýšená cena
~ **rate** percento čerpania pôžičky
~ **refunding** predčasná výmena dlhopisov za nové
~ **rental payment** platba leasingového dlžníka pri podpise leasingovej zmluvy
~ **the rate** zvýšiť kurz
~ **wage payment** záloha na mzdu
advanced vyspelý; pokročilý; moderný; progresívny; zdokonalený
~ **price** zvýšená cena
~ **tax ruling** rozhodnutie daňového úradu o postupe zdaňovania
advancement postup; podpora; finančná záloha; dar
advances zbližovacie pokusy; pôžičky; zálohy na platby
~ **to customers** pôžičky klientom banky; pôžičky odberateľom
advantage výhoda; prednosť; zisk; profitovať
adventure riskantný podnik; riziko; podnikavosť; špekulácia; riskovať
adverse opačný; majúci opačný záujem; nepriaznivý; pasívny
~ **action** protiakcia; odmietnutie úveru
~ **balance** nepriaznivá bilancia; pasívne saldo
~ **balance of trade** pasívna obchodná bilancia
~ **claim** protinárok
~ **possession** protiprávna držba
advert poukázať; odvolávať sa; venovať pozornosť
advertise robiť reklamu; propagovať; inzerovať
advertised rate of interest verejná úroková sadzba
advertisement inzerát; reklama; propagácia
~ **charges** výdavky na inzerciu
~ **space** propagačná plocha
advertising publicita
~ **agency** inzertná kancelária; reklamná agentúra
~ **agent** propagačný odborník; odborník na reklamu
~ **appropriation** prídel peňazí na reklamu
~ **campaign** reklamná kampaň; inzertná kampaň
~ **expenses** náklady na reklamu
~ **rates** sadzby poplatkov za propagáciu
advice rada; správa; avízo; informácia; návestie
~ **note** expedičná súpiska; návestie; oznámenie; avízo; správa pre zákazníka pred dodaním tovaru
~ **of credit** oznámenie o kreditnom účtovaní; dobropis
~ **of debit** oznam o debetnom účtovaní
~ **of delivery** doručenka; potvrdenie o odovzdaní
~ **of draft** oznam o vydanej trate (zmenke)
~ **of opening of L/C** avízo o otvorení akreditívu
~ **of payment** doručenka; výplatná potvrdenka
~ **of receipt** správa o obdržaní; potvrdenie o príjme
advices obchodné správy; depeše
advise poradiť sa; avizovať; oznámiť; odporučiť
~ **by telex** avizovať telexom
~ **in writing** avizovať písomne
advisor poradca; znalec
advisory funds finančné prostriedky vložené do banky, aby ich investovala podľa svojej úvahy za svojho zákazníka
~ **officer** poradca
~ **opinion** úradný posudok; expertíza
~ **services** poradenské služby
affair záležitosť; aféra; predmet rokovania
affidavit of service prísažné prehlásenie o doručení; doručenka
affiliate pripojiť; pridružiť
~ **company** sesterská spoločnosť
affiliated branch filiálka; pobočka
~ **society** sesterská spoločnosť
affirm uistiť; potvrdiť; ratifikovať; prehlásiť; prisvedčiť

afflux prítok; príliv; nával
afford dovoliť si; poskytovať
~ **facilities** poskytnúť prostriedky; vytvoriť podmienky
afforecited skôr, hore uvedený
affranchise zbaviť záväzku
affreightment zmluva o lodnej doprave
after account dodatočné zúčtovanie
~**-acquired clause** doložka po nadobudnutí
~**-hours dealings (trading)** mimoburzové, neoficiálne obchodovanie
~**-image** snímok aktualizovanej položky
~ **look journal** stav denníka po aktualizácii
~**-market** trh, ktorý vznikol po ponuke akcií spoločnosti na predaj
~ **payment** doplatok; dodatočné platenie
~**-payment-tax-incomes** čistý príjem po zdanení
~ **sight** po predložení (zmenky); po akceptácii; na videnie; a vista
~ **sight bill** zmenka na videnie; a vista zmenka
against acceptance proti akceptovaniu
~ **all risks (a.a.r.)** (poistenie) proti všetkým rizikám
~ **cash payment** proti platbe v hotovosti
agency činnosť; pôsobnosť; zastúpenie; agentúra; správny orgán; činiteľ; sprostredkovanie
~ **bill** zastupiteľská zmenka
~ **bond** agentúrna obligácia
~ **contract** zmluva o zastúpení
~ **fee** sprostredkovateľská odmena
~ **issues** vládne cenné papiere (emisie)
~ **shop** odborná agentúra
agenda program porady; program činnosti
agent zástupca; činiteľ; sprostredkovateľ
~ **bank** banka, ktorá koná pre zahraničnú banku
~ **de change** člen parížskej burzy
~ **middleman** agent; sprostredkovateľ
agents agentúra
~ **of production** výrobné činitele
agglomeration urbanistická jednotka; aglomerácia
aggregate agregát; celok; súhrn
~ **balance** úhrnný zostatok
~ **balance sheet** súhrnná bilancia
~ **contractual liability** súhrnné zmluvné ručenie
~ **demand and supply** celkový dopyt a ponuka
~ **economics** agregátna ekonómia (zaoberá sa úhrnnými veličinami)
~ **entry** súhrnný zápis
~ **equilibrium** agregátna (celková) rovnováha
~ **income** agregovaný príjem; agregátny (úhrnný) dôchodok; národný dôchodok
~ **invested capital** celkový objem investícií
~ **item** súhrnná položka
~ **of intermediates clause** článok o súhrne stredných sadzieb
~ **risk** celkové riziko
~ **statement** súhrnný výkaz
~ **supply** celková zásoba
~ **value** celková hodnota; agregátna hodnota
aggregate: in the aggregate súhrnom; celkom; spolu
aggregative kumulatívny
aggrieved party poškodená zmluvná strana
aging rozbor faktúr po lehote splatnosti alebo po dni vystavenia
~ **of receivables** starnutie pohľadávok
agio ážio; prirážka; devízový kurz
agiotage ažiotáž; špekulácia na burze
agitation debata; diskusia; agitácia
agree súhlasiť; schváliť; dohodnúť sa
~ **accounts** odsúhlasiť účty
~ **the price** dohodnúť cenu
~ **to an offer** prijať ponuku
agreed conditions dohodnuté podmienky
agreement dohoda; zmluva; obchod
~ **corporation** zmluvná spoločnosť
~ **on cooperation** dohoda o spolupráci
~ **on the establishment terms of the L/C** príkazná zmluva (v akreditívnej praxi)
~ **to sell** kúpna zmluva; predajná dohoda
agreement: by agreement na základe dohody
~ **to cancel an agreement** zrušiť zmluvu
~ **to conclude an agreement** uzatvoriť dohodu
~ **to make an agreement** uzatvoriť zmluvu
~ **to reach agreement** dosiahnuť dohodu
~ **to withdraw from an agreement** vypovedať dohodu
agricultural paper poľnohospodársky cenný papier
aid pomoc; subvencia; podpora
aim cieľ; účel; zmysel; plánovať
aimless bezúčelný; márny; bezplánovitý
airing (verejná) diskusia
airport and airmeet insurance poistenie zodpovednosti za prevádzku letiska
alarm poplach; alarm; výstraha; poplašné znamenia; obavy; signál
~ **device** výstražné zariadenie
~ **message** výstražná správa; poplachové hlásenie
~ **printout** poruchový výpis
alcohol tax daň z liehu
aleatory neistý; náhodný
alert message výstražná správa; výstražné hlásenie
algorithmization algoritmizácia

alien cudzinec; previesť majetok; previesť dedičstvo; nezlučiteľný
~ **company** zahraničná spoločnosť
alienate previesť vlastnícke právo
alienee nadobúdateľ
aliquot obsiahnutý bez zvyšku; alikvótny; pomerný
all celok; kompletný majetok; všetci; všetko
~**-commodity rate** poplatok za dodávku (zásielku) bez ohľadu na druh komodít
~ **expenses deducted** po odpočítaní všetkých nákladov
~**-inclusive offer** celková ponuka
~ **or any part** všetko alebo akákoľvek časť (maklér.)
~ **or none order** objednávka všetko alebo nič
~**-purpose computer** univerzálny počítač
~ **rights reserved** všetky práva vyhradené
~ **risk/all peril** druh poistenia pokrývajúci všetky vzniknuté škody okrem tých, čo sú uvedené v zmluve
~**-risk insurance** poistenie proti všetkým nebezpečenstvám
~ **risks** všetky riziká vrátane
~**-round** celkový; všeobecný; univerzálny
~**-round price** cena vrátane všetkých výdavkov
~ **time high** historicky najvyšší kurz akcie
~ **time low** historicky najnižší kurz akcie
alliance spojenie; zväzok; spolok; koalícia; spojenecká zmluva; dohoda
allocate alokovať; prideliť; rozvrhnúť; oddeliť; poukázať
~ **expenses** rozvrhnúť výdavky; prideliť výdavky
~ **shares** prideliť akcie; rozdeliť podiely
allocated expenses alokované náklady
allocation analysis alokačná analýza
~ **of costs** rozvrh nákladov (vo výpočte)
~ **of currency** prídel devíz (valút)
~ **of funds** rozdelenie, prídel fondov
~ **of net income** rozdelenie čistého zisku
~ **of profit** použitie zisku
~ **of securities** pridelenie cenných papierov
~ **of shares** pridelenie akcií; rozdelenie podielov
~ **of sources** rozvrhnutie zdrojov
~ **to funds** prídel do fondov
~ **to reserves** pridelenie do zásob; dotácia do rezervného fondu
allocations into funds dotácia fondov
allodial dedičný; vlastný
allodium vlastný majetok
allonge prípojka; pripojený papier k zmenke
allotment diel; dávka; podiel; prídel; pridelený pozemok; akcia poskytnutá pri novej emisii žiadateľom; rozdelenie na podiely
~ **certificate** podielový list
~ **letter** list o pridelení akcií
~ **sheet** upisovacia listina
allottee upisovateľ, ktorému boli pridelené akcie; príjemca podielu
allow dovoliť; povoliť; poskytnúť; vziať do úvahy
~ **a credit for st.** povoliť úver
~ **a discount** poskytnúť zľavu
~ **an abatement** poskytnúť rabat
~ **the usual reduction** poskytnúť rabat
allowable prípustný; dovolený; odpočítateľný; vymeraný
~ **depreciation** prípustný odpis
~ **expense** povolené náklady
~ **expenses** odpočítateľné výdavky
~ **items** odpočítateľné položky
allowance dovolenie; prídel; renta; odškodné; rozpätie; stravné; vreckové; zrážka, rezerva
~ **for bad debts** rezerva pre nedobytné pohľadávky
~ **for cash** zľava pri platení hotovosťou
~ **for depreciation** odpisová sadzba; náklady na odpisy; amortizačná odpočítateľná položka
~ **for uncollectibles (accounts receivable)** oprávky k nedobytným pohľadávkam
~ **in accounts receivable** rezerva na pochybné pohľadávky
~ **of foreign exchange** prídel valút
allowances zakalkulovanie; ohľad; zreteľ; dávky (v sociálnom poistení)
~ **for depreciations** odpisové sadzby
allowed depreciation povolená amortizácia
allure vábiť; lákať
ally spojenec; spojiť sa; zlúčiť sa; zjednotiť
almighty dollar všemocný dolár
almsgiving dobročinnosť
alpha cardholder file abecedný zoznam majiteľov karty
~ **cross-reference file** abecedný krížový zoznam
alphabetic customers information system abecedne usporiadaný informačný systém o zákazníkoch
~ **listing** abecedný výpis
alphabetization zaraďovanie podľa abecedy
alter zmeniť; upravovať; adaptovať; modifikovať
~ **the prices** zmeniť ceny
alteration presun; zmena; modifikácia; striedanie
altered check zmenený šek
~ **sales draft** zmenená účtenka
alternate obmena; variant; alternatíva; druhá možnosť; náhradník; striedať; náhradný; alternatívny
~ **account** alternatívny účet; spoločný účet; alternatívne konto

~ **demand** alternatívny dopyt
~ **depositors** spoloční vkladatelia
alternative alternatíva; voľba; náhradný; núdzový; náhradník
~ **mortgages** alternatívne hypotéky
~ **pricing** alternatívna tvorba cien
altogether dohromady; celkom; úplne; spolu; dovedna
~ **a different thing** niečo celkom iné
altruism altruizmus
amain plnou silou; prudko; mimoriadne; mocne
amalgamate fúzovať; spájať (sa); zlučovať (sa); splynúť
amalgamation fúzia; zlúčenie
amass nahromadiť; nakopiť
ambidextrous všestranný; veľmi schopný
ambit dosah; okruh; hranica; kompetencia; rozsah
ambition ctižiadosť; úsilie; túžba
ameliorate zlepšiť (sa)
amenability zodpovednosť; prístupnosť
amend pozmeniť; doplniť; opravovať
amendment to the treaty of commerce zmena obchodnej zmluvy
amends náhrada škody; odškodné
amerce pokutovať; trestať
American Bankers Association (ABA) Americké združenie bankárov
~ **depositary receipts (ADR)** certifikáty amerických bánk na deponované zahraničné akcie
~ **Express** americká úverová spoločnosť
~ **Institute of Banking (AIB)** Americký ústav pre bankovníctvo
~ **option** „americká“ opcia
~ **parity** americká parita
~ **Savings & Loan Institute** Americký sporiteľný a úverový inštitút
~ **Stock Exchange (AMEX)** Americká burza cenných papierov
~ **terms** americké podmienky
Americans americké cenné papiere
Amex Commodities Exchange Americká tovarová burza
amicable numbers súhlasné čísla
amortization amortizácia; splácanie pohľadávky; umorenie dlhu
~ **amount** odpisová čiastka; čiastka odpisov
~ **fund** amortizačný fond; odpisový fond
~ **loan** amortizačná pôžička
amortize amortizovať; odpísať
amortized mortgage hypotéka splatná v splátkach
~ **value** amortizovaná hodnota; odpísaná hodnota
amortizing of debts amortizovanie dlhov
amount čiastka; suma; množstvo; rozsah; počet
~ **as per invoice** čiastka podľa faktúry
~ **at risk** rizikový kapitál; poistná hodnota
~ **awaiting clearance** čiastka na zúčtovanie
~ **brought (carried) forward** čiastka prevedená z jedného účtovného obdobia do druhého
~ **carried forward** prevod (na účte)
~ **carried over** prenos; prevod
~ **column** peňažný stĺpec
~ **due** splatná čiastka; dlžná čiastka
~ **gross** hrubý súčet, čiastka
~ **in bank** prostriedky v banke
~ **in full** celkom; úhrnne
~ **of a bill** čiastka na zmenke
~ **of a share** menovitá hodnota akcie
~ **of balance** saldo; výška salda
~ **of bond** kaucia
~ **of capital** čiastka kmeňového imania
~ **of credit asked** požadovaný úver
~ **of deposits** stav vkladov
~ **of guarantee** záruka
~ **of interest** čiastka úrokov
~ **outstanding** dlžná čiastka
~ **overcharged in error** omylom účtovaný preplatok
~ **payable on delivery** platba pri dobierke
~ **prepaid** vopred platená čiastka
~ **to** suma je ...; suma činí ...
~ **total** konečný súčet
~ **withheld** čiastka zadržaná zrážkou
amply viac ako dostačujúco; bohato
amusements tax daň zo zábav
analysation rozbor
analyse analyzovať; urobiť rozbor; rozoberať
analysis analýza; rozbor
~ **department** analytické oddelenie
~ **error** analytická chyba
~ **file** analytický súbor
~ **history record** analytický historický záznam; výkaz analytických výsledkov
~ **of consumer demand** analýza spotrebiteľských požiadaviek; analýza dopytu spotrebiteľov
~ **of covariance** analýza vzájomnej korelácie; kovariačná analýza
~ **of deviation** analýza odchýlky
~ **of expenses** rozbor výdavkov
~ **of income** analýza príjmov (dôchodkov)
~ **of interindustrial relations** analýza medziodvetvových vzťahov
~ **of prices** rozbor cien
~ **of profit** analýza zisku
~ **of the cost** rozbor nákladov
~ **of the system** analýza sústavy
~ **of the time studies** rozbor časových štúdií
~ **of the trends** rozbor tendencií
~ **of variance** analýza odchýlky; analýza rozptylu
~ **paper** správa o analýze; závery analýzy

analytical account analytický účet
~ **accounts** analytická evidencia; analytika
~ **card** analytická karta
~ **decision table** analytická rozhodovacia tabuľka
~ **statistics** analytická štatistika
analytics analytika
ancestor pôvodný držiteľ; predok
angle hľadisko; stanovisko; stránka veci; zorný uhol
animation in trade rušnejší obchod
animus úmysel; cieľ; tendencia; inšpirácia
annex príloha; prídavok; doplnok; dodatok; prírastok; zabrať; konfiškovať; zmocniť sa
annotate komentovať; pripomienkovať
annotation vysvetlivka; poznámka; anotácia
announce oznámiť; ohlásiť; predpovedať
announcement of sale oznámenie predaja (výpredaja)
annual ročenka; výročná tlač; každoročný; výročný
~ **account** ročné vyúčtovanie
~ **almanac** ročenka
~ **audit** ročný audit; výročná revízia
~ **average of monthly yield** ročný priemer mesačných výnosov
~ **balance** ročná bilancia; ročná uzávierka účtu
~ **balance sheet** ročná bilancia; ročná uzávierka účtov
~ **basis** ročný základ
~ **earnings** ročný výnos
~ **fair** výročný trh
~ **fee** ročný poplatok
~ **financial statement** výročná finančná uzávierka
~ **general meeting** valné zhromaždenie; výročná plenárna schôdza
~ **investment accumulation tables** tabuľky ročných investícií
~ **mean** ročná stredná hodnota; ročný priemer
~ **operational plan** ročný vykonávací plán; ročný plán činnosti
~ **percentage rate** ročná percentuálna sadzba
~ **policy** ročná poistka
~ **rate** výročná sadzba; ročná sadzba
~ **report (covering ...)** výročná správa (za rok ...)
~ **return** výročný výnos
~ **sales** ročný obrat
~ **statement** ročný účtový výkaz; výročná správa
~ **turnover** ročný obrat
~ **wage** ročná mzda
~ **write-off** ročné odpisy strát
annuality ročná platnosť
annuitant vlastník renty; dôchodca; rentier
annuity renta; ročná splátka; ročný dôchodok; anuita
~ **bond** večná (nezrušiteľná) renta; anuitná obligácia
~ **deferred** životná renta od určitej doby
~ **method of depreciation** anuitná metóda odpisu
~ **table** anuitná tabuľka
annul zrušiť; anulovať; stornovať; odvolať; urobiť neplatným
answer odpoveď; námietky; reagovať; spĺňať; riešenie; obhajoba
~ **a bill** honorovať zmenku; zaplatiť účet
~ **a claim** uznať pohľadávku; vyrovnať pohľadávku; odpovedať na sťažnosť
~ **sheet** vyhodnocovací formulár; dotazník
answer: in answer to your letter v odpovedi na Váš list
answerback code identifikačná značka; identifikačný kód
ante splátka; záloha; vklad
antecedent predchádzajúca udalosť; príčina; a priori; prednosť
~ **number** predčíslie
antedate antedatovanie; antedatovať skorší dátum (ako v skutočnosti)
antenumber predčíslie
anti-trust office protimonopolný úrad
antiavoidance measures opatrenia na zabránenie vyhýbania sa daniam
anticipate anticipovať; predpokladať; tušiť; predvídať
~ **payment** platba pred uplynutím lehoty; zaplatiť
anticipated acceptance anticipovaná zmenka; predčasne preplatená zmenka
~ **balance** predpokladaný zostatok
~ **data** predpokladané údaje
~ **demand** očakávaný dopyt; predpokladaný dopyt
~ **interest** predpokladaný úrok
~ **sales** očakávané tržby z predajov
anticipation očakávanie; predpoklad; platenie pred dňom splatnosti; anticipácia
anticipatory anticipujúci; predbežný
~ **modification** predpokladaná zmena
anticompetitive protikonkurenčný
antiinflation policy protiinflačná politika
antilogy kontradictio in adjecto; kontradikcia; rozpor
Antimerger Act protifúziový zákon v USA
antimonopoly policy protimonopolná politika
Antiracketeering Law zákon proti organizovanému vydieračstvu
antitrust protitrustový
~ **legislation** protitrustová legislatíva
~ **policy** protimonopolná politika
any and all information všetky možné informácie
~ **good brand** každá dobrá značka

~-quantity rate sadzba za akékoľvek množstvo
~ user ktorýkoľvek užívateľ
apex vrchol; najvyšší bod (krivky); vyvrcholenie; vrcholový
apograph presná kópia; odpis
apparent zdanlivý; zrejmý; zjavný; očividný
appeal odvolanie; apelácia; výzva; žiadosť; odvolať sa
~ against tax assessment reklamácia proti zdaneniu, proti stanoveniu výšky dane
appear objaviť sa; dostaviť sa; javiť sa; vyjsť najavo
~ on the agenda byť na programe rokovania, činnosti
appended documents priložené dokumenty; doplnené doklady
appendix príloha; dodatok; register
applicant for insurance navrhovateľ poistenia
~ for st. žiadateľ, uchádzač o niečo
application žiadosť; upotrebenie; pripisovanie; možnosť použitia
~ blank formulár žiadosti
~ for payment upomienka (platby)
~ in respect of reklamácia niečoho
applied cost uplatnené nepriame náklady
~ indirect cost zúčtovaná réžia
~ overhead režijné náklady zúčtované na výkony
~ proceeds swap použitie výnosu z výmeny obligácií pri nákupe ďalších obligácií
apply an embargo uvaliť embargo
~ for st. žiadosť; podať si žiadosť
appoint menovať do funkcie; uložiť povinnosť; uviesť do právoplatného vlastníctva; stanoviť; riadiť; predpísať; viesť
appointed time stanovená lehota
appointee menovaný kandidát; prijatý uchádzač; poverenec
appointive menovací; obsadený menovaním
appointment miesto; schôdza; ustanovenie; menovanie
appointment: by appointment podľa dohody
apport prínos (vklad)
apportion rozdeliť; prideliť
appraisal odhad ceny; úradný odhad hodnoty majetku
~ rights of minority stockholders práva menšiny akcionárov na ocenenie
appraise odhadnúť; oceniť; zhodnotiť
appraised value odhadnutá cena
appreciation ocenenie; stúpnutie (hodnoty); vzostup ceny; uznanie
~ rate oceňovacia sadzba
approbate schváliť; uznať; odsúhlasiť
appropriate prisvojiť si; privlastniť si; upotrebiť; prideliť; vhodný; zodpovedajúci
~ surplus primeraný prebytok
~ to reserve fund prideliť do rezervného fondu
appropriated budget funds rozpočtové úvery
~ ledger hlavná účtovná kniha dotácií
~ retained earnings účelovo zadržané zisky
appropriation prídel peňazí; dotácia; privlastnenie; rozpočtová položka; apropriácia; vyhradenie; pridelenie
~ in aid vedľajší rozpočtový úver
~ of funds prídel finančných prostriedkov
~ of profits rozvrhnutie zisku
approval súhlas; schválenie; uznanie; pochvala
~ of bills schválenie účtov; likvidácia účtov
~ ratio schválený pomer
approve schvaľovať; súhlasiť; potvrdiť
approved bond schválená obligácia
approximate aproximovať; priblížiť sa; približne spracovať
~ computation približný výpočet
~ value približná hodnota
approximately približne; asi; cirka
apron účtový prepis
aptitude schopnosť
arbitrage druh bankovej (obchodnej) transakcie; arbitráž
~ broker arbitrážny maklér
arbitrary svojvoľný; subjektívny; kontrastný; nezávislý
~ rate arbitrážny kurz
arbitrate rozhodovať; predložiť na posúdenie
archival backup archívne zálohovanie
~ book archívna kniha
Arcru účtovná jednotka na základe pohybu 12 arabských mien voči USD
arduous namáhavý; obtiažny; náročný
area oblasť; územie; plocha; priestor
argue about st. diskutovať o niečom; hádať sa o niečom
argument argument; dôvod; diskusia; dôkazový prostriedok
argumentation náborový text; debata; diskusia
arise naskytnúť sa; vzniknúť; byť dôsledkom
arm's lenght principle princíp nezávislých trhových cien
armament zbrojenie
arms zbrane
arra (arrha) závdavok
arrange zariadiť; usporiadať; dohodnúť sa
~ with creditors vyrovnať sa so svojimi veriteľmi
arrangement usporiadanie; dohoda
arrear zostatok; nedoplatok; oneskorene
arrears nedoplatky; zostávajúce položky
~ of payment nedoplatok
~ of taxes nedoplatok daní

arrest high rates of inflation zastaviť vysokú infláciu
~ **the inflation spiral** zastaviť infláciu (inflačnú špirálu)
arrival príchod; došlá zásielka
~ **draft** dokumentárna trata (splatná po príchode tovaru)
arrivals tovar
arrive: to arrive price loco cena
arrogate robiť si neoprávnené nároky; osobovať si; pripisovať si
arrow šípka
article paragraf; článok; bod; druh tovaru
articles body; podmienky; stanovy
~ **of agreement** podmienky obchodnej zmluvy; články obchodnej dohody; stanovy dohody
~ **of debt** dlhy; druhy dlhov
~ **of partnership** dohoda o spolupartnerstve; spoločenská zmluva
artificial umelý; syntetický; strojený; falošný
~ **person** právnická osoba
artists' and writers' income tax daň z príjmov z literárnych a umeleckých činností
as a rule obyčajne
~ **invoiced** podľa faktúry
~ **per invoice** podľa faktúry
~ **to** čo sa týka; pokiaľ ide o
ascendary check kontrola vzostupného poradia
ascension výstup; vzostup; stúpanie
ascertain zistiť
ask spýtať sa; požiadať; požadovať; prosiť
asked and bid ponuka a požiadavka
~ **price** cena požadovaná predávajúcim
aspirant uchádzač
assay pokus; skúška; test obsahu
~ **office** puncovný úrad
assembly zhromaždenie; zhrnutie; zostavenie
~ **costs** náklady na montáž
assent súhlas; schválenie
assented securities schválené cenné papiere
assert prehlásiť; uistiť sa; trvať na; uplatňovať si nároky; tvrdiť
assess vymerať; stanoviť; odhadnúť; oceniť; určiť; zdaniť; potrestať
~ **a tax** stanoviť daň; vymerať daň
~ **customs duties** vymerať clo
~ **the tax upon st.** vymerať daň z niečoho
~ **the value** určiť hodnotu
assessable zdaniteľný; poplatný; povinný; vymerateľný
~ **insurance** vymerateľná poistka
~ **stock** ohodnotiteľné cenné papiere
assessed value odhadná suma; zdaniteľná hodnota
assessment odhad; určenie vyššej hodnoty; stanovenie; zdanenie; daňový odhad, uložený poplatok
~ **of claims** likvidovanie škody
~ **of damages** priznanie náhrady škody
~ **of income** výmer dôchodkovej dane
~ **on profits** vymeranie dane zo zisku
assessor daňový odhadca; likvidátor škôd
~ **of risks** likvidátor; odhadca rizík
asset aktívum; kladná položka; majetková hodnota; prínos; výhoda
~ **account** majetkový účet; účet aktív; bilančný účet
~ **allocation** rozdelenie aktív
~ **and liability statement** bilancia
~ **classification** členenie aktív (majetku)
~ **coverage** krytie aktív
~ **currency** aktívne obeživo
~ **demand** dopyt po aktívach
~ **money** peňažné aktíva
~ **prices** ceny aktív
~ **securitization** členenie majetku a jeho usporiadanie, ktoré umožňuje vydanie cenných papierov
assets aktíva; celkový majetok; majetkové kusy; základný a obežný kapitál; majetková hodnota; peňažné prostriedky; pohľadávky
~ **and debts** aktíva a pasíva
~ **and liabilities** aktíva a pasíva
~ **fixed** stále aktíva; základný majetok; investície
~ **in bankruptcy** konkurzná podstata
assets/liabilities side strana aktív/pasív
assets of gradual consumption predmety postupnej spotreby
~ **pledged** pozastavené aktíva (ako záruka)
~ **side** strana aktív
~ **transaction** majetková transakcia; aktívny obchod
asseveration dôrazné uistenie; tvrdenie; prehlásenie; prísažné potvrdenie
assignat asignát
assignation ustanovenie; určenie; špecifikácia; schôdzka
assigned account pripísaný účet
~ **expense** pripísaný výdavok
~ **in blank** pripísané in bianko
assignee kurátor; zmocnenec (správca kurzovej podstaty); právny nástupca; nadobúdateľ práva, asignatár
assignment prevod vlastníctva alebo práva; cesia; priradenie; stanovenie
~ **of value** priradenie hodnoty
assimilation asimilácia; prispôsobiteľnosť hodnôt
assist podporovať; pomáhať; byť prítomný; asistovať; pomôcť; zakročiť
assize zasadanie súdu; súdne konanie
associate spoločník; spoluúčastník; absolvent; partner; združovať sa; spájať sa
assort roztriediť; usporiadať; zostaviť; prira-

diť; zhodovať sa
assortment alteration obmena sortimentu
assume prijať; zaujať; nastúpiť; predpokladať; domnievať sa
~ **the debts** prevziať dlhy
~ **the responsibility** prevziať zodpovednosť
assumption prijatie; prevzatie; predpoklad; domnienka; prognóza
~ **of indebtedness** prevzatie dlhu
assurance poistenie; záruka; uistenie
assure zaručiť; zabezpečiť; presvedčiť; prisľúbiť
assurer poistiteľ
asterisk hviezdička; označiť hviezdičkou (*)
asynchronous asynchrónny
~ **control** asynchrónne riadenie
at a discount pod nominálnou hodnotou
~ **a knock-down price** pri značne zníženej cene
~ **a profit** so ziskom
~ **a reduced price** za zníženú cenu
~ **all costs** za každú cenu
~ **best** prinajlepšom (na burze)
~ **call** na požiadanie; na výzvu; možnosť čerpania alebo odvolania depozitu
~ **call (money)** vypožičané peniaze, ktoré sa musia vrátiť na požiadanie
~ **issue** sporný
~ **maturity** pri splatnosti
~ **or better** za najlepších podmienok
~ **owner's risk** na riziko majiteľa
~ **par** al pari; nominálna hodnota
~ **prime cost** za nákupnú cenu (bez zárobku)
~ **short notice** zo skladu; ihneď
~ **sight** pri predložení (zmenky)
~ **sight** povinnosť zaplatiť pri predložení (na zmenke)
~ **the exchange of ...** za kurz ...
~ **the expense of sb.** na účet niekoho
~ **the lowest figure** čo najlacnejšie
~ **the market** na trhu; príkaz brokerovi na nákup alebo predaj tovaru
~ **the money** situácia na burze a na devízovom trhu, keď sa cena plnenia blíži k bežnej trhovej cene
~ **the opening** pri začiatku (na burze)
~ **the rate of ...** za kurz ...; v pomere k ...
~ **warehouse** v depozite
atomization rozdrobenie; rozprášenie
attach pripojiť; pripisovať; uplatňovať sa; vstúpiť do platnosti; získať na svoju stranu, zabaviť (majetok)
~ **(to) property for debts** zabaviť (majetok) za dlhy
attached account zastavený účet
attachment zabavenie; obstavenie; zatknutie
attain dosiahnuť; dospieť k niečomu
attempt pokus; útok; atentát; zaútočiť
attend dávať pozor; navštevovať; všímať si; starať sa; obstarávať; vybavovať
~ **customers** obsluhovať zákazníkov
attendance list prezenčná listina
attendant obsluha; operátor; účastník
attest osvedčiť; overiť; potvrdiť
~ **a signature** overiť podpis
attested copy overený odpis; overená kópia
attitude postoj; pomer; stanovisko
attorney právny alebo obchodný zástupca; splnomocnenec; advokát
attract customers from competition odlákať zákazníkov od konkurencie
attributable cost zodpovedajúce náklady
attribute nutná vlastnosť; charakteristický znak; rys; prisúdiť; pripočítať; symbol
auction verejná dražba; aukcia
~ **market** aukčný trh
auction: Dutch auction holandská dražba
audit audit; skúmanie; revízia; zúčtovanie; bilancia; kontrola; účtovníctvo; revidovať účty; overiť
~ **accounts** revidovať účty; auditovať účty
~ **bookkeeping department** kontrolná účtáreň
~ **clerk** inšpektor
~ **copy** overovacia kópia
~ **department** kontrolné oddelenie
~ **in depth** podrobná revízia
~ **of accounts** revízia účtov
~ **of books** revízia účtovných kníh; účtová revízia
~ **of collection and repayment** kontrola príjmov a splátok
~ **office** hlavná účtáreň; kontrolná účtáreň; revízne oddelenie
~ **report** auditorská správa; revízna správa
audited accounts auditované (revidované) účty
~ **statement of accounts** auditovaná uzávierka
~ **voucher** preskúšaná (revidovaná) poukážka
auditing auditorská činnosť; audit; kontrola účtov; revízia účtov; písanie protokolu
auditor auditor; finančný kontrolór; revízor účtov
~**-general** hlavný revízor účtov; hlavný kontrolór účtov
auditor's report revízna správa
auricular witness priamy účastník
auspicate otvoriť; začať; inaugurovať
auspices ochrana
auspicious priaznivý
austral menová jednotka Argentíny
autarchy autarkia; hospodárska sebestačnosť
authentic vierohodný; overený; pravý
~ **act** verejnoprávny akt
authentic(al) dôveryhodný; spoľahlivý;

platný; originálny; autentický
authentic copy overená kópia
author autor; pôvodca; tvorca; spisovateľ
authorised overdrafts povolené prečerpania
authority autorita (zákonné právo); dovolenie; moc; úrad; oprávnenie; závažnosť; znalec
~ **bond** úradná obligácia
~ **for payment** splnomocnenie na výplatu
~ **to pay** povolenie platby; splnomocnenie na platbu; autorizácia splatiť
authorization checking kontrola oprávnenia
~ **of financial statements** schválenie účtovných výkazov
authorized autorizovaný; oprávnený
~ **capital** základný kapitál
~ **capital stock** autorizované akcie
~ **dealer** autorizovaný predajca
~ **investment** autorizovaná investícia (povolená poručníckou zmluvou)
~ **representative** splnomocnenec
~ **settlement bank** autorizovaná zúčtovacia banka
autograph vlastné písmo; vlastnoručný podpis; písať vlastnou rukou
automated management automatizované riadenie
~ **posting** automatické účtovanie
~ **teller** bezobslužný bankový terminál
~ **teller machine (ATM)** pokladničný automat; bankomat
automatic accounting automatické účtovanie
~ **accounting machine** automatický účtovací stroj
automatic(al) automatický; samočinný
automatic bill payments automatické platenie účtov
~ **billing machine** automatický fakturovací stroj
~ **deposit plan** automatický vkladový plán
~ **fund transfer** automatický prevod fondov (finančných prostriedkov)
~ **invoicing** automatické fakturovanie
~ **invoicing machine** automatický fakturovací stroj
~ **rounding off** automatické zaokrúhľovanie
~ **teller machine** bankomat
automation of accounting automatizácia účtovníctva
autonomic(al) autonómny
autonomous demand autonómna požiadavka
~ **tariff** autonómna tarifa
autotype faksimile; autotyp
auxiliary pomocný; nápomocný; prídavný
~ **account** pomocný účet
avail úžitok; výhoda; výnos; výťažok; prospech; zmysel; byť prospešný
~ **account** účet výnosov
~ **commissions** avalové provízie
availability dostupnosť; platnosť; dosiahnuteľnosť; použiteľnosť; max. výška únosnej a primeranej pôžičky
~ **(of funds)** disponibilita
available assets disponibilné aktíva
~ **capital** pohotový kapitál; likvidný kapitál
avails výnosy; tržba
aval aval; ručiteľov podpis na zmenke; záruka
~ **account** účet záruk
average priemerná hodnota; priemer; poistná udalosť; nivelizovať
~ **annual bill per customer** priemerný ročný účet na jedného zákazníka
~ **annual growth rate** priemerná ročná miera rastu
~ **balance** priemerný zostatok
~ **cost** priemerná cena; priemerné náklady
~ **cost pricing** cenová tvorba podľa priemerných nákladov
~ **daily balance** priemerný denný zostatok
~ **daily float** priemerný denný obeh (šekov)
~ **draft size** priemerná veľkosť traty
~ **due date** priemerný dátum splatnosti
~ **duration of life** priemerná doba života; priemerná životnosť
~ **error** priemerná chyba
~ **fixed cost** priemerné fixné náklady
~ **income** priemerný príjem
~ **information content** entropia
~ **power** stredný výkon; priemerný výkon
~ **price** priemerná cena
~ **pricing** oceňovanie (zásob) priemernou cenou
~ **rate** priemerná sadzba; priemerná rýchlosť; stredný kurz
~ **rate option** priemerná miera opcie
~ **tax rate** priemerná miera zdanenia
~ **value** priemerná hodnota
~ **yield** priemerný výnos
averaging priemerovanie; nákup cenného papieru na burze za takú cenu, aby sa dosiahla nižšia priemerná cena
~ **up** špekulačný predaj na akciovom trhu (pri stúpajúcej trhovej cene)
avertible odvrátiteľný
aviso oznámenie
avoid zrušiť; zbaviť účinnosti; anulovať; vyhnúť sa niečomu
~ **a contract** nechať zmluvu prehlásiť za neplatnú; odstúpiť od zmluvy
avow priznať (sa); uznať niečo; netajiť sa; hlásiť sa k
awaiting clearance na zúčtovanie
award cena; odmena; arbitrážne rozhodnutie; udeliť cenu/odmenu
~ **a fine** udeliť pokutu

~ **heavy damages** priznať vysokú náhradu škody
~ **interest** stanoviť úroky; uznať úroky
~ **of a pension** priznanie dôchodku
~ **the prize** udeliť cenu

aware byť si vedomý; uvedomovať si; informovaný
away on business na služobnej ceste
axia nezmluvná dobrovoľná forma úverového združenia

B

baby bonds detské obligácie (americké dlhopisy s nízkou menovitou hodnotou)
babyshark boutique (butik)
bachelor of business administration (BBA) akademický titul, ktorý v USA získava poslucháč po absolvovaní prvého stupňa vysokoškolského štúdia na školách obchodu a podnikania
back rub; zadná strana; podporovať; investovať; financovať; sponzorovať; garantovať, žírovať; dlžný, nezaplatený; spätný, predošlý
~ **a bill** indosovať zmenku; previesť rubopis; ručiť za úhradu zmenky
~ **an enterprise** investovať do podniku
~ **debt** peniaze považované za stratené
~ **duty** daň (minulá) splatná v súčasnosti
~**-interest** nedoplatok úrokov
~ **office** obslužné oddelenie banky (bez priameho styku so zákazníkom)
~ **office crunch (crush)** slang. nesplnenie úloh obslužným oddelením pre nával práce
~ **order** nevybavená pohľadávka; spätná objednávka
~ **out of contract** odstúpiť od zmluvy
~ **payment** nedoplatok; platenie nedoplatku
~ **salary** doposiaľ nevyplatený plat; dodatočne vyplatený plat
~ **sb. to an amount** ručiť za niekoho do určitej čiastky
~ **tax** daňový nedoplatok; nezaplatená daň
~**-to-back** tesne na seba nadväzujúci; úver poskytnutý na základe iného úveru
backdoor listing získanie zápisu do zoznamu na burze akvizíciou firmy, ktorá už na zozname je
~ **financing** financovanie zadnými dvierkami (pomocou amerického ministerstva financií bez súhlasu Kongresu)
backflow of notes návratnosť bankoviek
background bibliografické údaje; pozadie; pôvod; osobné predpoklady
~ **job** nízko prioritná práca; výplňová práca
backing podpora (finančná); krytie; pomoc
~ **of currency** menové krytie
~ **of notes** krytie bankoviek
backlog rezerva; príspevok; nevyriešená vec; zadĺženosť; oneskorovanie; nahromadiť sa
~ **demand (backlog of demand)** odložená požiadavka; neuspokojený dopyt; odložený dopyt, zásoba nevybavených objednávok
~ **of debts** nevybavené dlhy
~ **of orders** nevybavené objednávky
backout cúvnutie; zrušenie slova; stiahnutie sa z pozície
backup zálohovanie dát; náhradník; záloha; náhrada
~ **credit** úverová linka pre rozpredaj komerčných papierov
backward zaostalý; ťažkopádny; oneskorený; pomalý; liknavý
backwardation poplatok za oneskorené dodanie cenných papierov; požičovné z cenných papierov; prolongačný predaj pri špekulácii na pokles
bad zlý; silno; škodlivý; nespravodlivý; nekrytý; nedobytný; pochybný
~ **and doubtfuls** slang. nedobytné a pochybné pohľadávky
~ **break** nevhodné rozdelenie
~ **debt** nedobytná pohľadávka; nedobytný dlh
~ **debt expense** náklad z nedobytnej pohľadávky
~ **debt recovery** dodatočná úhrada nedobytného dlhu
~ **debt reserve** rezerva na pochybné pohľadávky (dlhy)
~ **debt write off** odpísanie nedobytnej pohľadávky
~ **debts** nedobytné pohľadávky; dubióza
~ **debts account** účet pochybných pohľadávok; účet nedobytných dlhov
~ **debts collected** inkasované nedobytné pohľadávky
~ **debts insurance** poistenie pre prípad strát z nedobytných dlhov (pohľadávok)
~ **debts ratio** pomer nedobytných pohľadávok (k nezaplateným predajom)
~ **faith** mala fide; ant. good faith; zlá viera
~ **money** zlé peniaze (podľa obsahu kovu)
~ **payer** neplatič
~ **title** vadná listina
baggage batožina; vybavenie; výstroj; zariadenie; aktovka
bagman obchodný cestujúci
bail kaucia; istota; záruka; ručiteľ; pridržiavač papiera; docieliť prepustenie na kauciu; zaručiť sa; dať do úschovy; záručný
~ **account** účet záruk; účet kaucií
~ **bond** záručná listina
bailable schopný zložiť kauciu; schopný prepustenia na kauciu; pripúšťajúci zloženie kaucie
bailee držiteľ zálohy; uschovateľ
bailer vkladateľ; deponent; záručný dlžník; viď bailment
bailment všeobecný názov pre zmluvu, v ktorej sa vec odovzdáva dočasne inej osobe za určitým účelom (napr. úschova, pôžička atď.); depozitum; zloženie kaucie; prepustenie po zložení kaucie
bailor deponent; vkladateľ; záložný dlžník
bailout pomoc (nelegálne použitie prostried-

kov spoločnosti na zaplatenie poplatkov akcionárom)

bairman nesolídny dlžník

balance bilancia; rovnováha; proporcionalita; saldo; zostatok

~ **a bill** vyrovnať zmenku

~ **account** záverečný účet; účtovná bilancia; súvaha

~ **accounts** bilančné účty

~ **an account** vyrovnať účet; saldovať konto

~ **as a whole** bilancia ako celok (metóda kontroly v UE)

~ **at the bank** zostatok na účte v banke

~ **brought down** prevodné saldo; prevod predchádzajúceho zostatku

~ **brought forward** prevod zostatku

~ **budget** vyrovnaný rozpočet

~ **budget exercises** uplatnenie vyrovnaného rozpočtu

~ **budget theorem** teoréma (zásada) vyrovnaného rozpočtu

~ **carried forward** prevod na nový účet

~ **control** kontrola zostatku

~ **cross-walk** bilančný mostík

~ **due** debetné saldo; saldo strany Má dať; splatný zostatok; debetný zostatok

~ **in cash** pokladničná hotovosť; pokladničný zostatok

~ **in favour** zostatok v prospech; aktívny zostatok; saldo v prospech

~ **in hand** peňažná hotovosť; pokladničná hotovosť; príručná hotovosť

~ **indicator** bilančný ukazovateľ

~ **items** bilančné položky

~ **of claims and liabilities** bilancia pohľadávok a dlhov; zúčtovacia bilancia

~ **of a debt** dlžné saldo

~ **of an account** uzávierka účtu; zostatok účtu; doplatok

~ **of an order** zostávajúca časť dodávky

~ **of capital movements** bilancia prírastkov a úbytkov základných fondov (kmeňového majetku)

~ **of current account** bilancia bežného účtu

~ **of fixed assets** bilancia základných fondov

~ **of goods and services** bilancia statkov a služieb

~ **of growth** rovnomernosť rastu

~ **of interest** úrokový zostatok

~ **of national economy** bilancia národného hospodárstva

~ **of payments** platobná bilancia

~**-of-payments deficit** deficit (schodok) platobnej bilancie

~**-of-payments table** tabuľka platobnej bilancie

~ **of receivable accounts and debts** saldo pohľadávok a dlžôb

~ **of revenues and expenditures** bilancia príjmov a výdavkov

~**-of-stores clerk** skladový účtovník

~ **of trade** obchodná bilancia

~ **on/in hand** prebytok; stav v pokladni

~ **owing** dlžný zostatok

~ **profit** bilančný zisk

~ **script** potvrdenka na zvyšok akcií

~ **sheet** konečný účet; súvahový účet; súvaha; bilancia

~ **sheet balance** bilančný stav

~ **sheet budget** bilančná súvaha

~ **sheet item** bilančná položka

~ **sheet loss** bilančná strata

~ **sheet method** bilančná metóda

~ **sheet principle** bilančná zásada

~ **sheet profit** súvahový zisk

~ **sheet work** bilancovanie

~ **shipments against receipts** koordinovať príjmy s výdavkami

~ **slip** bilančný doklad

~ **the account** vyrovnať účet

~ **the books** vykonať uzávierku

~ **the budget** vyrovnať rozpočet

~ **ticket** potvrdenka na zvyšok akcií

balanced growth vyrovnaný rast

~ **in account** vyrovnané v účte (prevodom)

balances sheets surveillance bilančná centrála

balancing účtovná uzávierka; bilancia

~ **(entry)** skontro (súvzťažné účtovanie)

~ **day** bilančný deň

~ **items** vyrovnávacie položky; saldové položky

~ **of the cash accounts** uzávierka pokladne

balboa menová jednotka Panamy

balloon loan balónová pôžička

~ **mortgage** balónová hypotéka

~ **note** dlžobný úpis s nižšími splátkami na začiatku

~ **payment** balónová splátka

ballot hlasovanie; hlasovací lístok; celkový počet odovzdaných hlasov; kandidátka

Baltic exchange Baltická burza (v Londýne, rozdeľuje náklady lodiam)

ban zákaz; vyhostenie; kliatba

band pásmo; okruh; zväzok; skupina; páska

bank banka; uložiť v banke

~ **acceptance** bankový akcept; zmenka akceptovaná bankou; banková akceptácia

~ **accommodation** banková pôžička

~ **account** bankové konto; účet v banke

~ **advances** pôžičky od bánk

~ **agreement** medzibanková dohoda

~ **auditor** bankový inšpektor

~ **automation** automatizácia bankových operácií

~ **balance** aktívne saldo na bankovom účte

~ **bill** bankovka; banková zmenka

~ **bond** bankový dlžobný úpis
~ **book** vkladná knižka
~ **branch** pobočka banky
~ **broker** maklér
~ **by mail** poštové bankové služby
~ **call** povinnosť banky
~ **card** banková karta
~ **charges** bankový poplatok
~ **charter** zakladacia listina banky
Bank Charter Act bankový zákon
bank check bankový šek
~ **clearing** bankový clearing; bankové zúčtovanie
~ **clerk** bankový úradník
~ **commission** banková provízia, komisia
~ **crash** úpadok banky; zrútenie banky
~ **credit** bankový úver
~ **credit card** banková úverová (kreditná) karta; platobná karta
~ **currency** banková zmenka
~ **debit advice** ťarchopis
Bank Deposit Insurance Act zákon o poistení bankových vkladov
bank deposits peňažné prostriedky na bežných alebo depozitných účtoch
~ **discount** bankový eskont
~ **draft** banková zmenka; banková trata
~**-eligible issue** bankovo kvalifikovaný cenný papier
~ **exchanges** bankové šeky; zmenky
~ **failure** úpadok banky; zlyhanie banky
Bank for International Settlements Banka pre medzinárodné zúčtovanie
bank-guaranteed bond funds bankou ručené zásoby cenných papierov
~ **holding company** spoločnosť vlastniaca banku
Bank Holding Company Act zákon o vlastníctve bánk
bank issued medium-term note pokladničná poukážka
~ **loan** banková pôžička; peňažný úver
~ **money order** banková peňažná poukážka
~ **note** cirkulačný cenný papier vydaný k tomu oprávnenou bankou; banková zmenka; bankovka
~ **of circulation** emisná banka; ceduľová banka
~ **of deposit** depozitná banka
~ **of discount and deposit** eskontná a depozitná banka
~ **of issue** emisná banka; ceduľová banka
~ **on-line teller system** systém spriahnutých bankových priehradkových terminálov
~ **overdraft** kontokorentný úver; prekročenie bankového úveru
~ **overdraft credit** krátkodobý bankový úver v účte
~ **passbook** banková knižka
~ **payment** splácanie dlhu
~ **rate** úroková sadzba
~ **reconciliation** bankové referencie
~ **release** bankové vzdanie sa práva
~ **return** prehlásenie na šeku zo zúčtovacieho strediska
~ **run** masová snaha o výber bankových vkladov; útok vkladateľov na banku
~ **securities** bankové cenné papiere
~ **service charge** bankový poplatok
~ **shares** bankové akcie
~ **statement** výpis z bankového účtu; bankový výpis
~ **stock** bankové akcie; bankový kapitál
~ **teller console** priehradkový terminál
~ **term loan** banková termínovaná pôžička
~**-to-bank information** medzibankové informácie
~ **voucher** bankový doklad
Bank Wire System bankový komunikačný systém
bank with ... ukladať peniaze v ...
bank's advice bankové avízo
bankable obchodovateľný; bankou prijímaný
~ **bills** ľahko eskontovateľné zmenky
~ **paper** cenný papier prijímaný bankou namiesto hotovosti; bankový papier
bankbook banková knižka (vkladná; zúčtovacia); výpis z účtu
banker bankár; bankový dom
banker's bank centrálna banka v USA (federálna rezervná oblastná banka)
~ **bill** banková zmenka; bankárova zmenka
~ **clearing house** brit. zúčtovacia banka
~ **collateral** banková záruka; banková istota
~ **guarantee** banková záruka
~ **mortgage** hypotéka daná banke
~ **pool** bankové združenie
~ **reference** bankové referencie (odporučenia)
banking bankovníctvo; peňažníctvo; bankový
~ **capital** bankový kapitál
~ **commission** banková provízia
~ **committee** bankový dozor
~ **establishment** bankovníctvo; bankový závod; bankový podnik
~ **facilities** služby banky klientom
~ **hours** úradné hodiny banky
~**-house** banka; bankový dom
~ **note** bankovka
~ **power** banková sila (určená nadbytkom bankových rezerv)
~ **relations** bankový styk
~ **transactions** bankové obchody; bankové transakcie
bankroll zvitok bankoviek; peniaze; slang. financovať
bankrupt obchodník v konkurze; zničiť; zruinovať; neschopný platiť

bankrupt's estate konkurzná podstata
bankrupt: to declare oneself (a) bankrupt ohlásiť bankrot
~ **to go bankrupt** prísť na mizinu
bankruptcy úpadok; konkurz; bankrot; likvidácia
~ **court** konkurzný súd
~ **proceedings** konkurzné konanie; likvidácia majetku
~ **trustee** likvidátor; kurátor pri likvidácii majetku
bankruptcy: be on the threshold of bankruptcy byť na pokraji úpadku
~ **go in for bankruptcy** upadnúť do konkurzu
~ **to file a petition in bankruptcy** ohlásiť bankrot
banks correspondent bankové spojenie
~ **of long-term capital investments and credits** banky dlhodobých investícií a úverov
bar pruh; pás; advokátska komora; námietka; zakázať; blokovať niekoho
~ **chart** stĺpcový diagram
~ **graph** stĺpcový graf
bare odhaliť; overiť; bezpodmienečný (zmluva)
~ **majority** nepatrná väčšina
~ **of credit** bez úveru
~ **of money** bez peňazí
~ **profit** nepatrný zisk
bargain zmluva; uzavretie zmluvy; kúpa; transakcia; rokovanie; dohoda; očakávať
~ **and sale** kúpna zmluva
~ **away** lacno predať
~ **counter** výhodná kúpa
~ **daze** nákupná horúčka
~ **hunter** kto zháňa lacné obchody
~ **offer** výhodná ponuka
~ **price** výhodná cena; znížená cena
bargainee kupujúci (vyjednávajúci); kupec
bargainer predávajúci (vyjednávajúci)
barometer securities cenné papiere citlivé na situáciu na trhu
barratry úplatkárstvo
barren money peniaze, ktoré nenesú úrok
barriers prekážky; bariéry
~ **to trade** prekážky obchodu
barring account bežný účet
barter naturálna výmena; bartrový obchod; vymeniť tovar za tovar; kompenzačný; výmenný
~ **account** kompenzačný účet
~ **agreement** výmenná dohoda
~ **trade** výmenný, bartrový obchod
bartering pokútny obchod; výmenný obchod
base základňa; oporný bod; východisko; podložka; zásada
~ **coin** podradná minca (so zníženým obsahom mincového kovu)
~ **currency** základná mena
~ **of distribution** rozvrhová (kalkulačná) základňa
~ **of division** kritérium klasifikácie
~ **pay** základný plat; základná mzda
~ **pay rate** základná mzdová sadzba
~ **rate** základná sadzba; základný kurz
~ **stock** minimálna zásoba; poistná zásoba
~**-year analysis** základná ročná analýza (metóda analýzy finančných výkazov, ktoré sa porovnávajú s číslami základného roka)
basic východiskový bod kalkulácie; základný; hlavný
~ **asset** základný fond
~ **balance** základná bilancia
~ **capital** základný kapitál; čistý majetok
~ **contract** rámcová zmluva
~ **earnings** základný zárobok
~ **material** základný materiál
~ **means** základné prostriedky
~ **of assessment** základ pre vymeranie dane; základ dane
~ **pay** základný plat
~ **piece rate** základná úkolová sadzba
~ **price** smerná cena
~ **wages** základné mzdy
basis báza; základ; základňa; podklad; východisko
~ **of assessment** daňový základ
~ **of pricing** princíp cenovej tvorby
~ **of taxation** základ zdanenia
~ **quote** základná sadzba
~ **value** základná hodnota
batch dávka; séria; výroba či predaj rôznych druhov tovaru naraz; dávkovať
~ **costing** sériová (hromadná) kalkulácia
~ **number** číslo dávky
~ **processing** postupné spracovanie (s ukončením predošlej dávky alebo s použitím akumulácie)
~ **production** malosériová výroba; sériová výroba
~ **proof** hromadná kontrola
~ **sheet** zoznam dávok (kontrolný zoznam)
batten bohatnúť na úkor iného
bazaar bazár; orientálny trh; púťový predaj
be affiliated to an insurance institution spadať pod poisťovňu
~ **ahead of sb.** mať náskok pred niekým
~ **available** byť k dispozícii; byť platný, vhodný
~ **backed by sb.** byť niekým podporovaný
~ **bound** byť zaviazaný; byť dlžný; mať povinnosť
~ **bound by contract** byť zmluvne zaviazaný
~ **due** byť povinný; byť splatný
~ **due to st.** byť spôsobený niečím
~ **engaged in st.** byť zamestnaný niekde; pracovať niekde

~ **exempt from tax** byť oslobodený od dane
~ **in debt** byť zadlžený
~ **in doldrums** stagnovať
~ **in the red** mať pasívny účet
~ **liable for st.** ručiť za niečo; zodpovedať za niečo
~ **sold** na predaj
~ **worth** mať hodnotu
bear baissista; niesť; dopraviť; špekulovať na pokles; znížiť cenu
~ **account** akýkoľvek špekulačný účet
~ **clique** medvedia špekulačná klika na burze
~ **interest** niesť úrok; prinášať úrok
~ **market** trh cenných papierov; trh priaznivý pre špekuláciu a la baisse
~ **the market** veľké predaje na burze, aby sa znížili ceny určitého tovaru
bear: to be a bear špekulovať na pokles
bearer nositeľ; držiteľ; posol; nosič
~ **bond** dlhopis na doručiteľa; držiteľ cenného papiera; ktorý je prevoditeľný indosamentom
~ **certificate** potvrdenie znejúce na doručiteľa
~ **check** šek na doručiteľa
~ **debenture** brit. dlžobný úpis; dlhopis; obligácia na doručiteľa; dlžobný úpis na majiteľa
~ **form** na doručiteľa
~ **instrument** papier znejúci na doručiteľa
~ **of tax liability** daňový poplatník
~ **paper** cenný papier na doručiteľa
~ **securities** cenné papiere na doručiteľa
~ **share** akcia na držiteľa
bearing interest úročenie
bearish s klesajúcou tendenciou; predpovedajúci pokles trhu
~ **and bullish** „medvedí a býčí" (s klesajúcou tendenciou <a la baisse> a so stúpajúcou tendenciou <a la hausse>)
beat down zjednávať
beating the gun slang. „nečakať na výstrel" (príjem objednávok nových akcií pred platnou registráciou akcie)
become due and payable stať sa splatným
bed and breakfast predaj akcií jeden deň a ich spätný nákup na druhý deň (daňové dôvody)
bedrock solídny základ; najnižší; základný
~ **price** najnižšia možná cena
bee pracovná skupina; krúžok
beewy slang. peniaze; špeciálne mince
before look journal stav denníka pred aktualizáciou
~ **tax income** príjem (zisk) pred zdanením
beggar-my-neighbor policy slang. politika „ožobračenia suseda" (pokus o omedzenie dovozu zvýšením taríf alebo inou metódou)
begin začiatok; začínať; spúšťanie; zahájenie
bell shaped curve Gaussova krivka
below cost pod cenou
~ **par** pod nominále
~ **the market** pod trhovou cenou
below zero subtraction odpočítanie so záporným výsledkom
benchmark kritérium; meradlo; štandard; orientačné testovanie; skúšobný test
beneficial priaznivý; užitočný; blahodarný
~ **interest** užívateľský úrok
~ **owner** nominálny vlastník; krycí vlastník (najmä pri akciách)
beneficiary príjemca; užívateľ; správca; oprávnená osoba
~ **advice method** spôsob vyrozumenia oprávnenej osoby
~ **method of payment** spôsob platenia oprávnenému
benefit prospech; úžitok; výhoda; dávka; príspevok; peňažné požitky; náhrada
~**-cost analysis** analýza úžitku a nákladov; výsledná kalkulácia nákladov a výnosov
~ **principle of taxation** princíp daňového zvýhodnenia
benefit: to the benefit of v prospech niekoho
bequeath odkázať (v záveti); ponúknuť vlastníctvo v dedičstve
bespeak zahovoriť si; vymieniť si; vopred oznámiť
bespoke na zákazku; na mieru
best bid najlepšia ponuka
~ **bill** prvotriedna zmenka
bet stávka; zmluva
Beta meranie citlivosti cenných papierov k pohybu všeobecného trhu
betrayal zrada
bias systémová chyba; vychýlenie; predsudok; predpojatosť; diagonálny
bid ponuka; podanie (v dražbe); záznam možného kupca; ponúknutá cena; urobiť ponuku
~ **ahead** prednostná ponuka
~ **and asked** ponuky na kúpu a predaj (na burze)
~ **bond** obligácia ponúknutá na kúpu
~ **down the prices** spôsobiť pokles cien
~ **market** trh s prevahou dopytu
~ **price** cena ponuky
~ **wanted** žiadaná ponuka (na burze)
bidder dražiteľ; ponúkajúci; navrhovateľ kúpy
bidding problem problém cenovej (ponukovej) licitácie (v operačnej analýze); problém ponukovej súťaže
~ **up** zvyšovanie ponuky
big bath accounting zbavenie sa okrajových operácií; zbavenie sa častí podniku,

ktoré výrazne neprosperujú
~ **business** veľkopodnikanie; veľké firmy
~ **change** zmena nákupnej ceny na burze v porovnaní s cenou predchádzajúceho dňa, vyjadrená v percentách
~ **figure** veľké číslo (prvé 3 číslice devízového kurzu)
~ **george** 25 centov (slang.)
~ **one** 1000 dolárov (slang.)
~ **production** veľkovýroba
~ **ticket** predaj drahej veci zákazníkovi (slang.)
bilateral clearing vzájomné zúčtovanie
~ **contract** obojstranná zmluva
~ **treaty** bilaterálna zmluva
bilateralism bilateralita
bill účet; faktúra; zmenka; bankovka; leták; plagát; poslať faktúru
~ **adjuster** likvidátor účtov
~ **adjustment** upravenie účtu
~ **bearer** doručiteľ zmenky
~ **broker** zmenkový maklér
~ **check** účtový šek
~ **dealer** firma obchodujúca so zmenkami
~ **diary** termínová kniha zmeniek
~ **discounted** eskontovaná zmenka
~ **discounted overdue** eskontovaná zmeškaná zmenka
~ **due** splatná zmenka
~ **for debt** dlžobný úpis
~ **for payment** účet na preplatenie
~ **guarantee** ručiteľstvo zmenky
~ **head** záhlavie (hlavička) účtu
~ **holder** zmenkový veriteľ
~ **jobber** zmenkár
~ **ledger** kniha zmeniek
~ **of carriage** nákladný list
~ **of costs** účet výdavkov; advokátsky účet; palmárny účet
~ **of credit** akreditív; úverový list; pokladničná poukážka
~ **of debt** dlžobný úpis
~ **of delivery** dodací list
~ **of entry** colné prehlásenie
~ **of exchange** zmenka
~ **of freight** nákladný list
~ **of lading** dopravný list; konosament; námorný nákladný list
~ **of parcel(s)** faktúra za tovar
~ **of sale (b.s.)** kúpna zmluva; záložný list; am. dodací list
~ **of sight** vista zmenka; zmenka po predložení; predbežné colné prehlásenie; colné povolenie vyložiť tovar bez faktúry
~ **of supply** súhrnný dodatok k štátnemu rozpočtu
~ **on sale** spísaná zmluva o predaji (hnuteľnosti)
~ **payable** zmenkový dlh; splatná zmenka; záväzok; dlžná zmenka; trata
~ **payable at a fixed date** denná zmenka
~ **payable at sight** zmenka po predložení; vista zmenka
~ **payment** platenie účtov
~ **receivable** aktívna zmenka; zaručená zmenka (k prijatiu); rimesa; zmenková pohľadávka
~ **sb. st.** naúčtovať niekomu niečo
~ **to be collected for payment** zmenka na inkasovanie
bill: to have a bill against sb. mať u niekoho pohľadávku
billable zúčtovateľný
billed escrow fakturovaná podmienená zmluva
~ **principle** základné vyúčtovanie
biller účtovník
billhead záhlavie účtu
billing fakturácia; zúčtovanie
~ **clerk** fakturista
~ **cycle** účtovacie obdobie
billion brit. bilión; am. miliarda
bills zmenky; tovar
~ **and notes** cenné papiere; obchodné papiere
~ **in abeyance** nepreplatené účty
~ **in ours** miestne zmenky
~ **in sets** zmenky v duplikátoch
~ **outstanding** nevybavené zmenky
~ **payable** traty; splatné účty; zmenkové záväzky
~ **receivable** zmenkové pohľadávky
binary binárny; dvojkový (číselný systém, ktorý používa len číslice 0 a 1)
~ **account** párový účet
bind záväzok; zablokovanie; potvrdenie; právny záväzok
~ **the bargain** záloha; závdavok pri podpisovaní zmluvy (ak sa zmluva neuzavrie, záloha prepadá); potvrdiť kúpu (závdavkom)
binder rýchloviazač; dočasné poistenie potvrdenia; krycí list
binding agreement záväzná dohoda
~ **indicators** záväzné ukazovatele
~ **limits (conditions)** obmedzujúce podmienky (v lineárnom programovaní)
~ **offer (order)** záväzná ponuka
~ **signature** záväzný podpis; právne prijateľný podpis
birth certificate rodný list
biz slang. biznis; obchod
black box čierna skrinka
~ **capitalism** čierny kapitalizmus (pokus o zvýšenie obchodného vlastníctva medzi černochmi)
Black Friday Čierny piatok (na burze)
black light čierne svetlo (metóda overovania podpisu)
~ **mark** čierna značka (na okraji formulára); krížik (pri mene ako výraz nespokojnosti)
~ **market** čierny trh

~ **money** utajený príjem; čierne peniaze
blackboard tabuľa
~ **trading** predaj na tabuli
blackout zatemnenie; celkový výpadok; zamazať
~ **time** časová strata; nevyužitý čas
blank formulár; tlačivo; medzera; bianko; prázdny znak; prázdny; čistý; nepoužitý
~ **address** prázdna adresa
~ **bill** bianko zmenka (bez mena doručiteľa); zmenka in bianco
~ **cheque** brit. šek in bianco; bianko šek
~ **credit** nekrytý úver; otvorený úver; bianko úver; akreditív bez uvedenia čiastky
~ **document** prázdny doklad; čistý doklad
~ **endorsed** žírovaný in bianko
~ **endorsement** bianko žíro; bianko rubopis
~ **form** čistý formulár; čisté tlačivo
~ **sale** špekulačný predaj
~ **signature** bianko podpis; podpis nevyplneného tlačiva
blanket bond poistka celého majetku; hypotéka zaťažujúca celý majetok
~ **burden rate** jednotná režijná sadzba (celopodniková)
~ **lien** záruka na dlžobu podložená majetkom spoločnosti
~ **order** hromadná objednávka
~ **policy** poistka (združená)
~ **rate** paušálna zmluva
blasted slang. osoba bez peňazí; mizerný; plonk
blend zmes; miešať
blended credit zmiešaný úver
blind entry neúplný zápis
blip 5 centov (slang.)
block balvan; kváder; kladka; prekážka; skupina; zóna; zväzok (šekov); blokovať; balík (akcií)
~ **automation system** hromadný automatický systém (na burze)
~ **letter** tlačené písmeno; paličkové písmeno
~ **policy** poistka celého majetku
~ **sale** predaj balíkov akcií
blockage tvorenie blokov; blokovanie (účtu)
blocked account viazaný účet; blokovaný účet
~ **currency** blokovaná mena
~ **deposit** viazaný vklad; blokovaný vklad
~ **exchange** viazané valuty; blokovaná výmena
blood bath slang. krvavý kúpeľ (otrasná strata na burze)
blotter účtovná kniha alebo denník; záznamník na evidovanie prvého zoznamu udalostí (napr. Daily Reports)
blue buttons úradníci na burze, ktorí nerobia burzové obchody
~ **chip** bezpečný cenný papier; spoľahlivá akcia
~**-chip stock** označenie pre akcie patriace prvotriednym spoločnostiam
~ **sky laws** zákony na ochranu neskúsených kupujúcich cenných papierov
BN pozri bank note
boa systém spoločne obiehajúcich mien s určitou fluktuáciou devízových kurzov
board výbor; rada; kolégium; komisia; panel; správna rada
~ **of customs** colný úrad
~ **of directors** predstavenstvo; správna rada
~ **of management** riaditeľstvo; správa
~ **of revenue** daňový úrad; berný úrad
~ **of supervisors** dozorná rada
~ **of trade** am. obchodná komora
~ **of trustees** správna rada; dozorná rada; rada splnomocnencov (skupina sporiteľní v USA)
bobtail statement skrátený výpis
body kolektív; organizácia; orgán; útvar; teleso; inštitúcia; systém; hlavná časť
~ **of laws** právny poriadok; súhrn právnych noriem
boff out prísť o peniaze (slang.)
boffo 1 dolár (slang.)
bogus bank (firm) podvodná banka (firma); falošná firma
~ **money** falošné peniaze
boiler room tactic predaj špekulatívnych a často bezcenných akcií pomocou lživej literatúry
bolivar menová jednotka Venezuely
boliviano menová jednotka Bolívie
bona fide „v dobrej viere"; s poctivým úmyslom
~ **fide holder** držiteľ v dobrej viere (v dobrom úmysle); poctivý držiteľ
~ **fide purchaser** kupujúci s poctivým úmyslom
bonanza „zlatá baňa" (úspešný podnik; výnosná investícia)
bond záväzok; záruka; dlžobný úpis; obligácia; colná uzávierka; záložný list
~ **amortization** amortizácia obligácie
~ **broker** maklér
~ **buy back** spätný nákup obligácií
~ **circular** cirkulárne informácie o obligácii
~ **creditor** vlastník dlžobného úpisu
~ **debt** konsolidovaný dlh; obligačná pôžička
~ **discount** diskont obligácie
~ **for deed** právna listina
~ **immunization** imunizácia obligácie (snaha zrovnať príjem s budúcimi pasívami)
~ **indenture** zmluvné podmienky obligácie
~ **interest** úrok z obligácie
~ **market** trh s obligáciami
~ **paper** kancelársky papier
~ **warrant** opčný list; skladový list z colného skladu

~ **yield** výnos obligácie
bonded chránený; zaručený; viazaný kauciou; nepreclený
~ **goods** doposiaľ nepreclený tovar; tovar pod colnou uzáverou; tovar v záznamovom konaní
~ **warehouse** colný sklad
bondholder držiteľ obligácií; majiteľ dlhopisov
bonds cenné papiere; obligácie
~ **issued** emitované obligácie
~ **payable, matured** obligácie, ktoré dosiahli dátum splatnosti, ale zostávajú nesplatené
~ **with warrants attached** obligácia opatrená opčným listom, ktorý potvrdzuje neskorší odber akcií; dlhopisy opatrené opčným listom, oprávňujúcim investora k ďalším pôžičkám; majetkový opčný list kombinovaný s dlžobným opčným listom
bonus odmena; prémie; príplatok; superdividenda; mimoriadna zľava pri odbere veľkého množstva tovaru; zľava na poistnom
~ **account** bonusové konto
~ **share** bezplatná akcia; grátis akcia; prémiová akcia
~ **stock** grátis akcia; prémiová akcia
~ **system** prémiový systém
~ **wage** prémiová mzda
book kniha; denník; objednať; rezervovať; prihlasovať (hovor)
~ **account** bežný účet; kontokorent
~ **an order** zaznamenať objednávku
~ **claim** účtové pohľadávky
~ **closing** uzávierka
~ **cost** účtovné (knihované) náklady; zúčtovacia cena
~ **credit** účtovné kreditné položky
~ **debt** knihované pohľadávky; dlh v účtovnej knihe; účtovný dlh
~ **depreciation** účtovný odpis
~ **entry** účtovná položka; účtovný zápis
~ **entry security** cenný papier zapísaný do účtovných kníh (cenný papier nie je vydaný vo forme certifikátu, ale ako zápis na účet v banke)
~ **of accounts** účtovná kniha; hlavná kniha
~ **of commissions** kniha objednávok
~ **of debtors** kniha dlžníkov
~ **of invoice** kniha faktúr
~ **of original entry** účtovná kniha prvotných položiek; denník; primanota
~ **of secondary entry** kniha sekundárnych záznamov; hlavná účtovná kniha
~ **of shares** akciová kniha
~ **of suggestions and complaints** kniha prianí a sťažností
~ **profit** účtový zisk
~ **value** účtovná hodnota; knihovaná hodnota
booking objednávka; rezervovanie; prihláška
bookkeeper účtovník
bookkeeping účtovníctvo
~ **papers** účtovná písomnosť
~ **voucher** účtovný doklad
boom konjunktúra; rozmach; vzostup; prudko stúpať (ceny); prosperovať; propagovať
booming market prosperujúci trh
boost prudký vzostup; presadzovať; zdvihnúť; zvýšiť; zosilniť; podporovať; vychvaľovať, robiť reklamu
~ **business** podporovať podnikanie
~ **prices** zvýšiť ceny
booster sponzor
booth predajný stánok; kiosk
bootleg market čierny trh
borrow vypožičať si; záporný prenos
~ **on mortgage** požičať si na hypotéku
borrowed note zapožičaný úpis
borrowings pôžičky; dlhy
bottom price najnižšia cena
bought book nákupná kniha; kniha došlých faktúr
~ **note** kúpny odpočet
~ **out parts** subdodávky; nakupované súčiastky
bounce prepadnúť; byť vrátený bankou pre nedostatočné krytie; slang. vyhodiť z práce
boundary hranica; hraničná čiara; okrajová podmienka; obmedzujúca podmienka
bounty subvencia; dar; mimoriadna odmena; prémia
~ **on exportation** vývozná prémia
bourse fr. burza
box diagram stĺpcový diagram
boycott bojkot; bojkotovať
brainstorming brainstorming; riadená diskusia o riešení nových problémov
branch odvetvie; odbor; odštepný závod; vetva; zložka; súčasť
~ **banking** bankový systém pobočky
~ **banking network** sieť bankových pobočiek
~ **clearing account** clearingový účet pobočky
~ **establishment** pobočný závod; filiálka; pobočka
~ **house** pobočný závod; filiálka; pobočka
~ **of bank** pobočka banky; banková pobočka
~ **of business** odbor podnikania
~ **office** pobočka; filiálka
~ **pickup** odber v pobočke (bankových kariet)
brand druh tovaru; značkový tovar; typ; akosť; značka; označiť
~ **leader** vedúca značka (na trhu)
~ **name** obchodná značka; značka výrobku

branded article značkový tovar
brass slang. prachy; peniaze
brassage daň z razenia mincí; poplatok za právo raziť mince
breach porušenie (nesplnenie) povinností
~ **of warranty** nedodržanie (porušenie) záruky
bread slang. prachy
break zlom; zrútenie; náhly pokles cien; prestávka; druhá šanca; nečakaný pokles v cene akcií; prerušiť, rozpadnúť; zľava, diskont
~ **a contract** porušiť zmluvu
~**-down** rozpis
~ **even** obchodovať bez zisku a bez straty
~**-even analysis** analýza finančnej rovnováhy; analýza rovnováhy nákladov a výnosov (ekonomickej efektívnosti); analýza mŕtveho bodu
~**-even chart** diagram rentability; (rovnovážny) diagram nákladov a výnosov (pri rôznom stupni zamestnanosti); diagram prahovej hodnoty
~**-even point** mŕtvy bod; kritický bod rovnováhy (nákladov a výnosov); prah rentability, hranice rentability
breakdown havária; porucha; výpadok; bankrot; prerušenie; rozpis; špecifikácia, rozčlenenie (rozhodovacej tabuľky)
~ **listing** podrobný výpis
~ **of claims and liabilities** rozpis pohľadávok a záväzkov
~ **of journal** rozpis peňažného denníka
breaking bulk rozdelenie nákladu hromadného tovaru
bribe úplatok; podplácať; brať úplatky
bribee úplatkár (ten kto prijíma úplatky)
briber úplatkár (ten kto dáva úplatky)
bribery úplatkárstvo
bridge financing preklenovacie financovanie
bridging loan preklenovací úver, pôžička
brief inštrukcia; krátky výpis; formát listového papiera; informovať; stručný; vypracovať súhrn
bring down znížiť; zraziť (ceny)
~ **forward** predložiť; preniesť; previesť (na účet)
~ **in money** vynášať (peniaze)
~ **out** uviesť na trh
~ **the profit** prinášať zisk
~ **to account** zapísať na účet
brisk energický; živý; čulý
~ **demand** čulý dopyt
broad celkový; široký; rozsiahly
~ **market** veľký trh
~ **money** peniaze v širokom pojatí
broken period termínový devízový obchod
broker maklér; vyvolávač pri dražbe; sprostredkovateľ; burzový agent; priekupník; dohodca; komisionár
brokerage maklérska odmena (provízia); odmena za sprostredkovanie; maklérska firma; maklérsky
~ **account** maklérove konto
brought prevod (účtovný)
~ **over** prevod; prenos; prevedené
brown Abe slang. penny; 1 cent
buck slang. lupeň; jeden dolár; čeliť; stavať sa proti; znižovať napätie
Buck Rogers akcie, ktoré majú rýchly vzostup v krátkom časovom období
bucket shop pokútna burzová kancelária
budget rozpočet; finančný rozpočet; rozpočet výdavkov
~ **account** rozpočtový účet; sporožíro
~ **constraint** obmedzený rozpočet (spotrebiteľa)
~ **deficit** rozpočtový schodok (deficit)
~ **excess** prekročenie rozpočtovanej čiastky
~ **figures** rozpočtové údaje
~ **grants** dotácie (subvencie) rozpočtu
~ **item** rozpočtová položka
~ **loan** rozpočtový úver; rozpočtová pôžička
~ **manual** smernice pre rozpočtovanie
~ **organization** rozpočtová organizácia
~ **period** rozpočtové obdobie
~ **policy** rozpočtová politika
~**-priced** cenovo výhodný
~ **procedure** postup zostavovania rozpočtu
~ **rate of overhead cost** rozpočtová sadzba režijných nákladov
~ **revenues** príjmy štátneho rozpočtu
~ **setting** zostavovanie rozpočtu
~ **speech** expozé (vysvetlivky) k rozpočtu
~ **surplus** rozpočtový prebytok
~ **variances** rozdiely oproti rozpočtu
budgetary accounting rozpočtovníctvo
~ **accounts** rozpočtové kontá
~ **control** rozpočtová kontrola; hospodárenie (riadenie) podľa rozpočtu; kontrola rozpočtu
~ **suppositions** rozpočtové predpoklady
budgeted cost rozpočtové náklady
~ **estimated cost** odhadnutá čiastka rozpočtových nákladov
~ **material cost** plánované náklady na materiál
buffering obnovenie (podvodné zaobchádzanie s bankovými kartami - pozostáva z kopírovania informácií, použitia karty a obnovenia pôvodnej informácie); vyrovnávanie, ukladanie do vyrovnávacej pamäte
bug chyba; vada; porucha
build up gold reserves vytvoriť zlaté rezervy
building budova; stavba; budovanie; výstavba; stavebný; nadstavba
~ **application** žiadosť o povolenie stavby

~ **estimate** stavebný rozpočet
~ **lease** prenájom pozemku
~ **loan** stavebná pôžička
~ **permission** stavebné povolenie
bulge dočasný vzrast cien
bulk hromadný; množstvo; objem; prevažná časť; veľkokapacitný; kompaktný
~ **article** hromadný výrobok
~ **carrier** hromadný prepravca tovaru; veľkodopravca
~ **cash** väčšia hotovosť
~ **of the profit** hrubý zisk
bull hausista; špekulovať na vzostup (na burze); vyháňať kurzy cenných papierov
~ **campaign** kampaň pre vzostup cien na burze
~ **clique** „býčie šťastie"; skupina usilujúca o vzostup cien na burze
~ **machinations** nafukovanie cien
~ **market** trh priaznivý pre haussistov; trh so stúpajúcou tendenciou (so vzrastom cenných papierov)
~ **spread** rozpätie v termínovom obchode, kde sa počíta so stúpaním kurzov akcií
~ **the market** systematické nákupy za účelom zvýšenia cien určitého tovaru alebo cenných papierov
bull: to be a bull špekulovať na vzostup
bullet payment celková čiastka splatnej pôžičky
bullion drahý kov; čistý mincový kov; hodnota váženého kovu
~ **broker** maklér s drahými kovmi
bullionism kovová menová sústava
bullish situácia na burze so stúpajúcou tendenciou cien (špekulujúci na hausse)
bunched securities opakované burzové predaje rovnakých skupín cenných papierov
Bund Future termínové kontrakty na nemeckej burze
bundle zväzok; slang. balík alebo väčšia čiastka peňazí; zabaliť
buoyant market živý a pevný trh s možnosťou vzostupu
burden náklad; bremeno; tonáž; finančné náklady; réžia; režijné náklady; nosnosť
~ **and cost standards** normy režijnej spotreby a nákladov
~ **application** zúčtovanie réžie (rozvrhnutie-rozpočítanie na podnikové výkony)
~ **budget** rozpočet režijných nákladov
~ **distribution (allocation)** rozvrh réžie (v kalkulácii) spoločných finančných nákladov
~ **rate** režijná prirážka (spoločných finančných nákladov); sadzba
Bureau of Statistics Štatistický úrad
~ **of the Budget** Úrad pre rozpočet
burglar lupič
~**-proof** nedobytný
burglary insurance poistenie proti vlámaniu
business obchod; podnikanie; obchodná činnosť; živnosť; zamestnanie; riadenie; povolanie; agenda
~ **accounting** podnikové účtovníctvo
~ **activities** podnikateľská činnosť
~ **address** adresa do zamestnania
~ **agency** obchodná kancelária
~ **agent** obchodný dohodca; neuvoľnený dohodca; predstaviteľ odborovej organizácie
~ **before meeting** denný program; agenda
~ **branch** obchodný odbor; odbor podnikania
~ **capital** obchodný kapitál
~ **circles** obchodné kruhy
~ **commitment** obchodný záväzok
~ **concern** podnik
~ **connections** obchodné styky
~ **correspondence** obchodná korešpondencia (písomný styk)
~ **custom** obchodné zvyklosti
~ **cycle** hospodársky cyklus; ekonomický cyklus
~ **depression** hospodárska kríza
~ **done in foreign bills** devízový obchod
~ **economics** podniková ekonomika
~ **efficiency** obchodná zdatnosť
~ **enterprise** podnikanie; obchodné špekulácie
~ **enterprising** súkromný podnik; súkromné podnikanie
~ **environment** podnikateľské prostredie
~ **establishment** podnik
~ **ethics** etika podnikania
~ **expense** obchodné (podnikové) výdavky
~ **firm** podnik; firma
~ **for own account** podnikanie na vlastný účet
~ **forecasting** odhad hospodárskej činnosti; konjunktúrna prognóza; hospodárske predvídanie
~ **games** podnikateľské hry; ekonomické hry
~ **hours** pracovná doba; prijímacia doba; návštevné hodiny
~ **in foreign exchange** devízový obchod
~ **investment** podniková investícia
~ **journey** obchodná cesta
~ **management** podnikové vedenie; riadenie podnikovej činnosti
~ **margin** obchodné rozpätie
~ **mark-up** obchodná prirážka
~ **paper** odborný časopis obchodu; obchodný cenný papier
~ **policy** obchodná politika; podniková politika
~ **press** hospodárska tlač
~ **quarter** obchodná štvrť
~ **report** obchodná správa; správa o podni-

kovej činnosti; rozbor hospodárskej činnosti
~ **revenues** výnosy z podnikania
~ **risk** obchodné riziko
~ **solvency** obchodná platobná schopnosť
~ **study** prieskum podnikovej činnosti
~ **surcharge** obchodná prirážka
~ **tax** živnostenská daň
~ **venture** obchodné podnikanie
~ **world** obchodný svet
~ **year** finančný rok; rozpočtový rok
businesses firmy
businessman obchodník; podnikateľ; podnikavý človek
busted convertible bezcenný cenný papier
busy obsadzovať; zaneprázdnený; zamestnaný; činný; usilovný; aktívny; obsadené
~ **hour** doba špičkovej prevádzky
buy kúpa; kúpiť; nakupovať
~ **and put aside (away)** kúp a odlož (finančné pravidlo pre nákup akcií a odloženie s očakávaním vyššieho zisku)
~ **at best** ponuka kúpy za stále vyššie ceny bez stanovenia limitu
~ **back** spätná kúpa; odkúpiť
~ **down** zložiť v hotovosti
~ **firsthand** kúpiť z prvej ruky (priamo)
~ **for cash** kúpiť za hotovosť
~**-in** krycia kúpa; skúpiť; nakupovať; skupovať
~ **in bulk** hromadný nákup; kupovať vo veľkom
~ **off** zaplatiť za
~ **on bid** nákup na vyzvanie (podľa ponuky)
~ **on close** nákup na konci obchodovania na burze počas burzového dňa
~ **on credit** kúpiť na úver
~ **on hire purchase** kúpiť na splátky
~ **on opening** nákup na začiatku obchodovania na burze
~ **on the offer** nákup na výzvu
~ **order** nákupný príkaz
~ **out** vykúpiť; kúpiť podiel vo firme
~**-out** vykúpenie; skúpenie
~ **over** podplatiť
~ **rate** nákupný kurz
~**-sell agreement** dohoda o kúpe a predaji
~ **ticket** nákupný lístok (k nákupu cenného papiera)
~ **up** skúpiť; vykúpiť
buyer credit úver kupujúceho
buyer's market trh kupujúceho
buying agent nákupca
~ **commission** nákupná provízia
~ **department** nákupné oddelenie
~ **fever** nákupná horúčka
~ **hedge** kúpa na termín
~ **long** špekulačný nákup; nákup do zásoby
~ **on a shoestring** nákup s nedostatočným krytím
~ **on balance** nákup po uvážení (keď maklérove príkazy k nákupu prevýšia jeho príkazy k predaju)
~ **on margin** termínový špekulačný nákup
~ **outright** priamy nákup
~ **price** nákupná cena
buying/purchasing power kúpna sila
buying rate nákupný kurz (valút)
~ **terms** nákupné podmienky
by-cost vedľajšie náklady
~ **fair means** poctivo
~ **order** podľa objednávky
~ **return** obratom
bylaw; by-law stanovy; štatút
bylaws; By-laws; Bye-laws podzákonné právne predpisy; stanovy; autonómne normy; výnosy; nariadenia; štatút

C

C note slang, 100 dolárová bankovka
cache vyrovnávacia pamäť
cadastral katastrálny
calculate kalkulovať; počítať; vypočítavať; odhadnúť; tušiť
calculated price kalkulovaná cena
~ **value** vypočítaná hodnota
calculating statement príkaz na výpočet
calculation kalkulácia; výpočet; uvažovanie; rozpočet
~ **of benefits** výpočet dávok
~ **of profits** výpočet ziskovosti (rentability)
calculus počet; výpočtová metóda
~ **of interest** úrokový počet
~ **of probability** počet pravdepodobnosti
calendar kalendár; diár; am. program rokovania Kongresu; am. register; súpis; zaregistrovať; vybaviť indexom; kalendárny
~ **planning** termínové plánovanie
~ **season** kalendárne obdobie
~ **spreading** rozsah kalendára; súčasný nákup a predaj opcií v rámci rovnakej triedy, s rôznymi dátumami splatnosti
call vyžadovať; vyvolať; žiadať o zaplatenie pôžičky poistenej zárukou pre neschopnosť dlžníka vyrovnať sa s termínmi pôžičky; výzva; volanie; kúpna opcia; dopyt; výzva na splátky na akcie; volať; dať výpoveď
~ **a meeting** zvolať schôdzu
~ **address** vyvolávacia adresa
~**-back** stiahnutie z trhu; kontrola nahlas (čítanie zápisov v účtovných knihách nahlas)
~ **by value** vyvolanie hodnotou
~ **date** dátum výpovede; dátum, v ktorom môže byť obligácia preplatená pred dobou splatnosti ako právo emitenta
~ **feature** možnosť odkúpenia cenného papiera emitentom
~ **for conveyance** žiadať prevod
~ **for funds** žiadosť o finančné príspevky; vyzvanie na splatenie akciového kapitálu; žiadať o finančné fondy
~ **for payment** žiadať o zaplatenie
~ **for tenders** ponukové konanie; výzva na ponuky
~ **in loan** vypovedať pôžičku
~ **letter** výzva akcionárom na zaplatenie splátky na upísané akcie; volací znak
~ **loan** pôžička s okamžitou splatnosťou
~ **money** peniaze splatené na požiadanie; pohotové peniaze; denné peniaze
~ **money market** pohotový peňažný trh
~ **of more** opčný nákup (prémiový nákup do dvojnásobného množstva)
~ **off st.** odvolať niečo (zásielku na expedíciu); am. vypočítať
~ **on subscriptions** výzva na splácanie úpisov
~ **option** žiadať možnosť voľby výberu; druh opcie; opcia s právom kúpy; prémiový opčný obchod; požadovať možnosť voľby výberu
~ **rate** úroková sadzba denných peňazí
~**-reply system** dialógový systém
~ **sale** opčný predaj; dohoda o predaji komodity, kde je cena stanovená kupujúcim v budúcnosti
~ **sheet** oznámenie; vyhláška
~ **up** žiadať splatenie akcií
callable splatný na požiadanie pred splatnosťou; vypovedateľný; vyvolateľný (program)
~ **bond** dlžobný úpis vypovedateľný pred termínom
~ **capital** disponibilný kapitál
callback odvolanie z funkcie; spätné dopytovanie
called bond umorená obligácia
~**-up capital stock** odvolaný (vyžiadaný) základný kapitál
calling card navštívenka; vizitka
~ **on customers** návšteva u zákazníkov
cambism obchod s devízami
cambist zmenárnik; devízová arbitrážna príručka
camp-on vyčkávací stav (Nepoložte, ste v poradí)
canard novinárska kačica
cancel zrušiť; stornovať; krátiť; rušiť; škrtnúť; odvolať; stiahnuť bankovky z obehu; neplatný
~ **a debt** vymazať dlh
~ **a treaty** zrušiť zmluvu
~ **an order** stornovať objednávku
~ **out** vzájomne vyrovnať; anulovať
~ **without notice** zrušiť bez výpovednej lehoty
cancellation storno; stornovanie; zrušenie; odvolanie; výpoveď; škrtnutie
~ **charge** stornovací poplatok
~ **clause** výpovedná doložka; opatrenie dávajúce obom stranám právo zrušiť zmluvu v prípade špecifikovanej udalosti
~ **of an order** stornovanie objednávky
~**, pro rata** zrušenie pomerným dielom; zrušenie s vrátením časti prémie
~**, short-rate** predčasná výpoveď; zrušenie na žiadosť poisteného
cancelled order zrušená zákazka
cancelling vymazanie; storno; stornovací; zrušenie
~ **clause** doložka o neplatnosti
candidature kandidatúra; uchádzačstvo
cannibalism kanibalizmus (v bankovníctve)
canon zákon; pravidlo; kánon; kritérium
canons of taxation kritériá zdaňovania

canvass akvizícia; vyhľadávanie (zákaziek); získavať záväzky
canvasser obchodný cestujúci; agent; am. skrutinér
canvassing clerk pracovník inzertnej kancelárie
~ **customers** získavanie zákazníkov
~ **for members** aktivizácia členov
~ **of orders** aktivizácia zákaziek
cap dohodnutá najvyššia úroková sadzba pôžičky; veľké písmeno
capability schopnosť; spôsobilosť
capacity kapacita; schopnosť; oprávnenie; spôsobilosť; výkonnosť; objem; priepustnosť; priestrannosť; postavenie; obsah; funkcia
~ **loading and scheduling system** program pre plánovanie kapacít v organizácii
~ **of being the drawee** šeková spôsobilosť pasívna
~ **of being the drawer** šeková spôsobilosť aktívna
~ **of parties to contract** spôsobilosť strán uzatvárať zmluvy
~ **of production** výrobná kapacita
~ **planning** kapacitné plánovanie
~ **to draw bills** zmenková spôsobilosť
~ **to endorse bills** zmenková spôsobilosť
~ **variance** rozdiel nákladov oproti rozpočtu v dôsledku vyššej alebo nižšej zamestnanosti
capacity: in a managerial capacity vo vedúcom postavení
capias ad respondendum príkaz na zatknutie alebo predvedenie
capital kapitál; základný majetok; hlavné mesto; veľké písmeno; kapitálový; investičný; istina
~ **account** kapitálový účet; základný účet; konto čistého majetku
~ **accumulation** akumulácia kapitálu
~ **adequacy** kapitálová primeranosť
~ **allowances** zľavy z daní korporácií
~ **and reserves** vlastné zdroje
~ **and surplus** kapitál a rezervný fond
~ **appreciation** kapitálové ocenenie
~ **asset** fixné aktívum; základný prostriedok
~ **asset pricing** ocenenie základných prostriedkov
~ **assets** investície; základné prostriedky; kapitálové aktíva
~ **budget** investičný rozpočet; kapitálový rozpočet
~ **charges** kapitálové náklady
~ **consumption** kapitálová spotreba; amortizácia základných prostriedkov
~ **cost** investičné náklady; kapitálové náklady
~ **due** nesplatený kapitál
~ **endowment** cena materiálu vo výrobku
~ **equipment** kapitálové zariadenie; vybavenie základnými prostriedkami
~ **expenditures** investičné výdavky
~ **flight** únik kapitálu
~ **formation** tvorba kapitálu
~ **fund** základný fond
~ **gain** kapitálový zisk (prínos)
~ **gain tax** daň z kapitálového zisku; daň z výnosu finančného majetku; daň z investícií
~ **goods** investičný majetok (prostriedky); základné prostriedky; kapitálový majetok
~ **growth** rast kapitálu; zvýšenie trhovej ceny cenných papierov
~ **in excess of par value** emisné ážio
~ **intensity** kapitálová náročnosť (ukazovateľ relatívnej viazanosti základných prostriedkov)
~**-intensive** kapitálovo (investične; fondovo) náročný
~ **intensive** kapitál s tendenciou rastu, charakterizovaný potrebou použitia dodatočného kapitálu na zvýšenie produkcie alebo zisku
~ **intensive industry** kapitálovo náročné odvetvie priemyslu
~ **investment** investícia uloženia kapitálu; čiastka investovaná do kapitálu alebo investícií
~ **issues** kapitálové emisie
~**-labor ratio** vybavenosť práce kapitálom
~ **lease** kapitálový prenájom, druh leasingu považovaný za kúpu a predaj pri splnení určitých kritérií
~ **levy** dávka z majetku
~ **liability** kapitálové ručenie
~ **link method** metóda hlavného článku
~ **loan** kapitálová pôžička; pôžička, ktorá nemôže byť zaplatená bez použitia kapitálových aktív
~ **maintenance** reprodukcia základných prostriedkov
~ **market** kapitálový trh
~ **moneys** ukladací kapitál
~ **movement** pohyb kapitálu
~ **net worth** čistá hodnota kapitálu; celkové aktíva mínus pasíva
~ **offered** voľné finančné prostriedky na trhu; voľné peniaze na trhu
~ **outflow** vývoz kapitálu; únik kapitálu
~ **outlay** kapitálové výdavky; výdavky na získanie alebo prírastok investícií
~ **paid in** splatený kapitál; čiastka platená Federálnej rezervnej banke za jej cenné papiere
~ **project** investičný projekt
~ **rating** hodnotenie kapitálu
~ **rationing** pridelenie kapitálu
~ **redemption** umorenie kapitálu
~ **reduction** redukcia kapitálu

~ **repair** generálna oprava
~ **requirement** celková finančná investícia; potreba kapitálu
~ **resources** kapitálové prostriedky; prostriedky pevného alebo trvalého charakteru
~ **reswitching** presun kapitálu
~ **return** výnos z vloženého kapitálu
~ **risk** kapitálové riziko; riziko v prípade, že banka musí vyplatiť finančné prostriedky partnerovi
~ **stock** am. základný akciový kapitál spoločnosti; kmeňové akcie
~ **structure** štruktúra kapitálu (pomer medzi cudzími a vlastnými zdrojmi)
~ **subscribed** upísaný kapitál
~ **sum** kapitálová čiastka; pôvodná hodnota majetku, finančných prostriedkov, hypotéky
~ **surplus** kapitálový prebytok; prevaha aktív nad pasívami; emisné ážio
~ **tax** daň z kapitálu
~ **transfer** kapitálový prevod
~ **transfer tax** daň z prevodu kapitálu
~ **turnover** obrat kapitálu
~ **widening** rozširovanie kapitálu
capitalism kapitalizmus
capitalization kapitalizácia; aktivovanie; aktivácia; celková hodnota všetkých cenných papierov firmy
~ **company** kapitalizačná spoločnosť
~ **of financial costs** aktivizácia finančných nákladov
~ **of income** aktivácia príjmu
~ **of interest** kapitalizácia úrokov
~ **rate (s), over all** všeobecná kapitalizačná sadzba; čistá sadzba plus provízia za znovuzískanie celkovej investície
~ **rate (s), source of** zdroj kapitalizačnej sadzby: trh je jediným zdrojom kapitalizačných sadzieb
~ **rate (s), split** rozdelenie kapitalizačnej sadzby; aplikácia rozdielnych sadzieb na časti celkového čistého príjmu
~ **ratios** percento, ktoré pri každej z nasledujúcich položiek alebo jej častí pripadá na celkovú kapitalizáciu; kapitalizačný pomer
capitalize kapitalizovať; realizovať
capitalized zhodnotený
~ **cost** investičné náklady; aktivované náklady
~ **value** kapitalizovaná hodnota
capitation tax daň na hlavu; paušálny poplatok
caps horná hranica úrokov
caption heslo; záhlavie; hlavička; legenda; pútač
captive pre vlastnú potrebu (napr. výrobok pre ďalšiu spotrebu vo firme)
~ **insurance company** poisťovňa pre vlastnú potrebu
capture zber; zhromažďovanie dát; príkaz na miestnej počítačovej sieti
carbonized form prepisový formulár
carbonless copying paper samoprepisový papier
card karta; legitimácia; navštívenka; vizitka; oznámenie (v novinách)
~**-activated night drop** nočný bankomat
~ **base** celkový počet plastických kariet vydaných spoločnosťou
~ **file** kartotéka; súbor diernych štítkov; štítkový súbor
~**-index** register; kartotéka; lístkovnica; lístkový zoznam
~**-index file** kartotéka
~ **ledger** hlavná (účtovná) kniha
~ **matching** párovanie štítkov; porovnávanie štítkov
~ **network** sieť kariet
~ **pick-up** zadržanie karty; príkaz na zadržanie karty, ktorá bola zneužitá
~ **reissue** príprava a distribúcia bankových kariet držiteľom; znovuvydanie karty držiteľom, ktorým končí platnosť karty
~ **security number (CSN)** bezpečnostné číslo karty
cardholder držiteľ karty
~ **account** konto držiteľa karty
~ **accounting** účtovníctvo držiteľa karty
~ **agreement** zmluva držiteľa karty
~ **master file** hlavný súbor držiteľa karty
~ **statement** výkaz o držiteľovej karte; fakturačný súhrn zostavený a zasielaný v určitých intervaloch
cardinal hlavný; základný; kardinálny
~ **number** základná číslovka; mocnenec (základ)
~ **utility function** základná úžitková funkcia
cards kádrový materiál
~ **recovered** znovunájdené karty
care starostlivosť, pozornosť; opatrnosť; starať sa o; odolať; udržať; zaopatriť; mať záujem
~ **of securities** starostlivosť o cenné papiere
career povolanie; zamestnanie; životná dráha; kariéra
~ **woman** žena vo vyššom postavení
careerist karierista
careful manager riadny, opatrný hospodár
carelessness nedbalosť
Carey Street slang. bankrot
cargo dovozné; náklad; kargo
~ **deadweight** čistá nosnosť
~ **manifest** zoznam tovaru
~**-worthy** zariadenie na dopravu určitých nákladov
carload vagónová zásielka
~ **freight** celovozidlový náklad

~ **lot** am. celovozidlová zásielka
carnet karnet
carriage doprava; preprava; dopravné; vozidlo; odhlasovanie; schválenie (zákona); vedenie; správa; dovozné
~ **charges** dovozné
~ **forward (paid)** brit. dovozné platené príjemcom; nevyplatene
~**-free** vyplatene; franko
~ **paid** vyplatene; franko
~ **traffic** vozidlová doprava; doprava po náprave
carried down balance prevod zostatku
~ **forward file** aktualizovaný (prevedený) súbor
carrier dopravca; prepravca; am. doručovateľ; nosič; poštár; nositeľ informácie
carry prenos; dopravovať; viesť (výrobok v ponuke; tovar na sklade); zvážať; držať; poslať; doručiť; nosiť; zriadiť; prolongovať; zapísať do knihy
~ **a penalty** byť trestaný
~ **an order** vybaviť objednávku
~ **back** spätný prenos; odpočítať od zdaniteľného príjmu za minulé obdobie
~**-back** kompenzácia strát daňou zaplatenou v predošlých rokoch
~ **business** podnikať; obchodovať
~**-forward** prevod strát do budúcich rokov
~ **forward** prevádzať (na účte); prenášať; na dobierku
~ **funds abroad** mať peniaze v zahraničí
~ **in conformity** uviesť do súladu
~ **in stock** mať na sklade
~ **interest** niesť úrok
~ **into ledger** zapísať do hlavnej účtovnej knihy
~ **into operation** realizovať
~ **lookahead** paralelný prenos
~**-on** príručný
~ **on** pokračovať; prevádzkovať; vykonávať; udržiavať v chode; viesť (debatu)
~ **on a trade** prevádzkovať remeslo (živnosť)
~ **on business** prevádzkovať obchod
~ **on trade** obchodovať; viesť obchod
~ **out** prevádzkovať; vybaviť; splniť; vykonať
~ **out the obligation** plniť záväzok
~ **over** preniesť; spojiť; odložiť; prolongovať; odložiť plnenie; am. odpočítať od zdaniteľného príjmu za nasledujúce obdobie
~**-over data** dáta prenosu (v aritmetickej jednotke)
~**-over of losses** prevod strát
~ **the deal over** odložiť plnenie pri burzových prolongačných obchodoch
~ **to account** zúčtovať; zaúčtovať
carryback odpočítateľná položka
carrying broker maklér
~ **business** obchodné zasielateľstvo
~ **charge** prevádzkové náklady; poplatky pridané k cene služby ako náhrada za zdržané platenie
~ **charges** dopravné; úrok z dlžnej čiastky; nevýrobné náklady na tovar
~ **market** trh, na ktorom sú zaznamenávané časovo vzdialenejšie dodávky cenných papierov s prémiou vyššou než dodávky časovo bližšie
~**-over day** odložený deň; odložený deň doručenia
~ **value** zostatková hodnota
carryover prevod do ďalšieho obdobia; prenos
~ **funds** fondy prevádzané do ďalšieho obdobia; prevod úverov
~ **operation** špekulačné obchody; prolongačné obchody (na burze)
cars slang. kontrakty
cart kára; dopravný vozík; voziť; rozvážať; zvážať
~ **note** sprievodný list
cartage rozvoz; prevoz; dovozné; doprava povozom
~ **rates** sadzby za povoz
carte a memoire úverová karta vydaná vo Francúzsku, ktorá má integrovaný obvod; úverová karta, ktorá umožňuje 100 transakcií a priame čítanie štítku
~ **blanche** fr. neomedzená plná moc; voľná ruka
carted goods tovar dopravovaný za bežné tarify
cartel kartel; dohoda
~ **agreement** kartelová dohoda
carting agent dopravca prenajímajúci vlastné alebo najaté vozidlá
cartogram kartogram
carve vyrezávať; rezať; vytesávať
~**-out** financovanie prevodom výnosov z budúcej produkcie
~**-out a career** zabezpečiť si peknú kariéru
~**-out a large fortune** získať veľký majetok
casco poistenie dopravného prostriedku
case kontejner; hovor. argumenty; kazeta; prípad; okolnosť; vec; súdny spor; krabica; kasa; pád
~ **authority** precedens (súdny)
~ **law** nepísané, precedentné právo
~ **note** slang. dolárová bankovka
~ **of need** prípad potreby
~ **shift** preraďovanie klávesnice
cash peniaze; peňažné prostriedky; pokladňa; pokladničná hotovosť; inkasovať; vybrať v hotovosti; hotovosť; drobná minca
~ **a cheque** inkasovať šek; preplatiť šek
~ **account** pokladničný účet
~ **advance** pokladničná záloha
~ **advance balance** bilancia pokladničnej

zálohy; nezaplatená časť pokladničných záloh pôžičiek
~ **advance draft** zmenka na pokladničnú zálohu
~ **advance reimbursement fee** poplatok za vyplatenie pokladničnej zálohy
~ **advanced on wages** záloha na mzdu
~ **against documents** platenie v hotovosti proti dokladom
~ **and carry** zaplať a odnes; okamžitý nákup tovaru za platné ceny
~ **and carry wholesaler** veľkoobchodník ponúkajúci predaj za hotové bez dopravy tovaru
~ **and time deposits** zložka obežného majetku (vklady; šeky; hotovosť)
~ **assets** finančné aktíva
~ **audit** inventarizácia peňažných prostriedkov; revízia pokladne
~ **balance** pokladničný výkaz; pokladničný zostatok; pokladničná uzávierka; hotovostná bilancia
~ **basis** hotovostný základ
~ **before delivery** vyplatené vopred (pred dodaním)
~ **benefits** peňažné dávky
~ **birth grants** pôrodné
~ **book** pokladničná kniha; pokladničný denník
~**-box** príručná pokladňa
~ **budget** pokladničný (hotovostný) rozpočet
~ **business** efektívny obchod
~ **buyer** kupujúci za hotovosť
~ **buying** nákup za hotové
~ **card** pokladničná karta
~ **checking** pokladničná kontrola; revízia
~ **counter** pokladňa
~ **credit** akceptačný bankový úver; pokladničný úver
~ **crop** trhová plodina
~ **deficiency** pokladničný rozdiel
~ **deficit** manko v pokladni; schodok
~ **desk** pokladňa
~ **diary** pokladničný denník; príručná pokladničná kniha
~ **discount** cenová zrážka; pokladničná zrážka; zľava pri platení v hotovosti; skonto
~ **dispenser** bankomat
~ **down** za hotové
~ **earnings** nominálne príjmy; hotovostné výnosy; príjmy v hotovosti mínus výdavky v hotovosti
~ **excess** pokladničný prebytok
~ **expenses** výdavky hotovosti; náklady hradené v hotovosti
~ **flow** peňažný tok; pohyb hotovosti; celkové podnikom zarobené prostriedky; príjmy mínus výnosy hotovosti
~ **flow budget** rozpočet príjmov a výdavkov hotovostí
~ **flow net(to)** samofinancovanie netto; čistý hotovostný tok
~ **for** vybrať; inkasovať (za hotové)
~ **forecast** prognóza hotovosti
~ **holding** pokladničná hotovosť
~ **house** firma predávajúca za hotové
~ **in advance** platenie v hotovosti vopred
~ **in bank** pohľadávka v banke; hotovosť v banke
~ **in hand** pokladničná hotovosť; likvidné prostriedky
~ **in the chips** slang. „inkasovať triesky" (uzavrieť obchodnú transakciu)
~ **in vault** banková hotovosť
~**-ins** inkasá
~ **journal** pokladničný denník
~**-keeper** pokladník
~ **letter** peňažný list
~ **letter of credit** peňažný akreditív
~ **loan** pôžička za poistku
~ **losses** ihneď splatné náhrady škôd
~ **management** riadenie hotovosti; finančné účtovníctvo; pokladničný management
~ **management account** am. účet podľa zostatku ktorého sú vystavované úverové karty a šeky
~ **method of accounting** finančné účtovníctvo
~ **note** pokladničný šek
~ **office** hlavná pokladňa
~**-on-delivery note** dobierkový lístok
~ **on the barrel head** slang. peniaze „na drevo"; platiť v hotovosti
~ **over and short** pokladničný prebytok a manko
~ **paid** pokladničný výdavok
~ **paid receipt** pokladničná potvrdenka; potvrdenka o zaplatení v hotovosti
~ **payment** platenie v hotovosti
~ **payments book** kniha pokladničných výdavkov; pokladničný denník
~ **payments journal** kniha pokladničných výdavkov; pokladničný denník
~ **position** hotovostná pozícia (pomer hotovosti a celkových čistých aktív); finančná situácia
~ **price** cena za hotové; súčasná cena pokladničnej komodity danej kvality
~ **principal** hlavná pokladňa
~ **proceeds** príjmy v hotovosti; pokladničné príjmy
~**-push inflation** inflácia vyvolaná nákladmi
~ **ratio** ukazovateľ okamžitej likvidity
~ **receipt** pokladničný príjem; potvrdenka
~ **receipts journal** denník pokladničných potvrdení
~ **refund annuity** peňažná náhrada životného dôchodku

~ **register** kontrolná pokladňa
~ **release ticket** potvrdenie o prevode hotovosti
~ **report** pokladničná správa
~ **sale** predaj za hotové
~ **short** pokladničné manko; účet mánk v hlavnej účtovnej knihe
~ **statement** pokladničný výkaz
~ **substitution ticket** potvrdenka o prevode hotovosti
~ **surplus** prebytok v pokladni
~ **surrender value** hodnota vydanej hotovosti; celková čiastka vyplatená bankou po zrušení životnej poistky
~ **the check** vyplatiť šek
~ **ticket** pokladničný lístok
~ **till** zásuvka s peniazmi
~ **trade** obchod za hotové; transakcia platená v hotovosti pre okamžité doručenie tovaru
~ **turnover report** výkaz o obrate hotovosti
~ **value** skutočná hodnota; kúpna hodnota životnej poistky
~ **voucher** pokladničný doklad
~ **with order** v hotovosti súčasne s objednávkou; platenie vopred
~ **without discount** bez zľavy pri platení v hotovosti
cash: for cash za hotové
~ **for ready cash** za hotové
cashable speňažiteľný; likvidný
cashbook pokladničný denník
cashbox príručná pokladňa
cashed check preplatený šek
cashier pokladník; donútiť k abdikácii; prepustiť zo služby
cashier's account pokladníkov účet
cashing inkaso (šeku)
~ **and carry** zaplatí a odnesie
~ **the reminder** dobierka
cashless bezhotovostný
cashomat bankomat
cast súčet; vlastnosť; odtieň; odsúdiť na pokutu; odložiť; hádzať; vrhať; zhadzovať
~ **up** spočítať
casting slang. akákoľvek minca
casualty poistná udalosť; úraz; náhodná udalosť; poistná hodnota; nehoda
~ **insurance** úrazové poistenie
~ **loss** nečakaná strata
cat and dog špekulačný
~ **out** kradnúť v obchode
catalog katalóg; zoznam; ročenka; katalogizovať; súpis; adresár
~ **house** zásielkový obchodný dom
catalogue price cena podľa katalógu
catastrophic error závažná chyba
catching pútavý; príťažlivý
~ **bargain** obchod, kde poškodená strana nemohla vyjednávať za rovnocenných podmienok
category kategória; skupina; trieda
~ **of budget** rozpočtová kapitola
~ **of cost** účtovná sekcia; trieda účtov
cater starať sa o zásobovanie, pohostenie a zábavu; starať sa o hostí
~ **for st.** dodávať; zásobovať; starať sa o niečo
catering zásobovanie lodí a lietadiel; pohostinstvo; stravovanie
~ **manager** hospodár
cats and dogs špekulačné cenné papiere; vysoko špekulačné akcie
cattle dobytok
~ **trade** obchod s dobytkom
causal kauzálny; príčinný
causality príčinná súvislosť; kauzalita; príčinnosť
cause vec; príčina; dôvod; príčina; proces; spor; spôsobiť; byť príčinou
caused shortage zavinené manko
caution opatrnosť; výstraha; záruka; kaucia; ručiteľ
cautioner škót. ručiteľ
caveat povinnosť znášať nebezpečenstvo veci; súdna výstraha; poveriť opaterou; uložiť do starostlivosti; namietať
~ **emptor** predaj bez záruky; riziko nesie kupujúci
~ **subscriptor** riziko nesie predávajúci
cede postúpiť; postúpiť obchod inej spoločnosti
CEDEL Centrale de Livraision de Valeurs Mobiliéres, automatizovaný systém pre doručenie a účtovanie Eurobond-ov
cedi platobná jednotka Ghany
ceiling strop; dovolené maximum; maximálny
~ **price** maximálna cena
~ **value** maximálna hodnota
celerity of the turnover of circulating means rýchlosť obratu obežných prostriedkov
cello-tape celofánová uzavieracia páska
census súpis; sčítanie (ľudu); odhad majetku
~**-paper** sčítací hárok
cent cent; stotina dolára
~ **sign** symbol pre cent
center stredisko; stred; ústredie; centrum; sústrediť; koncentrovať; centrovať
central bank ústredná banka; centrálna banka
~ **credit surveillance** centrála úverového dozoru
~ **information fund (CIF)** ústredný informačný súbor banky
~ **liability** súhrn pasív (dlžníka)
~ **office** ústredná kancelária; riaditeľstvo; ústredie
~ **proof** ústredná kontrola

~ **rate** centrálna sadzba; dočasne zavedená centrálna sadzba; stredný devízový kurz
centralization of accounting centralizácia účtovníctva
~ **of capital** sústredenie kapitálu
centralized bookkeeping centralizované účtovníctvo
~ **control** centralizované riadenie
~ **planning** centralizované plánovanie
centre pozri center
~ **of manufacture** výrobné stredisko
century slang. stodolárovka
~ **note** am. slang. stodolárovka
certain information spoľahlivá informácia
certificate osvedčenie; protokol; certifikát; potvrdenie; vysvedčenie; kvalifikovaný; skúsený
~ **account** termínovaný účet; T-konto; overené konto
~ **check** overený šek
~ **of acceptance** osvedčenie o prevzatí
~ **of accounts** audit účtov; overenie účtov
~ **of baptism** krstný list
~ **of birth** rodný list
~ **of civil status** výpis z matriky
~ **of claim** potvrdenie o nároku
~ **of competence** diplom
~ **of custom clearance** výstupný list (pri colnom konaní)
~ **of debt** dlžobný úpis
~ **of delivery** dodací list
~ **of deposit** vkladový certifikát; depozitný certifikát
~ **of financial statement** auditovaný finančný výkaz
~ **of identity** preukaz totožnosti
~ **of indebtedness** krátkodobý dlžobný úpis; nekrytá vlastná zmenka
~ **of insurance** potvrdenie o poistení; poistný certifikát
~ **of manufacture** výrobné osvedčenie
~ **of marriage** sobášny list
~ **of origin** osvedčenie o pôvode
~ **of ownership** osvedčenie o vlastníctve
~ **of participation** certifikát o účasti; certifikát investičnej spoločnosti, vydaný namiesto akcií s uvedením pomerného úroku
~ **of posting** podací lístok
~ **of registry** registračný certifikát; prehlásenie registračného úradu štátu o registrácii lode
~ **of release** certifikát o vzdaní sa práva; potvrdenie podpísané požičiavateľom o splatení hypotéky
~ **of roadworthiness** osvedčenie o technickom stave vozidla; technický preukaz
~ **of service** osvedčenie o pracovnom pomere
~ **of signature** osvedčenie o správnosti podpisu
~ **of title** vlastnícky certifikát; potvrdenie, že predávajúci vlastní dobré, predajné a poistené právo na vlastníctvo
~ **of value** osvedčenie o cene
~ **of warranty** záručný list
~ **stamp** kolok na osvedčenie
~ **stating the legal status of a firm** výpis z obchodného registra
certificated copy overený odpis
~ **securities** potvrdené cenné papiere
certificates certifikáty; americké bankovky, obiehajúce vo forme potvrdení na strieborné alebo zlaté mince
~ **of debt** dlžobné úpisy; certifikáty označujúce, že pôžička ostáva nezaplatená
~ **of deposit** vkladové certifikáty
~ **with a term** certifikáty so splatnosťou
certification osvedčenie; certifikát; potvrdenie; overenie
~ **of origin** osvedčenie o pôvode tovaru; osvedčenie pôvodu
~ **teller** likvidátor-kontrolór šekov (v banke)
~ **trade-mark** zapísaná obchodná známka
certified accountant účtovnícky znalec; autorizovaný účtovník; auditor
~ **check** potvrdený šek; prijatý šek; overený šek
~ **copy** overený odpis
~ **debentures** dlžobné úpisy
~ **invoice** faktúra potvrdená konzulátom
~ **letter** notársky overený list
~ **mail** doporučená pošta
certify overiť; osvedčiť; potvrdiť; dať oprávnenie; dosvedčiť
~ **under one's hand** potvrdiť vlastným podpisom
cessation zastavenie; prerušenie; zánik
cesser nedbalosť; vypršanie lehoty; vypršanie povinnosti
cession postúpenie práva (pohľadávky); postup; cesia; odstúpenie; prevod (vlastníctva)
cessionary cesionár
cestui oprávnený
~ **que (cestuy que)** fr. ten, kto
~ **que vie** fr. ten, na ktorého dožitie je viazané právo alebo povinnosť
ceteris paribus za rovnakých podmienok
cédule skladovacie potvrdenie, použité pri prevodoch alebo cesiách
chaffer vyjednávať; dohadovať
chain reťaz (pobočiek; obchodov; bánk); filiálna predajňa
~ **discount** postupne počítaná zľava (zo znižovaného základu)
~ **store** jednotkový obchodný dom; filiálka
~ **store tax** daň z jednotkového obchodu
~ **trade** reťazový obchod
chair predsedníctvo; predseda; predsedať; riadiť
chairman predseda

chairmanship predsedníctvo
chairperson predseda; predsednička
challenge výzva; protest; zložitý problém; vzniesť námietku; odmietnuť
chance náhoda; nádej; šanca; možnosť; príležitosť; vyhliadka; riziko; skúsiť; odvážiť sa
~ **bargain** odvážna zmluva
~ **customer** príležitostný zákazník
~ **purchase** príležitostná kúpa
chancellor kancelár; am. sudca na súde equity; rektor
Chancellor of the Exchequer brit. minister financií
change zmena; výmena; drobné; zmenka; premeniť; rozmeniť; burza
~ **in amount consumed** zmena spotreby; zmena v spotrebných výdavkoch; zvýšenie alebo zníženie čiastky spotrebných výdavkov
~**-in character** znak návratu
~ **prices** zmeniť ceny
changeable premenlivý; nestály; meniteľný; zastupiteľný
~ **goods** zastupiteľný tovar
changer zmenárnik
changes in demand zmeny dopytu
changing patterns of demand meniaca sa štruktúra dopytu
channel kanál; oznamovací kanál; informačný kanál; spájať; smerovať
channels for investment investičné možnosti
~ **of distribution** distribučné kanály (cesty; trasy)
~ **of supply** zásobovacie cesty
chapman podomový obchodník
character povaha; črta; charakter; charakteristický znak; osoba; osobnosť; posudok; vysvedčenie; postavenie; hodnosť; písmo; písmeno; značka
~ **information rate** entropia stacionárneho zdroja správ
~ **negative acknowledge** záporné potvrdenie znaku
~ **off-line correction** dodatočná oprava znakov
~ **printer** znaková tlačiareň; sériová tlačiareň
~ **translate table** tabuľka prevodov znakov
~ **translator** prevodník znakov
~ **validity** platnosť znakov
characteristic charakteristika; znak; vlastnosť; príznačný; typická krivka
~ **distortion** charakteristické skreslenie
~ **equation** charakteristická rovnica
~ **of origin** znak pôvodu
~ **of purpose** znak účelu
~ **overflow** preplnenie charakteristiky
~ **value** charakteristická hodnota
characterization charakterizácia; popis; vylíčenie
charge poplatok; taxa; cena; bremeno; daňový predpis; poveriť; zdaniť; plniť; finančný výdavok; náklady; príkaz; poverenie; úrad; zaťaženie; pripísať na vrub; účtovať na vrub; zdaniť; plniť
~ **a commission** počítať províziu
~ **account** otvorený úverový účet; účet dlžníkov; úver v tovare
~ **account banking** bankový úver na tovar
~ **back** vrátenie transakcie
~ **deduction** zľava
~ **for st.** účtovať za niečo
~ **in full** výdavky celkom; celkové výdavky
~ **notice** oznámenie o účtovaní na vrub
~ **of account** zaťaženie účtu
~ **of postage** poštovné
~ **off** odpísať
~ **on account** pripísať na vrub účtu
~ **out** vyúčtovať
~ **price** účtovaná cena
~ **sb. with st.** obviniť niekoho z niečoho
~ **send** na úver; autorizovaný nákup tovaru zákazníkom na úver
~ **the price** účtovať cenu
~ **ticket** výdajový lístok
~ **wire** obrátený peňažný prevod
charge: without charge zadarmo; bezplatne
chargeable zdaniteľný; podliehajúci poplatku; účtovateľný; započítateľný
~ **cost** účtovateľné náklady
charges náklady; výdavky; poplatky
~ **and miscellaneous revenues** výdavky a rôzne príjmy; nezdaniteľné príjmy získané hlavne z poplatkov, z prenájmu komodít alebo služieb
~ **deducted** náklady po odpočítaní výdavkov
~ **for warehousing** poplatky za skladovanie
~ **incurred** súvisiace výdavky
~ **prepaid** výdavky zaplatené vopred
charging účtovanie; počítanie poplatkov
~ **order** súdny zákaz
~ **rate** zúčtovacia sadzba
charitable dobročinný; bezplatný; zhovievavý; charitatívny
~ **devise** dobročinné odovzdávanie (v závete)
~ **institution** dobročinné zariadenie; charitatívna inštitúcia
~ **remainder** dobročinná budúca držba
charity dobročinnosť
chart diagram; tabuľka; schéma; mapa
~ **of accounts** účtová osnova; účtový rozvrh
~ **template** vzor grafu
~ **type** typ grafu
charter koncesia; charta; zakladajúca listi-

na; najať si; výsadná listina; úradné povolenie obchodnej spoločnosti; zmluva medzi súkromnou spoločnosťou a štátom
~ **agreement** dohoda o prenájme (dopr. prostriedku)
~ **fees** poplatky za vyhotovenie akcionárskej zmluvy
~ **member** zakladajúci člen
~ **of a foundation** nadačná listina
~ **party** nájomná zmluva; zmluva o prenájme lode
chartered privilegovaný; autorizovaný
~ **accountant** brit. autorizovaný účtovnícky znalec; prísažný revízor účtovníckych kníh; auditor
~ **bank** autorizovaná banka; poverená banka
charting zostavovanie diagramov
chartist burzový analytik
chaser pracovník zákazkového oddelenia
chattel hnuteľný majetok
~ **mortgage** hypotéka na hnuteľnosti
~ **paper** dlžobný úpis so zmluvnou zárukou
chattels personal osobný hnuteľný majetok
chatter real časovo obmedzené práva na nehnuteľnosti (napr. prenájom)
cheap lacný; lacno
~ **money** lacné peniaze; dostatok peňazí za lacný úrok
cheapen zlacniť; jednať sa
cheat oklamať; podviesť
check kontrola; dozor; skúška; prekážka; kontrolná známka; účet; overovať; ohlásiť sa u kontroly; potvrdenka; ústrižok; šek (amer.)
~ **account** šekový účet; kontrolný záznam
~ **addition** kontrolná sumarizácia
~ **asterisk** šeková hviezdička
~ **authorization** schválenie šeku
~ **back** am. zabezpečenie spätným prenosom
~ **bargains** kontrolovať obchody z predchádzajúceho dňa
~ **bouncer** slang. šekový podvodník; kto prečerpal svoje konto
~ **bouncing protection** ochrana proti nekrytým šekom
~ **box** okienko (pre označenie začiarknutím); riadiaci box; ovládací rámček
~ **byte** kontrolná slabika
~ **character** kontrolný znak
~ **clearing** zúčtovanie šekov
~ **clerk** pracovník kontrolujúci účty
~ **clock** pichacie hodiny
~ **computation** kontrolný výpočet
~ **credit** šekový úver
~ **currency** šekové obeživo
~ **desk** kontrolné oddelenie (banky)
~ **forgery** falšovanie šekov
~ **in** zapísať; prihlásiť sa (na pobyt); ubytovať sa
~ **key** kontrolný kľúč
~ **number** číslo šeku; kontrolné číslo
~ **of prices** kontrola cien
~ **off** odčiarkávať; začiarkávať; kolacionovať
~-**off system** zrážkový systém
~ **office** poštový šekový úrad
~ **out** hlásiť odchod; ladiť, preskúšať program
~-**out counter** am. pokladňa v samoobsluhe
~ **problem** kontrolná úloha
~ **processing** spracovanie šekov
~ **proof total** kontrolný súčet
~ **protect** ochrana šekov
~ **requisition** vyžiadanie si šeku; požiadavka na prípravu šeku
~ **safekeeping** forma bezplatnej šekovej služby
~ **sorter** triedič šekov
~ **stub** kontrolný ústrižok šeku
~ **sum** kontrolný súčet
~ **sum monitoring** sledovanie kontrolných súčtov
~ **the market** preskúmať trh
~ **total** kontrolný súčet
~ **trading** obchod so šekmi
~ **truncation** skrátenie šeku; zrýchlené spracovanie šeku; premena informácií na šeku do elektronických impulzov
~ **up** overiť; skontrolovať
~ **up with st.** am. zhodovať sa s niečím
~ **value** kontrolná hodnota
~ **verification** overenie šeku
~ **word** kontrolné slovo; kľúč
checkable skontrolovateľný; to čo sa ide vyplatiť na vrub šekového konta
checkbook šeková knižka; kontrolná knižka (majiteľa účtu); vkladná knižka
checker kontrolór; inšpektor; dohliadač; strážnik; skladník; pokladník
checking kontrola; overenie; skúšanie; preverovanie; kontrolný
~ **account** šekový účet; bežný účet v banke
~ **copy** dokladový výtlačok (napríklad časopisu); inzertný doklad
checkless bezšekový; bez kontroly
~ **banking** bezšekové bankovníctvo
checklist šekový zoznam; kontrolný zoznam; katalóg
checkoff zadržaná čiastka
checkout overovanie; kontrola; pokladňa; kontrolný
checkup preskúšanie; revízia; kontrola
checkvalue kontrolná hodnota
checkwriter stroj na vystavovanie šekov
cheerful radostný; šťastný; prívetivý (trh)
cheque šek; zloženka; šekový
~ **book** šeková knižka
~ **card** šekový preukaz; bankový preukaz (majiteľa účtu)

~ **guarantee card** šeková preukážka
~ **in settlement** šek na úhradu
~ **number** číslo šeku
~ **to bearer** šek na doručiteľa; šek na majiteľa
~ **to orderer** šek na doručiteľa
chermatistic honba za ziskom a bohatstvom
cherry pie am. slang. ľahko získané peniaze
chest fond; pokladňa inštitúcie; skriňa; krabica
chief šéf; v spojení s inými slovami: hlavný; vedúci; nadriadený
~ **accountant** hlavný účtovník
~ **clerk** vedúci kancelárie; prokurista; am. vedúci predavač
~ **executive** generálny riaditeľ; prezident; guvernér štátu (USA)
~ **executive officer (CEO)** hlavný výkonný úradník; výkonný predseda akciovej spoločnosti
~ **of department** vedúci oddelenia
~ **officer (CO)** hlavný úradník; šéf administratívy
~ **operating officer (COO)** riaditeľ (prezident) akciovej spoločnosti
~ **teller** hlavný pokladník
children's allowance prídavky na deti; rodinné prídavky
Chinese wall Čínsky múr; politická bariéra medzi oddelením pre správu zvereného majetku a ostatnými úsekmi banky
chip čip; mikroprocesorová doštička; polovodičový substrát; čipový
chisel podfuk; oklamať
chit krátka správa; dobropis; paragon
~**-system** platenie bonmi; platenie dopropismi
choice voľba; výber; sortiment; voliť; vybraný; výberový
~ **device** zariadenie voľby
chop brit. obchodná značka; kvalita; prerušovať
~ **cost** znížiť náklady
~ **x% from budget** znížiť rozpočet o x percent
chose osobný majetok; súdna vec; časť osobného majetku
~ **(s) in possession** hnuteľné veci; hmotný osobný majetok v skutočnom vlastníctve
choses in action predmet právneho sporu; pohľadávky, nehmotné práva a cenné papiere; predmet právneho nároku
Christian name krstné meno
chronic chronický; trvalý; zlý; protivný
~ **inflation** chronická inflácia
church tax cirkevná daň
churning „čerenie"; opakovaný nákup a predaj cenných papierov
CIF - cost, insurance, freight výdavky, poistné, dopravné
cipher číslica; cifra; parafa; šifra; monogram; nula; šifrovať; šifrovací
~**-proof** nulový zostatok
cipherer šifrant
ciphering šifrovanie; počítanie
ciphertext šifrované dáta; šifrovaný text
ciphony šifrovanie reči
circle kruh; cyklus
circuit okruh; obchádzka; súdny obvod; obvodový; obeh; okružná cesta
~ **letter** obežník
~ **note** akreditív; úverový list
circuity of action nepriamy postup (ak je zmenka vrátená osobe, ktorá ju už podpísala a ktorá ju môže znovu prevádzať)
circular obežník; kruhový; okružný; točitý
~ **bond** obežník s informáciami o obligáciách
~ **capital** obežný kapitál; prevádzkový kapitál
~ **chart** kruhový diagram; registračný kotúč
~ **check** cirkulárny šek
~ **constant** Ludolfovo číslo
~ **error** cyklická chyba
~ **flow** kolobeh; obeh (v ekonomike)
~ **graph** kruhový diagram
~ **letter** obežník
~ **letter of credit** okružný akreditív; akreditív, ktorý nie je adresovaný banke ani žiadnemu úradu
~ **note** bežný akreditív
~ **scale** kruhová stupnica
circularize obiehať; poslať obežník
circulate cirkulovať; dať do obehu; rozširovať; periodicky sa opakovať
circulating assets obežné prostriedky
~ **capital** obežný kapitál
~ **funds** obežné fondy
~ **means** obežné prostriedky
~ **medium** obežný prostriedok
circulation obeh; cirkulácia; kolobeh; obeživo; distribúcia
~ **bank** ceduľová banka
~ **cost** náklady na obeh
~ **of money** obeh peňazí
~ **of records** obeh dokladov
~ **of the goods** obeh tovaru
circumfiduciation prevedenie vkladových potvrdení do iných investícií
circumflex znak „strieška" (^)
circumstance okolnosť
circumstantial závislý na okolnostiach; obšírny
~ **evidence** nepriamy dôkaz; indícia
circumvent obchádzať; prekaziť; zmariť; oklamať; podviesť
~ **the embargo** obísť embargo
citation file súbor odkazov
~ **index** zoznam odkazov
citizen občan; štátny občan; obyvateľ; civilista; mešťan

citizenship štátne občianstvo
city veľké mesto; mestský
~ **bond** komunálna obligácia
~**-dues** mestské poplatky
~ **mayor** starosta
civic občiansky; civilný
civil občiansky; civilný; občiansko-právny; zdvorilý; úctivý
~ **bond** vládna obligácia
Civil Code občiansky zákonník
civil corporation obchodná spoločnosť zo zákona
~ **engineering** stavebné inžinierstvo; stavebníctvo
~ **loan** občianska pôžička
claim nárok; pohľadávka; tvrdenie; právny nárok; reklamácia; poistná škoda; uplatňovať nárok; konštatovanie; požiadavka
~ **against estate** žaloba o dedičstvo
~ **audit** revízia nároku
~ **bill** škodový účet; účet škôd
~ **damages** uplatňovať nárok na odškodné
~ **for damages** nárok na náhradu škody
~ **in due time** včasnosť reklamácie; reklamácia v stanovenom čase
~ **letter** reklamačný list
~ **loss and profits** vymáhať stratu a ušlý zisk
~ **on a mortgage** hypotéková pohľadávka
~ **payment** upomínať; žiadať zaplatenie
claimant uchádzač; žiadateľ; kto uplatňuje nárok; reklamujúca strana
claims adjuster odhadca; likvidátor škôd; havarijný komisár
~ **agent** pozri: claims adjuster
~ **record** škodový priebeh; záznam o škodách
~ **settlement** úhrada pohľadávok
clandestine trade pašeráctvo
clarify objasniť; prečistiť; ozrejmiť
class trieda; triediť; zaradiť; druh; oceniť
~ **of insurance** druh poistenia; poistné odvetvie
~ **of options** opčná trieda
~ **of trade** obchodná skupina; druh obchodu
~ **price** skupinová cena
~ **rate** skupinová sadzba
classical klasický
~ **economics** klasická ekonomická teória
~ **management** klasické riadenie
classification členenie; triedenie; klasifikácia; kategória; príslušnosť
~ **by elements of cost** druhové členenie nákladov
~ **by line** odvetvové členenie
~ **of accounts** členenie účtov; triedenie účtov; klasifikácia účtov
~ **of budget** rozpočtová klasifikácia
~ **of fixed assets** triedenie investičných prostriedkov
classificatory klasifikačný; triediaci
classified loan klasifikovaná pôžička
~ **stock** klasifikované akcie; kmeňové akcie rozdelené do skupín
~ **system of concepts** triediaci systém; klasifikačný systém
~ **taxation** klasifikované zdanenie
classifier číselník; klasifikátor
clause doložka; klauzula; článok; podmienka; výnimka; odstavec; fráza
~ **in contract** zmluvná doložka
~ **of warranty** garančná doložka
clause: the most favoured nation clause doložka najvyšších výhod
claused bill of exchange zmenka s doložkou
clean čistiť; bez výhrad; bezúhonný; poctivý; bezchybný; aktualizovaný; súmerný
~ **acceptance** bezpodmienečné prijatie zmenky
~ **bill** zmenka bez dokumentov; čistá zmenka; čistý konosament; osvedčenie o bezúhonnosti
~ **bill of lading (B/L)** čistý konosament
~ **data** bezchybné dáta
~ **draft** jednoduchá trata; zmenka bez dokumentov
~ **float** pohyblivá mena
~ **letter of credit** čistý akreditív
~ **payment** čistá platba
~ **receipt** potvrdenie o prevzatí tovaru bez výhrad
~ **up** slang. zisk z obratne realizovanej transakcie; zrovnať; slang. zhrabnúť všetky možné zisky na trhu
cleaning agent čistiaci prostriedok
clear precliť; colne odbaviť; uhradiť; zaplatiť; vyrovnať (účty); mať čistý zisk; vyjasniť; prečistiť; bez zrážok; netto; celý; plný; neskrátený
~ **a bill** preplatiť zmenku
~ **accounts** vyrovnať účty
~ **applications** vybaviť žiadosti
~ **certificate** potvrdenie o colnom odbavení
~ **expenses** kryť náklady; zarobiť si (na krytie niečoho)
~ **goods** colne vybaviť tovar
~ **loss** čistá strata
~ **of charge** bez výdavkov; bez poplatkov
~ **of debt** bez dlhov
~ **off** zbaviť sa dlhov; rozpredať
~ **off a debt** splácať dlh
~ **profit** čistý zisk
~ **text** nekódovaný text
~ **the account** zúčtovať
clearance colné odbavenie; preclenie; colný preukaz; likvidácia (zmenky); dopredaj; platenie (dlhu); vybavenie; zúčtovanie; medzera; vôľa; vymazanie

~ **fees** zúčtovacie poplatky
~ **sale** výpredaj
clearances množstvo tovaru expedované v určitom časovom období
cleardown vymazanie; vynulovanie
cleared zúčtovaný
~ **to account...** prevedené na účet ...
clearing vzájomné vyrovnávanie pohľadávok; bezhotovostný platobný styk; zúčtovanie; kompenzácia; clearing(ový); (vzájomné) preclenie; záverečný
~ **account** clearingový účet; operatívny účet; súhrnný účet
~ **and settlement** zúčtovanie a vysporiadanie; proces, v ktorom sú šeky alebo iné záznamy premiestnené do organizácie, ktorá vedie účty
~ **bank** zúčtovacia banka
~ **bill** potvrdenie o colnom odbavení
~ **draft** zúčtovacia trata; trata vystavená na člena zúčtovacieho združenia
~ **house** zúčtovací ústav; stredisko výmeny informácií; clearingová banka; zúčtovacie združenie
~ **house interbank payment systems** platobné systémy medzibankového zúčtovacieho združenia
~ **price** zúčtovacia cena; burzový kompenzačný kurz
clearings zúčtovanie vzájomných pohľadávok a záväzkov
clerical úradnícky; administratívny; kancelársky; cirkevný
~ **department** administratívny úsek
~ **error** chyba v listine; pisárska chyba; administratívna chyba
clerk úradník; sekretár; pisár; koncipient
clerkdom úradníctvo
client klient; zákazník
~ **in dire need of help** klient v sťaženej situácii
~ **of long standing** stály zákazník; starý zákazník
clientage klientela
clientele zákazníctvo
clientless bez zákazníkov
clientship klientela; zákazníci
climb down zľavovať
clinch a deal uzavrieť obchod
clique záujmová skupina
clock hodiny; takt
~ **card** kontrolná karta; pichačka; kontrolka
~ **stamp** časová pečiatka; registračný prístroj, zaznamenávajúci čas (pichačky)
clockwise (clkw) v smere pohybu hodinových ručičiek
clone klon (kompatibilný počítač)
close záver; záverečný kurz (na burze); zrušený účet
~ **an account** uzatvoriť účet
~ **bargain** uzavrieť dohodu (obchod)
~ **books** uskutočniť účtovnú uzávierku
~ **down** am. zastaviť prácu; zavrieť podnik
~**-end fund** uzavretý fond, ktorého akcie sú obchodované na burze cenných papierov alebo na priehradkovom trhu
~ **majority** tesná väčšina
~ **margin of profit** nepatrný zisk
~**-market prices** pevné ceny
~ **money** burzový termín pre nepatrné zmeny cien ďalších transakcií
~ **out** uzavrieť; likvidovať; urobiť konečné vyrovnanie
~**-out sale** výpredaj; tovar vo výpredaji
~ **statement** príkaz uzavretia (súboru)
~ **the deal** urobiť dobrý obchod
closed account vyrovnané konto
~ **circuit communication system** uzavretý oznamovací systém
~ **economy** uzavretá ekonomika
~**-end credit** dlhodobý úver
~**-end fund** investičná firma, ktorej akcie sú vymieňané na burze cenných papierov alebo na pokladničnom trhu
~**-end investment company** uzavretá investičná spoločnosť; manažérska investičná spoločnosť, ktorá získala kapitál prostredníctvom verejnej ponuky
~**-end lease** uzavretý leasing
~**-end mutual fund** uzavretý spoločný fond; fond s iba určitým množstvom nezaplatených akcií
~ **indent** uzavretá objednávka z cudziny
~ **loop** uzavretý cyklus; uzavretá slučka
~ **mortgage** viazaná hypotéka
~ **out** zastavený; zarazený (na burze cenných papierov)
~ **stock** predaj len kompletných sérií alebo predaj bez ubezpečenia, že budú možné náhrady; uzatvorená akcia; uzavretá ponuka
~ **trade** uzavretý obchod
closely held držba (akcií) úzkym okruhom osôb
closeout sale výpredaj
closing uzavretie obchodu; záverečný
~ **account** záverečný účet
~ **agreement** záverečná dohoda; konečná, definitívna dohoda
~ **balance** konečné saldo; konečný zostatok; konečný stav
~ **charges** poplatky spojené s uzavretím obchodu
~ **costs** náklady spojené s uzatvorením obchodu (právnické poplatky atď.)
~ **date** dátum uzávierky; konečný termín
~ **entry** uzávierková položka; konečná položka
~ **of books** účtovná uzávierka
~ **price** záverečná cena; záverečný kurz (cenných papierov)
~ **purchase** záverečná kúpa; transakcia, pri

ktorej pisateľ likviduje svoju pozíciu nákupom opcie
~ **range** záverečný rozsah (pri obchode s komoditami)
~ **sale** záverečný predaj
~ **statement** záverečná správa; záverečná reč
~ **summary accounts** záverečný burzový kurz; záverečné účty
~ **the books** uzavretie účtovníckych kníh
~ **the ledger** uzavretie hlavnej účtovníckej knihy
cluster zhluk (slabík); skupina (páskových jednotiek); cluster (základná jednotka záznamu na disku); blok (kláves); zoskupovať; skupinový; zhlukový
cluster analysis zhluková analýza
clustered errors zhluk chýb
co-op store am. družstevná predajňa
~**-owned** spoločne vlastnený
~**-owned branch** spoločná pobočka
~**-owner** spolumajiteľ; spoluvlastník
~**-ownership** spoluvlastníctvo
coaccept avalovať
~ **by the bank** avalovať bankou
~ **the draft** avalovať zmenku
coarse hrubý; približný; drsný; neuhladený
~ **planning** hrubé plánovanie
coated card štítok s magnetickou vrstvou
Cobb-Douglas production function Cobb-Douglasova produkčná funkcia
COBOL (Common Business Oriented Language) počítačový jazyk COBOL
cochairman spolupredsedajúci
code zákonník; kódex; zákon; zbierka zákonov; znak; číslo obchodného prípadu; kód
~**-book** číselník
~ **check** kontrola kódu
~ **number** číselný znak
~ **of accounts** účtový kód
~ **of laws** zákonník
~ **word** kódové slovo
codebar polohový čiarový kód
coded document zakódovaný dokument
codes of practice praktické manuály
codetermination spoluúčasť; spolurozhodovanie
codicil kodicil; dodatok k záveti
codification kodifikácia (niekedy v zmysle vytvárania zväzku právnických predpisov); písomné ustanovenie
codify kodifikovať; písomne stanoviť
coding kódovanie; programovanie; kódovací
coefficient koeficient; súčiniteľ; činiteľ; ukazovateľ
~ **matrix** matica koeficientov; koeficientová matica
~ **of fineness** koeficient úplnosti
coemption skúpenie všetkých zásob (tovaru)
coerce donútiť; prinútiť
coercive pressure(s) hospodársky nátlak
coffee and cake slang. malý plat
coffret prepojenie (fran. telefónna sieť)
cofinancing spoločné financovanie; spolufinancovanie
cogent argument presvedčivý dôkaz
cognition rozpoznávanie (znakov)
cognizance chápanie; jurisdikcia; súdna právomoc
cognovit note uznávací úpis; úpis, ktorý je vlastnou zmenkou, ako aj hnuteľnou zálohou
coherence súvislosť; spojitosť; koherencia
cohesion previazanosť
coil zvitok (pásky)
coin minca; peniaz; raziť mince
~ **box** telefónna búdka (na mince)
~**-counting machine** počítač mincí
~ **pack** balíček mincí
coinage razenie; právo raziť mince; menová sústava; razené peniaze
coincide zhodovať sa
coincidence koincidencia; zhoda; koincidenčný; súhlasný; zhodný; súradnicový; súčinový
coined gold mincové zlato
coiner razič mincí; peňazokazec
coinsurance vzájomné poistenie
coinsurer spolupoisťovateľ
cold call vstupné volanie
~ **canvassing** výber potenciálnych investičných zákazníkov banky bez referencií
~ **in hand** am. slang. osoba bez peňazí
~ **start** studený štart (systému)
~ **turkey** neokrôchanosť; šoková terapia
collage koláž
collapse zrútenie; kolaps; pád
collapsible company spoločnosť pred zrútením
collar kurzové rozpätie
~ **pricing** „kruhové" oceňovanie; miesto určenia presnej ceny akcií
collate porovnávať; kolacionovať; zhromaždiť a triediť; usporiadať podľa kľúčov
collated copies usporiadané kópie
collateral záruka; istota; vedľajší; kolaterálny; súbežný; pobočný; sprievodný
~ **agreement** záručná dohoda; vedľajšia dohoda
~ **bond** zaručená obligácia
~ **draft** krycia zmenka
~ **loan** lombardná pôžička; pôžička zaručená osobným majetkom
~ **management** záručná správa; dohľad veriteľa nad zákazníkovým majetkom poskytnutým ako záruka na pôžičku
~ **mortgage** zaručená hypotéka
~ **mortgage bonds** zaručené hypotékové obligácie
~ **note** zaručený úpis

~ **pledge** prísľub na záruku
~ **reserve** záručná rezerva
~ **security** záruka istená cennými papiermi
~ **value** záručná hodnota
collateralized loan pôžička zaručená cennými papiermi
collation započítanie na robotnícky podiel; kolácia; kolacionovanie; základný; logický súčin
colleague kolega
collect zbierať; vyberať; inkasovať; zhromaždiť
~ **a claim** vymáhať pohľadávky
~ **a tax** vyberať daň
~ **call** am. hovor na účet volaného
~ **charges** vybrať poplatky (od príjemcu)
~ **cheque** inkasovať šek
~ **debts** inkasovať dlhy
~ **shipment** zásielka na dobierku
~ **statistics on** obstarávať štatistiku niečoho
~ **taxes** vyberať dane
collectable splatný; inkasovateľný
~ **account** inkasovateľná faktúra; splatný účet
~ **bill** splatná zmenka
~ **debts** dobytné pohľadávky
collected funds inkasované peňažné prostriedky; hotovosť alebo šeky, uložené v banke
collecting fee inkasný poplatok z dobierky; poplatok za vyzdvihnutie zásielky
~ **invoice** zberná faktúra
~ **of duties** vyberanie poplatkov
~ **place** zberňa
~ **voucher** zberný doklad
collection inkaso; súprava; súbor; kolekcia; vyberanie; zber; zhromažďovanie; zbierka; inkasný
~ **agent** inkasný agent
~ **charge** inkasný poplatok
~ **cycle** inkasný cyklus
~ **fee** inkasné náklady; inkasný poplatok
~ **ledger** hlavná inkasná účtovnícka kniha
~ **letter** upomienka
~ **money-order** príkazová poukážka
~ **of drafts** inkaso trát
~ **of information** zber informácií
~ **of laws** zbierka zákonov
~ **of money** inkaso
~ **on delivery** splatné pri dodaní, na dobierku
~ **order** inkasný príkaz
~ **period** inkasné obdobie
~ **ratio** inkasný pomer (pomer pohľadávok k čistým predajom, vykazuje inkasnú schopnosť podniku)
~ **reminder** inkasná upomienka
~ **teller** inkasný pokladník
collective kolektív; kolektívny; zberný; hromadný
~ **agreement** kolektívna zmluva
~ **bargaining** rokovanie o kolektívnej zmluve; kolektívne vyjednávanie
~ **body** kolektívny orgán
~ **documents** súhrnné doklady
~ **good(s)** tovar hromadnej potreby; kolektívne statky
~ **invoice** zberná faktúra
~ **liability** spoločné ručenie
~ **ownership** spoločné vlastníctvo
~ **policy** hromadná poistka
collectivize kolektivizovať
collector kolektor; inkasant; výberca
~ **salesman** vyberač splátok u zákazníkov
college brit. vysoká škola; univerzita; fakulta; univerzitná prípravka
collegiate organization akademická organizácia
collision check skúška duplicity
collocation usporiadanie
collusion konšpirácia; nekalá konkurencia; tajná dohoda smerujúca k porušeniu práva
collusive dohodnutý; dohovorený
~ **bidding** dohovorená ponuka
colon menová jednotka Kostariky a Salvadoru
~ **equal** priraďovací znak (:=)
colonial bond koloniálna obligácia
~ **goods** koloniálny tovar
color farba; farbiť; farebný
~ **of title** právny nárok
column stĺpec; rubrika; stĺpcový
~ **chart** stĺpcový diagram
~ **code** stĺpcový kód
~ **indicating device** stĺpcový ukazovateľ
~ **scale** stĺpcový ukazovateľ
~**-wise recalculation** výpočet po stĺpcoch
columnal stĺpcový; tabelárny; v stĺpcoch
columnar stĺpcový; tabelárny; v stĺpcoch
columnarize rozdeliť na stĺpce
columns of the form stĺpce formulára
comanager spoluriaditeľ
combination kombinácia; spolčovanie; monopolné spájanie podnikov; spojenie; zlučovanie; združenie; kombinát
~ **bond** kombinovaná obligácia
~ **export salesman** vývozný zástupca niekoľkých firiem
~ **in restraint of trade** spolčenie za účelom obmedzovania slobody obchodu; zmluva o omedzení obchodu
~ **orders** spojené objednávky
~ **rate** kombinovaná sadzba
~ **salesman** spoločný zástupca niekoľkých firiem
combinational kombinačný
combinatorics kombinatorika
combinatory analysis kombinatorika
combine koncern; kartel; kombinát; spojiť sa; združovať; zjednotiť sa; kombinovať; zlučovať sa

~ **price** cena stanovená koncernom
combined kombinovaný; zložený; zlúčený; univerzálny
come into competition dostať sa do rozporu
~ **into effect** dosiahnuť účinnosť; dosiahnuť platnosť
~ **into force** dosiahnuť účinnosť; dosiahnuť platnosť
~ **into operation** začať prevádzku; dosiahnuť účinnosť; dosiahnuť platnosť
~ **into property** získať majetok
~ **off clear** vyviaznuť bez škody
~**-on** slang. podvodník
~ **out ahead** dostať sa hore; mať úspech
~ **to a settlement** dosiahnuť dohodu
~ **to a standstill** dospieť k mŕtvemu bodu
~ **to an agreement** dohodnúť sa
~ **to term** vypršať; mať splatnosť
~ **to terms** dohodnúť sa
~ **under status of limitations** spadať pod premlčanie
comfort letter odporúčajúci list (list požičiavateľovi, odporúčajúci, aby požičal vypožičiavateľovi)
comma čiarka
command inštrukcia; povel; príkaz; znalosť; veliť; ovládať; mať k dispozícii; rozkaz
~ **economy** príkazová ekonomika
~ **list** zoznam príkazov
commanding prikazovanie; ovládanie; riadenie
commandite komanditná spoločnosť
commemorative medal pamätná medaila
commencement začatie; začiatok
commencing salary nástupný plat
commend schváliť; odporučiť
commendatory letter písomné odporúčanie; odporúčajúci list; pochvalný prípis
commensurate primeraný; odpovedajúci; úmerný
~ **salary** primeraný plat
comment poznámka; komentár; pripomienka; vysvetlivka; kritika
~ **entry** zápis poznámky
commerce obchod; obchodovanie; obchodné styky
~ **clause** komerčná doložka
commercial reklamný šot (televízny alebo rozhlasový); obchodný; komerčný
~ **account** podnikateľské konto
~ **agency** komerčná kancelária; komerčná agentúra
~ **agent** obchodný zástupca; sprostredkovateľ
~ **and technical services** obchodno-technické služby
~ **bank** obchodná banka; komerčná banka
~ **bill** obchodná, komerčná zmenka
~ **book** obchodná kniha
~ **borrowing** komerčné požičiavanie
~ **capital** obchodný kapitál
~ **circles** obchodné kruhy
~ **code** obchodný zákonník
~ **college** vyššia obchodná škola
~ **company** obchodná spoločnosť; komerčná spoločnosť
~ **counsellor** obchodný radca
~ **credit** obchodný, komerčný úver
~ **director** obchodný riaditeľ
~ **draft** komerčná trata; platobný peňažný príkaz, ktorý vydáva predávajúci tovaru na účet kupujúceho v banke
~ **instrument** obchodný cenný papier
~ **intercourse** obchodný ruch; obchodné styky; komerčné styky
~ **law** obchodné právo
~ **letter of credit** komerčný akreditív; dokument, ktorým banka poskytuje svoj úver zákazníkovi na financovanie tovaru
~ **loan** komerčná pôžička
~ **name** obchodné meno; firma
~ **overhead** obchodná réžia
~ **paper** obchodný cenný papier
~**-paper house** burza obchodných cenných papierov
~ **profit** obchodný zisk
~ **register** obchodný register
~ **relations** obchodné styky
~ **report** informácie o úverovej schopnosti zákazníka
~ **representative** obchodný zástupca
~ **section** obchodné oddelenie
~ **set** komerčná zostava (štyri hlavné doklady, týkajúce sa zásielky: účet, nákladový list, poisťovací certifikát a zmenka)
~ **settlement accounts** účet pre zúčtovanie obchodov
~ **treaty** obchodná zmluva; komerčná dohoda
~ **value** trhová hodnota
~ **year** komerčný rok; obchodný rok (360 dní)
commercialese obchodný žargón
commercialism obchodný duch; obchodná zvyklosť; komercionalizmus
commercialist komercialista
commingled accounts zmiešané účty
commission provízia; komisia; splnomocnenie; poslanie; agentúra; komisionársky obchod; objednávka; uvádzať do prevádzky; poručníctvo; plná moc
~ **account** provízny účet
~ **agent** komisionár; sprostredkovateľ za províziu
~ **broker** konateľ na províziu; maklér; agent (na burze)
~ **contract** komisionárska zmluva
~ **del credere** úverová provízia
~ **for st.** objednávka na niečo
~ **house** sprostredkovateľská (komisionárska) firma

~ **in full** provízia, z ktorej sa hradia výdavky
~ **merchant** komisionár
~ **trade** konateľský obchod
commission: on a commission basis na základe provízie
~ **to be in commission** byť v pohotovosti; byť v prevádzky schopnom stave; byť v prevádzke
~ **to be out of commission** prestať fungovať; byť vyradený z prevádzky
commissioner komisionár; poverenec; komisár
~ **of banking** bankový komisár
commit poveriť; zveriť; uložiť
commitment záväzok; dohoda o kúpe alebo predaji ukladacích cenných papierov; dodanie; prísľub
~ **fee** poplatok za viazanie zdrojov
~ **loan** poplatok za prísľub úveru
commitment: without any commitment bez záväzkov
committee výbor; komisia; kurátor; poverenec; opatrovník
commodities komodity; výrobky
commodity tovar; druh tovaru; komodita
~ **arrangement** dohoda o tovare
~ **collateral loan** pôžička zaručená tovarom
~ **demand** dopyt po komoditách
~ **dollar** komoditný dolár
~ **exchange** komoditná burza; tovarová burza; burza s tovarom; organizácia, ktorá poskytuje zariadenie pre zhromaždených kupujúcich a predávajúcich agentov pre podporu obchodov
~ **goods market** komoditný trh
~ **list** zoznam komodít
~ **market** trh tovaru; komoditný trh
~**-monetary relations** tovarovo peňažné vzťahy
~ **paper** dokumentárna zmenka (na tovar); komoditný cenný papier
~ **policy** tovarová (komoditná) politika
~ **rate** komoditná sadzba; druhová sadzba
~ **surplus** komoditný prebytok
common spoločný; verejný; obvyklý; obyčajný; obyčajový; obec; obecná pôda
~ **denominator** spoločný menovateľ
~ **design** spoločný úmysel; spoločný zámer
~ **divisor** spoločný deliteľ
~ **economy** komunálne hospodárstvo
~ **ends** spoločné ciele
~ **error** bežná chyba
~ **expense** spoločné výdavky
~ **factor** spoločný menovateľ
~ **fraction** obyčajný zlomok; jednoduchý zlomok
~ **labour** nekvalifikovaná práca; nekvalifikované pracovné sily
Common Law brit. obyčajové právo; zvykové právo
~ **Market** spoločný trh
common message štandardná správa
~ **mode** súhlasný; spoločný
~ **multiple** spoločný násobok
~ **number** všeobecné číslo
~ **plan** spoločný plán
~ **policy** hromadná poistka; spoločná politika
~ **price** bežná cena
~ **property** spoločné vlastníctvo; verejný majetok
~ **ratio** kvocient; podiel
~ **repair** bežná oprava
~ **rights** ľudské práva
~ **seal** firemná pečiatka; pečiatka organizácie
~ **sense** zdravý rozum
~ **share** kmeňová akcia; obyčajná akcia
~ **stock** obyčajné akcie; kmeňové akcie; kmeňový akciový kapitál
commonable v spoločnom vlastníctve
commonage spoločné právo na niečo
commons občina
Commons brit. Dolná snemovňa
Commonwealth Britské spoločenstvo národov; Austrálsky zväz
communal komunálny; spoločný; obecný
communication komunikácia; oznamovanie; správa; spojenie; spoj; dopravná cesta; dopravný prostriedok; prenos (dát); komunikačný; prenosový
~ **costs** náklady na spoje
~ **engineering** oznamovacia technika; zariadenie spojov; oznamovacie prostriedky
communications spoje; oznamovacia technika
communiqué fr. správa; komuniké
community obec; spoločnosť; spoločenstvo; komunita
~ **college** vyššia stredná škola
~ **district** obecný obvod
~ **of interest** združenie podľa ekonomického záujmu
commutation premena; dochádzanie do zamestnania
~ **rights** práva výmeny (poisťovníctvo)
commute premeniť; vyplatiť (anuitu); zmierniť (trest); dochádzať do práce
commuter tax daň z dochádzania (daň z príjmu pre tých, ktorí v meste pracujú, ale bývajú inde)
compact dohoda; zmluva; úsporný; kompaktný
compages sústava; systém; štruktúra
companies register obchodný register
companionship spoločenstvo; spoločenský styk; spoločnosť; spolok
company (Co.) spoločnosť; podnik
~ **accountancy** účtovníctvo podniku
~ **benefits** prémie; prídavky; mimoriadne odmeny

~ **check** šek spoločnosti
~ **commitments** záväzky podniku
~ **debts** dlhy podniku
~ **image** podnikový imidž; „meno" podniku; reputácia podniku
~ **indebtedness** zadĺženosť podniku
~ **information system** informačný systém podniku
~ **intelligence** informácie o konkurencii
~ **law** obchodné právo; zákon o obchodných spoločnostiach
~ **limited** spoločnosť s ručením obmedzeným, s.r.o.
~ **limited by shares** akciová spoločnosť; spoločnosť s ručením obmedzeným
~ **organization** podniková organizácia
~ **promoter** zakladateľ spoločnosti
~ **property** majetok spoločnosti
~ **record-keeping** výkazníctvo podniku
~ **register** podnikový register
~ **store** podniková (závodná) predajňa
~ **tax** dôchodková daň
~ **union** fiktívny odborový zväz financovaný firmou
~ **wind-up** likvidácia podniku
comparability porovnateľnosť
comparable porovnateľný; úmerný
~ **cost** porovnateľné náklady
~ **prices** porovnateľné ceny
comparative analysis porovnávacia analýza
~ **balance sheet** porovnávacia súvaha; súvaha vykazujúca informácie pre viac ako jedno fiškálne obdobie
~ **cost principle** zákon rastu relatívnych nákladov
~ **profit and loss statement** porovnávací výkaz zisku a straty
compare porovnať; porovnávací
compass obvod; okruh; kompas; lehota; dosah; dosiahnuť
compatibility kompatibilita; zlučiteľnosť; kompatibilný
compellable vynútiteľný
compendency súdržnosť; spojitosť
compendium stručný prehľad
compensate vyrovnať (sa); kompenzovať; nahradiť; odškodniť; vyplatiť
~ **sb. for st.** odškodniť niekoho za niečo; vyplatiť odškodné
compensated demand function kompenzovaná dopytová funkcia
~ **dollar** kompenzovaný dolár
compensating balance kompenzačný zostatok
~ **depreciation** kompenzačné zníženie cien
~ **tariff** kompenzačné clo
compensation kompenzácia; náhrada; vyrovnanie; odškodnenie; bonifikácia; odmena za prácu; plat; honorár; doplatok na vyrovnanie
~ **deal** kompenzačný obchod
~ **for expenses** náhrada skutočných výdavkov
~ **for st.** odškodnenie za niečo
~ **of a loss** náhrada straty
~ **of employees** mzda zamestnancov
~ **packages** platové podmienky
~ **per hour** mzdová hodinová sadzba
~ **trade** kompenzačný obchod
compensatory recipročný; kompenzačný; vyrovnávací
~ **accounts receivable** vyrovnávacie pohľadávkové účty
~ **duty** vyrovnávacie clo
~ **finance** kompenzačné financie (teória vládnych výdavkov)
~ **official financing** kompenzačné úradné financovanie; transakcia, realizovaná úradom na poskytnutie (alebo získanie) cudzej meny
~ **surcharge** vyrovnávacia prirážka
compete konkurovať; súťažiť; uchádzať sa; obstáť
competence kompetencia; oprávnenie; schopnosť; kvalifikácia; právomoc; pôsobnosť
competent kompetentný; oprávnený; príslušný; kvalifikovaný; vhodný; spôsobilý
~ **majority** potrebná väčšina (hlasov)
competibility súťaživosť
competing business konkurencia
competition konkurencia; hospodárska súťaž; závody; konkurz
~ **of tenders** vypísaný konkurz
~ **price** konkurenčná cena
competitive konkurencieschopný
~ **bid** konkurenčná ponuka
~ **market** konkurenčný trh; voľný trh
~ **parity budgeting** vyčlenenie prostriedkov na reklamu podľa úrovne reklamných výdavkov konkurencie
~ **price** konkurenčná cena
~ **profile** konkurenčný profil; zoznam hlavných konkurentov banky; porovnanie rastu vkladov a objemu pôžičiek, sortimentnej skladby a porovnanie služieb
~ **queue** prioritný rad; rad s rôznymi typmi užívateľov
~ **strength** schopnosť súťažiť
~ **trader** konkurenčný obchodník; člen burzy, ktorý obchoduje s akciami na svoje konto
competitivity súťaživosť
competitor konkurent; súper; účastník konkurzu
competitor's fight konkurenčný boj
compilation kompilácia; zostavenie; preklad (programu)
compile zostaviť; kompilovať; prekladať; zobrať; zhromaždiť
~ **statistics** zostaviť štatistiku

compiler manager kompilačný riadiaci program
complaint sťažnosť; reklamácia; žaloba
~ **book** kniha reklamácií
~ **of st.** reklamovať niečo; sťažovať sa na niečo
complement doplnok; plný stav; dopĺňať; tvoriť doplnok; komplementárny; doplnkový
~ **addition** doplnkové sčítanie
~ **on one** jednotkový doplnok
~ **representation** zobrazenie doplnku
complementary doplnkový; komplementárny; pomocný
~ **products** združené výrobky
complete doplniť; dokončiť; úplný; dokončený; dokonalý
~ **audit** úplná revízia; komplexný audit
~ **jobless ratio** celková nezamestnanosť v %
~ **line** úplný sortiment
~ **st.** dokončiť niečo; vyplniť niečo
~ **trust** kompletné poručníctvo
completed contract accounting účtovanie splneného kontraktu
~ **transaction** ukončená transakcia
completes splnené (na burze)
completion dokončenie; doplnenie; podpísanie (zmluvy)
~ **bond** ukončená obligácia
~ **code** ukončovací kód
complex komplex; súbor; úplný; zložitý
~ **cost** komplexné náklady
~ **decision table** zložená rozhodovacia tabuľka
~ **fraction** zložený zlomok
~ **integer** komplexné celé číslo
complexity factor činiteľ obtiažnosti
compliance zhoda; súhlas; povolenie
~ **director** člen obchodnej firmy kontrolujúcej dodržiavanie zásad riadneho postupovania pri obchodovaní s cennými papiermi
~ **examinations** úvodná kontrola banky zo strany bankového dozoru
~ **with measures** súlad s ustanoveniami
complicate komplikovať; zapliesť
complicity spoluvina; komplikovanosť
complimentary card čestná vstupenka
~ **copy** autorský výtlačok
~ **room** hotelová izba poskytovaná bezplatne
comply with splniť; byť v zhode; vyhovieť
~ **with a code** zodpovedať zákonníku
~ **with the market requirements** zodpovedať požiadavkám trhu
~ **with the terms** vyhovieť podmienkam (finančným)
component prvok; zložka; konštrukčný prvok; súčasť; člen
~ **of liabilities** zložka pasív
~ **operating firms** čiastočné prevádzkové jednotky; spoločnosti, ktoré fungujú ako jednotka holdingového systému podniku
compose st. vytvoriť niečo; skladať niečo; spájať (program)
composed bracket zložená zátvorka ({})
~ **fraction** zložený zlomok
composite zmiešaná poistná zmluva; kombinovaný; zložený
~ **check** zložený šek
~ **data element** štrukturovaný údaj
~ **demand** zložená požiadavka
~ **depreciation** združené odpisovanie
~ **goods** zmiešaný tovar
~ **limit order book** združená kniha limitovaných príkazov (elektronický archív, ktorý automatizuje všetky príkazy na nákup alebo predaj cenných papierov)
~ **number** zložené číslo
~ **rate depreciation** odpis združenou sadzbou
~ **supply** združená dodávka
composities kompozitá (súbory dát pri obchodovaní s cennými papiermi)
composition konkordát; nútené vyrovnanie; skladba; kompozícia; sadzba; zloženie
~ **adjustment** vyrovnanie; zaplatenie dlhu určitým percentom
~ **proceedings** súdne vyrovnanie
~ **settlement** dohoda o vyrovnaní
compound zloženie; zloženina; uznať pohľadávku; zvýšiť úrok; pristúpiť na zmier; skladať; spájať
~ **duty** kombinované clo
~ **entry** zložitý zápis
~ **event** súhrnný jav; komplexný jav
~ **fraction** zložený zlomok
~ **interest** úroky z úrokov; zložitý úrok
~-**interest method of depreciation** odpisová metóda zložitého úroku
~ **probability** spojená pravdepodobnosť
~ **tariff** zložené clo
~ **with creditors** vyrovnať sa s veriteľmi
compounded zložitý úrok; úrok z úrokov
comprehensible zrozumiteľný
comprehensive jednotný; kompletný; vyčerpávajúci; všetkým dostupný
~ **income** súhrnný príjem
~ **insurance** združené poistenie
~ **planning** komplexné (súhrnné) plánovanie
~ **school** jednotná stredná škola
compress redukovať; komprimovať; stlačiť; potlačiť (medzeru)
compromise kompromis; dohoda; zmier; uzavrieť kompromis; kompromisný
comptant hotovostný obchod na burze
comptometer sčítačka
comptroller finančný kontrolór; hlavný účtovník
compulsion donútenie

compulsory obligatórny; povinný; zákonom nariadený; donucovací
~ **assortment** povinný sortiment
~ **charges** povinné poplatky
~ **education** povinná školská dochádzka
~ **sale** nútený predaj
computation výpočet; rozpočet; približný odhad; počet; počítanie
~ **aids** výpočtové prostriedky; výpočtové pomôcky
~ **center** am. výpočtové stredisko
~ **of income taxable** výpočet zdaniteľného príjmu
computational procedure algoritmus
~ **process** výpočtový proces
compute zúčtovať; vypočítať; odhadnúť; kalkulovať
computer počítač; počítačový
~**-aided manufacturing (CAM)** automatizované riadenie výroby (CAM); výroba pomocou počítača
~ **analysis** analýza počítačom
~ **art** výpočtová technika
~ **balancing** počítačové bilancovanie
~ **communication** styk s počítačom
~**-directed** riadený počítačom
~ **fraud** zneužitie počítača
~**-integrated manufacturing** automatizovaná výroba
~ **service bureau** služby užívateľom počítača
~**-system audit** preverenie počítačového systému
~**-wise** ovládajúci výpočtovú techniku
computerese strojový jazyk; počítačový slang (žargón)
computerization automatizácia počítačom
~ **of accounting** automatizácia účtovníctva
computerized bookkeeping automatizované účtovníctvo
~ **information system** automatizovaný informačný systém
~ **methods** výpočtové metódy
computing výpočet; počítanie; výpočtový; počítací; operačný
~ **aids** výpočtové prostriedky; výpočtové pomôcky
~ **analyst** systémový analytik
conceal zamlčať; zakrývať
concealed income utajený príjem
~ **unemployment** skrytá nezamestnanosť
concede povoliť; poskytnúť; uznať
concensus všeobecná zhoda; súhlas
concentrate koncentrát; koncentrovať
concentration koncentrácia; sústreďovanie; sústredenie; koncentračný
~ **of capital** koncentrácia kapitálu
concept pojem; predstava; poňatie; koncept; koncepcia
conceptual framework koncepcia
concern koncern; koncernový podnik; záujem; starosť; firma; podiel; znepokojenie; záležitosť; trust; záujmová spoločnosť; týkať sa; zaujímať niekoho
concerned zúčastnený; zainteresovaný
concert spoločne dohodnúť
concerted dohodnutý; spoločný
~ **economic actions** zladená ekonomika
concession koncesia; licencia; povolenie; zľava; ústupok; výsada; oprávnenie (autorizované); koncesovaný
concessionaire koncesionár; držiteľ koncesie, poskytnutej vládou
concessional rate znížená sadzba
conciliate zmieriť; vyrovnať
conciliation in arbitration pokus o zmierenie
conclude uzavrieť; dohodnúť; ukončiť; definitívne dohodnúť (am.)
~ **a contract** uzavrieť zmluvu
~ **a treaty** uzavrieť dohodu
conclusion záver; uzatvorenie; dohodnutie (zmluvy)
conclusions zhrnutie; sumarizácia
conclusive záverečný; nezvratný; rozhodujúci
~ **evidence of accounting** preukaznosť účtovníctva
concordance zhoda; súlad
concrete konkrétny; pevný
concur in st. zhodnúť sa; súhlasiť s niečím
concurrence zhoda; súhlas; súčinnosť; spolupôsobenie
concurrent zhodný; súhlasný; simultánny; súbežný; súčasný; zároveň
~ **computer** simultánny počítač
~ **insurance** súbežné poistenie
condemn odsúdiť; vyvlastniť pre dlhy
condensed balance sheet zhustená bilancia
~ **statement** zhustený výkaz
condition podmienka; stav; postavenie; akosť; podmienečne schváliť; pripraviť vhodné obchodné podmienky
~**-based** závislý na stave
~ **concurrent** podmienený súbeh; podmienka pri kontrakte, podľa ktorej sa dve udalosti musia stať súčasne; podmienená súbežnosť
~ **precedent** odkladná podmienka; doložka ku kontraktu, že okamžité povinnosti a práva budú zabezpečené len na základe určitej udalosti
~ **statement** formulácia podmienok (v rozhodovacej tabuľke)
~ **stub** kvadrant formulácií podmienok (v rozhodovacej tabuľke)
~ **subsequent** rozväzovacia výnimka; doložka ku kontraktu, týkajúca sa prípadu, ktorý ruší práva a povinnosti
condition: on condition that s podmienkou že

~ **out of condition** v pokazenom stave
~ **under the condition** pod podmienkou
conditional podmienečný; podmienený
~ **acceptance** podmienečné prijatie
~ **bond** záruková garančná poistka
~ **endorsement** podmienené žíro
~ **jump** podmienený skok; podmienené vetvenie
~ **most-favoured-nation clause** podmienečná doložka najvyšších výhod
~ **sale agreement (CSA)** podmienečná kúpna zmluva
~ **sales** podmienené predaje
conditioned debt podmienený dlh
conditioning certificate osvedčenie o stave
~ **document** vzorový formulár; zavádzací formulár
conditions vonkajšie podmienky; okolnosti; pomery
~ **of employment** podmienky zamestnávania
~ **of payment** platobné podmienky
condominium kondomínium; individuálne vlastníctvo časti budovy, ktorá má iné jednotky podobne vlastnené. Majitelia majú zmluvu a právny titul
conduce to st. prispieť k niečomu
conducive to st. vhodný na niečo
conduct vedenie; správa; vypracovanie; vykonanie; uskutočnenie; správanie sa
~ **a business** viesť živnosť; prevádzkovať podnik; riadiť obchody
~ **an account** viesť účet
~ **negotiations** viesť rokovanie
~ **of business** vedenie obchodu; spôsob obchodovania
~ **trade** obchodovať; prevádzkovať; vykonávať
confederate spolkový
confer authority on sb. for st. splnomocniť niekoho na niečo
conferee účastník konferencie
conference konferencia; porada; konferenčné spojenie
Conference Board americký výskumný ústav vydávajúci správy o americkom hospodárstve
confess priznať sa
confidence dôvera; istota; dôverná správa; konfidenčný
~ **game** am. podvod
~ **trick** predajný trik
confident spoľahlivý; dôverčivý; sebaistý
confidential clerk prokurista; pracovník poverený vedením tajných spisov
~ **risk report** správa, ktorá je založená na zisťovaní vlastníctva poisteného pred vystavením poistky; dôverná správa o riziku
confidentiality utajenie (dát)
configuration konfigurácia; zostava; usporiadanie; predvoľba; konfiguračný
confirm potvrdenie; schválenie; ratifikovať; potvrdiť; osvedčiť správnosť
~ **the order** potvrdiť objednávku
confirmation potvrdenie; schválenie; osvedčenie
~ **form** formulár pre oznámenie zostatku bankového účtu
~ **of balance** potvrdenie zostatku
confirmed credit potvrdený, neodvolateľný akreditív
confirming house firma vykonávajúca zákazku
confiscate konfiškovať; zabaviť
conflict konflikt; rozpor
~ **of interests** konflikt záujmov
conflicting parties kolidujúce strany
conform copy doslovná kópia
~ **to the rules** riadiť sa pravidlami
conformable zhodný; zodpovedajúci; súhlasný; zlučiteľný
conformal konformný
conformance criterion kritérium relevancie
conformed copy kópia originálneho dokladu s podpisom, pečiatkou a inými znakmi; doslovná kópia
confuse miasť; popliesť
confusion zmätok
congeneric rovnaký; obdobný
congest the market zaplaviť trh (tovarom)
congestion preťaženie; nahromadenie; nepriechodnosť; preplnenie
~ **cost** zvýšené náklady plynúce z prílišnej rozlohy podnikov alebo z preťaženia kapacity
~ **fee** poplatok z preťaženia
conglomerate konglomerát; zmiešaný koncern
congregate zhromaždiť sa
congress kongres; zjazd
congruence kongruencia; zhodnosť; súhlasnosť
~ **sign** znamienko zhodnosti
congruent zhodný; súhlasný
conjectural konjukturálny; založený na dohade; hypotetický
conjugal manželský
conjugate konjugovať; združenie (číslo)
conjuncture konjuktúra; náhoda; zhoda okolností
connect spojiť; spájať; pripojiť; obsadzovací; spojovací
~ **signal** obsadzovací signál
~ **time** spojovacia doba
connected load kombinovaná sadzba; kombinované stanovenie sadzieb za dodávku energie
connection spojenie; prepojenie; zákazníci; súvislosť; styk; spojovací

connoisseur fr. odborník; znalec
conscious error úmyselná chyba
~ **machine** stroj s rozhodovaním
conscripted labour pracovná povinnosť; nútená práca
consecutive následný; po sebe idúci; náväzný; postupný; poradový; sekvenčný
~ **number** poradové číslo
~ **numbering** priebežné číslovanie
~ **operation** postupná operácia; sekvenčná operácia
consensus konsenzus; súhlas; zhoda názorov
consent konsenzus; súhlas; zvolenie; súhlasiť
consequence dôsledok; následok; účinok; význam
~ **in law** právne následky
consequential period nadväzujúce obdobie
consider zvážiť; posúdiť; uvažovať; považovať
considerable významný; dôležitý; značný
consideration úvaha; dôvod; kauza; motív; odmena; prémie; vysvetlivky
~ **money** kúpna cena hlásená pri prevode cenného papieru
considering s ohľadom na; vzhľadom na okolnosti
consignation zloženie peňazí; odoslanie (tovaru); poukázanie (peňazí); konsignácia (tovarov); deponovanie; zaslanie (tovaru)
consignee príjemca tovaru; adresát; konsignatár
consigner odosielateľ (tovaru); deponent (peňazí)
consignment zásielka; doručenie; zaslanie; vydanie; konsignácia; zverenie
~ **account** konsignačný účet; účet tovaru v komisii
~ **note** nákladový list; oznámenie o odoslaní tovaru; konsignácia; avízo o odoslaní tovaru
consistency konzistencia (systému); zhoda; súhlas; nespornosť; neporušenosť; dôslednosť
~ **check** kontrola zhody; kontrola nespornosti
~ **error** chyba úplnosti
consol (s) konsolidačné dlhopisy; obligácia, ktorá nikdy nedosiahne dobu splatnosti; obligácia natrvalo
console pult; ovládací panel; riadiaci panel; režijný stôl; konzola (terminál dátovej stanice); referenčný; skriňový
consolidate konsolidovať; zlúčiť; unifikovať; upevniť; fundovať; zjednotiť
consolidated accounting standards konsolidované účtovné štandardy
~ **annuities** konsolidované anuity; štátne papiere
~ **balance sheet** konsolidovaná súvaha; súvaha vykazujúca finančný stav spoločnosti
~ **bond** konsolidovaná obligácia
~ **income statement** konsolidovaná výsledovka; kombinovaný výkaz zisku a straty skupiny firiem
~ **mortgage** konsolidovaná hypotéka
~ **statement of financial position** konsolidovaný výkaz o finančnom stave; súhrn finančného stavu firmy v danom čase
~ **statement of income** konsolidovaná výsledovka; finančný súhrn aktivít firmy v špecifickom čase
~ **statements** konsolidované výkazy (akciových spoločností)
~ **stock** konsolidačné dlhopisy; fundovaný štátny dlh
~ **tariff** spoločná nákladná tarifa
consolidation konsolidácia; zjednotenie; zlúčenie; spevnenie; kompilovanie zákonov; splynutie; fúzia; konsolidačný
~ **loan** konsolidačná pôžička
consols štátne dlhopisy; konzoly; fundované obligácie; konsolidačné štátne dlhopisy
consortship združenie vlastníkov lodí
consortium finančné združenie; konzorcium
conspicuous consumption podozrivá konzumácia; zákazníci kupujú tovar preto, aby demonštrovali svoje postavenie alebo stav
constable policajný úradník
constancy stálosť (súborov)
constant capital stály kapitál
~ **cost** konštantné náklady; konštantné ceny
~ **factor** konštantný faktor; periodická časť istiny s úrokmi, ktorá je potrebná na zaplatenie pôžičky
~ **number** konštantné číslo
~ **payment** konštantná splátka
~ **yield rate** konštantná výnosová sadzba
constitute ustanoviť; splnomocniť; predstavovať niečo
constitution ústava; konštitúcia; stav; sústava
constitutional diagram rovnovážny diagram; stavový diagram
constraint box predtlačené okienko (pre znaky)
construction výstavba; konštrukcia; interpretácia; výklad; zostavovanie (diagramov)
~ **bond** stavebná garančná obligácia
~ **loan** stavebná pôžička
constructive stavebný; vyplývajúci z interpretácie zákona; odvodený; implicitný

~ **receipt doctrine** doktrína implicitného príjmu; príjem, aj keď nie je skutočne prevedený do vlastníctva daňového poplatníka, ten však s ním môže disponovať
~ **total loss** dohodnutá celková strata
~ **trust** druh trustu, vznikajúceho zo zákona
consul konzul
~ **general** generálny konzul
consulage konzulárny poplatok
consular charges konzulárne poplatky
~ **fees** konzulárne poplatky
~ **invoice** konzulárna faktúra; faktúra zahrňujúca dopravu tovaru, potvrdená konzulom krajiny, pre ktorú bol tovar určený (na overenie hodnoty, množstva, kvality a povahy dovážaného tovaru)
consulate konzulát
consult poradiť sa; konzultovať; informovať sa; nahliadnuť; konzultačný
~ **a dictionary** pozrieť sa do slovníka
~ **account** konzultačné konto
consultancy poradenská služba
consultant konzultant; poradca
~ **firm** poradenská firma
consultation call spätné dopytovanie
consultative body poradný orgán
~ **meeting** porada
consumables pomocný materiál; položky spotreby; požívatiny
consumer spotrebiteľ; zákazník; konzument; spotrebič
~ **acceptance** ochota spotrebiteľov niečo kupovať
~ **basket** spotrebiteľský kôš
~ **brand** spotrebný výrobok
~ **cooperative** družstevná predajňa; spotrebné družstvo
Consumer Council spotrebiteľská rada; rada na ochranu spotrebiteľov
consumer credit spotrebný úver
~ **credit company** úverová obchodná spoločnosť
~ **debentures** spotrebiteľské dlžobné úpisy
~ **durable** spotrebiteľský tovar s dlhou životnosťou; tovar dlhodobej spotreby
~ **goods** spotrebný tovar
~ **habits** návyky spotrebiteľov
~ **items** položky spotreby
~ **price** spotrebiteľská cena
~ **price index** index spotrebiteľských cien
~ **product** spotrebný výrobok
~ **protection** ochrana spotrebiteľov
~ **research** výskum spotreby; prieskum potrieb spotrebiteľov; prieskum spotrebiteľského dopytu
~ **resistance** slabý dopyt; nezáujem spotrebiteľa
~ **response** reakcia spotrebiteľov
~ **sale disclosure statement** finančné informácie pre spotrebiteľov pri splátkovom predaji
~ **sector** domácnosti
~ **society** konzumná spoločnosť
~ **spending** spotrebiteľské výdavky
~ **spending behavior** miera kúpychtivosti
~ **tax** spotrebná daň
consumer's cooperative konzum (družstvo)
~ **cooperatives** spotrebné družstvá; spoločenstvá konečných spotrebiteľov
~ **goods** spotrebné tovary
consumerism hnutie na ochranu záujmu spotrebiteľov; konzumerizmus
consumers cooperative spotrebné družstvo
consummate realizovať; vykonať; dovŕšiť; uskutočniť
consummation uskutočnenie; dovŕšenie
consumption spotreba; opotrebovanie; odbyt
~ **basket** spotrebný kôš
~ **binge** nákupná horúčka
~ **demand curve** spotrebná dopytová krivka
~ **model** model správania sa spotrebiteľa
~ **per capita** spotreba na hlavu
~ **record** záznam o spotrebe
~ **spending** spotrebné výdavky
~ **tax** spotrebná daň
contact kontakt; styk; sprostredkovateľ
contain obsahovať; byť deliteľný
container kontejner; prepravník; krabica; zásobník
~ **class** skladová trieda; sklad
contamination kontaminácia; znečistenie; poškodenie (dát)
contango reportná sadzba; report; nákladové faktory, počítané od daného obdobia do budúceho bodu; základný oceňovací systém v termínových obchodoch
~ **business** prolongačné obchody
contempt pohŕdanie; prehliadanie; opovrhovanie
contention rozpor; tvrdenie; spor
contentious sporný
contentment spokojnosť
contents obsah
~ **directory** obsahová tabuľka
contest konkurenčný zápas o trhy; boj
~ **for a price** bojovať o cenu
~ **the claim** poprieť nárok
contestant súťažiaci; uchádzač
context kontext; súvislosť
contextual model odvodený model
contiguous susedný; priľahlý; súvislý; závislý; predchádzajúci
~ **record** závislý záznam; následný záznam
continental bankovka vydaná Kontinentálnym kongresom; kontinentálny
contingencies nepredvídané výdavky
contingency nepredvídaná okolnosť; výni-

močná situácia; riziko; dohadná účtovná položka (určená dohadom)
~ **fund** rezervný mimoriadny fond; bezpečnostná rezerva
~ **procedure** výnimočný postup
~ **reserve** zvláštna rezerva; rezerva pre nepredvídané straty; nutná časová rezerva
contingent kontingent; kvóta; pochybný; prípadný; možný, ale nie istý
~ **account** účet na krytie nepredvídaných výdavkov
~ **annuity** prípadná anuita; anuita práve založená a krytá kapitálom, podmienená neistou udalosťou (napr. smrťou)
~ **asset** prípadné aktívum
~ **duty** vyrovnávacie clo
~ **option** opčný variant na burze (neplatí sa pri uzávierke)
~ **order** prípadný príkaz
~ **prices** podmienené ceny
~ **remainder** prípadná budúca držba
continual nepretržitý; plynulý; kontinuálny
~ **proportion** priama úmera
continuation pokračovanie; trvanie; predĺženie; prolongácia
~ **business** prolongačné obchody
~ **fee** prolongačný poplatok
~ **rate** prolongačná sadzba; reportná sadzba (na burze)
continue to be valid zostáva v platnosti
continued bond stála obligácia
continuing account bežný účet
~ **breach** trvajúce porušenie zmluvy
~ **guaranty** trvalá záruka; forma daná banke osobou ako záruka zaplatenia pôžičky inej strane
continuity of coverage trvalé krytie
continuous spojitý; nepretržitý; priebežný; kontinuálny; súvislý; pravidelný; nekonečný (formulár)
~ **audit** trvalá kontrola, audit
~ **budget** trvalý rozpočet; rozpočet, ktorý neustále pridáva budúci mesiac a vypúšťa práve skončený mesiac; priebežný rozpočet
~ **market** priebežné obchodovanie (na burze); pravidelný trh; stály trh
contocurrent account bežný účet; kontokorent
contra kontra; prostriedky konta na vyrovnanie kreditného alebo debetného zápisu; proti
~**-account** protiúčet; kontrálny účet; zmluvný účet
~**-asset account** účet oprávok
~ **entries of money supply** protipoložky (peňažnej masy)
~**-revenue accounts** účty položiek znižujúcich tržbu
contrabalance protizostatok
contraband kontraband; pašovaný tovar

contract zmluva; dohoda; kontrakt; uzavrieť zmluvu; kontrahovať; zmluvný
~ **a loan** uzavrieť pôžičku; prijať pôžičku
~ **account** zmluvné konto
~ **broker** zmluvný maklér
~ **by word** ústna zmluva
~ **debts** robiť dlhy; zadĺžiť sa
~ **for deed** zmluva o splátkach
~**-hire** nájomný; zmluvný
~ **in force** platná zmluva
~ **in writing** písomná zmluva
~ **market** burza pre termínový obchod
~ **month** zmluvný mesiac
~ **note** záverečný list; oznámenie o uzatvorení kontraktu
~ **of benevolence** zmluva jednostranne záväzná
~ **of employment** pracovná zmluva
~ **of insurance** poistná zmluva
~ **of purchase** kúpna zmluva
~ **of record** zmluva z moci úradnej
~ **of sale** kúpna zmluva; trhová zmluva
~ **of service** pracovná zmluva; služobná zmluva
~ **of work** pracovná zmluva
~ **out** vyhnúť sa zmluvne záväzkom
~ **price** zmluvná cena
~ **purchasing** nákup podľa kontraktu
contract: by contract podľa zmluvy
~ **to break a contract** nedodržať zmluvu; porušiť zmluvu
~ **to form a contract** spísať zmluvu
~ **to record a contract** spísať zmluvu
contractible stiahnuteľný
contracting party zmluvná strana
contraction pokles; pokles ekonomickej aktivity v obchodnom cykle
contractor kontrahent; zmluvná strana; podnikateľ; dodávateľ
contractual zmluvný; zaručený zmluvou
~ **arrangement** dohoda
~ **bond** zmluvný záväzok
~ **liability** zmluvné ručenie; ručenie prijaté podľa zmluvy
~ **terms** zmluvné podmienky
contradiction rozpor; protiklad
contrarian opozičník (na burze)
contrary opak; opačný; protichodný
~ **market** pohyb trhu nečakaným smerom; opačný trh
contrary: to the contrary v opačnom zmysle
contravene priečiť sa; prekročiť; prestúpiť; byť v rozpore; konať proti; porušiť; prekaziť; krížiť plány
contravention of the law priestupok proti zákonu
~ **of the provisions** porušenie predpisov; prekročenie predpisov
contribute prispievať
contributed capital priplácaný kapitál; vlo-

žený kapitál; platby v hotovosti alebo majetkom
contribution príspevok, účasť; prínos; daň; kontribúcia; vklad (kapitálový); príspevok; účasť; banková platba alebo záväzok na zaplatenie celej alebo čiastočnej straty
~ **margin** kontribučné rozpätie; prebytok celkových ziskov nad celkovými premennými nákladmi
~ **of capital** kapitálový vklad
~ **profit** kontribučný zisk; výnos z predaja mínus premenlivé výrobné náklady
contributions odborové príspevky; príspevky; s láskavým prispením
contributor poplatník; prispievateľ; spolupracovník
contributory pension štátna penzia; dôchodok
control dozor; riadenie; regulácia; kontrola; riadiť; ovládať; regulovať; kontrolný; riadiaci
~ **account** spojovací účet; kontrolný účet
~ **manager** riadiaci program
~ **of foreign exchange** devízová kontrola
~ **of purchasing power** regulácia kúpnej sily
~ **of the budget** rozpočtová kontrola
~ **stock** kontrolné akcie; cenné papiere tých, ktorí majú právo kontrolovať spoločnosť
~ **system** dispečing
controlled riadený; ovládaný; regulovaný
~ **account** kontrolované konto
~ **company** ovládaná spoločnosť
~ **economy** riadené hospodárstvo
~ **market** viazaný trh
~ **prices** viazané ceny
controller kontrolór; dozorca; revízor; vedúci; podnikový ekonóm; riadiaca jednotka
controlling account kontrolné konto
~ **block** kontrolný blok
~ **interest** kontrolný balík akcií; väčšinová účasť
~ **shareholder** vlastník kontrolného balíka akcií
convenience výhoda; komfort; konvenčný; vhodnosť
~ **goods** bežný spotrebiteľský tovar; tovar dennej potreby
convenience: at your earliest convenience obratom; čo najskôr
convenient vhodný; výhodný
~ **payment account** výhodné platobné konto
convention zmluva; zvyklosť; dohoda; konvencia; schôdza; konferencia
conventional billing štandardné účtovanie; zmluvné účtovanie; systém odovzdávania podrobnej správy o všetkých nákupoch, výplatách, zľavách
~ **fix-rate mortgage** konvenčná hypotéka s pevnou sadzbou
~ **loan** konvenčná pôžička; hypotéková pôžička
convergence konvergencia; zbiehavosť
conversion konverzia; zmena; prestavba; úprava; prevod; prepočet; zmena nehnuteľností na osobné vlastníctvo; prevodný
~ **cost** spracovacie náklady
~ **loan** konverzia pôžičky
~ **note** valutový odpočet
~ **of a debt** zníženie úrokov; konverzia úrokov (dlhopisov)
~ **of a plant to ...** prestavba závodu na ...
~ **of currency** kurzový prepočet
~ **point** konverzný bod; cena, v ktorej sa akcia vyrovná súčasnej trhovej cene obligácie plus kumulovaný úrok obligácie
~ **price** konverzná cena
~ **rate** devízový prepočítavací kurz
convert zmeniť; upraviť; premeniť; konvertovať; rušiť držbu
~ **into cash** premeniť na hotovosť
convertibility vymeniteľnosť; konvertibilita; prevoditeľnosť
convertible prevoditeľný; zameniteľný
~ **currency** konvertibilná mena
~ **debentures** konvertibilné dlžobné úpisy
~ **hedge** konvertibilná šteláž; investičná stratégia špekulačného predaja kmeňových akcií
~ **money** konvertibilné peniaze
~ **security** konvertibilný cenný papier; obligácia alebo akcia, ktorá môže byť premenená na kmeňové akcie
convertibles konvertibilné cenné papiere
convey dopraviť; transportovať; oznámiť; prenechať; tajne odstrániť; upísať; cedovať; postúpiť; znamenať
cooking the books slang. falšovanie účtov; účtovné nezrovnalosti
cooperate spolupracovať; kooperovať
cooperation accord dohoda o spolupráci
cooperative bank družstevná banka
cooriginator spolupôvodca
coparcenary spoludedičstvo; spoluvlastníctvo
copartner spolupodielnik
copartnership verejná obchodná spoločnosť; spolupartnerstvo; podiel na zisku
~ **of labor** podielnictvo zamestnancov na spolurozhodovaní o zisku
cope with changes adaptovať sa
copy kópia; exemplár; výtlačok; publikácia; napodobniť; kopírovať
~ **device** kopírovací prístroj
~ **price** cena za výtlačok
copying equipment kopírovací prístroj
copyright autorské právo
copyrightable spôsobilý na zápis autorského práva

copyrights autorské poplatky
cordoba menová jednotka Nikaraguy
core capital vlastný kapitál
~ **inflation** jadro inflácie
corepresentative jeden z viacerých zástupcov podniku
corn exchange obilná burza; plodinová burza
corner vedúci pozície; bod zlomu; skúpenie tovaru; vyháňanie cien; kartel; kritika (am.); uzol (grafu); zahnať do úzkych
~ **a market** získať monopol na trhu; ovládnuť trh
corporate korporačný; spoločný; korporatívny; podnikový; štatutárny
~ **account** účet organizácie; podnikový účet
~ **agent** zastupiteľská firma
~ **assets** aktíva spoločnosti; podnikové aktíva
~ **bond** firemné obligácie
~ **depositary** korporačný depozitár
~ **entity** právnická osoba
~ **finance** financovanie podniku (bankou)
~ **funds** firemné fondy
~ **indenture** zakladateľská zmluva
~ **profit** zisk korporácie
~ **profits after taxes** zisky spoločnosti po zdanení
~ **profits tax liability** daňová povinnosť spoločnosti (pri zárobkovej dani)
~ **records** povinné záznamy spoločnosti
~ **resolution** firemné splnomocnenie na rokovanie s bankou; uznesenie korporácie
~ **savings** firemné úspory
~ **securities** cenné papiere vydané obchodnou spoločnosťou
~ **shell** firma, ktorá nemá žiadny investičný majetok
~ **stock** základný akciový kapitál
~ **strategy** firemná stratégia
~ **surplus** kapitálová rezerva; rezervný fond; nerozdelený zisk
~ **tax** daň zo zisku spoločnosti
corporation firma; podnik; obchodná spoločnosť; právnická osoba; korporácia; spolok; akciová spoločnosť; zastupiteľstvo
~ **aggregate** viacčlenné združenie
~ **attorney** odborník v oblasti firemného práva
~ **de facto (de jure)** osoba de facto (de jure)
~ **income tax** dôchodková daň
~ **sole** spoločnosť jednej osoby
~ **tax** daň zo zisku spoločnosti; dôchodková daň
corporatism korporativizmus
corporators akcionári; členovia spoločnosti
corporeal hnuteľný majetok; hmotný
~ **hereditament** pozastaviteľný hnuteľný majetok
~ **property** hmotný majetok
corpus podstata (poručníctva); všetko vlastníctvo v správe
correct opraviť; korigovať; presný; správny; korektný
corrected invoice opravený účet; opravená faktúra
correcting account opravný účet
~ **entry** opravný zápis
correction account korekčný účet
~ **voucher** opravný lístok; formulár na uľahčenie opravy chyby pri zázname transakcie
corrective taxes regulačné dane
correlation vzájomný vzťah alebo závislosť
correspondence korešpondencia; súhlasnosť; zhoda
~ **clerk** korešpondentka; pisárka
~ **course** diaľkové štúdium; korešpondenčný kurz
~ **of accounts** súvzťažnosť účtov
correspondency system korešpondenčný systém; správa hypotékových pôžičiek pre investorov nezávislými pôžičkovými korešpondentmi
correspondent korešpondent; firma s cennými papiermi, banka alebo iná finančná organizácia, ktorá prevádzkuje služby pre inú firmu
~ **bank** banka, ktorá je depozitárom pre inú banku; korešpondenčná banka
corresponding account protiúčet; súvzťažný účet
~ **entry** súvzťažný zápis
~ **member** člen korešpondent; korešpondujúci člen; am. čestný hosť (spoločnosti)
corrupt practices korupcia; úplatkárstvo
corruption úplatkárstvo; korupcia; nezákonnosť; úmysel; poškodenie (dát)
corset „korzet"; stratégia, pri ktorej čím viac peňazí banka akumuluje za pôžičky počas šiestich mesiacov, tým viac musí uložiť v centrálnej banke
cost cena; náklady; vlastné náklady; mať cenu; ohodnotiť
~ **account** zúčtovanie nákladov; účet nákladov
~ **accounting** prevádzkové účtovníctvo; kalkulácia
~ **accounting department** prevádzková učtáreň
~ **allocation** rozvrh nákladov
~ **and freight** náklady a prepravné
~ **and insurance** náklady a poistenie
~ **basis** cenová základňa
~**-benefit analysis** analýza nákladov a výnosov; analýza pomeru vynaložených prostriedkov k celkovému zisku

~ **breakdown** rozpis nákladov
~ **budget** plán nákladov; rozpočet nákladov
~ **centre** nákladové stredisko
~ **comparison** cenové porovnávanie; porovnávanie nákladov
~ **curve** cenová krivka
~ **data** podklady pre fakturáciu
~ **department** prevádzková účtáreň; kalkulačné oddelenie
~ **distribution sheet** prevádzkový rozpočet
~ **economies** úspory na nákladoch
~ **effectiveness** analýza úžitku a nákladov; efektívnosť nákladov
~ **element** kalkulačná položka
~ **factors** cenové faktory
~ **free** bezplatne; zadarmo
~ **increase** zvýšenie vlastných nákladov
~ **incurred** vlastné náklady; realizované náklady
~ **ledger** kniha nákladových účtov
~ **of acquisition** obstarávacia cena; kúpna cena
~ **of capital** cena kapitálu; kapitálové náklady; kapitálová hodnota
~ **of idleness** náklady na prestoje; nevyužité kapacity
~ **of living** životné náklady
~**-of-living increase** rast životných nákladov
~**-of-living index** index životných nákladov
~ **of money** hodnota peňazí
~ **of production** výrobné náklady
~ **of sales** odbytové (predajné) náklady
~ **out** am. vykalkulovať
~ **overrun** prekročenie nákladov; prekročenie nákladového rozpočtu
~ **period** zúčtovacie obdobie v prevádzkovom účtovníctve
~**-plus contract** zmluva na krytie nákladov a zisku
~**-point** režijná položka
~ **price** výrobná cena; kalkulačná cena; nákupná cena; vlastná cena
~**-push inflation** inflačná špirála
~ **records** cenové záznamy; všetky hlavné účtovné knihy; pomocné záznamy; inventáre; výkazy; faktúry, poukážky a ďalšie záznamy a doklady, odrážajúce náklady projektov, práce, výrobných stredísk, procesov, operácií, výrobkov, služieb alebo náklady na akékoľvek ich súčasti
~ **reduction** znižovanie nákladov
~ **regulation** normovanie nákladov; regulovanie nákladov
~ **report** výkaz o nákladoch
~ **schedule** zoznam cien; zoznam nákladov (v tabuľkovom usporiadaní); harmonogram nákladov
~**-sharing** podieľanie sa na nákladoch
~ **sheet** kalkulačný list; odpočet nákladov; nákladový odpočet
~ **system** prevádzkové účtovníctvo
~ **unit** kalkulačná jednotka; jednotka produktu alebo služby (v prevádzkovom účtovníctve)
~**-volume profit analysis** analýza objemu nákladov a zisku
~ **what it may** nech to stojí čokoľvek
cost: at no cost zadarmo; za žiadnu cenu
~ **at prime cost** za režijnú cenu
coster pouličný obchodník
costing kalkulácia; rozpočet; zostavovanie kalkulácie; prevádzkové účtovníctvo
~ **account** kalkulačný účet
~ **statement** kalkulačný zápis
costly drahý; nákladný
costs náklady
cosurety spoluručenie (spoluručiteľ); záručná spoločnosť vydávajúca záručný list
council rada; zhromaždenie; zasadanie rady; porada
counsel advokát; právny zástupca; radiť; zámer; konzultácia
count počet; početnosť; výpočet; sčítanie; načítavať; započítať; počítať s
countdown odpočítanie (na nulu)
countenance podpora; priazeň; súhlas; dovoliť; byť niečomu naklonený
counter priehradka; počítadlo; pult; odporovať niečomu; žetón; okienko; čeliť; proti; opačným smerom; obrátene; na úkor; opačný
~**-account** súvzťažný účet
~**-balance** vyrovnať (saldovať) účet
~ **cash** hotovosť na priehradke
~ **check** priehradkový šek
~ **demand** protiponuka
~ **deposits** vklady pri priehradke
~**-draft** návratná zmenka
~**-offer** protiponuka
counteraccount súvzťažný účet; protiúčet
counterassets account kontraaktívny účet
counterbalance protiváha; vyrovnať účet; vyvážiť
counterclaim protinárok; tvrdenie obžalovaného, že má nárok na náhradu od žalobcu
countercyclical (policy) proticyklická (politika); vyrovnávanie vzostupov a poklesov obchodného cyklu
counterdraft návratná zmenka; ritrata
counterenter zaúčtovať na opačnej strane účtu
countererror protichyba; chyba, ktorá je kompenzovaná chybou rovnakej veľkosti
counterfeit imitácia; napodobenina; falzifikát; falšovať
counterfoil potvrdenka; kontrolný ústrižok; kupón

counterliabilities account kontrapasívny účet
countermand odvolanie; stornovať (objednávku); zrušiť
~ **an order** stornovať zákazku; zrušiť objednávku
counteroffer protiponuka
counterorder protiobjednávka
counterparty zmluvná strana; kontrahent
counterpurchasing protinákupy; vystavenie objednávky u výrobcu v jednej krajine s očakávaním, že tovar v rovnakej hodnote alebo množstve bude predaný v opačnom smere druhej krajine
countersign spolupodpísať; potvrdiť; ratifikovať
countersignature protipodpis; spolupodpis; podpis oprávneného agenta, ktorý je nevyhnutný pre platnosť kontraktu
countertrade výmenný obchod
countervail vyrovnať; vyvážiť
countervailing duty vyrovnávacie clo
countervalue protihodnota
counting machine for money stroj na počítanie mincí
~ **office** učtáreň
countinghouse učtáreň; kancelária; pisáreň
country štát; krajina; vidiek
~ **bank** banka mimo mesta; „vidiecka" banka
~ **check** vidiecky šek (tranzitný šek vystavený na mimomestskú banku)
~ **price** výkupná cena komodít platená poľnohospodárskym prvovýrobcom
county okres; grófstvo
~ **collector** okresný vyberač daní
couple dvojica; pár; spojovať (program)
coupon poukážka; kupón; ústrižok
~ **account** kupónové konto
~ **book** kupónová knižka
~ **collection teller** úradník pre inkaso kupónov
~ **envelope** kupónová obálka; obálka poskytnutá bankou pre vklad úrokových splátok pôžičky
~ **ledger** kupónová hlavná účtovnícka kniha, používaná bankou alebo poručníckou organizáciou
~-**paying department** oddelenie vyplácajúce kupóny (v banke alebo poručníckej spoločnosti)
~ **payment form** formulár pre zaplatenie kupónu
~ **rate** kupónová sadzba; úroková sadzba z úrokových kupónov
~ **tax** kupónová daň
~ **transmittal form** formulár pre predaj kupónov
~ **yield** kupónový výnos; ročný úrok z obligácie delený jej nominálnou hodnotou (v percentách)
courier trade kuriérske obchody
course beh; cesta; kurz (školenie); spôsob života; závod; kurz meny; priebeh; pokrok; alternatíva; naháňať; preletieť; sledovať (let)
~ **of prices** vývojová krivka cien
~ **of trade** obchodné podmienky; chod obchodu
court súd; riadiaci orgán; riaditeľstvo; vyprovokovať; oficiálny
~ **account** súdny účet
~ **costs** súdne výdavky
~ **fee** súdny poplatok
courtage dohodné; maklérstvo
courtesy box bankový automat pre motoristov; inkasná schránka
courtier maklér
covariance kovariancia; súčiniteľ vzájomnej korelácie; kovariačný
covenant zmluva; dohoda; stanovy; štatút; zaviazať sa
covenanted dohodnutý zmluvou
covenantee strana, v ktorej prospech bola zmluva uzavretá
cover krytie; záruka; pokrývka; obálka; kryť; pokryť; prikryť; poistiť; dať záruku; obaliť; chrániť; obhospodarovať; kompenzovať; uhradiť; zabezpečovať
~ **a risk** kryť riziko
~ **charge** príplatok za obsluhu
~ **note** krycí list (pri poistení)
~ **payment** krytá platba
~ **price** režijná cena
~ **the value** kryť hodnotu
coverage pokrytie; rozsah; poistenie; krytie meny; obhospodarovanie; pole pôsobnosti; dosah; pôsobenie (propagačné); spravodajstvo; krytie (meny; poistky)
covered option krytá opcia
~ **writing** kryté zabezpečenie; písanie výziev na splátky na akcie pri špekulácii na vzostup cien u zabezpečených akcií
craft schopnosť; remeslo; živnosť; cech
craftsman remeselník
crash kolízia; havária; krach na burze; hospodársky úpadok; zrútenie; zrútiť sa
~ **point** kritický bod; bod zlomu
crawling peg stabilizovanie; kurzy zahraničných mien umožňujúce automatickú zmenu paritnej hodnoty obeživa určitej krajiny o malé prírastky; drobné kolísanie kurzov
cream slang. majitelia poistiek, ktorí platia najnižšiu poistku, pretože sú najmenej rizikovou skupinou
create vytvárať; tvoriť; zhotoviť; založiť; zriadiť
~ **jobs** vytvárať pracovné príležitosti
creation of money tvorba peňazí
creative tvorivý; výtvarný
credential letters poverovacie listiny

credentials poverovacie listiny
credible dôveryhodný; spoľahlivý
credit úver; kredit; dobrá povesť; dôvera; kreditná položka; zásluha; zápočet; strana Dal na účte; dať úver; povoliť úver; pripísať k dobru alebo v prospech; úverový; dobropisovanie (na účet)
~ **acceptance** prijatie úveru; vyrozumenie zákazníka, že jeho použitie úveru bolo prijaté
~ **account** kreditný účet; úverový účet
~ **adjustment** úprava úveru; oprava, ktorá znižuje zostatok konta
~ **advice** oznámenie o zúčtovaní v prospech; avízo; dobropis
~ **agency** firma poskytujúca informácie o úveruschopnosti
~ **an account** pripisovať na účet
~ **approval department** oddelenie pre schvaľovanie úveru
~ **association** úverová asociácia; úverové združenie
~ **authorization/verification** autorizácia/overenie úveru; vyšetrovací proces znižujúci riziko úverového podvodu
~ **balance** aktívny zostatok; kreditné saldo; zostatok v prospech; pasívne saldo
~ **barometrics** barometre úveru; finančné koeficienty, vzťahujúce sa na súvahy a výkazy ziskov a strát
~ **bill** úverový účet
~ **bureau** úverová kancelária; úrad udržujúci centrálne kartotéky s údajmi o zákazníkoch z danej obchodnej oblasti
~ **card** kreditná karta; úverová karta; platobná karta
~ **clearing** vzájomná výmena úverových informácií
~ **company** úverová spoločnosť
~ **currency** mena nekrytá kovovou rezervou
~ **decline** zamietnutie úveru
~ **department** úverové oddelenie
~ **entry** zápis v prospech
~ **facilities** úverové zariadenia; obchodný systém na ponuku úverových služieb
~ **file** úverový súbor; súbor faktov označujúcich finančné zdroje osoby
~ **footing of an account** úverový základ konta; súčet stĺpca, napísaný na spodok peňažného stĺpca Dal
~ **grantor** poskytovateľ úveru; požičiavateľ
~ **institutions** úverové inštitúcie
~ **instrument** úverová listina
~ **insurance** úverové poistenie
~ **interchange** vzájomná výmena úverových informácií; spolupráca medzi dodávateľmi dát
~ **interest** úrok z úveru
~ **interviewer** úverový dotazník
~ **letter** akreditív
~ **line** vymeraný úver; úverová linka
~ **memo** oznámenie o účtovaní v prospech
~ **mixte** kombinácia konvenčného financovania vývozu vládou a poskytovania koncesných pôžičiek, ktoré sú bezúročné
~ **money** peniaze nekryté kovovou rezervou
~ **note** dobropis
~ **note of invoicing** dobropis fakturácie
~ **opening** otvorenie úveru
~ **party** veriteľská strana
~ **policy** úverová politika; úverová poistná zmluva
~ **proxy** úverové splnomocnenie; súčet vkladov plus nevkladových položiek členskej banky
~ **rating** trieda úverovej schopnosti; hodnotenie úveru; úver, ktorý môže byť priznaný žiadateľovi o úver
~ **rationing** obmedzenie úveru
~ **report** informácia o úverovej schopnosti zákazníka; dôverná správa o finančnej situácii žiadateľa o poistenie
~ **reporting agencies** úrady podávajúce informácie o úverovej schopnosti zákazníka
~ **restrictions** úverový rámec; obmedzenia úveru
~ **sale** predaj na úver
~ **service charge** úverový prevádzkový poplatok; poplatok za použitie úverových zariadení
~ **side** strana Dal
~ **slip** úverová potvrdenka; formulár pre vkladanie peňazí na bežný účet
~ **squeeze** obmedzenie úveru
~ **system** úverový systém
~ **terms** podmienky na poskytnutie úveru
~ **total** obrat strany Dal
~ **transfer** prevod úveru
~ **turnover** obrat strany Dal
~ **voucher** úverová potvrdenka
~ **worthiness** úverová schopnosť
credit: on credit na úver
crediting per contra storno
creditism „kreditizmus"; termín v Carterovej administratíve, označujúci zosilnenú kontrolu úveru v boji proti inflácii
creditor veriteľ
~ **country** veriteľský štát; štát, ktorému dlhuje iný štát
credits úvery
creditworthiness úverová bonita; úverová schopnosť
creeping inflation plazivá inflácia; postupný vzostup všeobecnej cenovej hladiny o 2.5% za rok
cremation „kremácia"; zničenie určitých záznamov banky ohňom
crest vrchol; maximálny; špičkový

~-riding price boom inflácia v oblasti cien
criée fr. vyvolanie (forma obchodovania na švajčiarskej burze)
crisis kríza
criterion kritérium; miera; meradlo
critical path kritická cesta
~ **path analysis (CPA)** analýza kritickej cesty
Critical Path Method (CPM) metóda kritickej cesty
~ **Path Planning and Scheduling (CPPS)** druh systému PERT
~ **Path Scheduling** plánovanie kritickej cesty
criticism kritika
crook slang. podvod; podvodník
crop úroda; poľnohospodárska plodina; výnos; obsiať
~ **year** rok zberu; obdobie od zberu obilnín do ďalšieho roku
crops insurance poistenie úrody
cross kríž; krížiť; vyčiarknuť; prečiarknuť; pretínať; prekážať; vzájomný
~ **a cheque** križovať šek
~ **account** návratný účet
~ **addition** krížové sčítanie (v stĺpcoch i riadkoch)
~-**bill** návratná zmenka; ritrata
~-**border lending** požičiavanie cez hranice; požičiavanie finančných prostriedkov americkou bankou menej vyvinutým krajinám
~ **liabilities** stret zodpovedností
~ **order** krížový príkaz; príkaz maklérovi, aby kúpil a predal rovnaký cenný papier
~ **price effect** krížový cenový efekt
~ **purchase** krížový nákup
~ **rate** krížový kurz; stredný kurz
~-**refer to** odkázať na
~-**reference file** prevodníkový súbor
~ **remainder** doložka v poručníckej zmluve alebo v záveti
~-**selling** krížový predaj
~-**trade** predaj a nákup súčasne
crossed cheque prečiarknutý šek
~ **trades** súčasný nákup a predaj v termínovanom obchode
~-**weight index-numbers** indexy so skríženými váhami
crossfoot krížový súčet
crossfooting test nulová kontrola
crowd množstvo; dav ľudí; klan
crowding in (of st.) vťahovanie (niečoho)
~ **out (of st.)** vytláčanie (niečoho); vytesnenie
CRU kolektívna rezervná jednotka
crucial kritický; rozhodujúci; kľúčový; veľmi dôležitý; vynikajúci
crude surový; hrubý
~ **oil** ropa
crunch ekonomický nátlak; kríza vyvolaná určitým finančným tlakom; rozhodujúci okamžik
cubit lakeť (zastaralá miera)
culmination kulminácia; vrchol
cum vrátane
~ **coupon** vrátane kupónu (termín pre obchody s obligáciami)
~ **dividend (c.d.)** vrátane dividendy
~ **interests** vrátane úrokov
~ **new** vrátane odberných práv, upisovacieho práva (na nové akcie)
~ **right** s upisovacím právom; akcionárovo právo získať akcie nového vydania v priamom pomere k súčasnej držbe
cumulate hromadiť; kumulovať; kopiť
cumulative celkový; súhrnný; kumulatívny
~ **distribution function** kumulatívna distribučná funkcia
~ **dividend** kumulatívna dividenda
~ **probability** súčtová pravdepodobnosť
~ **stock** akcie s právom na akumuláciu dividend
curable depreciation prípustná amortizácia
curb uzda; kraj chodníka; neoficiálna burza; obmedziť
~ **prices** zastaviť vzostup cien
currency mena; obeživo; bankovky; peniaze
~ **area** devízová oblasť; valutová oblasť
~ **backing** krytie bankoviek (meny)
~ **band** kurzové rozpätie; oblasť, v rámci ktorej národné peniaze fluktuujú na obidvoch stranách oficiálnej parity
~ **bill** devíza
~ **block** menový blok; štáty, ktoré používajú spoločnú peňažnú základňu
~ **bond** dlhopis preplatiteľný v mene krajiny vydania
~ **cocktail** účtovnícka jednotka založená na väčšom počte mien
~ **code** menový kód
~ **composition** menová štruktúra
~ **control** menová regulácia
~ **convertibility** zameniteľnosť meny; vymeniteľnosť meny
~ **declaration** devízové prehlásenie
~ **depreciation** znehodnotenie meny
~ **exchange (swap)** výmena meny; dlhodobá výmena obeživa medzi dvoma firmami v rôznych krajinách
~ **fear** obava z devalvácie
~ **leak(age)** devízová strata; únik devíz
~ **notes** papierové peniaze
~ **of a bill** dospelosť zmenky
~ **option** opcia na devízy
~ **pair** menový pár
~ **parities** menové parity; finančné prostriedky stanovené v relácii k americkému doláru
~ **pouch** vrece s obeživom; vrece, do ktorého pokladník uloží a zamkne peniaze z

pokladne v dobe uzatvorenia peňažnej zásuvky
~ **ratio** koeficient likvidity
~ **realignment** menové prispôsobenie
~ **reform** menová reforma
~ **regulations** devízové predpisy
~ **school** peňažný princíp
~ **school principle** princíp „menovej školy"; princíp tvrdiaci, že u čisto kovového obeživa by strata zlata pre cudzie krajiny alebo opak mala automaticky za následok zodpovedajúce zníženie alebo zvýšenie obeživa v obehu
~ **shipment** zásielka obeživa
~ **sign** znak meny
~ **snake** menová reťaz
~ **swap** menový swap (výmena promptnej a termínovej operácie na burze)
~ **transferability** prevoditeľnosť obeživa
~ **unit** menová jednotka
~ **warrant** devízový opčný list
~ **zone** menové pásmo
current prúd; smer; tendencia; súčasný; platný; najnovší; posledný; bežný; aktuálny; priebežný; prúdový
~ **account** bežný účet; kontokorentný účet
~ **account balance** zostatok bežného účtu
~ **account card** karta bežného účtu
~ **account credit** preddavok na bežnom účte
~ **account statement** výpis z bežného účtu
~ **and collectable** súčasný a inkasovateľný; peniaze, ktoré prechádzajú z ruky do ruky ako prostriedok výmeny
~ **asset** bežné aktívum
~ **assets** bežné aktíva; obežné prostriedky; hnuteľný majetok
~ **budget** bežný rozpočet
~ **capital** obežný kapitál
~ **consumption** bežná spotreba
~ **cost** bežné náklady; aktuálne náklady; aktuálna hodnota
~ **debt** bežný dlh
~ **deposit** bežný vklad
~ **dollars** bežné doláre; bežné ceny tovaru a služieb za každý rok
~ **entry** bežný zápis
~ **expenditure** bežné výdavky
~ **income** súčasný príjem
~ **investments** bežné investície
~ **liabilities** bežné pasíva; krátkodobé dlhy
~ **operation expenditures** súčasné prevádzkové výdavky
~ **password** platné heslo
~ **price** platná cena; bežná cena
~ **rate of exchange** bežný kurz
~ **return** súčasný výnos (z investície); bežný výnos
~ **selling price** bežná trhová cena
~ **year** bežný/tento rok
~ **yield** súčasný výnos
current: to be current ísť na odbyt
curtail obmedziť; skrátiť; zmenšiť
~ **schedule** umorovací plán
cushion bond kvalitná (bezpečná) obligácia
~ **checking** šeková záloha
~ **stock** minimálna zásoba; poistná zásoba
cusp hrot (krivky); vrchol; bod varu
custodian správca; opatrovník
~ **account** poručnícky účet
custody úschova; opatrovanie; stráženie; opatrovníctvo; dozor
~ **account** depozitný účet
~ **cabine** úschovná skriňa
~ **of securities** úschova cenných papierov
custom zvyk; zvyklosť; zákazníci; klientela
~ **agent** colný konateľ; deklarant; colný agent
~ **bond** záručný colný list; clo; colnica
~ **debenture** poukážka na vrátenie cla; colný dobropis
~ **duty** clo
~ **inspection** colná kontrola
~**-made** vyrobený na objednávku
~ **tariff** colný sadzobník
~ **work** zákazková práca
customer odberateľ; zákazník; užívateľ
~ **demand** spotrebiteľský dopyt
~ **draft** zmenka á vista; zmenka na videnie
Customer Information Control System riadiaci systém užívateľských informácií
customer interface spolupráca so zákazníkom
~ **ownership** zákazníkove vlastníctvo
~ **products** spotrebný tovar
~ **service** služby zákazníkom
customer's ledger skonto odberateľov; hlavná účtovnícka kniha vykazujúca pohľadávky každého zákazníka; účet jednotlivého odberateľa
~ **liability** ručenie zákazníkov; konto akreditívov, ktoré ešte neboli zaplatené, ale zostávajú zaručené
~ **net debit balances** čisté debetné zostatky; úver člena newyorskej burzy cenných papierov daný k dispozícii zákazníkom pri financovaní nákupov akcií, komodít a obligácií
~ **representative** zákazníkov reprezentant
~ **room** priestor pre zákazníkov
customhouse colnica; colný úrad
~ **bonds** colná potvrdenka; certifikát; osvedčenie
~ **officer** finančník; colník
customization prispôsobenie systému potrebám užívateľa; zákaznícke úpravy
customize prispôsobiť, upraviť na prianie zákazníka
customs clo; colné poplatky; colná prehliadka; colný úrad
~ **broker** colný maklér; osoba zabezpečujú-

ca preclenie tovarov colníkmi
~ **charges** colné poplatky
~ **declaration** colné prehlásenie
~ **dues** colné poplatky
~ **duty** clo
~ **fine** colná pokuta
~-**free** bez cla; oslobodenie od cla
~ **handling** colná manipulácia
~ **nomenclature** colná nomenklatúra
~ **officer** colník
~ **procedure** colné odbavenie
~ **regulations** colný režim
~ **seal** colná uzávierka (plomba)
~ **tariff** colná tarifa
~ **union** colná únia
~ **warehouse** sklad tovaru na colnici
cut odstrihnúť; premiestnenie celého balíka triedených šekov na jedno miesto; zníženie (cien, platov); slang. podiel na neoprávnenom zisku; skrátiť; prerušiť; vyhýbať sa
~ **back production** zmenšiť (znížiť, zredukovať) výrobu
~ **down** znížiť; skrátiť; obmedziť
~ **expenses** znížiť náklady; znížiť výdavky
~ **in prices** znížiť ceny
~ **in salary** znížiť platy
~ **losses** odpísať stratu
~ **notes** rozstrihané bankovky (opatrenie pri nedostatku mincí)
~-**off** vypustenie (znakov); vypnutie; prerušenie; odrezanie; uzatvorenie vypínať; prerušovať; ukončenie; uzávierka
~-**off date** dátum uzávierky
~ **rates** znížiť tarify; znížiť sadzby
~ **sheet form** samostatný formulár
~ **under** predávať pod cenu
cutback in production zníženie výroby
~ **rate** znížená sadzba
cutoff date dátum prerušenia
cutover prepnutie (systému); overovací výpočet
cutthroat competition vražedná konkurencia; intenzívna konkurencia
cutting a loss zastavenie straty; zrušenie nevýnosnej trhovej pozície a prijatie utrpenej straty skôr, než bude väčšia
~ **a melon** am. slang. „krájanie melónu" (rozdeľovanie peňazí akcionárom po výhodnej transakcii)
~ **price** veľmi nízka cena
cybernetics kybernetický
cycle cyklus; kolobeh
cyclic budget deficit cyklický rozpočtový deficit
~ **check** cyklická kontrola
cyclical budget cyklický rozpočet
~ **inflation** cyklická inflácia
~ **unemployment** cyklická nezamestnanosť

D

D/A drafts zmenky D/A; akcepty
dace slang. 2 centy
daily denný; denne
~ **(per diem) allowance** denné diéty
~ **balance** denná uzávierka
~ **balancing** denné bilancovanie
~ **gains** denná tržba
~ **interest account** konto s denným úrokom
~ **output** denná produkcia; denný výkon
~ **pay** denná mzda
~ **performance record** denný pracovný výkaz
~ **rate** denný kurz; denná sadzba
~ **receipts** denná tržba; denné výnosy
~ **reports** denné výkazy
~ **return** denný obrat
~ **run** denný výkon
~ **sales** denné tržby
~ **schedule** denný rozvrh
~ **spreadover** rozvrhnutie na dni
~ **statement** denný výkaz; denné bilancie
~ **wage** denná mzda
~ **work schedule** pracovný deň
dalasi menová jednotka Gambie
damage škoda; poškodenie; strata; ujma na tele, na majetku a na dobrej povesti; odškodné; poškodiť
~ **liability** ručenie za škodu; povinné ručenie
~ **to goods** poškodenie tovaru
damageability náchylnosť na poškodenie; poškoditeľnosť
damaged stock poškodené zásoby
damages náhrada škody; odškodné
dangerous goods nebezpečný náklad
dangle slepý koniec (sieťová analýza)
dash-and-dash čiarkovať
~**-and-dot** bodkočiarkovať
~ **curve** čiarkovaná krivka
~ **entry** nevýznamný stav (v rozhodovacej tabuľke)
~ **line** prerušovaná čiara
data dáta; údaje; informácie; znázornenie faktov
~ **acknowledgment** potvrdenie príjmu dát
~ **acquisition** zber dát
~ **analysis** analýza údajov
~ **assimilation** využitie údajov; využitie dát
~ **authentication** overovanie údajov
~ **automatic rescheduling technique** metóda automatizovaného rozvrhovania dát
~ **available** dostupné dáta
~ **backup** zálohovanie dát
~ **bank** banka dát
~ **base** báza dát; databáza; program pre vyhľadávanie, porovnávanie, triedenie dát
~ **bulk** objem dát
~ **capture** zber dát; zhromažďovanie dát v počítačovej forme
~ **center** výpočtové stredisko
~ **collection** zber dát
~ **communications** diaľkový prenos dát
~ **convention** dohoda o dátach
~ **entry** vstup dát; zápis dát; zadávanie údajov; dátová položka
~ **insertion** vkladanie dát; zavádzanie dát
~ **origination** pôvod dát; príprava dát
~ **set authority credential** oprávnenie na prístup do súboru
database databáza; báza dát
~ **system** databázový systém
datamation automatické spracovanie dát
dataphone stanica na prenos dát telefónnym vedením
dataway informačný tok dát
date dátum; termín; obdobie; schôdzka; lehota; datovať; napísať dátum; mať schôdzku
~ **draft** data zmenka
~ **header** záhlavie s dátumom
~ **of accounting record** dátum účtovania
~ **of acquisition** dátum získania
~ **of birth** dátum narodenia
~ **of delivery** dodací termín; termín dodania
~ **of dispatch** odosielací termín
~ **of draft** dátum traty; dátum, kedy je trata vystavená
~ **of expiry** deň splatnosti
~ **of invoice** dátum fakturácie
~ **of joining** nástupný termín
~ **of maturity** dátum (deň) splatnosti
~ **of maturity of a bill** splatnosť zmenky
~ **of payment of dividends** dátum vyplatenia dividend
~ **of receipt** dátum príjmu
~ **of the note** dátum vydania
~ **of trade** dátum obchodu
~ **stamp** dátumovka; pečiatka s dátumom; dať pečiatku s dátumom
datebook am. vreckový kalendár
dating datovanie; predĺženie úveru za čas, ktorý bol pôvodne určený
datum údaj; prvok dát; podklad (úsudku)
daw out odkladať (doklady)
day deň; lehota
~ **book** záznamová kniha, v ktorej sú zaznamenané všetky finančné transakcie bez ohľadu na debet alebo kredit; denník; denná kniha
~ **labour** práca v dennej mzde; nekvalifikovaní robotníci
~ **letter** denný telegram (odosielaný za depešou)
~ **loan** jednodenná pôžička
~ **order** denný príkaz; príkaz kúpiť alebo

predať, ktorý zaniká na konci obchodného dňa
~ **overdrafts** denné pôžičky, ktoré banka vystaví zákazníkom počas obchodného dňa
~ **points** denné body (použité v spojitosti s tranzitnou prácou a hlavnou účtovníckou knihou banky)
~**-to-day activities** každodenná činnosť
~**-to-day loans** pozri call loan
~**-to-day money** denné peniaze (úver)
~**-to-day transactions** bežná agenda
~ **trading** obchod v rovnakom dni
~ **wages** denná mzda
~ **work** práca v časovej mzde
day's sales denné tržby
daybook denník; žurnál
~ **leaf** denníkový list
daylight exposure denná expozícia; celková pracovná doba povolená bankovému zmenárenskému oddeleniu
~ **overdraft** prekročenie počas dňa
~ **overdrafts** denné pôžičky
~**-saving time** letný čas
days after sight (D/S) dni po predložení (obsah zmenky)
~ **receivable** priemerný počet dní od odoslania do zaplatenia faktúry
ddd policy ddd poistka (poistka proti krádeži, falšovaniu a sprenevere)
de bene esse podmienečne; zatiaľ
~ **credere agent** komisionár; sprostredkovateľ za províziu
~ **credere commission** de kredere; úverová provízia
~ **facto** v skutočnosti; skutočne; existujúci
~ **jure** právom; správny; legitímny; podľa zákona alebo spravodlivosti
~ **novo** slang. nové banky
~**-updating** spätná aktualizácia; dezaktualizácia
dead mŕtvy; nevyužitý; nepotrebný; zablokovaný; nepoužívaný; úplne; celkom
~ **account** mŕtvy účet (bez obratu)
~ **assets** mŕtve aktíva; mŕtve prostriedky; nedobytné pohľadávky
~ **broke** slang. bez haliera; na dne
~ **capital** mŕtvy kapitál; nevyužitý kapitál
~ **certain** stopercentne istý
~ **charges** mŕtve výdavky (nepriame náklady)
~**-end job** am. zamestnanie bez vyhliadok; postavenie v zamestnaní, ktoré neumožňuje funkčný postup alebo rast platu
~ **hand** nepredajný majetok
~ **letter** nedoručiteľný list; zablokovaná správa
~ **loss** čistý úbytok; čistá strata
~ **market** stagnujúci trh; mdlý trh
~ **president** slang. americká bankovka; akékoľvek papierové peniaze
~ **stock** mŕtvy inventár; mŕtvy kapitál
deadbeat slang. osoba, ktorá neplatí dlhy; príživník
deadline posledný termín; konečný termín; uzávierka; termínovaný
deadlock slepá ulička (rokovania); zablokovanie (systému); uviaznutie
deadweight all told kapacita lode aj s pohonnými látkami, vodou a pod.
~ **cargo capacity** nosnosť lode bez pohonných látok, vody a pod.
~ **tonnage (DWT)** hrubá nosnosť lode
deal časť; diel; množstvo; obchodné spojenie; dohoda; výmena; vyjednávať; obchodovať
~ **in st.** obchodovať s niečím
~ **st.** rozdeľovať niečo
~ **with sb.** rokovať s niekým
deal: it's a deal súhlasím s podmienkami; zmluva je uzavretá
dealer obchodník; sprostredkovateľ; maklér; obchodný medzičlánok; predajca
~ **activities** aktivity dealera; banka operujúca ako dealer s cennými papiermi
~ **financing** financovanie dealera; dealer komodít môže uzatvoriť zmluvu s bankou, aby banka financovala nákup týchto komodít do ich predaja dealerom
~ **franchise** písomná záruka o výhradnom predaji
~ **holdbacks** pozri dealer financing
~ **loan** pozri dealer financing
~ **market** dealerov trh
~ **rebate** dealerov rabat
~ **reserves** dealerove rezervy; pozri dealer financing
dealership obchodné zastúpenie
dealing obchod; transakcia
~ **in real estate** obchodovanie s nehnuteľnosťami
~ **in stocks** obchod s cennými papiermi
dealings obchodné rokovanie; transakcie; obchody
deallocation uvoľnenie
dear money peniaze požičané na vysoký úrok; drahé peniaze
dearness drahota
death duty dedičná daň
~ **in law** civilná smrť; strata všetkých práv žijúcej osoby
~ **tax** daň z pozostalosti
debase znehodnotiť (mince)
debasement znehodnotenie (mincí); falšovanie (mincí)
debate diskusia; debata; spor
debenture dlhopis; obligácia; dlžobný úpis
~ **bond** dlhopis; dlžobný úpis
~ **book** záznamy o návratných clách
~ **certificate** dlžobný úpis; list návratného cla
~ **stock** neumoriteľný dlhopis

debentures dlžobné listy
~ **bond** obligácia bez záruky
debit dlh; pasívum; debet; pripísať na dlh; zaťažiť; Má dať
~ **adjustment** úprava na strane Má dať
~ **advice** oznámenie o vymáhaní (avízo); oznámenie o účtovaní na vrub
~ **an account** odpisovanie z účtu
~ **and credit** strana Má dať a strana Dal
~ **balance** pasívna bilancia; pasívny zostatok; debetné saldo
~ **card** debetná karta; dlžobná karta; dispozičná karta
~ **entry** debetný zápis; pripísanie na ťarchu
~ **memo** oznámenie o účtovaní na vrub
~ **note** dlhopis; ťarchopis
~ **party** strana Má dať; dlžná strana
~ **sb.** zaúčtovať niekomu
~ **sb.'s account with a sum** pripísať na ťarchu
~ **side** strana Má dať
~ **the account** zaťažiť účet
~ **total** obrat strany Má dať
debit: on the debit side na strane Má dať
debiting per contra storno
~ **the profit** na ťarchu zisku
debits Má dať
~ **in balance with payments** záväzky v rovnováhe s pohľadávkami
debt pohľadávka; dlh; záväzok
~ **capital** dlhový kapitál
~ **ceiling** strop dlhu
~ **collection** inkaso pohľadávok
~ **collector** vyberač dlhov
~ **discount** eskont dlhu
~ **due** splatný dlh
~ **equity ratio** podiel celkových dlhov k vlastnému kapitálu; miera (koeficient) zadĺženia
~**-equity swap** výmena dlhu za kmeňové akcie
~ **monetization** proces, počas ktorého je národný dlh použitý na zvýšenie peňazí v obehu; speňaženie dlhu
~ **of honour** čestný dlh
~ **of old standing** starý dlh
~ **on mortgage** hypotékový dlh
~ **ratio** koeficient dlhu; ukazovateľ celkovej zadĺženosti (celkové dlhy: celkové aktíva)
~ **recovery** vymáhanie pohľadávky
~ **retirement** preplácanie dlhu
~ **securities** dlžobné cenné papiere
~ **service** dlhová služba; služba štátneho dlhu
~ **service fund** fond dlhovej služby (zvlášť ny umorovací fond)
~**-service payments** platby na úhradu dlhu
~ **service ratio** pomer dlhovej služby; splátky zaplatené štátom na zahraničný dlh ako percento exportných ziskov tejto krajiny
~**-to-equity ratio** pomer dlhov a vlastného majetku
~**-to-net worth ratio** všetky pasíva vydelené čistou hodnotou; pomer dlhu k čistej hodnote
~**-to-total-assets ratio** pomer dlhov a celkového kapitálu
debt: be in debt to sb. byť zadĺžený
debtee veriteľ
debtor dlžník; strana Má dať
~ **bank** dlžná banka
debtor's cash book účtovná kniha dlžníkov
~ **position** pozícia dlžníka; časť trhovej ceny majetku, ktorá presahuje prvú hypotéku
~ **statement** pohľadávka
debtors and creditors zúčtovacie vzťahy (dlžníci a veritelia)
debts in excess predĺženie
~ **written off** úverové straty
debug odstraňovať závady; opravovať; usmerňovať; oživovať (zariadenie); testovací; ladiaci
decal emblém umiestnený na výkladoch a dverách obchodníka na identifikáciu jeho spojenia s plánom úverových kariet
decapitate úplne vyradiť z prevádzky
decasualization odstránenie fluktuácie pracovníkov; odstránenie príležitostných pracovných síl
decay úpadok; rozklad; doznievanie; zánik (systému); kaziť sa; rozkladať sa; rozpadať sa; slabnúť; upadať
deceased account konto zosnulého
decedent estate account konto dedičstva zosnulého
deceit klamstvo; lož; podvod; zákernosť
deceleration spomaľovanie; decelerácia (hosp. rastu); brzdenie
~ **principle** princíp spomalenia; ekonomické prehlásenie, že zvýšenie miezd a cien v tomto roku malo byť všeobecne najmenej pol percenta bodu pod priemerným zvýšením z predchádzajúceho roku
decenniad desaťročie
decent slušný; patričný; poctivý
~ **prices** slušné ceny
decentralize decentralizovať
decentralized bookkeeping decentralizované účtovníctvo
deception podvod; klamanie
deceptive advertising nekalá reklama
decide rozhodnúť sa; rozhodovať
decimal desiatková číslica; desatinné číslo; desatinný zlomok; desatinný; dekadický; desiatkový
~ **numeration system** desiatková číselná sústava
~ **position** desatinné miesto
decision rozhodnutie; uznesenie

~ **box** rozhodovací symbol
~ **content** maximálna entropia; obsah rozhodovania
~ **feature** rozhodovacia charakteristika
~ **feedback** rozhodovacia spätná väzba
~**-making** rozhodovanie; rozhodovací
~ **making system** systém rozhodovania
~ **making under uncertainty** rozhodovanie v podmienkach neistoty
~ **rules** rozhodovacie pravidlá
~ **step** rozhodovací krok
~**-taking** rozhodovanie
~ **tree** rozhodovací strom
~**-tree approach** stromová analýza
deck súbor diernych štítkov; sada štítkov; magnetická pásková jednotka; paluba lode
declarable deklarovateľný; podliehajúci (colnému) hláseniu
declaration deklarácia; vyhlásenie; prehlásenie; uverejnenie; popis; žaloba; miestoprísažné prehlásenie
~ **date** dátum deklarácie; dátum autorizovaného vyplácania dividend správnou radou
~ **of bankruptcy** prehlásenie o úpadku
~ **of complaint** sťažnosť
~ **of dividend** deklarácia dividend
~ **of income** daňové priznanie
~ **of insurance** oznámenie poistenia
~ **of quantities** vykazovanie množstva
~ **of taxes** daňové priznanie
~ **of trust** deklarácia poručníctva; písaná dohoda, že vlastníctvo jednej osoby v skutočnosti patrí inej osobe
~ **on oath** miestoprísažné prehlásenie; prísažná výpoveď
declarative statement popis; deklarácia
declare ohlásiť; vyhlásiť; tvrdiť; prehlásiť; deklarovať
~ **a dividend to st.** ohlásiť dividendu na niečo
~ **a law void** prehlásiť zákon za neplatný
~ **a loss** ohlásiť stratu; ohlásiť škodu
~ **bankrupt** ohlásiť úpadok; ohlásiť bankrot
~ **identity** odhaliť totožnosť
~ **null and void** prehlásiť za neplatné; anulovať; zrušiť
~ **of taxes** daňové priznanie
~ **off** stornovať; odstúpiť od; odvolať; vzdať sa
~ **o.s. insolvent** ohlásiť úpadok
~ **statement** deklaračný príkaz
declared income daňové priznanie
decline ubúdanie; klesanie; pokles; odmietnutie; úpadok (systému); neprijať; protestovať; slabnúť; znižovať sa; ohnúť; odviesť stranou; zvažovať sa; znehodnotiť sa
~ **an application** odmietnuť žiadosť
~ **an offer** odmietnuť ponuku
~ **guaranty** záruka proti poklesu cien
~ **in business** pokles obchodnej činnosti
~ **in sales** pokles tržieb
~ **in the rate of profit** pokles miery zisku
~ **of prices** pokles cien
declining balance metóda degresívneho odpisu; klesajúci zostatok
~ **balance depreciation** klesajúci odpis
~ **sales** klesajúci odbyt; klesajúca tržba
decomposable matrix rozložiteľná matica
decontrol zbavenie kontroly; uvoľnenie z dohľadu; zbaviť kontroly; uvoľniť z dohľadu
decorate zdobiť; vyzdobiť; dekorovať; vyznamenať
decorated articles ozdobný tovar
decrease úbytok; pokles; úpadok; zníženie; zmenšenie; strácať
~ **in cost** zníženie nákladov
~ **in prices** pokles cien
decrease: be on the decrease zmenšovať sa; ubúdať
decreased rate znižujúce sa sadzby
decreasing-charge method of depreciation systém degresívneho odpisovania
~ **cost** degresívne (klesajúce) náklady
~ **cost industry** priemysel s klesajúcimi nákladmi
~ **effectiveness** klesajúca efektívnosť
~ **returns** pozri diminishing returns
decree dekrét; výnos; nariadenie; edikt; súdne rozhodnutie; rozsudok; udeliť dekrétom; nariadiť
~ **of bankruptcy** úradné vyhlásenie konkurzu
decuple desaťnásobok; desaťnásobný
dedicate darovať; venovať; zasvätiť
dedicated area vyhradená oblasť
dedication darovanie; venovanie; poskytnutie súkromnej nehnuteľnosti alebo jej časti verejným účelom; rezervácia
deduce dedukovať; usudzovať; odvodiť
deduck slang. čiastka, ktorá je odpočítaná od zdaniteľného príjmu
deduct odpočítať; zraziť; zľaviť
~ **bank charges** odpočítavať manipulačné poplatky
deductable item odpočítateľná položka
deducted tax zrazená daň
deductible items odpočítateľné položky
deductibles odpočítateľné položky
deducting po odpočítaní
deduction zrážka; zľava; odpočítanie; dedukcia; rabat; odpočítateľná položka; záver
~ **from payroll** zrážka zo mzdy
deduction: after deduction of expenses po odpočítaní výdavkov
deductions from gross income odpočty z hrubého príjmu
~ **from payrolls** zrážky z miezd

deductive deduktívny
deed skutok; čin; fakt; doklad; zmluva; dokument
~ **description** popis zmluvy
~ **given to secure a debt** hypotéka, kde je vlastnícke právo na majetok odovzdané požičiavateľovi vypožičiavateľom ako záruka platenia dlhu; zmluva vydaná na zaručenie dlhu
~ **in assignment** postupná listina
~ **in lieu of foreclosure** zmluva namiesto zabavenia; predloženie vlastníckeho práva záložným dlžníkom záložnému veriteľovi, aby sa zabránilo zabaveniu majetku
~ **of a foundation** nadačná listina
~ **of arrangement** listina o zmluvnom vyrovnaní s veriteľom pred bankrotom
~ **of assignment** prevodná listina
~ **of association** spoločenská zmluva; kontrakt
~ **of cession** prevodná listina; odstupná listina
~ **of donation** darovacia listina
~ **of gift** darovacia listina
~ **of protest** zmenkový protest; písomný protest
~ **of release** zmluva o uvoľnení; zmluva, ktorá uvoľňuje vlastníctvo zo zadržiavacieho práva hypotéky
~ **of sale** kúpna zmluva
~ **of trust** splnomocnenie
~ **restrictions** obmedzenia zmluvy
~ **stock** nehnuteľnosť
deem: when deemed advisable ak sa uzná za vhodné
deep in debt hlboko v dlhoch
~ **in money** cena výrazne pod súčasnou trhovou cenou prioritných akcií
~ **structure** podrobná štruktúra
deepen prehĺbiť
deepening of capital prehlbovanie kapitálu
defaced coins zničené mince
defalcation sprenevera
default odloženie; nedodržanie záväzku; nezaplatenie; zmeškanie; platobná neschopnosť; nesolventnosť; štandardná hodnota; implicitný; štandardný
~ **a loan** nezaplatiť pôžičku; premeškať lehotu úhrady (pôžičky)
~ **in payment** odklad v platení; byť v odklade s platením
~ **in shipping** nenaložiť
~ **paths** predvolené cesty
~ **risk** riziko nezaplatenia
default: in default v prípade nedobytnosti; ak nebude; z nedostatku
~ **to make default** mať meškanie
defaulted mortgage prepadnutá hypotéka
~ **paper** nezaplatený papier; obligácie, ktorých istina alebo úrok nie sú zaplatené
defaulter neplatiaci dlžník
defeasance anulovanie; zrušenie; prehlásenie neplatným
defeat zmariť; prekaziť; prehlásiť za neplatné
~ **a contract** zrušiť zmluvu
defect vada; kaz; chyba
defective goods chybný tovar; poškodený tovar
~ **notes** necelé/poškodené bankovky
~ **packing** chybný obal
~ **quality** znížená kvalita
~ **work** nepodarok; nekvalitná práca
defense obhajoba; obrana
defensive duty rezortné clo; odvetvové clo
~ **investment** obranná investícia; pozri speculation
~ **portfolio** „obranná" zásoba cenných papierov; stabilné portfólio
~ **securities** stabilné cenné papiere
~ **stocks** obranné akcie; akcie, ktoré vykazujú nepatrné pohyby ceny; pozri protective stocks
~ **trademark** ochranná známka
defer dať odklad; odložiť; oddialiť; ustúpiť
~ **payment** odložiť platenie
deferment oddialenie; odloženie; odklad
~ **charge** poplatok za odloženie
~ **of taxes** odklad platenia daní
deferral časové odloženie; náklady budúcich období
deferrals príjmové položky budúcich období
deferred annuity odložená renta; životná renta (od určitého veku)
~ **asset** aktívum použiteľné po určitej dobe
~ **availability cash items** pokladničné položky pre neskoršie použitie
~ **charges** odložené poplatky; náklady budúcich období
~ **compensation** odložená náhrada; odloženie distribúcie časti súčasných zárobkov k neskoršiemu dátumu
~ **credit** odložený úver; oneskorená kreditná položka
~ **debits** časovo rozlíšené debetné položky
~ **debt** odložený záväzok; dlh druhého stupňa
~ **expense** náklady budúcich období
~ **fee** odložený poplatok
~ **income** výnos budúcich období
~ **interest** odložený úrok
~ **items** prechodné položky
~ **liabilities** odložené záväzky
~ **maintenance** pozdržaná údržba; odložená údržba; časovo rozlíšená údržba (napr. kompletná rekonštrukcia stroja)
~ **payment** pozhovenie platby; odložená splátka
~ **payment terms** úverové platobné podmienky

~ **posting** odložené zaknihovanie; zaknihovanie položiek s oneskorením
~ **revenue** časovo rozlíšený výnos
~ **shares** nepreferované akcie; neprivilegované akcie
~ **special assessments** odložené špeciálne poplatky; špeciálne poplatky, ktoré boli uložené, ale nie sú ešte splatné
~ **stocks** nepreferované akcie
~ **tax** odložená daň; daňový záväzok, ktorý bol ohlásený, ale podlieha dani z príjmu až neskôr
deferring časové rozlíšenie
deficiency deficit; nedostatok; schodok; manko; rozdiel; chyba; vada
~ **guarantee** záruka deficitu; záruka limitovaná čistkou deficitu utrpeného požičiavateľom pri speňažení aktíva
~ **of money** manko v pokladni; pokladničný schodok
~ **supply bill** účet deficitnej zásoby; rezerva pre mimorozpočtové výdavky
deficit deficit; schodok; manko; deficitný
~ **economy** deficitná ekonomika
~ **financing** financovanie deficitu; štátne financovanie pomocou pôžičiek
~ **of goods** nedostatok tovaru
~ **spending** deficitné výdavky; financovanie pomocou deficitu
define vymedziť; ohraničiť; stanoviť; definovať
definite určitý; presný; pevný; definitívny
~ **booking** pevná rezervácia
~ **order** záväzná objednávka
~**-time** nezávislý
~ **understanding** pevná dohoda
definitely s konečnou platnosťou; definitívne
deflate znížiť ceny; znížiť stav obeživa; obmedziť; redukovať; pošpiniť; zmariť; prepočítať
deflated data redukované údaje
deflating sťahovanie obeživa
deflation(ary) policy deflácia; deflačná politika
deflationary gap deklaračná medzera (nerovnováha vzniknutá prevahou ponuky)
deflator deflátor (cenový index pre vylúčenie cenových zmien)
deforcement neoprávnená držba pozemkov
deformation deformácia; skreslenie; deformačný
defraud podvodom niekoho pripraviť o majetok; spreneveriť niečo; podvádzať
defray zaplatiť; znášať výdavky; uhradiť
defraying of travelling expenses náhrada cestovných výdavkov
defunct company zaniknutá spoločnosť; firma, ktorá prestala existovať
degradation failure postupná porucha
degrade zosadiť; zbaviť hodnosti; pokaziť
degree stupeň; miera; spoločenský stav; akademická hodnosť
~ **of activity** stupeň zamestnanosti
~ **of financial leverage** stupeň špekulatívneho zadĺženia
~ **of operating leverage** stupeň operatívnej špekulácie na zisk; miera premenlivosti zárobku na akcii spoločnosti
~ **of stability** miera stability; stupeň stability
~ **scale** delená stupnica; stupnica s dielikmi
degression degresia
degressive degresívny; zostupný
~ **taxation** degresívne zdanenie
del credere úverová odmena; delkredere; provízia za úverové ručenie
~ **credere: to stand del credere** dať záruku; ručiť
delay odkladanie; odklad; zdržanie; oneskorenie; oneskoriť (sa); odložiť; zdržať (sa); presunúť; preložiť; oneskorovací
~ **charge** úrok z oneskorenia
~ **of payment** odklad platenia; predĺženie termínu platby
~ **payment** otáľať s platením
delayed delivery odložená dodávka; oneskorená dodávka
~ **opening** odložené otvorenie; situácia, keď sa predajné alebo nákupné príkazy nahromadia pred otvorením burzy
~ **payment** oneskorená platba
delectus personae „Zvolená alebo vybraná osoba" (lat.)
delegate delegát; zástupca; splnomocnenec; delegovať; splnomocniť
~ **all powers to sb.** udeliť niekomu plnú moc
~ **authority to sb.** splnomocniť niekoho
~ **st. on/to sb.** poveriť niekoho niečím
delete zmazať; vymazať; vyradiť; vynechať; zrušiť; vyčiarknuť; vypustiť (zo sadzby)
~ **one alternative** nehodiace sa prečiarknite
deliberation úvaha; porada
deliberative poradný
delimit obmedziť
delimitate vymedziť
delinquency neplatenie
~ **ratio** pomer delikvencie; koeficient nezaplatených pôžičiek k celku vydaných pôžičiek
delinquent account receivable delikventná pohľadávka
~ **tax** delikventná daň; nezaplatená daň; dlžná daň
delist odstrániť zo zoznamu
deliver dodať; doručiť; roznášať; oznámiť; splniť očakávania
~ **certificates** vydávať osvedčenia
~ **to domicile** dodať do domu

delivered at frontier (DAF) s dodaním na hranicu
~ **by an authority** vydané úradom
~ **duty (un)paid** s dodaním clo (ne)platené
deliveries expedovaný tovar
delivering services poskytovanie služieb
delivery doručenie; dodanie; roznášanie; odovzdanie; postúpenie; preprava nákladov; odovzdanie veci; oslobodenie; udelenie; podvod; prívod; výtlačný
~ **by installments** postupná dodávka; dodávka po častiach
~ **charge** prepravné; doručovací poplatok
~ **contract** dodacia zmluva
~ **cost** dopravné náklady
~ **from stock** dodávka zo skladu
~ **included** vrátane dodávky; dodávka zahrnutá v cene
~ **note** dodací list
~ **notice** vyrozumenie o dodávke
~ **of bill** odovzdanie zmenky
~ **of check** odovzdanie šeku
~ **of goods** dodávka tovaru
~ **on call** dodávka na požiadanie
~ **on credit** dodávka na úver
~ **on term** termínovaná dodávka
~ **order** dodací príkaz; expedičný príkaz; dodací list
~ **price** dodacia cena
~ **receipt** potvrdenie o dodávke
~ **round** dodávka
~ **terms** podmienky dodávky; dodacie podmienky
Delphi method delfská metóda
deluxe prepychový; luxusný
demand dopyt; požiadavka; žiadosť; pohľadávka; uplatnenie práva; žiadať; požadovať; predvolať na súd
~ **analysis** analýza dopytu
~ **and supply** dopyt a ponuka
~ **bill** vista zmenka; zmenka splatná ihneď
~ **deficiency** nedostatok dopytu
~ **deposits** vklady bez výpovednej lehoty; vklady na požiadanie
~ **draft** vista zmenka; zmenka splatná po predložení
~ **equation** dopytová rovnica
~ **for capital** dopyt po kapitáli
~ **for money** dopyt po peniazoch
~ **for payment** platobná požiadavka; platobný príkaz; upomienka
~ **for st.** požiadavka niečoho; dopyt po niečom
~ **inflation** dopytová inflácia; inflácia dopytového typu
~ **lag** oneskorenie dopytu
~ **loan** vypovedateľná pôžička; pôžička splatná na požiadanie
~ **money** denné peniaze; vypovedateľný vklad
~ **mortgage** hypotéka splatná na požiadanie
~ **note** daňový výmer; upomienka; dlžobný úpis splatný na požiadanie
~ **oriented models** dopytové modely
~ **payment** upozorňovať na zaplatenie
~ **price** dopytová cena
~**-pull inflation** inflácia z nedostatočnej ponuky; inflácia vyvolaná rastom dopytu alebo zvýšením kúpnej sily
~ **rate** vista kurz
~ **secured loan** pôžička splatná na požiadanie
~ **sterling** zmenky po predložení vystavené v librách
demander veriteľ; žiadateľ
demanding náročný
~ **customer** náročný odberateľ (zákazník)
demean zmenšiť; zhoršiť
demerge rozpadnúť sa; defúzovať
demerger rozpad fúzovaných podnikov
demesne vlastníctvo; držba majetku; pozemky; teritórium
demi- polo-
demise skon; úmrtie; prevod majetku pre prípad smrti; prenájom; prevod držby
demo program demonštračný program
demography demografia
demonetization demonetizácia; zbavenie papiera obeživosti alebo vinkulácie
demonetize st. zbaviť hodnoty; demonetizovať; stiahnuť mincu z obehu
demonization (demonetization) demonetizácia; zníženie počtu vládnych obligácií a cenných papierov komerčnou bankou, čo má za následok zvýšenie ceny vkladu a papierového obeživa
demonopolization demonopolizácia
demonstration demonštrácia; predvedenie; dokázanie; vysvetlenie; preukázanie; predvádzanie; dôkaz
demonstrative gift preukazný dar; dar v poslednej vôli
demote znížiť (úroveň); zaradiť do nižšej kategórie; degradovať
demotion konverzia (prevod) nižšie
demurrage náhrada za zdržanie pri nakladaní; stojné; zdržné
denary desiatka; desiatkový; desatinný; desaťnásobný
denationalization deetatizácia; reprivatizácia
denationalize zbaviť štátneho občianstva; reprivatizovať
denial poprenie; záporná odpoveď; odmietnutie
~ **letter** zamietavý list
denomination pomenovanie; kategória; menovateľ; hodnota (mince); nominále; jednotka (hmotnosti)
~ **value** nominálna hodnota
denomination: in small denomination v menších bankovkách

denote vyznačiť; označiť; ukazovať; zaznamenať; zaznačiť
denounce udať; verejne odsúdiť; vypovedať (zmluvu)
dense hustý; nechápavý; úplný
deny poprieť; zaprieť
department oddelenie; odbor; stredisko; oblasť činnosti; odvetvie; ministerstvo; úrad; rezort; úsek; zložka; sekcia; referát; katedra (br.)
~ **key** identifikačný kľúč oddelenia
~ **store** obchodný dom
~ **store building** pozri multiple banking
departure odchod; odlet; odchýlka; čas odchodu; čas odletu; smer (vývoja)
~ **time** doba odovzdania riadenia (supervízorovi)
depend on sb. (st.) závisieť od niekoho (niečoho)
dependable spoľahlivý; prevádzkovo bezpečný
dependant rodinný príslušník; závislá osoba
dependence závislosť
~ **bonus** prídavok na deti
~ **exemption** zľava na deti
dependency závislosť; država; kolónia
dependent claim závislý patentový nárok
~ **covenants** vzájomne závislé zmluvy
depletion exploatácia; vyčerpanie; spotrebovanie podstaty; vyprázdnenie
~ **accounting** účtovanie spotreby podstaty
~ **allowance** odpis pre zníženie substancie; odpisová kvóta; odpočítateľná amortizačná položka
deployment rozmiestnenie; distribúcia a umiestnenie terminálov finančných služieb
depo skratka pre deposit
depopulate vyľudniť; znížiť počet súčiastok
depose podať výpoveď; vypovedať pod prísahou; tvrdiť; zbaviť funkcie
deposit vklad; depozit; vec daná do úschovy; záruka
~ **account** vkladový účet; depozitný účet
~ **administration** správa depozitu
~ **an amount as guarantee** zložiť kauciu
~ **analysis** analýza vkladu
~ **bank** depozitná banka
~ **banking** depozitné bankovníctvo
~ **book** vkladná knižka
~ **ceiling rates of interest** depozitné maximálne úrokové sadzby
~ **copy** povinný výtlačok (pre knižnicu)
~ **correction slip** vkladový opravný lístok
~ **currency** zásobné obeživo; uložené obeživo; šeky a ďalšie kreditné položky uložené v banke ako pokladničný ekvivalent
~ **fee** depozitný poplatok
~ **insurance** poistenie vkladov
~ **interest rate** úroková sadzba pri vkladoch
~ **letters** vkladové listy
~ **liability** depozitný záväzok; celkový záväzok banky voči zákazníkom
~ **line** depozitný priemer; priemerná čiastka zákazníkovho konta
~ **loan** depozitná pôžička
~ **receipt** depozitné potvrdenie
~ **slip** depozitný lístok; detailné memorandum peňažných a iných fondov
~**-taking company** spoločnosť prijímajúca vklady
~ **ticket** vkladový lístok
~ **warrant** depozitná plná moc; dokument autorizujúci pokladníka na prijatie peňažných čiastok
depositary depozitár; opatrovník
~ **receipt** vkladové potvrdenie; mechanizmus na umožnenie zmeny zahraničných akcií na amerických burzách
~ **trust company** depozitná poručnícka alebo správcovská spoločnosť; centrálny depozitár certifikátov cenných papierov
depositbook vkladná knižka
deposition písomné svedectvo; prehlásenie; výpoveď; zloženie zálohy; uloženie do úschovy
depositor vkladateľ; ukladateľ; deponent; depozitor; platca
depositor's book vkladná knižka
~ **passbook** vkladná knižka; preukaz o stave bežného účtu
depository úschovňa; trezor; bezpečnostná schránka
~ **bank** depozitná banka
~ **bond** vkladová záruka
~ **receipt** vkladová potvrdenka
~ **transfer draft** príkaz na depozitný prevod
deposits depozitá
depot sklad; skladisko; skratka pre deposit
~ **master** skladiskový úradník
~ **sales** predaj mimo skladu
depreciable odpisovateľný
~ **amount** odpisová základňa
~ **asset** odpisovateľné aktívum
~ **cost** odpisová základňa
~ **plant** verejný podnik; závod verejných služieb; odpisovateľná hodnota závodu
depreciate znehodnotiť; odpísať; amortizovať; devalvovať; znížiť cenu; zlacniť; podceňovať; zľahčovať
depreciated cost zostatková cena
~ **currency** devalvovaná mena
depreciation odpis; amortizácia; opotrebenie; znehodnotenie; devalvácia; zníženie ceny; daňové zrážky z majetkového daňového základu

~ **allowance** amortizácia; odpis; amortizačná čiastka
~ **amount** odpisová čiastka
~ **base** odpisová základňa
~ **book** kniha odpisov; oprávky vykázané v hlavnej knihe
~ **charges** amortizačné náklady
~ **fund** odpisový fond
~ **of capital** znehodnocovanie kapitálu; amortizácia kapitálu
~ **of currency** znehodnocovanie meny
~ **of money** znehodnotenie meny; devalvácia peňazí
~ **of small and short-term objects** opotrebenie (odpis) drobných a krátkodobých predmetov
~ **rate** odpisová sadzba
~ **reserve** odpisová rezerva
~ **sum** odpisová čiastka
depreciatory znehodnocovací
depressed market trh trpiaci depresiou
depression depresia; stiesnenosť; zníženie; stlačenie; pokles; stagnácia; kríza; zhustenie (údajov); redukovanie (rovnice)
deprive sb. of st. zbaviť niekoho niečoho; pripraviť niekoho o niečo
depth hĺbka; výška (dokladu); hlbinný; hĺbkový
~ **of page** výška sadzby
depute delegovať; vyslať
deputy zástupca; námestník; poslanec
~ **chairman** miestopredseda
~ **director** námestník riaditeľa
derail inštrukcia vetvenia; vykoľajiť (sa)
derangement neporiadok; porucha; zmätok
derate znížiť bremeno dávok
derated odľahčený
deregistration zrušenie registrácie; odhlásenie (relácie)
dereliction opustenie; úmyselné opustenie majetku
derelicts majetok, ku ktorému sa nikto nehlási
derestrict zrušiť obmedzenie
derivate deposit odvodený vklad (vklad na základe pôžičky)
~ **investment** derivátna investícia (ukladanie prostriedkov zameraných na nové finančné zdroje)
derivation derivácia; prípojka; odvodenina
derivative derivovaná funkcia; nepôvodný
derivatives odvodené cenné papiere
derive claims from sb. (from st.) odvodzovať nároky od niekoho (od niečoho)
derived demand odvodený dopyt
~ **margin** odvodené obchodné rozpätie
~ **price** znížená cena
derogate from klesnúť na cene; zľahčovať; znižovať; uberať na (dôstojnosti)
descendant potomok; descendent; následník
descending zostupný
descent svah; spád; pôvod; rod; potomstvo; zostup; descendencia
descramble dekódovať
description označenie; popis; charakteristické črty; popisný
~ **deed** popis zmluvy
~ **of goods** popis tovaru
~ **of the bearer** popis doručiteľa; popis držiteľa
descriptive billing popisné fakturovanie; fakturovací systém, v ktorom výpis z konta nie je sprevádzaný kópiami originálnych faktúr
~ **statement** popisný výpis; popisný príkaz
~ **trademark** popisná ochranná známka
design konštrukcia; nákres; návrh; vzor; úprava; plán; projekt; design; riešenie; osnova; štruktúra; navrhovať; projektovať; plánovať; konštrukčný
~ **account** otvorenie účtu
~ **for business** venovať sa obchodu
~ **of product** konštrukcia výrobku; výtvarný návrh výrobku
~ **procedure** postup návrhu
~ **test** typová skúška
designability ľahkosť návrhu
designate pomenovať; určiť; stanoviť; označiť
designated manager dezignovaný riaditeľ; poverený riadením
designee splnomocnenec
designing department návrhové oddelenie; projekčné oddelenie; konštrukčné oddelenie
desire prianie; túžba
desired capital stock žiadúce kmeňové akcie
~ **consumption** žiadúca spotreba
~ **supply** zamýšľaná ponuka
desk pokladňa; pult; oddelenie; prijímacia kancelária
~ **research** sekundárny výskum; katedrový výskum; teoretický prieskum
~ **room** kancelária
desk: to have a desk job pracovať v administratíve
deskilling zmenšovanie počtu kvalifikovaných pracovníkov
desktop pracovná plocha; pracovný stôl
~ **machine** stolový kopírovací prístroj
despatch expedícia; odoslanie; expedovať
~ **note** dodací list; sprievodka
despatched goods odoslaný tovar
desterilizing gold desterilizácia zlata; vydanie zlatých certifikátov ministerstvom financií pre federálny rezervný systém, zahrňujúci zlato už kúpené ministerstvom, proti ktorému ministerstvo ešte nevydalo zlaté certifikáty
destination cieľ; určenie; miesto určenia

~ **clauses** doložky o mieste určenia
~ **queue** rad správ pre jedno miesto určenia
destitute opustený; na mizine
destitute: to be destituted of the market nebyť vôbec na trhu
destroy zničiť; zrúcať; zrušiť; zahubiť
destruction zničenie; zánik; skaza
~ **of inventories** zničenie zásob
destructive competition deštruktívna konkurencia
desuetude nepoužívanie práva alebo zákona; zánik zaužívaného postupu
detach vybrať; oddeliť; odpojiť
~ **coupons** oddeliť kupóny
detached department detašované oddelenie
detail detail; podrobnosť
~ **cost statement** podrobný výkaz nákladov
~ **line** položkový riadok
~ **printing** vypisovanie položiek; listovanie
detailed audit detailná kontrola; podrobný audit
detailing rozpis (plánu)
detailman am. zástupca továrne na liečivá; maloobchodník; detailista
details of charges rozpis nákladov; rozpis poplatkov (určuje, že strana v transakcii má zaplatiť poplatky)
detainer neoprávnený držiteľ veci; zadržanie veci; zabranie veci; zadržanie osoby
detection zisťovanie; odhalenie; detekcia
detention držba; zadržanie veci; zabavenie veci
deteriorate zhoršiť sa; skaziť sa; znehodnotiť
deterioration in the quality zhoršenie akosti
~ **rate** intenzita opotrebovania (súčiastok)
determinable expenses normovateľné náklady
determinant of growth faktor ekonomického rastu
determination stanovenie; určenie; rozhodnutie; determinácia; vymedzenie; rozhodnosť; odhodlanie; ukončenie (zánik) práva
~ **date** rozhodný dátum
~ **of offer** skončenie platnosti ponuky
~ **of prices** tvorba cien
~ **toward investment** sklon k investovaniu; tendencia investovať
determine určiť; stanoviť; rozhodnúť; zistiť; vyšetriť; determinovať; ukončiť; vymedziť; ohraničiť (právne)
~ **a loss** zistiť (vyšetriť) škodu
deterministic deterministický
deterrent of law právna sankcia
detinue bezprávne zadržiavanie cudzej veci
detriment ujma; škoda
detrition opotrebenie
devaluate devalvovať; devalorizovať
devaluation znehodnotenie; odhodnotenie; devalvácia
~ **of currency** devalvácia meny
devastage spustošiť
develop rozvinúť sa; vyvinúť sa; odhaliť; vyjsť najavo
~ **evidence** vykonať dôkaz
developed accounts rozvinuté účty
development rozvoj; vývoj; priebeh; vypracovanie (projektu); odvodenie; sprístupnenie (prírodných zdrojov); otváranie (ložiska; bane); zveľadenie (pôdy)
~ **account** účet vývojových prác
~ **aid committee** výbor na pomoc rozvoju
~ **cost** náklady na vývoj
~ **engineering** racionalizácia; zlepšovanie
~ **investments** rozvojové investície
~ **of the price** cenový vývoj
~ **rate of economy** tempo rozvoja ekonomiky; miera ekonomického rozvoja
~ **records** projektová dokumentácia
deviation rozptyl; disperzia; odchýlka; úchylka; deviácia; rozdiel
~ **ratio** pomerná odchýlka
devious bludný; chybný; odchýlny
devise odovzdanie nehnuteľností; odkaz (dar v záveti)
deviser of an invention pôvodca vynálezu; vynálezca
devolution prevod práva alebo povinnosti z jedného subjektu na iný
devolve pripadnúť niekomu
déport fr. termín pre discount
diacritical mark diakritické znamienko
diagnose diagnostikovať; diagnostický
diagonal matrix diagonálna matica
diagram diagram; graf; znázorniť
dial číselník; stupnica; voliť (telefónne číslo)
~ **out** volajúci (účastník)
dialling code brit. telefónne smerové číslo
dialog faculty schopnosť dialógu
diamond bracket lomená zátvorka; uhlová zátvorka (<>)
diaphragm membrána; membránový
diary denník
dibs podiel; nárok; právo; slang. prachy
dicker slang. kšeft; zmluva; kšeftovať
dictaphone diktafón
dictate diktovať
dictation: to write from dictation písať podľa diktátu
dictionary slovník; adresár
dies non deň, v ktorom sa nebude obchodovať
difference rozdiel; spor; manko
~ **in excess** preplatok
~ **in price** cenový rozdiel; rozdiel v cene
~ **in valuation** oceňovací rozdiel
different cost nákladové druhy; rôzne náklady

differential cost diferenčné náklady
~ **duty** diferenčný poplatok
~ **scaling** rozdielne miery
~ **taxation** odstupňované zdanenie
~ **theory of rent** diferenčná teória renty
differentiation ability rozlišovacia schopnosť
difficult neľahký; obtiažny; nepoddajný
~ **market** problémový trh
difficulties in working prevádzkové ťažkosti; funkčné problémy
difficulties: the difficulties arose nastali problémy; vyskytli sa problémy
diffident nedôverčivý
diffusion difúzia; rozptyl
~ **theory of taxation** difúzna teória o zdanení; teória, že všetky dane sú rozložené na obyvateľstvo zmenami cien a nespočívajú teda na osobe, ktorá platí dane
digest prehľad; krátky obsah; súhrn; resumé
digested securities cenné papiere, ktoré nie sú na predaj
digit číslica; cifra; číselný znak
dilapidation rozpad
~ **of the world market** rozpad svetového trhu
dilatory pomalý; odkladný; dilatórny; lenivý
~ **payer** lenivý dlžník
diligence opatrnosť; starostlivosť
Dillon Round medzinárodné obchodné rokovania pod záštitou GATT v rokoch 1960-1962
dilution zriedenie; pokles objemu vystavených faktúr za určité obdobie; predpokladaná redukcia výnosov z akcií pri konverzii na iné akcie alebo pri prevode na opcie a warranty
dime desiatnik; 10 centov
~ **store** lacný jednotkový obchod
~ **store chains** lacné jednotkové obchody
dimension of matrix rád matice
diminish zmenšiť; skrátiť
~ **the funds** obmedziť zdroje
diminishing balance accrual klesajúci nárast zostatku; zostatok rastúci klesajúcim tempom
~ **marginal product** klesajúci hraničný produkt
~ **returns** zmenšujúce sa výnosy
diminution pokles; zmenšenie; úbytok
~ **of capital** zníženie kapitálu
dinar menová jednotka Abu Dhabi, Adenu, Alžírska, Bahrajnských ostrovov, Iránu, Jordánska, Kuvajtu, Líbye, Južného Jemenu (Aden), Tuniska a Juhoslávie
dip pokles (vzťahujúci sa na ceny)
diploma diplom; záverečné osvedčenie zo strednej školy
diplomatic diplomatický
~ **protection** diplomatická ochrana
direct riadiť; viesť; obrátiť pozornosť; venovať; nariadiť; udať smer; smerovať; orientovať; priamy; účinný
~ **a scheme for** stanoviť plán pre
~ **access organization** organizácia s priamym prístupom
~ **advertising** priama reklama (poštou)
~ **assessment** priame zdanenie; priame uloženie dane
~ **balance** čistý zostatok; priame saldovanie
~ **barter** priama naturálna výmena
~ **buying** priamy nákup u výrobcu
~ **cost** priamy náklad
~ **debit** bezhotovostné platenie
~ **debt** priamy dlh
~ **deposit merchants** obchodníci s priamym vkladom
~ **deposit of payroll** priame ukladanie výplaty
~ **earnings** priamy zisk
~ **expenditures** priame výdavky (výplaty zamestnancom, dodávateľom, kontrahentom)
~ **expenses** režijné náklady priamo zúčtovateľné
~ **inquiry** priame dopytovanie
~ **investment** priama investícia
~ **labor** am. jednotková mzda; živá práca
~ **labor cost** priame mzdové náklady
~ **leading** priame riadenie
~ **lease financing** priame financovanie prenájmu; financovanie termínového dlhu pre investície
~ **liability** priamy záväzok
~ **loan** priama pôžička
~ **mail advertising** priama poštová reklama
~ **management** direktívne riadenie; priame riadenie
~ **material** jednotkový materiál
~ **obligation** priamy záväzok
~ **of a scheme for** stanoviť plán pre
~ **payroll deposit** priame ukladanie miezd
~ **posting** priame účtovanie do hlavnej knihy
~ **proportion** priama úmera; priama úmernosť
~ **quotation** priamy kurzový záznam (pevných jednotiek zahraničnej meny v rôznych čiastkach domácej meny)
~ **reduction loan** priama redukčná pôžička
~ **sale** priamy predaj
~ **tax** priama daň
~**-to-consumer selling** predaj priamo spotrebiteľovi
~ **verification** priame overenie
~ **writings** priame poistenie a zaručenie (prevádzkovanie)
direction adresa; smer; príkaz; riadenie; správa; pokyn; návod; smernica; smerový

~ **for use** návod na používanie
~ **keys** šípky (klávesy)
~ **of accountant evidence and returns** správa účtovej evidencie a výkazov
directions predpisy; pokyny; inštrukcie; návod na použitie
~ **for application** návod na používanie
directive direktíva; príkaz; rozkaz; smernica
~ **for costing** kalkulačné smernice
~ **management** direktívne riadenie
~ **to chart of accounts** smernica k účtovej osnove
directives smernice
directly priamo; priamou voľbou
~ **paid tax** daň platená priamo
director riaditeľ; člen správnej rady; člen predstavenstva
director's bonus tantiéma
directorate predstavenstvo; riaditeľstvo
directors fees tantiéma
directory obsah; katalóg; zoznam; riaditeľstvo; orientačná tabuľa v budove; ukazovateľ; telefónny zoznam
directrix riadiaca čiara; riadiaca krivka
dirham menová jednotka Maroka
diriged economy riadené hospodárstvo
dirt farmer malý farmár (bez zamestnancov)
dirty nečistý; špinavý; nízky; nečestný
~ **bill of lading (B/L)** nečistý konosament
~ **business** špinavý obchod
~ **float** nečistý pohyblivý devízový kurz
~ **money** špinavé peniaze; nepoctivo získané peniaze
disability neschopnosť; nespôsobilosť; invalidita; nevýhoda; handicap; diskvalifikácia
~ **allowance** invalidný dôchodok (podpora); nemocenské
~ **benefits** nemocenské poistenie; dávky počas choroby; invalidné dávky
~ **pension** invalidný dôchodok
disable zbaviť spôsobilosti; znemožniť; dezaktivovať; neschopný práce; vyradiť (z prevádzky); blokovací; dezaktivačný
disablement nespôsobilosť; pracovná neschopnosť; invalidita
~ **benefits** invalidné dávky
disadvantage nevýhoda; škoda; neprospech
disadvantage: be disadvantaged byť v nevýhode
~ **to sell at a disadvantage** predať so stratou
disagio disážio
disagreement nesúhlas
disallow neuznať; zamietnuť; vetovať; zablokovať (prístup); znemožniť
~ **a claim** neuznať pohľadávku; neuznať nárok
disapproval neschválenie; nesúhlas
disaster pohroma; havária
disavow neuznať; poprieť
disburse utrácať; zaplatiť; uhradiť
disbursed interest vyplatený (vybraný) úrok
disbursement vydanie; vyplatenie; výplata; veľká čiastka; rozvrh výplat; náklady
~ **voucher** výplatný príkaz; príkaz na realizovanie splátok
discarding fractions zaokrúhľovanie
discharge vyrovnanie; zaplatenie (dlhu); potvrdenka; kvitancia; zánik (zmluvy); dať výpoveď; rozpustiť; oslobodiť (od platenia daní); vykládka; plnenie; výkon niečoho; prepustiť (zo zamestnania); zastávať (funkciu); vyrovnať; zaplatiť (dlh)
~ **a debt** vyrovnať dlh
~ **an account** vyrovnať účet
~ **claims** uspokojiť nároky
~ **debts** preplácať dlhy
~ **in bankruptcy** zrušenie konkurzného riadenia
~ **of contract** zánik zmluvy (kontraktu)
~ **of duty** výkon povinnosti
~ **of one's office** výkon funkcie
~ **of the function** výkon funkcie
discharged bankrupt vyrovnaný konkurzný dlžník
~ **bill** preplatená zmenka
discharges vypustenie (emisií)
disciplinary action disciplinárne riadenie; postih
disclaim vzdať sa nároku; zriecť sa; nepožadovať ochranu; dementovať; poprieť
~ **a contract** odvolať zmluvu
disclose an invention uverejniť vynález
disclosure údaje; odhalenie; prezradenie; predpísané členenie položiek vo finančných výkazoch
~ **of variances** vykazovanie odchýliek
disconnection odpojenie; rozpojenie; uvoľnenie
discontiguous nesúvislý
discontinuance prerušenie konania v dôsledku nečinnosti jeho účastníkov
discontinuity disproporcia; nespojitosť
discontinuous data nespojité dáta
~ **market** nesúvislý trh
discord nezhoda; nesúhlasiť; rôzniť sa
discount rabat; skonto; diskont; eskont; zľava; zrážka; výhrada; poskytnúť pôžičku
~ **broker** diskontný maklér; maklér, ktorý kupuje a predáva akcie
~ **charge** rozdiel medzi nákupnou cenou a nominálnou hodnotou zmenky; diskontný poplatok; finančný poplatok odpočítaný vopred
~ **check** am. rozdiel medzi nákupnou cenou a nominálnou hodnotou zmenky
~ **clerk** úradník diskontného oddelenia

~ **for large sums** zľava za veľké čiastky
~ **from asset value** diskont z majetkovej hodnoty
~ **house** diskontný obchodný dom; jednotkový obchodný dom; rabatový obchodný dom; diskontná banka
~ **ledger** kniha eskontovaných zmeniek
~ **market** diskontný trh
~ **on purchases** zľava pri nákupoch
~ **on sales** zľava pri predajoch
~ **on securities** eskont cenných papierov
~ **rate** diskontná sadzba; diskontná miera
~ **register** diskontný register; banková kniha pôvodných zápisov
~ **sheet** zoznam zliav
~ **store** veľký obchodný dom predávajúci za nižšie ceny
~ **tariff** eskontná sadzba
~ **the news** eskontovať správu (na burze)
~ **value** diskontná hodnota; súčasná hodnota budúcich platieb
~ **yield** výnos cenných papierov za diskontné ceny; diskontný výnos
discount: at a discount pod nominálnu hodnotu; so zľavou
~ **No Discount** Bez zľavy; Nejednáme sa
discounting eskont; zrážka; diskontovanie; diskontný; eskontný
~ **house** diskontná (eskontná) banka
~ **note receivable** eskontovanie vlastnej zmenky (dlžobného úpisu); predaj zmenky banke alebo niekomu inému
discover objaviť; odkryť; vypátrať
discovery of documents predkladanie dokladov
discrepancy rozpor; nesúlad; nesúhlas; nezrovnalosť
discrete prerušovaný; nekontinuálny; nespojitý; diskrétny; rozpojený; rozdelený; oddelený; pretržitý
discretionary ľubovoľný; ponechaný na voľné uváženie; výberový
~ **account** konto prenechané na voľné použitie
~ **income** voľne použiteľný dôchodok (príjem)
~ **order** príkaz prenechaný na voľné uváženie
~ **outlays** diškréčne výdavky
~ **pool** skupina konajúca podľa vlastného uváženia
~ **spending power** voľná kúpna sila
~ **trust** poručníctvo podľa voľného uváženia; voľná správa
discriminant diskriminant
discriminate diskriminovať; potlačiť; rozlišovať
discriminating rozlišovací; diskriminačný
~ **monopoly** diskriminačný monopol
discriminatorily low price dumpingová cena
discuss prerokovať; diskutovať; prediskutovať; hovoriť
discussion(s) obchodné rokovanie
diseconomies záporné úspory
disengaged voľný; neobsadený; rozpojený
disequilibrium nerovnováha; labilita
~ **economics** nerovnovážna ekonomika
~ **growth** nerovnovážny ekonomický rast
disgorge nútene uvoľniť (napr. zásoby obilia)
disguised maskovaný; skrytý (chyba)
~ **transit** skrytý tranzit (nepodliehajúci clu)
dishoarding detezaurácia; odtezaurovanie
dishonest nepoctivý
dishonour urážka; neprijatie; neplatenie; nezaplatiť zmenku; neprijať; neakceptovať
~ **a bill** odmietnuť zaplatenie zmenky
~ **a draft (bill)** odmietnuť zaplatenie zmenky
~ **of a cheque** neprijatie šeku; nezaplatenie šeku
dishonoured cheque nekrytý šek
disinfection dezinfekcia; návrat k menovej rovnováhe po inflácii
disinflation negatívna inflácia; deflácia; dezinflácia
disintermedation prevedenie úspor
disinvestment negatívne investície; pokles investícií; predaj investícií; stiahnutie investovaného kapitálu
disjoint set disjunktná množina
disjunction disjunkcia; logický súčet; operácia OR; rozpojenie
disk kotúč; disk; magnetická disková pamäť; kotúčový; diskový
diskette pružný disk; disketa; disketový
dismantle odstrániť; zbúrať; rozmontovať; vyprázdniť; rozobrať; demontovať
dismantling of tariffs odbúranie ciel
dismiss prepustiť; zamietnuť
dismissal prepustenie zo zamestnania; výpoveď
~ **with notice** prepustenie s výpovednou lehotou
dismountable demontovateľný; rozoberateľný
disorder porušenie verejného poriadku
disordered neusporiadaný; nepravidelný
disorderly market chaotický trh
disparity rozdielnosť; nerovnosť
~ **of gold holdings** nerovnosť v držbe zlata; disparita v menových rezervách
dispatch vybavenie; odoslanie; telegram; urýchlenie
~ **board** plánovacia tabuľa
~ **department** expedičné oddelenie; expedícia; oddelenie zásielok
~ **earnings** zisk pri vybavení
~ **goods** spešnina; rýchla zásielka
~ **money** zľava za skrátené vybavovanie
~ **note** dodací list; sprievodka; expedičná

súpiska
~ **typist** expedičný účtovník
dispatcher dispečer; odosielateľ
~ **control table** riadiaca doska dispečera
dispatching dispečing
~ **priority** priorita prideľovania; priorita vybavenia; priorita výberu
dispensable nezáväzný; postrádateľný; zbytočný; disponibilný; voľný; udeliteľný
dispense povoliť; zľaviť z niečoho; udeliť; prepáčiť
disperse rozširovať; podieľať sa s inými; distribuovať (dáta); deliť sa
dispersion rozptyl; disperzia; rozptýlenie (dát)
displace vyradiť; vytlačiť; odstrániť; prepustiť; preložiť
~ **funds** odvolať kapitál pre iný účel
displacement posunutie; posun; odstránenie; vytlačenie
~ **of capital** nahradzovanie kapitálu
~ **of funds** premiestnenie kapitálu
display výklad; vyloženie tovaru; vystavenie; výstava; predvedenie; expozícia; displej; vystaviť; zobraziť
~ **advertising** aranžérska propagácia; mimoriadna reklama
~ **case** vitrína; výklad; výkladná skriňa
~ **chart** diagram zobrazenia
~ **facilities** výstavné priestory
~ **market** výstavný veľtrh
~ **material** výstavný materiál; vyložený tovar
~ **message** optická správa
~ **poster** plagát
~ **shelves** regály na vystavenie tovaru
~ **stand** výkladový stojan; stánok
~ **unit** zobrazovacia jednotka; displej; obrazovka; výkladový súbor
~ **window** výkladná skriňa
disposable disponibilný; pohotový; jednoúčelový; použiteľný; k dispozícii
~ **income** pohotový príjem; disponibilný dôchodok; čistý príjem
~ **income of household** použiteľný príjem domácnosti
~ **personal income** skutočná kúpna sila; disponibilný osobný dôchodok
~ **wrapping** jednorázové balenie
disposal dispozícia; príkaz; likvidácia; zničenie; právo disponovať; vybavovanie; likvidovanie; nakladanie s niečím; použitie; zadováženie; odcudzenie; dostupnosť (výsledkov)
~ **by action** predaj v aukcii
~ **of investments** likvidácia investícií
~ **of property** disponovanie majetkom; predaj majetku
~ **price** predajná cena
disposal: for disposal na predaj
~ **to have disposal of st.** mať právo disponovať niečím
dispose of by lots zlosovať; rozpredať tovar po častiach
~ **of st.** nakladať s niečím; disponovať s niečím; odstrániť
disposed fixed assets likvidované základné prostriedky
disposition dispozícia; usporiadanie; zmýšľanie; dispozičný
dispositive provisions dispozičné ustanovenie; ustanovenie vôle alebo poručníckej dohody
dispossess vyvlastniť; odobrať držbu
disproportion disproporcia; nepomer
disprove preukázať opak; vyvrátiť
dispute spor; prieť sa; mať spor
disregard nevšímavosť; nevšímať si niekoho; nebrať na vedomie; nedbať na niečo
~ **for cost** ignorovanie nákladov
disrepair havarijný stav
disrepute zlá povesť
dissaving negatívne úspory; pokles úspor; čerpanie z úspor
dissect accounts rozčleniť účty
disseise neprávom zbaviť niekoho držby; odobrať niekomu držbu
disseizin odňatie držby
dissent nesúhlas; rozpor; opozícia; byť iného názoru; prejaviť nesúhlas
dissertation am. diplomová práca; dizertácia
dissipation rozptyl
dissociate odlúčiť
dissolution rozpustenie; likvidácia; rozviazanie zmluvy; zrušenie niečoho; stornovanie
~ **of an enterprise** zrušenie podniku
dissolve rozpustiť; rozplynúť sa; súdne anulovať
~ **a company** zrušiť obchodnú spoločnosť
distance vzdialenosť; medzera; diaľka
~ **rate** tarifa podľa vzdialenosti
distant vzdialený; diaľkový; ďaleký; odľahlý
distinction rozlišovanie; odlišnosť; rozdiel
distinctive mark rozlišovacia značka
distinguishing odlišovanie daného prípadu od podobného prípadu
~ **level** rozlišovacia úroveň
~ **sign** medzinárodná poznávacia značka vozidla
~ **tree** rozlišovací strom
distort zakrivenie; deformovať; skomoliť
distorted facts skreslené fakty
distortion deformácia; skomolenie; skreslenie
~**-free** neskreslený
distortionary taxation dane s deformujúcim účinkom
distrain zabaviť; zmocniť sa majetku iného ako záruky za záväzok
distrainable vymáhateľný exekúciou

distrainee záložný dlžník
distraint exekúcia; zabavenie; zadržanie
distress núdza; tieseň; exekúcia; zabavenie; zadržanie
~ **for rent** zabavenie pre nájom
~ **merchandise** tovar predávaný pod cenou
~ **selling** predaj v tiesni
distressed goods zabavený tovar
distributable net income rozdeliteľný čistý príjem
distribute distribuovať; rozdeliť; rozdeľovať; rozmiestniť; rozkladať; roztriediť
distributee podielnik; osoba, ktorej je niečo pridelené
distribution distribúcia; rozdeľovanie
~ **budget** rozpočet odbytovej činnosti
~ **cost** distribučné náklady; odbytové náklady
~ **curve** distribučná krivka; krivka rozloženia početností
~ **depot** predajný sklad
~ **expense** odbytová réžia
~ **in kind** distribúcia v naturáliách
~ **list** rozdeľovník
~ **of capital** rozdelenie kapitálu; rozloženie kapitálu
~ **of cost** rozvrhnutie nákladov
~ **of gold holdings** rozdelenie menových rezerv
~ **of incomes** rozdelenie národného dôchodku
~ **of item** rozdelenie položky
~ **of profit** rozdelenie zisku
~ **of risk** rozloženie rizika
distributive share distribučný podiel; podiel osoby na distribúcii dedičstva
distributor distribútor; veľkoobchodník; dispečer; obchodný zástupca
district obvod; mestská štvrť; okres; kraj
~ **authorities** okresné úrady
distringas am. príkaz na zabavenie majetku alebo na exekúciu
distrust nedôvera; nedôverovať
disturb rušiť; narušiť; porušiť
~ **the business** narušiť obchody
disunion rozkol
ditto detto
~ **marks** značky „
diurnal denný
divalence dvojznačnosť
divergence divergencia; rozbiehavosť; odchýlka; úchylka
diversification diverzifikácia; spestrenie sortimentu
diversified economy diverzifikovaná ekonomika; mnohoodvetvová ekonomika
~ **farming** striedavé hospodárstvo
~ **investment company** diverzifikovaná investičná spoločnosť
diversion privilege privilégium prevedenia
diversity factor faktor rozmanitosti
divert zvádzať; odvádzať
~ **manpower** previesť pracovné sily
divesting rozdelenie (opak fúzie)
dividable deliteľný
divide and rule rozdeľuj a panuj
~ **error** chyba delenia
~ **exception** neprípustné delenie
dividend dividenda; bonifikácia; podiel z kurzovej podstaty
~ **appropriations** pridelenie dividendy
~ **check** dividendový šek
~ **claim** požiadavka na dividendu
~ **claimed** vyplatená dividenda
~ **coupon** poukážka na výplatu dividendy; kupón
~ **freeze** stabilizovanie dividendy
~ **off** bez dividendy
~ **on** vrátane dividendy; dividenda z; predaj akcií s tým, že kupujúci dostane budúcu dividendu
~ **order** dividendový príkaz; príkaz na odoslanie dividendových šekov na špecifikovanú adresu
~ **payer** platiteľ dividend; firma platiaca dividendy
~ **paying stock** akcie vynášajúce dividendu; cenné papiere vynášajúce dividendu
~ **payout** výplata dividend
~**-price ratio** pomer ceny k dividende; pomer súčasnej dividendovej sadzby k trhovej cene akcie
~ **requirements** požiadavky na dividendy; čiastka ročných ziskov požadovaná k plnému zaplateniu prioritných dividend
~ **tax** daň z dividendy
~ **warrant** oprávnenie na výplatu dividend
~ **year** účtovný rok dividendy
~ **yield** výnos dividendy
dividend: cum dividend s dividendou; vrátane dividendy
~ **ex dividend** bez dividendy
~ **to pass a dividend** neplatiť dividendu
dividends declared splatná dividenda
~ **per share** dividendy na akciu
dividing line rozhranie
~ **ratio** deliaci pomer
divisible deliteľný
~ **contract** zmluva, ktorá pripúšťa čiastočné plnenie
~ **letter of credit** deliteľný akreditív
division delenie; oddeľovanie; útvar; odbor; úsek; divízia; závod; členitosť; deliaci
~ **of cost** rozdelenie nákladov
~ **of labour** deľba práce
divisional deliaci; divízny; drobný (peniaze)
divisor deliteľ
Dix slang. desaťdolárová bankovka
do robiť; reportérsky spracovať
~ **a trade** obchodovať
~ **business with sb.** obchodovať s niekým

~ **not reduce** neznižuj (v obmedzovacom príkaze na kúpu alebo predaj cenných papierov)
~ **off** oddeľovať priehradkou
~ **shopping** nakupovať v drobnom
do's and don'ts odporúčania a varovania
dobra menová jednotka Saö Tomé a Principe
doc skr. pre dokumentáciu
~ **info** popis dokumentu
dock dok; zrážka (zo mzdy); slang. pokutovanie zamestnanca zrážkou z platu
~ **st. off a person's wages** zraziť zo mzdy
dockage poplatok za používanie dokov; prístavné poplatky
docket am. program rokovania; rokovací poriadok; diár; stručná poznámka; stručný výťah zo spisu; etiketa; poukaz; am. dať do programu rokovania
doctor a balance sheet upraviť bilanciu
document dokument; doklad; listina; spis
~ **alignment** porovnávanie dokladov
~ **assembly** zostavenie dokladu (dokumentu)
~ **body** hlavná časť dokumentu
~-**butt** útržok
~ **delivery** odkladanie dokladov; dodávanie dokladov
~ **file** súbor dokladov
~ **flow** obeh dokladov
~ **of conveyance** dopravný doklad; prepravný doklad
~ **of title** dokument dokazujúci vlastníctvo; vlastnícka listina (dokazujúca vlastnícke oprávnenie); obchodovateľný cenný papier
~ **passage** obeh dokladov
~ **path** cesta k dokumentu
document: Restricted Document Len pre služobné účely
documentary bill dokumentárna trata; dokumentárna zmenka
~ **collection** dokumentárne inkaso
~ **commercial bills** dokumentárne obchodné listiny
~ **credit** dokumentárny úver
~ **draft** dokumentárna trata; zmenka sprevádzaná sprievodným dokladom, nákladovým listom, poistným certifikátom a pod.
~ **letter of credit** dokumentárny akreditív
~ **stamp** dokumentárny kolok (na označenie dokumentov)
documents accompanying the goods sprievodné doklady
~ **against acceptance (D/A)** doklady o protiakceptácii
~ **against payment (D/P)** platenie pri prevzatí dokladov
~ **attached** doklady (sú) priložené
~ **required under a credit** akreditívne doklady
dodecagon dvanásťuholník
dodge úskok
~ **taxes** vyhýbať sa plateniu daní
dog slang. dlžobný úpis
doldrums: the market is in the doldrums trh stagnuje
dole podpora v nezamestnanosti
dollar dolár; dolárový
~ **(cost) averaging** stanovenie dolárového priemeru; nákup cenných papierov v pravidelných intervaloch za pevnú dolárovú čiastku
~-**a-year man** federálny zamestnanec slúžiaci za symbolický plat
~ **area** dolárová oblasť
~ **credit** dolárový úver
~ **diplomacy** dolárová diplomacia; pokus Spojených štátov ovplyvniť inú krajinu silou amerického dolára
~ **drain** únik dolára
~ **drive** vývozné úsilie na získanie dolárov
~ **exchange** dolárová valuta; dolárová devíza; dolárové cenné papiere
~ **gap** deficit dolára; dolárový schodok
~ **store** jednotkový obchodný dom s cenami do jedného dolára
~ **zone** dolárové pásmo
domain územie; okruh pôsobnosti; oblasť; absolútne vlastníctvo pôdy; sféra; doména
domestic domáci výrobok; domáci; rodinný; vnútroštátny; tuzemský
~ **acceptance** domáci akcept; akcept, kde trasant aj trasát sú v Spojených štátoch, a teda sú platení v tejto krajine
~ **bill** domáca zmenka
~ **business** vnútorný obchod
~ **currency** domáca mena
~ **demand** domáci dopyt
~ **exchange** domáce cenné papiere
~ **loans** domáce pôžičky
~ **market** vnútorný trh; domáca burza
~ **product** domáci produkt
~ **sales** predaj na vnútornom trhu
domicile domicil; trvalé bydlisko; domov; ubytovať
~ **of corporation** sídlo korporácie
domiciled draft domicilovaná zmenka; umiestnená zmenka
domiciliary trustee poručnícky správca v mieste bydliska
dominate ovládnuť; vládnuť; prevládať; byť hlavnou zložkou niečoho
~ **the market** ovládnuť trh
domination nadvláda
dominion domínium; pri prevode vlastníctva z jedného na druhého, oddelenie všetkých mocí nad majetkom od postupovateľa a prevedenie tejto moci na postupníka

donate darovať; prispieť na dobročinný účel
donated stock darovaný akciový kapitál; cenný papier určený na zaobstaranie si ďalšieho kapitálu
donation dotácia (do pokladne)
donative interest záujem o darovanie; nárok na vlastníctvo, ktoré je predmetom daru
donee obdarovaný
dong menová jednotka Vietnamu
donor darca; zostavovateľ odkazu; ten, kto inému zveril nejaké oprávnenie
~ **of power** zmocňovateľ, splnomocniteľ (kto udeľuje plnú moc)
door-to-door doručenie až do domu; dom od domu
~**-to-door selling** podomový obchod; podomový predaj
dormant latentný; nepoužitý; nevyužitý
~ **account** mŕtve konto
~ **capital** mŕtvy kapitál; spiaci kapitál; nevyužitý kapitál
~ **partner** tichý spoločník
dossier mapa (na spisy); zväzok spisov; súdny spis
dot-and-dash code Morseova abeceda
double dvojnásobné množstvo; zdvojnásobiť
~ **account** párový účet
~ **budget** dvojitý rozpočet
~ **counting** podvojné účtovníctvo; dvojnásobné započítavanie
~**-declining-balance method of depreciation** dvojitá odpisová metóda s klesajúcim zostatkom; rozloženie počiatočnej hodnoty investície v čase odpočítaním dvojnásobnej percentuálnej sadzby
~**-digit inflation** vysoká inflácia
~ **eagle** americká 20 dolárová zlatá minca
~ **entry** podvojný zápis
~ **entry bookkeeping** podvojné účtovníctvo
~ **entry records** podvojné záznamy
~ **exemption** dvojité oslobodenie od dane
~ **indemnity** dvojitá strata; dvojnásobná náhrada škody
~ **liability** dvojnásobné ručenie
~ **nationality** dvojité štátne občianstvo
~ **or reverse calculation** podvojný výpočet
~ **posting** podvojný záznam
~ **price** kurz peniaze a tovar
~ **sawbuck** slang. dvadsaťdolárovka
~ **T-account** schématické znázornenie účtu
~ **taxation** dvojité zdanenie
doubt neistota; podozrenie; pochybnosť; obava; nedôverovať; pochybovať
doubtful pochybný; problematický; neistý; dubiózny
~ **assets** pochybné aktíva
~ **loan** pochybná pôžička
doubtful: bad and doubtfuls nedobytné a pochybné pohľadávky
dough slang. peniaze; prachy alebo hotovosť
down znížiť; zraziť; zostupný; spodný; vyčerpaný
~ **and out** slang. bez peňazí; na suchu
~ **gap** voľný priestor v grafe cenného papiera, ak je najnižšia cena niektorého obchodného dňa nad najvyššou cenou nasledujúceho dňa
~ **pay** podnikové sporenie; záloha na mzdu
~ **payment** preddavok; platenie v hotovosti; peniaze uložené na dôkaz nákupu majetku bona fide po podpísaní zmluvy
downgrade the claims znížiť nároky
downplay podceniť
downside risk riziko poklesu
downstairs merger zostupné spojenie; pripojenie materskej spoločnosti do pobočky
downstream po prúde; pohyb obchodnej aktivity z vyššej do nižšej úrovne
downtime prestoj
downturn pokles
~ **in economic activity** dolný bod obratu ekonomickej aktivity
downward smerujúci dole; zostupujúci; klesajúci
drachma menová jednotka Grécka
draft zmenka; príkaz na platenie; trata; koncept; osnova; návrh; odvod; vyplatenie peňazí; zostaviť plán; vypracovať koncept; vystaviť na niekoho zmenku; predbežný; hrubý
~ **after date** trata splatná po určitom počte dní po svojom dátume
~ **agreement** návrh zmluvy; predbežný návrh dohody
~ **at long sight** dlhodobá zmenka (trata)
~ **at sight** vista zmenka
~ **contract** predbežný návrh zmluvy
~ **envelope** zmenková obálka
~ **in circulation** obiehajúca zmenka
~ **made payable** domicilovaná zmenka
~ **to square** vyrovnávacia trata
draw výnos; úžitok; ťah; poberať (plat); vyberať si (úroky; peniaze); zmenková čiastka; zostaviť; získať; čerpať; vyvodzovať
~ **(a bill)** vystaviť (zmenku); vydať (zmenku; šek); vybrať si (z účtu); urobiť uzáver; robiť rozdiel
~ **a check** vystaviť šek
~ **a draft** vystaviť zmenku
~ **a full pension** brať plný dôchodok
~ **a pay** poberať plat
~ **cash** vybrať hotovosť
~ **charges** stanoviť poplatky
~ **down** stiahnuť; vyvolať; spôsobiť; vyčerpať; dostať

~ **invoice** vystaviť faktúru
~ **money from an account** vyzdvihnúť peniaze z účtu
~ **up** spísať; vystaviť zmenku; šek; vybrať peniaze z banky
~ **up a budget** navrhnúť rozpočet
drawback vývozná prémia; nevýhoda; nedostatok; zrážka; skonto; náhrada; colná úľava; refundácia dovozných ciel pri reexporte; návratka
~ **claim** požiadavka (nárok) na vrátenie cla
drawee platca; zmenkový dlžník; trasát
~ **of a draft** dlžník zmenky; platca
drawer of a draft vydavateľ zmenky
drawing account osobný účet; bežné šekové konto
drawings čerpanie; tržba
dried up vyschnutý; podviazaný; strata príkazov nákupu alebo predaja na burze cenných papierov
drive akcia; kampaň; agitácia; motivácia; nábor; energia; podnikavosť; jazdiť; riadiť vozidlo
~ **a good bargain** urobiť dobrý obchod
~ **business** prevádzkovať obchod
~ **down prices** hnať ceny dole; stláčať ceny
~ **hard bargains** usilovne dojednávať
~-**in** podnik, kde je zákazník obslúžený bez vystúpinia (z auta)
~-**in banking** bankové služby pre motoristov
driver's license vodičský preukaz
drop pád; slang. pokles ceny akcie alebo komodity; klesnúť (cena); poslať; vydať; ubúdať (objednávky)
~ **in prices** pokles cien
~-**lock floating rate notes** dlhopisy s meniacou sa úrokovou sadzbou
~ **of prices** zrútenie cien
~ **shipper** sprostredkovateľ, ktorý zabezpečuje objednávky od kupujúcich a posiela objednávky výrobcom
droplock bonds variabilné zúročiteľné obligácie
drug droga; liečivo; hov. ťažko predajný tovar
~ **on the market** hov. nadbytočný tovar
~ **sale** obchod s narkotikami
dry formálny; neprinášajúci prospech; nestranný
~ **goods** textílie; drogistický tovar; galantérny tovar; kožený tovar; sypký tovar
~ **run** ručná kontrola
dual dvojitý; dualistický; duálny; podvojný
~ **banking** dvojité bankovníctvo
~ **billing and posting** dvojité účtovanie a systematický zápis; záznam zákazníkových nákupov do hlavnej účtovnej knihy
~ **control** dvojitá kontrola; prítomnosť dvoch osôb pri transakcii spojenej s rizikom
~ **currency account** konto s dvojakou menou
~-**currency issues** pôžičky v dvojakej mene
~ **economy** duálna ekonomika
~ **exchange market** dvojitý devízový trh
dubious and controversial debts pochybné a sporné pohľadávky
due dlh; právo; povinnosť; príslušný podiel; odmena; splatný; riadny; náležitý; dostatočný; dlžný; nezaplatený; spôsobený; zavinený; oprávnený; vhodný; priamo
~ **annuity** splatná anuita
~ **balance** splatný zostatok
~ **bill** splatný účet; priznanie dlhu s tým, že dlžník poskytuje službu alebo tovar
~-**bill-check** šek na splatný účet
~ **date** dátum splatnosti
~ **date of bill** deň splatnosti zmenky
~ **diligence session** riadne zasadanie
~ **from** špecifikuje záväzok voči vám (splatné od)
~ **from account** naše konto (názov konta)
~ **from balance** brit. termín pre nostro account (náš účet)
~ **from banks** v iných bankách; majetkové konto v hlavnej účtovnej knihe
~-**on-sale** splatné pri predaji
~ **to** dlžobný; splatný
~ **to balance** brit. termín pre: vostro account (váš účet)
~ **to date** termín splatnosti
dues poplatky; dávky; členský príspevok
dull mdlý; mŕtvy; stagnujúci; chabý; stiesnený
~ **market** nevýrazný trh; stiesnený trh
dummy bábka; nastrčená osoba
~ **incorporators** maketová spoločnosť; osoby, ktoré po založení novej spoločnosti konajú dočasne ako zakladajúci členovia a riaditelia
~ **stockholder** nastrčený akcionár; ten kto drží na svoje meno akcie, ktoré patria inému
dump hromada; skládka; výpis pamäti; predávať pod cenou; hodiť na trh
dumping stratový predaj; predávanie pod trhovou cenou; dumping
~ **price** dumpingová cena
dun inkasista pohľadávok; naliehajúci veriteľ; písomná upomienka
dunning upomienka
duopoly duopol; monopol dvoch inštitúcií; čiastočný monopol
duopsony duopson (len dvaja odberatelia na trhu)
duplicate duplikát; kópia; reprodukovať; kopírovať; vyhotoviť dvojmo; urobiť odpis; rozmnožiť; duplikovať; duplicitný
~ **bills** duplikátne účty
~ **taxation** dvojité zdanenie

duplicating bookkeeping prepisovacie účtovníctvo
durable trvanlivý
~ **consumer goods** tovar dlhodobej spotreby
durables predmety dlhodobej spotreby
duration dĺžka; doba trvania; stálosť
Dutch auction holandská dražba; obrátená dražba
dutiable podliehajúci clu; colný
~ **goods** colný tovar
duties poplatky
duty clo; dávka; poplatok; daň
~ **by weight** clo podľa váhy
~ **countervailing** kĺzavé clo
~ **differential** diferenčné clo
~ **free** oslobodený od cla; bezcolne; bezcolnosť
~-**free zone** slobodné colné pásmo; bezcolné pásmo
~ **inwards** dovozné clo
~ **on articles of consumption** spotrebná daň
~ **on value** clo podľa hodnoty
~ **paid** preclený
~ **prohibitory** prohibičné clo
~ **retaliatory** odvetné clo
~ **unpaid** nevyclené; nezaplatené clo
dynamic dynamický
~ **demand** dynamický dopyt
~ **economics** dynamická ekonomika
dynamics dynamika
dynamism of cost dynamika nákladov

E

E-mail elektronická pošta
EAGGF Európsky záručný a usmerňovací poľnohospodársky fond
eagle „orol“ (am. desaťdolárová zlatá minca)
earlier maturing issues skôr splatné obligácie
earliest possible time najkratšia možná doba
~ **start date** najbližší možný termín
early finishing of work nedodržiavanie pracovnej doby
earmarked gold pokladničný alebo stabilizačný fond; deponované zlato; zlatá rezerva
~ **money** označkované peniaze
earmarking účelové určenie
earn zarobiť; získať; zaslúžiť si; niesť úrok; živiť sa
~ **a bonus** dostať prémiu
earned income príjem zo zárobkovej činnosti; pracovný príjem; zarobený zisk
~ **profit** zarobený zisk
~ **surplus** podnikateľský zisk; čistý zisk; nerozdelený zisk
earner zárobkovo činná osoba; príjem; zdroj príjmov; príjmová položka
earnest záloha; záruka; vážny
~ **money** záloha
earning výnos; zárobok; dividenda
~ **capacity** zisková kapacita
~ **power** zárobková schopnosť; výnosová sila firmy
~ **record** mzdový list
earnings dôchodok podniku; zisk; zárobok; výnos; príjem; mzda; tržba
~ **before taxes** dôchodky pred zdanením
~ **pattern** mzdová štruktúra
~ **per share** výnos na akciu; zisky na jednej akcii; príjmy
~ **price ratio** pomer výnosu k cene
~-**related** úmerný zárobku; vzťahujúci sa na zárobok
~ **valuation** zistenie výnosovej hodnoty
ease ľahkosť; uľahčiť; uvoľniť; poskytnúť úľavu; klesnúť na cene
~ **of money** nadbytok peňazí
~ **off** pomalý pokles cien; oslabenie trhu
~ **out** uvoľniť zo zamestnania; zosadiť
easement služobnosť; zmiernenie
~ **of money** nadbytok peňazí
~ **of taxation** úľava na daniach
easy at sell ľahko na predaj
~ **credit** lacný úver
~ **market** ľahký trh
~ **money** ľahko zarobené peniaze
econometric model of cyclical behavior ekonometrický model správania sa hospodárskeho cyklu
econometrics ekonometria
economic ekonomika; ekonomická teória; hospodársky; ekonomický; výnosný
~ **accountability** ekonomická zodpovednosť
~ **activity** zárobková, hospodárska, ekonomická činnosť
~ **agent** ekonomický agent
~ **aid** hospodárska pomoc
~ **analysis** ekonomická analýza
~ **appraisal** ekonomické hodnotenie
~ **arbitrage** hospodárska arbitráž
~ **assistance** hospodárska pomoc
~ **basis** hospodárska základňa
~ **collapse** hospodárske zrútenie; kolaps
~ **conditions** hospodárska situácia; stav ekonomiky; ekonomické podmienky
~ **constraint** hospodársky nátlak; ekonomické obmedzenie
~ **contract** hospodárska zmluva
~ **cost** ekonomické náklady
~ **cycle** konjunkturálny cyklus; hospodársky cyklus
~ **depression** hospodárska kríza
~ **development** ekonomický rozvoj
~ **disarray** hospodársky chaos
~ **efficiency** ekonomická účinnosť; efektívnosť
~ **enterprising** podnikanie prinášajúce zisk
~ **expansion** hospodársky rozmach
~ **field** hospodárska oblasť; oblasť ekonomiky
~ **foreign policy** zahraničná hospodárska politika
~ **frictions** ekonomické konflikty
~ **gain** hmotná zainteresovanosť; hospodársky prínos
~ **goal** ekonomický cieľ (zámer)
~ **goods** ekonomické statky
~ **grouping** hospodárske spoločenstvo
~ **growth** ekonomický rast
~ **growth rate** tempo ekonomického rastu
~ **indicator** ekonomický indikátor; ekonomický ukazovateľ; ekonomický cieľ
~ **insecurity** hospodárska neistota
~ **integration** hospodárska integrácia
~ **interest** hmotná zainteresovanosť
~ **lag** ekonomické oneskorovanie; časový posun
~ **law** ekonomický zákon
~ **legislation** hospodárske právo
~ **life** ekonomická životnosť
~ **lotsize** optimálna veľkosť dávky
~ **man** ekonomicky sa správajúci človek
~ **management** ekonomické riadenie (pomocou ekonomických nástrojov)
~ **manager** ekonomický riaditeľ; ekonomický námestník
~ **mathematics** ekonomická matematika
~ **means** hospodárske prostriedky
~ **mechanism** hospodársky mechanizmus

~ **motives** ekonomické stimuly (pobádania, motívy)
~ **observation** ekonomické pozorovanie
~ **operation** hospodárska operácia
~ **pattern** ekonomická štruktúra
~ **plan** hospodársky plán
~ **point of view** ekonomické hľadisko
~ **policy** (národo)hospodárska politika
~ **pressure** ekonomický tlak
~ **recovery** hospodárska obnova; ekonomické oživenie
~ **reform** ekonomická reforma
~ **regime** ekonomický režim
~ **rent** výnosná renta; ekonomický prenájom; renta (dôchodok)
~ **reprisals** hospodárske sankcie
~ **result** hospodársky výsledok
~ **return** návratnosť
~ **rules** hospodárske pravidlá
~ **sanctions** embargo; hospodárske sankcie
~ **scarcity** ekonomická vzácnosť
~ **security** ekonomická istota
~ **stability** hospodárska stabilita
~ **structure** hospodárska skladba; ekonomický systém
~ **system** hospodársky systém
~ **theories** ekonomické teórie
~ **unit** ekonomický subjekt; ekonomická jednotka
~ **unit of consumption** spotrebná jednotka
~ **warfare** hospodárske sankcie
~ **waste** ekonomické straty
~ **welfare** hospodársky blahobyt; ekonomika vysokej životnej úrovne
~ **well-being** blahobyt
economics ekonómia; ekonomické vedy; ekonomika
~ **of regulation** riadené hospodárstvo
economies úspory
~ **of scale** úspory z veľkosériovej výroby
economist ekonóm; národohospodár; hospodár
~ **job** povolanie ekonóma
economization usporenie; úsporné hospodárenie; hospodárnosť; ušetrenie
economize hospodáriť; šetriť; znižovať náklady; usporiť; hospodárne využívať
economy hospodárstvo; hospodárenie; úspornosť; ekonomika; úspora; úsporné opatrenie; hospodárnosť; sporivosť; ekonomický systém; hospodárska sústava; národné hospodárstvo; ekonómia
~ **class** ekonomická trieda; turistická trieda
~ **in kind** naturálne hospodárstvo
~ **of centralized regulation** riadené hospodárstvo
~ **of scarcity** hospodárstvo nedostatku; nedostatková ekonomika
economywide celo-ekonomický; zahrňujúci celú ekonomiku
EDF Európsky fond rozvoja
edge obrys; hrana; okraj
~ **corporation** cudzia spoločnosť
~ **into the red** dostať sa do mínusu
~ **the competition out of...** vytlačiť konkurenciu z...
edict výnos; dekrét
education vzdelanie; vzdelávanie; výcvik; školenie; výchova
~ **loan** pôžička na vzdelanie
educational and training investment investícia do školstva
~ **duty** výchovné clo
EFAC príspevok na náklady dovozu
effect efekt; účinok; hnuteľný majetok; finančný výsledok; uskutočniť; uzavrieť
~ **a transfer** urobiť prevod (z účtu na účet)
~ **an insurance** uzavrieť poistku
~ **clearance** colne odbaviť; precliť
~ **delivery** dodať; uskutočniť dodávku
effective pôsobivý; účinný; efektívny; skutočný; faktický; platný
~ **annual yield** skutočný ročný výnos
~ **date** dátum nadobudnutia platnosti
~ **date** začiatok platnosti; dátum vstúpenia do platnosti
~ **debt** skutočný dlh
~ **demand** kúpyschopný dopyt; skutočne vykonané nákupy
~ **exchange rate** skutočný devízový kurz
~ **from 1st May** platný od 1. mája
~ **gross revenue** skutočný hrubý príjem
~ **immediately** s okamžitým účinkom; s okamžitou platnosťou
~ **income** čistý dôchodok; skutočný dôchodok
~ **interest rate** skutočná úroková miera
~ **market** faktický trh
~ **money** hotové peniaze; hotovosť
effective: to become effective vstúpiť do platnosti
effectiveness criterion of industrial enterprise management kritérium efektívnosti riadenia priemyslového podniku
effects majetok (hlavne hnuteľný)
effectual skutočný; faktický; právoplatný; záväzný
~ **demand** skutočný dopyt
effectuate realizovať; uskutočniť (obchodnú transakciu)
efficiency efektívnosť
~ **bonus** výkonnostná prémia
~ **wages** efektívne mzdy
effort úsilie; námaha; snaha; výkon; pracovný plán
EFTA Európske združenie voľného obchodu
eject nútene vysťahovať (nájomníka); vyhnať z vlastníctva; zbaviť držby; zosadiť z funkcie
elaborate vypracovať (správu); starostlivo zostavený

~ **economic measures** vypracovať hospodárske opatrenia
~ **proposals** vypracovať, podrobne rozpracovať návrhy (plány)
elaboration of economic measures vypracovanie hospodárskych opatrení
elastic elastický; pružný; prispôsobivý
~ **demand** pružný dopyt
~ **money** pružné peniaze; ponuka obeživa alebo peňazí, ktorá stúpa a klesá s potrebami ekonomiky
~ **supply** pružná ponuka; ponuka, ktorá sa mení v širokom rozsahu s malými zmenami v cene
elasticity pružnosť
~ **of price** cenová pružnosť
~ **of supply** pružnosť ponuky; pružná ponuka
elect voliť; zvoliť; vybraný; exkluzívny
electronic accounting automaton elektronický účtovací automat
~ **accounting cycle** elektronický účtovací cyklus
~ **balance forward** elektronický výpočet nového salda
~ **banking** elektronické bankovníctvo
~ **cash register** elektronická pokladňa
element of probability prvok pravdepodobnosti
~ **variable** prvková premenná; skalárna premenná
eligibility voliteľnosť; pasívne volebné právo
eligible oprávnený
~ **accounts** faktúry odberateľov, ktoré peňažný ústav môže odkúpiť alebo na ne poskytnúť pôžičku
~ **borrower** oprávnený vypožičiavateľ
~ **chancery securities** prvotriedne cenné papiere
~ **commercial paper** oprávnená obchodná listina
~ **error** predpokladaná chyba
~ **investment** oprávnená investícia
~ **stock** oprávnené akcie
eliminate eliminovať; vylúčiť; odstrániť; vypustiť; zlikvidovať
~ **unemployment** odstrániť nezamestnanosť
elimination of mistake odstránenie chyby
EMA Európska menová dohoda
embargo obchodná blokáda; skonfiškovať
~ **list** zoznam tovaru podliehajúceho embargu
embark in st. angažovať sa; investovať do niečoho
~ **upon st.** pustiť sa do niečoho; angažovať sa v niečom
embezzle spreneveriť; defraudovať
embezzler defraudant
embossing reliéfny záznam; vytlačenie
embracery úplatok
EMCF Európsky fond pre menovú spoluprácu
emergency prípad núdze; výnimočný stav; naliehavá potreba; mimoriadny; nepredvídaný; zvláštny; núdzový
Emergency Banking Relief Act zákon na núdzovú podporu bánk
emergency delivery mimoriadna dodávka
~ **goods** tovar naliehavej potreby
~ **loan** finančná výpomoc v núdzi
~ **maintenance** havarijná údržba
~ **money** peniaze na použitie v prípadne nutnosti
emigrant vysťahovalec
eminent domain eminentné vlastníctvo; právo štátu určiť dočasne alebo trvalo súkromný majetok do verejného užívania; výsadné právo
emission emisia; vydanie
emissions tax daň z emisií
emissive bank ceduľová banka
emitent/issuer emitent
emolument služobné výhody; príjem; mzda; plat; zárobok
empirical credit system empirický úverový systém
employ sb. zamestnávať niekoho
employable práceschopný; zamestnateľný; použiteľný
employed capital kapitál použitý vo výrobe
employed: gainfully employed zárobkovo činný
employee zamestnanec
~ **buyout** odpredaj podniku zamestnancom
~ **class** platová trieda
~ **in charge** referent
~ **orientation** zapracovanie sa
~ **stock ownership plan (ESOP)** plán prednostného predaja akcií vlastným zamestnancom
~ **turnover** fluktuácia
employees ledger mzdové listy zamestnancov
employees' drawing account osobný účet zamestnancov v podniku
employer zamestnávateľ; užívateľ
employment použitie; zamestnanie
~ **agency** úrad práce; sprostredkovacia agentúra práce
~ **agreement** pracovná zmluva
~ **history** doterajšia prax
~ **market** pracovný trh; trh práce
~ **office** náborové stredisko; náborová kancelácia
~ **tax** daň zo mzdy; predpísané príspevky na sociálne poistenie
emporium obchodné stredisko; obchodné centrum; hlavná odbytová oblasť alebo trh výrobkov

emption kúpa; nákup
emptor kupujúci
EMS Európsky menový systém
emulation emulácia; súťaživý; súperivý; napodobňovanie
emulative súťaživý
enable prístup; umožniť; otvoriť; aktivovať; uvoľniť; odblokovať; zveriť niekomu určité oprávnenie; prístupné
enabling cost náklady, ktoré možno ušetriť pri nevyužití kapacity podniku
encash inkasovať; speňažiť (cenné papiere)
encashment inkaso; speňaženie (cenných papierov)
encounter stretnutie; zrážka; naraziť (na ťažkosti)
~ **competition** čeliť konkurencii
encroachment neoprávnený zásah; porušenie vlastníckeho práva
encumber zadĺžiť sa; zaťažiť nehnuteľnosť
encumbrance zadĺžený; bremeno; zaťaženie nehnuteľností; hypotéka; rodinný príslušník
encumbrancer hypotékový veriteľ
end účel; cieľ; podiel; koniec; skončiť
~ **loan** konečná pôžička
~ **money** konečné peniaze
~**-of-year processing** ročná uzávierka
~ **procedure** uzávierka
~ **user** konečný spotrebiteľ
ending koncový; konečný; uzavierací
~ **balance** konečný zostatok
endorse indosovať; previesť zmenku; poznamenať na rube; podpísať; žírovať; previesť indosamentom; parafovať; potvrdiť príjem (čiastky)
~ **a cheque** podpísať šek na rube; žírovať šek
endorsed back prevedený späť na zmenkového dlžníka
~ **bond** zaručený dlhopis
endorsee indosatár; osoba, na ktorú sa prevádza; nový majiteľ zmenky; nadobúdateľ
endorsement žíro; indosament; rubopis; potvrdenie; schválenie; podpis na rube; prevod zmenky rubopisom
~ **for collection** inkasný indosament
~ **in full** úplný vrubopis
~ **without recourse** žíro bez záväznosti
endorsement: blank endorsement bianco žíro
~ **full endorsement** vyplnené žíro
~ **mortgagee endorsement** vinkulačná doložka; veriteľská doložka
~ **restrictive endorsement** rektažíro; obmedzený rubopis
endorser indosant; prevodca rubopisu; žirant; záznam o prevode; popisovač
endow vybaviť; dotovať; založiť nadáciu; finančne dotovať; vydržiavať; hradiť náklady; nadobudnúť platnosť (poistka); zriadiť veno
endowment fund nadačný fond
~ **insurance** zmiešané životné poistenie; poistenie na dožitie a úmrtie
~ **term** lehota zmiešanej životnej poistky
endowments dotácie
enforce presadiť; dbať na dodržiavanie; vynútiť; exekučne vykonať
enforced sale vynútený predaj; nútený predaj
engage zaviazať sa; zamestnať
engaged zamestnaný; obsadený; obsadené
engaged: be engaged in business mať živnosť; podnikať
engagement záväzok; povinnosť; zamestnanie (zmluvné); schôdzka
~ **letter** pracovná zmluva
engineering inžinierstvo
engross monopolizovať; ovládnuť; upútať pozornosť; skúpiť vo veľkom; pripraviť text (návrhu zákona)
engrossment skúpenie (na ovládnutie trhu)
enhance zvýšiť hodnotu; zväčšiť; pozdvihnúť na vyššiu úroveň
enjoy tešiť sa; mať pôžitok; užívať; používať
~ **a credit** požívať úver
~ **a good reputation** mať dobrú povesť
~ **a high standard of health** tešiť sa dobrému zdraviu; mať vysoký zdravotný štandard
~ **a tax-free status** byť oslobodený od daní
~ **large sales** mať dobrý odbyt
enquiry dopyt; vyšetrovanie; dotazník; otázka
enregister zapísať sa do zoznamu; zaregistrovať sa
enrichment obohatenie; zbohatnutie
enroll zapísať; zaregistrovať; zaznamenať
~ **workers** prijať pracovníkov
ensemble average stredná hodnota súboru
ensue vyplynúť; vzniknúť; nasledovať
ensure delivery zabezpečiť dodávku
enter vstup; dať sa zapísať; prihlásiť sa; dať sa najať; zvoliť si (povolanie); uchádzať sa; podať si prihlášku; urobiť (ponuku); vložiť; nadviazať styk; vyhotoviť colné prehlásenie
~ **a firm** pristúpiť za spoločníka
~ **an item in an account** zaniesť (zapísať) položku na účet
~ **an order** prijať objednávku
~ **in the books** zapisovať do kníh (účtovať)
~ **in the ledger** zapísať do hlavnej knihy
~ **into a contract** uzavrieť zmluvu
~ **into an agreement** uzavrieť dohodu
~ **into competition with sb.** vstúpiť do konkurencie s niekým
~ **into contact** nadviazať styky

~ **into obligations** prevziať záväzky
~ **into partnership** vstúpiť do firmy ako spoločník
enterpreneur podnikateľ
enterpreneurial activity podnikateľská činnosť
enterprise podnik; závod; podnikavosť; odvaha; podnikanie
~ **debt** podnikateľský dlh
~ **management** podnikové riadenie
enterpriser podnikateľ
entire contract plne záväzná zmluva
entrance duty dovozné clo; vstupné; zápisné
Entree debetná karta vydaná Visa
entrepreneur podnikateľ; sprostredkovateľ; manažér; agent; impresário
entrepreneurship podnikavosť; podnikateľstvo; podnikanie; podnik
entry vstup; prístup; ujatie sa držby; účtovný zápis; blok; položka; zaznamenanie; zápis; zaknihovanie; heslo; údaj; zaradenie; colný vstup (deklarácia); vstupný bod; vstupný
~ **crediting an account** zápis v prospech účtu
~ **date** dátum zápisu
~ **debiting an account** zápis na vrub účtu
~ **of booking item** účtovná položka
~ **of interest** pripísanie úrokov
~ **on the credit-side** zápis na strane Dal
~ **on the debit-side** zápis na strane Má dať
enumerating every item taxatívny
environment životné prostredie; prostredie; okolie; ovzdušie
envisaged rate of growth očakávaná (predpokladaná) miera rastu
EPU Európska platobná únia
Epunts európska finančná technika (Epunts vzniklo z názvu European Payments Union)
equal rovnať sa; vyrovnať sa; rovnomerný; rovnaký; rovnoprávny
~ **coverage** rovnaká záruka; rovnaké krytie
Equal Credit Opportunity Act zákon o rovnakej možnosti úveru
equal dignity rovnaká hodnota, dôležitosť (hypotéky alebo iného legálneho záväzku)
~ **treaty** rovnoprávna zmluva
equalization account vyrovnávací devízový účet
~ **tax** vyrovnávacia daň
equally burdensome s nediferencovaným dopadom (daňový systém)
equals function funkcia „rovná sa"
equation of exchange rovnica peňažnej výmeny
~ **price** vyrovnávacia cena
equilibrate vyvážiť (rozpočet); uviesť do rovnováhy
equilibrium rovnováha
~ **business cycle** rovnovážny hospodársky cyklus
~ **condition** podmienka rovnováhy; rovnovážna podmienka
~ **diagram** rovnovážny diagram; stavový diagram; diagram rovnováhy
~ **growth** rovnovážny rast
~ **interest rate** vyrovnávacia úroková sadzba
~ **of businesses** rovnováha firiem
~ **price ratios** rovnovážne pomery cien
~ **ratio of exchange** pomer rovnováhy pri výmene
~ **value** rovnovážna hodnota
equipment zariadenie; vybavenie; výstroj; náradie; výzbroj; prístroj
~ **trust bond** obligácia použitá na financovanie nákupu zariadení
equitable spravodlivý; nestranný; poctivý; slušný
~ **mortgage** ekvitná hypotéka
~ **subordination** ekvitná subordinácia (zaradenie dlhu voči požičiavateľovi za pohľadávky ostatných veriteľov pri konkurze)
equities obyčajné akcie; priemyslové cenné papiere; kmeňové akcie; hodnota majetku po odpočítaní dlhov a záväzkov
equity majetok; čistý majetok; vlastný majetok; ekvita; vlastnícky podiel na majetku
~ **capital** vlastný (kmeňový) kapitál akciovej spoločnosti
~ **earnings** ekvitné výnosy
~ **finance** vyrovnané financie
~ **investments** priame investície; vklady do akciového kapitálu, umožňujúce kontrolu nad podnikom
~ **joint venture** majetkový podiel na existujúcej spoločnosti
~ **method** metóda ekvivalencie; metóda podielového oceňovania a účtovania finančných investícií do akcií iného podniku
~ **of redemption** primerané vyplatenie zálohy; primeraná výpovedná hodnota
~ **ratio** pomer aktív k vlastnému kapitálu
~ **share** akciový podiel
~ **turnover** ekvitný obrat
~ **warrant** opčný list (na odber akcií)
equivalent ekvivalent; protihodnota; rovnocenný; ekvivalentný
~ **bond yield** ekvivalentný výnos obligácie
ergonomics ergonomika; ekonomika práce z hľadiska fyzických a psychických vlastností pracovníka; ergonómia
erratic nestály; nepravidelný a rýchly (pohyb trhu)
~ **fluctuations** nepredvídateľné fluktuácie; krátkodobé nepredvídateľné zmeny
~ **market** nestály trh
error chyba; omyl; odchýlka; priestupok; prehliadnutie

~ **account** účet chýb
~ **analysis** rozbor chýb
~ **checking and correction** kontrola a oprava chýb
~ **in adding up** chyba v súčte
~ **in calculation** omyl vo výpočte
~ **in item** omyl v položke
~ **integral** Gaussova funkcia
~ **message** chybové hlásenie; správa o chybe; chybová správa
errors and omissions chyby a prehliadnutia; poistné krytie zodpovednosti, ktorá vznikla z chýb alebo prehliadnutia
escalating cost vzrastajúce náklady
escalator automatické stúpanie cien (platov)
escheat pripadnutie majetku štátu; skonfiškovať; zabaviť; vrátiť majetok štátu
escrow podmienená zmluva
~ **agreement** podmienená dohoda
~ **bond** obligácia uložená u tretej strany
~ **closing** uzavretie podmienenej zmluvy
escudo menová jednotka Azorských ostrovov, Kapverdských ostrovov, Guinei-Bissau, Madeiry, Mozambiku, Portugalska, Východnej Afriky a Timoru
ESF Európsky sociálny fond
ESNA Európsky systém integrovaných ekonomických účtov
Esquire (Esq.) ctený pán (v adrese za priezviskom)
essential nutný; hlavný; podstatný
~ **goods** dôležitý (nutný) tovar
establish zriadiť; založiť; ustanoviť; vystaviť
~ **a business** založiť podnik
~ **a line** zaviesť určitý druh výrobkov
~ **an organization** založiť organizáciu, podnik
~ **business contacts** nadviazať obchodné spojenie
~ **L/C to the value** vystaviť akreditív na hodnotu ...
~ **letter of credit** vystaviť akreditív
~ **tax** uvaliť daň; zaťažiť daňou
established commodity zavedený tovar
~ **rate** stanovený menový kurz
establishment inštitúcia; orgán; založenie; ustanovenie; štátne zriadenie (zákonné); ústav; firma; podnik; organizácia; zamestnanci (podniku); uvedenie do chodu; preukázanie (platnosti); bydlisko; sídlo; domácnosť
~ **of loss** zistenie straty
estate stav; statok; majetok; majetkové právo na nehnuteľnosť; pozostalosť; renta (z pozemku)
~ **account** dedičský účet
~ **at will** majetkové právo na nehnuteľnosť na neurčitú dobu, kedykoľvek vypovedateľné
~ **contract** zmluva týkajúca sa nehnuteľnosti
~ **duty** dedičská daň (z majetku); daň z nehnuteľností
~ **for years** nájom pôdy
~ **in fee simple** neobmedzené vlastníctvo
~ **in severalty** vlastné (nedelené) právo na nehnuteľnosť
~ **of a bankrupt** konkurzná podstata
~ **tax** daň z pozostalosti; dedičská daň; daň z prevodu vlastníctva
estimate odhad; ocenenie; odhadnúť; predbežný výpočet; zostaviť predbežný rozpočet; oceniť; predbežne vypočítať
~ **of charges** odhad nákladov
estimate's allowance for contingency rozpočtová rezerva
~ **standard** kalkulačný normál
estimated balance sheet rozpočtová súvaha
~ **cost** predbežne kalkulované náklady; odhadnuté náklady; rozpočtové náklady
~ **proceeds** očakávaná tržba; rozpočtová tržba
~ **profit and loss** odhad, rozpočet hospodárskeho výsledku
~ **profit and loss account** rozpočtová výsledovka
~ **revenues** odhadnuté výnosy
~ **sales** predpokladaný predaj
~ **value** odhad ceny
estimates návrh rozpočtu; rozpočtové výdavky a príjmy; rozpočet; odhady
estimating cost system prevádzkové účtovníctvo (umožňujúce zrovnávanie skutočných nákladov s vopred stanovenými nákladmi)
~ **department** kalkulačné oddelenie
~ **inventory** predbežná inventúra; inventúra odhadom
estimation theory teória odhadu
estimator referenčná vzorka
estrange odcudziť
étalon de change-or fr. štandard výmeny zlata
ethical pricing etická cenová tvorba
ethics morálka
Euro-Canadian dollars kanadské doláre používané na európskych trhoch
eurobond euroobligácie; eurobond; europôžička
eurobonds europoukážka
Euroclear clearingová učtáreň medzinárodného obchodu s cennými papiermi
eurocurrency eurodevízy
Eurocurrency euromena
Eurodollar market eurodolárový trh
Euroequity euroakcie
euromarket eurodevízový trh
euronote eurozmenka; euroúpis
European Community (EC) Európske spoločenstvo
~ **Currency Unit (ECU)** európska menová

jednotka (ECU)
~ **Depository Receipt** európske vkladové potvrdenie
~ **Development Fund** Európsky fond rozvoja
~ **Economic Community (EEC)** Európske hospodárske spoločenstvo EHS
~ **Free Trade Association (EFTA)** Európske združenie voľného obchodu EZVO
~ **integration** Západoeurópska integrácia
~ **Investment Bank (EIB)** Európska investičná banka
~ **Momentary Agreement (EMA)** Európska menová dohoda
~ **Momentary Union** Európska menová únia
~ **Payments Union** Európska platobná únia
evaluate oceniť; ohodnotiť; určiť hodnotu
evaluation hodnotenie; vyhodnotenie; oceňovanie; určenie ceny
~ **of account** revízia účtu
~ **of fixed assets** oceňovanie základných fondov
evasion výhovorka; vyhnutie sa povinnosti
evasion: tax evasion daňový únik
even vyrovnať situáciu na trhu nákupom alebo predajom; rovnaký; rovnomerný
~ **function** párna funkcia
~ **lots** rovnaké množstvá
~ **money** rovnaká ponuka na oboch stranách (pri hrách a stávkach)
~**-numbered** párny
~**-odd check** kontrola paritou
~**-par swap** výmena v rovnakej parite
~ **production** rovnomerná výroba
~ **sale** pravidelný odbyt
~ **up** vyrovnať (týka sa cenných papierov)
even: at even vyrovnané; prolongačný obchod bez platenia eskontu
evening up zisk na vyrovnanie strát
event udalosť; uzol (v sieťovej analýze); náhodný jav; prípad
evergreen credit večný úver; trvalý úver
~ **loan** večná pôžička (pôžička, ktorá nie je pravidelne splácaná)
evict zbaviť držby; vyhnať z držby; súdne vysťahovať
ex z; zo; bývalý; bez; mimo
~ **all** bez všetkého; s vylúčením všetkých práv (predávajúci predal cenný papier, ale rezervoval si právo na všetky možné výhody)
~ **ante** ex ante; plánovaný; budúci
~**-coupon** bez kupónu
~**-dividend (ex div; XD)** bez dividend
~ **factory** franko závod; zo závodu
~ **interest** bez úroku; bezúročný
~ **new** bez nároku na nové akcie; bez upisovacieho práva
~ **post** ex post; minulý; realizovaný
~ **post facto law** spätne pôsobiaci (retroaktívny) právny predpis
~ **quay** franko prístav; cena zahrňujúca poplatky v prístave
~ **stock** zo skladu; ihneď; priamo
~**-stock dividend** bez dividendy
~ **warehouse** franko sklad; zo skladu
exact vymáhať; vynucovať; precízny; exaktný; bezchybný
~ **interest** presný úrok
exaction dôrazné vymáhanie pohľadávky
exaggerated price premrštená cena
examination prehliadka; revízia; kontrola; usvedčujúce materiály; svedecká výpoveď
examine the claim prešetriť reklamáciu
~ **the documents** prekontrolovať doklady
examined copy overená kópia
exceed prevyšovať; prekročiť; prekonať; presahovať
~ **income** prekročiť príjem
exceeded cost prekročené náklady
exceeding prevyšujúce, nadmerné (náklady, výdavky)
excellence vynikajúca kvalita
except as otherwise provided for ak nie je stanovené ináč
exception výnimka
excess krajnosť; prebytok; príplatok; nadmernosť; prevaha; prekročenie; nadbytok; nad povolený počet; prekročenie povolených výdavkov; nadbytočný; nadmerný
~ **bank reserves** prebytkové bankové rezervy
~ **cash** nepoužitá hotovosť
~ **charge** príplatok
~ **demand** prebytočný dopyt
~ **expense** nadmerné náklady (prevyšujúce normu)
~ **money** prebytočné peniaze
~ **of loss** nadmerná strata
~ **of purchasing power** nadbytok kúpnej sily
~ **of revenue over expense** čistý príjem
~ **profit** mimoriadny zisk
~ **profits duty (tax)** daň z nadmerného zisku
~ **supply** prevaha ponuky; nadbytočná ponuka
~ **tolls** doplatky
~ **value** vyššia udaná hodnota
~ **worker** nezamestnaný
excessive nadmerný; prehnaný; dodatočný; naviac
~ **amount** nadmerná suma; nadmerné množstvo
~ **costs** nadmerné náklady
~ **inventory** nadnormatívne zásoby; nadmerný sklad

exchange výmena; kurz; výmena názorov; devízový; burzový; burza; zamenenie; zmenáreň
~ **acquisition** burzové akvizície
~ **agreement** devízová dohoda
~ **alterations** devízové zmeny
~ **bank** devízová banka
~ **broker** devízový (valutový) maklér; sprostredkovateľ na burze; senzál; burzový maklér
~ **bureau** zmenáreň
~ **business** burzový obchod
~ **calculation** devízová arbitráž
~ **charge** burzový poplatok; prevodný poplatok; poplatok za platobné príkazy
~ **clause** kurzová doložka
~ **clearing** devízové (valutové) zúčtovanie
~ **company** burzová spoločnosť
~ **control** devízová kontrola (obmedzenie)
Exchange Control Act devízový zákon
exchange current súčasný devízový kurz
~ **dealings** devízové obchody
~ **depreciation** znehodnotenie cudzej meny
~ **difference** zmena kurzu; kurzový rozdiel
~ **dumping** valutový dumping
~ **economy** výmenné hospodárstvo
~ **equalization fund** menový stabilizačný fond
~ **fee** devízový poplatok
~ **file** súbor zmien
~ **fluctuations** pohyby kurzov; kolísanie kurzov; fluktuácia kurzov; devízové výkyvy
~ **fluctuations** kolísanie kurzov
~ **for futures** termínový obchod s lehotou
~ **foreigner** devízový cudzinec
~ **hedging** zabezpečovanie v termínovom obchode s devízami
~ **list** kurzový list
~ **market** devízový trh
~ **mechanism** technika devízového platobného styku
~ **of securities** výmena cenných papierov
~ **of spot for futures** termínovaný obchod za hotové
~ **office** zmenáreň
~ **operations** burzové operácie
~ **premium** devízová prémia (príplatok k úradnému devízovému kurzu)
~ **privilege** výsada výmeny; devízový nárok
~ **rate** devízový kurz; kurzový lístok; valutový kurz
~-**rate difference** kurzový rozdiel
~ **rate loss** kurzová strata
~ **rate profit** kurzový zisk; zisk z výmenného kurzu
~ **rate quotations bulletin** kurzový lístok
~ **ratio** výmenný pomer
~ **regulations** burzový poriadok
~ **report** burzová správa
~ **restriction** devízové obmedzenia; menové obmedzenia
~ **risk** výmenné riziko
~ **rules** burzové zvyklosti
~ **stringency** nedostatok devíz
~ **value** výmenná hodnota
exchange: par to exchange devízová parita
exchangeability zameniteľnosť; vymeniteľnosť
exchangeable vymeniteľný
exchanger zmenárnik
exchanges cenné papiere
exchequer brit. štátna pokladňa; ministerstvo financií; financie; pokladňa; erár
~ **bill** štátna pokladničná poukážka
~ **receipts** daňový pokladničný príjem
~ **year** fiškálny rok
excisable podliehajúci spotrebiteľskej dani
excise potravinová daň; akcíz; spotrebná daň; zdaniť; uložiť spotrebnú daň
~ **bill** potvrdenie o zaplatenej dani
~ **duty** spotrebná daň; zdaniť
~ **tax** akcíz; spotrebná daň
exciseman výberca spotrebnej dane
exclude from st. vyňať z niečoho; vylúčiť z niečoho
excluding tax bez dane; s vylúčením dane
exclusion výluka; vylúčenie; odpočítateľná položka; čiastka vylúčená zo zdaniteľného príjmu
exclusive allowance výlučná (výhradná) zľava (bonifikácia); časť anuitnej splátky vylúčená zo zdaniteľného príjmu
~ **of expenses** bez výdavkov
~ **privilege** výhradný monopol
~ **sale** výhradný predaj
execute uskutočniť; realizovať; vyhotoviť; vyplniť; splniť; uviesť do platnosti; vykonávať funkciu; vybaviť; vykonať
~ **a bond** vydať záručný list
~ **an order** vybaviť objednávku
executed contract splnená zmluva
executive pracovník vrcholového managementu spoločnosti; vedúci pracovník; výkonný
~ **agreement** vládna dohoda; medzinárodná zmluva, ktorá nevyžaduje ratifikáciu senátom
~ **body** výkonný orgán
~ **compensation** mzda vedúceho pracovníka
~ **department** ministerstvo
~ **responsibility** zodpovednosť výkonnej moci voči moci zákonodarnej; zodpovednosť vlády voči parlamentu
exemplified copy overená kópia
exempt osoba oslobodená od daní; oslobodiť niekoho od niečoho; oslobodený
~ **from duty** oslobodený od cla

~ **from stamp** oslobodené od kolku
~ **from tax** oslobodený od dane; nepodliehajúci dani
~ **securities** vyňaté cenné papiere
exempted from payment of taxes oslobodený od platenia daní
exemption vyňatie; výnimka; zľava na daniach; odpočítateľná položka
~ **from** oslobodenie od
~ **limit** nezdaniteľné minimum
exercise výkon; pohyb; zamestnanie; cvičiť; vykonávať
~ **price** realizačná cena; uplatnená cena
exhaust vyčerpať; vyprázdniť; spotrebovať
~ **price** vyčerpaná cena
exhibit exponát; vystavený predmet; výstava; vystaviť; predviesť; predloženie písomného dôkazu pri súdnom konaní
exigency požiadavka; potreba
exit výstup; východ; odchod
~ **permit** výjazdná doložka; výjazdné povolenie
exorbitant price premrštená cena
expand rozšíriť; expandovať; rozpínať sa; rásť; rozvinúť sa
expanding market rozširujúci sa trh
expansion of money supply zvyšovanie peňažnej ponuky
expansionary economy expanzívne hospodárstvo
expansive policy expanzívna politika
expect očakávať; predpokladať
expected activity očakávaná zamestnanosť (podniku)
~ **actual cost** rozpočtové náklady; rozpočtované náklady; očakávané (plánované) náklady
~ **value** očakávaná hodnota; predpokladaná hodnota
expedite rýchlo vybaviť; urýchliť; expedovať
expend vydať; vynaložiť; utratiť; spotrebovať
expenditure výdavok; náklad; réžia
expenditures výdavky
expense account cestovný účet; účet výdavkov; účet nákladov
~ **allocation** rozvrh nákladov
~ **allowance** náhrada hotových výdavkov
~ **deducted** po odpočítaní nákladov
~ **interest** pasívny úrok
~ **loading** režijná prirážka
expense(s) výdavky; náklady
expenses covered franko; vyplatene
~ **for collection** inkasné výdavky
expensive drahý; nákladný (cenovo)
experience skúsenosť; prax; škodový priebeh; zaznamenať (pokles cien)
~ **a loss** utrpieť stratu
~ **stagnation** prechádzať obdobím stagnácie
expert odborník; znalec; expert; špecialista; skúsený; kvalifikovaný
expiation pokuta; výkupné
expiration vypršanie; uplynutie; zánik platnosti
~ **check** kontrola doby platnosti
~ **of a term** vypršanie lehoty
~ **of the treaty** vypršanie platnosti zmluvy
expired bill splatná zmenka
expiry uplynutie; vypršanie lehoty; skončenie; strata platnosti; zánik (nároku)
~ **date** dátum splatnosti; konečný termín
explicit výslovný; explicitný; uvedený; otvorený; zreteľný
~ **costs** náklady platené v hotovosti
~ **interest** dohodnutý úrok; explicitný úrok
exploit využiť; vykorisťovať; ťažiť
explore skúmať
explosive oscillation explozívna oscilácia (prudké výkyvy cien, odbytu)
exponential growth progresívny rast
export export; vývoz; vyvážať
~ **agent** exportný zástupca
~ **bill** exportná valuta
~ **bounty** vývozné prémie; komerčný akreditív na financovanie a poslanie tovaru do cudzej krajiny
~ **claim** vývozná pohľadávka
~ **commission house** am. firma, ktorá nakupuje pre cudzie firmy za províziu
~ **credit** vývozný úver
~ **credit balance** aktívna obchodná bilancia
~ **customer credit** úver zahraničnému zákazníkovi
~ **duty** vývozné clo
~ **license** vývozná licencia
~ **market** vývozný trh
~ **multiplier** multiplikátor (medzinárodného obchodu)
~ **order** exportná objednávka
~**-orientated economy** hospodárstvo orientované na vývoz
~ **quota** vývozný kontingent; exportná kvóta
~ **sales** vývoz
~ **subsidy** vývozná dotácia
~ **trade** vývozný obchod
expose for sale ponúknuť na predaj
exposure miera rizika; angažovanosť
express rýchlik; expresná doprava tovaru; expres; súrny; am. expresné doručenie peňazí; vyjadriť sa; poslať expres; uprednostniť (užívateľa); rýchly; výslovný; jasný; nepochybný
expressing power vypovedacia schopnosť
extend predĺžiť (platnosť); ponúknuť; trvať; rozšíriť; zväčšiť; poskytnúť; vypočítať fakturovanú čiastku; previesť položku; pokračovať na nasledovnom riadku; odhadnúť (pozemok); široký

~ **a credit** poskytnúť úver; predĺžiť úver
~ **a term** predĺžiť lehotu
~ **credit** predĺžiť úver
~ **loan** poskytnúť pôžičku
~ **maturity** predĺžiť splatnosť
extended bond predĺžená obligácia; prolongovaná obligácia
~ **coverage** rozšírené krytie
~ **order** rozšírená objednávka
extension predĺženie; prolongácia; posun splatnosti na neskorší termín; rozšírenie (pamäti); zväčšenie; telefónna linka; prídavný; rozširujúci
~ **agreement** dohoda o predĺžení
~ **fee** poplatok za predĺženie lehoty
~ **of mortgage** predĺženie hypotéky
~ **of time** predĺženie lehoty
~ **of time of validity** predĺženie platnosti
extent of coverage rozsah štatistického prieskumu
~ **of the damage** rozsah škody
external assets vonkajšie aktíva
~ **bill** zahraničná zmenka
~ **bond** externá obligácia
~ **debt** zahraničný dlh
~ **diseconomies** vonkajšie straty
~ **economies** vonkajšie úspory
~ **indebtedness** zahraničná zadĺženosť
~ **liabilities** záväzky voči zahraničiu
~ **loan** zahraničná pôžička
~ **national debt** zahraničný dlh štátu; vonkajší štátny dlh (štátne dlhy zahraničným veriteľom)
~ **relations** zahraničné styky
~ **trade** zahraničný obchod
extinction zaniknutie; zánik; splatenie; umorenie; amortizácia
extinguish zahladiť; urovnať; uzavrieť (napr. dlh alebo záväzok)
~ **a mortgage** umoriť hypotéku; splatiť hypotéku
extortion vydieranie
extra prirážky; zvláštne poplatky; mimoriadny; zvláštny
~ **allowance** zvláštna zľava
~ **charge** zvláštny poplatok; prirážka; mimoriadny výdavok
~ **expenses** mimoriadne (zvláštne) výdavky
~ **pay** príplatok k mzdám
~ **product** dodatočný produkt
~ **time** predĺženie lehoty
extract výťah; výpis (účtu); extrakcia; odmocňovať; vybrať; vyberať
~ **from the register** výpis z registra
~ **of an account** výpis z účtu
extraneous expenses neprevádzkové náklady; zvláštne náklady (výdavky); mimoriadne náklady
~ **income** vedľajší príjem
extraordinary mimoriadny; výnimočný; zvláštny
~ **cost** mimoriadne náklady
~ **depreciation** mimoriadny odpis
~ **expenses** mimoriadne výdavky
~ **general meeting** mimoriadne valné zhromaždenie
~ **profit** mimoriadny zisk
~ **property losses** mimoriadne straty na majetku
~ **revenue** mimoriadny výnos
~ **stock-taking** mimoriadna inventarizácia
extrapolation extrapolácia
~ **method** extrapolačná metóda
extras príslušenstvo; vedľajšie výdavky; vedľajšie príjmy; vedľajšie poplatky; prídavné zariadenie
extras: No extras Bez vedľajších výdavkov
extravagant price premrštená cena
extreme extrém; krajný; extrémny
extricate from debt dostať sa z dlhov
eyeing changes in the stock-market prenikavo sledovať zmeny na burze (cenných papierov)

F

F (foreigner) cudzinec (akcie predané zahraničným majiteľom)
Fabian society fabianizmus
fabrication továrenská výroba; falzifikát
fabrics výrobky; tkaniny
face líce; čeliť niečomu; počítať s niečím
~ **amount** nominálna čiastka; poistná čiastka uvedená v poistnej zmluve
~ **of a note** čiastka na poukážke; líce bankovky
~ **value** nominálna hodnota
facilities technické vybavenie; vlastnosti
facility všetky zdroje uľahčujúce platobný styk
~ **overdraft** prechodný úver
facsimile (FAX) fax; obrazová telegrafia; snímok; presná kópia; reprodukcia
factor komisionár; agent; konateľ; správca majetku; sprostredkovateľ; činiteľ; deliteľ; zložka; vedúci predaja; faktor; koeficient
~ **cost** cena faktorov výroby; náklady na výrobné činitele; náklady výrobných činiteľov; náklady výrobných faktorov
~ **intensity of production** faktorová náročnosť produkcie
~ **market** trh výrobných faktorov
~ **of production** výrobný faktor; výrobný činiteľ
~**-price frontier** hranice cien výrobných faktorov
~ **prices** ceny výrobných faktorov
~ **services** ceny výrobných faktorov
factorage provízia sprostredkovateľa; sprostredkovanie; komisionárstvo
factoring faktorovanie; finančné sprostredkovanie; predaj dlžníckych úpisov (pohľadávok); združené deklarovanie (atribútov); rozklad na súčiniteľov; faktorský
~ **agreement** faktorská zmluva
factors faktory; sprostredkovatelia; komisionári; limitovaní agenti kupujúci pohľadávky od malých firiem na diskont
~ **of economic growth** faktory ekonomického rastu
factory továreň; obchodná stanica
~ **accounting** prevádzkové účtovníctvo; podnikové účtovníctvo
~ **burden** výrobná réžia
~ **cost** výrobné náklady; výrobná cena
~ **expense** výrobná réžia
~ **ledger** hlavná kniha prevádzkového účtovníctva
~ **overhead** výrobná réžia; dielenská réžia
~ **price** výrobná cena
factual demand kúpyschopný dopyt
faculty majetok; oprávnenie; spôsobilosť; schopnosť; zručnosť; fakulta
fail zanedbať; zmeškať; zlyhať; sklamať; neuspieť; zabudnúť
fail(s) zlyhať; padnúť do konkurzu; zlyhanie; padnutie do konkurzu; neschopnosť makléra doručiť akcie, ktoré dlhuje inému maklérovi
fail up skrachovať
failing circumstances insolvencia
failure neúspech; platobná neschopnosť; zlyhanie; nezdar; úpadok; chyba; zanedbanie; porucha; výpadok; nedostatok; chybný; chybový
~ **of consideration** nedostatočné dôvody; nedostatočná protihodnota
~ **to pay** nezaplatenie
fair veľtrh; trh; slušný; priaznivý; oprávnený; bezchybný; čitateľný; poctivý; spravodlivý; primeraný; uspokojivý; prijateľný; svetlý; blond; veľtrhový
~ **bill** trhová zmenka
~ **competition** slušná (prípustná) konkurencia
~ **consideration** náležitá odmena; náležitá cena
~ **market price** solídna trhová cena
~ **price** slušná cena; primeraná cena
~ **quality** slušná akosť
~ **return** primeraný výnos
~ **trade** poctivý obchod
~ **wear and tear** normálny úbytok a opotrebovanie; bežné opotrebovanie
fairness nestrannosť; slušnosť
fake falzifikát; imitácia; napodobnina; podstrčená listina
fall vypršať; stať sa platným; pokles; pád; zostup; úbytok; neuspieť; pripadnúť (dedičstvom); zanedbať; klesať; upadať; rútiť sa; zabudnúť
~ **due** byť splatný
~ **in prices** pokles cien
~ **in value** pokles hodnôt
~ **out of bed** slang. prudký pokles trhu
falling of a business pokles obchodov
fallow land úhor
false nepravdivý; neoprávnený; neprípustný; nesprávny; neplatný
~ **advertising** nepravdivá reklama
family rodina; trieda; rad (počítačov); sústava (kriviek); množina; skupinový; rodinný
~ **allowance** rodinný prídavok; z dôvodu rodinného stavu
~ **name** priezvisko
famine veľký nedostatok; hladomor
fancies výherné cenné papiere; špekulačné cenné papiere
fancy funds výherné cenné papiere; špekulačné cenné papiere
~ **goods** módny tovar (bižutéria, galantéria)
~ **price** prehnaná cena; cena zvláštnej obľuby

~ **stocks** výherné cenné papiere; špekulačné cenné papiere
farm out subkontrahovať; zadať externe; uzavrieť dodatok k zmluve
~ **subsidies** podpory farmárom; dané alebo požičané peniaze podľa prísnych predpisov výrobcom farmárskych produktov
farming právo na výnos pôdy; poľnohospodárstvo; prenajatie pôdy
fas price čiastka účtovaná dovozcovi
Fash-Cash autorsky chránený systém na urýchlenie pokladníkovho zaobchádzania s hotovosťou
fast-return investment investície s krátkou dobou návratnosti
~**-selling item** rýchlo (úspešne) predávaný tovar
fat snake slang, monetárna únia pre vytvorenie pevného európskeho systému
fault vina; chyba; nedopatrenie; omyl; kritizovať; porucha; nedostatok; výpadok (stránky)
favour objednávka; podporovať niekoho; byť niekomu naklonený; prospech; priazeň; podobať sa
favour: in favour of v prospech niečoho
~ **to be out of favour** neísť na odbyt
favourable trade balance aktívna obchodná bilancia
favoured: most favoured nation clause doložka najvyšších výhod
FDES fond hospodárskeho a sociálneho rozvoja
feasance plnenie podmienky; plnenie povinností
feasibility study takticko-ekonomická štúdia; projektová úloha; realizačná štúdia; úvodný projekt
feasible solution prijateľné riešenie; prípustné riešenie; možné riešenie
feature rys; novinka; jeden druh výrobku; charakteristický znak; prinášať; uverejňovať; predstavovať; vyznačovať sa; doplňovací
federal government securities cenné papiere federálnej vlády; obligácie vlády, pozri Treasury bill, Treasury note
~ **tax** federálna daň; daň s celoštátnou pôsobnosťou
Fedwire komunikačná sieť spájajúca Federálne ústredné banky, pobočky a členské banky
fee poplatok; plat; honorár; dediteľný majetok; taxa; úradne stanovený poplatok; vstupné; príspevok; honorovať; zaplatiť poplatok
~ **checking account** šekové konto s poplatkom
~ **for handling** manipulačné výdavky
~ **for renewal** prolongačný poplatok
~ **for using** užívateľský poplatok
~ **simple estate** neobmedzené vlastníctvo
feed podávať; zásobovať; prívod; podávanie; podávací; zásobovací
~ **the market** zásobovať trh
feedback spätná väzba
feel of the place atmosféra v podniku; podniková klíma
fees and charges poplatky a dávky
~ **and royalties from direct investments** poplatky a príjmy z priamych investícií
fellow člen vedeckej spoločnosti; odborný asistent; spoločník; druh
~**-worker** spolupracovník
feod léno; zverenstvo
feoff léno; zverenstvo
fertility rate miera pôrodnosti; počet detí v rodine
~ **ratios** fertilita; plodnosť; úrodnosť - ukazovatele
~ **reduction** zníženie pôrodnosti
fetch prísť si po niečo; vyvolávací; dosiahnuť; vyvolať inštrukciu
~ **a high price** vyniesť vysokú cenu (v dražbe)
~ **a price** dosiahnuť cenu
feu duty daň z pozemku
fever: buying fever nákupná horúčka
feverish market horúčkový trh
fiat úradný súhlas; nariadenie; schválenie
~ **money** nekryté bankovky; nepodložené peniaze
fictitious bill fingovaná zmenka
~ **profit** fiktívny zisk
fidelity insurance poistenie proti sprenevere; krytie straty zo sprenevery alebo krádeže
~ **insurance** kaučné poistenie
fiduciary fiduciár; zmocnenec; dôverník; poručnícky
~ **accounting** poručnícke účtovníctvo
~ **issue** papierové obeživo; nekryté bankovky
~ **loan** nezaručená pôžička
~ **return** priznanie k dani z príjmu
~ **standard** papierová mena nepodložená zlatom
fief léno; poručníctvo
field odbytové územie firmy; pole; oblasť; odbor; úsek; podklad; pozadie; terén; dierne pole; poľný; terénny; budiaci
~ **investigation** prieskum trhu
~ **maintenance** údržba u zákazníka
~ **manager** vedúci oblastného predaja
~**-proven** osvedčený v prevádzke
~ **salesmen** cestujúci zástupcovia
~ **service** služba zákazníkom
~ **warehousing loan** pôžička na skladované zásoby
fifty-cent piece päťdesiatcent
~ **spot** slang. päťdesiatdolárovka

figure slang. hladina devízového kurzu; číslica; číslo; počet; suma; cena; tvar; obrazec; značka; naznačiť; znázorniť; očíslovať; plánovať; zamýšľať; hrať úlohu
figure: at a low figure za nízku cenu; lacno
file súbor; kartotéka; register; archív; fascikel; poradie; zaprotokolovať; archivovať
~ **a claim** uplatniť nárok
~ **a return** vypĺňovať daňové priznanie
~ **of analytical accounts** kartotéka analytických účtov
files archív; spisy
filing archivovanie; správa súboru; kartotečný; registračný
~ **date** dátum prijatia žiadosti (prihlášky)
~ **fee** prihlasovací poplatok
fill zásobiť; uspokojiť; vykonať príkaz zákazníka na nákup alebo predaj cenných papierov; náplň; plniť; splniť; nasýtiť; výplňový
~ **a demand** uspokojiť dopyt
~ **an order** splniť objednávku
~**-up** dodatok
filling fee prihlasovací poplatok
filthy lucre špinavý zisk
~ **rich** slang. príšerne zazobaný; prachatý
fin slang. päťdolárovka
final konečný; posledný; koncový; výsledný; záverečný; definitívny; účelový; právoplatný; trvalý; cieľový
~ **account** záverečný účet; konečné vyúčtovanie
~ **assets** čistý majetok
~ **consumer** konečný spotrebiteľ
~ **cost** celkové náklady; hraničné náklady
~ **demand** konečný dopyt
~ **expenditure** výdavok konečného použitia; finálny výdavok
~ **installment** konečná splátka
~ **price** konečná cena
~ **sale** dopredaj; výpredaj
~ **supplier** konečný dodávateľ
~ **tax** konečná daňová povinnosť
~ **total** konečný súčet
~ **underwriting account** konečný poisťovací účet; zoznam zúčastnených poistiteľov
~ **user** konečný užívateľ
finance financie; peňažné prostriedky; dôchodky; finančne podporovať; správa verejných finančných prostriedkov; financovať
~ **accounting** finančné účtovníctvo
~ **act** finančný zákon
~ **and control** financie a kontrola
~ **bill** finančná zmenka; návrh finančného zákona
~ **capital** finančný kapitál
~ **charge** finančný poplatok
~ **department** finančné oddelenie
~ **house** finančná inštitúcia
~ **lease** finančný nájom
financial assets finančné aktíva; finančný kapitál
~ **assistance** finančná pomoc
~ **autonomy** finančná samostatnosť
~ **backing** finančné krytie
~ **balance sheet** finančná bilancia
~ **break-even point** finančný mŕtvy bod; finančný kritický bod
~ **charges** finančné náklady
~ **collapse** finančné zrútenie
~ **condition** finančná podmienka
Financial Control finančná správa
financial control finančná kontrola
~ **crisis** finančná kríza
~ **depreciation** finančný odpis
~ **division** finančné oddelenie
~ **donation** finančný dar
~ **equilibrium** finančná rovnováha
~ **evidence** finančný stav
~ **expenses** finančné náklady
~ **expert** finančný znalec
~ **fine** peňažná pokuta
~ **futures** termínované finančné obchody
~ **guaranty** finančná záruka
~ **holdings** cenné papiere
~ **income account** finančne výsledkový účet
~ **institution** finančná inštitúcia; peňažný ústav
~ **lease** dlhodobý prenájom
~ **list** finančná tabuľka (baréma)
~ **management** finančný manažment; finančné riadenie; riadenie podniku vo finančnej oblasti; finančné hospodárenie
~ **market** finančný trh
~ **news** burzové správy
~ **penalty** peňažná pokuta
~ **performance** amortizácia dlhov
~ **policy** finančná politika
~ **position** finančná situácia; finančný stav
~ **power** finančný potenciál
~ **provisions** finančné ustanovenia
~ **reimbursements** finančné náhrady
~ **reporting** účtovná evidencia; výkazníctvo
~ **reports** finančné správy
~ **resources** zdroje financovania
~ **ruin** bankrot
~ **shortcoming** finančná tieseň
~ **solvency** finančný stav; platobná schopnosť
~ **standing** finančná situácia; finančné postavenie; bonita; finančný stav
~ **statements** účtovná uzávierka; finančné výkazy
~ **support** finančná podpora
~ **year** obchodný rok; finančný rok
financially bearable finančne únosný
financier finančník; bankár
financing surplus finančný prebytok

find a market for st. nájsť odbyt pre niečo
~ **a ready sale** ísť na odbyt
~ **money** zohnať peniaze
finder's fee sprostredkovací poplatok
finding výnos; súdne rozhodnutie; súdny nález; zisťovanie (faktov)
fine pokuta; peňažný trest; pokutovať; pekný; rýdzi; čistý
~ **bill** dobrá zmenka
~ **force** vyššia moc
~ **gold** mincové zlato
~ **paper** zmenky vydané na banky alebo prvotriedne firmy
~ **trade power** prvotriedny obchodný cenný papier (k eskontu)
fineness aloi; rýdzosť kovu
finished goods dohotovené výrobky; dokončená výroba
~ **piece** finálny výrobok
finite element method (FEM) metóda konečných prvkov
fire vyhodiť z práce
~ **insurance** protipožiarne poistenie
~ **sale** výpredaj tovaru poškodeného požiarom v obchode
firing prepúšťanie pracovníkov
firm firma; podnik
~ **bid** pevná ponuka kúpy (predaja)
~ **commitment** pevná dohoda
~ **of private business** súkromný podnik
~ **price** pevná cena
firming of interest rate upevňovanie úrokovej sadzby
~ **of the market** upevnenie trhu
first building society savings bank prvá stavebná sporiteľňa
~ **class** prvá trieda
~ **cost** nákupná cena; obstarávacia cena
~**-hand** priamy; z prvej ruky; bezprostredný
~ **of exchange** prvá zmenka; prima-zmenka
~ **option** predkupné právo
~ **rate article** prvotriedny tovar
~**-rate firm** prvotriedna firma
~ **teller** vyplácajúci pokladník v banke
firsts tovar prvej akosti
fiscal fiškálny; finančný; daňový
~ **charges** fiškálne poplatky
~ **deficit** fiškálny deficit
~ **duty** fiškálne clo
~ **policy** rozpočtová; daňová politika; fiškálna politika
~ **year (FY)** fiškálny rok; účtovný rok
fistful of money hov. fúra prachov
fittage provízia
fitting data vhodné dáta
five hov. päťdolárovka
~ **Cs of credit (character, capacity, capital, collateral and conditions)** päť znakov úveru (charakter, kapacita, kapitál, záruka a podmienky)
~**-spot** slang. päťdolárovka
fix podplatenie; tieseň; skorumpovať; určiť; stanoviť; dať do poriadku; zariadiť; fixovať; trvale uložiť (do pamäti)
~ **prices** stanoviť ceny
~ **the business** uzatvoriť obchod
fixation stanovenie ceny komodity na burze
fixed annuity pevná anuita
~ **asset** aktívum dlhodobého charakteru (budovy, pôda, stroje)
~ **assets** fixné aktíva; základný majetok; základné prostriedky; investície; fixný kapitál
~ **capital** stály kapitál; fixný kapitál; dlhodobo investovaný kapitál
~ **charges** stále náklady
~ **cost** fixné (pevné) náklady
~ **exchange rate** pevný výmenný kurz; pevný devízový kurz
~**-income market** trh s pevným príjmom
~ **income security** cenný papier s pevným príjmom
~ **insurance annuities** pevné dôchodkové poistenie; prémie zabezpečujúce paušálnu čiastku pri odchode do dôchodku
~ **interest** pevný úrok
~ **interest security** cenný papier s pevným úrokom
~ **investment trust** investičný fond
~ **liabilities** dlhodobé záväzky; stále pasíva
~ **margin** pevné obchodné rozpätie
~**-price contract** kontrakt s pevnou cenou
~ **property** nehnuteľný majetok
~ **rate** pevná sadzba; pevný kurz
~ **salary** pevný plat
~ **test asset** pomer investícií k dlhodobým záväzkom
~**-to-tangible-net-worth asset** pomer investícií k čistej hodnote hmotných aktív
~**-variable cost** zmiešané náklady (fixné + proporcionálne)
fixing stanovenie; úradný devízový kurz
~ **the price** stanovenie ceny
fixture príslušenstvo; zariadenie; inventár; nehnuteľný majetok
fixtures and fittings inventár
flagging an account pozastavenie konta
flap panika; kríza; spoločenský omyl
flash estimate bleskový odhad
flat paušálna cena; bez úrokov; plocha; byt; priamo; vrátane (úroky sú obsiahnuté v kurze cenného papieru)
~ **broke** slang. bez haliera; úplne na mizine; na dne
~ **cancellation** úplné zrušenie; zrušenie poistky k dátumu, kedy mala nadobudnúť účinnosť skôr, ako spoločnosť prevzala zodpovednosť
~ **cost** jednotkové výrobné náklady
~ **market** znížená aktivita na trhu
~ **out** slang. skrachovať

~ **price** jednotná cena; paušálna cena
~ **provisions** paušálne úvery
~ **rate** paušálna sadzba
~ **tax** rovnaká daňová sadzba
flation ani inflácia, ani deflácia; obdobie ekonomickej stability
flesh and blood market slang. skutočný trh; odbytisko
flexibility of the market pružnosť trhu
flexible pohyblivý; kolísavý; pružný; flexibilný
~ **budget** pružný rozpočet
~ **exchange rate** pohyblivý kurz
~ **exchange rate system** systém pružných valutových kurzov
~ **expense** pružné náklady
~ **loan insurance plan** pružný plán poistenia úverov
~ **pricing** pružná cenová politika
~ **rate** pružná sadzba; pohyblivá sadzba
~ **wages** flexibilné mzdy
flight of capital únik kapitálu
~ **of the dollar** únik dolára; nákup zahraničných cenných papierov za doláre
flip mortgage pružná hypotéka
flipping refinancovanie kontraktu
float tolerancia; obiehajúce neinkasované šeky; peňažné čiastky kryté šekmi; uvoľnenie parity meny; časová rezerva; fluktuovať; obiehať (cenný papier); pohyblivý
~ **a company** založiť obchodnú spoločnosť
~ **a loan** vypísať pôžičku
~ **money** peniaze na ceste
~ **one** slang. preplatiť šek alebo si vziať pôžičku
floatation finančné a obchodné aktivity; vydanie cenných papierov
floating systém pohyblivých kurzov; pohyblivý; plávajúci; v obehu; symbolický;
~ **asset** obežné aktívum
~ **assets** obežné prostriedky
~ **capital** variabilný kapitál; obežný (cirkulujúci) kapitál
~ **currency** pohyblivá mena
~ **debt** nezaložený dlh; pohyblivý dlh; krátkodobý záväzok
~ **exchange rate** pohyblivý devízový kurz
~ **policy** celková námorná poistka
~ **rate** pohyblivá sadzba; premenlivý devízový kurz; integračná časová konštanta
~ **rate bond** obligácia s pohyblivou úrokovou mierou
~**-rate CD** depozitná potvrdenka s premenlivou sadzbou
~ **rate notes** obligácia s premenlivým zúročením
~ **securities** cenné papiere v obehu
flooded market preplnený trh
floor burzová hala; minimálna mzda; minimálna úroková miera; dolná hranica; základňa; parket; zaokrúhliť
~ **broker** senzál (vykonáva príkazy v burzovej hale)
~ **plan** plán priestorového usporiadania
~ **prices** minimálne ceny
~ **report** burzová správa
~ **trader** člen burzy obchodujúci na parkete burzy
floorplanning financovanie zásob predajcu (dealera)
flotation finančné a obchodné aktivity; prvé vydanie akcií spoločnosti na burze alebo na trhu akcií, kde sa akcie nekótujú
flourishing prosperujúci; úspešný
~ **trade** úspešný obchod
flow tok; prúd; chod; beh (programu); priebeh (operácií)
~ **analysis** analýza toku
~**-of-funds tables** tabuľka peňažných tokov; tabuľka finančných a kapitálových operácií
~ **production** prúdová výroba; nepretržitá výroba; plynulá výroba
flowchart vývojový diagram; bloková schéma; postupový diagram; sieťový diagram; sieťový graf; harmonogram
flower bond výberová obligácia
fluctuation výkyvy (cien); fluktuácia; kolísanie
~ **in prices** kolísanie cien
~ **limit** limit stanovený burzou
fluctuations of exchange nestále (pohyblivé) devízové kurzy
fluid cash zdroje krátkodobého financovania
~ **market** fluidita, plynulosť trhu
~ **savings** úspory, ktoré neboli utratené ani investované; mobilné vklady
flurries prechodný rozruch na burze; fluktuácia cien v obchode s cennými papiermi
flurry oživenie na burze
flux prúd; tok (magnetický)
~ **of money** obeh peňazí
flyer hov. riskantná investícia; prospekt
FOB vyplatene na palubu lode; bod od ktorého firma platí prepravné
focus on st. zamerať sa na niečo
fold slang. zbankrotovať; zložiť sa; záhyb; zlom; zlučovať (čísla); prekrývať (kódové kombinácie)
folding money slang. papierové peniaze; veľké prachy
follow the competitors sledovať konkurenciu
~**-up advertising** nová reklama; nová propagácia
~**-up letter** ďalší list; následný list; nová ponuka
~**-up order** ďalšia objednávka
followings zákazníci; odberatelia; klientela

food index index cien potravín; potravinový index
~ **store** obchod s potravinami
foodstuffs potraviny
foot zaplatiť; nožný; stopa (30,479449 cm); päta (stránky)
~ **a bill** zaplatiť účet; preplatiť zmenku
~ **margin** spodný okraj (dokladu)
~ **the bill** preplatiť zmenku
footing základ; súčet (stĺpca cifier)
for a turn na obrátku; kúpa alebo predaj akcií s očakávaním rýchleho, aj keď malého zisku
~ **cash (money)** za hotové
~ **hire** na prenajatie; do prenájmu
~ **next to nothing** skoro zadarmo; „za babku"
~ **sale** na predaj
~ **the period to come** pre nastávajúce obdobie
forbearance prepáčenie; vzdanie sa nároku; opomenutie
~ **money** úroky z meškania
forbid: till forbid až do odvolania
force sila; dôraz; platnosť; účinnosť
~ **account** účet pracovných síl
~ **down prices** stlačiť ceny
forced billing núdzová fakturácia
~ **coding** optimálne programovanie
~ **course of exchange** nútený kurz (devízový)
~ **currency** vynútený kurz
~ **loan** nútená pôžička
~ **sale** nútený predaj; súdny predaj
forces of production výrobné sily
forcible detainer neoprávnená držba nehnuteľností
forecast prognóza; odhad; zámer; plán; predpoveď; predvídať
~ **department** rozpočtové oddelenie; plánovacie oddelenie; prognostické oddelenie
forecasted balance sheet rozpočtová bilancia
~ **profit and loss account** rozpočtová výsledovka (výkaz zisku a strát)
foreclose a mortgage prehlásiť hypotéku za prepadnutú
foreclosure predaj hypotékového majetku; zabavenie; vyvlastnenie; vydraženie
foreclosure: time of foreclosure preklúzívny termín; termín vyvlastnenia, vydraženia
foredate antedatovať; opatriť skorším dátumom
foreign account zahraničný účet
~ **assets** zahraničné aktíva; pohľadávky v zahraničí
~ **capital** cudzí kapitál; zahraničný kapitál
~ **card** cudzia karta
~ **collections** zahraničné inkasá
~ **controlled enterprise** podnik riadený zo zahraničia
~ **currency** cudzia mena; valuty; devízy
~ **currency account** devízový účet
~ **currency cash** valuty
~ **currency cheque** devízy
~ **currency deposit** vklad v zahraničnej mene
~ **debt** zahraničný dlh
~ **exchange** valuta; devíza; devízová burza; denný kurz devíz
~ **exchange position** devízová pozícia
~ **exchange stability** stabilita devízových kurzov
~ **funds** cudzí kapitál
~ **house** zahraničná firma
~ **loan** zahraničná pôžička
~ **market** zahraničný trh
~ **money** pozri foreign currency
~ **policy** zahraničná politika
~ **sales** vývoz; predaj do zahraničia
~ **trade** zahraničný obchod
~ **trade corporation** podnik zahraničného obchodu
~ **trade policy** zahranično-obchodná politika
~ **trade zone** zóna zahraničného obchodu; slobodné pásmo
forestall taxes vyhnúť sa daniam
~ **the market** ovládnuť trh
forex dealer zmenárnik
forfeit odstupné; záloha; platiť pokutu; prestúpiť (zákon); strata; pokuta; prepadnutie veci; stratiť; byť zbavený; zaniknúť; pripraviť sa o niečo
forfeitable konfiškovateľný
forfeited stock prepadnuté akcie
forfeiting forfeiting; odkúpenie pohľadávok
forfeiture premlčanie; prepadnutie veci; strata práva ako sankcia; pokuta; záloha; zabavenie; konfiškácia; zrušenie
forge falšovať; neoprávnene vyrábať
forged bonds falšované dlhopisy
~ **check** falšovaný šek
forgery bonds am. poistenie proti falšovateľom
forint forint (peňažná jednotka Maďarska)
fork over slang. vysoliť; navaliť (prachy)
form formulár; poistná zmluva; tlačivo; usporiadanie; úprava; zoradiť; formovať; formulovať; tvoriť; predstavovať
~ **a company** ustanoviť obchodnú spoločnosť
~ **an estimate of st.** tvoriť nedeliteľnú časť niečoho; oceniť; odhadnúť
~ **letter** vzorový (štandardný) list; obežník
~ **of application** prihláška; žiadanka
~ **of balance sheet** členenie súvahy
~ **of payment** spôsob platenia
~ **of value** hodnotová forma
format of account forma účtu

~ **of journal** forma denníka
~ **planning chart** návrhový formulár
formation tvorba; utváranie; útvar
~ **expenses** zakladateľské náklady
~ **of a company** zriadenie obchodnej spoločnosti
~ **of a contract** spísanie zmluvy
~ **of prices** tvorba cien
formula definícia; vzorec; formula (právna); formulácia
formulate formulovať
~ **trade policies** stanoviť zásady obchodnej činnosti
fortune majetok
forward urýchliť; podporiť; dlhodobý; predsunutý; perspektívny; radikálny; termínovaný; vzostupný; prietokový; vpredu; vpred
~ **business** termínový obchod
~ **carriage** na dobierku
~ **commitment** budúce zadĺženie
~ **deal** budúca obchodná dohoda
~ **dealings** obchody s lehotou; termínované obchody
~ **exchange rate** budúci devízový kurz; termínovaný devízový kurz
~**-forward** dohodnutie úrokovej miery k budúcemu termínu; dohodnutie budúceho dátumu v zmluve
~ **market** termínovaný trh; perspektívny trh; obchod s tovarom na termín
~ **prices** vopred stanovené ceny
~ **selling** termínovaný predaj
~ **transaction** termínovaná operácia
forwarder's bill of lading (B/L) zasielateľský konosament
forwarding zasielateľstvo; preprava; prevod; prenos informácie z jednej strany konta na druhú; špeditérsky
~ **charges** poplatky za špeditérske služby
foul bill of lading (B/L) nečistý konosament (napr. pri kaze obalu)
found položiť základy; založiť; nájdený
foundation nadácia; fond; ústav; založenie; zriadenie; základ
~ **charter** zakladacia listina
foundation: economic foundation hospodárska základňa
founder zakladateľ
founder's shares zakladateľské (účastnícke) akcie
~ **stock** akciový kapitál zakladateľa
fourth market trh štvrtej triedy
fractional zlomkový; lomený; čiastkový; vyjadrený zlomkom
~ **currency** drobné peniaze
~ **interest** čiastkový nárok; zlomkový nárok
~**-reserve banking** bankový systém s čiastočnými rezervami
framework rámec; štruktúra; sústava
~ **agreement** rámcová dohoda
franc frank; menová jednotka Belgicka, Beninu, Burundy, Kamerunu, Stredoafrickej republiky, Čadu, Komory, Konga, Dahomeja, Džibuti, Francúzska, Francúzskeho Somálska, Gabunu, Guadeloupu, Pobrežia slonoviny, Lichtenštajnska, Luxemburska, Madagaskaru, Mali, Martinique, Monaka, Novej Kaledónie, Nových Hebríd, Nigérie, Oceánie, Réunionu, Rwandy, Senegalu, Švajčiarska, Tahiti, Toga a Burkina Faso
franchise privilégium; hlasovacie právo; škody, ktoré poisťovňa neplatí; výhradné právo predaja; franšíza; licencia; koncesia; zbavenie určitých povinností
~ **clause** koncesná doložka
~ **tax** koncesný poplatok
franchising franchising; forma financovania odbytovej siete
franchisor majiteľ licencie (spoločnosť)
frank frankovať; vyplatiť v mieste odoslania; urobiť imúnnym; voľný; slobodný; bez porta
fraud sprenevera; podvod; uvedenie do omylu;
~ **account** podvodné konto
fraudulent bankruptcy úmyselný bankrot; podvodný úpadok
free (of charge) take over bezplatné prevzatie
~ **(of charge) transfer** bezplatné odovzdanie
~ **and open market** voľný trh
~ **banking** slobodné bankovníctvo
~ **checking account** bežný účet bez manipulačných poplatkov
~ **competition** voľná konkurencia; slobodná súťaž
~ **convertible currency** voľne zmeniteľná mena
~ **discharge** vykládka na účet príjemcu
~ **enterprise** slobodné podnikanie
~ **hand** voľnosť konania; voľná ruka
~ **loan** bezúročná pôžička
~ **market** voľný (slobodný) trh
~ **market economy** trhová ekonomika; trhové hospodárstvo
~**-market operation** operácia na voľnom trhu
~ **movement of goods** voľný pohyb tovaru
~ **of charge** zadarmo; bezplatne; grátis
~ **of commission** franko provízia
~ **of customs dues** bez colných poplatkov; bez cla
~ **of duty** bez cla; oslobodený od dane
~ **of interest** bezúročne
~ **of payment** voľne; bez platenia
~ **of tax** bez dane
~ **on rail (FOR)** franko vagón; cena tovaru plus dopravné

~ **paid to** dopravné platené až do
~ **shop** predajňa tovaru bez cla
~**-trade area** oblasť slobodného obchodu; pásmo voľného obchodu
freedom subjektívne právo; sloboda; nezávislosť
~ **of trade** sloboda podnikania
freehold nehnuteľnosť bez závad; doživotný úrad
freeholder majiteľ pozemkov; držiteľ úradu
freelance pracujúci na voľnej nohe; nezávislý
freeze zadržanie majetku; zmrazenie; zmraziť; viazať; zadržať (peniaze); konečný; uzatvorený; pozastavený
~ **prices** stabilizované ceny
~ **the wages** zmraziť mzdy
freight prepravné; náklad; dopravné; dovozné; doprava; nákladná doprava; naložiť; prepravovať; prenajímať; dopravný; nákladný
~ **account** účet prepravného
~ **bill** dopravný list
~ **charge** prepravná sadzba
~ **charges paid** dopravné vyplatené
~ **contract** prepravná zmluva
~ **pre-paid** dopravné platené vopred
~ **prepaid** vyplatené; franko; frankované
~ **rate** dopravná sadzba; prepravná sadzba
~ **tariff** sadzobník
~ **up** zásobiť sa
French social accounting francúzsky systém národného účtovníctva
frequent contact bežný styk
frictional unemployment dočasná nezamestnanosť
friendly counter otvorená priehradka; novší spôsob usporiadanie bankovej haly
fringe frakcia
~ **area** okrajová oblasť príjmu
~ **benefit** prídavky k platu (napr. sociálne)
~ **benefits** doplnkové mzdy; vedľajšie mzdy; sociálne výhody
~ **market** okrajový trh; neistý trh
front zamestnanec pre reprezentáciu; administratívna časť budovy; priečelie; predná časť; čeliť; čelný; dopredný
~**-end fees** počiatočné poplatky
~**-end finance** počiatočné financovanie
~ **office** priehradková časť; ústredie
frontier value hodnota tovaru na hranici
frozen account zmrazené konto
~ **asset** zmrazené aktívum (napr. počas súdneho konania)
~ **assets** viazaný majetok
~ **balance of clearing account** blokovaná (zamrznutá) clearingová špička
~ **credit** zmrazený úver
~ **out** vytlačený; odstránený
~ **stock** zamrznutý kapitál
FRS federálny rezervný fond
frugal hospodárny; šetrný
frustration zmarenie záväzku; nemožnosť splnenia
FSD návrh funkcií systému
fulfill splniť; vykonať
~ **a contract** splniť zmluvu
full plná miera; úplný; komplexný; obsadený; zaplnený
~ **absorption costing** prirážková (absorpčná) kalkulácia
~ **board** plná penzia
~**-bodies money** plnohodnotné peniaze; zlato; obeživo, ktoré má hodnotu svojej nominálneho hodnoty ako komodita
~ **cost** úplná cena
~ **cost pricing** cenová tvorba podľa úplných nákladov; ocenenie zásob podľa úplných výrobných nákladov
~ **cover** plné krytie
~ **employment** plná zamestnanosť
~ **income** hrubý príjem
~**-line forcing** viazaný predaj
~ **lot** plná uzávierka (obvykle 100 akcií na Newyorskej burze)
~ **power of attorney** plná moc
~ **premium** celoročné prémie
~**-service bank** banka s kompletnými službami
~ **service lease** leasingová zmluva, kde prenájomca hradí daň z majetku, údržbu, opravy a poistné
~**-service wholesaler** veľkoobchodník poskytujúci všetky služby
~ **standard cost** štandardná cena; štandardné množstvo
~**-stock** kmeňové akcie
~ **time employment** hlavné zamestnanie
~ **value** plná hodnota
fully paid bond plne zaplatená obligácia
function funkcia; výkon; úrad; povolanie; činnosť; pôsobenie; úradovať; pôsobenie; funkčný
functional budget čiastkový rozpočet
~ **discount** funkčná zľava
~ **finance** funkčné financie
~ **income distributions** funkčné rozdeľovanie príjmov
~ **organization** funkčná organizácia
functionary funkcionár; úradník
fund fond; základný kapitál; peniaze; peňažné prostriedky; majetok; hotovosť; kryť kapitálom; premeniť krátkodobé pôžičky na dlhodobé; rezerva; zásoba; istina; založiť fond
~ **accounts** kontá fondov; účty zdrojov
~ **balance** zostatok fondu
~ **contribution** odvod do fondov
~ **the account** dotovať účet
fundamental základný; podstatný; zásadný; základ
~ **breach** porušenie záväzku oprávňujúce

na odstúpenie od zmluvy
~ **law** ústava; ústavné zákonodarstvo; základný zákon
~ **term** podstatná podmienka zmluvy
funded debt zaručený dlh; fundovaný dlh; dlhodobý úver
~ **deficit** fundovaný deficit
funding dotovanie; financovanie; fundovanie
~ **bond** obligácia na fundovanie dlhov
~ **stock** cenné papiere vydávané na konverziu krátkodobých pôžičiek
funds hotovosť; finančné prostriedky; základný kapitál; fondy; dlhopisy; štátne pôžičky; cenné papiere; akcie
~ **and properties** hnuteľný a nehnuteľný majetok
~ **available** disponibilné fondy
~ **flow** pohyb prostriedkov
~ **in transit** peniaze na ceste
~ **turnover** kolobeh prostriedkov
fungibility zastupiteľnosť
fungibles zastupiteľné cenné papiere
funkiness slang. príma kvalita
funny money inflačná mena; falšovaná mena; konvertibilné prioritné akcie; premeniteľná obligácia; opcia a platobné poukazy, ktoré majú charakter kmeňových akcií
fur-trade obchod s kožušinami
furnisher dodávateľ, obchodník s nábytkom
further the objectives podporovať dosiahnutie cieľov
fusion fúzia; zlúčenie firiem
future budúcnosť; budúci
~ **contract on interest rate** termínová dohoda o úrokovej miere
~ **delivery** na dodanie; termínovaná dodávka
~ **depreciation** budúci odpis; strata súčasnej hodnoty, ku ktorej príde v budúcnosti
~ **estate** nevlastnená nehnuteľnosť
~ **exchange contract** termínový devízový kontrakt
~ **income** budúci príjem
~ **statement** rozpočet; výkaz o rozpočte
~ **trading** termínované obchody
futures termínované obchody; tovar na termín; termínovaná kúpa a predaj akcií
~ **call** dohodnutá dodávka komodít
~ **commission broker** komisný maklér s termínovým tovarom
~ **exchange** burza pre termínové obchody
~ **market** termínovaný trh
~ **statement** rozpočet
FX (foreign exchange) position devízová pozícia; čisté držby banky z účasti v zahraničnej výmene určitej meny v danom mieste a čase
FY pozri fiskal year

G

gain zisk; prebytok; prírastok; výnos; výťažok; získať
- ~ **a foothold on the market** zachytiť sa na trhu
- ~ **advantage from st.** získať prospech, zisk z niečoho
- ~ **and loss exhibit** rozbor zisku a strát
- ~ **on disposal** výnos z likvidácie
- ~ **tax** daň zo zisku

gainful výnosný; zárobkový
- ~ **activity** zárobková činnosť
- ~ **enterprise** zárobkový podnik

gainless nevýnosný; bez zisku
gains prínos; zisky; príjmy
galloping inflation rýchla inflácia; hyperinflácia
gamble on the stock exchange špekulácia na burze
game theory teória hier
Gantt chart Ganttov diagram; postupový diagram; stĺpcový diagram
gap rozdiel (v bilancii); schodok; deficit; gap (inflačný, technologický); disparita; nedostatok; oblasť nerozhodnosti
- ~ **analysis** diferenčná analýza
- ~ **management** identifikácia aktív a pasív s citlivou úrokovou mierou

garbage bezvýznamné dáta
garnishee account viazaný účet; obstavený účet
gather in the stops predávať cenné papiere v dostatočnom množstve, aby sa znížila cena na limit, o ktorom sa vie, že v ňom budú dochádzať stop príkazy
GATT Všeobecná dohoda o clách a obchode
gazoomph slang. podvod; švindeľ
gazump ísť s cenou hore (pri predaji domu); podvod
gazunder ísť s cenou nižšie
gearing indikátor pomeru dlžobného a akciového kapitálu; pomer pôžičiek k vlastnému kapitálu; finančná sila; špekulácia na zisk s vypožičaným kapitálom
geets slang. peniaze; kúpna sila
general acceptance prijatie (zmenky) bez výhrady; akcept len s podpisom trasáta
- ~ **account** hlavné konto; súhrnný účet
- ~ **accounting** finančné účtovníctvo
- ~ **ad valorem duty** všeobecné hodnotové clo
- ~ **agency** generálne zastúpenie
- ~ **balance** výročná bilancia
- ~ **bank** univerzálna banka
- ~ **bonded debt** všeobecný zaručený dlh
- ~ **buying conditions** všeobecné nákupné podmienky
- ~ **conditions of contract** všeobecné podmienky zmluvy
- ~ **contract** rámcová zmluva
- ~ **crossing** všeobecné križovanie šeku
- ~ **endorsement** všeobecný rubopis
- ~ **expenses** správna réžia; všeobecná réžia; režijné náklady; správne náklady
- ~ **fixed assets** všeobecné základné prostriedky
- ~ **format** všeobecný formát
- ~ **fund** všeobecný fond
- ~ **insurance** všeobecné poistenie; majetkové poistenie
- ~ **journal** hlavný denník; všeobecný denník
- ~ **ledger** hlavná účtovná kniha
- ~ **liability** všeobecné ručenie
- ~ **lien** všeobecné zadržovacie právo
- ~ **management** generálne riadenie; predstavenstvo; generálne riaditeľstvo
- ~ **management trust** syndikát skupujúci rôzne druhy cenných papierov za účelom špekulácie
- ~ **manager** generálny riaditeľ
- ~ **meeting** valné zhromaždenie
- ~ **mortgage** hlavná hypotéka
- ~ **obligations (GO)** generálne obligácie
- ~ **overhaul** generálna oprava; generálka
- ~ **overheads** celopodniková réžia
- ~ **policy** generálna poistka
- ~ **power of attorney** všeobecná plná moc
- ~ **property tax** všeobecná daň z majetku
- ~ **rate of duty** všeobecná colná sadzba
- ~ **representative** generálny zástupca
- ~ **reserve** rezervný fond
- ~ **run article** tovar bežnej (dennej) potreby
- ~ **sales tax** všeobecná daň z obratu
- ~ **tax on profits** všeobecná zárobková daň
- ~ **trade** generálny obchod

generation period of investment doba realizácie investičného zámeru
generic claim hlavný patentový nárok
- ~ **market** druhový trh
- ~ **products** štandardný tovar

genuine and valid právoplatný
gen. saki finančný trh pre podmienečné predaje obligácií (jap. skratka)
geographical pricing geografická cenová tvorba
German bookkeeping nemecké účtovníctvo
gestion správa; riadenie
get dostať; obdržať; získať; kúpiť
- ~ **(a bill) cashed** inkasovať
- ~ **ahead** preraziť; stať sa majetným
- ~ **back at sb.** splatiť; odplatiť niekomu
- ~ **interest** niesť úroky; dostávať úroky
- ~ **relief** dostať podporu
- ~ **sb. out of the red** vytiahnuť niekoho z dlhov
- ~ **the jump on sb.** získať výhodu (náskok) proti niekomu

gift certificate poukaz na odber tovaru zadarmo

~ **goods** darčekový tovar
~ **tax** daň z daru; darovacia daň
giga (G) giga; miliarda
gilt-edged bill prvotriedna zmenka
~**-edged bond** prvotriedna obligácia
~**-edged papers (stock)** štátne cenné papiere; prvotriedne cenné papiere
~**-edged securities** štátne cenné papiere; prvotriedne cenné papiere
gimmick patent; zlepšovací návrh
giro žíro
~ **account** žírový účet
give a bill vystaviť zmenku
~ **a loss** spôsobiť stratu; priniesť stratu
~ **an order** zadať objednávku
~ **bail** zložiť, dať zálohu
~ **credit** poskytnúť úver
giveaway prezradenie; odhalenie; slang. bezohľadný kšeft; prémia; dar (ako reklama); program s cenami (napr. v televízii)
giver of a bill výstavca zmenky
giving business odovzdanie (zrušenie) obchodu
GL trigger aktivácia hlavnej účtovnej knihy
glamour stock populárny cenný papier
gliding delay in delivery sklz dodávky
global tax system globálny daňový systém
glut in the market presýtenie trhu
~ **the market** zaplaviť trh
gnomes medzinárodní finančníci
go-ahead firm podnikavá firma
~ **bankrupt** dostať sa do úpadku; bankrotovať
~**-go fund** riskantné investície za účelom rýchlych výnosov
~ **into liquidation** pristúpiť k likvidácii; ísť do likvidácie
~ **long** špekulácia na vzostup cien
~ **private** skúpiť vlastné akcie na burze
~ **public** ponúknuť akcie na kúpu na burze
~ **skyhooting** prudko stúpať (ceny)
~ **through the accounts** zrevidovať účty
~ **up** stúpať (o cenách)
~ **upon trust** brať na úver
go: st. to go predaj niečoho cez ulicu
goal cieľ; zámer
~**-directed** cielený
~ **programming** cieľové programovanie
~ **seeking system** systém s cieľovým správaním
~ **setting** formulácia cieľov
going ahead podnikavosť; dravosť (keď sa maklér rozhodne urobiť obchod na svoj vlastný účet)
~ **business** prosperujúca firma; funkčný podnik
~ **concern** prosperujúci podnik
~ **public** premena súkromnej firmy na verejnú akciovú spoločnosť; prvá ponuka akcií na burze
~ **short** špekulačný predaj
Going! Going! Gone! Po prvé! Po druhé! Po tretie! (na burze)
gold zlato
~ **bond** zlatá obligácia
~ **brick** slang. zlatá tehla (podvodné cenné papiere)
~ **bullion** nerazené zlato; zlato v prútoch
~ **bullion standard** štandard zlatého prútu
~ **certificate account** konto zlatého certifikátu
~ **clause** zlatá doložka
~ **content** obsah zlata
~ **coverage** krytie zlatom
~ **currency** zlatá mena
~ **exchange standard** štandard zlatej devízy; zlatý štandard
~ **first** prvotriedna akosť
~ **fixing** stanovenie ceny zlata
~ **holdings** zlaté menové rezervy
~ **market** trh zlata
~ **middling** dobrá stredná akosť
~ **ordinary** dobrá akosť
~ **points** zlatý štandard
~ **price** cena zlata
~ **second** stredná akosť
~ **shares** zlaté podiely (akcie); akcie spoločnosti ťažiacej zlato
~ **specie standard** štandard zlatej mince
~ **standard** zlatý štandard; zlatá mena
golden passbook pozri time deposit (open account)
~ **share** špecifická účastina; zlatý podiel; zlatá akcia
good statok; prospech; zisk; tovar; platný; úrodný
~ **bills** dobré zmenky
~ **delivery** dobrá dodávka
~ **faith check** šek bona fide
~**-fors** znieť na
~ **in bond** zatiaľ nepreclený tovar
~ **money** dobré peniaze
~ **seller** dobre predajný tovar
~ **ticket** slang. finančne úspešný
goods statky (majetok); tovar; hnuteľný majetok; kradnuté (kompromitujúce) veci
~ **admitted free of duty** bezcolne dovezený tovar
~ **and services** tovary a služby
~ **and services flow** tok tovaru a služieb
~ **delivered** dodaný tovar
~ **entry** príjem tovaru
~ **in** príjem tovaru
~ **in short supply** úzkoprofilový tovar; nedostatkový tovar
~ **in way** tovar na ceste
~ **marketed in bulk** tovar dodávaný vo veľkom
~ **of broad consumption** tovar dennej spotreby
~ **sold** predaný tovar

goodwill goodwill; dobrá povesť; hodnota firmy; klientela; dobré meno; zákazníci; dobrá vôľa; náklonnosť; ochota
gouge slang. zisk z predražovania; vydieranie; získať nadmerný zisk (predražovaním); vydierať
government bond vládna obligácia; štátny dlhopis
~ **budget** vládny rozpočet
~ **check** vládny šek
~**-controlled economy** dirigizmus; vládou riadená ekonomika
~ **deposits** vládne vklady
~ **funds** vládne fondy
~ **insurance** štátne poistenie
~ **loan** vládna (štátna) pôžička
~ **obligations (GO)** vládne obligácie
~ **ownership** štátne vlastníctvo
~ **securities** štátne papiere (obligácie); vládne cenné papiere; štátne pôžičky
~ **spending** štátne výdavky
~ **stock** štátne cenné papiere
~ **subsidy** štátna (vládna) subvencia; podpora
~ **taxation** vládne zdanenie
governmental accounting vládne účtovníctvo; účtovníctvo vládnych orgánov a inštitúcií
governments štátne dlhopisy
governor guvernér (banky); vrchný bankový riaditeľ; správca; guvernér (štátu)
grace period tolerančné obdobie; respiro; rešpektné dni; diskrečné dni
graded tax stupňovaná daň; mestská daň na nezastavané pozemky
graduated-payment adjustable mortgage (GPAM) hypotéka s postupnými, upraviteľnými splátkami
~**-payment mortgage (GPM)** hypotéka s postupnými splátkami
~ **securities** odstupňované cenné papiere
~ **tax** odstupňovaná daň
graft korupcia; úplatkárstvo
grain bill obilný účet
~ **exchange** obilná burza
grand slang. tisícka; tisíc dolárov
~ **summary** celkový súhrn
~ **total** súhrnný (hlavný) súčet; celkový súčet; konečný súčet; výsledný súčet; súčet druhého stupňa
grande vitesse fr. rýchly tovar; tovar s rýchlym obratom
grant grant; finančná podpora; dotácia; rozpočtový úver; poskytnúť; prideliť; pridelenie; postúpenie
~ **a concession** priznať výsadu; dať povolenie
~ **a credit** poskytnúť úver
~ **a loan** poskytnúť pôžičku
~**-in-aid** finančný prídel; dotácia; subvencia (zo štátneho rozpočtu)
~ **license** poskytnúť licenciu
~ **respite** poskytnúť odklad
~ **subsidies** poskytovať peňažné podpory
grantee cesionár; ten, komu bolo niečo udelené (požičané)
granter osoba ponúkajúca úver; cedent; darca
granting credit poskytovanie úveru
grants jednorazové príspevky
gratification honorár; odmena; sprepitné
gratis bezplatný; zadarmo; grátis
gratuitous bezplatný; bezúplatný; zadarmo; nežiadúci; zbytočný
~ **contract** bezúplatná zmluva
~ **goods** prírodné statky
gratuity odmena; prémia; dar; sprepitné; dotácia
gravelled najnižší pokles (na burze)
gravy slang. ľahko zarobené peniaze; nečakane získané peniaze; extra výhoda; ľahký
~ **train** slang. možnosť získať veľké peniaze za malú prácu
gray market šedý trh
great grand total súčet 3. stupňa
greatest gross 12 veľtuctov (1728 kusov)
~ **lower bound** najvyššia dolná hranica
green slang. papierové peniaze
~ **stuff** slang. prachy
greenback americké bankovky; americký dolár
greenlining hromadný výber účtov v určitej lokalite
grey economy šedá ekonomika
~ **market** stav na trhu pri umiestňovaní novej emisie akcií
grid chart stĺpcový diagram; maticový prehľad
grift slang. nepoctivo zarobené peniaze
gross amount celková čiastka; hrubá čiastka
~ **(net) amount of wages** hrubá (čistá) mzda
~ **assets** celkové aktíva
~ **balance** hrubý zostatok účtu; hrubá súvaha
~ **book value** hrubá účtovná hodnota; pôvodná obstarávacia cena
~ **capital formation** hrubý prírastok základného kapitálu; hrubé investície
~ **charge** hrubý poplatok
~ **debt** celkový dlh
~ **domestic product (GDP)** hrubý domáci produkt
~ **earnings** hrubý plat; hrubý zárobok; hrubá mzda; hrubý výnos; hrubý príjem
~ **estate** konkurzná podstata; celkový majetok; celková pozostalosť
~ **income** hrubý príjem
~ **interest** celkový, hrubý úrok
~ **liabilities** celkové pasíva; celkový súčet pasív

~ **line** hrubý vrub poisťovne
~ **method** brutto metóda
~ **national debt** celkový štátny dlh
~ **national income (GNI)** hrubý národný dôchodok
~ **national product (GNP)** hrubý národný produkt
~ **operating income** hrubý prevádzkový príjem
~ **pay** hrubá mzda
~ **premium** hrubé poistné; hrubá prémia
~ **price** brutto cena
~ **profit** hrubý zisk
~ **profit margin** hrubé ziskové rozpätie; miera zisku; ziskovosť; rentabilita
~ **receipts** hrubé náklady; celkové príjmy pred odpočítaním nákladov
~ **revenue** hrubý príjem; hrubý (štátny) dôchodok
~ **salary** hrubý plat
~ **sales of period** hrubý obrat za účtovné obdobie
~ **savings** hrubé úspory
~ **sum** paušálna čiastka
~ **variance** hrubá odchýlka
~ **weight** hrubá váha
grossed-up net redemption yield upravený umorovací výnos
ground capital pozemkový kapitál
~ **floor** slang. nízka cena cenného papiera s nádejou významného zvýšenia hodnoty
~ **lease** prenájom pôdy
group account skupinový účet
~ **accounts** finančné výkazy za zoskupenie podnikov
~ **annuity** skupinová anuita
~ **banking** skupinové bankovníctvo
~ **insurance** skupinové poistenie
~ **life insurance** skupinové životné poistenie
~ **of accounts** účtová skupina; skupina účtov
~ **of firms** združenie podnikov
~ **total** medzisúčet
growing equity mortgage rastúca (ekvitná) hypotéka
~ **nominal money supply** inflačný vzrast obeživa
growth accounting rastové účtovníctvo
~ **fund** rastový fond
~ **in earnings per share** rast výnosov na akciu
~ **path** rastová krivka
~ **performance** ekonomický rast
~ **stock** rastové akcie
~ **stocks** výhodné cenné papiere
guarani menová jednotka Paraguaja
guarantee záruka; ručenie; ten, za koho dlh sa ručí; ručiť; komisionárska záruka; delkredere; aval; kaucia; istota
~ **agreement** záručná zmluva
~ **bank** záručná banka
~ **fund** záručný fond; garančný fond
~ **of signature** záruka podpisu
~ **period** záručná lehota
guaranteed account záručné konto
~ **bond** zaručený dlhopis
~ **insurability** zaručená poistiteľnosť
~ **letter of credit** zaručený akreditív
~ **security** cenné papiere so zárukou; zaručené cenné papiere
guarantor ručiteľ
guaranty záruka; kontrakt, dohoda alebo záväzok zahrňujúci tri strany
~ **savings bank** banka zaručených úspor
~ **stock** zaručené cenné papiere
guardian poručník; opatrovník; ochranca; kurátor; dozorca; ochranný kód; poručenský
~ **account** opatrovníkove konto
guardianship: to be under guardianship byť pod kuratelou
guidelines direktívy; smernice
guilder menová jednotka Holandska, Holandských Antíl a Surinamu
guinea brit. 21 šilingov
gulf riyal menová jednotka Dubaja a Kataru
gutter market bulvárny trh
gyp'ems slang. hypotéky s postupnými splátkami

H

habendum clause doložka hypotekárnej listiny
habilitate financovať (ťažbu); habilitovať
hacking the pie slang. rozdeľovanie firemných ziskov
hail insurance poistenie proti krupobitiu
haircut finance „ostrihané" financie; pôžičky na záruku cenných papierov
half board polpenzia
~-buck slang. päťdolár
~ dime päťcent
~-dollar poldolár
~ eagle zlatý päťdolár
~ pay znížený plat; výslužné
hallmark puncová značka; punc; puncovať
hammer price kúpna cena v aukcii
hammering the market sústrediť nápor na určitý cenný papier alebo komoditu; masový predaj akcií (keď sa vlastníci domnievajú, že kurzy klesnú)
hand over the draft vydať zmenku
handbill papierové obeživo; reklamný leták
handing over odvod; odovzdanie
~ over of receipts odvod tržieb
handle výnos; obrat; pojednávať; konať; obchodovať; prevziať; viesť (účet); manipulovať; ovládať; spracovávať
~ a line viesť určitý druh tovaru
~ the correspondence viesť korešpondenciu
handling charges manipulačné poplatky
~ fee manipulačný poplatok
handsel závdavok; záloha; dať závdavok
hang on hand neísť na odbyt
~-out loan pôžička trvajúca dlhšie ako jej prenájom
hanging market chabý trh; pokleslý trh
hansel závdavok; záloha; dať závdavok
harbour dues prístavné poplatky; prístavné
hard cash kovové peniaze; hotové peniaze; pokladničná hotovosť
~ currency tvrdá mena; voľne zameniteľná mena
~ goods priemyselný tovar
~ loan tvrdá pôžička
~ money tvrdá mena
~ run vo finančnej tiesni
~ spot tvrdá pozícia
~ stuff slang. prachy
~ up v peňažnej tiesni
harvesting strategy krátkodobý zisk pred stiahnutím výrobku z trhu
haulage diaľková doprava; dopravné (bez nákladov na nakládku a vykládku)
~ of goods zvoz tovaru
have mať; vlastniť; držať
~ a share in the venture zúčastňovať sa na obchode
~ dealings with sb. mať obchodné styky s niekým; obchodovať s niekým
~ excellent references mať výborné odporučenie
~ exclusive use of st. mať výhradné právo používať niečo
~ nothing on a person nemať žiadnu výhodu nad niekým; nemať žiadnu prednosť pred niekým
haves bohatí; majetní
hazard insurance rizikové poistenie
head účtovná položka; vrchol krízy; hlava; predstavený; vedúci; kapitola; hlavička; titul; stáť na čele; hlavný
~ bookkeeper hlavný účtovník
~ money daň z hlavy; daň uvalená prisťahovalcom do USA
~ of a firm vedúci podniku; vedúci firmy; šéf
~ of department vedúci odboru; riaditeľ odboru; am. minister
~ office centrála; riaditeľstvo; ústredie
~ tax daň z hlavy
~ teller hlavný pokladník
head: be in above one's head nemôcť platiť; neschopný platiť
health insurance nemocenské poistenie
~ service investment investície do zdravotníctva
heavy označenie trhu s prevládajúcim počtom príkazov na predaj; vyťažený
~ duties vysoké clá
~ expenses vysoké náklady; značné náklady; obrovské výdavky
~ fine vysoká pokuta
~ hedge chrániť sa proti stratám (na burze)
~ market nevýrazný trh; mŕtvy trh
~ price vysoká cena; prehnaná cena
~ sales silný odbyt
~ sugar slang. ťažké peniaze; prachač; zazobanec
~ tax vysoká daň
hedge kompenzovať; šteláž kompenzácie; cenný papier, ktorý má kompenzačnú schopnosť
~ clause kompenzačná doložka
~ fund investičný fond
hedger osoba, ktorá zabezpečuje pred stratou, napr. šteláažnym termínovým obchodom
hedging zabezpečenie pred stratou na burze
~ against inflation poistenie sa proti inflácii
~ clause poistná doložka
~ of risks chránenie sa proti riziku
heir dedič
hereditament dedičstvo
heredity dedičnosť
heritor dedič
hesiflation hesiflácia; znížený rastový mo-

del v ekonómii kombinovaný so silnými inflačnými tlakmi

heterogeneous shopping goods heterogénny obchodný tovar

hi-lo index index „hi-lo" (hore-dole); priemerný pohyb individuálnych akcií

HI-LO lines min - max (čiary)

hi-risk vysoké riziko

hiccup slang. krátkodobý pokles akciového trhu

hidden assets skryté aktíva

~ **clause** skrytá doložka

~ **devaluation** skrytá devalvácia

~ **inflation** skrytá inflácia (formou zhoršovania kvality výrobkov)

~ **tax** skrytá daň

~ **unemployment** skrytá nezamestnanosť

high balance vysoký zostatok

~**-duty** vysoko výkonný; podliehajúci vysokému clu

~ **finance** veľkokapitál

~ **flyers** rizikové cenné papiere

~ **income households** domácnosti s vysokými príjmami

~**-inflation country** krajina s vysokou mierou inflácie

~**-powered money** mocné peniaze

~**-premium convertible debenture** konvertibilný dlhopis s vysokou prémiou

~**-pressure selling campaign** nútenie zákazníkov ku kúpe

~**-ranking official** vysoký úradník

~**-ratio loan** pôžička s vysokým percentom

~**-risk assets** vysoko rizikové aktíva

~ **taxes** vysoké dane

~**-volume accounts** vysokoobjemové kontá

~**-yield assets** vysoko výnosné aktíva

~**-yielding bond** vysoko výnosná obligácia

higher credit possibilities vyššie úverové možnosti

highest credit najvyšší úver

highly capital-intensive industries kapitálovo náročné odvetvia

highpower publicity účinná reklama

~ **salesmanship** nútenie zákazníkov ku kúpe

highway trust fund diaľničný zverenský fond

hike zvýšenie (ceny, platu); zvýšiť

~ **prices to cost level of st.** prispôsobiť ceny nákladom niečoho

hire nájom; nájomné; prenájom; prenajať

~ **cost** nájomné

~ **purchase** kúpa na splátky; platenie v splátkach; splátkový obchod

~ **sale** predaj na splátky

~ **workers** najímať robotníkov

hired labour práca v mzde

hiring contract nájomná zmluva

historic theory historická škola

historical accounting skutočné náklady mínus amortizácia; devalvácia

~ **cost** historická cena; obstarávacie náklady; skutočné náklady; náklady výslednej kalkulácie

~ **price** výsledná cena; obstarávacia cena

history run výpis transakcií

hit the bid trafiť ponuku; okamih prijatia najvyššej ceny, ktorú ponúka dopytujúci

hoard zásoba; robiť si zásoby; hromadiť; poklad; tezaurácia; tezaurovať

~ **gold** zlatý poklad

hoarding hromadenie zásob; tezaurácia; hromadenie peňazí

~ **spree** nákupná horúčka

hockshop slang. záložňa

hold a market udržať si odbyt; konanie trhu (trhoviska)

~ **costs** skladovacie náklady

~ **down** mať (udržať si) zamestnanie; upevnenie (papiera); zmrazenie (cien)

~ **order** pozastavená objednávka

~ **shares in the company** byť akcionárom spoločnosti

~ **the line!** zostaňte pri telefóne!

~ **to delivery term** dodržať dodaciu lehotu

holdback reserve časť postúpených pohľadávok, ktorú si banka rezervuje pre prípadné straty

holder držiteľ; majiteľ; nájomník

~ **for value** držiteľ cenného papiera; majiteľ zmenky, ktorú získal za protihodnotu

~ **in due course** oprávnený držiteľ

~ **of a bill** majiteľ zmenky

~ **of record** registrovaný majiteľ

~ **of shares** akcionár; držiteľ akcií

~ **of value** držiteľ cenného papiera

holding vlastníctvo; majetok; držba; stav cenných papierov; holding; holdingový; nájomný statok; pacht

~ **company (multiple bank)** holdingová spoločnosť (viacerých bánk)

~ **cost** skladovacie náklady (operačný výskum)

~ **the market** regulácia trhu

holdings držba; majetok; vlastníctvo

~ **of currency** držba meny

~ **of gold** zlaté menové rezervy

holdovers zvyšky („resty")

holdup insurance poistenie proti olúpeniu

holiday and travel insurance dovolenkové poistenie

~ **wages** mzda za dovolenku

hollow note stodolárová bankovka

holograph vlastnoručne spísaná listina

home address adresa do bytu; domáca adresa; súkromná adresa

~ **banking** vybavovanie bankových obchodov z domu; priame získavanie informácií o stave účtu z domu

~ **conversion** pôžička na dom

~ **debit** vlastný dlh
~ **demand** dopyt na domácom trhu
~ **economist** učiteľ domácej ekonomiky
~ **financing** financovanie domu
~ **improvement loan** pôžička na vylepšenie domu
~ **market** domáci trh; vnútorný trh
~ **trade** vnútorný obchod; tuzemský trh; vnútorný trh
homeowner's insurance poistka majiteľa domu
homo oeconomicus ekonomický človek
homogene unit of production homogénna produkčná (hospodárska) jednotka
honeycombed with stops trh s cennými papiermi so záznamami o mnohých stop príkazoch
honor uznať; zaplatiť; prijať; česť; vyznamenanie
~ **a bill** zaplatiť zmenku; akceptovať zmenku
~ **a draft** zaplatiť zmenku; honorovať zmenku
~ **an order** am. vybaviť objednávku
~ **bond** čestná obligácia
honorary čestný; neplatený; bezplatný; honorárny
honour zaplatiť; prijať; uznať; viď honor
~ **a bill** brit. zaplatiť zmenku; akceptovať zmenku
hook: go on the hook for sb. zadĺžiť sa kvôli niekomu
horizontal price fixing horizontálna úprava cien
horse: to back the wrong horse chybne špekulovať
hospitalization insurance poistenie na nemocenskú starostlivosť
host host/hlavný počítač; hlavný; základný; hromada; veľké množstvo
hot card horúca karta (obvykle stratená alebo ukradnutá karta)
~ **competition** dravá súťaž
~ **issue** horúce vydanie; veľmi žiadané akcie pri prvom predaji
~ **issues** neodkladné záležitosti
~ **money** horúce peniaze; krátkodobý kapitál; peniaze získané nezákonnou cestou
~ **reserve** zaťažená záloha
~ **standby** zaťažená záloha
~ **treasury bills** horúce štátne obligácie (čerstvo vydané)
hotchpot spoločný účet; spojenie celej pozostalosti za účelom rovnomerného delenia
hotel economics hotelová ekonomika
hour rate hodinová sadzba
~ **record** záznam o odpracovanom čase
hourly pay časová mzda; časová odmena
~ **rate** hodinová sadzba (miezd)
~ **wage** hodinová mzda
~ **worker** robotník za časovú mzdu
hours actually worked odpracované hodiny
~ **lost** zameškané hodiny
~ **of labour** pracovná doba
house dom; firma; burza cenných papierov; zabudovať; bývať; uskladniť; domáci; domový
~ **account** domáce konto
~ **agent** majiteľ realitnej kancelárie; obchodník s nehnuteľnosťami
~ **bill** domáci účet; zastretá vlastná zmenka
~ **duty** domová daň
~ **of issue** emisná firma
~ **purchase agent** obchodník s nehnuteľnosťami; sprostredkovateľ nehnuteľností
~**rent-tax** činžová daň
~ **tax** domová daň; činžová daň
house: on the house na účet podniku
household account účet domácnosti
~ **insurance** poistenie domácnosti
~ **sector** domácnosti
householder's comprehensive insurance združené poistenie domácnosti
housekeeper hospodár; hospodárka
houseowner's comprehensive insurance združené poistenie obytných budov
housing cost náklady na bývanie
~ **investment** investícia do bytovej výstavby
~ **market** trh bytov
huckstering pokútny obchod
human capital ľudský kapitál
~ **engineering** inžinierska psychológia; technika ľudských vzťahov
~ **factors engineering** ergonómia
~ **resources department** personálne oddelenie
hurdle rate požadovaná návratnosť uložená na navrhovanú akciu; minimálny výnos požadovaný investorom pre investičné rozhodnutie
husband starostlivo hospodáriť
hush money slang. úplatok za mlčanie
hustler dravý obchodník; podnikavec
hybrid basis accounting hybridné účtovníctvo
hyperinflation hyperinflácia; veľmi vysoká inflácia
hyphenation spájanie alebo rozdeľovanie slov
hyphenless bez spojovníka
hypothec hypotéka; zriadenie záložného práva na nehnuteľnosti
hypothecary debt hypotékový dlh
~ **value** hypotekárna hodnota
hypothecated account hypotekárne konto
~ **asset** hypotekárne aktívum
~ **stock** hypotekárne akcie
hypothecation: letter of hypothecation záložný list

hysteresis oneskorovanie (v ekonómii predpoklad, že súčasná úroveň ekon. premennej závisí na minulých úrovniach)

I

I owe you dlžobný úpis; uznanie dlhu
ideal standard cost optimálne náklady
~ **value** ideálna hodnota
identical quantities identické veličiny
identification card preukaz totožnosti; preukaz; legitimácia; evidenčný preukaz
~ **markings** identifikačné signovanie na obaloch tovaru
~ **papers** osobné doklady
identity card osobný preukaz; preukaz totožnosti; legitimácia
~ **check** kontrola osobných preukazov
IDI inštitút priemyselného rozvoja
idle nezamestnaný; bez práce; nečinný; nevyužitý; bežať na prázdno; čakanie
~ **balances** peňažné prostriedky v rukách obyvateľstva
~ **capital** nehnuteľnosti
~ **money** nevyužitý kapitál; nevyužité peniaze
~ **plant expenses** pohotovostné náklady; prestojové náklady
~ **resources** ľadom ležiace zdroje
~ **stock** nepredaný tovar na sklade; ležiak
~ **time** stratový čas; prestoj; nevyužitý čas
~ **worker** nezamestnaný
idleness nezamestnanosť
IFC International Finance Corporation - medzinárodná finančná spoločnosť
ill-calculated zle, chybne vypočítaný
~**-conditioned** zlá kvalita; poškodený
~**-gotten gains** bezprácne nadobudnutý zisk
illegal contract nezákonná zmluva; zmluva contra legem
~ **entry** nezákonný dovoz; pašovanie
illegibility nečitateľnosť
illicit trade čierny obchod
illiquid neschopný platby; nelikvidný
~ **assets** nelikvidné prostriedky; nelikvidné aktíva
~ **holdings** nelikvidné rezervy
image zobrazenie; predstava; symbol; povesť podniku; image
~ **advertising** reklama zameraná na utvorenie image
imaginary profit očakávaný zisk
imaging zobrazovanie
imbalance nevyváženosť; nerovnováha; porušenie rovnováhy; pasívna bilancia; schodok
IMF medzinárodný menový fond
imitation art paper ilustračný papier
~ **effect** efekt (vplyv) príkladu
immediate okamžitý; neodkladný; priamy; bezprostredný; pohotový; sprostredkovať
~ **and deferred credit** okamžitý a odložený úver
~ **annuity** okamžitá anuita; okamžitý dôchodok
~ **cost** priame náklady; okamžité náklady
~ **credit** okamžitý úver
~ **market** priamy trh
immobilize stiahnuť z obehu
immovable nehybný; pevný; nehnuteľný
~ **assets** nehnuteľnosti; nehnuteľný majetok
~ **property** nehnuteľnosti; nehnuteľný majetok
~ **property tax** daň z nehnuteľností
immovables nehnuteľnosti; nehnuteľný majetok
immunity from taxes oslobodenie od daní
immunization fund imunizačný fond
impact day deň zverejnenia novej emisie akcií
~ **loan** nárazová pôžička
impacted finančne zaťažený požiadavkou občianskej vybavenosti
impaired capital znížený kapitál
~ **credit** znížený úver
~ **investment** znížená investícia
imparity nepomer; nerovnosť
impawn dať do zástavy
impecuniosity nedostatok peňazí
impediment to delivery prekážka pri dodaní
impediments právne prekážky uzavretia platnej zmluvy (platného manželstva)
imperfect competition nedokonalá konkurencia
~ **obligation** naturálna obligácia
impersonal account vecný účet; neosobný účet
implant o.s. obchodne sa zaviesť; etablovať sa
implementation implementácia; realizácia; uskutočnenie; zavedenie; uvedenie do praxe; oživovanie (modelu); vybavenie nástrojmi; splniť
~ **measures** vykonávacie opatrenia
implicit costs implicitné náklady
~ **interest rate** implicitná úroková sadzba (pre leasingové splátky)
~ **lease rate** implicitná nájomná úroková sadzba
~ **price deflator** implicitný cenový deflátor
~ **prices** implicitné ceny
~ **wages** implicitné mzdy
implied contract quasi kontrakt; kvázi kontrakt; mlčky uzavretý kontrakt
~ **investment** vyvolané (predpokladané) investície
~ **offer** mlčky vykonaná ponuka
import dovoz; import; význam; týkať sa
~ **balance** importný prebytok; pasívna obchodná bilancia
~ **charge** dovozná prirážka
~ **credit** dovozný úver

~ **debit balance** pasívna obchodná bilancia
~ **duty** dovozné clo
~ **letter of credit** akreditív na financovanie dovozu tovaru
~ **license (licence)** dovozné povolenie (licencia)
~ **list** zoznam dovážaného tovaru; importný zoznam
~ **premium** dovozná prémia
~ **surcharge** dovozná prirážka
~ **tariff** dovozné clo
~ **tax** dovozná daň
~ **trade** dovozný obchod; dovoz
~ **traffic with customs relief** dovozný styk s colnou výhodou, úľavou
importation voucher vstupný list
imported input devízová časť výrobku
importer's margin ziskové rozpätie dovozcu; marža importéra
imports under bond dovoz colne zaznamenaného tovaru
~ **„En Franchise"** dovoz oslobodený od cla
impose a duty uložiť daň
~ **a levy** uložiť dávku
~ **a standstill on incomes** zmraziť mzdy
~ **a tax** zdaniť
~ **an import levy on st.** uvaliť dovozné clo na niečo
~ **duty on st.** uvaliť clo na niečo
~ **price controls** zaviesť cenovú kontrolu
~ **taxes on the population** ukladať obyvateľstvu dane
imposition uloženie; uvalenie; poplatok; verejná dávka; podvod
~ **of taxes** zdanenie
impossibility of performance nemožnosť plnenia
impost dávka; taxa; poplatok; daň; klasifikovať dovoz pre uloženie ciel
imprescriptible rights nezadateľné (neodcudziteľné) práva; nepremlčateľné práva
imprest záloha; závdavok
imprevision nepredvídavosť
imprinter fee poplatok za tlačiareň
improve land loan melioračná pôžička
~ **value** zvýšiť hodnotu
improvement zvýšenie cien; zlepšenie; využitie; prírastok
~ **bond** obligácia vo verejnom záujme
~ **mortgage bond** hypotekárny záložný list
improvements hospodárske stavby; budovy; oplotenie
imputation pripočítanie; delenie; imputácia
~ **method system** imputačná daňová povinnosť
imputed pričítateľný; pripočítaný; prispôsobený; pripisovaný
~ **income** imputovaný príjem (zisk)
~ **interest** prisúdený úrok

IMS medzinárodný menový systém
in-and-out striedavý nákup a predaj
~ **case of default** v prípade nedodržania záväzku
~**-clearing items** došlé zúčtované položky (clearingy)
~ **full** bez prirážky
~ **gear** v zábere; spriahnutý
~**-house consumption** samozásobenie
~ **kind** v naturáliách
~ **lieu tax** namiesto dane
~ **personam** osobne
~**-plant banking** bankové služby v závode
~**-plant system** vnútropodnikový systém
~**-process store** medzisklad; prevádzkový sklad; sklad rozpracovaných výrobkov
~ **rem** týkajúci sa veci; vecný
~**-service courses** zvyšovanie kvalifikácie popri zamestnaní
~ **shape for sale** pripravené na predaj
~ **sight** v dohľade
~ **specie** v hotovosti
~ **terms of money** v peniazoch
~ **the black** rentabilný
~ **the money** pri peniazoch
~ **the red** zadlžený; stratový
~ **toto** spolu
~**-transit merchandise** tranzitný tovar
inactive account neaktívne konto
~ **asset** nečinné aktívum
~ **bad debt account** nečinné konto nedobytnej pohľadávky
~ **bond** nečinná obligácia
~ **market** nečinný trh
inadmissible nedovolený; neprípustný
inadvertent error neúmyselná chyba
inalienable neodcudziteľný
incapacity to work pracovná neschopnosť
incentive bonus výkonnostný príplatok; stimulujúce prémie; bonifikácia
~ **fee** výkonnostná prémia
~ **fund** stimulačný fond
~ **pay** pobádacia platba
incentive(s) stimulácia; daňové stimulácie; stimuly; pobádania
incentive stock options pobádacie akciové opcie
~ **taxation** pobádacie zdanenie
inception date dátum otvorenia
inchoate bill podpísaná bianco zmenka
~ **interest** počiatočný úrok
incidence of customs duties colné zaťaženie
~ **of taxation** dopad zdanenia
incidental expenses vedľajšie výdavky; jednorázové náklady; nepredvídané náklady
included tax vrátane dane; zahrnutá daň
including value-added tax vrátane dane z pridanej hodnoty
income hospodársky výsledok; výnos; zisk;

tržba; dôchodok; príjem; renta
~ **account** príjmové konto
~ **and expense statement** výsledovka; výkaz príjmov a výdavkov
~ **and profit** výnos a zisk
~ **approach** dôchodková metóda
~ **approach to value** vzťah výnosu k hodnote
~ **basis** daňový základ
~ **bond** dôchodková obligácia
~ **coverage** krytie príjmu
~ **deductions** zrážky z príjmu
~ **dividends** výnosové dividendy
~ **duty** dôchodková daň; daň z príjmu
~ **effect** dôchodkový efekt
~ **elastic demand** dôchodkovo elastický dopyt
~ **from trade or business** obchodné a priemyselné zisky
~ **fund** dôchodkový fond
~ **group** príjmová skupina obyvateľstva
~ **in kind** príjem v naturáliách
~ **interchange** predajná potvrdenka prijatá bankou držiteľa karty
~ **multiplier** multiplikátor (investičný)
~ **per head** príjem na hlavu
~ **policy** dôchodková politika
~ **portfolio** zásoba cenných papierov nesúcich výnos; výnosové portfólio
~ **range** dôchodkový stupeň; mzdová trieda
~ **ratio** miera zisku
~ **return** výnos; výnosnosť
~ **sheet** výsledovka
~ **statement** účet ziskov a strát; dôchodkové prehlásenie; výkaz o hospodárení; vyúčtovanie príjmov
~ **statement accounts** výnosové účty
~ **stock** výnosový akciový kapitál
~**-support payments** platby dôchodkových podpôr
~ **tax** daň z príjmu; daň zo zisku; odvod zo zisku; živnostenská daň; dôchodková daň; daň zo mzdy
~ **tax assessment** výmer dane z príjmu; uloženie dane z príjmu
~ **tax return** daňové priznanie
~ **tax year** berný rok; daňový rok
~ **yield** výnosnosť
incomes policy dôchodková politika; mzdová politika
incoming exchanges došlé devízy
~ **mail** doručená pošta; došlá pošta
~ **voucher** došlý doklad; prijatý doklad
inconvertibility nezameniteľnosť
inconvertible money nekonvertibilné peniaze
incorporation registrácia; zápis do obchodného registra; ustanovenie; utvorenie
incorporeal good nehmotný statok
~ **property** nehmotný majetok
increase prírastok; rast; úrok; príplatok; bonus; zväčšenie; vzostup
~ **in capital** prírastok kapitálu
~ **in paper money** prírastok papierových peňazí
~ **in value** prírastok hodnoty; nadhodnota
~ **of capital** zvýšenie kapitálu
~ **of money** prírastok peňazí (v obehu)
~ **of price** zvýšenie ceny
~ **the quantity** zvýšiť množstvo
increased value zvýšená (poistná) hodnota
increases in fees zvyšovanie poplatkov
increasing costs zvyšujúce sa náklady; rastúce náklady
increment size veľkosť prírastku
~ **value** prírastok hodnoty
incremental cash flow čistý príjem a výdaj hotovosti (u investičného projektu)
~ **cost** prírastkové náklady
increments in benefits zvýšenie dávok
incumbency výkon funkcie; doba výkonu funkcie; funkčné obdobie; bremeno; povinnosť; záväzok
incur a debt urobiť dlh
~ **a loss** urobiť stratu; utrpieť stratu
~ **liabilities** vziať na seba finančné záväzky; zaväzovať sa; stať sa zodpovedným
indebt zadĺžiť; zaviazať
indebtness zadĺženie; záväznosť
indemnification náhrada škody; odškodné; poistenie proti škode
indemnify from st. odškodniť, poistiť proti niečomu
indemnity agreement záručný list
~ **bond** záručná obligácia
~ **insurance** poistenie proti škode
indent objednávka (v zahraničnom obchode); zmluva; dlžobný úpis; vystaviť objednávku; zaviazať zmluvou
indenture vzájomná dohoda; úradná dohoda; hypotéka alebo iná forma zabezpečenia
~ **bond** zmluvná obligácia
independent bank nezávislá banka
~ **manual operation** nezávislá ručná operácia
indeterminable expense nenormovateľné náklady
index fund indexový fond
~**-linked bond** indexovaná obligácia
~ **linking** indexová sadzba
~ **number** číselný ukazovateľ; index; indexné číslo; pomerné číslo; ukazovateľ
~ **of retail prices** index maloobchodných cien
~ **of wholesale prices** index veľkoobchodných cien
indexed bond indexovaná obligácia
indicate yield označený výnos
indicated market indikovaný trh
indication of origin označenie pôvodu tovaru

indicative price smerná cena
indicator ukazovateľ
indirect bill domicilovaná zmenka
~ **business tax and nontax liability** nepriama obchodná daň a záväzky nedaňového charakteru
~ **cost** nepriame náklady; réžia
~ **earnings** nepriame výnosy
~ **expenses** nepriame náklady
~ **labor cost** nepriame mzdové náklady
~ **loan** nepriama pôžička
~ **product cost** výrobná réžia
~ **proportion** nepriama úmernosť
~ **tax** nepriama daň
individual account osobné konto
~ **banker** súkromný bankár
~ **costs** jednotlivé náklady
~ **credit** osobný úver
~ **income tax** daň zo mzdy zrazená zamestnávateľom; daň z príjmu fyzických osôb
~ **market** jednotlivý trh
~ **policy pension trust** penzijný fond poistky jednotlivcov
Individual Retirement Accounts (IRA) osobné penzijné účty
indorsee pozri endorsee
indorsement prevod; žíro; indosácia; rubopis
induced investment indukované investície; vyvolaná investícia
~ **spending** vyvolané výdavky
induction indukcia; zapracovanie
~ **course** úvodný kurz
industrial priemyselný podnik; priemyselná obligácia; pracovník v priemysle; priemyslový; odvetvový
~ **bank** priemyslová banka
~ **bond** priemyslová obligácia
~ **capital** priemyslový kapitál
~ **economy** priemyslová ekonomika
~ **employer** podnikateľ
~ **insurance** robotnícke poistenie; priemyslové poistenie
~ **life insurance** drobné životné poistenie
~ **loan commitments** záväzky priemyslových pôžičiek
~ **loans** priemyslové pôžičky
~ **market** priemyslový trh; odvetvový trh
~ **marketing** priemyslový marketing; odvetvový marketing
~ **park** am. oblasť rezervovaná pre rozvoj priemyslu na kraji mesta (pre rozvojové druhy podnikania)
~ **plant** priemyselný podnik; továreň; zariadenie
~ **revenue bond** priemyslová dôchodková obligácia
~ **wages** mzdy v priemysle
industrials akcie priemyselných podnikov; priemyslové cenné papiere
industries odvetvia ekonomiky
industry funds priemyslové fondy
inelastic demand nepružný dopyt
ineligible bills nespôsobilé účty
inequation nerovnosť
inertial inflation zotrvačná inflácia
inescapable cost nevyhnutné náklady
infant industry nevyspelé odvetvie; nerozvinutý priemysel
inflate vyhnať ceny do výšky
inflation inflácia
~ **accounting** inflačné účtovníctvo
~ **price spiral** inflačná cenová špirála
~ **rate** miera inflácie
~ **tax** inflačná daň
inflationary gap inflačný schodok
~ **policy** inflačná politika
~ **spiral** inflačná špirála
inflationism inflačná politika; inflacionizmus
inflows príliv (kapitálu)
influx prísun; príliv (kapitálu)
information cost informačné náklady
~ **science** informatika
infra nižšie; vnútri v listine
infringement porušenie; priestupok (dohody, zmluvy); neoprávnený zásah
~ **of a treaty** porušenie zmluvy
ingress visa vstupné vízum
inheritance duty dedičské poplatky
~ **tax** dedičské poplatky; dedičská daň
~ **tax return** priznanie k dedičskej dani
~ **tax waiver** oslobodenie od dedičskej dane
initial capital počiatočný kapitál
~ **circulating capital** počiatočný obežný kapitál
~ **cost** počiatočné náklady
~ **inventory** počiatočná zásoba
~ **issue** prvá emisia
~ **margin** počiatočná marža (záloha, ktorú musí kupujúci zložiť u makléra pred začatím termínového obchodu)
~ **salary** nástupný plat
~ **wage** počiatočná mzda; mzda pri nástupe
initiate business connections naviazať obchodné styky
initiation fee zápisné; vstupný poplatok
inland vnútrozemie; tuzemský; domáci; vnútrozemský; vnútroštátny
~ **assets** tuzemské aktíva
~ **bill** tuzemská zmenka; domáca zmenka
~ **bill of exchange** vnútroštátna zmenka
~ **currency** domáca mena
~ **duty** tuzemské clo
~ **hull insurance** poistenie vnútrozemského kaska; poistenie vozidiel
~ **market** vnútorný trh
~ **money-order** poštová poukážka vnútorného styku

~ **revenue** vnútorný výnos daní (okrem ciel)
innovation inovácia; novinka; zavádzanie nového postupu
innovative competition súťaž inováciami; vynaliezavá konkurencia
inofficial economy neoficiálna ekonomika
~ **market** nezákonná burza; voľný predaj
inoperative account účet bez pohybu
input vstup; vstupná jednotka; vstupný údaj; prísun surovín (zdrojov); príjem; vklady; príkon; vložené množstvo
~ **coefficients** koeficienty priamej spotreby faktorov
~ **document** prvotný doklad
~**-output, I/O** vstup/výstup; tabuľka vstupov a výstupov
~**-output coefficients** koeficienty priamej spotreby
~**-output model** model medziodvetvových vzťahov; model štrukturálnej analýzy
inquire the price spýtať sa na cenu
inquiry dopyt po tovare; požiadavka; otázka; informácia; prieskum; vyšetrovanie; skúmanie; anketa
~ **details** prieskum odbytu nových výrobkov
~ **service** informačná služba
inscribe vpisovať; vpísať; zapísať; označiť; venovať; zakódovať
inscribed share akcia na meno
~ **stock** cenné papiere (na meno)
insertion doložka (zmluvy); vkladanie; uverejnenie; textový inzerát
~ **order** inzertná objednávka; inzertná zákazka
inside vnútrajšok; podstata; vnútorná strana; dôverné informácie; vnútorný; vnútri
~ **money** vnútorné peniaze
insider zasvätenec, kto má prístup k dôverným informáciám; znalec
insist on the cancellation trvať na storne
insolvency platobná neschopnosť; insolventnosť; nespôsobilosť plniť svoje záväzky; bankrot
insolvent insolventný dlžník; neschopný platiť; platobne neschopný
~ **estate** zadĺžený majetok; zadĺžená pozostalosť
~ **law** zákon o konkurznom riadení
inspection kontrola; revízia; inšpekcia; dohľad; skúška; inšpekčný
~ **certificate** inšpekčný certifikát; potvrdenie o prehliadke tovaru
inspector of risks znalec rizík; revízor; revízny orgán (pre technickú kontrolu rizík)
instability of prices kolísanie cien
installation charge poplatok za inštaláciu; zriaďovací poplatok
~ **costs** investičné náklady
installations pracovné prostriedky
installment credit nákup (úver) na splátky
instalment splátka; čiastočná dodávka tovaru; dosadenie; splátkový
~ **bond** splátková obligácia
~ **buying** nákup na splátky
~ **cash credit** splátkový peňažný úver
~ **credit** splátkový úver
~ **due** splatná splátka
~ **financing** splátkové financovanie
~ **interest** splátkový úrok
~ **on credit** splátka z úveru
~ **payment** platenie v splátkach; splátka
~ **sales** splátkové predaje
~ **selling** predaj na splátky
instalment: by instalments v splátkach; splátkami
instant (inst.) bežný; bežný mesiac
instantaneous okamžitý; priamy; skutočný
institute inštitúcia; ústav; spoločnosť (vedecká); kurz; inštruktáž; zariadiť; ustanoviť; založiť; začať; dosadiť
~ **bankruptcy proceedings** začať konkurzné konanie
institution inštitúcia; banka; poisťovňa; sporiteľňa; finančná spoločnosť; ústav; štatút; nadácia
institutional deposit inštitucionálny vklad
~ **economics** inštitucionálna ekonomika (zdôrazňujúca mimotrhové faktory)
~ **lender** inštitucionálny požičiavateľ
~ **market** inštitučný trh
~ **sector** štátny sektor
instruction príkaz; dispozícia; inštrukcia; pokyn; smernica; predpis; návod; výučba; inštrukčný
instrument of payment platidlo; platobný prostriedok
instrumental goods výrobné majetky
instrumentality prostredník; zástupca
instruments of economic policy nástroje hospodárskej politiky
~ **of ratification** ratifikačné listiny
insufficient funds nedostatočné fondy
insular bond detašovaná obligácia; teritoriálna obligácia; ostrovná obligácia
insurable poistený; poistný; poistiteľný
~ **interest** poistný záujem
~ **risk** poistiteľné riziko
~ **value** poistná hodnota
insurance poistenie; poistka; plnenie poisťovne
~ **against burglary and robbery** poistenie pre prípad krádeže vlámaním a lúpežného prepadnutia
~ **against injuries** poistenie proti úrazom
~ **against responsibility** poistenie povinného ručenia
~ **against risk of transport** dopravné poistenie (proti riziku)
~ **agent** poisťovací agent
~ **agreement** poistná zmluva

~ **A.A.R. (against all risks)** poistenie proti všetkým rizikám
~ **benefit** peňažná dávka plynúca z poistenia; odškodné; poistné plnenie
~ **broker** poisťovací dohodca, sprostredkovateľ, maklér
~ **certificate** poistný certifikát; poistka
~ **claim** poistná škoda; poistný nárok
~ **classes** druhy poistenia
~ **clauses** poistné podmienky; poistné doložky
~ **company** poisťovacia spoločnosť; poisťovňa
~ **contract** poistná zmluva
~ **coverage** poistné krytie
~ **for medical treatment** nemocenské poistenie
~ **from house to house** poistenie z domu do domu
~ **industry** poisťovníctvo
~ **money** poistná prémia
~ **office** poisťovňa
insurance Ombudsman poisťovací ombudsman; poisťovací dôverník
insurance payable at death poistenie pre prípad úmrtia
~ **policy** poistka
~ **premium** poistná prémia
~ **trust** poistný fond
insurance: contributory insurance pripoistenie
insurant poistený; poistenec
insured accident poistná udalosť
~ **account** poistené konto
~ **amount** poistná čiastka
~ **bank** poistená banka
~ **capital** poistená istina
~ **deposits** poistené vklady
~ **letter** cenný list; cenina
~ **life** poistený život
~ **loan** poistená pôžička
~ **parcel** cenný balík
~ **sum** poistná suma
~ **value** poistná hodnota
insuree poistenec
insurer poistiteľ
insurer: to stand insurer am. poistiť; prevziať poistenie
insuring against disasters živelné poistenie
intangible assets nehmotný majetok; nehmotné aktíva
~ **property** nehmotný majetok; nehmotné vlastníctvo
~ **right** nehmotné právo
~ **tax** daň z nehmotného majetku
~ **value** ideálna hodnota firmy; nehmotná hodnota
intangibles nehmotné aktíva; nehmotné investície
integer celé číslo; celok; celočíselný; celistvý
integrant nedeliteľná zložka; integrálny; integrujúci; nedeliteľný
integrated integrovaný; začlenený; ucelený; komplexný; jednotný
intellectual property duševné vlastníctvo
intended demand zamýšľaný dopyt
intensive economy intenzívne hospodárenie
inter alia okrem iného
interaction of economic forces interakcia ekonomických síl
interbank activity medzibanková činnosť
~ **bid rate** medzinárodná ponuková sadzba
~ **borrowing** vypožičiavanie medzi bankami
~ **loan** medzibanková pôžička
~ **offered rate** medzibanková úroková sadzba
~ **transactions** medzibankové transakcie
interbourse medziburzový
~ **securities** arbitrážne papiere
intercession intervencia; sprostredkovanie; prevzatie záruky za dlh; ručenie
intercessor sprostredkovateľ; ručiteľ
interchange fee výmenný poplatok
interchangeability vymeniteľnosť; zameniteľnosť
interchangeable bond zameniteľná obligácia
intercompany market medzipodnikový trh
~ **transfer price** odovzdávacia vnútorná cena
interconvertibility vzájomná zameniteľnosť
intercorrelate uviesť do vzájomného vzťahu
interdealer medziobchodný
interdepartmental bookkeeping vnútropodnikové účtovníctvo
interdiction zákaz; interdikt; zbavenie spôsobilosti na právne konanie
interest úrok; kapitálová účasť; podiel; záujem; zainteresovanosť; výhoda; prospech; nárok; zisk; následok; úrokový
~ **accounts receivable** úroky z pohľadávok
~ **accrued** kumulovaný úrok
~**-bearing** úročený; nesúci úroky; zúročiteľný
~**-bearing account** zúročiteľný účet
~**-bearing assets** aktíva nesúce úrok
~ **bearing note** zmenka nesúca úrok
~**-bearing securities** cenné papiere nesúce úrok
~ **bond** úroková náhradná obligácia
~ **charges** úrokové poplatky
~ **clause** úroková doložka
~ **due** splatné úroky
~ **equalization tax (IET)** vyrovnávacia daň
~ **expense** úrokový výdavok
~ **for delayed payment** úroky z oneskorenia

~ **free** bezúročne; bezúročný
~-**free loan** bezúročná pôžička
~ **nominal yield** určený úrokový výnos
~ **number** úrokové číslo
~ **on capital** úrok z kapitálu
~ **only account** úrokové konto
~ **only mortgage** hypotéka platiaca len úrok
~ **payable** splatný úrok
~ **payments** úrokové platby
~ **penalty** úrokové penále
~ **period** úrokové obdobie
~ **rate** úroková miera; úroková sadzba
~ **rate option** opcie na úroky; úroková opcia
~ **rate risk** riziko úrokovej sadzby
~ **rate subsidy** bonifikácia úrokov
~ **rate swap** výmena úrokových sadzieb; úrokový swap
~ **rate tiers** úrovne úrokovej sadzby
~-**sensitive assets** aktíva s citlivým úrokom
~ **short** úrokový nedoplatok
~ **waived** vzdanie sa úroku
~ **yield** výnos z úroku
interests záujmy; úroky
interface rozhranie; prepojenie; styk; prepojovací medzičlánok; prepojiť; prepojovací
interfund accounts medzifondové účty
~ **loans** medzifondové pôžičky
interim dočasná dividenda
~ **bond** dočasná obligácia
~ **borrowing** dočasné vypožičanie
~-**dividend** dočasná (zálohová) dividenda
~ **loan** dočasná pôžička
~ **period** prechodné obdobie
~ **rent** dočasný poplatok (pri leasingu)
interior trade vnútorný obchod
interlocking shareholding vzájomná držba akcií
intermarket spread medzitrhové rozpätie
~ **trading system** medzitrhový obchodný systém
intermediary bank advice charges informačné poplatky sprostredkujúcej banky
~ **bank advice instructions** návestie sprostredkujúcej banky
~ **bank method of payment** platobná metóda sprostredkujúcej banky
~ **bank name and address** meno a adresa sprostredkujúcej banky
~ **banks** sprostredkujúce banky
~ **trade** medziobchod
intermediate bond obligácia bez termínu; prechodná obligácia
~ **credit bank** sprostredkujúca úverová banka
~ **goods** medziprodukty; polotovary
~ **market** sprostredkovateľský trh
~ **product** medziprodukt
~ **result** medzivýsledok
~ **tariff** stredná tarifa
~-**term credit** strednodobý úver
~ **total** medzisúčet
~ **trade** medziobchod
~ **trend** strednodobý trend
interminate bond obligácia bez termínu
intermittent unemployment občasná (prechodná) nezamestnanosť
internal accounts interné účty
~ **audit** interná revízia; vnútropodniková kontrola
~ **bond** interná obligácia
~ **cash flow** vnútorné peňažné toky
~ **cost** druhotné náklady
~ **debt** vnútorný dlh
~ **economies** vnútorné úspory; úspory z hromadnej výroby
~ **financing** samofinancovanie; financovanie z vnútorných zdrojov
~ **government debt** vnútorný vládny dlh
~ **long-term financing** vnútorné dlhodobé financovanie
~ **national debt** vnútorný národný dlh
~ **revenue** vnútorný výnos daní; štátny príjem z daní a dávok
~ **revenue bond** interná dôchodková obligácia
~ **settlement** vnútorné zúčtovanie
~ **tourism** domáci cestovný ruch
~ **trade** vnútorný obchod
~ **transfer price** odovzdávacia vnútorná cena
international medzinárodný cenný papier; medzinárodný
~ **balance of payments** medzinárodná platobná bilancia
~ **bank** medzinárodná banka
International Bank for Economics Cooperation (IBEC) Medzinárodná banka pre hospodársku spoluprácu
~ **Bank for Reconstruction and Development (IBRD)** Medzinárodná banka pre obnovu a rozvoj
international bank lending medzinárodné bankové úverovanie
~ **banking** medzinárodné peňažníctvo
~ **banking facilities (IBFs)** medzinárodné bankové služby
~ **body** medzinárodný orgán; medzinárodná inštitúcia
~ **bond** medzinárodná obligácia
~ **bond market** medzinárodný trh obligácií
~ **capital market** medzinárodný trh kapitálu
~ **cheques** medzinárodné šeky
International Commercial Exchange Medzinárodná obchodná burza
~ **Computation Center (ICC)** Medzinárodné výpočtové centrum (UNESCO)

international economics medzinárodná ekonómia
~ **finance** medzinárodné financie
International Finance Corporation Medzinárodná finančná spoločnosť
international medium of exchange medzinárodný platobný prostriedok
International Monetary Fund (IMF) Medzinárodný menový fond (MMF)
international money management (IMM) medzinárodný peňažný management
~ **money transfer** medzinárodný prevod peňazí
International Organization for Standardization (ISO) Medzinárodná organizácia pre normalizáciu
international payments mechanism medzinárodný platobný mechanizmus
~ **postal order** medzinárodná poštová poukážka
~ **securities** medzinárodné cenné papiere
~ **stock** medzinárodný cenný papier
~ **trade** medzinárodný obchod
interoffice dealings telefonické obchody (s cennými papiermi)
interrogatory dotazník; výsluch
interstate branching bill návrh zákona o medzištátnych bankových pobočkách
~ **commerce** medzištátny obchod; obchod medzi štátmi Únie
intersympathy between stocks vzájomná sympatia medzi akciami (tendencia k podobnej cene akcií v rovnakej skupine)
intertemporal economy medzičasová ekonomika
~ **efficiency** medzičasová efektívnosť
intervention zásah; intervencia; sprostredkovanie; núdzový
~ **analysis** analýza vonkajších vplyvov
~ **currency** intervenčná mena
~ **price** intervenčná cena
interview pohovor; interview
intraday high and low najvyššia a najnižšia cena cenného papiera (počas obchodného rokovania)
intramarginal firm intramarginálna firma
intraplant vnútropodnikový
intrastate commerce vnútroštátny obchod
~ **securities** vnútroštátne cenné papiere
intrinsic value of foreign exchange vnútorná devízová hodnota
introduce increased customs duties zvýšiť clá
~ **st.** uviesť (na trh); zaviesť
introductory economics úvod do ekonomiky
invalid neupotrebiteľný; neplatný; prepustiť z činnej služby; robiť neplatným
~ **insurance** nemocenské poistenie
~ **notes** neupotrebiteľné bankovky
invalidity benefit invalidný dôchodok
~ **pension** invalidný dôchodok
inventories zásoby (na sklade); pohotové zásoby; zásoby tovaru; výrobné zásoby; dokončená výroba
inventory inventárny súpis; súpis majetku; inventár; zásoba; inventúra; robiť inventúru; katalogizovať; inventárny
~ **account** účet zásob
~ **accumulation** akumulácia zásob; akumulácia do zásob
~ **at beginning** počiatočná zásoba
~ **carrying cost** skladovacie náklady
~ **check** inventúra
~ **cost** náklady skladovania
~ **financing** financovanie zásob
~ **investment** investícia do zásob
~ **number** inventárne číslo
~ **of stores for resale** skladový inventár pre ďalší predaj
~ **pricing** oceňovanie zásob
~ **reserve** minimálna zásoba; železná rezerva
~ **safety stock** minimálna zásoba; železná rezerva
~ **to net working capital** inventár k čistému prevádzkovému kapitálu
~ **turnover** obrat tovaru
~ **valuation adjustment** nové ocenenie zásob
inverse demand function inverzná dopytová funkcia
~ **value** prevrátená hodnota; inverzná hodnota
inverted market obrátený trh
invest investovať kapitál; uložiť; vložiť; udeliť moc
~ **money in government stock** investovať peniaze do štátnych papierov
investable investovateľný
invested capital investovaný kapitál; základný kapitál; investícia; nehnuteľnosti
investible investovateľný
investing activities investičné činnosti
investment investícia; uloženie peňazí; kapitálová účasť; majetková účasť; prepožičanie (úradu); investičný
~ **activities** investičné aktivity; investičná činnosť
~ **adviser** investičný poradca
~ **bank** investičná banka
~ **banker** investičný bankár
~ **banking** investičné bankovníctvo
~ **bill** investičná zmenka
~ **bond** ukladací cenný papier
~ **certificate** investičný certifikát
~ **company** investičná spoločnosť
~ **costs** investičné náklady
~ **coupon** investičný kupón
~ **credit** investičný úver

~ **demand** investičný dopyt
~ **expenditure** investičné výdavky
~ **freeze** zablokovanie (zmrazenie) investícií
~ **fund** investičný fond
~ **fund, closed-end** uzavretý investičný fond
~ **fund, open-end** otvorený investičný fond
~ **grants** investičné príspevky
~ **in default** nezaplatená investícia
~ **in fixed assets** investície do stálych aktív
~ **in stock** investície do cenných papierov
~ **income** investičný príjem
~ **liabilities** investičný dlh
~ **market** investičný trh
~ **means** investičné prostriedky
~ **media** investičné nástroje
~ **multiplier** investičný násobiteľ (multiplikátor)
~ **objective** investičný cieľ
~ **overshooting** prekročenie investičných nákladov
~ **paper** ukladací cenný papier
~ **policy** investičná politika
~ **portfolio** investičné portfólio (súbor investičných cenných papierov); investičná zásoba akcií
~ **property** investičný majetok
~ **rate** investičná miera; miera investícií
~ **savings account** investičné konto úspor
~ **securities** investičné cenné papiere
~ **security** ukladací cenný papier
~ **tax credit (ITC)** investičný daňový úver; investičný daňový dobropis
~ **turnover ratio** ukazovateľ obrátky vloženého kapitálu; pomer tržieb k celkove vloženým zdrojom
~ **unit trusts** investičné podiely
investments finančné investície
investor investor; ukladateľ; akcionár; kapitalista
investors funds fondy investorov
invisible earnings príjmy z neviditeľných položiek
~ **hand of market** neviditeľná ruka trhu
~ **hand of market economy** neviditeľná ruka trhovej ekonomiky
~ **income** neviditeľné dôchodky (z vývozu)
~ **items of trade** neviditeľné obchodné položky
~ **trade balance** neviditeľná obchodná bilancia
invite subscriptions for a loan upisovať pôžičku
invoice účet za tovar; faktúra; súpis tovaru; zásielka; účtovať; poslať na účet; fakturovať
~ **amount** čiastka faktúry; fakturovaná suma
~**-copy** odpis účtu (faktúry); kópia účtu
~**-cost** cena podľa účtu; fakturovaná cena
~ **due** splatná faktúra
~ **in** faktúra prijatá
~ **out** faktúra vydaná
~ **surcharge of st.** fakturovať prirážku za niečo
~ **value** fakturovaná hodnota; hodnota uvedená na faktúre
invoice: as invoiced podľa faktúry
~ **final invoice** konečná faktúra
~ **make out an invoice** vystaviť faktúru
invoicing fakturácia; fakturovanie
involuntary investment nedobrovoľné investície
~ **investor** nedobrovoľný investor
involved: to be involved in debt byť zadĺžený
involvement finančné ťažkosti; ťažká finančná situácia; spoluzodpovednosť; zainteresovanosť
inward accounts účty došlých platieb z clearingového centra
~ **clearing** colné konanie; (platby) došlé z clearingu
~ **collection** vnútorné inkaso
~ **dues** dovozné clo
IRBD medzinárodná banka pre obnovu a rozvoj
iron law of wages železný mzdový zákon
~ **man** slang. strieborný dolár
irrecoverable claim nedobytná pohľadávka
irredeemable bond nevypovedateľná obligácia
~ **loan** neumoriteľná pôžička
~ **money** nevymeniteľné peniaze
irregular economy neregulárna ekonomika
irrevocable credit neodvolateľný akreditív; neodvolateľný úver
~ **debt** nedobytná pohľadávka
~ **documentary credit** neodvolateľný úver na cenné papiere
~ **guarantees** neodvolateľné záruky
~ **letter of credit** neodvolateľný akreditív
~ **trust** neodvolateľné poručníctvo, neodvolateľná správa
isocost line čiara rovnakých nákladov; nákladová izočiara
isorevenue line čiara rovnakých výnosov; výnosová izočiara
issuance vydanie (bankoviek, dokumentu)
~ **of bonds** emisia obligácií
issue vydanie bankoviek; emisia; cenné papiere tej istej emisie; vydanie; problém; sporný bod; vydávať; dať do obehu
~ **a bill of exchange** vydať zmenku; vystaviť zmenku
~ **a decree** vystaviť výnos
~ **a licence** udeliť licenciu
~ **balance** emisné saldo
~ **banknotes** vydávať bankovky

~ **card** odberný lístok
~ **debentures** emisia dlhopisov
~ **money** vydávať peniaze
~ **of a bill** vydanie (vystavenie) zmenky
~ **of a check** vydanie (vystavenie) šeku
~ **of shares** emisia akcií
~ **par** upisovacia cena
~ **pressure** inflačný tlak
~ **price** upisovacia cena; emisná cena
~ **securities** vydávať cenné papiere
~ **shares** vydávať akcie
~ **slip** výdajka (materiálu)
~ **value** upisovacia (emisná) hodnota
issued capital stock vydaný akciový kapitál
issuing bank vystavujúca banka
~ **policy** emisná politika
item položka; bod; článok; informačná jednotka; združená informácia; detail; druh tovaru; zápis; nástroj (šek); rozvrhnúť na položky; podrobne vypočítať; tak isto; okrem toho; ďalej
~ **of assets** aktívna položka; zložka aktív
~ **of balance sheet** podsúvahová položka
~ **still in arrear** nedoplatok
itemized order špecifikovaná objednávka podľa položiek
itemizing delenie na položky
itinerant salesman cestujúci; obchodný zástupca
~ **trade** ambulantný obchod; podomový obchod

J

jack slang. prachy
JAJO január, apríl, júl, október (štvrťročné výplaty úrokov alebo dividend)
Janitorial Department hospodárska správa
japanned goods lakovaný tovar
jawbone úver; dlh; kupovať na úver; apelovať na zmrazenie miezd a cien; zriadiť si finančný úver
jeeps 9,5 % hypotéky s postupnými splátkami
jell slang. dokončiť obchodnú transakciu alebo predaj tovaru
jeopardy assessment zdanenie v prípade nebezpečenstva
~ **clause** riziková doložka
job práca; zamestnanie; banka konajúca na vlastnú päsť; úloha; zákazka; pracovná príležitosť; miesto; pracovný
~ **account** pracovné konto
~ **account log** účtový záznam prác
~ **analysis** pracovná štúdia; rozbor práce
~ **application** žiadosť o zamestnanie
~ **class** tarifná trieda; trieda úlohy
~ **cost accounting** prevádzkové účtovníctvo nákladov a výnosov podľa jedníc (príkazov, zákaziek, sérií)
~ **cost sheet** prevádzkový odpočet nákladov zákazky; kalkulačný list zákazky
~ **costing** jednicová kalkulácia; kalkulácia zákazky
~ **description** popis práce; technologický postup
~ **evaluation** úkolovanie práce
~ **market** pracovný trh
~ **method of cost accounting** pracovná metóda prevádzkového účtovníctva
~ **move** fluktuácia
~ **number** číslo zákazky; zákazkové číslo; číslo podnikového výkonu; číslo práce
~ **opportunities** pracovné príležitosti
~ **order cost accounting** prevádzkové účtovníctvo nákladov a výnosov podľa jednotiek (príkazov, zákaziek, sérií)
~ **order cost sheet** prevádzkový odpočet nákladov zákazky (príkazov série)
~ **order costing** jednotková kalkulácia
~ **rate** úkolová sadzba
~ **scheduling** plánovanie úloh
~ **ticket** mzdový lístok; pracovný lístok; pracovný príkaz
~ **wage** úkolová mzda
jobber komisionár; burzový špekulant; burzový senzál; konateľ; sprostredkovateľ kúpy a predaja
jobbery maklérstvo; zneužitie dôvery; korupcia
jobless nezamestnaný
~ **claim** žiadosť o podporu v nezamestnanosti
~ **pay system** sústava dávok v nezamestnanosti
join disjunkcia; logický súčet; spojenie; operácia OR
joint account združený účet; spoločné konto; spoločný účet
~ **and several account** spoločné a solidárne konto
~ **and survivor annuity** spojená anuita na prežitie
~ **banking venture** bankové konzorcium
~ **capital** akciový kapitál
~ **control bond** obligácia potrebná pred prevodom aktív do správy opatrovníka
~ **cost** združené náklady
~ **creditors** spoluveritelia
~ **debt** spoločný (solidárny) dlh, záväzok
~ **debtors** spoludlžníci
Joint Economic Committee Spoločný ekonomický výbor
joint expenses spoločné náklady
~ **insurance** združené poistenie
~ **life insurance** spoločná životná poistka
~ **mortgage** spoločná hypotéka
~ **policy** združená, hromadná poistka
~ **production** pomocná výroba; združená výroba; združené výrobky
~ **production cost** spoločné výrobné náklady
~ **purse** spoločná pokladňa; spoločný účet
~ **stock** akciový kapitál
~**-stock bank** akciová banka
~**-stock capital** akciový kapitál
~**-stock company** akciová spoločnosť
~**-stock savings bank** akciová sporiteľňa
~ **tax return** spoločné daňové priznanie
~ **tenant** spoločný vlastník
~ **venture** spoločný podnik; podnik so zahraničnou majetkovou účasťou
~ **will** spoločná posledná vôľa
JOJA júl, október, január, apríl (štvrťročné výplaty úrokov alebo dividend)
journal prevádzkový denník; účtovná kniha; zmenkový (prevádzkový) denník (chronologický záznam zmien)
~ **entry** denníkový záznam
~ **voucher** účtový doklad; denný výkaz; doklad k položke v denníku
journalize zaniesť do denníka
journey money cestovné výdavky
JSDM jún, september, december, marec (štvrťročné výplaty úrokov alebo dividend)
judge sudca; oceňovať; posúdiť; usudzovať; považovať
judgment account konto uznané súdom
~ **bond** súdna obligácia
~ **debt** vykonateľná pohľadávka; dlh uznaný súdom

judicial accounting účtovanie súdu; súdne vyúčtovanie
~ **sale** súdna dražba
juice man úžerník
jumble goods partiový tovar
jumbo CDs obria depozitná potvrdenka
~ **certificates** obrie certifikáty
jump skok; stúpnuť na cene; vyhnať ceny; preskočiť; vetviť
~ **one's bail** utiecť a nechať prepadnúť kauciu
jumper osoba dávajúca výpoveď a tak porušujúca pracovnú zmluvu
junior pomocný pracovník; nižší v hodnosti; am. poslucháč 3. ročníka college; menej významný; pomocný; druhý; mladší
~ **advance refunding** operácia s cennými papiermi so splatnosťou od jedného do piatich rokov
~ **bond** podradná obligácia; riziková obligácia; špekulačný výnosový papier (s vysokou výnosnosťou)
~ **clerk** druhý účtovník; asistent účtovníka
~ **equity** obyčajné akcie
~ **issue** obyčajná emisia
~ **mortgage** obyčajná hypotéka
~ **securities** obyčajné cenné papiere
junk bond podradná obligácia; riziková obligácia; špekulačný výnosový papier
~ **value** zvyšková hodnota investície
just-in time inventory systém riadenia zásob, pri ktorom sa zásoby nakupujú a dodávajú až v okamžiku spotreby
~ **price** spravodlivá cena
justice of a claim oprávnenosť nároku
justified price spravodlivá cena

K

Kaffirs juhoafrické cenné papiere
kale seed slang. prachy
keen nízky (cena); intenzívny; ostrý
~ competition dravá (silná) konkurencia; ostrá konkurencia; nekalá konkurencia
keep accounts viesť účty
~ an account of expenses zaznamenávať výdavky
~ books viesť knihy (účtovné)
~ hold of st. mať vo vlastníctve niečo
~ in stock mať na sklade
~ out of a business nepúšťať sa do obchodu; držať sa mimo
~ st. on file viesť niečo v evidencii
~ the cash viesť pokladňu
~ track sledovať; viesť
keeping vlastníctvo
~ records operatívna evidencia; evidovanie; agenda
Keogh account penzijný účet; Keoghov (nezdanený) účet
kerb broker slang. pouličný maklér; priekupník
~ dealing obchodovanie na ulici, na chodníku
~ market neoficiálna burza; mimoburzový obrat
key account kľúčové konto
~ factors kľúčové faktory; najdôležitejšie okolnosti
~ man insurance poistka kľúčovej (vedúcej) osoby
~ money kaucia od budúceho nájomníka bytu
~ staff vedúci pracovníci; zodpovední pracovníci
keying error preklep
~ mistake preklep
Keynesian economics keynesovská ekonomika; Keynesova ekonomická teória; keynesizmus
keynote mať zásadný (hlavný) prejav
keystone pricing základný princíp oceňovania
kick in slang. prispieť; venovať peniaze; platiť niekoho podiel
kickback slang. provízia (nezákonná); úplatok; vrátenie peňazí
kill vymazanie (záznamu); zmariť; zruinovať; zložiť; likvidovať; pokaziť; zastaviť (stroj);
killing slang. neočakávaný úspech vo finančnom podnikaní
kilocycle (kc) kilohertz (kHz)
kilolitre desať hektolitrov
kilomega (kM) giga (G)
kind menová jednotka Papuy; distribúcia majetku ako takého
~-demand curve lomená krivka dopytu
kind: in kind v naturáliách; naturálny
kip menová jednotka Laosu
kite zmenka z ochoty; podvodná manipulácia (so šekmi); prudko stúpať (ceny)
~-flyer zmenkový podvodník
~-flying plané zmenkárenie; prudký vzostup cien
kiting podvodná manipulácia so šekmi
~ stock fiktívne akcie
kiwi bonds medzinárodné obligácie na novozélandské doláre
knock-down price zrazená cena
~ off odklepnúť; predať v aukcii
know-how know-how; informácie o technologickom procese; znalosť technickej dokumentácie; právne chránená informácia o technologickom postupe; právne chránená zručnosť
~-your-customer rule pravidlo poznania zákazníka
koruna menová jednotka Čiech a Slovenska
krona menová jednotka Islandu a Švédska
krone menová jednotka Dánska a Nórska
kwacha menová jednotka Malawi a Zambie
kwanza menová jednotka Angoly
kyat menová jednotka Barmy

L

labor, labour práca; pracovná sila
labor force pracovné sily; ekonomicky činné obyvateľstvo
~**-force participation rate** miera ekonomickej aktivity obyvateľstva
~ **grade** am. pracovná trieda
~ **income** pracovný príjem
~ **intensive** vyšší podiel ľudskej práce
~**-managed economy** ekonomika riadená prácou
~ **market** pracovný trh; trh práce
~ **organizations** am. odbory
~ **pool** pracovný pool (asociácia)
~**-saving equipment** zariadenie uľahčujúce prácu
~ **scarce economy** ekonomika s nedostatkom pracovných síl
~ **supply** am. ponuka pracovných síl
~ **union** am. odbory
labour balance bilancia pracovných síl
~ **banks** odborové banky
Labour Code zákonník práce
labour-consumption prácnosť; spotreba práce
~ **cost** mzdové náklady; pracovné náklady; náklady práce
~ **demand** dopyt po pracovných silách
~ **economics** ekonomika práce
~**-hour method of depreciation** metóda odpisu podľa pracovných hodín
~**-in-process-account** účet miezd rozpracovaných výrobkov
~**-intensive** pracovne náročný; pracný
~**-management relations** pracovnoprávne vzťahy
~ **market** pracovný trh; trh práce
~ **office** pracovný úrad
~ **permit** pracovné povolenie
~ **power** pracovné sily
~ **productivity** produktivita práce
~ **protection** bezpečnosť práce
~ **rate** pracovná mzdová sadzba
~ **records** mzdové záznamy; pracovné záznamy
~ **recruitment** nábor pracovných síl; prijímanie pracovných síl
~ **relation** pracovný pomer
~ **schedule** rozvrh práce
~ **service** pracovná povinnosť
~ **shortage** nedostatok pracovných síl
~ **supply** ponuka pracovných síl
~ **theory of value** pracovná teória hodnoty
~ **turnover** fluktuácia zamestnancov
~ **union** odborový zväz; odbory; odborová organizácia
lack of economy nehospodárnosť
lack: for lack of funds pre nedostatok finančných prostriedkov
lagged reserve accounting (LRA) účtovanie zdržanej rezervy
laggard označenie zákazníkov, ktorí sú lojálni k pôvodným výrobkom a odolávajú inováciám
lagniappe prídavok k nakúpenému tovaru zadarmo; prepitné
laissez-faire („leave us alone") liberálny štýl riadenia; ekonomická politika nezasahovania štátu do hospodárstva
lamb neskúsený špekulant
lame duck insolventný člen burzy; zruinovaný špekulant; bezradný človek
land agent obchodník s nehnuteľnosťami; majiteľ realitnej kancelárie; sprostredkovateľ realít
~ **and lease** pôžička a prenájom
~ **bank** hypotekárna banka; poľnohospodárska banka
~ **development loan** pôžička na rozvoj pozemku
~ **fever** špekulačná horúčka (skupovanie pôdy)
~ **freeze** zmrazenie pôdy; vládny limit na predaj pôdy
~**-labor ratio** vybavenosť práce pôdou
~ **mortgage bank** pozemková banka (hypotekárna)
~ **rent** pozemková renta
~ **revenue** výnos z pôdy
~ **tax** pozemková daň
~**-value tax** daň z prírastku hodnoty pozemku
landed cost dodacia cena platná pri dodaní tovaru
~ **security** hypotekárne zaručenie
landing card vstupná karta (pre pasový orgán)
~ **charges** vyloďovacie poplatky
landowner majiteľ pôdy; statkár
landownership vlastníctvo pôdy
languishing state of the market viaznúci trh
lapping krytie podvodu; prekrytie (pohľadávok)
lapse pokles; sklz; storno; prepadnúť; zaniknúť; strata; oneskorenie; premlčanie
~ **a policy** zrušiť poistku (nezaplatením poistného)
~ **ratio of life insurance** percento odpadu životného poistenia
larceny krádež; ukradnutie
large groups of economic actors and their interaction veľké skupiny ekonomických aktérov a ich interakcie
~**-scale privatization** veľká privatizácia
~**-scale production** veľkovýroba
~**-scale retailer** veľký obchodník v drobnom; obchodný dom
last sale posledný predaj
~ **will** závet; posledná vôľa; testament

lastage prístavný poplatok (za povolenie naložiť tovar)
lasting value trvalá hodnota
late charges poplatok z oneskorenia
~ **fee** poplatok za oneskorenú zásielku
~ **majority** neskorá väčšina; skupina zákazníkov, ktorá prijme inováciu až po určitom čase
~ **payment** oneskorená splátka
~ **posting payment** neskoro obdržaná splátka
later entry dodatočné účtovanie; dodatočný zápis
launch uviesť do činnosti; začať; hodiť na trh
~ **a business** začať obchody (podnikanie)
~ **a special fund** založiť zvláštny fond
launder money prať peniaze (špinavé)
Law Mercantile obchodné právo
law of averages zákon veľkých čísel
~ **of bankruptcy** konkurzné právo
~ **of cheque** šekové právo
~ **of debenture** obligačné právo
~ **of diminishing demand** zákon zmenšujúceho sa dopytu
~ **of diminishing returns** zákon klesajúcich výnosov
~ **of income tax** zákon o dani z príjmu
~ **of increasing cost** zákon rastúcich nákladov
~ **of market value** zákon trhovej hodnoty
~ **of price** cenový zákon
~ **of social insurance** zákon o sociálnom poistení
~ **of supply and demand** zákon ponuky a dopytu
~ **of the mean** veta o strednej hodnote
~ **of value** zákon hodnoty
lawful business zákonný obchod; dovolený obchod; dovolené podnikanie
~ **currency of a country** zákonná mena
~ **interest** zákonný úrok
~ **market** legálny trh
~ **money** zákonná mena; zákonné platidlo
~ **reserve** zákonná rezerva
laws of price cenové zákony
~ **of return** výnosové zákony
lay podiel; uložiť (poplatok); stanoviť
~ **a duty** precliť
~ **claim** vzniesť požiadavku
~ **days** časové rozpätie; dni určené pre nakládku a vykládku
~ **in** zakladať
~ **in st.** zásobiť sa niečím
~ **off** prepustenie (zo zamestnania); slang. rozloženie rizika veľkej pôžičky medzi ďalšie (aby sa zabránilo strate); prepustiť; prestať pracovať; zostrojiť sieť (súradníc)
~ **on an embargo** uvaliť embargo; zakázať obchod
~ **on fine** uložiť pokutu
~ **on tax** uložiť daň
~ **out payment** uskutočniť platbu
~ **up** cena; dať do úschovy; znemožniť; hromadiť; robiť si zásoby; vyradiť z prevádzky
layoff loan pôžička rozložená v čase
layout stav; situácia; priestorové usporiadanie; rozmiestnenie; nákres; plán; zámer; projekt; formát; štruktúra (programu)
L/C akreditív
lead manager vedúci manažér
leader pricing stanovenie nízkej ceny (za účelom získania zákazníkov)
leading brand vedúca značka (na trhu)
~ **case** dôležitý precedens; zásadné (typické) rozhodnutie; precedentný prípad
~ **creditor** hlavný veriteľ
~ **firm** vedúca firma (v odbore, na trhu)
leads and lags zrýchlenie a oneskorenie
leakages into taxes úniky do daní
leapfrogging prices skákavé ceny
learning curve nábehová krivka; zábehová krivka; výuková krivka
lease nájom; prenájom; nájomná zmluva; najať si; nájomné
~ **financing** financovanie prenájmu
~ **out** prenajať
~ **parole** ústna nájomná zmluva
~**-purchase agreement** zmluva o kúpe a prenájme
~ **term** doba prenájmu
~**-to-ownership plan (LTOP)** lehota, počas ktorej môže nájomca používať zariadenie podľa leasingovej zmluvy
leaseback spätný leasing; spätný prenájom
leased assets prenajaté prostriedky
~ **fee interest** úrok majiteľa prenajatého majetku
~ **life insurance** prenajatá životná poistka
leasehold deed nájomná zmluva
~ **insurance** poistenie prenajatej nehnuteľnosti
~ **value** hodnota prenajatej nehnuteľnosti
leasing leasing; nájom; prenájom (hnuteľností)
least common denominator najmenší spoločný menovateľ
~ **common multiple (LCM)** najmenší spoločný násobok
~**-cost rule** pravidlo najnižších nákladov
~ **squares method** metóda najmenších štvorcov
leave dovolenka; povolenie; odjazd; nechať; dovoliť; zanechať; opustiť; odísť; odplávať; vyplávať; vynechať; prestať
~ **one's job** dať výpoveď
ledger saldokonto; hlavná (účtovná) kniha
~ **account** účet hlavnej knihy
~ **assets** aktíva hlavnej účtovnej knihy
~ **balance** účtovný zostatok

~ **claim** účtovná pohľadávka
~ **clerk** saldokontista; prevádzkový účtovník
~ **debt** účtovný dlh
~ **department** oddelenie účtovnej evidencie
~ **sheet** účtovný list
left-hand side ľavá strana; sadzba, pri ktorej banka ponúka zahraničnú menu
legacy závet; testament; dedičstvo
~ **and succession duty** daň z dedičstva (podľa príbuzenského stupňa)
~ **duty** dedičská daň
~ **tax** dedičská daň
legal and financial advantages právne a finančné výhody
~ **bond** legálne obligácie
~ **capital** legálny kapitál; zakladajúci kapitál
~ **charges** súdne trovy; advokátske poplatky
~ **entity** právnická osoba
~ **investments** legálne investície
~ **person** právnická osoba
~ **rate of interest** legálna úroková sadzba
~ **reserve** legálna rezerva
~ **security** zákonný cenný papier
~ **tender** zákonná mena; zákonné platidlo
~**-tender bond** obligácia splatná v mene krajiny vydania
legalization fee legalizačné poplatky; poplatok za overenie listín
legend text na bankovke
lek menová jednotka Albánska
lempira menová jednotka Hondurasu
lend požičanie; zapožičanie; požičať; poskytnúť
~ **and lease** pôžička a prenájom
~ **money** požičať peniaze
~ **money at interest** požičať peniaze na úrok
~ **money on security** požičať peniaze na záruku
lender požičiavateľ; veriteľ
~**-dealer agreement** dohoda medzi požičiavateľom a dealerom
lending fee požičovné
~ **flat** požičanie bez poplatku
~ **policy** úverová politika
~ **rate** požičovné
~ **securities** požičanie cenných papierov
leniency clause doložka zhovievavosti
leone menová jednotka Sierry Leone
less-balance bilancia so stratou; stratová bilancia
~ **charges** po odpočítaní výdavkov
~**-cost** minimálne náklady
~ **developed country (LDC)** menej rozvinutá krajina; rozvojová krajina
lessee nájomník, (kto si prenajíma zariadenie od leasingového vlastníka); árendátor
lessor domáci; kto dáva do nájmu
let on lease prenajať
lettable prenajímateľný
letter of advice návestie; písomné avízo; informatívny list; avízo o odoslaní
~ **of application** žiadosť (písomná)
~ **of appointment** menovacia listina
~ **of attorney** plná moc (písomná)
~ **of credit (L/C)** akreditív; úverový list
~ **of credit agreement** súhlas s akreditívom
~ **of dispute** reklamačný list
~ **of guarantee** záručný list
~ **of hypothecation** záložný (hypotekárny) list
~ **of indemnity** záručný list
~ **of license** list o predĺžení splatnosti
~ **of lien** záložný list
~ **of transmittal** príkaz na prevod
~ **stock** neregistrované cenné papiere
letterform forma (vzor) listu; listový papier
letters of citizenship osvedčenie o štátnom občianstve
lettershop am. agentúra vybavujúca korešpodenciu a účtovnícke práce
lettuce slang. prachy (najmä papierové)
leu menová jednotka Rumunska
lev menová jednotka Bulharska
level accrual vyvážený prírastok
~ **charges of dumping** vzniesť obvinenie z dumpingu
~ **of cost** úroveň nákladov
~ **of operation** prevádzková úroveň; stupeň využitia prevádzkovej kapacity
~ **of wages** výška mzdy
~**-payment plan** plán rovnomerných splátok
~ **payments** rovnaké platby počas zjednaného obdobia
~**-premium life insurance** životná poistka s rovnakými prémiami
~ **wages downwards** znížiť mzdy
levels of economic activity úrovne ekonomickej činnosti
leverage špekulácia na zisk s požičanými peniazmi; finančná sila; reinvestovanie kapitálu; pomer dlhov k vlastnému kapitálu
~ **charge plan** špekulatívny nákladový plán
~ **fund** špekulatívne ladený investičný fond
~ **stock** špekulačné akcie
leveraged buyout skúpenie akcií na dlh
~ **company** vysoko zadĺžená spoločnosť
~ **lease** prenájom financovaný treťou stranou; špekulačný prenájom
levered firm vyvíjajúci sa podnik
levy vymáhanie; vyberanie (daní); odvod peňazí; daň; dávka; zabavenie; vyberať; uložiť (dane)
~ **a charge** vymáhať poplatok

~ **a fine** uložiť (vybrať) pokutu
~ **a tax** uložiť daň
~ **duties** vyberať clo
levying taxes vyberanie daní
liabilities záväzky (finančné); dlhy; pasíva
~ **due** splatné záväzky
liability zadĺženosť; ručenie; záväzok; zodpovednosť; pasívum
~ **fallen due** splatný záväzok
~ **for benefits** zodpovednosť za výplatu dávok
~ **for endorsement** ručenie za indosáciu
~ **hedge** ochrana ručenia
~ **insurance** poistenie zákonnej zodpovednosti; poistenie povinného ručenia; záručná poistka
~ **insurance** poistenie zákonnej zodpovednosti
~ **item** pasívna položka (v bilancii)
~ **on borrowing** záväzok z pôžičky
~ **on shares** ručenie za akcie; nedoplatok za akcie
~ **side** strana pasív
~ **side of balance** pasívna strana súvahy
~ **to extent of assets** ručenie do výšky aktív
~ **to income tax** podliehanie dani z príjmu
~ **to pay** platobný záväzok
liable for ručiaci za niečo; povinný niečím
~ **to duty** podrobený clu; podliehajúci clu
~ **to taxation** podliehajúci zdaneniu; zdaniteľný
liberate the assets uvoľniť aktíva
libra libra (jednotka hmotnosti; jednotka britskej meny)
licence licencia; povolenie; oprávnenie; koncesia; vodičský preukaz; dať formálne povolenie
~ **fee** licenčný poplatok
~ **insurance** poistenie proti strate koncesie (živnostenského oprávnenia a pod)
~ **of money lender** povolenie na požičiavanie peňazí
license am. licencia; vodičský preukaz; dať formálne povolenie
~ **and permit bond** povolená koncesia
~ **tax** daň z licencie
license: to be licensed mať koncesiu
licensed lender koncesovaný požičiavateľ
licensee majiteľ koncesie; koncesionár
licenser, licensor udeľovateľ povolenia, licencie
lien záložné právo; zádržné (retenčné) právo
~ **affidavit** prísažné prehlásenie o zádržnom práve
~ **placement fee** poplatok za vystavenie zádržného práva
liée fr. výmena; barter
life životnosť; osoba poistená na život; funkčné obdobie
~ **annuitant** požívateľ doživotnej renty
~ **annuity** doživotná renta; doživotný dôchodok
~ **assurance** životné poistenie
~ **company** životná poisťovňa
~**-cycle income** celoživotný dôchodok
~ **estate** doživotný majetok
~ **expectancy** očakávaná dĺžka života
~ **fund** prémiová rezerva životného poistenia
~ **insurance** životné poistenie; životná poistka
~ **insurance in force** platná životná poistka
~ **of the asset** podniková upotrebiteľnosť (životnosť) investície (aktív, majetku)
~ **of the loan** trvanie pôžičky
~ **office** životná poisťovňa
~ **span** životnosť (údajov); priemerná dĺžka života
~ **span of investment** doba upotrebiteľnosti
~ **tenant** doživotný prenájomca
life: have a life of byť splatný za
lifeless: the market is lifeless obchody viaznu
lifetime podniková upotrebiteľnosť; životnosť; doba existencie; celoživotný
lift splatiť (hypotéku); zrušiť; povýšiť
~ **check** vyzdvihnutý šek
~ **the tariff** zvyšovať clá
light dues poplatky za osvetlenie
~ **expense** náklady na osvetlenie
~ **industry** ľahký priemysel
~ **money** prístavný poplatok za osvetlenie
~ **piece** slang. strieborná minca (25 centov)
~ **tax** nízka daň
~ **taxed** nízko zdanený
lilangeni menová jednotka Svazijska
limit kurzová hranica; stanovená cena; obmedzenie; hraničná hodnota; obmedziť; limitovať; hraničný; koncový
~ **move** maximálne cenové zmeny na burze počas obchodnej doby
~ **of credit** úverový limit
~ **of indemnity** najvyššie hranice plnenia (poisťovne)
~ **price** limitovaná cena
~ **sb.'s expenditure** obmedziť výdavky niekoho
~ **up, limit down** pohyb limitu (maximálny pohyb cien)
limited check limitovaný šek (do určitej sumy); omedzená kontrola
~ **company** spoločnosť s ručením obmedzeným
~ **corporation** am. spoločnosť s ručením obmedzeným
~ **facility branch office** limitovaná pobočka
~ **legal tender** limitované zákonné platidlo

~ **liability** obmedzené ručenie
~ **liability company** spoločnosť s ručením obmedzeným
~ **life** obmedzené trvanie
~ **open-end mortgage** limitovaná otvorená hypotéka
~ **order** limitovaná objednávka (v rámci vymedzenej ceny)
~ **partnership** komanditná spoločnosť
~ **payment life** limitovaná doba splátok
~**-payment life insurance** celoživotné poistenie s obmedzenou dobou platenia poistného
~ **price order** objednávka s limitovanou cenou
~ **tax bond** limitovaný daňový úpis
line veľké množstvo akcií; akceptácia rizika poistiteľom; vlastný vrub poisťovne; odvetvie; činnosť v obchode; sortiment (druh) tovaru; zoradiť
~ **manager** odborný riaditeľ; líniový manažér; vedúci pracovník priamej línie riadenia
~ **of business** predmet podnikania; druh (odvetvie) obchodu
~ **of credit** vymeraný úver; úverový limit
~ **of production** druh výroby; pásová výroba
~ **organization** líniová organizácia; najjednoduchšia štruktúra spoločnosti, kde podriadení podliehajú len jednému nadriadenému
~ **plot** čiarkový graf; linkový graf
~ **up** zoradenie; vyrovnanie; uvedenie do činnosti; rozvrh; časový plán; zostava
link spojka; spojivo; spájať; zostavovať; reťaziť (indexy)
liquid likvidná (pohľadávka); vyrovnať účet; zameniteľný; zlikvidovať; zrušiť; premenlivý; kolísavý
~ **asset** obežné aktívum
~ **assets** likvidné aktíva; likvidný majetok
~ **cushion** likvidná záloha
~ **funds** disponibilné hodnoty; likvidita
~ **market** likvidný trh
~ **saving** úspory v hotovosti alebo ľahko premeniteľné na hotovosť; likvidné úspory
~ **securities** likvidné cenné papiere
liquidate zlikvidovať (pohľadávku); vyrovnať (účet); oceniť majetok; ukončiť činnosť podniku
~ **claims** likvidovať škody, nároky
liquidated damages penále za porušenie zmluvy; náhrada škody; likvidované škody
liquidating dividend likvidačná dividenda
~ **market** likvidačný trh
~ **value** likvidačná hodnota
liquidation likvidácia; zrušenie; platenie (dlhu)
~ **cost per installment** likvidačná cena na splátky
~ **cost per loan** likvidačná cena pôžičky
~ **of debts** úhrada dlhu
liquidator likvidátor
liquidity likvidita; platobná schopnosť; hotové peniaze; situácia na trhu cenných papierov, keď môžeme cenné papiere ľahko predať za hotové bez podstatnej straty
~ **preference** preferencia hotovosti; prednosť hotovosti
~ **ratio** ukazovateľ likvidity; likvidný pomer
~ **squeeze** rozpočtová reštrikcia
lira menová jednotka Talianska, San Marina, Turecka a Vatikánu
list zoznam; súpis; inventár; cenník; zapísať na burze; kótovať; zapísať; spísať; uvádzať; vypisovať položky; vymenovať
~ **of accounts** účtovná osnova; zoznam účtov; účtový rozvrh
~ **of balances** hospodárska bilancia; saldokonto
~ **of cases** diár
~ **of contents** obsah
~ **of customers** zoznam zákazníkov
~ **of exchange** kurzový lístok
~ **of exchange quotations** kurzový lístok
~ **of exchange rates** kurzový list
~ **of foreign exchange** kurzový lístok
~ **of invoices** súpis faktúr
~ **of material** zoznam druhov materiálov
~ **of prices** cenník; zoznam cien
~ **of salary groups** mzdový katalóg
~ **of securities** zoznam cenných papierov
~ **of tax assessments** zoznam daňových poplatníkov
~ **posting** kontrolný výkaz zaknihovaných položiek
~ **price** katalógová cena; cena podľa cenníka; konečná maloobchodná cena
listed kótovaný na burze
~ **company** spoločnosť, ktorej akcie sú prijaté na burze
~ **security** cenný papier evidovaný (kótovaný) na burze
~ **stock/options** akcie/opcie kótované na burze
lister maklér (predáva majetok podľa zoznamu); odhadca
listing kótovanie (na burze); záznam na burze; nehnuteľnosť na predaj
~ **agreement** dohoda o zázname na burze
~ **price** burzová (kótovaná) cena
~ **requirements** požiadavky na evidenciu cenných papierov; požiadavky na záznam na burze
Little Board Americká burza cenných papierov
live capital prevádzkový kapitál
~ **stock insurance** poistenie živého inventáru

liveware pracovníci výpočtového strediska
living živobytie; život; bývanie; životný; živý
~ **cost** životné náklady
~ **standard** životná úroveň
~ **trust** dobrovoľné poručníctvo (vytvorené z aktív žijúcej osoby)
~ **wage** existenčné minimum
Lloyd's Lloydova spoločnosť; londýnska poisťovňa
load náklad; bremeno; zaťaženie
~ **charge** režijná prirážka
~ **funds** investičné fondy s poplatkom
~ **stock** cenný papier s pevným úrokom
~ **up** zaťažiť; kúpiť cenný papier alebo obligáciu až do osobného finančného limitu za účelom špekulácie
loaded prices prirážkové ceny
loading zaťaženie; prirážka; nakladanie; vyťaženie (pracovníkov)
~ **charge** režijná prirážka
loan pôžička; pôžičkový; úver; požičať; lombardný
~ **account** úverový účet
~ **against goods** lombardný úver
~ **against pledged bill** obstávka platu
~ **against securities** lombardný úver
~ **application** žiadosť o pôžičku
~ **bank** záručná banka; zápožičná banka
~ **bill** pôžičková zmenka
~ **capital** požičaný kapitál; cudzí kapitál
~**-closing payments** platby pri uzavretí pôžičky
~ **commitment** záväzné vyjadrenie o poskytnutí pôžičky
~ **committee** pôžičkový výbor
~ **contract** pôžičkový kontrakt; zmluva o pôžičke
~ **crowd** pôžičková skupina (klan)
~ **department** oddelenie pôžičiek
~ **drawdown** čerpať úver
~ **fee** pôžičkový poplatok; požičovné; poplatok za požičanie
~ **for fixed assets** investičný úver
~ **for newly married** novomanželská pôžička
~ **for operations** prevádzkový úver
~ **from investors** úver od investičných firiem
~ **fund** pôžičkový fond
~ **guarantee certificate** certifikát o záruke pôžičky
~ **guarantee fee** záručný poplatok pôžičky
~ **interest** pôžičkový úrok
~ **ledger** hlavná kniha pôžičiek
~ **loss provision** opatrenie pre prípad straty pôžičky
~ **market** úverový trh
~ **maturity** splatnosť pôžičky
~ **note guarantee** ručiteľ úpisu
~ **of operation** prevádzkový úver
~ **office** požičovňa peňazí
~ **on pledges** pôžička na cenné papiere
~ **origination** vznik pôžičky
~ **participation agreement** dohoda o účasti na pôžičke
~ **policy** poistka pôžičky
~ **price** pôžičková cena
~ **proceeds** výnos z pôžičky
~ **processing** vybavovanie pôžičky
~ **rate** pôžičková sadzba; úroková sadzba
~ **ratio** miera možnosti zadĺženia
~ **relief** zľava na pôžičke
~ **repayments** splatenie pôžičky; amortizácia dlhu
~ **schedule** rozvrhnutie pôžičky
~ **settlement statement** prehlásenie o vyrovnaní pôžičky
~ **shark** slang. úžerník
~ **society** záložňa; úverová spoločnosť
~ **stock** požičané akcie
~ **teller** pokladník pôžičiek
~ **term** termín pre zaplatenie pôžičky
~ **using property as collateral** realitný úver
~ **value** hodnota pôžičky
~**-value ratio** pomer pôžičky k hodnote
~ **voucher** potvrdenie pôžičky
loanable funds úverový kapitál; pôžičkový fond
~ **funds theory of interest** úroková teória požičiavateľných finančných prostriedkov
loaned flat požičané bez odpočítania poplatkov
~ **stock** požičané akcie
loans adjusted upravené pôžičky
~ **and discounts** pôžičky a diskonty
~ **and investments adjusted** upravené pôžičky a investície
~ **and notes payable** splatné pôžičky a zmenky
~ **and notes receivable** nezaplatené pôžičky a úpisy
~ **negotiated by proxy** sprostredkované úvery
~ **receivable** nezaplatené pôžičky
~ **secured by lien on real estate** úvery zabezpečené zadržovacím právom na základné prostriedky alebo nehnuteľnosti
lobb hala; vestibul; hlavná obchodná miestnosť banky
lobby lobby; záujmová skupina; nátlaková skupina; intervencia; agitovať; intervenovať
local bill miestna zmenka
~ **border traffic** malý pohraničný styk
~ **budget** rozpočet miestnej samosprávy
~ **charges** miestne poplatky
~ **clearings** pozri local items
~ **currency** miestna mena
~ **items** miestne položky
~ **rate** miestna sadzba; miestny poplatok
~ **rates** miestne dane

~ **remedies** národné prostriedky
~ **resident tax** miestna daň
~ **tax** priame miestne dane
~ **taxes** miestne poplatky
~ **traffic** miestna doprava; miestna premávka
location miesto; rozmiestnenie; sídlo (závodu); pracovisko; prenájom
lock zámok; investovať kapitál; blokovať
~**-away** brit. dlhodobý cenný papier
~ **box** špecializovaná služba, ktorú banka poskytuje ako agent (prijíma a inkasuje zákazníkove prišlé platby)
~**-out** prepustenie robotníkov z práce; blokovanie; výluka
locked market uzavretý trh
~ **up capital** imobilizovaný kapitál
lockup mŕtvy kapitál
loco tu; v mieste
lodge uložiť (peniaze); podať (sťažnosť, informácie); umiestniť
~ **a claim** uplatniť nárok; podať reklamáciu
~ **a credit** otvoriť úver
~ **valuables in the bank** uložiť cennosti do banky
lodgment of money zloženie peňazí
log prevádzkový denník; záznam (o stave); zmenový denník; zaprotokolovať; registrovať (poruchy)
logical chart logický vývojový diagram
~ **market** prirodzený trh
logo logo; obchodná značka; symbol firmy alebo diela; označenie firmy; emblém
lombard lombard; lombardný úver
~ **loan** lombardná pôžička
Lombard Street finančná oblasť v Londýne
London Inter-Bank bid rate (LIBID) medzibanková úroková miera ponúkaná na londýnskom medzinárodnom trhu pre nákup eurodolárových peňažných prostriedkov
~ **Inter-Bank Offered Rate (LIBOR)** úroková miera ponúkaná na londýnskom medzibankovom trhu
~ **International Financial Futures Exchange (LIFFE)** Londýnska medzinárodná finančná burza; komoditný termínový trh, kde sa obchoduje najmä s prvotriednymi cennými papiermi a cudzími menami
~ **Metal Exchange** Londýnska burza neželezných kovov
~ **Stock Exchange** Londýnska burza cenných papierov
long vlastníctvo akcií; nákup termínovaných kontraktov s predpokladom, že ceny stúpnu; dlhodobý; dlhý
~ **bill** dlhodobá zmenka
~ **credit** dlhodobý úver
~**-dated bill** dlhodobá zmenka
~ **draft** dlhodobý úpis
~ **firm** firma, ktorá neplatí za prevzatý tovar
~**-form mortgage clause** doložka o forme dlhodobej hypotéky
~ **green** slang. papierové peniaze
~ **in stock** špekulant na vzostup cien
~ **interest** dlhodobý záujem
~ **market** vykúpený trh
~ **of exchange** dobre zásobený zahraničnou menou
~ **position** špekulácie na vzostup cien; dlhodobá (voľná) pozícia; krytá pozícia
~ **price** cena bez zľavy a zrážok
~ **pull** dlhodobá špekulácia; špekulácia á la longue
~**-range goal** dlhodobý cieľ
~ **rate** devízový termínový kurz
~**-run** dlhodobý
~**-run average costs** dlhodobé priemerné náklady; priemerné náklady v dlhom období
~**-run demand** dlhodobý dopyt; dopyt v dlhom období
~**-run total cost** dlhodobé celkové náklady; celkové náklady v dlhom období
~ **sale** špekulačný predaj na vzostup cien
~ **stock** akcie špekulujúce na vzostup cien
~**-term assets** dlhodobé aktíva; nelikvidné aktíva
~**-term bond** dlhodobý ukladací cenný papier
~**-term budget** dlhodobý rozpočet
~**-term capital gain** dlhodobý kapitálový výnos
~**-term corporate bond** dlhodobá firemná obligácia
~**-term debt** dlhodobo splatný dlh; dlhodobý dlh
~**-term financing** dlhodobé financovanie
~**-term gain** dlhodobý zisk
~**-term interest rate** dlhodobá úroková sadzba
~**-term investment** dlhodobá investícia
~**-term liability** dlhodobé záväzky; dlhodobé pasíva
~**-term loan** dlhodobý úver
~**-term loss** dlhodobá strata
~**-term mortgage** dlhodobá hypotéka
~**-term notes** dlhodobé zmenky
~**-term receivables and investments** dlhodobé pohľadávky a investície
~**-term securities** dlhodobé cenné papiere
~ **thousand** 1200 kusov
longer-term loan dlhodobejšia pôžička
longrun growth dlhodobý rast
longs dlhodobé pôžičky
look-at-table vyhľadávacia tabuľka
~ **back** obhliadnutie; kontrola starých záznamov na lokalizáciu chýb, ktoré boli zistené kontrolou; pozri internal audit
lookback options spätné opcie
loophole medzera v daňových predpisoch

loose change drobné peniaze
~ **jobs (rate)** neohodnotené práce (sadzba)
loot slang. prachy; získať korisť; korisť; plieniť
Lorenz curve Lorenzova krivka (vykreslenie stupňa nevyrovnanosti v distribúcii príjmov)
Loro Account konto „loro"; konto tretej strany
loro account účet loro
loss strata; škoda; úbytok; stratový; škodový
~ **and gain account** účet hospodárskeho výsledku
~ **and profit account** účet hospodárskeho výsledku
~ **by exchange** kurzová strata
~**-carry forward** prevedenie straty
~ **carryback** odpočítanie straty
~ **carryover** prenos/prevod straty
~ **contingency** možná strata
~ **leader** reklamný tovar predávaný pod cenu
~ **of document** strata dokladu
~ **of earnings** ušlý zárobok
~ **of efficiency** pokles účinnosti
~ **of exchange** kurzová strata
~ **of pay** strata mzdy
~ **of profit** ušlý zisk
~ **of profit insurance** poistenie následných škôd
~**-of-profits insurance** poistenie ušlého zisku
~ **of property** majetková újma
~ **of venture** zmarenie poistenej cesty
~ **of wages** ušlá mzda
~ **on bad debts** strata z nedobytných pohľadávok
~**-on-exchange insurance** poistenie kurzových strát
~ **on fixed assets** strata z predaja aktív
~ **outstanding** nevyrovnaná strata
~ **payable clause** vinkulačná doložka
lost-instrument bond obligácia, ktorá odškodní majiteľa dokumentu v prípade, že ho vlastní niekto iný
~ **on sale of assets** strata z predaja aktív
~ **policy release** oslobodenie zo stratenej poistky
lot taxa; balík; pozemok; parcela; štandardná jednotka (pevné množstvo cenných papierov na burze); dávka; podiel; uzávierka; kategorizovať
~ **money** dražobný poplatok
lottery bonds zlosovateľné obligácie
low am. najnižší bod; najnižšia úroveň
~ **budget** nízky rozpočet
~ **grade** nízka kvalita
~**-inflation country** krajina s nízkou mierou inflácie
~ **interest** nízky úrok
~**-paying job** podradná práca; slabo platená práca
~**-performance** nízkovýkonný
~**-priced** lacný
~**-range wages** nízke mzdy
~**-risk assets** málo rizikové aktíva
~ **shares** akcia s nízkym kurzom
~**-value coin** mincová zliatina
~**-wage country** krajina s nízkymi mzdami
~ **water** depresia; kríza
~**-yield** málo výnosný
lower znížiť; redukovať; klesať
~ **rate interest** znížiť úrokovú mieru
~ **the discount** znížiť diskontnú sadzbu
~ **the price** znížiť cenu
~ **the rate of interest** znížiť úrokovú mieru
~ **the wage** znížiť mzdu
lowering consumer prices zníženie spotrebných cien
lowest offer najnižšia ponuka
~ **price** najnižšia cena
loyal observance of a treaty dodržanie zmluvy
luggage insurance poistenie batožiny
lump sum celková (paušálna) suma (čiastka); paušál; jednorázové plnenie
~**-sum gain** paušálny zisk
~ **sum purchase** nákup celkovej čiastky; jednorazový nákup
~**-sum tax** paušálna daň
luxury prepych
~ **tax** daň z prepychu (z luxusu)

M

MO indikátor peňažnej zásoby (mince, papierové peniaze a operatívne prostriedky bánk u centrálnej banky)
M1 indikátor peňažnej zásoby (hotovosti a depozitá)
M2 M1 + vklady s výpovednou lehotou nízkych hodnôt
M3 M2 + vklady s výpovednou lehotou veľkých hodnôt
machine počítač; stroj; strojový
~ **accounting** strojové účtovníctvo
~**-building** strojárstvo
~**-hour rate** strojová hodinová sadzba
~ **processing** spracovanie strojom; strojové spracovanie
machinery investments strojové investície
machines reliability spoľahlivosť strojov
macroeconomic makroekonomický
~ **equilibrium** makroekonomická rovnováha
~ **modelling** makroekonomické modelovanie
~ **planning** národohospodárske plánovanie
macroeconomics makroekonomika
mad money slang. drobné peniaze; peňažná rezerva
made abroad cudzokrajný (zahraničný) výrobok
~ **bill** cudzia zmenka
~ **in st.** vyrobené v ...
~ **out to order** zhotovený na objednávku
~ **payable at st.** splatné u ...
~ **to order** na objednávku
magazine zásobník; sklad; zásobný
magic mortgage kúzelná (magická) hypotéka
~ **sixes** magické šestky (skupina akcií)
magnetic account magnetické konto
~ **record** magnetický záznam
~ **recorder** magnetofón
~ **tape recorder** magnetický páskový záznamník (zapisovač)
~ **tape typewriter** písací stroj s magnetickou páskou
magnification zväčšenie veľkosti
magnificent nádherný; veľkolepý
magnitude veličina; hodnota; veľkosť
mail pošta (zásielky); pošta (inštitúcia); elektronická pošta; odoslať; poštový
~ **advertising** propagácia poštou
~ **bag** brit. poštové vrece
~ **bound to** pošta do
~ **box** poštová schránka
~ **branch** am. podateľňa; výpravňa; expedícia
~ **carrier** am. poštár; poštový doručovateľ
~ **charges** porto; poštovné
~ **clerk** doručovateľ korešpondencie (v podniku)
~ **deposit** vklad zaslaný poštou
~ **inserter** obálkovací stroj
~ **matter** am. poštové zásielky
~ **message** správa elektronickej pošty
~ **order (MO)** poštový príkaz
~**-order business** zásielkový obchod
~**-order catalog** katalóg zásielkového domu
~**-order department** zásielkové oddelenie
~**-order retailer** zásielkový maloobchodník; (maloobchod)
~**-order wholesaler** zásielkový veľkoobchodník; (veľkoobchod)
~ **posting** poštová zásielka
~ **room** poštové oddelenie; podateľňa
~ **shot** reklamné listy zasielané poštou
~ **survey** prieskum poštou
~ **tail** koniec správy elektronickej pošty
~ **teller** poštový úradník
~ **transfer** písomná (poštová) úhrada; poštový prevod
mail: by mail poštou
~ **by registering mail** am. doporučene
~ **by return mail** obratom pošty
~ **via the regular mail stream** obyčajnou poštou
mailbox stredisko (schránka) elektronickej pošty
mailgram elektronická správa
mailing poštová zásielka
~ **list** zoznam adries; adresár
mailroom poštové oddelenie podniku
main hlavná časť; hlavný rozvádzač; sila; moc; hlavný; mocný; silný
~ **budgetary item** hlavný rozpočtový článok
~ **cash box/teller** hlavná pokladnica
~ **cash office** hlavná pokladňa
~ **center** hlavné stredisko
~ **document** hlavný dokument
~ **exchange** hlavná ústredňa
~ **location** hlavné sídlo
~ **office** ústredie; riaditeľstvo; centrála
~ **product** hlavný výrobok
~ **scheduling routine** hlavný rozvrhovací program
~ **supplier** hlavný dodávateľ
mainstay opora
maintain position on the market udržiavať pozíciu na trhu
~ **sb.'s claim** trvať na požiadavke niekoho
~ **the prices** udržať ceny
maintenance údržba; aktualizácia; podpora; udržiavací
~ **agreement** zmluva o údržbe
~ **bond** záručný záväzok
~ **charges** náklady na údržbu
~ **costs** náklady na údržbu
~ **management** riadenie údržby

~ **of accounts** vedenie účtov
~ **of the production process** udržanie výroby v chode
~ **scheme** zásobovací plán; plán zásobovania
~ **service** technická údržba
majestic majestátny
major official úradník vyššej hodnosti
~ **overhaul** generálna oprava (stroja); hlavná prehliadka (motoru)
~ **pointer** hlavný ukazovateľ
~ **product** hlavný výrobok
~ **task** hlavná úloha
~ **total** hlavný súčet
majority väčšina; plnoletosť; dospelosť; väčšinový; majoritný
~ **function** majoritná funkcia
~ **holding** väčšinová časť (akcií); väčšinové držanie akcií
~ **of votes** väčšina hlasov
~**-owned subsidiary** väčšinovo vlastnená dcérska spoločnosť
~ **rule** princíp väčšiny; väčšinové pravidlo
~ **stockholders** majoritní akcionári (vlastníci viac ako 50% akcií)
~ **vote** rozhodnutie väčšinou hlasov
majority: in the majority of cases vo väčšine prípadov
~ **to be in the majority** byť vo väčšine
make druh; značka; dielo; výrobok; povýšenie; menovanie; primäť; prinútiť; zostaviť; vystaviť (listinu); získať; zarobiť; odhadovať
~ **a bargain** uzavrieť obchod; kúpiť (lacno); urobiť terno
~ **a bid** ponúknuť
~ **a bid for st.** prihodiť (v dražbe)
~ **a code** zostaviť kódex (pravidiel)
~ **a contract** uzavrieť zmluvu
~ **a contribution** poskytnúť príspevok
~ **a counteroffer** podať protiponuku
~ **a deal** uzavrieť obchod
~ **a decision** urobiť rozhodnutie
~ **a default** byť v odklade; meškať
~ **a deposit** zložiť kauciu; vložiť vklad
~ **a false calculation** prepočítať sa
~ **a firm offer** urobiť záväznú ponuku
~ **a fraudulent claim** uplatniť podvodný nárok
~ **a loan** poskytnúť pôžičku
~ **a market** získať odbyt; organizovať trh
~ **a policy** uzavrieť poistku
~ **a profit** mať zisk; dosiahnuť zisk; zarobiť; získať
~ **a reduction** zľaviť
~ **a remittance** poukázať úhradu
~ **a request** podať žiadosť
~ **amendments for st.** odškodniť za niečo
~ **amends** poskytnúť odškodné; odškodniť
~ **an abatement** zľaviť
~ **an allowance** poskytnúť zľavu
~ **an application** podať (si) žiadosť
~ **an audit** urobiť vyúčtovanie
~ **an entry** zapísať položku do účtovnej knihy; urobiť záznam; zaknihovať
~ **an estimation of costs** urobiť odhad (predbežný rozpočet) nákladov
~ **an offer** ponúknuť; urobiť ponuku
~ **an order** urobiť objednávku
~ **charge for st.** zúčtovať niečo; účtovať za niečo; zaúčtovať niečo
~ **claims to** robiť si nároky na
~ **compensation of (for)** nahradiť niečo; kompenzovať
~ **delivery of goods** dodať tovar
~ **enquiries** spytovať sa
~ **entry** poznamenať; zapísať; odovzdať lodné papiere na colnici; vyhotoviť colné prehlásenie
~ **full** doplniť; dopĺňať
~ **gains** dosahovať zisky
~ **good** mať úspech (zdar); zaplatiť obligáciu alebo dlh
~ **inventory** uskutočniť inventúru; vykonať inventúru
~ **money** zarobiť si peniaze; zbohatnúť
~ **money on st.** zarábať na niečom
~ **out** vystaviť (faktúru); stanoviť; tvrdiť; vyvážať
~ **out a bill** vydať faktúru
~ **out a credit note** vystaviť dobropis
~ **out an account** vystaviť účet
~ **out an invoice** vystaviť faktúru
~ **out duplicate** vyhotoviť dvojmo
~ **over** prerobiť
~ **provision** vytvoriť rezervu; rezervovať
~ **reduction** poskytnúť zľavu
~ **returns** podať priznanie k dani
~ **right** presadiť sa
~ **st.** dotiahnuť to niekam; vypracovať sa; navštíviť ako obchodný agent
~ **the cash** realizovať skonto
~ **up** zostaviť; zhotoviť; vystaviť; vydať; vymyslieť
~ **up deficit** vyrovnať schodok
~ **up for** nahradiť; kompenzovať
~ **up for st.** nahradiť niečo
~ **up one's mind** rozhodnúť sa
~ **void** zrušiť
~ **withdrawals** vyberať (z účtu)
~**-work** zbytočná práca (zadaná, aby robotníci nezaháľali)
maker výrobca; tvorca; producent; zhotoviteľ; vystavovateľ
makeup day reportný deň
making tvorba
~ **a price** tvorenie cien
~**-up day** reportný deň (pre prolongačné obchody na burze)
~**-up price** dohodnutá cena; likvidačný kurz pri prolongačných obchodoch
makings výrobok; zisk

maladministration zlé hospodárenie, riadenie
malfunction funkčná porucha; chybná funkcia; nefungovať
~ **time** prestoj; stratový čas
malleable capital tvárny kapitál
malversation malverzácia; sprenevera; defraudácia; zneužitie úradnej moci; úplatkárstvo
man muž; človek; pracovník; obsluhovať (zariadenie)
~**-day** pracovný deň; slang. človekodeň
~ **effort** počet pracovníkov
~**-hour** pracovná (normovaná) hodina; normohodina; pracovná hodina na jedného pracovníka
~**-hour output** hodinová produkcia; hodinový výkon
~**-made** vytvorený človekom
~ **management** riadenie pracovníkov
manage riadiť; hospodáriť; ovládať; dosiahnuť niečo
~ **a firm** viesť firmu
~ **an account** viesť účet
managed by proxy riadené prostredníctvom zástupcu
~ **currency** riadená mena
management správa; vedenie; riadenie; manažment; riadiaci aparát; riaditeľstvo; predstavenstvo; hospodárenie
~ **account** prevádzkový účet
~ **accounting** účtovníctvo managementu
~ **agreement** súhlas vedenia (podniku); prevádzková zmluva
~ **audit** kontrola managementu
~ **buyout** kúpa spoločnosti (podniku) vlastným podnikovým vedením
~ **by motivation** riadenie motiváciou
~ **by objectives (MBO)** riadenie podľa cieľov
~ **by planning and control** plánovité riadenie
~ **charge** správny poplatok
~ **consultant** poradca pre oblasť riadenia
~ **cost** náklady na riadenie
~ **decision** rozhodovacia funkcia vedenia (podniku); rozhodnutie manažmentu
~ **fee** manažérsky poplatok
~ **games** manažérske (podnikové) hry
~ **information system (MIS)** informačný systém pre potreby riadenia; manažérsky informačný systém
~ **instruments** nástroje riadenia
~ **involvement** zainteresovanie riadiacich pracovníkov
~ **of cooperative** predstavenstvo družstva
~ **of property** hospodárenie s majetkom
~ **personnel** riadiaci (vedúci) pracovníci
~ **policy** stratégia riadenia podniku
~ **science** veda o riadení
~ **stock** správny kapitál; manažérske akcie
~ **theory** teória riadenia
~ **training** zaškoľovanie riadiacich pracovníkov
~ **trust** investičný syndikát
manager manažér; riaditeľ; vedúci pracovník; správca; riadiaci program
manager's assistant námestník riaditeľa
manageress manažérka; riaditeľka
managerial accounting manažérske rozhodovanie; účtovný systém pre riadenie
~ **skill** manažérska odbornosť
managership funkcia riaditeľa (manažéra); manažérstvo
managing board správna rada
~ **body** riadiaci orgán
~ **clerk** referent
~ **director** delegovaný administrátor; podnikový riaditeľ
mandate plná moc; mandát; splnomocnenie; príkaz
mandatory entry povinný zápis
~ **minimum reserves** povinné minimálne rezervy
~ **sharing** povinná spoluúčasť
manifestation prehlásenie; oznámenie; vyhláška
manifold a document rozmnožiť dokument
~ **paper** preklepový papier; rozmnožovací papier
manifolder rozmnožovací prístroj
manipulate manipulovať; spracovať; operovať (s číslami); falšovať
manipulated advance umelo vyvolaný vzostup
manipulation manipulácia; spracovanie; falšovanie
manning personál; pracovníci
manoeuvrability ovládateľnosť; riaditeľnosť
manpower pracovná sila; ľudský potenciál
~ **policy** regulácia pracovných síl
~ **training** školenie pracovných síl
manshift smena jedného pracovníka
manual príručka; ručný
~ **accounting** ručné účtovníctvo
~ **of operation** operačná príručka; prevádzkový manuál
~ **workers** robotníci
manufactory manufaktúra; výrobňa; továreň; výrobný závod
manufacture výroba; výrobok; vyrábať; vytvárať
~ **control** operatívne riadenie; riadenie výroby
manufactured advance umelo vyvolaný vzostup
~ **goods** vyrábaný tovar; priemyselný tovar
manufacturer's price továrenská cena
~ **resale price** predajná cena pre spotrebiteľa stanovená výrobcom
manufacturing account výrobný účet;

účet výroby
~ **center** výrobné stredisko
~ **costing** kalkulácia nákladov na výrobu
~ **cost(s)** výrobné náklady
~ **engineer** prevádzkový inžinier
~ **entity** výrobný podnik; výrobná jednotka
~ **industries** výrobné odvetvia
~ **manager** vedúci výroby
~ **schedule** výrobný časový plán; výrobný harmonogram
~ **secret** výrobné tajomstvo
~ **wages** výrobné mzdy
manumatic poloautomatický
maple leaf kanadská zlatá minca
marge a terme fr. pre budúce rozpätie
~ **up** kryť cenné papiere zálohou proti kolísaniu kurzov
margin rozpätie; rozdiel; prirážka; záloha; suma; prebytok; zisk; rozdiel medzi nákupnou a predajnou cenou; marža; minimálny zisk; rozdiel medzi úrokovou mierou u pôžičky a u vkladov
~ **account** maržové konto
~ **between the buying and selling price** kurzové rozpätie
~ **buying** lehotový špekulatívny nákup
~ **call** výzva na dodatkovú úhradu pri termínovaných obchodoch na burze
~ **of dumping** dumpingové rozpätie
~ **of profit** ziskové rozpätie; zisková prirážka
~ **tariffs** sadzby obchodného rozpätia
~ **transaction** nákup a predaj cenných papierov na burze
margin: buying on margin am. lehotový špekulatívny nákup
marginal borrower požičiavateľ do určitého limitu
~ **buyer** kupujúci do určitého limitu
~ **cost** hraničné náklady; marginálne náklady
~ **cost pricing** ocenenie marginálnych nákladov; tvorba cien podľa hraničných nákladov
~ **costing** kalkulácia prírastkových nákladov
~ **credit** hraničný úver
~ **disutility of labour** hraničná intenzita práce
~ **efficiency** hraničná efektívnosť
~ **efficiency of capital** marginálna (hraničná) účinnosť kapitálu
~ **factor cost** hraničné náklady výrobného faktoru
~ **land** sotva rentabilná pôda
~ **lender** požičiavateľ do určitého limitu
~ **pricing** cenová tvorba podľa hraničných nákladov
~ **producer** marginálny (nízko produktívny) producent
~ **product revenue** tržba z hraničného produktu
~ **profit** prírastkový (marginálny, hraničný) zisk
~ **propensity to consume (MPC)** hraničný sklon k spotrebe (prírastok spotreby v pomere k prírastku dôchodkov)
~ **propensity to invest (MPI)** hraničný sklon k investíciám
~ **propensity to save (MPS)** hraničný sklon k úsporám
~ **return to capital** hraničná výnosnosť kapitálu (investícií)
~ **revenue** prírastková tržba; hraničný dôchodok; marginálny príjem; marginálny výnos
~ **seller** predávajúci do určitého limitu
~ **tax rate** marginálna daňová sadzba; prírastková daňová sadzba
~ **trading** marginálny obchod
~ **utility theory** marginalizmus; teória hraničného úžitku
margined securities maržové cenné papiere
margins rozdiel medzi hrubou a čistou hodnotou príjmu; rozpätie
marine insurance námorné poistenie
mark down zrážka; zľava; záznam o znížení cien
~ **down prices** znížiť ceny
~ **signature** podpis značkou
~ **the market** známkovať trh; hodnotiť trh
~ **time** situácia, keď ceny nevykazujú žiadny trend (smer)
~**-up pricing** tvorba cien podľa hraničných nákladov
~ **up the price** zvýšiť cenu
markdown zrážka; zľava; záznam o znížení cien
~ **cancellation** zrušenie zľavy
~ **loss** strata, ktorá vznikla znížením ceny
marked cheque potvrdený šek
marker značka; príznak; značkovač; tabuľka; slang. zmenka; značkovací; značkový
market trh; obchod; trhová cena; obchodovať
~ **acceptance** akceptácia na trhu
~ **analysis** analýza trhu
~ **area** oblasť trhu; odbytová oblasť
~ **audit** kontrola trhu
~ **behavior** správanie sa trhu; trhové správanie sa
~ **capitalization** burzová kapitalizácia (hodnota)
~ **channels** odbytové kanály; odbytové cesty
~ **condition** situácia na trhu; stav trhu
~ **cycle** trhový cyklus
~ **delineation** popis trhu
~ **demand** dopyt na trhu; trhový dopyt
~ **depression** tlak na ceny; stláčanie cien
~**-directed economic system** trhová ekonomika

~ **discount** súkromný diskont
~ **dues** trhové poplatky
~ **economy** trhové hospodárstvo; trhová ekonomika
~ **entry price** vstupná cena
~ **equilibrium** trhová rovnováha
~ **expenditure** trhové výdavky
~ **factors** trhové faktory
~ **financing** financovanie trhu; trhové financovanie
~ **fluctuations** výkyvy trhu
~ **fund** trhový fond
~ **hall** tržnica
~**-if-touched order (MIT)** trhový príkaz na okamžité realizovanie kúpy/predaja
~ **index** trhový index
~ **indicators** trhové ukazovatele
~ **interest rate** trhová úroková sadzba
~ **investigation** prieskum trhu
~ **is off** slang. trh je v ťahu
~ **leaders** vedúce cenné papiere
~ **letter** trhový list
~ **liquidity** likvidita trhu
~ **maker** tvorca trhu (peňažný ústav preberajúci zodpovednosť za určité cenné papiere, pri ktorých stanovuje nákupné aj predajné kurzy); člen burzy
~ **mechanism** trhový mechanizmus
~ **needs** potreby trhu
~ **net demand** čistý trhový dopyt
~ **off** pokles trhu
~ **order** trhový príkaz
~**-oriented economy** trhové hospodárstvo
~ **outlet** odbytisko; odbytová možnosť
~ **overt** voľný trh
~ **penetration** preniknutie na trh
~ **place** trhovisko
~ **potential** trhový potenciál
~ **price** trhová cena; bežná cena
~ **profit** trhový zisk
~ **report** trhová správa
~ **research** prieskum trhu
~ **research by territories** teritoriálny prieskum
~ **salesman** ambulantný obchodník; trhovník
~ **saturation** nasýtenie trhu
~ **securities** predajné cenné papiere; obchodovať s cennými papiermi
~ **segmentation** segmentácia trhu
~ **share** podiel na trhu
~ **shuttled back and forth** trh kolísal dole a hore
~ **stabilization** stabilizácia trhu
~ **supply** ponuka na trhu; trhová ponuka
~ **swing** výkyv trhu
~**-to-book ratio** pomer trhovej ceny akcií a vlastného majetku pripadajúceho na akciu
~ **value** trhová hodnota
~ **vs. quote** trh proti kurzovému záznamu

market: a high market potential for veľké možnosti odbytu niečoho
~ **to have a ready market** ísť dobre na odbyt
marketability predajnosť
marketable article predajný tovar
~ **notes** ľahko predajné cenné papiere
~ **securities** ľahko predajné (obchodovateľné) cenné papiere
marketing marketing; odbyt
~ **approach** marketingový prístup
~ **attitude** marketingový postoj
~ **board** štátna obchodná agentúra
~ **campaign** odbytová kampaň
~ **cooperative** predajné družstvo
~ **cost** odbytové náklady; odbytová réžia
~ **information system (MIS)** marketingový informačný systém
~ **intelligence** marketingové informácie
~ **management** marketingové riadenie
~ **mix** marketingový mix (komplex) (súbor zložiek a postupov pôsobiacich na trh)
~ **mix (product, price, place, promotion)** marketingový mix (výrobok, cena, distribúcia, propagácia)
~ **policy** odbytová politika; obchodná politika
~ **potential** trhový potenciál
~ **price** trhová cena
~ **research** marketingový prieskum trhu
~ **strategy** odbytová stratégia
marketplace trh
marking sign označenie tovaru; značka
markka menová jednotka Fínska
Markov chain (Markov's chain) markovovský reťazec
~**-renewal programming** programovanie obnovy pomocou markovovských procesov
marks to the market známkovanie trhu
markup prirážka; obchodné rozpätie; rozdiel medzi nákupnou a predajnou cenou tovaru; marža
~ **ceiling** maximálna obchodná prirážka
~ **pricing** tvorba cien pomocou prirážky
marque obchodná značka
marshaling of assets usporiadanie aktív
Marxian economics marxistická ekonómia
mass consumption goods tovar širokej (hromadnej, masovej) spotreby
~ **marketing** masový marketing
~ **production** hromadná výroba; veľkovýroba; masová výroba
~ **unemployment** masová nezamestnanosť
master zamestnávateľ; učiteľ; prednosta súdu; ovládať; hlavný; základný; univerzálny
~ **budget** podnikový (hlavný, celkový, súhrnný) rozpočet
~ **lease** hlavná zmluva o prenájme
~ **policy** hlavná poistka

~ **summary** podnikový rozpočet
~ **tariff** hlavná (základná) tarifa
Mastercharge kreditná karta (obch. značka)
match the needs of the market kryť potreby trhu
matched and lost porovnané a stratené; losovanie v prípade, ak sú súčasne podané dve ponuky kúpy rovnakých akcií
~ **sale-purchase agreements** porovnané dohody o predaji a nákupe
matching zrovnávanie kontraktných kúp a predajov na termínovom trhu; prispôsobenie
matchless bezkonkurenčný; jedinečný
material materiál; podstatný; hmotný; významný; vecný
~ **account** vecný účet
~ **accounting** skladové (materiálové) účtovníctvo
~ **assets** hmotné fondy
~ **budget** rozpočet zásob a spotreby materiálu
~ **burden** materiálová réžia
~ **cost** materiálové náklady
~ **fact** rozhodujúca súčasť zmluvy
~ **goods** hmotný majetok
~ **in process** rozpracovaný materiál
~ **in way** materiál na ceste
~ **interest** hmotná zainteresovanosť
~ **issue slip** výdajka (materiálu); odberný lístok
~ **ledger sheet** skladový list
~ **product** hmotný (+ spoločenský) produkt
~ **product system** systém bilancií materiálového produktu
~ **records** skladové účtovníctvo; skladová evidencia
~ **return slip** návratka (materiálu)
~ **supply** materiálno-technické zásobovanie
~ **usage** spotreba materiálu
~ **value/performance ratio** podiel hodnoty materiálu na dosiahnutých výkonoch
~ **welfare (well-being)** hmotný blahobyt
~ **withdrawal** odber materiálu; výber materiálu
matrimonial regime vlastnícke vzťahy v manželstve
matter vec; predmet; záležitosť; hmota; látka; sadzba; mať význam
matter: for that matter čo sa toho týka
mature stať sa splatným (zmenka); dospelý
~ **economy** zrelá ekonomika; vyspelé hospodárstvo
matured bonds payable splatné neuhradené obligácie
maturity splatnosť (pohľadávky); zrelosť; vyzretosť; dospelosť
~ **date** dátum splatnosti; deň (lehota) splatnosti
~ **day** deň splatnosti
~ **distribution of loans and securities** rozloženie splatnosti pôžičiek a cenných papierov
~ **gap exposure** riziko rôznych splatností
~ **index** termínovník
~ **of bill** splatnosť zmenky
~ **of bond** splatnosť obligácie
~ **of loan** splatnosť pôžičky
~ **tickler** termínovník
~ **transformation** termínovaná premena, transformácia
~ **value** hodnota v deň splatnosti
maturity: at maturity pri splatnosti
maximal efficiency maximálna účinnosť
~ **output** maximálny (najvyšší) výkon; hraničný výkon
maximum ceiling price maximálna (úradne stanovená) cena
~ **load** najvyššie prípustné zaťaženie
~ **price** maximálna cena
~ **value** najvyššia hodnota
May, August, November, February (MANF) máj, august, november, február (štvrťročné platenie úrokov alebo dividend)
maze ír. miera pre slede (630 kusov)
me-too product napodobnený výrobok
mean priemerná hodnota; priemer; stred; priemerný; stredný
~ **access time** priemerná vybavovacia doba
~ **business** špinavý obchod; myslieť to vážne
~ **competition** špinavá konkurencia
~ **consumption** priemerná spotreba
~ **life** priemerná životnosť
~ **power** priemerný (stredný) výkon
~ **price** priemerná cena
~ **refresh time** stredná doba obnovy
~ **repair time** stredná doba opravy
~ **value** stredná hodnota
means majetok; test (preverovanie) majetkových pomerov; prostriedky
~ **of circulation** obeživo; obežné fondy; obežné prostriedky
~ **of payment** platobné prostriedky; platidlo
measure opatrenie; rozsah; výmer
~ **of consumption** miera spotreby
~ **of value** meradlo hodnoty
measurement of cost zisťovanie vlastných nákladov
meat tax daň z mäsa
mechanical bookkeeping mechanické účtovníctvo
mechanism of management mechanizmus riadenia
media prostriedky
median stredná hodnota; priemerný; medián
~ **annual earnings** priemerný ročný plat

mediated loans sprostredkované úvery
mediator prostredník; sprostredkovateľ
Medicaid am. nemocenské poistenie
Medicare am. nemocenské poistenie
medium of circulation obeživo
~ **of exchange** prostriedok výmeny; platobný prostriedok
~**, other than cash** prostriedok iný ako hotovosť
~**-priced goods** tovar v strednej cenovej polohe
~**-term credit** strednodobý úver
meet zaplatiť; vyrovnať; uhradiť; vyhovieť; uspokojiť; stretnúť sa
~ **a bill** zaplatiť účet (zmenku)
~ **a debt** vyrovnať dlh
~ **a demand** uspokojiť dopyt
~ **a draft** preplatiť zmenku
~ **a liability** splniť záväzok
~ **claims** vyhovieť reklamácii
~ **demand** uspokojiť dopyt
~ **one's obligations** splniť svoje záväzky
~ **the costs** hradiť výdavky
~ **the deadline** dodržať konečný termín; splniť termín
~ **with a ready sale** ísť dobre na odbyt
meeting bond interest and principal včasné zaplatenie úroku, obligácie a istiny
~ **criteria** dodržiavanie kritérií
~ **of creditors** zhromaždenie veriteľov; likvidačné konanie
mega milión
megabuck slang. milión dolárov
melon slang. veľký profit; výhra; mimoriadna dividenda
member bank členská banka
~ **firm** členská firma; obchodná firma na burze
member's rate členská sadzba
member: to be named a member (of) byť menovaný za člena
membership členstvo; personálne zloženie (orgánu); členský
~ **dues (fees)** členské príspevky
membership: all those outside membership všetci nečlenovia
memo viď: memorandum
~ **entry** interný zápis
memorandum listina; stanovy; evidenčný
~ **account** evidenčný účet
~ **check** evidenčný šek
~ **of association** protokol o založení akciovej spoločnosti; zakladacia listina
~ **of foundation** zakladateľská zmluva
~ **percentages** franšisové percentá
memory pamäť; spomienka; vnútorná pamäť počítača; pamäťový
menu ponuka; menu; ponukový systém
mercantile obchodný; kupecký; merkantilistický
~ **agency** obchodné zastupiteľstvo; spravodajská (úverová) kancelária
~ **law** obchodné právo
~ **paper** obchodná listina
~ **profit** obchodný zisk
~ **rate of return** obchodná návratnosť; obchodná výnosová miera
mercantilism merkantilizmus
mercantile exchange obchodná burza
mercery metrový tovar; obchod s metrovým tovarom
merchandise realizovať obchodnú činnosť; robiť reklamu; tovar; obchodovať
~ **broker** sprostredkovateľ predaja
merchandiser reklamný odborník
merchandising technika obchodovania; fyzická distribúcia tovaru
~ **budget** rozpočet obchodnej činnosti
~ **manager** obchodný riaditeľ; ekonomický námestník
merchant obchodník; kupec; veľkoobchodník; obchodník so zahraničím; obchodný; kupecký
~ **accounting** obchodné účtovníctvo
~ **affiliate** obchodný člen
~ **agreement** obchodná dohoda
~ **bank** obchodná banka
~ **collusion** tajná obchodná dohoda
~ **deposit transmittal (MDT)** prenos obchodných vkladov
~ **directory** zoznam obchodníkov
~ **discount** obchodný diskont
~ **fraud** podvod obchodníka
~ **middleman** sprostredkovateľ, ktorý preberá výrobky do svojho vlastníctva
~ **outlet** obchodný podnik
~ **rebate** obchodníkov rabat
~ **volume** obchodný objem
~ **wholesaler** veľkoobchodník
merchantable quality trhová akosť
merchanting zahraničný obchod
merge fúzia; splynutie; spojenie; spojiť (sa)
merger absorpcia; zlúčenie; fúzia; splynutie; združenie; podnik vzniknutý fúziou
merit zásluha; vhodná vlastnosť; cena; mzda; prednosť; výhoda; prínos; prospešnosť; hmotne právna skutková podstata; zaslúžiť si
~ **goods** nadradené majetky
~ **increase (pay)** zaslúžené zvýšenie platu
~**-pay schemes** systémy úkolovej mzdy
~**-rate** hodnotiť niekoho; posudzovať
~ **reward** zaslúžiť si odmenu
~ **system** systém kvalifikačných skúšok (pri povyšovaní v štátnej službe)
merits of the case podstata veci
merits: on the merits vo veci samotnej
mesne profit výťažok v medzidobí
message správa; prenášaná správa; hlásenie; odkaz; posolstvo; reklama (v televízii, v rozhlase); oznamovací

~ **amount** hlásená suma
~ **call** hovor na výzvu
~ **drain** únik správ
messenger posol; kuriér
~ **call** am. hovor na výzvu
met demand uspokojený dopyt
metallic standard kovová mena
metered mail poštová zásielka vyplatená a orazená frankotypom
metering taxes vymeriavanie daní
method metóda; postup; spôsob
~ **of approach** aproximačná metóda
~ **of average time** metóda aritmetického stredu
~ **of calculation** metóda výpočtu
~ **of control** riadiaca metóda
~ **of least squares** metóda najmenších štvorcov
~ **of operation** spôsob práce; pracovný postup; prevádzková metóda
~ **of operational analysis** metóda operačnej analýzy
~ **of sliding numbers** metóda kĺzavých veličín
~ **of the mode** metóda najčastejšieho výskytu
~ **of valuation** spôsob ocenenia
~ **of working** spôsob práce; pracovná metóda; spôsob spracovania
~ **study** systémová štúdia; pracovná štúdia
method: to define methods stanoviť metódy
methodical management of accounting metodické riadenie účtovníctva
methodology of accountancy metodika účtovníctva
mezzanine financing rizikové, ale výnosné financovanie nákupu firmy
Michigan roll slang. balík papierových peňazí
micro-hedge mikrozabezpečenie
microeconomic decision mikrorozhodnutie
microeconomics mikroekonómia; mikroekonomika
microeconomy mikroekonomika
micromarketing mikromarketing
mid stred; stredný; prostredný
~**-link** stredný článok
~**-rate** stredný kurz; kurz stred
midday quotations poludňajšie kurzy
middle stred; stredný; prostredný
~ **management** stredná úroveň riadenia
~ **name** druhé krstné meno; charakteristická vlastnosť
~ **price** stredný kurz
~**-range wages** stredné mzdy
middleman sprostredkovateľ; prostredník
~ **services** sprostredkovateľské služby
middling quality stredná kvalita
midrange stredný rozsah; stred rozpätia
migration migrácia; sťahovanie; presun (stránok pamäti); elektromigrácia
~ **of capital** pohyb, presun kapitálu
mil tisícina palca
mile míľa
mileage duty poplatok za prejdenú míľu
milking vykorisťovanie; vysávanie
mill továreň; závod; mlyn; aritmetická jednotka; tisícina dolára
~ **base system** základný cenový systém (franko továreň)
millennium tisícročie
milli tisícina
milliard brit. miliarda
millimicrosecond nanosekunda (ns)
milling ryhovanie; vrúbkovanie
mimeo cyklostylovaný obežník; cyklostylovaný
minibranch minipobočka
minimal government minimálna vláda; „lacná" vláda
minimax minimax (základný algoritmus v teórii hier); minimaxový
minimum (mn. č. minima) minimum; najmenšie množstvo; minimálny
~ **balance** minimálny zostatok
~ **charge** minimálny poplatok
~ **cost** minimálne náklady
~ **payment** minimálna splátka
~ **permissible level of wages** minimálna povolená úroveň miezd
~ **property standards** minimálne majetkové normy
~ **rate** minimálna sadzba
~ **subscription** minimálne upísanie podielov
~ **wage** minimálna mzda
~ **wage fixing** stanovenie minimálnych miezd
~ **wage rates** minimálne mzdové sadzby
mining plant banský závod
~ **share** podiel na banskom podnikaní
minister minister; diplomatický zástupca
~ **plenipotentiary** splnomocnený minister
ministry ministerstvo
minor kontrola I. stupňa (skupinová); menší; menšinový; minoritný; druhoradý; menej závažný; neplnoletý; pomocný (index, dáta); malý (cyklus); vedľajší (vektor, porucha)
~ **coins** drobné (mince)
~ **structure** subštruktúra
~ **total** súčet najnižšej úrovne
minority control kontrola menšinou
~ **investment** menšinová investícia
~ **stockholder** menšinový akcionár
minority: to be in the minority byť v menšine
mint mincovňa; raziť (mince)
~ **mark** značka mincovne
~ **price of gold** mincová cena zlata

mintage razenie (mincí); kovové obeživo; poplatok za razenie
minus mínus; záporné znamienko; záporný; odpočítací
~ **asset** záporné aktívum
~ **sign** záporné (mínusové) znamienko (-)
minute book záznamová kniha
minutes protokol; zápis
~ **of a meeting** zápisnica zo schôdze
mirror account zrkadlový účet
mis-ops nesprávne operácie
misappropriation defraudácia; sprenevera
~ **of funds** zneužitie zverených peňazí
miscarriage nezdar
miscellaneous articles rôzny (zmiešaný) tovar
~ **charges** rôzne poplatky
~ **chattel mortgage** zmiešaná hypotéka na hnuteľnosti
~ **expenses** rôzne (zmiešané) náklady
miscellaneuos stock zmiešané akcie
misconstruction nesprávny výklad
miscount chybne počítať; chybný výpočet
misdelivery nesprávna dodávka
misencoded payment zle kódovaná splátka
misentry chybný vstup
misguide uviesť do omylu
misleading advertising klamná, zavádzajúca reklama
mismanage zle hospodáriť
mismanagement zlé riadenie
mismatch nezhoda
misnumber nesprávne číslovať
misposting chybné zaúčtovanie
misprint chybná tlač; preklep; tlačová chyba
misrepresentation uvedenie do omylu; skreslené daňové priznanie; zle volený súbor; falošná informácia
miss the market zmeškať trh
missent item položka poslaná omylom do inej banky
missing goods chýbajúci tovar
~ **payment** chýbajúca splátka
missort chybne zatriediť
mistake in charging chyba vo výpočte poplatkov
misuse zneužiť; chybne používať
mixed account zmiešané konto; zmiešaný účet
~ **collateral** zmiešaná záruka
~ **currency** zmiešaná mena
~ **economy** zmiešaná ekonomika; zmiešané hospodárstvo
~ **property** zmiešaný majetok
mixing rates zmiešané sadzby
mobile shop pojazdná predajňa
mobilize and use labour mobilizovať a využívať pracovné sily
modal choice decisions rozhodovacie procesy
mode modus; mód; spôsob; režim; funkcia; metóda; prevádzkový
~ **of dispatch** spôsob odoslania
~ **of motion** úkon
~ **of operation** spôsob práce; pracovný postup
~ **of payment** spôsob platenia
~ **of processing** spôsob spracovania
~ **of production** spôsob výroby
model of consumption model spotreby
~ **of cyclical growth** model cyklického rastu
moderate riadiť diskusiu; predsedať diskusnej skupine; krotiť; mierniť; mierny; primeraný; priemerný
~ **inflation** mierna inflácia
~ **price** mierna (primeraná) cena
modern mixed economy moderná zmiešaná ekonomika
modified capitalism modifikovaný kapitalizmus
~ **cash refund annuity** modifikovaná anuita refundovaná v hotovosti
modify terms of a lease zmeniť podmienky nájomnej zmluvy
modular accounting package modulárny účtovnícky systém
modulus modul; absolútna hodnota; modulus
momentary equilibrium okamžitá rovnováha
~ **value** okamžitá hodnota
moncontributory neprispevkový
monetarism monetarizmus
monetarist monetarista
monetary peňažný; finančný; menový
~ **aggregate** peňažný agregát
~ **asset** peňažné aktívum
~ **base** peňažná základňa
~ **capital** peňažný kapitál
~ **circulation** peňažný obeh
~ **commission** finančná komisia
~ **compensatory amount** kompenzačná peňažná suma
~ **data** hodnotový údaj; peňažný údaj
~ **economy** peňažná ekonomika; peňažné hospodárstvo
~ **fund** menový (peňažný) fond
~ **indemnity** peňažná náhrada
~ **instability** labilita meny
~ **operations** peňažné operácie
~ **plan** menový plán
~ **policy** monetárna (peňažná) politika
~ **reform** menová reforma
~ **reserve** finančná rezerva; menová zásoba
~ **standard** menový štandard
~ **steps** menové opatrenia
~ **system** menový systém
~ **transaction** peňažná transakcia
~ **union** menová únia
~ **unit** menová jednotka

~ **upheaval** menový otras
~ **working capital** finančný prevádzkový kapitál; finančné aktíva
monetize speňažiť; raziť mince
monetizing the debt speňaženie dlhu
money peniaze; mena; peňažný
~ **advanced on wages** záloha na mzdy
~ **at call** peniaze splatné na požiadanie; denné peniaze
~ **baron** slang. pracháč
~ **bill** finančná predloha; osnova zákona; rozpočet
~ **broker** peňažný sprostredkovateľ; maklér
~ **capital** peňažný kapitál
~ **changer (dealer)** zmenárnik
Money-Commodities-Money circuit obeh peniaze-tovar-peniaze
money creation authority ceduľová banka; emisný ústav
~ **dealings** peňažné transakcie
~ **demand** peňažný dopyt; dopyt po peniazoch
~ **flow** tok peňazí; peňažný tok
~ **functions** funkcia peňazí
~ **funds** peňažné fondy
~ **go-round** obeh peňazí
~ **in circulation** peniaze v obehu
~ **income** peňažný dôchodok (príjem)
~ **interest rate** peňažná úroková sadzba
~ **laundering** pranie peňazí
~ **lent** požičané peniaze; pôžička
~**-marker** kapitalista; úspešný (výnosný) podnik
~ **market** peňažný trh; trh peňazí; trh krátkodobých cenných papierov
~ **market certificate (MMC)** certifikát peňažného trhu
~ **market deposit account** vkladový účet na peňažnom trhu
~ **market equilibrium** rovnováha peňažného trhu; rovnováha na trhu peňazí
~ **market fund (MMF)** peňažný trhový fond
~ **market instruments** nástroje peňažného trhu
~ **market mutual funds** vzájomné fondy na peňažnom trhu
~ **market rates** sadzby peňažného trhu
~ **market securities** cenné papiere peňažného trhu
~ **mass** množstvo peňazí
~ **of account** účtovná peňažná jednotka
~ **on call** peniaze splatné na požiadanie
~ **order (MO)** peňažná (poštová) poukážka
~ **penalty** peňažný trest; penále; pokuta
~ **price** cena peňazí
~ **rates** úrokové sadzby
~ **return** peňažný obrat; návrat peňazí
~ **stock** peňažná zásoba
~ **supply** peňažná masa (zásoba); množstvo peňazí v ekonomike; emisia peňazí; peňažná ponuka
~ **talks** slang. peniaze vládnu svetu
~ **transfer order** prevodný príkaz
~ **wage** čiastka miezd v peniazoch
money: at the money burzový pojem, kde základná cena sa rovná aktuálnemu kurzu základnej hodnoty
~ **to be short of money** mať málo peňazí
moneyed bohatý; peňažný
~ **capital** peňažný kapitál
moneylender požičiavateľ peňazí; úžerník
moneylending požičiavanie peňazí
moneymakerman hov. peňažník; finančník
monger obchodník alebo predavač (hanlivo)
monkey business machinácia; podvod
monoline špecializovaný na jedno odvetvie
monometallism monometalizmus; peňažný systém založený na jednom zo vzácnych kovov
~ monometalizmus
monopolistic monopolistický
~ **competition** monopolistická konkurencia
monopolize monopolizovať; získať monopol
monopoly monopol; monopolný; výlučný
~ **equilibrium** rovnováha monopolu
~**-monopsony system** systém monopolného dodávateľa, ktorý je zároveň monopolným odberateľom
~ **price** monopolná cena
monopoly: to hold a monopoly on st. mať na niečo monopol
month-end koncom mesiaca
monthly installment mesačná splátka
~ **investment plan (MIP)** mesačný investičný plán
~ **payment bonus account** konto prémií za mesačné platby
~ **payment loan** pôžička mesačných splátok
~ **salary** mesačný plat
~ **statement** mesačný výkaz
Moody's Bond Rating and Stock Quality Groups americká agentúra pre hodnotenie obligácií a kvality akcií
moola slang. prachy
moonlight slang. fuškár
moot sporný; problematický
moral hazard morálne riziko
~ **obligation** morálny záväzok
more: call of more opčný predaj po dvojnásobné množstvo
morning loan ranná pôžička; krátkodobý (denný) úver
mortality úmrtnosť
~ **tables for equipment** tabuľky prevádzkovej použiteľnosti (životnosti)
mortgage pôžička na nehnuteľnosť; hypotéka; pozastavenie; zaťažiť hypotékou
~ **administration** správa hypotéky
~**-backed securities** cenné papiere zaručené hypotékou
~ **bank** hypotekárna banka

Mortgage Bankers Association of America (MBA) Americká asociácia hypotekárnych bankárov
mortgage bond hypotekárny záložný list
~ **bonds** záložné listy
~ **broker** hypotekárny maklér
~ **certificate** záložný list; hypotekárny certifikát
~ **chattel** hypotéka na osobnom majetku
~ **credit** hypotekárny úver
~ **debenture** zálohový list; úpis
~ **debt** hypotekárny dlh
~ **department** hypotekárne oddelenie (vo finančných ústavoch)
~ **guarantee policy** poistka vydaná na zaručenú hypotéku
~ **insurance policy** poistná zmluva na hypotéku
~ **life insurance** hypotekárna životná poistka
~ **loan commitment** hypotekárny záväzok
~ **market** hypotekárny trh
~ **note** záložný list
~ **portfolio** zásoba (portfólio) hypotekárnych pôžičiek
mortgaged deed zálohový list; úpis; zmluva prostredníctvom hypotéky
mortgagee hypotekárny veriteľ
~ **clause** vinkulačná doložka
mortgager hypotekárny dlžník
mortgager(or) hypotekárny dlžník
mortmain nepredajný majetok; mŕtva ruka
most favoured nation clause (MFN) doložka najvyšších výhod
~**-favoured nation status** doložka najvyšších výhod
~**-favoured nation tariff treatment** doložka najvyšších výhod
~ **significant position** najvyššie platné miesto; najvyššie rádové číslo
mother hubbard clause doložka o dražbe
motivation motivácia
motor-driven motorový; motorický
~ **hull insurance** havarijné poistenie motorových vozidiel
~ **insurance** poistenie motorových vozidiel
~ **third party insurance (MTP)** poistenie zodpovednosti za škody z prevádzky motorových vozidiel
~ **trade** obchod s automobilmi
~ **truck** otvorené nákladné vozidlo
~ **vehicle tax** daň z motorového vozidla
mouse pointer ukazovateľ; kurzor myši
movable hnuteľnosť; osobný majetok; hnuteľný
~ **assets** hnuteľný majetok; hnuteľnosti
~ **exchange** pohyblivá mena
~ **property** hnuteľný majetok
movables hnuteľnosti
move pohyb; ťah; presun (dát); presúvať; presunúť; pohnúť (sa); navrhnúť; slang. prevážať (predávať) kradnutý tovar (kontraband); presúvací
~ **an amendment** uplatniť pozmeňovací návrh
~ **goods** prepravovať tovar
move: to be on the move byť v pohybe (ceny)
moved-base pohyblivá základňa (pri štatistických indexoch)
movement of goods preprava tovaru
~ **of the exchange rates** pohyb devízových kurzov
moving average kĺzavý priemer
mulct peňažný trest; pokuta; dať pokutu
multi viacnásobný; mnohonásobný
~**-option facility** facilita s mnohonásobnými opciami
multibank consortia bankové konzorciá
multicompany rôzne organizácie alebo firmy pod jednotným vedením
multicriterion viackriteriálny
multicurrency loan pôžička, ktorá sa skladá z viacerých mien
multifile viacsúborový
multifunction viacúčelový
multigraphed rozmnožený
~ **copy** rozmnožený výtlačok
multilateral agreement mnohostranná dohoda
~ **clearing** viacstranný (multilaterálny) clearing
~ **trade** multilaterálny obchod
~ **trade negotiations** mnohostranné obchodné rokovania
multilateralism multilaterálnosť
multilingual notes viacjazyčné bankovky
multimillionaire multimilionár
multinational nadnárodný
~ **corporation (MNC)** nadnárodná spoločnosť
~ **Co.** nadnárodná (mnohonárodná) spoločnosť
~ **monopoly** nadnárodný monopol
multinode mnohouzlový
multinominal mnohočlen; polynóm; mnohočlenný; polynomický
multiobjective problem úloha s viacerými účelovými funkciami
multipart stationery papier s viacerými kópiami
multiple násobok; opakovanie (typu); hromadný; spoločný; mnohonásobný; násobný; viacnásobný
~ **banking** mnohostranné bankovníctvo
~ **budget** rozšírený rozpočet
~ **capital structure company** spoločnosť s viacnásobnou kapitálovou štruktúrou
~ **correlation** viacnásobná korelácia; mnohonásobná štatistická korelácia
~ **currency clause** doložka viacerých mien

~ **currency practice** mnohostranná menová prax
~ **currency securities** cenné papiere vo viacerých menách
~ **currency system** systém viacerých obežív
~ **exchange rate** diferencovaný devízový kurz
~ **jobholding** súbežné zamestnanie
~ **ledger bookkeeping** dvojokruhové účtovníctvo
~**-line insurance company** zmiešaná poisťovňa
~ **management** mnohostranný management
~ **ownership** spoločné (kolektívne) vlastníctvo
~ **regression** viacnásobná regresia
~ **roots** viacnásobné korene
~ **selection** viacnásobný (mnohonásobný) výber
~ **shop** filiálkový obchodný dom
multiplication sign znamienko násobenia
multiplier násobiteľ; multiplikátor
multiply násobiť
multiproduct firm firma s viacerými výrobkami
multistage linear programming viacetapové lineárne programovanie
multivariate regression viacnásobná regresia
municipal bond dlžobný úpis vydaný štátom (miestnym úradom); komunálna obligácia; mestská obligácia
~ **budget** rozpočet orgánov miestnej správy
~ **lease** leasing oslobodený od daní uzavretý s verejnoprávnou organizáciou
~ **loan** komunálna pôžička
~ **loans** komunálne úvery
~ **tax** priame miestne dane
~ **taxes** komunálne dávky; miestne poplatky
municipals cenné papiere vládnej jednotky
munis wallstreetský slang pre všeobecné obligácie
mutilated currency poškodené obeživo
mutual advantage vzájomná výhoda
Mutual banks ľudové banky
mutual company vzájomná spoločnosť
~ **currency accounts** vzájomné menové účty
~ **fund** otvorený investičný fond
Mutual Institution National Transfer System, Inc. (MINTS) Národný prevodný systém vzájomných inštitúcií
mutual insurance company vzájomná poisťovňa
~ **mortgage insurance fund** vzájomný hypotekárny poisťovací fond
~ **relief association** vzájomná poisťovňa
~ **savings bank** vzájomná sporiteľňa; záložňa
mutual: by mutual consent po vzájomnej dohode
mutuality mutualita; vzájomnosť; vzájomné poistenie
myoptic decision krátkozraké rozhodnutie

N

n-adic n-členný
~**-ary** n-členný
naid menová jednotka Nigérie
naked ničím nepodložený; nedokázaný
~ **calls** predaj opcií na cenné papiere nevlastnené zákazníkom
~ **contract** naturálna obligácia
name názov; meno; menovať (do funkcie); ustanoviť; uviesť
~ **and description** osobné údaje; personálie
~ **badge** menovka
~ **box** okienko názvu
~ **day** zúčtovací deň (na burze)
~ **of an account** názov účtu
name: by the name of pod menom
~ **I can't do the name** Nie som oprávnený na obchod s touto inštitúciou (na burze)
named bill of landing (B/L) konosament na meno (rektokonosament)
~ **insured** uvedený poistenec
~ **policy** poistka s menom lode
~ **schedule bond** poistka proti sprenevere so súpisom mien
nameplate firemný (továrenský) štítok
narrow market obmedzený trh
~ **the trade gap** znížiť obchodný schodok
nation's money supply zásoba obeživa
national account štátny záverečný účet
~ **accounting system** systém národného účtovníctva
~ **accounts** národohospodárske (štátne) účty
~ **accounts statistics** štátna účtovná štatistika
~ **accounts system** systém štátnych účtov
National Association of Mutual Savings Banks (NAMSB) Národné združenie vzájomných sporiteľní
national audit office najvyšší účtovný dvor
~ **bank** štátna banka; federálna banka
~ **bank call** správa národnej banky
~ **bank examination** kontrola národnej banky
~ **bank note** bankovka
National Bank Surveillance System (NBSS) štátny systém bankového dohľadu
national budget štátny rozpočet
~ **committee** národný výbor
~ **currency** národná mena
~ **debt** štátny dlh
~ **debt office** úrad pre nákup a predaj štátnych dlhopisov
~ **domain** štátne vlastníctvo
~ **economy** národné hospodárstvo
~ **expenditures** národný dôchodok podľa výdavkov; užitie národného dôchodku
~ **fair** národný veľtrh (bez účasti zahraničných vystavovateľov)
~ **income** národný dôchodok
~ **income account** účet národného dôchodku
~ **income accounting** účtovníctvo národného dôchodku
~ **income redistribution** prerozdelenie národného dôchodku
~ **insurance** sociálne poistenie
~ **liquidity** likvidita v štáte
~ **media** celoštátne reklamné prostriedky
~ **outlay** národné výdavky
~ **ownership** národný majetok
~ **price level** vnútorná cenová hladina
~ **produce** tuzemský výrobok
~ **product** národný produkt
~ **product account** účet národného produktu
National Property Fund Fond národného majetku
national sales tax štátna daň z predaja
National Security Exchange Národná burza cenných papierov
~ **Stock Exchange** Národná burza
national wealth národný majetok; národné bohatstvo
nationalization znárodnenie
nationalize znárodniť; zoštátniť; naturalizovať
nationhood národnosť
nationwide celonárodný; celoštátny; všeľudový
~ **loan** celoštátna pôžička
natural business year obchodný rok
~ **decrease** prirodzený úbytok obyvateľstva
~ **development of population** prirodzený pohyb obyvateľstva
~ **expenses** nákladové druhy
~ **function** analytická funkcia
~ **growth rate** prirodzené tempo rastu
~ **increase** prirodzený prírastok
~ **interest rate** prirodzená úroková sadzba
~ **obligation** naturálna obligácia
~ **person** fyzická osoba
~ **resources** prírodné zdroje
navigation tolls plavebné poplatky
nay nie (hlas proti)
near napodobnina niečoho; blízky; tesný; blízko
~ **money** vysoko likvidné aktíva
~**-term** krátkodobý
~ **the market option** zodpovedá aktuálnej trhovej cene
nearby delivery najbližšia dodávka
necessity: of necessity nutne
needless zbytočný
needments brit. osobné potreby

needs potreby
needy nutný; potrebný
negate negovať
negation negácia; popretie; zápor
negative authorization list zoznam účtov, s ktorými sa dá manipulovať len na základe výsadného zmocnenia
~ **balance** záporný zostatok
~ **cash flow** záporný pohyb financií (výdavky presahujúce príjmy)
~ **coverage** záporné krytie
~ **income tax** záporná daň z príjmu
~ **inflation** záporná inflácia
~ **interest** záporný úrok
~ **investment** stiahnutie investovaného kapitálu
~ **pledge clause** záporný záložný záväzok
~ **remainder** záporný zostatok; záporné saldo
~ **sign** záporné znamienko
~ **verification** záporne overenie (ak sa neozve vkladateľ, banka predpokladá správnosť výpisu)
negentropy entropia; stredné množstvo informácie
neglectful neporiadny; nepozorný
negligent debtor váhavý dlžník
negligible zanedbateľný; nepatrný
~ **error** zanedbateľná chyba
negotiable prevoditeľný (obchodovateľný) cenný papier; obchodovateľný; prevoditeľný; prenosný; predajný; speňažiteľný
~ **check** prevoditeľný šek
~ **deposit bond** vkladový certifikát
~ **instrument** prevoditeľný cenný papier
~ **order of withdrawal** zmluvný príkaz na čerpanie
~ **paper** prevoditeľný cenný papier
~ **securities** prevoditeľné cenné papiere
~ **shares and entitlements** akcie obchodovateľné na burze
negotiate inkasovať; previesť (zmenku); predať; dohodnúť
~ **a sale** dohodnúť predaj
~ **money transfers** realizovať úhrady peňazí
~ **sales** dohodnúť predaj
negotiated back prevedený späť na vydavateľa, žiranta alebo akceptanta (zmenka)
~ **price** zmluvná cena; cena dohodou
~ **purchase** dohodnutá kúpa
negotiating bank banka, ktorá inkasuje alebo prepláca na základe predložených dokladov
negotiation rokovanie; dohodovanie; rokovanie; obchodovanie; predaj; prevod
~ **credit** zmluvný úver
negotiator sprostredkovateľ; zmluvná strana; maklér
neoclassical economics neoklasická ekonómia
neon signs neónová reklama
nest egg slang. úspory ukladané v sporiteľni pred odchodom do dôchodku
nested command vložený príkaz
net vynášať; docieliť čistý zisk; čistý; netto
~ **added value** čistá pridaná hodnota
~ **after-tax wages** čisté mzdy (po zdanení)
~ **amount** saldovaná čiastka; čistý súčet
~ **assets** čisté aktíva
~ **assets value (NAV)** čistá hodnota aktív investičného fondu
~ **avails** čistý výnos (výťažok)
~ **bonded debt** čistý dlh z obligácií
~ **book value** zostatková cena; zostatková hodnota; čistá účtovná hodnota
~ **borrowed reserves** čisté vypožičané rezervy
~ **budget receipts** čisté rozpočtové príjmy
~ **capital** čistý kapitál
~ **cash** čistá hotovosť; za hotové; bez zrážky
~ **cash flow** čisté peňažné toky
~ **change** čistá zmenka
~ **charge-offs** čisté straty
~ **cost** čisté náklady
~ **current assets** čistý obežný majetok
~ **current monetary assets** čisté bežné peňažné aktíva
~ **debt** čistý dlh; čistá zadĺženosť
~ **demand deposits** čisté vklady bez výpovednej hodnoty
~ **dissaving** čisté záporné úspory
~ **domestic product** čistý domáci produkt
~ **earnings** čistý príjem; čistý zisk; čistý dôchodok
~ **economic welfare** čistý ekonomický blahobyt
~ **for common stock** čistý príjem po odpočítaní dividend z preferenčných akcií za určité obdobie v časovom rozlíšení
~ **foreign investment** čisté investície v zahraničí
~ **gain** čistý zisk; čistý výnos
~ **income** čistý príjem; čistý zisk; čistý dôchodok
~ **income after dividends** čistý príjem po zaplatení dividend
~ **income after income tax** čistý zisk po zdanení
~ **income multiplier** násobiteľ (multiplikátor) čistého príjmu
~ **income per share** čistý príjem na akciu
~ **indebtedness** čistá zadĺženosť; čistý dlh
~ **interest** čistý úrok
~ **investment** čistá investícia
~ **issue** upísanie a predaj cenných papierov
~ **liabilities** čisté pasíva
~ **long-term debt** čistý dlhodobý dlh
~ **loss** čistá strata
~ **method** netto metóda
~ **national debt** čistý národný dlh

~ **national product (NNP)** čistý národný produkt (po odpočítaní odpisov)
~-**net income** skutočný čistý zisk
~ **of** po odpočítaní
~ **option** čistá opcia
~ **pay** čistá mzda
~ **payoff** čistý zostatok
~ **position** čistá pozícia (rozdiel v termínovaných obchodoch medzi otvorenými kontraktmi long (špekulácia na vzostup cien) a short (špekulácia na pokles cien) vo vzťahu k určitému tovaru
~ **premium** rýdze poistné
~ **present value** čistá súčasná hodnota
~ **price** čistá cena
~ **proceeds** čistý výnos
~ **proceeds from** čistý výťažok (výnos) z niečoho
~ **profit** čistý zisk
~ **profit margin** čistý zisk po zdanení
~ **profit on st.** čistý zisk z niečoho
~ **profits on net sales** čistý zisk v pomere k čistým predajom
~ **profits on tangible net worth** čistý zisk v pomere k čistej hodnote hmotných aktív
~ **realized capital gain per share** čistý kapitálový zisk na akciu
~ **receipts** čistý príjem
~ **retention** vlastný vrub poisťovne
~ **revenue** čistý príjem
~ **sales** čisté predaje; čistý odbyt; čisté tržby
~ **savings gain** čistý prírastok úspor
~ **savings inflow** čistý prírastok úspor
~ **supply** čistá ponuka
~ **surplus** čistý prebytok; nerozdelený zisk
~ **tax multiplier** daňový multiplikátor
~ **value of fixed assets** zostatková hodnota základných fondov
~ **variations** čisté zmeny
~ **wages** čistá mzda
~ **weight** čistá váha
~ **working capital** čistý prevádzkový kapitál
~ **worth** vlastný kapitál, zast. čistý majetok; čistý kapitál podniku; čistý zisk
~ **yield** čistý výnos
netto weight netto (váha)
network analysis sieťová analýza
~ **diagram** sieťový diagram; sieťový graf
~ **of shops** obchodná sieť; maloobchodná sieť
~ **path** sieťová cesta
neutral expenses neprevádzkové náklady
~ **money** neutrálne peniaze
never used nikdy nepoužitý (účet držiteľa platobnej karty)
new balance nový zostatok
~ **cedi** menová jednotka Ghany
~ **classical economy** nová klasická ekonomika
~ **credit extended** poskytnutý nový úver
~ **cruzeiro** menová jednotka Brazílie
New Economics nová ekonomika (J.M.Keynes)
new entrant nový konkurent na trhu
~-**for-old deduction** amortizačná zrážka
~ **high** najvyššia cena, ktorú dosiahol cenný papier po registrácii na burze
~ **issue** nová emisia
~ **issue market** primárny trh cenných papierov
~ **money** nové peniaze
~ **rupiah** menová jednotka Indonézie
~ **share** mladá akcia; nová akcia
New York Exchange akýkoľvek šek vystavený na komerčnú banku v New York City
~ **York Futures Exchange** Newyorská burza termínovaných obchodov
~ **York Insurance Exchange** Newyorská poisťovacia burza
~ **York Mercantile Exchange** Newyorská merkantilná burza
~ **York Stock Exchange (NYSE)** Newyorská burza cenných papierov
new: cum new s upisovacím právom
~ **ex new** bez upisovacieho práva
newcomer začiatočník (burzové označenie nových akcií)
newlyweds loan novomanželská pôžička
next day funds podstatné fondy, ktoré sú k dispozícii pre prevody fondov tovarov a služieb
nexus nexus; spojitosť; vzťah
ngultrum menová jednotka Bhútanu
ngwee čiastková menová jednotka Zambie
nickel am. päťcent
night depository nočný trezor
~-**shift bonus** príplatok za nočnú prácu
nil nula; nulový znak; nič; vacat (v štatistike)
~ **report** chybná správa
niladic nulový
ninety-day savings account trojmesačný účet sporenia
nip the competition zničiť konkurenciu
no abatement bez zrážky; pevná cena
~ **account** účet neexistuje
~ **bidders** žiadni záujemcovia (o kúpu pri dražbe)
~-**book transactions** nezaknihované transakcie
~ **carbon required** samoprepisovací papier
~-**claim(s) bonus** zľava na poistnom za bezškodový priebeh poistenia
~ **comments** bez pripomienok
~ **effects** žiadne krytie
~ **expenses** bez výdavkov
~-**free-lunch principle** princíp „nič nie je zadarmo“
~ **funds** nedostatočné krytie; bez krytia

~ **interest** bezúročne
~**-litigation certificate** prehlásenie právneho zástupcu emitenta obligácií, že nie je vedený žiadny proces, ktorý by mohol ohroziť platnosť obligácií
~**-load** akcie predávané bez provízie
~**-load funds** investičné fondy, ktoré nie sú predávané obchodnými zástupcami
~ **more credit** žiadny ďalší úver
~ **near bid-offer** najvyššia ponuka kúpy alebo najnižšia ponuka predaja je podstatne pod alebo nad cenou predchádzajúceho predaja
~ **obligation** nezáväzne
~**-par stock** akcie bez uvedenia nominálnej hodnoty
~**-par value** bez nominálnej hodnoty
~**-par value stock** akcie bez nominálnej hodnoty
~ **protest** bez protestu
~ **record** bez záznamu
~**-trade equilibrium** rovnováha s vylúčením obchodu
nominal menovitý, nominálny; menný
~ **account** nominálny účet; výsledkový účet
~ **amount** menová čiastka; nominále
~ **asset** nominálne aktívum (v hodnote 1 dolára)
~ **business** špekulačný obchod na burze
~ **capital** nominálny (základný) kapitál
~ **cost** nominálne náklady
~ **exchange** nominálny kurz
~ **inflation** nominálna inflácia
~ **interest rate** nominálna úroková sadzba
~ **money balances** nominálne peňažné zostatky
~ **price** nominálna cena
~ **quote** nominálny kurz
~ **rate of exchange** nominálny výmenný kurz
~ **stock of money** nominálna zásoba obeživa
~ **sum** menovitá čiastka
~ **terms** nominálna hodnota; menovitá hodnota
~ **value** nominálna hodnota; menovitá hodnota
~ **wage card** karta čistej mzdy
~ **yield** nominálny výnos
nominally outstanding nominálne nesplatený
nominee menovaný; určený pracovník; poverenec
non-appropriation of revenues nezdanenie príjmov
~**-current assets** fixný kapitál; viazané aktíva
~ **current receivables** dlhodobí dlžníci
~**-depreciable assets** neodpisovaný majetok
~**-financial assets** nefinančný kapitál
~**-interest bearing** bezúročný
~**-interest bearing loan** bezúročná pôžička
~**-metallic standard** nekovový systém
~**-par item** položka bez nominálnej hodnoty
~**-payment** nezaplatenie; odmietnutie platenia
~**-profit organizations** rozpočtové, neziskové organizácie
~**-voting share** akcia bez hlasovacieho práva
nonability neschopnosť
nonacceptance odmietnutie; neprijatie (cudzej zmenky)
nonaccrual assets nezárobkové aktíva
nonassented securities neschválené cenné papiere
nonassessable stock akcie nepodliehajúce záväzku ďalšieho platenia; nezdanené akcie
nonaverage policy poistka bez doložky o podielovom poistení
nonbank sector nebankový sektor
nonborrowed reserves nevypožičané rezervy
noncallable bond nevypovedateľná obligácia
~ **securities** nevypovedateľné cenné papiere
noncash benefits nepeňažné dávky
~ **charges** nehotovostné náklady
~ **payment system** bezhotovostné platenie; bezhotovostný platobný styk
nonchargeable cost nekalkulovateľné náklady
nonclearing check pokladničný šek
nonclearinghouse stock cenné papiere, s ktorými sa neobchoduje na burze
noncommercial nekomerčný; neobchodný
noncompetitive market monopolistický, bezkonkurenčný trh
noncontingent preference stock kumulatívne preferenčné akcie
noncurrency dvojité poistenie (poskytujúce rôzne krytie toho istého rizika)
noncurrent assets základné prostriedky; fixné aktíva
~ **liabilities** nie-súčasné pohľadávky (splatné po viac ako jednom roku)
nondeductible item neodpočítateľná položka
nondurable goods predmety krátkodobej spotreby
nondutiable oslobodený od cla; bezcolný
noneconomic mimoekonomický
nonexpendable fund nečerpateľný fond
nonexpenditure disbursements výplaty, ktoré nemožno vykázať ako výdavky (napr. preplatenie už uhradenej pohľadávky)

nonfeasance zanedbanie povinného konania
nonfiling insurance poistná zmluva chrániaca požičiavateľa pred stratami
nonfulfilment neplnenie
nonfull payout lease leasing, pri ktorom nájomné nekryje kapitálové náklady prenajímateľa
nonguaranteed debt nezaručený dlh
nonhuman capital iný ako ľudský kapitál
nonindexed bond neindexovaná obligácia
noninstallment credit bezsplátkový úver
noninsured fund nepoistený fond
noninterest bearing bezúročný
~ **bearing loan** bezúročná pôžička
noninvestment factor neinvestičný faktor
nonledger assets aktíva, ktoré nie sú vedené v hlavnej účtovnej knihe
nonlegal investment nelegálne investície
nonlegals nelegálne cenné papiere
nonlinear pricing nelineárna cenová tvorba
nonlinearity nelinearita
nonlisted nekótovaný; nezaznamenaný (na burze)
nonmonetary nepeňažný
nonmortgage loan pôžička bez hypotéky
nonnegotiable bill of lading (B/L) neobchodovateľný konosament
~ **instrument** neprevoditeľný cenný papier
~ **title** neprevoditeľný právny titul
nonnotification loan pôžička bez informovania pôvodného dlžníka
nonoperating expense mimoprevádzkové náklady
nonpar bank neparitná banka
~ **stock** akcie bez nominálnej hodnoty
nonparticipating insurance poistenie bez účasti na zisku
nonpayment neplatenie; nezaplatenie dlhu
nonpensionable nekrytie dôchodkovým poistením
nonperformance nedodanie; nesplnenie dodávok tovaru alebo služieb
nonperforming loans pochybné pôžičky
nonplanners devízoví cudzinci
nonpossessory estate nevlastnená nehnuteľnosť; nehnuteľnosť, ktorá bude prevzatá neskôr
nonprice advantage kvalitatívne prednosti
~ **competition** mimocenová konkurencia
nonproduction nepredloženie (dokladov)
nonproductive branch nevýrobná sféra
~ **consumption** nevýrobná spotreba
~ **cost** neproduktívne náklady
~ **operation** organizačná operácia; nevýrobná operácia
~ **task** úloha s nižšou prioritou
~ **wages** nevýrobná mzda; režijná mzda
nonprofit nezárobkový
~ **marketing** neziskový marketing
~ **organization** rozpočtová organizácia; nezárobková organizácia
nonprohibitive tariff neprohibičné clo
nonrandom nenáhodný
nonrecourse loan pôžička bez rekurzu
nonrecurring charge jednorazové náklady
~ **expense** jednorazové náklady
~ **income** jednorazový zisk
nonrepayable subsidy nenávratná pôžička; subvencia
nonreserve cash hotovosti nezapočítané do úhrady
nonresidence allowance odlučné
nonresident for currency purposes devízový cudzinec
~**-owned funds** fondy vlastnené cudzincami
nonresidential mortgage loan nebytová hypotekárna pôžička
nonreusable jednorazovo použiteľný
nonrevenue receipts nedôchodkové príjmy
nonstarred card „karta bez hviezdičiek“ (nákupy do 50 USD nemusia byť overované)
nonstock corporation am. spoločnosť s ručením obmedzeným
~ **money corporation** neakciová finančná spoločnosť
nonstore retailing predaj mimo obchodu
nonsubscripted neindexovaný
nonsufficient funds nedostatočné krytie
nonsurcharged bezpríplatkový
nontax financial sector iné finančné zdroje ako zdroje z daní
~ **revenues** nezdaniteľné príjmy
nontaxable nezdaniteľný
nontradeable goods neobchodovateľný tovar
nonvaleurs bezcenné cenné papiere
nonvalidating stamp znehodnocujúca pečiatka
nonvariable expense nepružné náklady
nonvoting stock akcie bez hlasovacieho práva
nonweighted mean nevážený, prostý priemer
nonwork mimopracovný
nonzero nenulový
~**-sum game** hra s nenulovým súčtom
norm norma; úroveň
normal burden rate normálová režijná sadzba
~ **costing system** normová kalkulácia
~ **distribution** normála; normálne rozdelenie
~ **lending territory** bežná požičiavacia oblasť
~ **price** bežná cena
~ **profit** bežný zisk
~ **sale** bežný predaj
normative economics normatívna ekonomika

~ **economy** normatívna ekonómia
norms of goods in process normy rozpracovaných výrobkov
~ **of work in process** normy rozrobenej práce
nostro account náš účet
~ **overdraft** naše prečerpanie
not a delivery bez dodávky
~ **equal to (NE)** nie je rovné; nerovná sa
~ **firm** neviazaný
~**-for-profit** nezárobkový
~ **found** chýba
~ **good (NG)** označenie šeku, ktorý nie je dobre krytý
~ **greater than (NG)** nie väčší ako
~ **less than (NL)** nie menší ako
~ **negotiable** neobchodovateľný; neprevoditeľný (cenný papier)
~ **negotiable check** šek určený len na zúčtovanie
~ **subject to call** neumoriteľný
~ **target registered obligations** pevne zúročiteľné cenné papiere
~ **taxable** nezdaniteľný
notarial protest certificate notársky šekový protest
notary notár
~ **public** verejný notár
notation notácia; zápis; zobrazenie; značky; symboly; matematická symbolika; am. poznámka; zápisový; notačný
notaxable nezdaniteľný
notch problem problém zúženia (progresívny rast daňových sadzieb, pričom sa na celú zdaniteľnú čiastku vzťahuje rovnaká daňová sadzba)
note bankovka; zmenka; úpis; krátkodobá a strednodobá pôžička; poukážka; notársky zápis o odmietnutí platenia zmenky; vziať na vedomie; venovať pozornosť
~ **a bill** protestovať zmenku
~ **broker** zmenkový maklér
~ **forger** falšovateľ bankoviek
Note Issuance Facilities (NIFs) krátkodobé pôžičky; krátkodobé cenné papiere
note liability zmenkový záväzok
~ **loan** zmenková pôžička
~ **of exchange** kurzový lístok
~ **of hand** vlastná zmenka; dlžobný úpis
~ **receivable** aktívna zmenka; rimesa
~ **reflux** návratnosť bankoviek
~ **teller** pokladník pôžičiek
notebook zápisník; zoznam vlastných zmeniek; notebook
notepaper listový papier
notes in circulation bankovky v obehu
~ **payable** pasívne zmenky; traty; splatné zmenky
~ **receivable** zmenky na prijatie; aktívne zmenky; rimesy
notice výpoveď; oznámenie; správa; výstraha; vyhláška; inzerát; povšimnutie; poznámka; upozornenie; pozornosť; dať výpoveď; písať poznámky; recenzovať; spozorovať
~ **account** účet s výpovednou lehotou
~ **of assessment** daňový výmer
~ **of claim** ohlásenie škody
~ **of dishonor** šekový protest; zmenkový protest
~ **of protest** šekový protest; zmenkový protest
~ **of tax assessment** daňový výmer
~ **of the termination of an agreement** výpoveď zmluvy
~ **of withdrawal** oznámenie o výbere, o odstúpení od zmluvy
~ **period** výpovedná lehota
~ **price** fixná cena
notice: at short notice na požiadanie
~ **length of notice** výpovedná lehota
~ **till further notice** až po ďalšie
~ **to give notice** dať výpoveď
~ **to give notice of appropriation** dať príkaz na odber tovaru
~ **until further notice** až do odvolania
notification hlásenie; oznámenie
~ **of authorities** podávanie správ štátnym orgánom
~ **of loss** hlásenie škody
notify doložka (adresa) v konosamente; avizovať
~ **to the contracting parties** upovedomiť zmluvné strany
noting a bill notácia zmenky; notársky záznam na zmenke o neprijatí alebo neplatení
notional demand pomyselný dopyt
notions am. galantéria; drobný tovar
nought check kontrola na nulu
noughts complement doplnok k radixu
novation obnovenie
novelty novinka; nový druh výrobku; reklamný darček
~ **fair** am. veľtrh noviniek
NOW account účet NOW; účet s prevoditeľnými platobnými príkazmi
nude contract naturálna obligácia
nuisance tax národohospodársky škodlivá daň
nulla bona je nemajetný; nič nemožno zabaviť
nullification of agreement zrušenie zmluvy; anulovanie zmluvy
number of account číslo účtu
~ **of interest** úrokové číslo
~ **of voucher** číslo dokladu
numbered account číslovaný účet
numbering of accounts číslovanie účtov
numéraire fr. všeobecný ekvivalent (peniaze)
nummary peňažný; finančný

nuptiality sobášnosť (ukazovateľ)

nursery finance inštitučné úverovanie

O

object účel; predmet; cieľ; predmetné výdavky
~ **of accounting** predmet účtovníctva
~ **of the tax** predmet dane
object: money no object cena nerozhoduje
objection námietka; nesúhlas; protest; chyba; nedostatok; reklamácia
objective cieľ; účel; zámer; plán; úloha; objektív; objektívny; predmetný; vonkajší; účelový; vecný
~ **indicators** objektívne ukazovatele
objector oponent; namietajúci
obligation záväzok; povinnosť; obligácia; dlžobný úpis; dlhopis; záväzná dohoda
~ **bond** obligácia autorizovaná záložným dlžníkom (vyššia ako pôvodná hodnota hypotéky)
~ **of a delivery** dodávková povinnosť
~ **of contract** zmluvný záväzok
~ **to buy** kúpna povinnosť
~ **under contract** zmluvný záväzok
~ **with share option** obligácia na úpisový účastinný bond
obligator dlžník; vystavovateľ vlastnej zmenky
obligatory allowances povinné dávky
~ **insurance** povinné poistenie
~ **maturity** povinný termín splatnosti
obligee veriteľ; adresát dlžného úpisu; odškodnená strana v zárukovom poistení
obligor dlžník; vystavovateľ vlastnej zmenky; strana odškodňujúca v záručnom poistení
observance of terms dodržiavanie termínov
~ **of rules** dodržiavanie predpisov
observance: in observance of st. na počesť niečoho
observe a treaty dodržiavať zmluvu
obsolescence of capital zastarávanie kapitálu
obsolete neplatný (bankovka)
~ **securities** neplatné cenné papiere
obstacles to work prekážky v práci
obtain získať; dostať; obdržať; zaopatriť si; prevládať
~ **possession** získať držbu
obtained data získané údaje
obtainment dosiahnutie; zisk
obverse líce (bankovky); lícový
obvious jasný; zjavný; zrejmý; očividný
occasion možnosť; príležitosť; náhoda; prípad; dať podnet na niečo; spôsobiť niečo
occasional association príležitostná obchodná spoločnosť
~ **customers** príležitostní zákazníci
~ **job** príležitostná práca
~ **purchase** príležitostná kúpa
occupancy držba; nadobudnutie vlastníctva privlastnením; osadenstvo
occupation povolanie; zamestnanie; obsadenie; zabratie; okupácia; držba; detencia
~ **disease** choroba z povolania
~ **tax** daň z vykonávania určitého zamestnania
occupational accident pracovný úraz
~ **analysis** profesijná analýza
~ **illness** choroba z povolania
~ **information** profesijné informácie
~ **injury** pracovný úraz
occupier držiteľ pozemku; nájomca; nájomník; obyvateľ
octroi am. akcíz; daňový poplatok
~ **authority** daňový úrad
~ **dues** daňové dávky; daňové poplatky
odd-day's interest úrok z nadbytočných dní
odd náhodný; nadbytočný; jednotlivý; nezahrnutý do počtu; nadpočetný; príležitostný; nerovný; vedľajší; nemanželský
~ **acknowledgement** pozitívne (kladné) tvrdenie
~**-event pricing** cenová tvorba s párnymi - nepárnymi číslami
~ **lot** drobná partia; zlomok uzávierok (na burze)
~**-lot dealer** dealer drobných partií, častí zlomkov uzávierok
~**-lot differential** rozdiel z drobných partií (na burze)
~**-lot house** maklérska spoločnosť
~**-lot index** index drobných partií (na burze)
~**-lot trader** obchodník s drobnými partiami (na burze)
~ **number** nepárne číslo; nepárny počet
~**-value pricing** stanovenie cien pod zaokrúhlenú hodnotu
OECD Organizácia pre hospodársku spoluprácu a rozvoj
OEEC Organizácia pre európsku hospodársku spoluprácu
of purpose s cieľom
~ **record** ako je uvedené v zázname
off smoliarsky; čierny; nešťastný
~ **balance sheet** podsúvaha
~**-balance sheet account** podsúvahový účet
~**-balance sheet activities** mimobilančná operácia
~**-balance sheet financing** mimobilančný úver; mimobilančné úverovanie
~ **board** mimoburzová transakcia s cennými papiermi
~**-budget programs** mimorozpočtové programy
~**-exchange** mimoburzový

~**-market** mimotrhový
~**-market fund** mimotrhový fond
~**-shore banking** časť euromenových úverových obchodov, ktoré sa netýkajú úverového trhu v domácej mene
~**-shore center** netradičné bankové centrum s priaznivými podmienkami pre rentabilné bankové operácie
~**-shore fund** investičný fond so sídlom mimo USA (z daňových dôvodov)
~ **the board** mimoburzový
~ **time** mimoprevádzková doba
~ **year** rok stagnácie
offer ponuka; ponúknuť; predložiť
~ **at face** ponúkať za nominál
~ **cover** ponúknuť (finančné) krytie
~ **for sale** ponúknuť na predaj
~ **in blank** bianco ponuka
~ **price advantages** ponúknuť cenové zvýhodnenie
~ **shares and debentures** ponúknuť akcie a obligácie
~ **wanted** hľadá sa ponuka
offered ahead vopred ponúknutý
~ **down** ponúknutý na nižšej úrovni
offeree firma/osoba, ktorej sa ponúka; adresát ponuky
offerer ten, kto ponúka; ponúkajúci
offering list ponukový list
~ **price** ponuková cena
office úrad; kancelária; podnik; funkcia; úradný
~ **appliances** kancelárske potreby
~ **automation** automatizácia administratívy (kancelárskych prác)
~ **book** účtovná kniha podniku
~ **copy** úradný odpis; súdny odpis; redakčný výtlačok
~ **girl** sekretárka
~ **holder** funkcionár
~ **manager** riaditeľ ekonomického úseku
~ **of entry** vstupný colný úrad
~ **of honour** čestná funkcia
~ **of mailing** podací úrad
Office of Management and Budget (OMB) Úrad pre správu a rozpočet
office of profit platená funkcia
Office of the Controller of the Currency am. Úrad pre bankový dozor
office paper finančná zmenka
officer referent; vedúci oddelenia; vedúci pracovník; úradník; úradná osoba; funkcionár
officer's check pokladníkov šek
official check pokladníkov šek
~ **exchange rate** oficiálny výmenný kurz
~ **list** úradný kurzový list
~ **list of quotations** kótovacia listina
~ **monetary institutions** oficiálne menové inštitúcie
~ **position** pracovné zaradenie; oficiálne postavenie
~ **price** úradne stanovená cena
~ **quotation** kotácia; kótovanie
~ **rate** úradný kurz
~ **seal** colná uzávierka; úradná pečať
~ **travel order** cestovný príkaz
~ **use** úradný účel, použitie
offset protihodnota; protiúčet; protipohľadávka; kompenzácia; posunutie; rozpor; kompenzovať; relatívny ukazovateľ (PL/1)
~ **account** kompenzačný (vyrovnávací) účet
~ **claims and premiums** kompenzovať škody a prémie
~ **future contracts** kryť termínované obchody
~ **the costs** vyrovnať, uhradiť náklady
~ **variable** premenná relatívneho ukazovateľa (PL/1)
offsets to long-term debt kompenzácie dlhodobého dlhu
~ **to savings** kompenzácie úspor
offsetting agreement dohoda o clearingu
offshore offshore; v zahraničí
~ **bank** banka hors-lieu; banka v zahraničí
~ **banking unit (OBU)** banka v zahraničí
~ **funds** fondy v zahraničí
offtish slang. prachy
oil certificate ropný certifikát
OJAJ október, január, apríl, júl - mesiace štvrťročných platieb dividend z akcií
ok packages skontrolované balíčky
old-age and survivor's insurance (OASI) starobné a penzijné poistenie
~**-age annuity** starobný dôchodok
~**-age benefit** starobný dôchodok
~**-age benefit insurance** starobné poistenie
~**-age insurance** starobné poistenie
~**-age pension** starobný dôchodok
~ **and new balance proof** kontrola starých a nových zostatkov
~ **price** skoršia cena
~**-rate and survivor's insurance (OASI)** starobné a penzijné poistenie
oligopolistic oligopolistický; oligopolný
oligopoly oligopol; trh predávajúceho (konkurencia niekoľkých veľkých výrobcov)
~ **price** oligopolistická cena; cena predávajúceho
oligopsony oligopsónia; trh kupujúceho (kontrola trhu skupinou kupujúcich)
~ **price** cena kupujúceho
ombudsman am. zástupca kolektívu; dôverník; ombudsman
omnibus account súhrnný spoločný účet (u brokera)
omnium celková suma obligácií
on a scale v určitom meradle
~ **account** na účet
~ **an average** priemerne

~ **authority** na základe (splnomocnenia)
~ **balance** čistý výsledok; na saldo
~-**balance volume** burzový obrat na saldo
~ **behalf of** v mene niekoho
~ **being paid** proti platbe
~ **bid** na ponuku kupujúceho
~ **consignment** na (konsignačný) sklad
~ **credit** na úver
~ **current terms** za bežných podmienok
~ **demand** na požiadanie; pri predložení
~ **easy terms** za výhodných podmienok
~ **hand** na sklade
~-**line off-host** pracovný režim, keď terminály finančných služieb majú prístup len k predradenému procesoru
~-**line on-host** pracovný režim, keď terminály finančných služieb sú spriahnuté a hlavný počítačový systém je prepojený s predradeným procesorom
~ **loan** na pôžičku
~ **maturity** pri splatnosti
~ **my part** čo sa mňa týka
~ **offer** na ponuku predávajúceho
~ **one's own account** na vlastný účet
~ **opening** pri otvorení
~ **sale** na predaj
~-**site** na mieste; u užívateľa
~ **the behalf of** v záujme; v prospech; v mene
~ **the books** príkaz brokerovi na nákup cenného papiera za určitých podmienok
~ **the expense of sb.** na úkor niekoho
~-**the-job accident** am. pracovný úraz
~-**the-job training (OJT)** školenie pri práci; praktické školenie
~ **the market** am. na trhu
~ **the same level** na rovnakej úrovni
~-**the-spot loan** pôžička na mieste; okamžitý úver
~ **time** na splátky
~-**us check** am. „šek na nás" (akýkoľvek šek vkladateľa na banku, kde je vedený príslušný účet)
oncost réžia
one jednotka; am. jednodolárová bankovka; dolár
~-**bank holding company** holdingová spoločnosť jednej banky
~ **cancels the other** jeden ruší druhý (druh príkazov termínovej burzy, ktorých realizovaním sa súčasne ruší druhý príkaz)
~-**day certificate** jednodenný certifikát
~-**day loan** denná pôžička
~-**ledger bookkeeping** jednookruhové účtovníctvo
~-**ledger system** účtovný jednookruhový systém
~-**month money** peniaze vypožičané na peňažnom trhu s mesačnou splatnosťou
~-**price policy** politika jednotnej ceny
~-**price system** systém jednotkových cien
~-**sided bookkeeping process** jednostranný spôsob účtovania
~-**stage** jednostupňový
~-**stop banking** komplexné bankové služby
~-**time** jednorázový
~-**way** jednosmerný; jednoduchý; nezvratný; simplexový
onerous nevýhodný; nerovný (zmluva); úplatný (za úplatok); ťažívý; onerózny (zaťažený záväzkom)
only bill sólozmenka
oof slang. prachy; peniaze
ooftish slang. prachy; peniaze
open voľný priestor; otvoriť; začať; otvorený; voľný; verejný; prerušený; dovolený; prístupný
~ **a business** začať obchodovať
~ **a credit** otvoriť úver
~ **a crossing** zrušiť križovanie šeku
~ **account** nezaplatený účet; otvorený účet
~ **account sale** nezabezpečený predaj na úver
~ **an account** otvoriť účet
~ **an account with a bank** otvoriť účet u banky
~ **book account** otvorený účet
~ **check** nekrižovaný (bežný) šek
~ **competition** voľná súťaž
~ **cover** generálna poistka; zmluva o pripoistení
~ **credit** bianko kredit; otvorený úver
~ **debts** krátkodobé dlhy
~ **economy** otvorená ekonomika; otvorené hospodárstvo (bez trhových obmedzení)
~-**end bond** otvorená obligácia
~-**end credit** revolvingový úver
~-**end fund** otvorený fond
~-**end lease** otvorená nájomná zmluva
~-**end mortgage** otvorená hypotéka
~-**ended** am. neobmedzený; am. umožňujúci rôznu interpretáciu; s otvoreným koncom
~ **fund** otvorený fond
~ **inflation** zjavná inflácia
~ **letter of credit** čistý akreditív
~ **market** voľný trh
~-**market credit** úver na voľnom trhu
~-**market paper** voľný cenný papier
~ **market price** voľná cena
~-**market rates** úrokové sadzby na voľnom trhu
~ **mortgage** voľná hypotéka
~ **outcry** vyvolávací trh
~ **policy** generálna poistka
~ **position** voľná pozícia
~ **price system** otvorený cenový systém
~ **the budget** predložiť rozpočet parlamentu
~ **ticket** letenka bez dátumu
~ **to buy** na voľné použitie

~ **trade** neuzatvorená transakcia
~ **treaty** otvorená zmluva (otvorená pristúpeniu ďalších strán)
~ **up** zahájiť
~ **up new markets** otvoriť nové trhy
opened draft nekrytá zmenka
opening zahájenie; otvorenie; otvor; vchod; počiatočný predaj; dvojstránka; príležitosť (uplatniť sa)
~ **balance** počiatočné saldo (stav, zostatok)
~ **balance sheet** počiatočná (východisková) súvaha; súvahový (počiatočný) účet
~ **of an account** otvorenie účtu; zriadenie účtu
~ **of ledgers** otvorenie účtovných kníh
~ **price** prvá cena; počiatočná cena
~ **purchase** úvodná kúpa
~ **rate** počiatočný kurz; počiatočné rozpätie
operability funkcia; schopnosť; prevádzkyschopnosť
operate on lower markups pracovať s nižšou režijnou prirážkou k cene
~ **on own account** podnikať na vlastný účet
operating ovládanie; obsluha; uvádzanie do činnosti; riadenie; prevádzkový; operačný; pracovný; ovládací; výkonný; funkčný
~ **accounts** operatívne účty; účty prevádzkových nákladov
~ **assets** prevádzkové aktíva
~ **budget** prevádzkový rozpočet
~ **capital** prevádzkový kapitál
~ **cost** prevádzkové náklady
~ **earnings before taxes** prevádzkový zisk pred zdanením
~ **fund** obežný fond; obežné finančné prostriedky
~ **income** zisk z bežnej činnosti; prevádzkový príjem
~ **lease** účelový nájom
~ **officer** riaditeľ (na čele funkčného odboru veľkej banky)
~ **profit** prevádzkový zisk
~ **profit margin** miera zisku z celkových dôchodkov
~ **profit ratio** pomer prevádzkového zisku k čistým tržbám z predajov
~ **ratio** prevádzkový pomer (celkové prevádzkové výdavky delené celkovými prevádzkovými príjmami); koeficient využitia
~ **savings** prevádzkové úspory
~ **statement** výkaz nákladov a výnosov; výsledovka
operation prevádzka; operácia; pracovná operácia; obsluha; pôsobenie; činnosť; pracovný postup; am. slang. špekulácia; transakcia; manipulácia; pôsobnosť; účinnosť; úkon; operačný
~ **analysis** pracovná štúdia; rozbor práce
~ **costs** prevádzkové náklady
~ **of customs regulations** vykonávanie colných predpisov
~ **of the account** vedenie účtu
operational account operačný účet
~ **analysis (OA)** operačná analýza; operačná štúdia
~ **cost** prevádzkové náklady
~ **efficiency** efektívnosť; účinnosť
~ **leasing** operatívny leasing
~ **records** operatívna evidencia
~ **stock** prevádzkové zásoby
operating expenditure prevádzkové náklady
~ **expenses** prevádzkové výdavky
operations in stocks burzové obchody
~ **research (OR)** operačný výskum
operator operátor; prevádzkovateľ; obsluha; telefonista; spojovateľka; manipulantka; am. slang. zlodej; am. slang. špekulant; operátorský
opinion poll prieskum verejnej mienky
~ **research** výskum verejnej mienky
opportunity cost alternatívne náklady
opposite opačný; obrátený; protiľahlý; náprotivný
~ **account** protiúčet
opposition opozícia; námietka; odpor
optimal budget deficit obchodný deficit
~ **capital accumulation** optimálna akumulácia kapitálu
~ **tariff** optimálne clo
optimistic duration optimistický odhad trvania činnosti (sieťový graf)
~ **estimate** optimistický odhad činnosti (sieťový graf)
option prémiový opčný obchod; opčný; opcia; varianta; alternatíva; predkupné (prednostné) právo
~ **account** opčný účet
~ **bargain** prémiový obchod
~ **bond** opčná obligácia
~ **business** termínový obchod; prémiový obchod
~ **contract** opčná zmluva
~ **day** deň vypršania opcie
~ **dealer** maklér termínových obchodov na burze
~ **income fund** fond opčných príjmov
~ **market** opčný trh
~ **money** prémie pri termínovom obchode
~ **on securities** opcia na cenné papiere
~ **on shares** akciová opcia
~ **spreading** opčné rozpätie
~ **to buy** predkupné právo; prémiový opčný obchod s právom kúpiť cenné papiere v budúcnosti za dohovorenú cenu
~ **to purchase** predkupné právo
option: no options bez alternatívy
optional voliteľný; nepovinný; fakultatívny; doplnkový; zvláštny; neštandardný

~ **bond** vypovedateľná obligácia
~ **credit** opčný úver
~ **date** opčný deň
~ **dividend** opčná dividenda
~ **payment bond** obligácia s ľubovoľným umorením
~ **prepayment** dobrovoľné vyplatenie
~ **valuation date** opčný termín ocenenia
optionals opčné prémiové obchody
optionee majiteľ opcie; perspektívny kupujúci; nadobúdateľ
optioner postupiteľ opcie
options exchange trh s opciami
order poriadok; poukážka; zákazka; objednávka; príkaz; nariadenie; rozkaz; (súdne) rozhodnutie; smernica; žiadanka; inštrukcia; stupeň; druh; stav; skupina; usporiadanie; predpis; postup; pravidlo; postupnosť; poradie; rad; objednať; operačný
~ **analysis** analýza objednávok
~ **backlogs** zákazkové krytie
~ **bill of lading (B/L)** konosament na rad
~ **check** šek na rad
~**-driven system** burzový systém na nemeckých burzách
~ **form** žiadanka; formulár objednávky; objednávací list; objednávka
~ **instrument** cenný papier na rad
~ **nisi** podmienečný príkaz
~ **of delivery** dodací list
~ **paper** cenný papier na rad
~ **party** príkazca; objednávateľ
~ **processing** vybavovanie objednávok
~ **sheet** zákazkový list
~ **to cover** krycí príkaz
~ **to pay** príkaz na vyplatenie
order: by order podľa objednávky
ordering bank banka - príkazca
~ **bank identifier** identifikátor banky - príkazca
~ **firm** firma, ktorá vybavuje objednávky
orders good until a specified time príkazy platné do stanovenej doby
~ **on hand** stála objednávka
ordinance vyhláška; nariadenie; výnos; dodatok zákona
ordinary normálny; všedný; bežný; priemerný; obyčajný; riadny; pravidelný; brit. mať právomoc
~ **asset** obyčajné aktívum
~ **discount** obvyklá zľava
~ **item** obyčajná zásielka
~ **life insurance** štandardné životné poistenie
~ **rate** normálna sadzba
~ **shares** obyčajné/kmeňové akcie
~ **stock** základný kapitál; kmeňová akcia
organization organizácia; usporiadanie; organizačný
~ **certificate** zakladateľský certifikát (doklad predkladaný pri založení banky)
~ **chart** organizačná schéma
~ **cost** zakladateľské náklady
~ **manual** organizačný poriadok
~ **rules** organizačný poriadok
organized exchange organizovaná burza
~ **market** organizovaný trh
orientation price orientačná cena
origin tax daň platená v mieste pobytu
original asset pôvodné aktívum
~ **balance** pôvodný zostatok
~ **bank** pôvodná banka
~ **bill** zmenka eskontovaná pred žírovaním
~ **capital** počiatočný kapitál; základný kapitál
~ **cost** pôvodná cena
~**-cost method** oceňovanie zásob
~ **entry** prvotný zápis
~ **foundation** základný fond; kmeňový majetok
~ **investment** pôvodná investícia
~ **issue discount** pôvodný emisný diskont
~ **issue stock** pôvodná akcia; cenný papier z pôvodnej emisie
~ **package** pôvodné balenie
~ **voucher** originálny doklad
origination fee otvárací poplatok
originator pôvodca
~ **identifier** identifikátor pôvodcu
originator's bank banka pôvodcu
orphan's benefit sirotský dôchodok
other income iný príjem
~ **liabilities and accrued dividends** iné záväzky a splatné dividendy
~ **loans** iné pôžičky
~ **long-term debts** iné dlhodobé úvery
ouguiya menová jednotka Mauretánie
ounce unca
our account „náš účet"; „splatný odosielateľovi"
~ **reference** naša značka
ouster zbavenie držby
out card náhradný štítok
~**-of-area card** cudzia banková karta; zahraničná karta
~ **of bond** preclené
~ **of competition** neschopný konkurovať
~ **of contract** mimo dojednania
~**-of-date debt** premlčaná pohľadávka
~ **of doubt** nepochybne
~ **of line** „mimo radu"; papier, ktorého cena je považovaná za príliš nízku alebo príliš vysokú
~ **of money** bez peňazí
~**-of-pocket expense** vreckové výdavky; v hotovosti preplácané výdavky
~ **of stock** vypredaný
~ **of the market** limitované ceny burzového príkazu
~ **of the money** situácia, kedy je dohodnutá cena vyššia ako trhová cena akcií ale-

bo je dohodnutá cena nižšia ako trhová cena predávaných akcií
~-**of-town bill** premiestnený cenný papier
~ **the window** rýchle rozpredanie
~-**turn in the red** schodok
outbid ponúknuť viac; vyššia ponuka
outclearing zaslanie zmeniek do zúčtovacej banky; zúčtovateľné zmenky
outcome výsledok; záver; následok
outcry market vyvolávací trh
outerwear store obchod s konfekciou
outfitter obchodník s odevmi
outflow of capital únik kapitálu
outgo výdavky
outgoing interchange odosielaná transakcia
~ **message** odosielaná správa
outlawed ilegálny; mimo zákona
outlay výdavok; výloha; výdaj; utratiť; vydať; vynaložiť; nákladový
~ **analysis** nákladová analýza
~ **cost** vreckové výdavky; výdavky preplácané v hotovosti
outlays výdavky; výdavky v hotovosti
outlet odbyt; odbytisko; trh; filiálka; predajňa
outprice zaplatiť vyššiu cenu ako iní
output produkt; výroba; celková produkcia; rozsah (objem) výroby; výkon; výstup; realizovať výstup
~ **cost** vlastné výrobné náklady; náklady za výkony (vo verejných službách)
~ **rate** výkonová norma
~ **record** výstupný dokument; výstupný záznam
outright transaction priama transakcia
outrun one's credit prekročiť úver
outside borrowing externá pôžička
~ **broker** mimoburzový maklér
~ **director** externý člen správnej rady; nezávislý riaditeľ
~ **financing** vonkajšie financovanie
~ **market** pokladničný trh (na ktorom sa obchoduje s neregistrovanými cennými papiermi); voľný trh
~ **money** vonkajšie peniaze
~ **securities** exoty; cenné papiere nekótované na burze
~ **the value** nad cenu
outsider firma mimo monopolu ; maklér, ktorý nie je členom burzy
outstanding splatný; dlžný; nezaplatený; distribuovaný; vynikajúci
~ **accounts** nezaplatené účty
~ **amount** nezaplatená čiastka
~ **arrears** nevyrovnané nedoplatky
~ **balance** nedoplatok
~ **borrowing** nesplatená výpožička
~ **capital stock** akcia v obehu
~ **charges** nezaplatené poplatky
~ **check** nepreplatený šek
~ **credits** úverová potreba (požadovaná); požadované úvery
~ **debt** pohľadávka
~ **item** nesplatená čiastka
~ **payment** nedoplatok
~ **shares** akcie v obehu; nesplatené akcie
~ **stock** akcia v obehu
outward do zahraničia; von; vonkajšok
~ **collection** inkaso zmeniek zo zahraničia
~ **trade** vývoz; export
outwards do cudziny; von
~ **accounts** účty pre vyšlé platby
~ **reinsurance** odovzdané zabezpečenie
over and short account účet prečerpania a nedostatočných zdrojov; diferenčný účet
~ **the counter** mimopultový predaj; na treťom trhu, na pokladničnom trhu (cenných papierov)
~-**the-counter market** tretí trh; pokladničný trh (cenných papierov)
overaccumulation of capital nadmerná akumulácia kapitálu
overage prebytok; vyššie predajné ceny dovozcu ako stanovil vývozca; prečerpanie; prekročenie
~ **cash** pokladničný prebytok
overall consumption celková spotreba
~ **coverage** celkové krytie
~ **gain** celkový zisk
~ **market price coverage** celkové krytie trhovej ceny
~ **price index** celkový cenový index
overbought nadbytok kúpnych pozícií
overcall preplatiť; ponúknuť viac ako
overcapitalize prekapitalizovať; nadhodnotiť
overcapitalized economy prekapitalizovaná ekonomika
overcertification supercertifikácia (potvrdenie zákazníkovho šeku bankou v prípade, že inkasný zostatok na jeho konte je nižší ako čiastka, na akú znie šek)
overcharge príplatok; preceniť; predražiť
overcheck šekové prečerpanie
overdraft debetné saldo; dočasný úver; platobný príkaz na čiastku presahujúcu pohľadávku na bankovom účte; prečerpanie
~ **banking** možnosť prečerpania
~ **checking account** možnosť šekového prečerpania
~ **facility** prechodný úver
overdraw prečerpať (šekom)
overdrawal prečerpanie; krátkodobý úver
overdue skôr splatný; uplynutý; včas nesplatený; oneskorený; premlčaný; vypršaný
~ **account** neuhradená pohľadávka
~ **bill** zmenka s vypršaným termínom
~ **invoice** faktúra s uplynutou splatnosťou
~ **loan** včas nesplatený úver

~ **note** dlhopis s uplynulou splatnosťou
overemphasize preceniť
overentry certificate poukážka na colný preplatok
overequipped preinvestovaný; predimenzovaný
overestimate nadhodnotený; nadhodnotiť; preceniť
overextension nadmerné rozšírenie; neúmerné zaťaženie
overflow accounts preplnené účty
overhaul previerka; preskúšanie; generálna oprava; realizovať generálnu opravu
overhead réžia; mimoriadny výdavok
~ **absorption** krytie réžie
~ **application** zúčtovanie réžie
~ **budget** rozpočet réžie
~ **cost** režijné náklady; výrobná réžia
~ **expenses** režijné náklady
~ **rate** režijná sadzba
overheads režijné náklady
overinsurance prepoistenie
overissue nadmerná emisia
overlapping debt presahujúci dlh
~ **wage contracts** prekrývajúce sa mzdové dohody
overlimit account nadlimitný účet
overlining prerozdelenie (rozdelenie účasti vo veľkej pôžičke medzi významnejšie ústavy)
overload preťaženie; zahltenie; prekročenie prípustnej hodnoty; preťažiť; zahltiť
overlying bond obligácia bez prednostného práva
~ **mortgage** hypotéka nižšej triedy
overmarket voľný trh
overnight doba medzi ukončením a začiatkom burzových a bankových operácií
~ **accommodation cost** nocľažné
~ **fee** poplatok za prenocovanie
~ **money** peniaze cez noc
overpaid neúmerne vysoko honorovaný; preplatený
overpay preplatiť
overpayment preplatok
overplus prebytok; prirážka
overprice príliš vysoká cena
overpricing of goods požadovanie premrštených cien
overrate preceniť
override manažérska provízia; prekonať; zrušiť; prečnievať
overrun costs prekročenie nákladov
oversaturated market presýtený trh
overseas money order medzinárodná poštová poukážka
oversold market „nadponukový" trh cenných papierov
overspeculation prešpekulovanosť
overstock prebytočný sklad; skladovať veľa tovaru; presýtiť tovarom
~ **the market** presýtiť trh (tovarom)
overstrained investment investičná horúčka
oversubscription požiadavka naviac; prevaha záujmu o akcie nad ponukou
oversupply nadmerná ponuka; nadmerná dodávka
overt market voľný trh
overtax preťažiť daňami
overtime bonus nadčasový príplatok
~ **premium** nadčasový príplatok
~ **work** práca cez čas
overtrading stav na termínovej burze, ak je v akcii príliš mnoho pozícií a krytie nestačí pre všetky, takže dochádza k špekuláciám
overturn obrat
overtype prepísať na stroji
overvalued nadhodnotený
overview prehľad; celkový pohľad; súhrn
overwithholding daňový preplatok dôchodkovej dane
owe dlžiť; byť povinný; byť dlžný
owing dlžný; povinný; zaviazaný
owl slang. podnikateľská činnosť realizovaná v nočných hodinách
own vlastniť; vlastní
~ **and similar sources** vlastné obežné a podobné prostriedky
~ **capital** vlastný kapitál
~ **interest rate** vlastná úroková sadzba
~ **price effect** vlastný cenový efekt
~ **price elasticity** vlastná cenová elasticita
~ **shares** vlastné akcie
owned capital vlastný kapitál
~ **real estate** bankou vlastnená nehnuteľnosť
owner financing vlastnícke úverovanie (kupujúci domu si požičiava od predávajúceho)
~ **will carry (OWC)** hypotéka pod trhovú sadzbu
owner's equity vlastný majetok
~ **paper** hypotekárny papier
ownership vlastníctvo; vlastnícke právo

P

pa'nga menová jednotka Priateľských ostrovov
pace the list byť na čele kurzového lístku
Pacific Stock Exchange americká burza cenných papierov v Kalifornii
package menší balík; zväzok; súbor (služieb); súprava; agregát; komplex; sada (programov); jednokusová zásielka tovaru; súbor výhod v pracovnej zmluve; baliť; obalový; balík (stobankoviek)
~ **deal** súbor návrhov na prerokovanie; súhrnná transakcia
~ **insurance** združené poistenie
~ **mortgage** balíková hypotéka (hypotéka týkajúca sa príslušenstva domácnosti)
~ **of interrelated measures** súbor opatrení
~ **pay** balíková výplata
~ **with price declaration** balík s deklarovanou cenou
packager leasingová spoločnosť; banka alebo maklér sprostredkujúci transakcie pre tretiu stranu
packman podomový obchodník; pouličný obchodník
paginate číslovať; paginovať
paid platený
~ **by check** platené šekom
~ **check** preplatený šek
~ **contribution** splatený vklad
~ **fine** platená pokuta; platené penále
~**-in** vložený; splatený (kapitál)
~**-in capital** vložený kapitál
~ **penalty** platená pokuta; platené penále
~**-up** splatený
~**-up capital stock** splatený základný kapitál
~**-up insurance** poistenie bez ďalšieho platenia poistného
~**-up stock** splatené akcie; plne splatený akciový kapitál
painting the tape slang. vytváranie záujmu o cenný papier stálym obchodovaním
Palmer rule Palmerovo pravidlo (udržovanie papierov držaných bankami na stálej úrovni)
PAN-PIN pair číslo účtu a jeho tajného kódu
panel komisia; porota; zoznam lekárov zdravotnej poisťovne
~ **doctor** lekár nemocničnej pokladne
panic panika
paper cenný papier; zmenka; úverová zmluva; krátkodobý záväzok; doklad; prednáška
~**-credit** zmenkový úver
~ **currency** bankovky; papierové peniaze; papierová mena
~ **hanger** šekový podvodník
~ **lease** papierový nájom (spoločnosť, ktorej hrozí bankrot, uzatvorí nájomnú zmluvu s veriteľmi, ktorí sa stanú vlastníkmi prenajatého majetku)
~ **money** papierové peniaze
~ **profit** teoretický zisk; zisk na papieri
~ **security** cenný papier
~ **shredder** skartovacie zariadenie
papers cenné papiere; bankovky; doklady
~ **at short date** krátkodobé zmenky
paperwork administratívna práca
par pari; nominálna hodnota cenného papiera; parita
~ **and parcel** nedeliteľná súčasť
~ **bond** obligácia v nominálnej hodnote
~ **clearance** paritné zúčtovanie
~ **collection** paritné inkaso
~ **exchange rate** paritný menový kurz
~ **item** paritná položka
~ **of exchange** devízová parita
~ **value** nominálna hodnota; nominálie; obsah zlata menovej jednotky
~ **value of currency** devízová (menová) parita; paritná hodnota
~**-value stock** cenný papier s udanou menovitou hodnotou
par: above par nad pari
~ **at par** al pari; nominálna hodnota
parallel loans paralelné pôžičky
paramount hlavný; veľmi dôležitý; vrcholný; zvrchovaný
paraphernalia osobné príslušenstvo; osobný majetok
parastatal polovládny; poloúradný
parcel zväzok (10 balíkov); zásielka; rozdeliť; partia tovaru; rozkúskovať; zabaliť do balíka
~ **declaration** poštové a colné prehlásenie
~ **of value** cenný balík; cenovka
~ **post insurance** poistenie balíkovej pošty
parcels zväzky (bankoviek)
parent company materská spoločnosť
parity parita; paritný; rovnováha; rovnosť; relácia
~ **clause** paritná doložka
~ **of exchange** oficiálny prepočítavací kurz
~ **prices** paritné ceny
part časť; súčasť; zložka; diel; podiel; úloha; súčiastka; strana; povinnosť; služba; účasť; rozdeliť (sa); oddeliť sa; rozísť sa; rozlúčiť sa; čiastočný
~**-exchange** čiastočný protiúčet
~**-load rate** sadzba za kusový tovar
~**-paid** čiastočne splatený
~**-pay a share** čiastočne splatiť akciu
~ **payment** splátka; čiastočná úhrada
~**-time employment** vedľajšie zamestnanie
~**-time job** práca na skrátenú pracovnú dobu

~**-time schedule** skrátený úväzok
partaker účastník; spoluúčastník; podielnik; spoločník
partial bond čiastková obligácia
~ **delivery** čiastková dodávka
~ **loss** čiastková strata; poškodenie
~ **payment** čiastočná platba; splátka
partially amortized mortgage čiastočne amortizovaná hypotéka
participant účastník; abonent; člen predajného syndikátu
participating bond obligácia s nárokom na podiel zo zisku; účastnícka obligácia
~ **certificate** podielový list
~ **life insurance** životné poistenie s dodatočným podielom na zisku
~ **loan** pôžička s účasťou na zisku
~ **preferred** preferenčná (akcia) s dodatočným podielom na zisku
~ **shares** akcie osadenstva
participation účasť; podiel na pôžičke alebo finančnom leasingu; účastnický; participačný; podielový
~ **certificate** podielový list
~ **dividends** členské podiely
~ **fee** účastnícky poplatok
~ **liabilities** konzorciálne záväzky
~ **loan** participačná pôžička
~ **of employees** podiel (zamestnancov) na zisku
particular podrobnosť; detail; jednotlivý; zvláštny; určitý; dôkladný; špeciálny; presný; podrobný; detailný; vlastný; osobný; miestny; partikulárny
~ **charges** partikulárne náklady; náklady na odvrátenie a zmenšenie škôd
particulars of birth dáta narodenia
parties concerned zúčastnené strany
~ **to a bill** účastníci na zmenke
partly paid bond obligácia s čiastočným úpisom
partner spoločník; partner; spolumajiteľ
partnership verejná obchodná spoločnosť; zmluva o združení; spoločenstvo; partnerstvo
~ **certificate** podielnícke osvedčenie
~ **limited per shares** akciová komanditná spoločnosť
party at interest jednotlivec (alebo skupina) s právne zaručeným záujmom v komerčnom podniku
~ **responsible for customs duty** colný dlžník
~ **to a contract** účastník zmluvy
~ **to an agreement** účastník dohody
~ **to contract** zmluvná strana
party: the parties concerned zúčastnené strany
pass preukaz; zaúčtovať; schváliť (zákon); prechod; obiehať
~ **a dividend** neplatiť dividendy
~ **no more** žiadny ďalší úver
~ **the budget** odhlasovať rozpočet
~**-trough certificates** garantované certifikáty
~**-trough securities** cenné papiere s právom na podiel na združenom finančnom majetku
passbook nákupná knižka; priepustka; vkladná knižka; výpis z účtu
~ **account** vkladový účet
~ **loan** úver zaručený depozitom
~ **savings** sporiteľný účet s vkladnou knižkou
passed dividend uplynuté dividendy
Passed Free of Duty Bez cla
passing a dividend neplatenie dividendy
passive bond pasívna (bezúročná) obligácia
~ **debt** bezúročný dlh
~ **investor** pasívny investor
password heslo; kód prístupu
past due včas nezaplatený; prepadnutý; uplynutý
~**-due item** položka nezaplatená včas
~ **service benefit** úver na dôchodok
pataca peňažná jednotka Macaa
patent (on) patent (na)
~ **office** úrad pre patenty a vynálezy
~ **protection** ochrana patentu
~ **term** doba platnosti patentu
path cesta (v sieťovom grafe); prenosová cesta; trajektória
patrimony dedičský podiel po otcovi
pattern vzor; diagram; obrazec; typický príklad; štruktúra; skladba
~ **of economic growth** model ekonomického rastu
pattern: by pattern post zásielka ako vzorka bez ceny
pawn záloha; záložná záruka; záložné právo; dať niečo do zálohy; pozastaviť
~ **ticket** záložný lístok
pawnbroker veriteľ na zálohu; držiteľ zálohy; majiteľ záložne
pawned stock hypotekárna akcia
pawnee veriteľ na zálohu; držiteľ zálohy; majiteľ záložne
pawner záložný dlžník
pawning stock lombard; pozastavenie cenných papierov
pay plat; mzda; splatenie; splatiť; zaplatiť; platba
~ **a bill** preplatiť faktúru
~ **a deposit** dať zálohu
~ **a tax** platiť daň
~ **accounting** zúčtovanie mzdy; výpočet mzdy
~ **advice** oznámenie o výplate
Pay as you Earn platenie dane zo mzdy alebo platu zrážkou
pay-as-you-go accounts zvláštne kontrolné účty; zvláštne poplatkové účty

~**-as-you-go basis (insurance)** rozdelenie (poistenia)
~**-as-you-go basis (tax)** distribučná (repatriačná) daň
~ **away** vydať peniaze
~**-back period** doba návratnosti (investícií)
~ **back the credit** splácať úver
~ **bounties to exporters** poskytovať vývozcom subvencie
~ **by cheque** platiť šekom
~ **by installments** splácať v lehotách (v splátkach)
~ **cash** platiť v hotovosti
~ **check** šek na výplatu mzdy
~ **curb** zmrazenie miezd
~ **customs duty** zaplatiť colné poplatky
~ **damages for** platiť penále za
~ **day** deň výplaty; likvidačný deň
~ **down** zaplatiť v hotovosti
~ **duty** precliť
~ **freeze** zmrazenie miezd
~**-in** peňažný príspevok
~ **in funds** vložiť/poukázať peniaze
~ **in kind** platiť v naturáliách
~ **in taxes** zaplatiť na daniach
~ **loans** vyplatiť pôžičky
~ **off** splatiť; uhradiť
~ **office** oddelenie práce a miezd
~ **order of withdrawal (POW)** príkaz na výber; výberový príkaz
~ **out** vyplatiť
~ **out interest** vyplácať úrok
~**-out ratio** výplatný pomer (vyplatené dividendy v pomere k zisku)
~ **packet** obálka s výplatou
~ **policy** mzdová politika
~ **rise** zvýšenie platu
~ **settlement** stanovenie mzdy
~ **sheet** výplatná listina
~ **taxes** platiť dane
~ **the cashier** platiť pri pokladni
~ **to bearer** zaplaťte doručovateľovi
~ **to Mr.** zaplaťte pánovi
~ **to order** zaplaťte „na rad"; zaplaťte v prospech
~ **to the order of sb.** zaplaťte na rad niekoho
~ **too much** preplatiť
~ **up** splatiť; plne uhradiť
~**-up** doplatok
~ **up a share** splatiť akciu
payable splatný; čerpateľný
~ **account** splatná faktúra
~ **at death** splatný v prípade úmrtia
~ **at sight** splatný pri predložení
~ **before hand** splatný dopredu
~ **day** deň výplaty
~ **in cash** splatné v hotovosti; vypláca sa v hotovosti
~ **in exchange** splatný v cudzej mene
~ **on delivery** splatný pri doručení (na dobierku)
~ **on demand** splatný na požiadanie (pri predložení)
~ **on presentation** splatný pri predložení
~ **to sb.** splatný niekomu
payables splatné pohľadávky; splatné čiastky
paycheck výplata šekom; mzda; platba
payday výplatný deň
payee veriteľ; osoba, ktorej má byť zaplatené; príjemca platby; remitent; vlastník (zmenky); doručiteľ (zmenky); príjemca peňazí; adresát
payer platiteľ; ten kto platí; trasát
paying bank banka - platiteľ
~ **duty (on st.)** colné odbavenie
~**-in slip** vkladový lístok; výplatný lístok
~**-off** splácanie
~**-off shares** splácanie akcií
~ **teller** pokladník pri výdaji
payload predajné (užitočné) zaťaženie; užitočný náklad
paymaster platiteľ; pokladník vyplácajúci mzdy
payment platenie; platba; zaplatenie; platená čiastka; mzda; plat; výplata; platobný
~ **against the invoice** platba za faktúru
~ **and settlement** platobný styk
~ **bill** platobná zmenka
~ **bond** garančná poistka pre splnenie kontraktu
~ **by bill** platba zmenkou
~ **by setoff** platenie kompenzáciou
~ **conditions** platobné podmienky
~ **for delay** poplatok za oneskorenie
~ **in (of capital, of stock)** splácanie (kapitálu, akcií)
~ **in advance** závdavok; záloha
~ **in discharge** platby na úhradu záväzkov
~ **in kind (PIK)** platenie v naturáliách
~ **is effective** platba nadobúda účinnosť
~ **of custom charges** platenie colných poplatkov
~ **on account** splátka na účet; závdavok
~ **on invoice** zaplatenie faktúry
~ **order** platobný príkaz
~ **purpose** platobný titul
~ **reversal** opravné účtovanie; storno
~ **settlement** preplatenie; vyplatenie; zaplatenie; platba
~ **stopped** zakázaná platba
~ **term** platobná lehota
~ **voucher** platobné potvrdenie
payment: on payment po zaplatení
payments deficit platobný deficit
~ **surplus** platobný prebytok
payoff úplatok; splatenie; výplata; vyplatenie; návratnosť; výťažok; výnos; špinavé peniaze
~ **balance** čistý zostatok

~ **statement** vyúčtovanie pôžičky
payola slang. úplatok; korupcia
payor platiteľ
payout vyplatenie; výplata
~ **ratio** percento čistého zisku vyplatené akcionárom ako dividendy
payroll výplatná listina; mzdová učtáreň; mzdové oddelenie; celková čiastka na preplatenie; mzdový
~ **account** účet miezd
~ **accounting** zúčtovanie mzdy; výpočet mzdy; mzdové účtovníctvo
~ **budget** rozpočet miezd
~ **card** mzdový lístok
~ **clerk** mzdový účtovník
~ **deductions** zrážky zo mzdy
~ **department** mzdová učtáreň
~ **distribution sheet** mzdová listina
~ **fund** mzdový fond
~ **records** záznamy o výplate miezd
~ **sheet** mzdová listina
~ **slip** výplatná páska
~ **system** mzdová sústava
~ **tax** daň zo mzdy platená zamestnávateľom; daň z objemu miezd
paysheet výplatná listina
peak „špička"; mimoriadne pracovné nasadenie; mimoriadne pracovné tempo
~**-load pricing** cenová tvorba podľa stupňa zaťaženia
~ **pricing** cena v špičke
pecuniary peňažný; finančný
~ **aid** penažná podpora (výpomoc)
~ **consideration** peňažné odškodnenie
~ **embarrassments** peňažné problémy
~ **exchange** peňažný obchod
~ **means** peňažné dôchodky
peer group klasifikačná skupina
peg (pegging) stabilizovať (stabilizácia)
pegged exchange rate pevný (stabilizovaný) výmenný kurz
~ **price** stabilizovaná cena
penal bond garančná poistka; záručná listina
penalization penále; penalizácia
penalty penále; pokuta; trest; potrestanie; trestný bod
~ **bond** penalizačná zmluva
pending nevybavený; nerozhodnutý; behom; počas; až do; až po
penetrate the market preniknúť na trh
penetration pricing stanovenie prienikových cien
penny ante „halierový"; drobný; nedôležitý
~ **stocks** lacné emisie (akcií)
pension dôchodok; penzijná pôžička; penzionovať; penzijný
~ **costs** penzijné náklady
~ **fund** penzijný fond; fond sociálneho zabezpečenia
~ **insurance scheme** dôchodkové poistenie
people's bank ľudová banka
~ **share** ľudová akcia
per annum (p.a.) ročne; za rok
~ **bearer** po doručiteľovi
~ **capita output** produkcia na hlavu
~ **capita tax** daň na hlavu
~ **centum** zo sto
~ **contra account** protiúčet
~ **diem** za každý deň; diéty (pri služobných cestách); denne; denná diéta
~ **invoice** podľa faktúry
~ **mensem** mesačný
~ **mile** promile
~ **post** poštou
~ **procuration** per procura; per procuram; ppa; pp
~ **ultimo** v posledný deň
percent percento; percentuálny
percentage celkové percento; percentuálna sadzba; percentuálna hodnota
~ **rate** percentuálna sadzba
perfect capital mobility voľný pohyb kapitálu
~ **competition** ideálna konkurencia
~ **monopoly** ideálny (čistý) monopol
perfectly anticipated inflation dokonale anticipovaná inflácia
perform vykonať; spáchať; robiť; splniť (sľub); zastávať úrad; hrať úlohu
~ **banking functions** vykonávať bankové operácie
performance výkon; plnenie; dodržiavanie; výkonnosť
~ **analysis** rozbor výkonov
~ **appraisal** hodnotenie výkonu
~ **bond** garančná poistka pre splnenie kontraktu
~ **efficiency** výkonnosť
~ **evaluation and review technique (PERT)** metóda vyhodnotenia a kontroly (plánu)
~ **fee** výkonnostný honorár (pre manažérov investičných fondov)
~ **report** správa o realizácii rozpočtu
peril point kritický bod
perils clause doložka o poistných rizikách
period for assessment reconciliation opravná lehota
~ **of limitation** premlčacia lehota; umorovacie obdobie
~ **of notice** výpovedná lehota; výpovedná doba
~ **of redemption** umorovacie obdobie
~ **of repayment** doba splácania
~ **of time** časový úsek
~ **of validity** doba platnosti
~ **of write off** amortizačná lehota
~ **stipulated by law** zákonná lehota
~ **under consideration** sledované obdobie
periodic payment periodická platba; periodické vyplácanie dávok

~ **payment plan** zmluvný splátkový plán
~ **statement** pravidelný výpis
peripherals periférie; externality
perks vedľajšie príjmy; príplatky k platu
permanent accounts permanentné (pravé) účty (ktorých zostatky sú prevádzané do ďalšieho účtovného obdobia)
~ **asset** fixné (kapitálové) aktívum
~ **capital** fixný kapitál
~ **financing** dlhodobá hypotéka
~ **income** permanentný dôchodok; stály príjem
~ **liabilities** stále pasíva
~ **life insurance** trvalá životná poistka
~ **loan** založená pôžička
permanently trvale
permissible nonbank activities prípustné mimobankové činnosti
permission to deal povolenie na vstup a obchodovanie na burze
permit colné povolenie
~ **mail** poštovné paušalizované; poštovné úverované; frankotyp
~ **of transit** tranzitné vízum
permutation obmena; zámena; permutácia; permutačný
perpetual bond večná obligácia; večná renta (nevypovedateľná)
perpetuity bond obligácia s večnou anuitou
perquisites vedľajšie príjmy; poplatky povolené za zvláštnu službu
perseverance trvanie; vytrvalosť
persist in st. trvať na niečom; zotrvať pri niečom
person in possession držiteľ
personal accident insurance osobné úrazové poistenie
~ **account** osobný účet
~ **asset** osobný majetok
~ **check** osobný šek
~ **credit** osobný úver
~ **data** osobné údaje; nacionálie
~ **debts** súkromné dlhy
~ **deposits** vklady obyvateľstva
~ **estate** hnuteľný majetok
~ **expense** osobné výdavky
~ **financial statement** osobný finančný výpis
Personal Identification Number (PIN) osobné identifikačné číslo; PIN
personal income osobný dôchodok; dôchodok jednotlivca; osobný príjem
~ **income tax** daň z príjmu
~ **installment (instalment) loan** osobný splátkový úver
~ **insurance** poistenie osôb
~ **letter of credit** osobný akreditív; peňažný akreditív
~ **line of credit** šekový účet s osobným úverom
~ **loan** osobný úver; osobná pôžička
~ **property** hnuteľný majetok; osobné vlastníctvo
~ **savings** osobné úspory
~ **share** akcia na meno
~ **tax** osobná daň
personalized sales draft individualizovaná obchodná zmenka
personally liable osobne ručiaci (s osobným ručením)
personnel department osobné oddelenie
~ **manager** manažér pre prácu s ľuďmi; personálny riaditeľ
pertinent element of creditworthiness príslušný prvok úveryhodnosti
pervasive inflation plazivá, postupujúca inflácia
peseta menová jednotka Andorry, Baleárskych ostrovov, Kanárskych ostrovov a Španielska
peso menová jednotka Bolívie, Chile, Dominikánskej republiky, Filipín, Kolumbie, Kuby, Mexika a Uruguaya
pet bank obľúbená banka
petition fee poplatok za žiadosť
~ **in bankruptcy** vyhlásenie úpadku
petitioning on creditor's bond obligácia so žiadosťou na veriteľa
petrobonds petroobligácie
petrol ticket poukážka na benzín
~ **voucher** poukážka na benzín
petties drobné výdavky
petty peniaze; drobné
~ **cash** pokladňa; pokladničná hotovosť; drobné
~ **cash book** pokladničná kniha
~ **cash box** pokladňa; príručná pokladňa
~ **cash voucher** doklad o výdaji; výdavkový doklad
~ **charges** drobné výdavky
phantom stock iluzórna akcia
phases of economy ekonomické fázy; ekonomické etapy
phony dividends nepravé dividendy
photo card banková úverová karta s fotografiou majiteľa
physical capital fyzický kapitál
~ **capital maintenance** uchovanie kapitálu
~ **disability benefit** invalidná renta
~ **entity** fyzická osoba
~ **national income** reálny (skutočný) národný dôchodok
physiocratism fyziokratizmus
pickup „smotana"; zisk, vyplývajúci z predaja jedného balíka obligácií a nákupu iného balíka s vyšším výnosom
piece menová jednotka Pakistanu; kus; kusový; úkolový
~**-of-the-action financing** úverová dohoda, kde veriteľ získava nielen bežné úro-

ky, ale aj dohodnuté percento z hrubého príjmu
~ **rate** úkolová mzda; jednotková mzda
~ **rate wage** úkolová mzda; akordná mzda
~ **ticket** úlohový lístok
piecework rate úkolová sadzba
~ **wage** úkolová mzda; akordná mzda
pig on port brit. akomodačný cenný papier
pilgrim's receipt pútnické peniaze
pilot riadiaci; pilotný; skúšobný; kontrolný
~ **run** skúšobná prevádzka
pin money vreckové; sprepitné
pinch tieseň; nedostatok; zložitá alebo napätá situácia; neočakávaný cenový skok
pioneer-type investment odvážna investícia
pip zrnko (zmenárenský termín pre 0,00001 nejakej jednotky)
pit „jama" - priestor obchodovania na burze
pivotal stock pivotný cenný papier
place investovať peniaze; zaúčtovať; postavenie, úrad; rozmiestňovať;
~ **a sum to sb.'s debit** pripísať čiastku v prospech niekoho
~ **an issue** umiestniť emisiu (akcií)
~ **an order with a firm** zadať objednávku firme
~ **an order with sb.** objednať u niekoho; zadať niekomu objednávku
~ **insurance with sb.** poistiť u niekoho
~ **of destination** miesto určenia
~ **of dispatch** miesto odoslania
~ **of performance** miesto plnenia
~ **of residence** adresa, miesto bydliska
~ **on account** zaúčtovať
~ **shares** umiestniť akcie
~ **st. on file** dať niečo do evidencie; viesť niečo v evidencii; mať na zreteli
placement umiestnenie (kapitálu)
placing normal lines of insurance uzavretie obvyklých poistiek
~ **power** predajná schopnosť
plain bond prostá obligácia; nezaručená obligácia
~ **dealing** poctivé konanie
plan-based plánovitý
~ **manager** pracovník zodpovedajúci za bankové aktivity spojené s platobnými kartami
~ **of investment** investičný plán
planholder účastník dôchodkového poistenia
planned demand plánovaný dopyt
~ **economy** plánované hospodárstvo
~ **investment** plánované investície
~ **profit** plánovaný zisk
~ **savings** plánované úspory
planning-programming-budgeting (PPB) plánovanie-programovanie-rozpočtovanie
~ **tendency** hospodárske plánovanie
plant prevádzkový kapitál; závod; strojné zariadenie; vybavenie
~ **asset records** investičné účtovníctvo
~ **asset turnover ratio** obrat základných prostriedkov
~ **assets** investície vo výrobnom podniku; investície výrobného charakteru
~ **ledger card** investičný lístok
plant: at plant level na podnikovej úrovni
plastic plastické karty
plate-glass insurance poistenie tabuľových skiel
platform časť bankovej haly, kde sú vedúci aj úradníci úseku nových účtov
play a lone hand pracovať na vlastnú päsť
~ **a person** am. obchodovať s niekým
~ **hookey from work** am. uliať sa z práce
~ **the market** hrať na burze
~ **up st.** robiť niečomu reklamu
pledge záloha; záruka; záväzok; záložné právo; vinkulovať; prísľub
~ **of accounts receivable** záruka pohľadávkami
~ **securities** lombardovať; dať do zálohy cenné papiere
pledged-account mortgage odstupňovaná hypotéka
~ **assets** pozastavené aktíva
~ **collateral** vedľajšie záruky; vinkulovaná záruka
~ **loan** pozastavená pôžička
~ **securities** pozastavené cenné papiere
pledgee príjemca záruky; záručný veriteľ
pledger ručiteľ záruky; pozastaviteľ
pledging receivables pozastavenie pohľadávok
plot am. plán; parcela; diagram; graficky znázorniť; zmapovať
plough back znova investovať (zisk do podniku)
plow back znovu investovať
plum slang. „koryto" (mimoriadny zisk alebo mimoriadne dividendy)
plunge hazard; riziková špekulácia
plunk down slang. vyklopiť; platiť v hotovosti
pluralistic economy zmiešané hospodárstvo
plus rates doplnky k mzde
~ **tick** za vyšší kurz
pluvious insurance poistenie proti dažďu
ply pravidelne zásobiť
pocket book vreckové vydanie; náprsná taška; peňaženka
pocket: within reach of their pockets za prijateľné ceny
Poincare franc zlatý frank
point cieľ; článok; štádium; stupeň; uzol; otázka; predmet; vec; účel; vlastnosť; obrazový prvok; rádová čiarka; najmenšia hodnota cenových zmien, v ktorých môže byť vyjadrený pohyb na trhu; bod

~**-and-figure charts** grafy kurzov cenných papierov
~ **of inflection** inflexný bod
~ **of intersection** priesečník
~ **of origin** miesto pôvodu; miesto vzniku
~ **of purchase (POP)** miesto nákupu
~**-of-sale** predajný; maloobchodný; pokladničný; v mieste predaja
~ **of sale (POS)** miesto predaja; predajné stanovište; miesto plnenia kúpnej zmluvy
~**-of-sale advertising** príležitostná reklama
Poisson distribution Poissonovo rozdelenie
police dues policajné dávky, poplatky
policy poistka; poistná zmluva; politika; zásada; postup; poistný
~ **bonus** poistná dividenda
~ **department** poistkové oddelenie poisťovne
~ **dividend** poistná dividenda
~ **loan** pôžička na poistku
~ **of assurance** poistka (poistná zmluva)
~ **of insurance** poistka (poistná zmluva)
~ **paper** ceninový papier; cenina
~ **period** poistná doba
~ **proof of interest** poistka, kde poistný záujem bude preukázaný neskôr
~ **value** hodnota poistky
policy: to make a policy uzavrieť poistku
policyholder poistenec
political economy politická ekonómia
poll tax volebná daň (zrušená)
polyopsony polyopsónia (situácia na trhu, kde je počet kupujúcich taký malý, že ich správanie sa ovplyvňuje trhovú cenu)
polypoly polypol (situácia na trhu, kde je veľký počet relatívne malých predávajúcich alebo kupujúcich, ktorých správanie sa nemení rovnováhu na trhu)
pool pool; obchodné združenie; kartel; koncern; spoločný vklad; spoločný fond; vložiť do spoločného fondu; podeliť sa (o zisk); spoločenstvo; rozdelenie obchodu a obchodných sfér
pooled income fund poolový príjmový fond
pooling of interests utvorenie spoločného fondu spoločností
~ **of wealth** zlučovanie majetku
~ **operation** spoločná operácia
popularly priced za ľudové ceny
population obyvateľstvo; populácia (súhrn prvkov definovaných pred voľbou vzorky)
~ **density** hustota obyvateľstva; hustota osídlenia
port charges prístavné poplatky
~ **dues** prístavné poplatky
~ **fee** prístavný poplatok
~ **regulations** prístavné poplatky
~**-risk-only insurance** poistenie platné len v prístave

portability prenosnosť
portage bill mzdová listina námorníkov
portfolio portfólio; zoznam (zásoba) cenných papierov; mapa; zložka
~ **equilibrium** rovnováha portfólia; rovnováha na finančných trhoch
~ **hedging** zabezpečenie zásoby cenných papierov
~ **investment** nepriame investovanie
~ **investments** portfóliové investície
~ **of bills** stav/zásoba zmeniek
portion podiel; časť; tranža; dedičský podiel
position miesto; pozícia; postavenie v zamestnaní; funkcia; stav; povolanie; situácia; názor na vec; umiestniť
~ **evaluation** hodnotenie funkcií
~ **marketing** pozičný marketing
~ **on the market** postavenie na trhu
~**-schedule bond** poistka proti sprenevere so súpisom mien
~ **sheet** výkaz valút
~ **traders** poziční makléri
position: to have a long position špekulovať na vzostup cien v termínovom obchode
~ **to have a short position** špekulovať na pokles cien v termínovom obchode
positive carry kladný výnos
~ **correlation** priama úmera
~ **economy** pozitívna ekonómia
~ **leverage** použitie požičaných finančných prostriedkov na zvýšenie návratnosti investícií
~ **list** zoznam tovaru v povoľovacom konaní
~ **remainder** kladný zostatok
possession držba; majetok; vlastníctvo
post pošta; zamestnanie; miesto; postavenie; zaúčtovať; poslať poštou; aktualizovať; zaznamenávať
~ **a loss** oznámiť stratu
~**-bill** zmenka na krátku lehotu
~**-free** franko; vyplatene
~ **levy** doplatok (vo vzájomnej poisťovni)
~ **meridiem** odpoludnia; večer
~ **money order** zloženka; poštová peňažná poukážka
~**-office cheque account** účet v poštovej sporiteľni
~**-office order** poštová poukážka
~**-office savings bank** poštová sporiteľňa
~ **remittance** zloženka; poštová peňažná poukážka
~**-tax profit** zisk po zdanení; zisk po odpočítaní dane
post: by registered post doporučene
postage currency poštová mena
~ **due** doplatné
postal charge poštovné; porto
~ **cheque** poštová poukážka; poštový šek
~ **giro account** žírový šek
~ **money order** poštová poukážka

~ **note** peňažná poukážka
~ **savings** poštová sporiteľná služba
~ **savings account** účet v poštovej sporiteľni
~ **stationery** ceniny
~ **subscription** poštovné úverované (paušalizované)
~ **tariff** poštová sadzba
postaudit dodatočná revízia
postcalculation výsledná kalkulácia
postcode brit. poštové smerovacie číslo; následný kód
postdated check postdatovaný šek
posted price vyvolávacia cena
posting zápis v hlavnej knihe; aktualizácia; aktualizovanie; spracovanie udalosti; zaúčtovanie
postlist dodatočný zoznam
postobit bond dlhopis splatný po smrti tretej osoby, po ktorej má niekto dediť
postpone odložiť; odsunúť (dátum splátky); odročiť
postposition doložka
posts okruhy (segmenty trhu)
poststatement events účtovné prípady od účtovnej uzávierky pre oficiálne publikovanie
postulate predpoklad; požiadavka; postulát; stanoviť; prijať bez dôkazu; postulovať
pot „hrnček" (časť emisie cenných papierov odložená stranou pre distribúciu medzi maklérmi a bankami)
~ **protection** dohoda zaručujúca, že banka dostane určité množstvo akcií z „hrnčeka" (pozri: pot)
potential customer eventuálny zákazník; možný zákazník
~ **demand** kúpyschopný dopyt
~ **gross national product** potenciálny hrubý národný produkt
~ **market** potenciálny trh; možný odbyt
~ **stock** potenciálny kapitál; nevydaná časť akcií
poundage provízia (poplatok) v librách
~ **fee** poplatok za každú libru hmotnosti; poplatok za poštovú poukážku (podľa poukazovanej čiastky v librách šterlingov)
pour money ukladať peniaze
pourover prelievanie
POW money zajatecké peniaze
power právo; právomoc; oprávnenie; mandát; kapacita; zdroj (energie); mocnina; zintenzívniť; zosilniť; napájať (zo zdroja); veľmocenský; výkonný; mocninový; napájací
~ **exponent** mocniteľ
~ **of attorney** plná moc právneho zástupcu
~ **of sale** predajné právo; oprávnenie na predaj
~ **to compromise claims** právo uzavrieť zmier o pohľadávkach
~ **to grant leases** právo uzatvárať nájomné zmluvy
~ **to sell** predajné právo; oprávnenie na predaj
powers of representation plná moc
practice prax; zvyklosť; uzancia; uskutočniť; uplatniť v praxi; cvičiť; pripravovať sa; trénovať
~ **of the trade** obchodná uzancia; obchodná zvyklosť, postup
practices uzancia; vykonávacie predpisy; smernice; prax; zvyklosť; postupy
praecipium odmena manažéra úveru alebo emisie obligácií na Euromarkete
preallocation predbežné pridelenie
preaudit predbežná revízia
preauthorized payment vopred schválená platba
precalculate predbežne vypočítať
precalculation predbežná kalkulácia
precautionary demand for money opatrnostný dopyt po peniazoch
~ **liquidity balance** preventívny likvidný zostatok
precedence priorita; precedent; nadradenosť; prednosť; služobný vek; prednostný; prioritný
precedents podriadenosť
precious cenný; drahocenný; vzácny
precondition predbežná (predchádzajúca) podmienka; predpoklad
predatory pricing dravá cenová tvorba (za účelom zničenia alebo poškodenia konkurencie)
predetermined costs vopred určené náklady
preemption predkupné právo; prednostné právo; nútené prerušenie; nútená výmena
preengagement skorší, predošlý záväzok
preference preferencia; priorita; prednosť; výhoda
~ **as to assets** prednostný nárok na aktíva
~ **bond** prioritná obligácia
~ **duties** preferenčné clá
~ **offer** prednostná ponuka
~ **share** preferenčná (prioritná) akcia
~ **stock** preferenčná (prioritná) akcia
preferential bond prioritná obligácia
~ **duty** diferenčný poplatok
~ **tariff** preferenčná tarifa
preferred capital stock preferenčný kapitál
~ **creditor** preferenčný veriteľ
~ **debt** preferenčný dlh; prvá hypotéka; prednostné pohľadávky
~ **dividend** preferovaná dividenda
~ **dividends payable** splatné preferenčné dividendy

~ **lender banks** preferované úverové banky
~ **share** preferenčné (prioritné) akcie
~ **stock** preferenčné (prioritné) akcie
preferring creditors preferovanie veriteľov
prefix predčíslie; predpona
pregnancy benefit podpora počas tehotenstva
preliminary check predbežná kontrola
~ **expenses** predbežné výdavky
~ **financing** predbežné financovanie
~ **invoice** predbežná faktúra
~ **selling campaign** predbežná predajná kampaň (akcia)
premium poistná prémia; prémia kúpnej sily; prémia cenného papiera; mzdová prirážka; odmena; prémia; ážio (hodnota nad nominálnou hodnotou akcie); poistné
~ **accounting** účtovanie poistného
~ **bank book** výherná vkladná knižka
~ **bond** prémiová obligácia
~ **card** prémiová úverová karta
~ **deductions** zrážky z poistného
~ **finance** prémiové financovanie
~ **for a double option** dvojitá prémia
~ **income** prijaté poistné (hlavný ukazovateľ obratu poisťovne)
~ **loan** prémiová pôžička; prémiový úver
~ **note** prémiová faktúra; faktúra poistného; účtenka
~ **of initial servicing fee** požičovné
~ **on bond** prémia z obligácie
~ **on capital stock** prémia zo základného kapitálu
~ **on funded debt** prémia z konsolidovaného dlhu
~ **on securities** prémia z cenných papierov
~ **over conversion value** prémia nad konverznú hodnotu
~ **pay** príplatky
~ **rate** prémiová sadzba (u opčných obchodov); sadzba poistného
~ **recapture** obdobie hradenia prémie
~ **renewals** následné prémie; následné poistné
~ **stock** prémiový cenný papier
~ **volume** prijaté poistné (hlavný ukazovateľ obratu poisťovne)
~ **wage** prémiová mzda
~**-wage system** prémiová mzdová sústava
~ **writing** písanie (tlač) poistiek
prepaid expenses náklady budúcich období; predplatené výdavky
~ **income** príjmy budúcich období
preparation of balance sheet zostavovanie súvahy
prepay predplatiť; zaplatiť dopredu
prepayment predplatenie; náklady budúcich období; platenie vopred
~ **fee** predplatné penále (za predčasnú platbu)
~ **in money** vyplatenie v hotovosti
~ **of taxes** predplatenie daní
prepayments náklady budúcich období; zálohy prijaté od odberateľov
prerefunding prefondovanie; prerozdelenie fondov
prerogatives výsady
present prítomnosť; podať; predložiť; indikovať; súčasný; uvedený; platný
~ **a bill for acceptance** predložiť zmenku na akceptáciu
~ **a cheque for payment** predložiť šek na preplatenie
~ **capital** terajší kapitál
~**-day** súčasný
~ **discounted value** dnešná diskontovaná hodnota
~ **for collection** predložiť na inkasovanie
~ **the budget** predložiť rozpočet
~ **to the cashier** predložiť pri pokladnici
~ **value** skutočná hodnota; terajšia hodnota
present: by these presents touto listinou
presentation of the documents predloženie dokumentov
presenter predkladateľ (šeku)
presenting bank banka-odosielateľ
preservation of capital zachovanie kapitálu
preserve world prices zachovávať svetové ceny
preshipment finance náklady pred vypravením, odoslaním
press down the prices stlačiť ceny
pressure of taxation daňové bremeno
prestige card „prestížna karta"; plastická identifikačná karta
presumptive instruction pôvodná inštrukcia; nemodifikovaná inštrukcia
~ **tax** predpokladaná daň
pretax earnings zisk pred zdanením; hrubý zisk
~ **profit** zisk pred zdanením; hrubý zisk
pretested preskúšaný
prevention of tax evasion zamedzenia daňového úniku
~ **of unemployment** predchádzanie nezamestnanosti
preventive man finančný dozorca
previous predchádzajúci; pôvodný; doterajší
~ **accumulation** pôvodná akumulácia
~ **authorization** predchádzajúce povolenie
~ **balance** predchádzajúci zostatok
préavis fee poplatok za predbežné hlásenie
price cena; stanoviť cenu; cenový
~ **adjustment** úprava ceny; cenové prispôsobenie; prispôsobenie pomocou cien; regulácia cien; cenové vyrovnanie
~ **agreement** cenová dohoda
~ **alteration** zmena cien
~ **as per agreement** dohovorená cena

~ **asked** požadovaná cena
~ **by the piece** jednotková cena
~ **calculation** cenová kalkulácia
~ **cartel** cenový kartel
~ **ceiling** maximálna cena; cenový strop; cenové maximum
~ **check** kontrola cien
~ **class** cenová trieda
~ **clearing** cenový clearing
~ **control** cenová regulácia; cenová kontrola
~ **current (P/C)** cenník
~ **curve** cenová krivka
~ **cut** zníženie cien
~**-cutting** znižovanie cien
~ **determination** stanovenie cien
~ **discount** cenový diskont; rabat
~ **discrimination** cenová diskriminácia
~**-driven system** elektrizovaný burzový systém
~ **drop** pokles cien
~**-earnings ratio (PER)** koeficient kapitalizácie výsledkov; koeficient bonity výsledkov; pomer cena - výnos (zisk)
~ **economy** trhové hospodárstvo
~ **effect** cenový efekt
~ **elastic demand** cenovo elastický dopyt
~ **elasticity** cenová elasticita
~ **fixing** stanovenie cien
~**-fixing department** oddelenie cenovej kalkulácie
~ **flexibility** cenová flexibilita
~ **floor** minimálna cena; cenové minimum
~ **fluctuations** pohyb (kolísanie) cien
~ **for st.** cena za niečo
~ **formation** tvorba cien
~ **free frontier** cena franko hranice
~ **freeze** zmrazenie cien
~ **hike** kolísanie cien
~ **including duty** cena vrátane cla
~ **increase** zvýšenie cien
~ **index** cenový index
~**-inelastic market** trh nepružných cien
~ **inelasticity** nepružnosť cien
~ **invoiced** fakturovaná cena
~ **leadership** cenové vedenie
~ **level** cenová hladina; úroveň cien
~**-level-adjusted mortgage (PLAM)** hypotéka upravená podľa cenovej hladiny
~ **liberalization** liberalizácia cien
~ **line** cenová hladina; úroveň cien
~ **lining** stanovenie rovnakých cien pre skupinu rôznych výrobkov
~ **list** cenník; sadzobník
~ **loco** loco cena
~ **maintenance** udržanie cien
~ **maker** cenotvorca
~ **margin** cenové rozpätie; marža
~ **movement** pohyb cien
~ **of money** úroková miera
~ **of selling** predajná cena
~ **off** cenová zrážka
~ **on agreement** cena podľa dohody; zmluvná cena
~ **out** vytlačiť cenami z trhu
~ **peg** stabilizovanie cien
~ **policy** cenová politika
~ **range** cenový rozsah
~ **reduction** zníženie ceny
~ **rigidities** nepružnosť cien
~ **rollback** postupné znižovanie cien
~ **ruling** úradne stanovená cena; regulovaná cena
~**-setting mechanism** mechanizmus tvorby cien
~ **slash** cenový pokles
~ **slump** náhly pokles cien; cenový zlom
~**-specie flow mechanism** mechanizmus pohybov cien a zlatých platidiel
~ **spreading** rozloženie cien
~ **stabilization** stabilizácia cien
~ **subsidy** cenová intervencia; štátna subvencia
~ **support** cenová intervencia
~ **surcharge** cenová prirážka
~ **system** cenový systém
~ **taker** cenový príjemca; akceptant ceny
~ **trade** nákupná cena
~ **variation** kolísanie cien
~ **volatility** stupeň volatility, nestálosti
price: the prices are on the skyward path ceny letia hore
priced označený cenou; ocenený; ohodnotený
~ **catalogue** cenník
~ **out of the market** trhovo nevhodná cena
priceless drahocenný; neoceniteľný
pricemaking cenová tvorba
prices bid nákupný kurz
~ **fall** pokles cien
~ **responsive to shifts in supply and demand** ceny kolísajúce podľa ponuky a dopytu
pricesetting cenová tvorba
pricing tvorba cien; cenová tvorba; oceňovanie; výpočet ceny; kalkulácia cien
~ **out the market** trhové nadhodnotenie
~ **policy** cenová politika
prima facie na prvý pohľad
Primary Account Number (PAN) primárne číslo účtu
primary accounting predkontácia
~ **acquisition** prvotný zber; primárna akvizícia
~ **bank reserve** primárna banková rezerva
~ **cost** primárne náklady
~ **dealer** bankový dom pre cenné papiere, ktorý prijíma štátne obligácie
~ **distribution** primárna distribúcia (primárny predaj cenných papierov)
~ **document** prvotný doklad

~**-expense distribution** zúčtovanie prvotných nákladov
~ **fund** základný fond
~ **market** primárny trh cenných papierov
~ **money** primárne (štandardné) peniaze
~ **receipts** primárne preberanie; primárne príjmové potvrdenky
~ **records** prvotné záznamy; prvotná evidencia
~ **share** kmeňová akcia
~ **voucher** prvotný doklad
prime ážio; prirážka; pripraviť; hlavný; základný; kvalitný
~ **bill of exchange** kvalitná zmenka
~ **cost** jednotkové výrobné náklady; vlastné náklady; výrobná cena; nákupná cena výrobku
~ **investment** kvalitná investícia; bezpečná investícia
~ **paper** krátkodobá obligácia emitovaná bankou alebo korporáciou najvyššej spoľahlivosti stanovená agentúrou Moody's
~ **rate** základný úrok (úrok, ktorý poskytujú banky najspoľahlivejším zákazníkom)
primitive accumulation of the capital pôvodná akumulácia kapitálu
principal istina; základ pôžičky bez úrokov; komitent; príkazca; majiteľ podniku
~ **account** hlavný účet
~ **and interest** istina s úrokmi
~ **balance** celková splatná čiastka hypotéky alebo dlhu bez úrokov alebo prémií
~ **fund** kmeňová istina
~ **stockholder** akcionár, ktorý vlastní 10 alebo viac percent akcií s hlasovacím právom
principle princíp; zásada; základ
~ **of constant equity** princíp stálosti kapitálu
~ **of costing** kalkulačná zásada
~ **of taxation** zásada zdanenia
prior pred; predchádzajúci; návratný; spätný
~ **deductions method** metóda predchádzajúcich odpočtov
~**-lien bond** obligácia s prednostným záložným právom
~ **redemption** predčasné umorenie
~ **sale** predchádzajúci predaj
~ **stock** akýkoľvek prioritný cenný papier
~ **years tax levies** dane za predchádzajúce roky
priority performance option voľba priority
~ **share** prednostné akcie
prise prémie; výhra v lotérii; čestná cena; pozri prize
~ **bond** prémiový cenný papier
private account súkromný účet
~ **capital** súkromný kapitál
~ **financing** súkromné financovanie (obstaranie kapitálu súkromným predajom cenných papierov)
~ **investment** súkromné investície
~ **lender** súkromný požičiavateľ
~ **limited company** súkromná spoločnosť s ručením obmedzeným (nekótovaná na burze)
~ **meeting** neverejné zasadanie
~ **mortgage insurance** súkromné hypotekárne poistenie
~ **notes** súkromné peniaze (poukážky)
~ **ownership** súkromné vlastníctvo
~ **property** súkromné vlastníctvo
~ **trust fund** súkromné zverené peniaze
~ **undertaking** súkromný podnik
~ **wire firm** súkromná telegrafizovaná firma (maklérska firma, ktorá si prenajíma telegrafické linky)
privately owned v súkromnom vlastníctve
privatization privatizácia
privilege privilégium; výsada; výhradné oprávnenie; prednostné právo; imunita; privilegovaný
~ **issue** privilegovaná emisia
privileged bond privilegovaná obligácia
privileges prémiové (diferenčné) obchody
prize cena (odmena); výhra; zisk; zvláštna odmena; korisť; ceniť si
~ **distributing** udeľovanie cien
prizer odhadca
pro forma bill zmenka z ochoty
~**-forma invoice** predbežná faktúra; pro forma faktúra
~ **forma statements** hypotetické účtovné výkazy
~ **rata** pomerným dielom
~ **rata rate** pomerná sadzba
probabilistic pravdepodobnostný
problem bank problémová banka
~ **description** popis problému (úlohy)
proceeding postup; proces; konanie
proceeds tržba; príjmy; výťažok; výnos; zisk
~ **of insurance** vyplatená poistná suma
~ **of the sale** výťažok z predaja
process proces; postup; priebeh; spracovanie; procesné konanie; spor; spracovať; vybaviť; procesný; prevádzkový
~ **an order** vybaviť objednávku
~ **cost accounting** prevádzkové účtovníctvo
~ **of production** výrobný postup
~ **plant** spracovateľský závod
~ **tax** daň ukladaná poľnohospodárom
procuracy plná moc
procuration fee provízia za obstaranie (pôžičky)
produce výťažok; výnos; výkon; produkt; produkcia; výroba
~ **a certificate** predložiť potvrdenie (osvedčenie)
~ **dealer** obchodník s plodinami
~ **exchange** plodinová burza

produced national income vyprodukovaný národný dôchodok
product produkt; výrobok; sortiment; výsledok; súčin; prienik
~ **cost** výrobné náklady
~ **introduction** uvedenie produktu na trh
~ **liability** zodpovednosť za chyby výrobkov
~ **line** sortimentná skupina; skupina výrobkov
~ **market** trh produktov
~ **payback** financovanie obchodov, v ktorého rámci sú dovozy financované časťou vývozov, na ktorých produkcii sa podieľajú
~ **placement** distribúcia tovaru
~ **profit** zisk z výroby
~ **recall** výzva zákazníkom, aby sa dostavili na dodatočnú opravu kúpeného produktu
production výroba; produkcia; výnos; opatrenie; predloženie; predvedenie; dielo; výtvor; výkon; výrobný
~ **assortment** výrobný sortiment
~ **budget** plán a rozpočet výroby
~ **cost** výrobné náklady
~ **expenses** výrobné náklady
~ **facilities** výrobné zariadenie; výrobné možnosti
~ **factors** výrobné faktory
~ **figures** údaje o (objeme) výrobe
~ **grants** dotácie do výroby
~ **inputs** vstupy do výroby
~ **loan** výrobný úver
~ **manager** výrobný riaditeľ (námestník)
~ **outputs** výstupy z výroby
~ **programme** výrobný program
~ **record** záznam o výrobe; výrobný záznam
~ **records** prevádzková evidencia
~ **unit method of depreciation** metóda odpisov na jednotku produkcie
productive capital výrobný kapitál; produktívny kapitál
~ **cost** produktívne náklady
~ **power** výrobná sila; výkonnosť
productiveness produktivita
productivity (of labour) produktivita práce
products turned out realizované podnikové výkony; zhotovené výrobky
professional honour stavovská česť
~ **indemnity insurance** poistenie hmotnej zodpovednosti
~ **liability insurance** poistenie zodpovednosti za škody pri výkone povolania
profit zisk; výnos; prospech; úžitok; hospodársky výsledok; mať zisk; zarábať
~ **and loss account** účet ziskov a strát; výkaz ziskov a strát
~ **and loss budget** rozpočet ziskov a strát
~ **and loss statement** účet ziskov a strát; výsledovka; výsledný účet
~ **appropriation** rozdelenie zisku
~ **bearing loan** zúročiteľná pôžička
~ **by exchange** kurzový zisk
~ **center** ziskové centrum
profit/cost account účet výnosov a nákladov
profit formation tvorba zisku
~ **lost** ušlý zisk
~ **margin** ziskové rozpätie; zisková miera; rentabilita; zisková prirážka
~ **missed** ušlý zisk
~ **on fixed assets** zisk zo základných prostriedkov
~ **rate** miera zisku; rentabilita
~ **sharing** podiel na zisku
~**-sharing bond** obligácia s nárokom na podiel zo zisku
~**-sharing economy** ekonomika s podielnictvom na zisku
~ **tax** daň zo zisku
~ **to capital employed ratio** rentabilita vložených prostriedkov
~ **to sales ratio** cenová rentabilita; trhová rentabilita
~**-yielding** výnosný; prinášajúci zisk
profitability rentabilita; ziskovosť
profitable prospešný; výhodný; výnosný
~ **business** výnosný obchod
~ **job** výnosné zamestnanie
profitableness rentabilita
profiteering šmelina; čierny obchod
profitless nevýnosný; neziskový
prognosis prognóza; predpoveď
program approval schvaľovanie programu
~ **evaluation and review technique (PERT)** metóda sieťovej analýzy
~ **of action** akčný program
programmed accounting machine naprogramovaný účtovací stroj
progress payment plan progresívny platobný systém
~ **the prices** presadiť ceny
progression postupnosť; pohyb; postup; rad
progressive cost progresívne náklady
~ **tax** progresívna daň
~ **taxation** progresívne zdanenie
~ **total** medzisúčet
prohibitive tariff prohibitívne clo
prohibitively costly neúmerne nákladný; nákladovo náročný
project budget vývojový rozpočet
~ **line** vymeraný úver
projected accruals odhadované náklady budúcich období
~ **balance sheet** rozpočtová bilancia
promissor akceptant; vystavovateľ
promissory note vlastná zmenka; dlžobný úpis

~ **notes, certified** dlžobné úpisy na meno
promote podporovať; povzbudzovať; propagovať; šíriť; zvýšiť (úroveň); hájiť záujmy; povýšiť
promoter zakladateľ obchodnej spoločnosti; sprostredkovateľ; iniciátor; podporovateľ
~ **of a company** zakladateľ podniku
promoter's profit zakladateľský zisk
promotion akvizícia; podpora predaja; propagácia; povýšenie; propagačný
~ **money** zakladateľský zisk; syndikátny zisk
~ **of foreign trade** podpora zahraničného obchodu
promotional policy reklamná politika
~ **pricing** propagačná cenová tvorba
prompt cash platenie v hotovosti
~ **delivery** okamžitá dodávka
~ **rate** pohotový (promptný) kurz
~ **settlement** okamžité zaplatenie, vyrovnanie
prompting žiadosť o doplňujúce dáta; urgencia; naznačovanie; robenie náznakov; náznakový
proof department kontrolný odbor
~ **in bankruptcy** preukázanie pohľadávok v konkurznom riadení
prop up sanovať (platobnú bilanciu)
~ **up the currency** podoprieť menu
propelled by shortage of pre nedostatok
propensity to invest sklon k investovaniu
~ **to save** sklon k úsporám
proper riadny; náležitý; poriadny; patričný; vhodný; korektný; správny; vlastný; pravý
properly kept books riadne vedené účtovné knihy
property majetok; vlastníctvo; vlastnosť; charakteristika; majetkový
~ **assessment** ohodnotenie (zdanenie) majetku
~ **damage insurance** zodpovednostné poistenie vecných škôd
~ **dividend** vecná dividenda; dividenda v hotovosti
~ **insurance** majetkové poistenie; poistenie majetku
~ **ledger** kartotéka investičného účtovníctva
~ **market** trh s nehnuteľnosťami
~ **record** investičné účtovníctvo
~ **rights** vlastnícke práva
~ **tax** majetková daň; odvod z majetku
proportion proporcia; pomer; podiel; pomerná časť; úmera; miera; pomerný počet; pomerne rozdeliť
proportional calculus výrokový počet
~ **cost** proporcionálne náklady
~ **costs** variabilné náklady
~ **tax** proporcionálna daň
~ **taxation** proporcionálne zdanenie
proportionate price primeraná cena
proposal návrh; ponuka
~ **for a person's promotion** návrh na povýšenie
~ **form** návrh poistky (formulár); formulár finančnej ponuky
~ **letter** doklad vymedzujúci podmienky finančnej ponuky
proposer navrhovateľ poistenia
proposition návrh; ponuka; výrok; tvrdenie; vec; záležitosť; problém
propositional calculus výrokový počet
proprietary majiteľ; vlastník; vlastníctvo; majetkový; vlastnícky; autorizovaný
~ **accounts** účty vlastníctva
~ **card** vlastnícka karta
~ **company** vlastnícka spoločnosť; akciová spoločnosť
proprietor majiteľ; vlastník
proprietorship podnik patriaci jednotlivcovi; vlastníctvo
prorate kalkulačne rozvrhnúť
proration rozdeľovanie podľa kľúča
pros and cons argumenty pre a proti
prosign precedence skupina indikačných znakov
prospect vyhliadka; nádej; šanca; potenciálny zákazník; zisťovať vyhliadky (možnosti); zisťovať záujemcov
prospectus brožúra; leták; písomná predajná ponuka cenného papieru; podnikateľský zámer; popis majetku
prosperity research konjunktúrny výskum
protect chrániť; kryť; zaplatiť zmenku
protected check chránený šek
protection against loss of income ochrana proti strate príjmu
~ **of economic and social interests** ochrana ekonomických a sociálnych záujmov
~ **of purchasing power** ochrana kúpnej sily
~ **tag** značka ochrany; ochranná značka
protectionist devices ochranárske nástroje
~ **system** systém colnej ochrany
protective currency clause doložka menovej ochrany
~ **duty** ochranárske clo
~ **stocks** ochranné akcie
~ **tariff** ochranné clo
protest protest; námietka; nesúhlas; zmenkový protest; protestovať
~ **fee** poplatok za protest
~ **for non-payment** protest pre nezaplatenie
~ **jacket** šekový (zmenkový) protest
~ **of a bill** zmenkový protest
protested bill protestovaná zmenka
protocol protokol; zápis; protokolovať

prove overiť; preveriť; vyskúšať; dokázať; preukázať; prejaviť sa; osvedčiť sa
provenance of goods pôvod tovaru
provide zaobstarať; pripraviť; urobiť opatrenie; poskytnúť možnosť; zabezpečiť; zásobiť; obstarať; zostaviť; stanoviť; určovať
~ **board and lodging** obstarať stravu a ubytovanie
~ **cover** poskytnúť krytie
~ **packing** zabezpečiť balenie
~ **public services** poskytovať verejné služby
~ **security** zložiť kauciu
provider obstarávateľ
providing funds obstarávanie peňazí
proving cash kontrola hotovosti
provision úhrada; krytie; zásobovanie; nákup; odmena; provízia; rezerva; ustanovenie; predpis; zabezpečenie; podmienka (zmluvy); obstaranie
~ **for bad debts** rezerva na nedobytné a pochybné pohľadávky
~ **for loan loss** rezerva úverových strát
~ **for payable dividends** rezerva na dividendy
~ **for payable income tax** rezerva na dôchodkovú daň
~ **for unexpired risks** prémiová prenáška; prevod poistného; matematická rezerva
~ **of goods in conformity with the contract** dodanie tovaru podľa zmluvy
provisional application predbežná prihláška
~ **invoice** predbežná faktúra
provisions rezervy; proviant; zásoby potravín; ustanovenia; podmienky
proviso for cesser of the term ustanovenie o uplynutí doby
~ **of reassignment** výhrada spätného prevodu
proviso: under (with) the proviso pod podmienkou
proximate cause priama príčina
proximo budúci mesiac
proxy zastúpenie; plná moc, prenášajúca obmedzené volebné právo z akcionára na management; splnomocnenec; oprávnený zástupca; náhrada; oprávniť; splnomocniť
~ **fight** boj o právo zastupovania akcionárov
~ **statement** informácia o cenných papieroch, o dobe predpokladaného predaja atď. pre potenciálnych majiteľov cenných papierov; predbežný prospekt
prudent investment-cost standard rozumné štandardné investičné náklady
~ **man rule** pravidlo opatrného muža
prudential committee finančný poradný výbor
psychological pricing psychologická cenová tvorba
public accountant am. autorizovaný účtovnícky revízor; audítor
~ **accounts** účtovníctvo verejných inštitúcií
~ **appropriation** prídel z rozpočtových peňazí
~ **auction** verejná dražba
~ **authority** štátny orgán; verejná moc
~ **body** verejná (štátna) inštitúcia; štátny orgán
~ **bond** verejná obligácia
~ **bonded warehouse** verejný colný sklad
~ **call** druh burzového obchodu
~ **company** brit. verejná obchodná spoločnosť; verejný podnik
~ **credit** verejný úver
~ **debt** verejný (štátny) dlh
~ **deposits** verejné vklady
~ **disclosure requirements** požiadavky na verejné bilancovanie
~ **domain** verejný majetok; spoločná oblasť
~ **employment service** sprostredkovateľňa práce
~ **finance** verejné financie
~ **funds** prostriedky štátneho rozpočtu; verejné zdroje; verejné prostriedky; štátne papiere
~ **going** verejný predaj obligácií
~ **holidays** štátne sviatky
~ **inquiry** anketa
~ **liability insurance** poistenie zákonnej zodpovednosti
~ **loan** verejná pôžička
~ **meeting** verejné zasadanie; verejná schôdza
~ **notice** vyhláška; vývеska; verejné oznámenie
~ **offering** verejný predaj; verejná ponuka
~ **official bond** oficiálna verejná obligácia
~ **opinion** verejná mienka
~ **opinion polls** prieskumy verejnej mienky
~ **owned corporation** verejná obchodná spoločnosť
~ **ownership** časť akcií spoločnosti vlastnená verejnosťou a predávaná na verejnosti
~ **policy maker** národohospodár
~ **purse** štátna pokladňa
~ **sale** verejná dražba; aukcia
~ **sector** štátny sektor
~ **stock** štátne cenné papiere
~ **stores** štátny colný sklad
~ **tender** verejná súťaž; súťažné konanie
~ **trading company** verejná obchodná spoločnosť
~ **trust fund** verejný zverený fond
public: to go public ponúknuť akcie na predaj na burze

publicity reklama; propagácia; publicita; verejnosť; reklamný; propagačný
~ **campaign** propagačná akcia
~ **cost** propagačné náklady
~ **department** propagačné oddelenie
~ **held corporation** spoločnosť, ktorej akcie sú k dispozícii pre verejnosť
puff st. up robiť niekomu priveľkú reklamu
puffer nastrčený dražiteľ
pula menová jednotka Botswany
pull protekcia; zvýšenie ponukovej predajnej ceny alebo zníženie ponukovej kúpnej ceny akcie, prípadne zrušenie obchodu; ohlas na reklamnú kampaň
~ **and call** dvojitý termínový obchod
~ **down** slang. zarábať
~ **of an advertisement** pôsobivosť reklamy
~ **the plug on the market** odzátkovať trh (stiahnutie podporných ponúk, ktoré boli tesne pod úrovňou obvyklej trhovej ceny istej špičkovej akcie)
pump priming vládna investícia na oživenie národného hospodárstva
punch card check perforovaný šek (po jeho zrušení)
punctual settlement včasné zaplatenie
punitive interest úroky z oneskorenia
punt „stávka do lotérie"; hazard
pup slang. lacný; pasívny cenný papier
purchase nákup; kúpa; nadobudnutie majetku; ročný výnos pôdy
~ **account** účet nákupov
~ **allowance** zľava pri nákupe
~ **and sales journal** úverový denník
~ **as per sample** kúpa podľa vzorky
~ **at second hand** kúpiť z druhej ruky
~ **contract assignment** kúpna zmluva uzatvorená medzi nájomcom a výrobcom alebo predajcom zariadenia
~ **cost** obstarávacie náklady; obstarávacia cena
~ **daybook** denník prijatých faktúr
~ **discount** skonto pri nákupe
~ **for own account** kupovať na svoj účet
~ **journal** denník prijatých faktúr; nákupný denník
~ **ledger** kniha prijatých faktúr
purchase/middlerate/sell kurz nákup/stred/predaj
purchase money obstarávacia čiastka; kúpna cena
~**-money bond** obligácia u hypotéky na obstarávaciu čiastku
~ **option** opčné právo
~ **or sale ledger** saldokonto
~ **price** nákupná cena; obstarávacia cena
~ **tax** daň z obratu platená zákazníkom (predchodca DPH)
~ **to cover** krycia kúpa
purchased funds obstarané fondy
~ **materials and services** nakupovaný materiál a služby
~ **paper** komerčný papier
purchaser of a money order odosielateľ poštovej poukážky
purchasing commission nákupná provízia
~ **department** nákupné oddelenie; zásobovacie oddelenie
~ **manager** vedúci zásobovacieho oddelenia
~ **market** nákupný trh; trh s prevládajúcim dopytom
~ **power** kúpna sila
~ **power parity** parita kúpnej sily
~ **price** nákupná cena
~ **value/price** nadobúdacia hodnota
pure competition ideálna konkurencia
~ **economic rent** čistá ekonomická renta
~ **endowment** čistá životná poistka
~ **exchange economy** ekonomika čistého obchodu
~ **market economy** čisté trhové hospodárstvo
~ **personality** hnuteľné veci; práva na hnuteľnosti
~ **premium** čistá (rýdza) prémia
purpose clause účelová doložka
~ **statement** prehlásenie o účele
purse peňaženka; pokladňa; peňažná zbierka
purvey zásobiť; obstarávať zásoby
push-button telephone tlačidlový telefón
~ **for payment** naliehať na platenie
~ **money (PM)** pobádacie peniaze
~ **up (prices)** vyhnať (ceny) hore
put opčný predaj; ukladať (záznam)
~ **a question on the agenda** dať na program rokovania
~ **and call** šteľážový obchod; opčná zmluva
~ **and call broker** maklér s opciami na predaj alebo kúpu
~**-and-call option** šteláž (dvojitý prémiový opčný obchod)
~ **and call options on stock** dohoda o ponuke a kúpe cenných papierov
~ **at interest** uložiť na úrok
~ **bond option** opcia na predaj obligácií
~**-call ratio** pomer otvorených predajných akcií ku kúpnym (trhový ukazovateľ)
~ **capital into st.** vložiť kapitál do niečoho
~ **down to account** pripísať na účet
~ **in a bank** uložiť v banke
~ **of more** opčný predaj do dvojnásobného množstva
~ **on the market** uviesť na trh
~ **option** opcia s právom predaja
~ **out a line** špekulačný predaj veľkého množstva akcií, aby klesla ich cena
~ **out public tender** vypísať verejnú pôžičku

~ **out to interest** uložiť na úroky
~ **st. to account** pripísať niečo na účet
~ **the pros and cons on the table** zhrnúť všetky argumenty pre a proti
~ **to one's credit** pripísať v prospech niekoho
~ **up** vystaviť (účet); financovať
~-**warrant** opčný list
putting a ceiling on the prices zastaviť vzostup cien
pyramiding hromadenie; stále prikupovanie akcií

Q

Q-theory of investment q-teória investícií
qualification kvalifikácia; spôsobilosť; podmienka; výhrada; kvalifikačný posudok; cenzus; predpoklad; kvalifikačný
~ **shares** kvalifikačné akcie
qualified acceptance podmienečné prijatie (zmenky); prijatie s výhradami
~ **endorsement** podmienečné (kvalifikované) žíro; žíro sine obligo; indosácia s výhradami
~ **report** správa audítora s určitou výhradou
~ **retirement plan** kvalifikovaný dôchodkový projekt
qualifying dividends oprávnené dividendy
quality certificate osvedčenie o akosti; certifikát akosti
~ **of estate** forma majetkového vlastníctva
~ **stock** akcia vysokej triedy
quantitative economics kvantitatívna ekonomika
~ **theory of money** kvantitatívna teória peňazí
~ **unit** jednotka množstva
quantity contract kontingentná dohoda
~ **price** cena pri vyššom odbere
~ **rebate** zľava pri väčšom nákupe
~ **surveyor** stavebný ekonóm
~ **theory of money** kvantitatívna teória peňazí
~ **theory of prices** kvantitatívna teória cien
quantum merit spravodlivá odmena za vykonanú prácu; spravodlivá mzda
quarter štvrtina; kvartál; štvrťdolár; rozdeliť; uložiť
~ **stock** cenný papier v hodnote 25 USD
quarterage štvrťročný plat (daň, splátka, dôchodok, príspevok)
quarterback one's investments rozhodovať o investíciách
quarterly report štvrťročný výkaz; výsledovka
~ **statement** štvrťročný účtovný výkaz
quasirent kvázirenta; pseudonájomné
quay dues nábrežné poplatky
~ **landing charges** nábrežné prístavné poplatky
quayage nábrežné poplatky
queer: to be in queer streets byť v peňažnej tiesni
query otázka; daný problém; urgencia (objednávok); žiadať vysvetlenie
~ **sheet** dotazník
questionable debt sporná pohľadávka
quetzal menová jednotka Guatemaly
queued access method metóda prístupu so zaraďovaním do radov
queuing system systém hromadnej obsluhy
quick assets likvidné aktíva; pohotové prostriedky
~ **buck** hov. rýchlo zarobené peniaze
~ **ratio** rýchly pomer; ukazovateľ krátkodobej likvidity
~ **turn** rýchly obrat
quid pro quo „niečo za niečo"; vzájomná úhrada
quintal metrický cent (100 kg)
quit claim zrieknutie sa nároku
~ **rent** posledné nájomné
quitclaim deed zmluva o vzdaní sa nároku alebo práva
quittance potvrdenka; kvitancia
quota čiastka; kontingent; povinná maximálna výška vývozu alebo dovozu; kvóta; pomerný diel
quotation kurzový záznam; uvedenie ceny; cenová ponuka; kurz; citát; kótovací; kótovanie
~ **of the day** denný kurz
~ **ticker** burzový telegraf
~ **without engagement** nezáväzné uvedenie ceny
quote zaznamenať cenu (kurz); citovať; kurz; citát; kvóta; kótovací
~ **not firm** kótovať bez záväzku (na burze)
~ **the best possible prices** ponúknuť najvyššie možné ceny
quoted citovaný; zaznamenaný (na burze)
~ **price** kótovacia cena
quotient kvocient; podiel

R

rack triediareň; zvýšiť dane; trápiť vysokými daňami
- ~ **rent** vydieračské nájomné

racket nečestné obchodné praktiky; podvod; machinácie; vydieranie
radical economy radikálna ekonómia
radio-station rates rozhlasové sadzby
rag money am. papierové peniaze
raider burzový špekulant
railroad through bill of landing (B/L) železničný konosament
rails akcie železničných spoločností
railway bond železničná obligácia (dlžobný úpis)
- ~ **debenture** železničná obligácia
- ~ **freight** prepravné na železnici
- ~ **rates** železničná tarifa
- ~ **share** železničná akcia
- ~ **tariff** železničná tarifa

rain insurance poistenie proti dažďu
raise vzrast; falšovanie nominálnej hodnoty; vypožičať si peniaze; zvýšiť; zrušiť; predniesť; podporovať; vyvolať; dať podnet; vypísať
- ~ **(himself)** zvýšiť hodnotu (šeku); povýšiť; umocniť (číslo)
- ~ **a charge** vymáhať daňový poplatok
- ~ **a fund** vytvoriť (zriadiť) fond
- ~ **a loan** poskytnúť pôžičku
- ~ **a mortgage on st.** vypožičať si na hypotéku na niečo
- ~ **a point in the discussion** prispieť do diskusie
- ~ **a problem** prinášať nový problém
- ~ **an objection** vzniesť námietku
- ~ **claim to st.** vzniesť nárok na niečo
- ~ **funds** získavať (obstarávať) prostriedky (peniaze)
- ~ **money** obstarať (získať, vypožičať si) peniaze
- ~ **no objection** nič nenamietať
- ~ **objection** uplatniť námietku
- ~ **of the qualification** zvýšenie kvalifikácie
- ~ **prices** zvýšiť ceny
- ~ **taxes** vyberať dane; zvýšiť dane
- ~ **the discount** zvýšiť diskontnú sadzbu
- ~ **the question** nastoliť otázku
- ~ **the question of cost** nadhodiť otázku nákladov

raised bills bankovky falšované zvýšením nominálnej hodnoty
- ~ **check** podvodom opravený šek na vyššiu nominálnu hodnotu
- ~ **notes** bankovky zhodnotené pretlačou (oficiálne)

raising of prices cenové zvýšenie
rake-off zisk; profit; percentá; slang. nedovolená provízia; zrážka zo mzdy
rally zotavenie (burzy, trhu); stúpnuť v cene
rand menová jednotka Juhoafrickej republiky a Namíbie
random náhoda; ľubovoľný; náhodný; priamy (prístup); rozptýlený (adresovaný)
- ~ **behaviour** náhodné (stochastické) správanie
- ~ **check** náhodná kontrola
- ~ **coefficient variation** rozptyl náhodných koeficientov
- ~ **event** náhoda
- ~ **storage** operatívne ukladanie do pamäti
- ~ **value** náhodná hodnota
- ~**-walk theory** princíp náhody (teória, podľa ktorej kurzy cenných papierov vznikajú podľa princípu náhody a nemôžu byť prognostikované na základe minulých pozorovaní)

random: at random náhodou
range kurzové rozpätie; pohybovať sa v rozmedzí (ceny); rozsah; pásmo; rozmedzie; interval; oblasť; kategória; usporiadať; roztriediť; rozprestierať sa; vyskytovať sa
- ~**-forward contract** kombinácia devízovej opcie a bežného devízového termínového obchodu
- ~ **of patterns** vzorkovník

rank rada; trieda; kvalifikovať sa; patriť k veriteľom (pri úpadku); postavenie; funkcia; zaradenie; usporiadanie; mať hodnosť; stanoviť (úroveň); dosahovať úroveň; nadmerný
- ~ **statistics** poradové štatistiky

ranking usporiadanie; klasifikácia; hodnotenie; zaraďovanie (dokladov); vedúci s vysokou funkciou
ransom výkupné; platiť výkupné; vykúpiť
rapid decline prudký pokles
- ~ **growth** prudký rast

rat race hov. dravá súťaž; honba za kariérou; boj o život
ratability oceniteľnosť; zhodnotiteľnosť; zdaniteľnosť (miestnymi poplatkami)
ratable oceniteľný; zhodnotiteľný; zdaniteľný (miestnymi poplatkami)
rate pomer; miera; sadzba; taxa; cena; kurz; odhad; ocenenie; tarifa; norma; daň; dávka; náklady; poplatok; honorár; ceniť; oceňovať; platiť za niečo; vypočítať; vymerať daň; zdaniť; upraviť (stanoviť) sadzbu
- ~ **bank** úroková sadzba banky
- ~ **base** základná sadzba
- ~ **book** sadzobník
- ~ **card** inzertný cenník
- ~ **entity** kurzová entita
- ~ **file** kurzový súbor
- ~ **for acceptance** prijímací kurz
- ~ **for bank loans** lombardná sadzba
- ~ **for conversion** prepočítavací kurz

~ **of activity** stupeň zamestnanosti
~ **of assessment** daňová sadzba; výmer daní; daňový výmer
~ **of compensation** zúčtovací kurz
~ **of conversion** prepočítavací kurz; rýchlosť prevodu
~ **of currency** peňažný kurz; menový kurz
~ **of day** denný kurz
~ **of demand** tok dopytu; dopyt
~ **of depreciation** odpisová norma; odpisová sadzba; odpisové percento
~ **of discount** diskontná (eskontná) sadzba
~ **of duty** colná sadzba
~ **of exchange (ROE)** výmenný kurz; devízový kurz; kurzová hodnota
~ **of exchange index** index kurzov cenných papierov
~ **of exchange ruling on the day** prepočítavací denný kurz
~ **of inflation** miera inflácie
~ **of insurance contribution** výška poistného príspevku
~ **of interest** úroková sadzba; úroková miera
~ **of pay** funkčné zaradenie; mzdová kategória
~ **of payment** výplatný kurz
~ **of profit** miera zisku; ziskovosť; výnosnosť
~ **of profitability** miera zisku
~ **of real return** miera zisku
~ **of reduction** prepočítavací kurz
~ **of return (ROR)** miera návratnosti; výnosnosť
~ **of return on capital** výnosová miera kapitálu
~ **of return on common shareholders' equity** miera výnosnosti kmeňových akcií
~ **of return on investment** výnosnosť investícií
~ **of subscription** upisovací kurz
~ **of surplus value** miera nadhodnoty
~ **of surtax** sadzba daňovej prirážky
~ **of toll** mýtny poplatok
~ **of turnover** obrat
~ **of wages** mzdová sadzba
~**-sensitive assets** aktíva citlivé voči úrokovej miere (bankové úvery)
~**-sensitive liabilities** pasíva citlivé voči úrokovej miere (bankové vklady a výpožičky)
~ **setting** stanovenie mzdových sadzieb; úkolovanie
~ **type** typ kurzu
~ **war** cenová vojna
rate: at a cheap rate lacno; za nízku cenu
~ **at present rate** pri súčasnom prepočte (kurzu)
~ **at reduced rate** pri zníženej sadzbe
~ **at the most favourable rate** pri najvýhodnejšom kurze
rated life insurance poistenie zvýšených rizík
ratepayer poplatník
rates poplatky
~ **of tax** daňové sadzby
~ **tariff** sadzobník (daní)
rating predpis daní; odhad; hodnotenie; hodnotiaci systém; charakteristika
ratio pomer; podiel; vzťah; ukazovateľ (podielový); koeficient; úmera; transformačný prevod; pomerový
~ **of accounts payable to purchases** pomer došlých účtov k nákupom
~ **of capital to fixed assets** pomer kapitálu k investíciám
~ **of collateral to debt** pomer poskytnutého istenia k dlhu
~ **of fixed assets to fixed liabilities** pomer investičného majetku k dlhodobým záväzkom
~ **of notes payable to accounts payable** pomer trát (pasívnych zmeniek) k došlým účtom
~ **of owned capital to borrowed capital** pomer vlastného kapitálu k vypožičanému kapitálu
~ **of people supported by others** pomer produktívnej a neproduktívnej populácie
~ **of usefulness** stupeň využitia
ratio: in the ratio of 2:1 v pomere 2:1
ration market viazaný trh
rational-expectation macroeconomics makroekonómia racionálnych očakávaní
rationing prídelové zásobovanie
~ **of exchange** prídely valút
raw material surovina
~ **product** polotovar
re vec; vo veci; týka sa
~**-export** reexport; opäť vyviezť
~**-import** reimport; reimportovať; doviezť späť
~ **infecta** bez dosiahnutia úspechu
~**-insurance** zaistenie
reach a settlement dosiahnuť dohodu
~ **an agreement** dosiahnuť dohodu
~ **the market** dostať sa na trh
reach: within reach na dosah
reacquired securities znovu nadobudnuté cenné papiere
reaction rýchly pokles cien; odozva; spätná väzba
readdress preadresovať niečo; prepísať; zmeniť adresu; poslať na inú adresu
readily marketable ihneď predajný
ready slang. hotové peniaze; hotovosť
~ **cash** hotovosť
~ **delivery** okamžitá dodávka
~ **market** rýchly odbyt
~ **stock** pohotové peniaze

reaffirmation opätovné tvrdenie (zdôraznenie)
real reálna veličina; reálny; skutočný; pravý; pravdivý; úprimný; nehnuteľný; realitný
~ **account** súvahový (vecný) účet
~ **actual cost** vlastné náklady
~ **bills doctrine** doktrína „pravých" zmeniek
~ **bond** reálna hodnota obligácie
~ **business cycle** reálny hospodársky cyklus
~ **earnings** reálne príjmy; reálny zárobok
~ **effective exchange rate** reálny faktický výmenný kurz
~ **estate** nehnuteľný majetok; nehnuteľnosti; realita; pozemok
~ **estate agent** obchodník s nehnuteľnosťami; majiteľ realitnej kancelárie; realitný sprostredkovateľ
~ **estate bond** hypotekárna obligácia
~ **estate credit** hypotekárny úver
~ **estate credit institutions** hypotekárne úverové ústavy
~ **estate fund** investičný fond
Real Estate Investment Trust (REIT) nehnuteľnostný investičný trust
real estate loans hypotékové pôžičky
~ **estate owned** vlastná nehnuteľnosť
~ **estate security** hypotekárna záruka
~ **estate sold on contract** zmluvne predaná nehnuteľnosť
~ **estate tax** daň z nehnuteľnosti; pozemková daň
~ **income** reálny príjem (dôchodok)
~ **inflation** reálna inflácia
~ **interest rate** reálna úroková sadzba (miera)
~ **investment** reálna investícia
~ **money** skutočné peniaze
~ **money balances** reálne peňažné zvyšky
~-**money balances** bilancia skutočných peňazí
~ **national income** reálny národný dôchodok
~ **national income per head** skutočný národný dôchodok na obyvateľa
~ **output** reálny produkt
~ **price** reálna cena
~ **property** nehnuteľnosti; nehnuteľný majetok; práva na nehnuteľnosti
~ **register** pozemková kniha
~ **spendable earnings** reálne čerpateľné zisky
~ **stock** reálny cenný papier
~ **things** nehnuteľnosti
~ **value of money** reálna hodnota peňazí
~ **wage** reálna mzda
realign preorientovať; prestaviť; stanoviť nanovo (menové kurzy)
realization uskutočnenie; realizácia; predaj; uvedomenie si; speňaženie; realizačný
~ **account** realizačný účet; likvidačný účet
~ **profit** realizačný zisk
realize a profit dosiahnuť zisk
realized loss realizovaná strata
~ **profit** realizovaný zisk
reallowance prerozdelenie
realtor majiteľ realitnej kancelárie
realty nehnuteľný majetok; nehnuteľnosť
~ **tax** daň z nehnuteľnosti (majetku)
reappraisement nový colný odhad; opätovné zhodnotenie
reason príčina; zmysel; úsudok; záver; oprávnenie; myslieť; usudzovať
reasonable price primeraná (rozumná) cena
reasoning argument; odôvodnenie; úvaha; logika; logické myslenie
reassess prehodnotiť; znovu oceniť
reassignment spätný postup pohľadávky; spätný prevod
rebate zrážka; zľava; rabat; diskont; vrátený úrok; dodatočná zľava; zľaviť; poskytnúť zľavu; vrátiť časť zaplatenej čiastky
~ **of interest** náhrada úrokov
rebating rabatovanie
recall odvolanie z funkcie; odvolanie poslanca; zrušenie; výpoveď; odvolať; stornovať; zrušiť; pripomenúť; dať výpoveď; znovu vyvolať (program)
recapitalization rekapitalizácia
recapture splatenie alebo z daňovej výhody plynúce zníženie určitej čiastky alebo úveru; zabavenie nadmerných ziskov štátom; znovuzískanie
~ **clause** doložka o znovunadobudnutí
recaptured interest zachránené úroky
recast prehodnotenie; prepracovanie
recasting a mortgage rekonštrukcia hypotéky
recede pokles cien; strácať na cene; ustúpiť
receipt účet; faktúra; potvrdenka; kvitancia; potvrdenie o platbe; príjem; prijatie; obdržanie; príjmový doklad; dať potvrdenku; saldovať
~ **book** kniha pokladničných príjmov
~ **clause** saldovacia doložka; doložka potvrdzujúca príjem
~ **in full** všeobecná potvrdenka
~ **order** prijatie objednávky
receipt: against receipt na písomné potvrdenie; na potvrdenku
~ **Cash on Receipt** hotovosť pri prijatí
~ **on receipt of the draft** pri prijatí zmenky
receipted bill potvrdená účtenka; saldovaný účet
receipts dodávka na sklad; tržba
~-**of-goods-dating (ROG dating)** dátum prevzatia tovaru
~ **outstanding for funded debt** príjmy

platieb na účet upisovania zaisteného dlhu
receivable pohľadávka; prijateľný; nezaplatený
receivables reinsured zabezpečené pohľadávky
~ **turnover** obrat splatných pohľadávok
receive (advice to) avízo na platbu
~ **an order** obdržať objednávku
~ **the duty** vyberať clo
~ **upon credit** dostať na dlh
received zaplatené; vyrovnané; prijaté
~ **in cash** prijaté v hotovosti
~ **interest** aktívny úrok
~ **penalty** prijatá pokuta
receiver príjemca; správca zastavenej veci konania zriadený záložným veriteľom; vnútený správca; likvidátor; výberca; pokladník; snímač (preukazov)
~ **for the estate** súdom stanovený správca pozostalosti
~ **of stolen goods** prechovávač (priekupník) kradnutého tovaru
receiver's correspondent bank korešpondenčná banka príjemcu
receivership nútená správa
receiving record preberanie tovaru
~ **bank** prijímacia banka
~ **inspection** vstupná kontrola
~ **report** prijímací protokol; záznam o prevzatí
~ **teller** pokladník prijímania vkladov
~ **tray** odkladacia priehradka
~ **voucher** prijímací list
reception confirmation potvrdenie príjmu
receptionist recepčný
recession kríza; pokles; recesia; odchod; úpadok; (prechodný) hospodársky pokles
~ **from contract** odstúpenie od zmluvy
recharge znovu účtovať
~ **note** faktúra; výplatný účet
recharged prefakturované
recheck prekontrolovať
recipient príjemca; adresát; prijímací
~ **of wages** príjemca mzdy
reciprocal recipročná hodnota; recipročný; vzájomný; nepriamy (úmera); striedavý
~ **accounts** vzájomné (recipročné) účty
~ **business** recipročný obchod
~ **contract** vzájomná zmluva
~ **ratio** nepriama úmernosť
~ **trade agreement** recipročná obchodná dohoda
~ **treaty** vzájomná zmluva
~ **trust** recipročný poručnícky majetok
~ **wills** vzájomné závety dvoch alebo viacerých osôb
recision zrušenie zmluvy bez penalizácie
reckoning benefits vypočítavanie dávok
reclassification preklasifikovanie; prehodnotenie
~ **of stock** reštrukturalizácia
recognition of account uznanie účtu
recognizance uznanie nejakej povinnosti pred súdom
recognize udeliť slovo; poznať; uznať; pripustiť; rozpoznávať (znak); interpretovať
recommend odporúčať
recommendatory letter odporúčací list
recommended selling price odporučená predajná cena
recompense odmena; odplata; náhrada; odškodné; odškodnenie
recomplement interest for delay úroky z oneskorenia
recomputation prepočet
reconcile uviesť do súladu; porovnať účty; odsúhlasiť; urovnať; kontrolovať
reconciliation of totals odsúhlasenie účtov
reconditioning property zveľaďovanie majetku
reconstruction of prices prestavba cien
recontracting revidovanie dohôd
record záznam; zápis; register; protokol; dokument; doklad; spis; zapísať; zaznamenať; evidovať; protokolovať; pripomenúť si niečo; nahrať; uchovať v pamäti; registrovať
~ **box** okienko pre znázornenie záznamov
~ **date** dátum zápisu; rozhodný deň
~**-keeping** výkazníctvo
~ **retention** úschova dokladov; archivovanie dokladov
recorder zapisovateľ; archivár; kronikár; nahrávací prístroj; magnetofón; záznamové zariadenie; zapisovač; záznamník
recording fee zápisné
recoup kompenzovať; dostať odškodnenie; dostať náhradu; odpočítať; zraziť si; odškodniť; nahradiť
recoupment period návratnosť (kapitálu); doba návratnosti
recourse postih; regres; odvolanie; sťažnosť; útočište; opora
recover a damage dostať náhradu za škodu
~ **a draft** vymáhať zmenku
~ **a loss** dostať náhradu za stratu; refundovať
~ **money** inkasovať; vymáhať peniaze
~ **the outstanding debt** vymáhať pohľadávku
recoverable debt žalovateľná pohľadávka
~ **expenditure** návratné výdavky
~ **transaction** zotaviteľná transakcia
recovery oživenie
~ **of debts** inkaso, vymáhanie dlhov
~ **of tax** vynútenie dane zo zákona
~ **of the financial system** ozdravenie finančnej sústavy
recruitment of personnel nábor pracovníkov

recurring charges opakované výdavky
red cent
~ **entry** červený zápis; storno
~ **tape** byrokratické úradovanie; byrokracia
red: in the red zadĺžený; (byť) pasívny; mať pasívny účet
~ **to be in the red** mať deficit
~ **to go into red** prečerpať účet; dostať sa do debetu
redeem umoriť; amortizovať; spätne odkúpiť
~ **bonds** vypovedať, splatiť dlhopisy
~ **the credit note** zúčtovať dobropis
redeemable splatiteľný; umoriteľný; odpisovateľný
~ **bond** vypovedateľná umoriteľná obligácia
~ **debt** umoriteľný dlh
~ **rent** odpisovateľné nájomné
~ **stock** umoriteľný cenný papier
redemption amortizácia; umorovanie; vykúpenie; spätná kúpa; umorenie; splácanie
~ **bond** vypovedateľná (umoriteľná) obligácia nahradená inou obligáciou
~ **by installments** umorovanie dlhu splácaním
~ **date** dátum umorenia; splatnosť pôžičky
~ **fund** umorovací fond
~ **notice** vyrozumenie o umorení
~ **of mortgage** vyplatenie hypotéky
~ **price** výkupná cena
~ **value** výkupná cena, hodnota
~ **value bond** zaručená nominálna hodnota obligácie splatnej v dobe splatnosti
~ **yield** výnos z umorenia
Redi Check Plan spôsob platieb šekom
Redirected from ... odoslané z ...
rediscount reeskont; reeskontovateľný papier; reeskontovať
rediscount(ing) reeskont
rediscount rate reeskontná miera
rediscounted bills reeskontované zmenky
redistribution prerozdeľovanie; presun tovaru; redistribúcia
~ **account** redistributívny účet
redistributive taxation redistributívne zdanenie
redraft ritrata; návratná zmenka
redrafted bill návratná zmenka
redraw vystaviť návratnú zmenku
reduce zmenšiť; znížiť; redukovať; krátiť; zjednodušovať (zlomok); zmenšovať; zaobstarať; podmaniť; zoslabiť; zľaviť
~ **prices** znížiť ceny
~ **the balance** znížiť saldo
~ **the price** znížiť cenu
reduced fare znížené cestovné; zľavnené cestovné
~ **price** znížená cena
~ **prices: at reduced prices** za znížené ceny
~ **rate: at a reduced rate** pri zníženom kurze
reduction zníženie; zrážka; zľava; rabat; pokles; redukcia; skrátenie; zmenšenie; zmenšenina; zhustenie
~ **in price** zľava
~ **margin** zrážkové rozpätie
~ **of cost** zníženie (vlastných) nákladov
~ **of money** prepočet meny
~ **of rate** zníženie sadzby
reduction: at a reduction so zľavou
redundancy nadbytok
~ **payment** odstupné; dávka pri skončení pracovného pomeru
reevaluation prehodnotenie (nové ocenenie)
~ **of assets** nové ocenenie aktív
reexchange výdavky, ktoré si účtuje vystavovateľ; spätná zmenka
refer (to st.) odkázať na niečo; týkať sa niečoho; odvolávať sa na niečo; predložiť informáciu
~ **a cheque to drawer** vrátiť šek vystavovateľovi; nepreplatiť
~ **authorized** oprávnený úverár
Refer to Uveďte referenčné číslo; Odvolajte sa na
referee's foreclosed deed zmluva o prepadnutí hypotéky
reference (REF) doložka v zmluve; doklad
~ **currency** referenčná mena
reference: with reference to st. pokiaľ ide o niečo; s odvolaním sa na
referral žiadosť o súhlas
referring to the rights of property majetkoprávny
~ **to your letter** s odvolaním sa na váš list
refinance refinancovanie
refinanced loan refinancovaný úver
refinancing refinancovanie
~ **loan** refinančný úver
~ **of lendings** znovunadobudnutie financií
reflation reflácia; náprava meny
~ **policy** reflácia
reflecting account zrkadlový účet
reform the currency reformovať menu
reforwarding charges poplatky za odosielanie
refugee capital únikový kapitál
refund náhrada; splatenie; vrátenie peňazí; refundácia
~ **check** šek na uhradenie
~ **the duty** získať späť clo
refundable interest refundovateľný úrok
refundation refundácia; náhrada
refunding výmena obligácií za nové; refundácia časti peňazí platiteľovi; vrátenie peňazí
~ **bond** náhradný dlžobný úpis
~ **certificate** americké depozitné certifikáty v hodnote 10 USD
~ **mortgage** refinancovanie hypotéky
refundment of cost krytie nákladov

Refused Adresát neprijal
regardless of expenses bez ohľadu na výdavky
regime of payments platobný režim
regional bank regionálna banka
~ **exchange** regionálna burza; regionálna ústredňa
~ **input-output model** oblastný štruktúrny (medziodvetvový) model
~ **policy** regionálna politika
register zoznam; register; záznam; zápis; pracovník poverený vedením registra; evidencia; predloha; registrovať; zapísať; zaregistrovať; hromadiť; odkladať; podať doporučene
~ **a mortgage** zaknihovať hypotéku
~ **of assessment** zoznam daňových základov
registered doporučene
~ **as to principal** registrovaná kupónová obligácia
~ **bond** registrovaná obligácia; obligácia bez kupónového archu
~ **capital** zapísaný kapitál; základný kapitál
~ **check** registrovaný šek
~ **company** zapísaná obchodná firma
~ **exchange** registrovaná burza
~ **investment company** registrovaná investičná spoločnosť
~ **letter** doporučený list; rekomando
~ **mail** doporučená pošta
~**-mail insurance** poistenie cenín; poistenie cenných zásielok
~ **office** sídlo spoločnosti zapísanej v obchodnom registri; miesto podnikania
~ **representative (trader)** registrovaný zástupca
~ **securities** cenné papiere na meno
~ **security** certifikát na meno
~ **share** akcia na meno
~ **stock** akcie na meno
registrar matrikár
~ **in bankruptcy** prednosta konkurzného úradu
registration card matričná karta; prihlasovací lístok v hoteli
~ **charges** registračné poplatky
~ **fee** zápisné; poplatok za rekomando; poplatok za preregistrovanie (vlastníctva)
registry office evidencia zmien obyvateľstva; matričný úrad; pracovný úrad
regressive costs regresívne (klesajúce) náklady
~ **supply** regresívna ponuka
~ **taxation** regresívne zdanenie
~ **taxes** regresívne dane
regs (regulations) slang. predpisy; pravidlá
request požiadavka; dopyt; žiadať; požadovať
regular dividend pravidelná dividenda
~ **earnings** pravidelné zárobky (prémie)
~ **economy** regulárna ekonomika
~ **member** riadny člen (burzy)
~ **mortgage** normálna hypotéka
~ **permanent income** pravidelný pevný príjem
~ **savings account** bežný účet sporenia
~ **serial bond** poradová periodická obligácia
~**-way sale** obvyklý predaj
regularity of dividends pravidelnosť vyplácania dividend
regularization regulácia (cenného papiera); uvedenie do poriadku
~ **fee** poplatok za vybavenie
regulated investment company štatutárna investičná spoločnosť
regulation regulácia; riadenie; upravenie; pravidlo; nariadenie; stanovy; predpisy; smernice; vyhláška; ustanovenie
~ **of earnings** regulácia miezd
~ **of prices** riadenie cien
regulatory reporting povinné výkazníctvo
rehypothecate znovu založiť (hypotéku)
reimbursement náhrada; odškodnenie; refundácia; úhrada; krytie; výdavok
~ **bank** kompenzačná banka
~ **credit** reimburzný akreditív
~ **letter of credit** reimburzný akreditív
~ **method** spôsob úhrady
~ **of cost** náhrada nákladov
~ **of expenses** náhrada výdavkov
~ **of travel cost** náhrada cestovných výdavkov
reimbursements náhrady
reimport spätný dovoz; reimport
reimposement nové schvaľovanie (dane)
reinstate obnovenie; znovuustanovenie
reinstatement cover krytie novej ceny
~ **of the property** uvedenie majetku do predošlého stavu
reinsurance zabezpečenie; spätné poistenie
~ **agreement** zaisťovacia zmluva
~ **bordereau** zaisťovacia listina; zabezpečovací zoznam
~ **company** zaisťovňa; zaisťovacia spoločnosť
~ **contract** zaisťovacia zmluva
~ **deposit** kaucia; zaisťovacia záruka
~ **exchange** zaisťovacia burza; zaisťovacie združenie
~ **placed** odovzdané zaistenie
~ **protection** zaistenie
~ **received** prevzaté zaistenie
reinsure zaistiť; znovu poistiť
reinsured cedent
reinsurer cesionár
reinvest znovu investovať
reinvestment reinvestovanie; reinvestícia; reinvestičný
~ **privilege** reinvestičná výsada

reinvoiced prefakturované
reissues obnovené emisie
reject a cheque neprijať šek
~ **an offer** odmietnuť ponuku
related funds súvzťažné fondy
relation vzťah; pomer; relácia; príbuzenstvo; správa; príbuzný
~ **of prices** cenová relácia
relative price pomerná cena
relaxation of trade barriers odstránenie obchodných bariér
release odpustenie dlhu alebo inej povinnosti; potvrdenka; nájomná zmluva; obnovenie nájmu; uviesť na trh; dať do predaja; prepustenie; vzdanie sa práva; uverejnenie; prehlásenie o zrušení záväzku
~ **a mortgage** vymazať hypotéku
~ **a property** previesť nehnuteľnosť
~ **from the customs** uvoľniť; vydať po colnom konaní
~ **of mortgage** upustenie od nároku voči majetku z titulu hypotéky
~ **of premiums on funded debt** upustenie od prémie u zaisteného dlhu
~ **the publicity** začať propagačnú akciu
released means uvoľnené prostriedky
relevant platný; dôležitý; závažný; relevantný; prípadný; príslušný
~ **cost** relevantné náklady
~ **data** platné dáta
relief fund podporný (pomocný) fond
~ **of unemployment** podpora v nezamestnanosti
reliefs daňové úľavy
reload nakúpiť lacno akcie a potom ich draho predať; prekladať (tovar)
remain ostávať; zostať; ostať
remainder zvyšok; zostatok; saldo; nástupné právo (majetkové); držba nástupcu
~ **estate** držba nástupcu
~ **notes** zvyškové zmenky
~ **of a debt** dlžné saldo; dlžný zostatok pohľadávky
remainders remitenda
remargining zaťaženie úveru dodatočnou maržou
reminder upomienka
remise vrátiť; odovzdať späť; zbaviť bremena; uvoľniť
remission of duties odpustenie cla
~ **of taxes** oslobodenie od daní
remit odoslať (poukázať) peniaze; odpustiť; vrátiť; odovzdať
~ **by cheque** platiť šekom
~ **costs** znížiť výdavky
~ **taxes** znížiť dane
~ **to the account** poukázať na účet
~ **to the bank** poukázať banke
remittance prevod; poukázanie (peňazí); úhrada; odoslaná peňažná čiastka; rimesa
~ **advice** prevodný príkaz; avízo o realizovanej platbe
~ **letter** prevodný doklad
~ **man** osoba žijúca zo šekov zasielaných z domova
remittee príjemca poukázaných peňazí
remitter poukazca; remitent; zasielateľ peňazí; rehabilitácia
~ **advice charges** informačné poplatky
remonetization remonetizácia; znovuuvedenie mince do obehu po predchádzajúcom stiahnutí
remonetize vrátiť kovu hodnotu úradného platidla
remote electronic banking diaľkové bankové služby
~ **parties** nepriami účastníci na zmenkovom záväzku
~ **service unit** terminál pre styk so zákazníkmi
~ **transaction** diaľková transakcia
Remove for customs inspection Tu otvoriť na colnú kontrolu
remove goods odobrať tovar z colnice
~ **subsidies** zrušiť dotácie
remuneration odmena; mzda; plat; remunerácia; náhrada; diéty
~ **fund** fond odmien
remunerative výnosný; prinášajúci odmenu
~ **price** výnosná cena
render an account predložiť (poslať) účet (vyrovnanie); vyúčtovať; skladať účty
~ **pecuniary aid to sb.** poskytovať finančnú pomoc niekomu
~, **send in an account** predložiť účet
rendu price dovozná cena
renege odstúpiť od sľubu; odstúpiť od zmluvy
renegotiable-rate mortgage (RRM) hypotéka s prehodnotiteľným úrokom
renew prolongovať (zmenku)
~ **a bill** prolongovať zmenku
renewable term insurance obnoviteľná poistná zmluva
renewal inovácia; prolongácia (zmenky); reprodukcia (investícií); obnova
~ **certificate** osvedčenie o obnovení poistnej zmluvy
~ **fee** obnovovací poplatok; poplatok za predĺženie
~ **of capital** obnova kapitálu
~ **option** zmluvné právo (napr. nájomcu obnoviť leasing)
renewals náklady na obnovu
renouncement zrieknutie sa (práva); vzdať sa
rent nájomné; prenájom nehnuteľnosti; dôchodok; renta; starobný dôchodok
~ **in kind** naturálna renta
~ **in produce** naturálna renta

~ **insurance** poistenie ušlého nájomného
~ **of labour** pracovná renta
~ **of land** pozemková renta
~ **rebate** zľava na nájomnom
~ **tax** domová daň
rentable nájomný; prenajateľný
rental nájomné; požičovné; súpis nájomného
~ **contract** nájomná zmluva
~ **income** dôchodok z renty
~ **on capital** nájomné z kapitálu
renter nájomca; nájomník; árendátor
rentier rentiér; dôchodca
renunciation odrieknutie; vzdanie sa niečoho; zrieknutie sa; renunciácia
reorganization bond reorganizačný dlžobný úpis
repair oprava; opraviť; napraviť; nahradiť
~ **work** opravárenské práce; opravy; údržba
reparable loan reparačná pôžička
repatriated earnings repatriované zisky
repay vrátiť peniaze; splatiť dlh
~ **a loan** splatiť pôžičku
repayability splatnosť (úveru)
repayment zaplatenie; splatenie; vyrovnanie (dlhu); splátka
~ **of principal** umorenie istiny; splatenie kapitálu
~ **ratio** schopnosť splácať pôžičky
repeat order dodatočná/opätovná objednávka
repeated negotiating of a bill reeskont zmenky
repercussion dôsledok
repertory zoznam; katalóg; index; súbor inštrukcií
replacement výmena; nahradenie; náhrada; obnovenie; reprodukcia (investícií) nahradzujúci; náhradný; výmenný; reprodukčný; obnovovací
~ **cost** reprodukčné náklady
~ **insurance** poistenie novej ceny
~ **investment** obnovovacia investícia
~ **market** náhradný trh
~ **model** model obnovy (základných fondov)
~-**new basis** poistenie novej hodnoty
~ **notes** náhradné bankovky; bankovky, ktoré nepodliehajú sériovému razeniu, a sú vydávané namiesto poškodených alebo zle vytlačených
~ **of capital** obnova kapitálu
~ **value insurance** poistenie novej hodnoty
replenishment deposit doplňujúci vklad
reply odpoveď; odpovedať; ohlásiť sa; prihlásiť sa; spiatočný; zodpovedajúci; odpovedací
report správa; výkaz; protokol; referát; hlásenie; zápis; (výstupná) zostava; prehľad; rozdiel medzi promptným kurzom a vyšším termínovým kurzom; podať správu; oznámiť; hlásiť; referovať; ohlásiť sa
~ **of a journey** cestovná správa
~ **on the finances** správa o stave financií
reporting výkazníctvo
repossession znovunadobudnutie; opätovné nadobudnutie
representation reprezentácia; predstavenie; ohradenie; protest; zastupiteľstvo; zastúpenie; popis; znázorňovanie (grafické); zhrnutie skutočností; vysvetlenie; údaje; zabezpečenie; záruka; podanie informácií (pri podpise zmluvy)
representative money papierové peniaze
repressed inflation potlačovaná inflácia
repressive tax represívna daň
reproduction reprodukcia; reprodukovanie; znovuvytvorenie; reprodukčný
~ **cost** reprodukčné náklady; reprodukčná cena
~ **of capital** reprodukcia kapitálu
~ **price** reprodukčná cena
~ **ratio** miera reprodukcie
reproductive price reprodukčná cena
repudiate a policy vypovedať uzavretú poistku
repudiation dlžníkovo odmietnutie zaplatiť dlh; dlžníkovo prehlásenie pred splatnosťou zmluvy, že ju nesplní; odstúpenie od zmluvy
repugnancy rozpor niekoľkých tvrdení (ich nezlučiteľnosť); neprekonateľný odpor
repurchase výkup; spätná kúpa; kúpiť späť
~ **agreement (REPO)** dohoda o spätnom odkúpení
~ **plan** systém spätného odkúpenia
reputation reputácia; dobrá povesť; dobré meno; renomé; autorita
requalification rekvalifikácia
request for a report žiadosť o informáciu
~ **for conditional commitment to guarantee loan** žiadosť o podmienený záväzok úverového ručenia
~ **for contract of guarantee** žiadosť o úverové ručenie
~ **for exemption** žiadosť o zmiernenie tvrdosti, o vyňatie; žiadosť o oslobodenie od daní
~ **for price quotation (RPQ)** žiadosť o cenovú ponuku
~ **slip** súpis požiadaviek
request: by request na prianie; na žiadosť
~ **on request** na prianie; na žiadosť
require žiadať; požadovať; vyžadovať; potrebovať
require: if required ak je nutné; v prípade nutnosti
required reserves povinné rezervy
requirements as to invoices predpísané náležitosti faktúry

resale ďalší predaj; predaj z druhej ruky
~ **price** maloobchodná cena
rescheduling prepracovanie časového plánu; reštrukturalizácia dlhu
rescission zrušenie; odvolanie
~ **bond** dlhopis vydaný za zrušené záruky
~ **of contract** zrušenie zmluvy
rescript duplikát dokumentu
research výskum; bádanie; skúmanie; prieskum; skúmať; preskúmať; realizovať výskum
~ **cost** náklady na výskum
~ **grants** granty vo vede
~-**market teams** marketingové týmy
~ **target** výskumná úloha
reservation on signature výhrada pri podpise; podpis s výhradou
reservation: under reservation s výhradou
~ **without reservation** bez výhrad
reserve rezerva; rezervný fond; zásoba; opatrnosť; rezervovanosť; vyhradiť si; rezervovať (si)
~ **asset** menová rezerva; rezervné aktívum
~ **bank** ústredná banka; rezervná banka
~ **bank credit** úver ústrednej banky; záložný bankový úver
~ **capital** rezervný kapitál
~ **city bank** ústredná mestská banka
~ **currency** rezervná mena
~ **for bad debts** rezerva na nedobytné pohľadávky
~ **for contingent liabilities** rezerva na dubiózne pohľadávky (dlhy)
~ **for doubtful debts** rezerva na pochybné pohľadávky
~ **for retirement of sinking fund bonds** rezerva umorovacieho fondu
~ **for revenue bond contingency** rezerva na príjmové obligácie
~ **for revenue-bond-debt-service** rezerva na umorovanie príjmových obligácií
~ **for uncollected taxes** rezerva na nevybrané dane
~ **fund** rezervný fond
~ **fund for contingencies** rezervný fond pre nepredvídané výdavky
~ **funds stipulated by law** zákonné rezervné fondy
~ **price** počiatočná (najnižšia, vyvolávacia) cena
~ **yield gap** obrátená miera výnosnosti
reserves with Federal Reserve Bank rezervy vo Federálnej ústrednej (rezervnej, rezervovej) banke
reset obnovenie pôvodného stavu; nulovanie; znovunastavenie; obnoviť; uviesť do pôvodného stavu
residence pobyt; bydlisko; povolenie na pobyt
~ **tax** daň platená v mieste pobytu
residential capital bytový fond
~ **investment** investícia do bytovej výstavby
~ **mortgage** domová hypotéka
~ **property** bytový fond
~ **real property** obytná nehnuteľnosť
residents usadlíci; osoby s trvalým bydliskom
residual balance saldovaná čiastka
~ **cost** zostatková cena
~ **securities** reziduálne cenné papiere
~ **tax** daňový nedoplatok
~ **value** zostatková hodnota (základného prostriedku)
~ **value insurance** poistenie zostatkovej hodnoty
residuary estate zostatkový majetok; zvyškový majetok
residue zostatok; zvyšok
resolution rezolúcia; uznesenie; prehlásenie; odhodlanie; rozhodnutie; rozlíšenie; rozlišovacia schopnosť; rozlišovací
resolve rozpustiť; rozložiť; analyzovať; vysvetliť; rozhodnúť (sa); rozlišovať; vyriešiť
resource fond; prostriedok; zabezpečenie; záloha; zdroj; východisko; zásoby
~ **allocation** alokácia zdrojov (zásob, prostriedkov); rozmiestnenie výrobných možností do jednotlivých odvetví; prideľovanie prostriedkov
resources aktíva; zdroje; fondy; prostriedky
~ **of settlement** zdroje krytia
respite odklad; odloženie; dodatočná lehota; pozhovenie s platením; odložiť; odročiť
respondentia pôžička na (lodný) náklad
responsibility center hospodárske stredisko; zúčtovacie stredisko; okruh zodpovednosti
~ **for cost** zodpovednosť za náklady
responsibility: with a full sense of responsibility s plnou zodpovednosťou
rest zvyšok; zostatok; rezervné fondy; uzávierka kníh
restatement prevod údajov do inej meny
resting order spiaca objednávka
restitution reštitúcia; odškodnenie; obnovenie; regenerácia; náhrada; vyhodnotenie informačných prvkov
restock doplniť zásoby; znovu sa zásobiť
restorable opraviteľný; obnoviteľný (systém)
restoration obnova (systému); regenerácia (systému); renovácia; rekonštrukcia; návrat do počiatočného stavu; reštituovať
~ **premium** reštitučná prémia
restrain obmedziť; kontrolovať; mať pod kontrolou; zdržať; prekážať
restraint obmedzenie; reštrikcia
~ **of trade** obmedzenie obchodu

restricted dôverný; tajný; obmedzený
~ **account** obmedzený účet
~ **assets** obmedzené aktíva
Restricted Document Len pre služobnú potrebu
restricted retained earnings zadržané obmedzené zisky
~ **shares** obmedzené akcie
~ **stock option** obmedzená akciová opcia
~ **surplus** obmedzený zisk
~ **transferability** vinkulácia
restrictive covenants obmedzujúce dohody viaznúce na pozemku
~ **credit policy** reštriktívna úverová politika
~ **endorsement** rektažíro; reštriktívny indosament
~ **policy** reštriktívna politika
result check kontrola výsledkov
resume znovu získať; pokračovať; zhrnúť; obnoviť (formát); znovu otvoriť (dávku)
retail maloobchod; obchod v malom; predávať v malom; maloobchodný
~ **balance** maloobchodná bilancia
~ **banking** malobankovníctvo; bankové služby pre širokú verejnosť
~ **business** maloobchod; obchod v malom
~ **ceiling price** najvyššia maloobchodná cena
~ **credit** maloobchodný úver
~ **credit bureau** miestne stredisko úverových informácií
~ **dealer** maloobchodník
~ **investor** drobný investor
~ **margin** maloobchodné rozpätie; ziskové rozpätie maloobchodu
~ **outlet** obchod; obchodný dom
~ **price** maloobchodná cena
~ **price index** index maloobchodných cien
~ **rebate** maloobchodný rabat
~ **repo** maloobchodné úverovanie bánk
~ **selling price** detailná cena; maloobchodná predajná cena
~ **trade** maloobchod; obchod v malom
retailed cap dohoda medzi predávajúcou bankou a kupujúcim
retailer maloobchodník
retained earnings nerozdelený zisk; zadržané zisky; časti čistého príjmu určené na reinvestovanie a nie na výplatu dividend
~ **earnings, restricted** zadržané obmedzené zisky
~ **earnings statement** výkaz rozdelenia zisku
~ **earnings, unappropriated** nerozdelený zisk
~ **profit** nerozdelený zisk
retainer záloha; splátka honoráru; zadržanie niečoho;
retaliatory duty odvetné clá
~ **tariff** odvetné clo

retention zadržanie; retencia; zádržné (retenčné) právo; platnosť (súboru)
~ **money** zadržané peniaze
retire odvolať; penzionovať; odísť do dôchodku; odobrať sa na poradu; vziať späť; odstúpiť
~ **pay** penzia; starobný dôchodok
retirement splatenie; vyradenie (investície); stiahnutie z obehu; odstúpenie; rezignácia
~ **annuity** starobný dôchodok; anuita
~ **fund** penzijný (dôchodkový) fond
~ **income** penzijný príjem
~ **loss** strata pri vyradení investície
~ **of fixed asset** vyradenie základného prostriedku
~ **pension** starobný dôchodok
~ **plan trusts** majetok penzijného fondu v správe
retiring a bill preplatenie zmenky
retractable bond obligácia so skrátiteľnou splatnosťou
retrain in st. preškoliť na niečo
retreat pokles ceny
retrieval nový pokus; výber; rešerš; sprístupnenie; vyhľadávací; výberový
retrospective assessment spätné vymeranie dane
return priznanie dane; výnos; výťažok; návratnosť; návratka; návratný
~ **freight** spiatočné dopravné
~ **interests** prinášať úroky
~ **of capital** návratnosť kapitálu
~ **of equity** návratnosť akciového (vlastného) kapitálu
~ **of investment** návratnosť investícií
~ **of premium** prémiová návratka; zrušené poistné
~ **on assets (ROA)** návratnosť aktív
~ **on capital** výnos z kapitálu
~ **on capital employed** výnosnosť produktívneho kapitálu
~ **on investment (ROI)** rentabilita vložených prostriedkov; návratnosť investícií
~ **on investment ratio** pomer rentability; pomer investičnej návratnosti
~ **on total assets** návratnosť celkových aktív
~ **receipt** doručenka; potvrdenie o doručení
returned bill protestovaná zmenka
~ **check** vrátený šek
~ **letter** nedoručiteľný list
returns výnos; výsledok; tržba; vrátený tovar (šeky, zmenky); úradné výkazy
~ **fare** poplatok za prejazd
revalidated notes revalidované bankovky
revalorization revalvácia; revalorizácia
revaluate preceniť; prehodnotiť
revaluation nové ocenenie; prehodnotenie; revalvácia (meny); precenenie

~ **of currency** revalvácia meny
revalue valorizovať
revalued currency zhodnotená mena
revenue dôchodok; príjem; výnos; tržba; finančný; daňový
~ **act** daňový zákon
~**-anticipation notes (RANs)** krátkodobé municipálne zmenky
~ **authority** finančný úrad
~ **bond** príjmová obligácia
~ **bonds payable** splatné príjmové obligácie
~ **collection** daňový príjem; vyberanie daní
~ **duty** finančné clo; fiškálne clo
~ **expenditures** výdavky (náklady účtovného obdobia)
~ **from own sources** príjem z vlastných zdrojov
~ **from sales** tržby z predaja
~ **losses** daňové straty
~ **neutral tax** príjmovo neutrálna daň
~ **office** finančný úrad; colný úrad
~ **officer** výberca dávok
~ **receipts** príjmové príjmy
~ **sharing** delenie príjmov
~ **stamp** kolok
~ **tariffs** finančné (fiškálne) clá
revenues collected in advance vopred inkasované príjmy
~ **from direct taxes** výnos z priamych daní
reversal zrušenie; storno; obrat; zvrat; zmena trendu (znamienka); obrátenie (chodu, fázy); opravné účtovanie
~ **transaction** transakcia storna
reverse opak; rubová strana; zvrat; obrat; neúspech; odvolať; zrušiť; obrátiť; prevrátiť; preklopiť; zmeniť; inverzne zobraziť; zvrátiť; opačný; spätný; reverzný; zostupný
~**-annuity mortgage** obrátená anuitná hypotéka
~ **emission** spätná emisia
~ **money transfer** obrátený peňažný prevod
~ **mortgage** obrátená hypotéka
~ **repurchases** dohoda o spätnom odpredaji
~ **split** obrátený split (delenie akcií)
~ **stock split** obrátený akciový split (delenie akcií)
~ **yield gap** obrátená miera výnosnosti
reversible vratný; reverzibilný; odvolateľný; obojstranný; obojsmerný
~ **term insurance** zameniteľné rizikové životné poistenie
reversing entries inverzné položky
review preskúšanie; revízia; preskúmanie; recenzia; posudok; prehľad; recenzovať; konfrontovať; preskúmať; prehliadnuť; prešetriť; posúdiť; revidovať
revised estimate revidovaný odhad
~ **simplex method** revidovaná simplexová metóda
revision revízia; kontrola; preskúšanie; údržba (programu); oprava; revidované vydanie; verzia; zmenkový
revival oživenie; obnovenie
revocable credit odvolateľný úver
~ **letter of credit** odvolateľný akreditív
revocation odvolanie; zrušenie
revoke the cancellation odvolať storno
revolving account revolvingový účet
~ **credit** opakovaný (obnovovací, revolvingový) úver
~ **credit line** revolvingový istený úver; revolvingová úverová linka
~ **fund** obežný fond
~ **letter of credit** revolvingový akreditív
~ **loan** revolvingová pôžička
reward prémia; odmena; mzda; odmeniť; odplatiť
~ **account** prémiový účet
rewarding policies mzdová politika
rewards odmeny
rewrite dohoda o leasingu alebo pôžičke, o predĺžení doby splatnosti alebo zmene podmienok
résumé fr. curriculum vitae; životopis
rial menová jednotka Iránu, Ománu a Jemenu
rialto slang. burza; finančné centrum
rider poistný dodatok
ridge regression hrebeňová regresia; vrcholová regresia
riel menová jednotka Kampučie
rig the market stláčať a zvyšovať ceny
rigged market zmanipulovaný trh
riggit menová jednotka Malajzie
right nárok; právo; oprávnenie
~**-hand side** „správna strana"
~ **of lien** záložné právo; zádržné (retenčné) právo
~ **of preference** právo prednosti pre niektorých veriteľov
~ **of provisional expenditure** právo rozpočtového provizória
~ **of refusal** predkupné právo; opcia
~ **to benefit** právo na dávky
rights práva odberu
~ **attaching to shares** práva pripadajúce na akcie
~ **issue** právo súčasných akcionárov na nákupy za nižšiu cenu
~ **on** „s právami"
ring kartel; okruh (na burze); miesto na burze, kde sa predávajú termínové obchody
~ **up** docieliť; zaznamenať
~ **up sb.** zatelefonovať niekomu
ringgit peňažná jednotka Malajzie
rise zvýšenie; zdraženie; zvýšenie platu; pôvod; vznik; oživenie; stúpať

~ **in prices** zvýšenie cien
~ **in salary** zvýšenie platu
~ **in wages** zvýšenie miezd
rising bottoms zdvíhanie najnižších cien
risk riziko; nebezpečenstvo; stávka; riskovať; odvážiť sa
~ **acceptance** prevzatie rizika
~**-adjusted discount rate** eskontná sadzba prispôsobená riziku
~ **assets** rizikové aktíva
~ **capital** rizikový kapitál
~ **feature** rizikový prvok
~ **fund** rizikový fond
~ **management (RM)** súbor metodických postupov na odstránenie alebo obmedzenie rizík; riadenie rizík
~ **of exchange fluctuations** nebezpečenstvo devízových výkyvov
~ **premium** riziková prémia
~ **register** rizikový register poisťovne
~ **weighted** zaťažený rizikom
risk: No risk S vylúčením rizika
riskless interest rate bezriziková úroková sadzba
rival business konkurenčný obchod
river-ship broker maklér riečnych plavidiel
rivets slang. peniaze
riyal menová jednotka Jemenu, Ománu a Saudskej Arábie
road tax cestná daň
robbery insurance poistenie proti krádeži
rock akákoľvek čiastka peňazí, slang.
~**-bottom price** čo najnižšia cena
role of government úloha vlády
roll zvitok bankoviek; kontrolná súpiska; kotúč pásky
~ **back the price** znížiť cenu po predchádzajúcom zvýšení
~**-over credit** prolongovaný úver
rolling capital prevádzkový kapitál; obežný kapitál
rollover pohyb prostriedkov uvoľnením z jednej investície vkladom do ďalšej investície
~ **CD** rolovaný depozitný certifikát
~ **credit** prolongovaný úver
~ **mortgage** rolovaná hypotéka
Roman numeral rímska číslica
rook slang. ošklbať
room-trader člen burzy, špekulujúci na vlastný účet
root koreň (rovnice); základ; pôvod; počiatok; odmocnina; zakoreniť sa; fandiť; slang. vybrať; vylúpiť; hlavný; rezidentný
roster zoznam; register; menný zoznam; zoznam členov; rozpis
rouble rubeľ
rough približný; dočasný
~ **average** približný priemer (štatistický)
~ **balance** súvaha
~ **calculation** približný výpočet (rozpočet); hrubý prepočet
~ **copy** koncept
~ **proceeds** hrubý výnos; hrubé výnosy
round obchôdzka; zaokrúhliť; obísť
~ **(to thousands)** zaokrúhliť (na tisícky)
~ **bracket** okrúhla zátvorka
~ **down** zaokrúhliť nadol
~ **figure** približné číslo; približná veličina
~ **lot** uzávierka na burze
~ **number** zaokrúhlené číslo
~ **off** zaokrúhliť na najbližšie miesto
~ **parenthesis** guľatá zátvorka
~ **seal** guľatá pečiatka
~ **table meeting** rokovanie pri okrúhlom stole
~ **trip trade** obchodný okruh
~ **turn** uzatvorená transakcia
~ **up** zaokrúhliť smerom hore
~**-up function** funkcia zaokrúhlenia nahor
roup dražba (v Škótsku); dražiť; predávať na dražbe
route smer; cesta; trasa; linka; určiť trasu; poslať trasou; smerovať; stanoviť výrobný postup
routes postupy (sieťová analýza); prípoje (zariadenia)
routine obvyklý postup; bežná prax; štandardný program; plánovaný; preventívny; pravidelný; rutinný
~ **maintenance** preventívna (plánovaná) údržba
row riadok; rad; stĺpec; záznam
~**-wise recalculation** výpočet po riadkoch
royalty licenčný poplatok; poplatok za poskytnutie práv; autorský honorár; tantiéma
rubber check pružný šek
~ **stamp** pečiatka
rubl peňažná jednotka bývalého ZSSR
rubricated account označený (poznamenaný) účet
ruinous price zničujúca (ruinujúca) cena
rule predpis; smernica; pravidlo; norma; poriadok; vláda; pravidlo; obyčaj; panovať; vládnuť; ovládať; riadiť; nariadiť; úradne rozhodnúť; stanoviť
~ **against perpetuities** zákaz večnej anuity; pravidlo proti večnému trvaniu (pri poručníctve)
~ **against accumulation** zákaz akumulácie
~ **against remoteness of vesting** zákaz večnej anuity
~ **of assessment** predpis o ukladaní dane
rule: according to rules podľa predpisov
~ **as a rule** obvykle; spravidla
rulebook smernica; príručka súboru pravidiel
rules for charging pravidlá pre počítanie poplatkov
ruling prices terajšie ceny

rumour nepotvrdená správa; šíriť povesť
rumour: it is rumoured povráva sa
run silný dopyt; prudký odbyt (obrat); zoznam transakcií (cenných papierov na burze); výpočet; beh; nákupná horúčka; fungovať; prevádzkovať; riadiť; viesť; spustiť
~ **a bear** predať cenné papiere na termín a špekulovať na pokles kurzu (s úmyslom neskôr ich nakúpiť)
~ **a book** mať kredit v obchode; viesť knihu
~ **a business** viesť (spravovať) obchod
~ **a current account deficit** mať trvalo pasívnu platobnú bilanciu
~ **a current account surplus** mať trvalo aktívnu platobnú bilanciu
~ **a firm** riadiť firmu (podnik); prevádzkovať
~ **an account** mať otvorený účet
~ **chart** diagram priebehu výpočtu
~ **inflation** nezadržateľná inflácia
~ **into debts** upadnúť do dlhov; narobiť dlhy
~ **on a bank** nápor na banku; náhlivé vyberanie vkladov
~ **out** vypršať; vytiecť; nemať na sklade
~ **shop** odsťahovaný podnik kvôli neplateniu daní
~ **the mail** doručovať poštu

runaway „splašený" účet
~ **inflation** hyperinflácia
running a book vedenie knihy
~ **account** bežný účet
~ **average** kĺzavý priemer
~ **check** bežná kontrola
~ **cost** prevádzkové náklady
~ **costing** priebežná kalkulácia
~ **costs** bežné náklady
~**-down clause** doložka o ručení poisťovne za škodu spôsobenú poistenou loďou, ak sa zrazí s inou loďou
~ **expenses** bežné výdavky
~ **in the shorts** nákupy rôznych cenných papierov s cieľom povzbudenia cien
~ **rate** interná miera návratnosti investícií (u leasingu)
runoff posledné ceny
runs iterácia
rupee menová jednotka Indie, Maledivských ostrovov, Mauritia, Nepálu, Pakistanu, Seychelských ostrovov a Srí Lanky
rupiah menová jednotka Indonézie
rush naliehavá urgencia; nápor; zhon; rýchle vybaviť
~ **from the dollar** útek od dolára
~ **order** objednávka (zákazka) s okamžitým dodaním; súrna objednávka

S

sacrifice: to sell at a sacrifice predať so stratou
saddle zaťažiť poplatkom
~ **point** sedlový bod
saddled osedlaný (vlastník cenných papierov kúpených za vyššiu cenu, než je cena súčasná)
safe bezpečnostná schránka; trezor; pokladňa; zabezpečiť; bezpečne uložiť; bezpečný; istý; bezpečnostný; spoľahlivý; dôveryhodný
~ **custody** ochrana cenných papierov
~ **custody and confidentiality** utajenie
~**-deposit box** trezor; bezpečnostná schránka
~**-deposit vault** trezor; bezpečnostná schránka
~ **from st.** bezpečný pred niečím
~ **investment of money** bezpečne uložené peniaze
safebreaker kasár
safeguard garancia; záruka
~ **measures** ochranné opatrenia
safeguarding duty ochranné clo
safekeeping úschova; prevzatie do úschovy
~ **account** úschovný účet
safety box bezpečnostná schránka
~ **fund** zabezpečovací fond
~ **loading** bezpečnostná prirážka (k poistnému)
~ **margin** bezpečné ziskové rozpätie
~ **paper** šekový papier
~ **stock** poistná zásoba; pohotovostná zásoba
~ **stock level** poistná zásoba; výška pohotovostných zásob
sag pokles (cien); klesať; povoliť
sagging market trh s klesajúcimi cenami
salable am. predajný; dobre idúci na odbyt; predajný; vykupovaný
~ **price** primeraná predajná cena
salaried employee zamestnanec s mesačným platom
salaries accounting výpočet miezd
~ **rationalization** racionalizácia výpočtu miezd
salary plat
~ **administration** mzdová agenda
~ **bracket** platová trieda; platová stupnica
~ **grade** platová trieda
~ **level** platová hladina
~ **pay cheques** bezhotovostná výplata miezd (šekmi)
~ **roll** zúčtovanie miezd
~ **slip** prúžok z výplatnej listiny
sale odbyt; predaj; výpredaj; obrat; aukcia; dražba; prevod práv
~ **by a commission** komisionálny predaj; predaj veci na príkaz vlastníka; predaj za províziu
~ **by auction** dražba; predaj na dražbe
~ **cost** odbytové náklady
~ **in blank** špekulačný predaj
~ **leaseback** dohoda o predaji zariadenia kupcovi, ktorý toto zariadenie hneď prenajíma predajcovi formou leasingu
~**-leaseback** postúpenie prenájmu
~ **note** potvrdenie objednávky
~ **of work** dobročinný bazár
~ **on approval** predaj na súhlas
~ **on credit** predaj na úver; predaj na doplnkovú pôžičku
~ **on open account** predaj na úver
~ **or return** komisionálny predaj
~ **ring** záujemcovia pri dražbe (aukcii)
~ **tax** daň z obratu
sale: not for sale nie je na predaj
~ **on sale** vo výpredaji; za znížené ceny
sales odbyt; predaj; výpredaj; tržba; dražba; obchodný; predajný
~ **accounting** odbytové účtovníctvo
~ **accounting service** vedenie účtovníctva o predaji
~ **and distribution cost** náklady na odbyt a distribúciu
~ **and distribution overhead** odbytová réžia
~ **and revenues budget** rozpočet výdavkov a príjmov
~ **and turnover tax** daň z obratu
~ **book** kniha vydaných faktúr; kniha vydaných účtov (tržieb)
~ **budget** rozpočet predaja
~ **campaign** predajná akcia; predajná kampaň
~ **charge** výdavky za predaj; výdavky spojené s predajom
~ **clearance** výpredaj
~ **cost** mimovýrobné náklady
~ **daybook** denník odoslaných faktúr
~ **deductions** položky znižujúce tržby
~ **discount** skonto
~ **draft** potvrdenie o predaji
~ **figures** údaje o predaji
~ **literature** predajná literatúra
~ **manager** obchodný riaditeľ; vedúci odbytu
~ **of assets** predaj majetku; odpredaj aktív
~ **price** predajná cena
~ **promotion** podpora predaja; propagácia
~ **prospect** potenciálny zákazník odbytu
~ **record** kniha vydaných faktúr (tržieb)
~ **representative** obchodný zástupca
~ **slip** účtenka (paragón)
~ **strategy** odbytová stratégia
~ **surtax** predajná prirážka
~ **tax** daň z obratu; daň z predaja
~ **value** predajná hodnota

salesman/saleswoman predavač(ka); obchodný cestujúci
salvage pokus o záchranu
~ **charges** náklady na záchranné práce (lode)
~ **loss** škoda, pri ktorej poisťovňa hradí podiel medzi poistnou hodnotou a výnosom predaja zachránených zvyškov
~ **value** zostatková hodnota
salve úplatok; zachrániť
same - day funds fondy toho istého dňa
~**-day settlement** zúčtovanie v ten istý deň
same: at the same price za rovnakú cenu
sample vzorka; vzor; ukážka tovaru; vzorka (štatistická); výber; náhodná skúška; vzorkovať; vyberať (brať) vzorky; realizovať náhodný prieskum; predlohový; vzorkovací; vzorový
~ **element** jednotka výberového súboru
~ **size** rozsah výberu (štatistického výberového skúmania)
sampling výber vzorky; vzorkovanie; realizovanie štatistického výberu
~ **inspection** náhodná kontrola
~ **method** výberová metóda; prieskum; sondáž
samuray bonds v Japonsku vydávané obligácie zahraničných dlžníkov znejúce na Jeny
sanction sankcia; schválenie; súhlas; potvrdenie; odvetné opatrenie; potvrdiť; sankcionovať
sanctions sankcie; odvetné opatrenia; schválenia
~ **are applicable in the event of** v prípade ... sa použijú sankcie
satellite office satelitná úradovňa; pracovisko s menej ako štyrmi priehradkovými terminálmi
satisfaction uspokojenie (pohľadávky); zaplatenie; satisfakcia
~ **of mortgage** vyrovnanie hypotéky
~ **of portion-debts** uspokojenie dlžobných úpisov
satisfactory account uspokojivý účet
satisfied order vybavená objednávka
satisfy vybaviť (objednávku); zodpovedať (norme); uspokojiť (dopyt); vyhovieť; zaplatiť; presvedčiť
saturate nasýtiť; saturovať; zaplniť (súbor)
saturated market nasýtený trh
save bezpečnostná kópia; ušetriť; šetriť; zachrániť; stihnúť; chytiť; okrem; vyjmúc; zachovať; sporiť
saver's surplus „sporiteľov zisk"
saving sporenie; úspora; uloženie; záchrana; hospodárny; úsporný
~ **account without notice** vklad úspor bez výpovednej lehoty
~ **and time deposits** sporiteľné a termínové vklady
~ **bond** štátny ukladací papier; obligácia vydávaná vládou USA (v nominálnej hodnote od 50 do 10000 USD)
~ **deposit** vklad úspor
~ **function** funkcia úspor (závislosť úspor na národnom dôchodku)
~ **of cost** úspora nákladov
~ **policy** politika v oblasti úspor
~ **your reference** s prepáčením
savings úspory
~ **account** sporiteľný účet; účet úspor
~ **account contract** zmluva o sporiteľnom účte
~ **account ledger card** hlavná účtovná karta sporiteľného účtu
~ **account loan** úver istený depozitom
~ **bank** sporiteľňa; záložňa
Savings Bank Life Insurance (SBLI) Sporiteľné životné poistenie
~ **Bonds** Americké štátne ukladacie papiere
savings book vkladná knižka; sporiteľná knižka
~ **certificate** sporiteľný certifikát
~ **deposits** sporiteľné vklady
~ **house** sporiteľňa
~ **plan** plán úspor
~ **rate** miera sporivosti; miera úspor
savvy slang. rozum; inteligencia; vedomosti; praktické znalosti; vedieť; rozumieť; poznať
sawbuck slang. desaťdolárovka
say-so tvrdenie; svedectvo; odporúčanie; právomoc; právo rozhodovať
scale tarifa; platobná stupnica; slang. sadzba (plat) za hodinu
~ **buying** inštrukcia na nákup v pravidelných cenových intervaloch
~ **of additional charges** tarifa vedľajších poplatkov
~ **of fees** sadzobník poplatkov
~ **of notation** rad; stupnica; systém
~ **of wages** mzdový sadzobník
~ **order** vážený príkaz; príkaz na kúpu alebo predaj určitého množstva cenných papierov
~ **radix** pozičný zápis
~ **wage** mzda podľa tarify (sadzobníku)
scales váhy
scaling obchodovanie s cennými papiermi osobitným spôsobom
scalp the market špekulovať na trhu pre malý a rýchly zisk
scalper špekulant
scarce vzácny; riedky; obmedzený; nedostatkový
~ **currency** nedostatková mena
scarcity vzácnosť; obmedzenosť; nedostatok
~ **of economic means** nedostatok ekonomických prostriedkov

scare buying nákupná horúčka
scatter rozptyl; rozloženie; distribúcia; šíriť; rozptyľovať; rozhadzovať; rozptýlený
~ **chart** bodový korelačný diagram; bodový graf
schedule funkcia; schéma; rozpis; rozbor; denný program; rozvrh; harmonogram; plán; brit. časový plán; dodatok k listine; zoznam; inventár; list; lístok; tabuľka; plánovať; rozvrhovať v zozname; určiť; stanoviť termín; zhotoviť súpis
~ **bond** poistka so supisom
~ **for repayment of principal** umorovací plán kapitálu
~ **of cases** termínovník
~ **of charges** cenník (zoznam sadzieb)
~ **of duties** zoznam colných sadzieb
~ **of prices** cenník
schedule: as scheduled podľa plánu
~ **behind schedule** s oneskorením
~ **on schedule** presne; včas
scheme plán; program; návrh; projekt; schéma; nákres; sústava; zobrazenie; systém; plánovať; projektovať; robiť plány; navrhovať
~ **of posting** schéma účtovania
schilling peňažná jednotka Rakúska
school bond školská obligácia
~ **fee** školné; školné poplatky
scontro skontro
scoop slang. veľký zisk; terno
scope of insurance rozsah poistenia
score účet (na jeho účet); dlh; útrata; pripísať na účet
~ **item** dlžná položka
~ **out** vyčiarknuť
~ **up** napísať na dlh
scoring vyhodnocovanie; vyhodnocovací
scram money slang. peniaze pripravené na útek
scrap receipts tržby za odpisané základné prostriedky
- **value** zostatková hodnota pri vyradení investície
scrape a living ťažko zháňať živobytie
scraps odpadový materiál; nepoužité zvyšky; obnosené veci
scratch disponibilné peniaze; slang. prachy
screen out vytriediť
screw slang. mzda; plat
~ **out** vyhnať ceny hore
~ **up** vyhnať ceny hore
scrip dočasná potvrdenka; dočasný certifikát (akcií)
~ **certificate** dočasný certifikát (akcií)
~ **dividend** poukážková dividenda
~ **issue** emisia nových akcií akcionárom v pomere vlastníctva predchádzajúcej emisie
script rukopis; skript; originál dokumentu; text prejavu; zápis; písmo; základná listina; záznam akcií

SDMJ september, december, marec, jún (mesiace vyplácania úrokov alebo dividend)
SDR - special drawing rights osobitné práva čerpania
sea-canal dues morské prepravné poplatky
seal plomba; pečať; pečiatka; znak; nálepka; ciacha; pečatiť; potvrdiť
~ **of quality** etiketa kvality
sealing fee správny poplatok
search hľadanie; pátranie; prieskum; prehliadka; vyhľadávanie (údajov); typovanie; skúmanie; hľadať; prehľadávať; vyhľadávať; skúmať; vyšetrovať; vyhľadávací
~ **cost** vyhľadávacie náklady
season cost sezónne náklady
seasonal credit sezónny úver
~ **demand** sezónny dopyt
~ **discounts** sezónne zľavy
~ **unemployment** sezónna nezamestnanosť
~ **variation** sezónny pohyb
seasoned issues vyzreté emisie; emisie dobre zavedených cenných papierov
~ **loan** vyzretá pôžička
~ **mortgage** vyzretá hypotéka
~ **security** vyzretý papier (cenný papier s veľmi dobrou povesťou)
seat sídlo; členstvo na burze
~ **reservation** miestenka
second best druhá akosť
~-**class-paper** druhoradá zmenka
~ **mortgage** druhotná hypotéka
~ **mortgage bond** druhý hypotekárny záložný list
~ **of exchange** druhá zmenka
~ **off** po druhé
~ **preferred stock** sekundárna prioritná akcia
~ **theorem of welfare economics** druhá veta ekonómie blahobytu
secondary bank reserve druhotná banková rezerva
~ **cost** druhotné náklady; vedľajšie náklady
~ **economy** vedľajšie hospodárstvo
~ **market** sekundárny trh (cenných papierov)
~ **mortgage market** sekundárny hypotekárny trh
~ **obligation** záložný záväzok
~ **rental** sekundárne nájomné
secrecy utajenie (obchodných zámerov); tajnosť
secret partner tajný spoločník
secretarial services sekretariát
section úsek; oddiel; oddelenie; odbor; sekcia; skupina; segment; paragraf; zóna; segmentovať
secular inflation dlhodobá inflácia
~ **stagnation** dlhodobá stagnácia

secure investments bezpečné uloženie kapitálu
secured zabezpečený
~ **account** zaručená pohľadávka
~ **bond** zaručená obligácia
~ **by mortgage** zaručený hypotékou
~ **creditor** zaručený veriteľ
~ **debt** zaručený dlh
~ **deposits** zaručené vklady
~ **loan** zaručený úver; zaručená pôžička
~ **note** zaručená zmenka
securities cenné papiere; obligácie
~ **and commodities exchanges** burzy cenných papierov a komodít
Securities and Exchange Commission (SEC) Komisia pre burzy cenných papierov
securities company spoločnosť obchodujúca s cennými papiermi
~ **depository** depozitár cenných papierov
~ **due** splatné cenné papiere
Securities Investor Protection Corporation (SIPC) Združenie pre ochranu investorov do cenných papierov
securities market trh s cennými papiermi
security záloha; kaucia; cenný papier; ručiteľ; zabezpečenie; zaistenie; percentuálne zaistenie zisku
~ **analysis** analýza cenného papieru
Security and Exchange Commission (SEC) Komisia pre burzy cenných papierov
security brokerage obchodovanie s cennými papiermi
~ **by bond** záruka zložením hotovosti alebo istiny
~ **capital** bezpečný kapitál
~ **exchange** burza cenných papierov
~ **for debt** záruka dlhu
~ **holdings** zásoby cenných papierov
~ **loan** zaručená pôžička
~ **market** trh cenných papierov
~ **paper** bankový papier
~ **portfolio** zásoba cenných papierov
~ **price level** cenová hladina cenného papieru
~ **ratings** hodnotenie cenných papierov
~ **receipt** depozitná potvrdenka
~ **record** záznam o cennom papieri
security: against security proti záruke; na záruku
sedecimal šestnástkové číslo; šestnástkový; hexadecimálny
see sb. slang. podmazať; podplatiť
seed money prvé peniaze pre financovanie dlhodobého projektu
segment segment; sekcia; časť
segmented market segmentovaný trh
segregated account segregovaný účet
seigniorage razbové
seise ujať sa držby
seize zabrať; zabaviť; konfiškovať; vyvlastniť; uviesť do držby
select označiť; voliť; zvoliť; vyberať; vybraný; výberový
selection board konkurzná komisia (porota)
~ **check** kontrola výberu
selective demand selektívny (výberový) dopyt
self-addressed so spiatočnou adresou
~-**assessment** sebaocenenie; poplatník si daň vypočíta sám
~-**check** vlastný šek
~-**cost price** vlastná cena
~-**employed** samostatný (podnikateľ); súkromný podnikateľ
~-**executing** s okamžitou účinnosťou
~-**financing** samofinancovanie
~-**insurance** samopoistenie
~-**liquidating bond** samolikvidačná obligácia
~-**management** samospráva
~-**retention** vlastný vrub (podiel rizika pri poistení)
~-**sufficiency** autarkia; hospodárska sebestačnosť
~-**supporting debt** samolikvidný dlh
selfcost price vlastná cena (cena podľa vlastných nákladov)
sell predať; ísť na odbyt; obchodovať
~ **a bear** uzavrieť termínový predaj so špekuláciou na pokles kurzu
~ **and leaseback agreement** zmluva o predaji a spätnom prenájme
~ **at a discount** predávať so stratou
~ **at a loss/profit** predávať so stratou/ziskom
~ **at a premium** predať so ziskom
~ **at a price of ...** predávať za cenu ...
~ **bellow cost** predať pod cenu (nákupnú)
~ **by auction** predať na dražbe
~-**down** prenechanie podielu
~ **for cash** predávať za hotové
~ **off** vypredať (tovar na dražbe)
~ **out (up)** predávať; predať; vypredať
~-**out notice (notification)** výpredajná upomienka
~ **over the counter** predávať cez priehradku
~ **st. at a profit** predať niečo so ziskom
~ **well** ísť na odbyt
~ **wholesale** predávať vo veľkom
seller predávajúci; predavač
seller's call opčná ponuka predávajúceho
~ **option** opcia predávajúceho
~ **option to double** opčný predaj do dvojnásobného množstva
~ **surplus** zisk predávajúceho
~ **30** s dodaním do 30 dní
selling at give-away prices cenový rozpad

~ **below the market** predaj pod trhovú cenu
~ **conditions** predajné podmienky
~ **expenses** odbytové náklady
~ **flat** predaj bez úrokov
~ **group** predajné konzorcium
~ **group pot** „výslužka“
~ **off** výpredaj; vypredaný
~ **on balance** bilančný predaj
~ **order** bezpodmienečný platobný rozkaz
~ **price** predajná cena
~ **rate** predajný kurz
~ **short** kontremina; technika používaná pri očakávaní poklesu trhových cien cenného papiera
~ **the intermarket spread** predaj medzitrhového rozpätia
semifixed cost zmiešané (polofixné) náklady
~ **expense** zmiešaný náklad
semiproduct polotovar
semiskilled worker zaučený robotník
send a parcel express poslať balíček ako spešninu
~ **by mail** am. poslať poštou
~ **by post** poslať poštou
~ **cash on delivery** poslať na dobierku
~ **money** prostriedky rezervované pre začatie nejakej činnosti
sender's correspondent bank korešpondenčná banka odosielateľa
sending bank odosielajúca banka
~ **bank identifier** identifikátor odosielajúcej banky
~ **bank input sequence number** číslo poradia odosielajúcej banky
~ **bank name** názov odosielajúcej banky
senior starší; prioritný; prioritný dlh; nadradený dlh
~ **accountant** samostatný účtovník
~ **bond** prioritná obligácia
~ **equity** preferenčný kapitál
~ **issue** prioritná emisia
~ **securities** prioritné cenné papiere
seniority bonus príplatok vyplácaný za odpracovanú dobu v podniku
sense: in a sense v určitom slova zmysle
~ **in every sense** v každom ohľade; všeobecne
~ **in the best sense** v dobrom zmysle; prinajlepšom
sensitive market citlivý trh
sensor čidlo; snímač; senzor
separate account zvláštny účet
separation oddeľovanie; odtrhnutie; vylúčenie; vyňatie
September and March (S and M) september a marec (mesiace polročných výplat úrokov alebo dividend)
~**, December, March, June (SDMJ)** september, december, marec, jún (mesiace vyplácania úrokov alebo dividend)
sequel dodatok; výsledok; dôsledok; následok
sequence sekvencia; postupnosť; rad; poradie; sled; náväznosť; zoradenie; zoradiť; usporiadať; postupný; sekvenčný
sequencing-by-merging usporiadanie triedením
sequential následný; sekvenčný; postupný
~ **market** sekvenčný trh
sequestered account zabavený účet
sequestration zabavenie
serial sériový; sekvenčný; následný
~ **annuity bond** večná renta
~ **bond** poradová periodická obligácia (s vopred stanoveným umorovacím plánom)
~ **bond issue** sériová emisia obligácií
~ **bonds payable** splatné periodické obligácie (s vopred stanoveným umorovacím plánom)
~ **deferred bond** sériová obligácia s odsunutou splatnosťou úroku
~ **issue** sériová emisia
~ **number** výrobné číslo
series bonds sériové obligácie
serious vážny; závažný; dôležitý
serve plniť úlohu; zastávať; doručiť (úradnú listinu)
service služba; obsluha; servis; úrad; zdvorilosť; služobná povinnosť; doručovanie; obsluhovať; servisný; služobný (signál); prevádzkový; firemný
~ **area** oblasť príjmu
~ **charge** servisný poplatok
~ **charges** manipulačné poplatky
~ **cost** náklady na údržbu
~ **credit** servisný úver
~ **fee** poplatok za služby
~ **life** životnosť
~ **of foreign debt** služba zahraničného dlhu
~ **rates** poplatky za služby
~ **the debt** splácať dlh
~ **value** hodnota podnikovej použiteľnosti
serviceability prevádzkyschopnosť; použiteľnosť; výkonnosť; komfortnosť; trvanlivosť
services rendered for own account výkony pre seba
sesquicentennial 150. výročie
session burzový deň; zasadanie; schôdza; lekcia; relácia (výmena správ)
set stanovenie (cieľov); formulácia; vytýčenie (úloh); séria; súbor; nastavenie; nastaviť; formulovať (úlohu)
~ **bill** zmenka vydaná v niekoľných exemplároch
~ **of bills of lading** sada konosamentov
~ **of office-books** súbor obchodných kníh vedených v podniku

~ **of vectors** sústava vektorov
~ **off** uviesť do pohybu; rozpútať
~ **off against the claim** započítať vlastnú pohľadávku proti nároku žalobcu
~ **out** stanoviť; vyložiť
~ **out powers and duties** stanoviť právomoci a povinnosti
~ **to sale** vystaviť na predaj
~ **up** byť pri peniazoch; zaviesť; spustiť; nastaviť; zoradiť
~**-up** zadanie
~ **up a claim to st.** uplatniť nárok na niečo
~ **up in business** zariadiť si obchod (živnosť)
~ **up in competition with sb.** pustiť sa do súťaže s niekým
setback in production/price silný pokles vo výrobe/cenách
setoff zrážka; zľava
setting tvorba; kladenie; usporiadanie; ustanovenie; vymedzenie; zoradenie; nastavenie; formulácia; vytýčenie (úloh); prostredie; stanovenie; podklad; nastavovací
~ **ad budgets** rozpočtovanie nákladov na propagáciu
~ **clearing** zúčtovanie
~ **of objectives** formulácia cieľov
settle vyrovnať (zaplatiť a dodať cenné papiere); zaplatiť; uhradiť; usporiadať
~ **a bill** zaplatiť účet
~ **an account** vyrovnať účet
settle/collect an invoice uhradiť/inkasovať faktúru
settle a debt zaplatiť dlh
~ **invoice** vyrovnať účet
~ **losses** likvidovať škody
~ **the matter** urovnať záležitosť
~ **up** vyrovnať (dlh, účet)
~ **up a debt** vyrovnať dlh
settled zaplatenie (vyrovnanie) účtu; zaplatený; uhradený
settlement úhrada; vyrovnanie (účtu); dohoda; zmluva; vyrovnanie majetku; likvidácia burzových obchodov; krytie nákladov; odpočet; vyúčtovanie; zaplatený; renta
~ **clerk** účtovník
~ **estate duty** dedičská daň
~ **of account** vyrovnanie účtu
~ **of balance** vyrovnanie zostatku
~ **of debit note** úhrada vrubopisu
~ **of debts** úhrada dlhov
~ **of outstanding account** inkaso pohľadávok
~ **of outstanding debts** likvidácia pohľadávok
~ **of tax arrears** vyrovnanie daňových nedoplatkov
~ **of the books** uzávierka obchodných kníh
~ **of the invoice** úhrada faktúry
~ **price** zúčtovacia cena
settlement: in settlement of all claims na úhradu všetkých škôd
~ **in settlement of your account** na vyrovnanie vášho účtu
settling likvidácia; zúčtovanie; likvidačný; odvod (do trezoru); vybavenie
~ **day** zúčtovací deň
~ **rate** likvidačný kurz
settlor upisovateľ renty; kto upisuje rentu
setup nastavenie; založenie; vopred dohodnutá hra (výsledok); situácia; okolnosť; štruktúra; organizácia; projekt
~ **cost** náklady na prípravu výroby
severance pay finančná kompenzácia
~ **payment** odstupné
~ **tax** daň z ťažby
sew up monopolizovať; zabezpečiť si zmluvne; zabezpečiť si podporu; získať; rozhodnúť
sewer effluent charge poplatok za znečisťovanie vôd
~ **surcharge** poplatok za znečisťovanie vôd
shade odtieň; nepatrný diel
~ **prices** trocha znížiť ceny
shading nepatrné zníženie
shadow economics tieňová (neoficiálna) ekonomika
~ **price** duálna cena; tieňová cena
~ **rate of exchange** čierny kurz
shake slang. úplatok
~ **out** zraziť hodnoty (na burze)
shaky credit neistý úver
sham klam; fikcia; predstieranie; podvodník; simulant; falšovaný; vymyslený
~ **business** fingovaný obchod
~ **transactions** transakcie, ktorých účelom je daňový únik
share akcia; podiel; prínos; mať účasť; diel; deliť (sa); rozdeliť; podieľať sa; spoločne užívať
~ **account** pozri savings account
~ **broker** burzový maklér
~ **capital** akciový kapitál
~ **certificate** certifikát na akcie
~ **costs** niesť náklady; podielať sa na nákladoch
~ **cropping** nájom
~ **dealer** burzový maklér
~ **draft** podielnická zmenka
~ **economy** podielová ekonomika
~ **indices** indexy akcií
~ **ledger** kniha akcionárov
~ **loan** podielnická pôžička
~ **of profits** podiel na zisku
~ **of stocks** akcie
~ **premium** emisné ážio
~ **price** odberný kurz akcie
~ **price indices** index akcií

~ **prices** kurzy akcií
~ **pusher** akciový podvodník
~ **quotations** kurz akcií (kótovaný)
~ **the costs** podieľať sa na nákladoch
~ **the loss** podieľať sa na strate
~ **warrant** akciová poukážka
~ **with share warrant** účastina s kupónom
share: the share is at a premium akcia je zaznamenaná nad nominál
shared-appreciation mortgage hypotéka so zdieľaným ocenením
shareholder podielnik; akcionár; vlastník akcií
~ **returns** zisky akcionárov
shareholder's capital vlastný kapitál
~ **equity** vlastný majetok akciovej spoločnosti
shareholding držba akcií
sharelist burzový akciový lístok
shares majetkový podiel; akcie; vlastnícke podiely
~ **above par** cena akcií vyššia ako nominálna hodnota
~ **at par** cena akcií rovnaká ako ich nominálna hodnota
~ **below par** cena akcií nižšia ako ich nominálna hodnota
~ **outstanding** akcie v obehu
sharing spoločné užívanie
~ **the market** podiel na trhu; rozdelenie trhu
shark repellent žraločí repelent (opatrenie firmy na odradenie inej firmy od snahy kúpiť jej akcie)
shark: to be a shark at st. vyznať sa v niečom; byť expertom na niečo
shave vyšší účet; dodatočná prémia; hov. uberať z ceny; znížiť
sheaf of notes zväzok bankoviek
sheared slang. ostrihaný (neúspešný obchodník)
shearing machine stroj na rezanie papiera
sheet arch papiera; list papiera; formulár
shekel šekel; oficiálna mena Izraela
shift zmena; otočenie; posunutie; posun; prenesenie; úskok; trik; náhrada; pomôcka; výmena; preradenie; presunúť; zameniť; striedať; prekladať (tovar); posúvať; odstrániť
~ **of economy** zmena ekonomiky
~ **premium** príplatok za prácu na smeny
~ **working** smennosť; práca na smeny
shiftexpenses presunuteľné rozpočtové výdavky
shifting posúvanie; preraďovanie; posúvací
~ **loan** presunutie pôžičky
~ **of profit** prevod zisku
~ **risk** riziko vyplývajúce z poistnej zmluvy
~ **tax** prevedenie daní
shilling šiling; menová jednotka Kene, Somálska, Tanzánie a Ugandy
shingle firemný štít; tabuľka s firmou; kovová vizitka
shinplaster malý peniaz; peniaze znehodnotené infláciou
ship loď; naloditˇ; nakladať na loď; poslať; dodať; lodný
~ **broker** lodný maklér; dohodca
shipments hrubý odbyt
shipped bill palubný konosament
~ **bill of lading (B/L)** palubný konosament
shipping charges dopravné výdavky
~ **cost** prepravná sadzba
~ **credit** reimburzný úver
~ **department** expedičné oddelenie; expedícia
shock loss šoková strata
shoddy aristocracy zbohatlíci
shoestring slang. malá čiastka peňazí; malý prevádzkový kapitál
~ **margin** úplne nedostatočné krytie
shooting of documents fotografovanie dokumentov
~ **schedule** denný plán
shop brit. obchod; dielňa; remeslo; pracovisko; nakupovať; ísť nakupovať; podnikový; obchodný; dielenský
~ **accounting** podnikové účtovníctvo
shopkeeper majiteľ obchodu
shopper nakupujúci
shopping centre obchodné centrum
~**-the Shop-System** systém obchodu v obchode (členenie sortimentu vo veľkých obchodných domoch)
shopwalker dozorca v obchodnom dome; informátor zákazníkov
short krátkodobý dlhopis; krátkodobá pôžička; skrátenie termínu dospelosti cenných papierov; uchovanie cenných papierov v redukovanom množstve; krátkodobý; obmedzený
~ **account** účet s nedostatočným vkladom
~ **and immediate term credit** krátkodobý a okamžitý úver
~ **balance** pasívna bilancia
~ **bill** krátkodobá zmenka
~ **bond** obligácia s dobou splatnosti pod dva roky
~**-change** vrátiť naspäť menej peňazí
~**-dated** krátkodobý
~ **dates** krátkodobé termíny
~ **division** skrátené delenie
~ **exchange** devízová zmenka splatná a vista (prípadne do 10 dní po videní)
~**-form mortgage clause** stručná hypotekárna doložka
~**-funded** nedostatočné zálohovanie
~ **hedging** zabezpečenie sa pred úrokovými, kurzovými a menovými rizikami opčným alebo termínovým obchodom

~ **loans money** krátkodobé pôžičky
~ **money** krátkodobé pôžičky
~ **of exchange** nedostatok valút
~ **of stock** burzový špekulant na pokles cien
~ **on stock** minimálna zásoba
~ **position** nekrytá pozícia; pozícia a la baisse; tesná pozícia (špekulácia na pokles kurzov)
~ **price** netto cena
~**-range planning** krátkodobé plánovanie
~ **rate** cena krátkodobej traty vydanej na inú krajinu; sadzba pre krátkodobé poistenie
~**-rate cancellation** krátkodobá sadzba
~ **run** jednorázové zamestnanie; krátke obdobie;
~**-run average cost** krátkodobé priemerné náklady; priemerné náklady za krátke obdobie
~**-run marginal cost** krátkodobé hraničné náklady; medzné náklady za krátke obdobie
~**-run total cost** krátkodobé celkové náklady; celkové náklady za krátke obdobie
~ **selling** baissový predaj
~ **side** „krátka strana trhu"; „medvede"
~ **stock** krátkodobé cenné papiere
~**-term assets** obežný majetok; obežné aktíva
~**-term bank funds** krátkodobé bankové peniaze
~ **term banking list** úverová tabuľka (baréma)
~ **term bond** krátkodobá obligácia
~**-term credit** krátkodobý úver
~**-term debt** krátkodobý dlh
~**-term fixed assets** krátkodobé fixné prostriedky
~**-term interest rate** krátkodobá úroková miera
~**-term investment** krátkodobá investícia
~**-term liabilities** krátkodobé pasívum; krátkodobé dlhy, záväzky
~**-term loan** krátkodobý úver; krátkodobá pôžička
~**-term realizable assets** krátkodobo realizovateľné aktíva
~**-term savings account** krátkodobý sporiteľný účet
~**-term securities** krátkodobé cenné papiere
~**-term tax exempts** cenné papiere štátu a miestnych orgánov s nezdaniteľnými výnosmi
shortage manko; schodok; úbytok; nedostatok; deficit; nekrytá čiastka na bežnom účte; nedostatkový
~ **economy** nedostatková ekonomika
~ **of goods** nedostatok tovaru
~ **of money** nedostatok peňazí
~ **of stock** manko
~ **over the norm** manko nad normu
~ **within the norm** manko do normy
shortfall neplnenie (plánu); schodok
shorthand stenografia; stenografický
shortness of cash schodok v pokladni
shorts krátkodobé obligácie
should-be data požadované dáta
shover osoba dávajúca do obehu falšované šeky (peniaze)
show prehliadka; výstava; vystavovať; dať najavo; ukázať; preukázať; osvedčiť; dostaviť sa; javiť sa
~ **a balance** vykazovať zostatok
~ **a deficit** vykázať manko; skončiť mankom
~ **a gain** stúpnuť (kurz akcií)
~ **a loss** vykazovať stratu
shrinking sales klesajúci (upadajúci) odbyt (predaj)
~ **stocks** ubúdajúce cenné papiere
shut-off rates ochranné sadzby
shutdown zastavenie výroby; zastavenie prevádzky; zavretie obchodu; legálne ukončenie systému
shuttled back and forth kolísať hore a dole (trh)
shy zdržanlivý (ceny)
sick benefit nemocenská dávka; nemocenské
~ **leave** zdravotná dovolenka; absencia spôsobená chorobou
~ **market** chorý trh
~ **pay** nemocenská dávka; nemocenské
sickness absence absencia spôsobená chorobou
~ **benefit** nemocenské
~ **compensation** nemocenské
~ **insurance** nemocenské poistenie
~ **pay** nemocenská dávka; nemocenské
side of account strana účtu
~ **of balance sheet** strana bilancie
~ **payments** vedľajšie platby
sideliner outsider
sight predloženie zmenky; predložiť (zmenku); dohľad
~ **a bill** akceptovať zmenku splatnú určitú dobu po videní
~ **bill** vista zmenka; zmenka splatná pri predložení
~ **bill at two months** zmenka na dva mesiace vista
~ **bill of exchange** zmenka na predloženie
~ **credit** akreditív na predloženie
~ **draft** vista zmenka; zmenka splatná na videnie; zmenka na videnie
~ **rate** vista kurz
sight: at sight pri predložení zmenky
~ **30 days after sight** 30 dní po predložení (zmenky)
sign firma; povoliť pôžičku; označenie; podpis; podpísať; parafovať

~ **on code** prihlasovací kód
~ **one's name** podpísať sa
~ **st. in blank** podpísať in bianco
signal signál; znamenie; telegram; telefonát; fonogram; signalizovať; dávať znamenie; signálny; signalizačný
signatory signatár; zmluvný; signatárny
~ **to the treaty** signatár zmluvy
signature book kniha podpisových vzorov
~ **card (Sig. Cd.)** podpisová karta
~ **illegible** podpis nečitateľný
~ **panel** podpisový ústrižok
~ **specimen** podpisový vzor
significance váha; významnosť; dôležitosť; význam
significant figure platná číslica
signification význam
signify one's wish to speak prihlásiť sa do diskusie
signing označenie znamienkom
signless bez znamienka
silent partnership tichá spoločnosť
silver certificates strieborné certifikáty
~ **dollar** strieborný dolár
~ **Jeff** štvrťdolár
~ **standard** strieborný štandard
~ **wing** slang. poldolár
simple bankruptcy nezavinený úpadok
~ **economy** jednoduchá ekonomika
~ **interest** jednoduchý úrok
~ **trust** jednoduchý zverený majetok
simplicity jednoduchosť; jasnosť; zrozumiteľnosť
simplification of accounting zjednodušenie účtovníctva
simplified accounts zjednodušené účty
~ **chart of accounts** zjednodušená účtová osnova
Simplified Employee Pension (SEP) zjednodušená zamestnanecká penzia
simply work regular hours normálna pracovná doba
simulate modelovať; simulovať; predstierať; napodobniť
simulated account sales fingovaný účet predaja; fiktívna (simulovaná) faktúra
simultaneous inflation and unemployment (inflump) simultánna inflácia a nezamestnanosť
~ **market** simultánny trh
simultation of operations súčasné realizovanie niekoľkých operácií; časové zladenie niekoľkých operácií
sin tax daň z hriechu (na tabakové výrobky, likéry, hazardné hry)
sine die bez určenia dátumu (lehoty); na neurčito
~ **qua non** nevyhnutný predpoklad
single dolárovka; jednotlivý; jediný; sám; prostý; jednoduchý
~ **appropriation** jednorázová dotácia
~ **bed** jednoposteľová izba
~ **capital structure company** spoločnosť s jednoduchou kapitálovou štruktúrou
~ **credit** obyčajný (neopakujúci sa) úver
~ **debit reporting** jednoduchá debetná správa
~ **debt** jednoduchý dlh
~ **document** jednotlivý doklad
~ **entry** jednoduché účtovníctvo
~**-entry bookkeeping** jednoduché účtovníctvo
Single European Act jednotný európsky akt
single-excise tax jednorazová spotrebná daň
~ **interest insurance** jednoduché poistenie úveru
~ **investor tax lease** metóda financovania, pri ktorej sa prevádzajú daňové výhody z užívateľa na vlastníka
~ **liability** obmedzené ručenie
~ **line wholesaler** špecializovaný veľkoobchodník (na obmedzený sortiment)
~**-lump-sum credit** jednorazovo splatný úver
~**-name account** účet na jedno meno
~**-name paper** úpis bez ďalších rubopisov
~ **option** jednoduchá opcia
~**-payment loan** jednorazová splatná pôžička
~**-person corporation** akciová spoločnosť jednotlivca; osobná spoločnosť
~**-ply paper** papier s jednou kópiou
~ **premium** jediná prémia
~ **price** jednotková cena
~ **quote** odsuvník; apostrof (')
~ **rate of pay** jediná mzdová sadzba
~ **room** jednoposteľová izba
~ **standard** monometalizmus
~ **tax** jednoduchá daň
~ **tax movement** hnutie za jedinú daň
sink money spreneveriť peniaze
sinking fund umorovací fond (istina)
~ **fund bond** obligácia umorovaná zo zvláštneho fondu
~ **fund depreciation** odpisy umorovacieho fondu
~ **fund payment** umorovacia splátka
~ **fund rate** miera umorovania
~ **fund requirements** nároky umorovacieho fondu
siphon off liquidity odčerpať likvidné prostriedky
site stanovisko; stavenisko; pracovisko; poloha; miesto; umiestnenie; rozmiestniť; priestorovo usporiadať
sitting zasadanie
situation postavenie; poloha; situácia; stav; miesto; zamestnanie
~ **of bookkeeping** stav účtovníctva

situations vacant voľné miesta (inzertná rubrika)
~ **wanted** prácu hľadajú (inzertná rubrika)
size formát; veľkosť; rozmer (písma); miera; objem; rozsah; dĺžka; stav; svetlosť; zoradiť podľa veľkosti; stanoviť kapacitu; dimenzovať; utvoriť si názor o niekom
~ **of policy** poistná čiastka; výška poistky
~ **of the market** rozsah trhu
sizing stanovenie kapacity; zmena veľkosti; odhad veľkosti
skilled kvalifikovaný; vyučený; zručný; skúsený; cvičený; odborný
skimming policy politika postupného znižovania cien
~ **prices** výnosné ceny; prínosné ceny
skimpy profit malý zisk; slabý zisk
skip zmiznutý dlžník
~ **account** účet so záporným saldom držiteľa karty, ktorého miesto pobytu nie je známe
~ **insurance** poistenie proti úniku
~**-payment privilege** úniková doložka
~ **payments** splátkový režim s pozastavením splátok, ktoré pokračujú neskôr
skunk slang. nezaplatiť dlh
skyrocketing prudké zvýšenie cien
~ **cost** prudko rastúce náklady
slack ochabnutie; časová rezerva; časová tolerancia; časová medzera; sklz; prípravné obdobie; nevyužitý; pomalý; prídavný; nekritický; viaznúci
slackness ochabnutosť trhu; stagnácia odbytu
slash pokles (cien); zraziť; radikálne znížiť
~ **a budget** znížiť rozpočet
slaughtered prices veľmi nízke (smiešne) ceny
sleeping partner tichý spoločník
slice úsek; segment; výrez (grafu; matice); interval; podiel na koristi; slang.
slid off pokles cien cenných papierov
slide kĺzanie; chyba v desatinnej čiarke
sliding budget kĺzavý rozpočet
~ **scale** kĺzavá stupnica; pohyblivá sadzba
slip maklérska ponuka na poistenie; mierne poklesnúť
slipping sklz cien
slot pozícia; sektor; blok; úsek; voľné miesto (v rade); časový úsek
~ **machine** automat na mince
slow asset pomalé aktívum
~ **loan** pomalá pôžička
sluggish market mdlý trh
slump krátkodobý pokles aktivity podniku alebo hospodárstva
~ **point** najnižší bod konjunktúry; kríza; stagnácia hospodárskej aktivity
slush fund dispozičný fond pre nekalé účely; slang. tajné fondy
smackers slang. doláre; prachy
small malý; drobný
~ **and short-term objects** drobné a krátkodobé predmety
~ **batch production** malosériová výroba
~ **bread** slang. troška peňazí; malá čiastka
~ **business** živnosť
Small Business Investment Company (SBIC) investičná spoločnosť pre malé podnikanie
small change drobné (peniaze)
~ **debt** zanedbateľný dlh
~ **loan** malá pôžička
~ **money** drobné (peniaze)
~ **paper money** drobné papierové peniaze
~ **potatoes** hŕstka peňazí; malá časť peňazí
~ **profits and quick returns** malý zisk (na jednotku); veľký obrat
~**-saver certificates** certifikáty malých vkladateľov
~ **scale privatization** malá privatizácia
~**-time** bezvýznamný
~ **wares** drobný tovar
smart umný; bystrý; obratný; prudký; ostrý; mazaný; inteligentný; programovateľný
~ **money** „bolestné"; zisk na úkor iných investorov
~ **price** poriadna (mastná) cena
smash „rana"; prudký pokles na trhu; panika na trhu
smooth deal vydarený obchod
smuggling pašovanie
SNA-UN národný účtovný systém OSN
snake currency hadia mena (mena prepojená systémom výmenných kurzov medzi 7 štátmi ES, prvá fáza vytvárania jednotnej meny Spoločného trhu)
~ **system** systém prepojenia mien systémom výmenných kurzov
snowballing „lavína"
So shilling menová jednotka Somálska
soaring prices rýchlo stúpajúce ceny
social accounting sociálna zodpovednosť
~ **accounts** národohospodárske účty
~ **benefit** sociálne dávky
~ **budget** sociálny rozpočet
~ **class** spoločenská trieda
~ **consumption fund** spoločenský spotrebný fond
~ **cost** spoločenské náklady
~ **cost of production** spoločenské výrobné náklady
~ **insurance** sociálne poistenie
~ **insurance benefits** dávky sociálneho poistenia
social/insurance/security benefits sociálne a nemocenské dávky
social-insurance tax príspevok na sociálne poistenie
~ **responsibility marketing** marketing so sociálnou zodpovednosťou

~ **safety net** sociálna záchytná sieť
~ **security** sociálne zabezpečenie
~ **security benefits** dôchodok sociálneho poistenia; dávky sociálneho poistenia; sociálne dávky
~ **security contribution** príspevok na sociálne zabezpečenie
~ **security coverage** sociálne poistenie
~ **security deductions** príspevky na sociálne poistenie
~ **security payment** platba sociálneho poistenia
~ **security scheme** sociálne zabezpečenie
~ **security taxes** príspevky na sociálne poistenie
~ **welfare economics** sociálno-reformná ekonomika; ekonomika sociálneho blahobytu
~ **welfare expenditure** sociálne náklady
~ **welfare fund** fond sociálneho zabezpečenia
socially necessary labour spoločensky nutná práca
Society for Worldwide Interbank Financial Telecommunications (SWIFT) SWIFT, Spoločnosť pre celosvetové bankové telekomunikačné spojenie
society of civil law spoločnosť občianskeho práva
socioeconomic spoločenskoekonomický
socioprofessional socioprofesionálny
sock slang. konto; čiastka peňazí
~ **away** ušetriť; usporiť
soft mierny; slabý; pomalý; nestály; občasný
~ **currency** mäkká (nekonvertibilná) mena
~ **landing** spomalenie ekonomiky
~ **loan** zvýhodnená pôžička
~ **market** mäkký trh
~ **money** mäkké (papierové) peniaze; hov. inflačné peniaze
~ **spot** náhly pokles cenných papierov
soil bank pôdna banka
sol menová jednotka Peru; hov. samotka
sola sólo (zahraničná zmenka vystavená v jedinom exemplári)
sold (sld.) predaný
~ **loan** odpredaná pôžička
~ **note** predajný odpočet
~ **out** vypredaný
~**-out market** vypredaný trh
sole heir univerzálny dedič
~ **owner** jediný vlastník
~ **proprietor** jediný; výhradný majiteľ
~ **trader** obchodník jednotlivec
solicit obťažovať; domáhať sa; ponúkať dodatočný úver
~ **insurance** získať poistenie
solicited offer vyžiadaná ponuka
solicitor právny poradca
solicitor's fee bill palmárny účet; účet právneho zástupcu
solidity likvidita (podniku); kompaktnosť; spoľahlivosť
solvability platobná spôsobilosť
solve the situation riešiť situáciu
solvency platobná schopnosť; solvencia; solventnosť
~ **ratios** ukazovatele platobnej a úverovej schopnosti
solvent schopný platenia; solventný
~ **debtor section** solventný dlžník
sorting of balances triedenie zostatkov
sought after žiadaný (na trhu)
sound platný; primeraný (cena); spoľahlivý; zdravý; zákonitý
~ **company** dobrá, zdravá firma
~ **the market** vyšetriť trh; preskúmať trh
source zdroj; prameň; pôvod; príčina; vstup; prvotný; zdrojový; východiskový
~ **document** prvotný doklad
~ **of funds** zdroj finančných prostriedkov
~ **of income** zdroj príjmov
~ **of saving** zdroj úspor
~ **of shifts analysis** analýza zdrojov zmien
~ **of supply** nákupný zdroj
sovereign risk optimálne riziko
space lehota; doba; voľný stĺpec; rozmiestniť; rozložiť
~ **contract** zmluva o nájme inzertnej plochy
~ **discount** zľava u väčších inzerátov
~ **economy** priestorová ekonomika
~ **layout** priestorové usporiadanie
~ **planning** priestorové plánovanie
~ **reservation** rezervovanie miest
~**-saving** úsporný
~ **shortage** nedostatok miesta
space: in the space of a year v období jedného roka
spare capacity voľná kapacita
~ **from st.** ušetriť z niečoho
special zvláštny; neobyčajný; špeciálny; odborný; výborný; ostatný; prídavný
~ **account** zvláštny účet; konto separato
~ **assessment** zvláštne dávky; poplatok z prírastku hodnoty pozemku
~ **assessment bond** obligácia podložená výnosom špeciálnych odhadov
~ **assessment fund** fond zvláštnych dávok
~ **assessment liens** zvláštne daňové bremeno
~ **assessment roll** zoznam zvláštnych dávok
~ **assistance bond** obligácia podložená výnosom z dávok majetkov
~ **bank credit plans** zvláštne bankové úverové programy
~ **banks** špeciálne banky

~ **bargain** príležitostná kúpa
~ **bid** zvláštna ponuka
~ **budget** doplnkový rozpočet
~ **charges** zvláštne výdavky
~ **delivery fee** poplatok za skoré dodanie
~ **deposit** zvláštny účet
~ **district bond** obligácia zvláštneho obvodu
~ **dividend** superdividenda; zvláštna dividenda
Special Drawing Rights (SDR) zvláštne práva čerpania (umelá účtovná jednotka používaná medzi MMF a členskými krajinami)
special endorsement zvláštna indosácia; zvláštny (vyplnený) rubopis
~ **fund** fond na zvláštne účely
~ **indorsement** úplný rubopis
~ **interest account** zvláštne úročený účet
~ **issue** zvláštna emisia; zvláštne vydanie
~ **lien bond** obligácia so špeciálnym retenčným právom
~ **limited partnership** komanditná spoločnosť
~ **loan** zvláštny úver
~ **member** špeciálny člen (burzy)
~ **partner** spoločník s obmedzeným ručením; komanditista; zvláštny partner
~ **partnership** komanditná spoločnosť
~ **passport** služobný pas
~ **power of attorney** zvláštna plná moc
~ **price** zvláštna cena
~**-purpose enterprise fund** účelový fond
~**-purpose funds** jednoúčelové fondy
~ **reduction** zvláštna zľava
~ **reserve** zvláštny fond
~ **security** zvláštny cenný papier
~ **settlement** zvláštne usporiadanie (na burze)
~ **supervisory examination** zvláštna dozorná kontrola
~ **tariff** výnimočná tarifa; zvláštna sadzba
~ **tax bond** špeciálny daňový úpis
~ **tax on profits** zvláštna zárobková daň
~ **treasury accounts** špeciálne účty štátneho rozpočtu
speciality goods špeciálny (značkový) tovar
specialization špecializácia; odbor
specialized capital good jednoúčelové základné prostriedky
~ **fund** špecializovaný fond
~ **management trust** špecializovaná investičná spoločnosť
specialty fund špecializovaný fond
~ **stock** špecializovaný cenný papier
specie kovové peniaze
~ **payment** platba v kovových peniazoch
~ **point** bod zlata (pre výhodný vývoz alebo dovoz zlata)
species insurance poistenie cenností
species: in specie za hotové
specific zvláštny; charakteristický; špecifický; presný; presne stanovený; definitívny; absolútny; výslovný; špecifikovaný; singulárny; zvláštny
~ **commodity sales tax** spotrebná daň pre určitú komoditu
~ **cost** merné náklady; jednicové náklady; jednotkové náklady
~ **deposit** účelové depozitum
~ **duty** zvláštne clo
~ **financing** účelové financovanie
~ **issue market** špecifický emisný trh
~ **loan** účelový úver
~ **performance** presné splnenie
~ **rate of duty** špecifická colná sadzba
~ **subsidy** merná dotácia
~ **tariff** merná tarifa; zvláštna tarifa
~ **tax** merná daň; daň z jednotky množstva
specification normy; technické podmienky; výkaz
~ **card slip** rozpiska
specimen vzorka; vzor; ukážka tovaru; príklad; preparát; exemplár; vzorový
~ **letter** vzor listu
~ **signature** podpisový vzor
specimens vzory (platidiel)
speculate for a fall špekulovať na pokles
~ **for a rise** špekulovať na vzostup
~ **in shares** špekulovať s akciami
~ **in wildcat** pochybne špekulovať
speculation for rise and fall špekulácia na vzostup a pokles (kurzov)
~ **in differences** diferenčné obchody
~ **in foreign exchange** špekulácie s devízami
~ **in real estate** špekulácia s nehnuteľnosťami
~ **in stocks** špekulácia s akciami (cennými papiermi)
speculation: bear speculation špekulácia na pokles cien
~ **bull speculation** špekulácia na vzostup cien
speculative demand for money špekulatívny dopyt po peniazoch
~ **market** špekulatívny trh
~ **securities** špekulatívne cenné papiere
speculator špekulant
speech hovor; jazyk; reč; prejav; hovorový
speed up processing urýchliť agendu
~ **up production** zvýšiť výrobu
speedup factor činiteľ zrýchlenia
spend vydať peniaze; minúť; vyčerpať; spotrebovať
spendable earnings zisk na útratu
spending útrata; výdavky
~ **line** výdavková priamka (krivka)
~ **money** vreckové
~ **money of households** vydávanie peňazí (za nákupy tovaru, domácnosť)

~ **tax** spotrebná daň
spendthrift provision doložka v dohodách o zverenom majetku
sphere of business oblasť (sféra) podnikania
spider network centralizovaná (hviezdicová) sieť
spilling stock zbavovanie sa cenných papierov v núdzi; hromadný predaj cenných papierov
spillover trust typ poručníckeho majetku
spin-off vedľajší produkt; osamostatnenie určitého oddelenia spoločnosti; vyčlenenie (sesterskej spoločnosti z materského podniku)
spiral of prices cenová špirála
spirit duplicator stroj pre snímaciu tlač; liehový rozmnožovač
~ **of enterprise** podnikateľský duch
~ **tax** daň z liehu
spiritual assets nehmotné aktíva
split delenie akcií; rozdeliť; delený
~ **batch** delená dávka
~ **capital** rozdelený kapitál
~ **commission** delená provízia
~ **deposit** delený vklad
~ **down** zníženie akcií v obehu
~ **funding** delené financovanie
~ **income** rozdeliť dôchodok
~ **investment company** delená investičná spoločnosť
~ **of a company** rozštiepenie (rozkol) spoločnosti
~ **order** veľká časť rozdelená na menšie časti, ktoré sa potom postupne predávajú
~ **rate** nižšia sadzba dane na zisky spoločnosti, rozdeľované ako dividendy
~**-rate account** účet s deleným úrokom
~**-schedule loan** delená pôžička
~ **stock** delené akcie
~ **the difference** rozdeliť sporný rozdiel v cene
~**-up** zvýšenie akcií v obehu
splurge utrácanie; rozhadzovať peniaze
sponsor sponzor; gestor; ručiteľ; podporovať; finančne prispieť; sponzorovať
sponsored nonrecourse plan úver bez práva postihu
sporadic ojedinelý; sporadický
spot bod; miesto; promptný; momentálne splatný; na okamžité dodanie
~ **against forward** promptný obchod proti termínovanému obchodu
~ **basis** splnenie devízového obchodu
~ **business** obchod za hotové (splatnosť pri dodaní)
~ **carbon** formulár s čiastočnou uhlovou vrstvou
~ **cash** platenie v hotovosti
~ **exchange rate** okamžitý výmenný kurz
~ **exchange transaction** okamžitá valutová transakcia
~ **goods** pohotový tovar; okamžitý trh
~ **market** promptný (pohotový) trh
spot/next nákup meny v pondelok pre štvrtkové zúčtovanie
spot price okamžitá cena; loko cena; promptný kurz
~ **sale** predaj za hotové
~ **trading** obchodovanie za hotové
~ **transactions** spotové (promptné) operácie
spot/week nákup meny v dodávke týždeň po zúčtovaní
spotted market prešľapujúci trh
spread marža; prirážka; dve ceny; rozpätie; dve rozdielne opcie; dvojitý prémiový opčný obchod; diferencia (medzi úrokovými sadzbami alebo medzi nákupnou a predajnou cenou); súčasná kúpa a predaj rovnakého počtu opcií s odlišnou cenou alebo dátumom
spreadsheet účtovná osnova; účtovný rozvrh
springing lien záruka pre prípad oneskorenia
sprinkling trust roztrúsený poručnícky majetok
spur development podnecovať rozvoj
spurt prudké zvýšenie
square vyrovnaný; vyvážená pozícia v cudzích menách, cenných papieroch alebo tovare; miera; druhá mocnina; uviesť do súladu; hov. podplatiť; poctivý; riadny; solídny; presný; primeraný;; vhodný; priamy
~ **accounts with sb.** vybaviť si účty s niekým
~ **with creditors** vyrovnať sa s veriteľmi
squeeze nepríjemná finančná situácia; obdobie na peňažnom trhu, keď napr. vysoká úroková miera vedie k obmedzovaniu pôžičiek; ekonomický nátlak; stlačiť zárobky
~ **on importers** nátlak na dovozcu
~ **prices** stláčať ceny
stabilization fund stabilizačný fond
~ **of money** stabilizácia meny
stabilizing bid stabilizačná ponuka
stable currency pevná mena
~ **market** stabilný trh
~ **money** stabilné peniaze
~ **price** stabilná cena
stack hromada; zásobník; sada; skupina; rad; odkladať (doklady)
~ **up** robiť zásoby; objaviť sa; zhromaždiť sa; vyzerať v porovnaní; prejaviť sa; ukázať sa
staff personál; pracovníci; zamestnanci; pracovný kolektív; obsadiť; vybaviť personálom; administratívny; organizačný; personálny

~ **cost** mzdové náklady
~ **manager** personálny riaditeľ
~ **meeting** porada
~ **shares** zamestnanecké akcie (podiely)
staff: to be on the staff of the firm byť zamestnancom firmy
staffing priradenie ľudí na prácu; rozdelenie pracovných funkcií (v organizačnej štruktúre); kádrové zabezpečenie; nábor pracovníkov; kádrová politika
stag špekulant (odberateľ viacerých akcií na rôznych miestach); upísať akcie, aby sa rýchlo predali
stage úsek; štádium; stav; stupeň; etapa
stage: at this stage v tomto období; v tejto etape
stages of appeal inštančný postup; inštančná cesta
stages: in stages postupne
stagflation stagflácia (stagnácia a inflácia ekonomiky)
staggered wage-setting dates nezhodujúce sa termíny stanovenia miezd
stagnation stagnácia; viaznutie
stake uloženie veci či peňazí u tretej osoby s podmienkou, že budú vydané za určitého predpokladu; úspory; zaopatriť; založiť pôžičkou
stakeholder depozitár peňazí; ten, u koho sú uložené peniaze
stale starý; zastaralý; uplynutý
~ **cheque** uplynutý (premlčaný) šek
~ **debt** starý (zastaralý) dlh
stamp kolok; poštová známka; pečať; razidlo; ciacha; raziť mince; kolkovať; frankovať; označiť; ciachovať
~ **date** dátumová pečiatka
~ **duty** brit. kolkovné
~ **feature** pečiatkovač
~ **for coding** pečiatka pre účtovací predpis
~ **for posting** pečiatka pre účtovací predpis
~ **tax** kolkovné
stamped bond kolkovaná obligácia
~ **notes** kolkované peniaze
~ **security** opečiatkovaný cenný papier
~ **stationery** poštovná cenina
stamping fee kolkovné
stand a person surety byť niekomu ručiteľom
~ **all hazards** pustiť sa do všetkých rizík
~ **aside** stáť bokom; nezúčastniť sa
~ **bail for sb.** zaručiť sa za niekoho (na súde); zložiť kauciu za niekoho
~ **by** asistovať; byť pripravený; byť v pohotovosti
~**-by arrangement** druh úverových dohôd
~**-by cost** pevné (nepružné) náklady
~**-by loan** pohotovostná pôžička
~ **fair** dariť sa; mať úspech
~**-in** náhradník; protekcia; odbremenenie
~ **in for sb.** robiť náhradníka niekomu
~ **in line** stáť v rade
~ **in need of st.** potrebovať niečo
~ **in the way** stáť v ceste
~ **sponsor** byť sponzorom
standard vzor; štandard; typ; norma; pravidlo; úroveň; kritérium; štandardný; typový; smerodajný; štandardizovaný
~ **beneficiary** štandardný príjemca dávok
~ **bullion** štandardný prút
~ **burden rate** normálna režijná sadzba
~ **charge** normálny poplatok
~ **conditions** normálne podmienky
~ **cost** normované (štandardné) náklady; zúčtované náklady
~ **cost system** prevádzkové účtovníctvo so štandardnými cenami
~ **dollar** štandardný dolár
~ **money** štandardné peniaze
~ **of life** životná úroveň
~ **of living** životná úroveň
~ **of material expenditure** norma spotreby materiálu
~ **of material price** zúčtovacia cena materiálu
~ **of natural wastage** norma prirodzeného úbytku
~ **of prices** úroveň cien
~ **of wages** úroveň miezd; mzdová úroveň
~ **price** zúčtovacia cena
~ **rate** jednotný kurz; základná daňová sadzba
~ **stocks** štandardné cenné papiere
standard: above standard nadpriemerný
~ **below standard** podpriemerný
~ **to be up to standard** mať predpísanú (očakávanú) úroveň; spĺňať požiadavky
standardization normalizácia; štandardizácia
standardized accounting jednotné účtovníctvo
standby pohotovosť (stav zariadenia); prísľub (peňažného ústavu pri potrebe úveru); náhradný; rezervný
~ **cost** pevné náklady; fixné náklady
~ **credit** záložný úver; dispozičný podmienený úver (čerpateľný pri dodržaní vymedzených podmienok)
~ **letter of credit** záložný akreditív
~ **operation** pohotovostná prevádzka
standing authorization trvalé oprávnenie
~ **committee** stály výbor; stála komisia
~ **mortgage** trvalá hypotéka
~ **of a firm** postavenie (bonita) firmy
~ **order** bežná (stála) objednávka; trvalý príkaz
standoff nerozhodný výsledok; rovnováha
standstill agreement stabilizačná dohoda
staple hlavný tovar určitej krajiny; bežný skladový tovar; hlavné plodiny
~ **articles** skladný tovar

~ **exports** hlavné druhy vývozného tovaru
star notes hviezdne bankovky; náhradné bankovky
starred card am. úverová karta s hviezdičkami
start začiatok; štart; rozbeh; uvedenie do chodu; zahájenie; spustenie; počiatočný uzol; východiskový bod; začať; odštartovať; uvádzať do chodu; spustiť; dať podnet; odštartovať; počiatočný; spúšťací; východiskový
~ **a batch** otvorenie dávky
~ **a business** založiť obchod
~ **of interest entitlement** právo na užívanie
~**-up** založenie nového podniku; zavedenie do výroby; odštartovanie; spustenie; inicializácia; spúšťací; nábehový
~**-up cost** nábehové náklady; náklady na rozbeh výroby
starting balance počiatočné saldo
~ **balance sheet** počiatočná súvaha
~ **cost** nábehové náklady; náklady na rozbeh výroby
~ **price** vyvolávacia cena
starvation wages nízke (hladné) mzdy
state-aided štátom podporovaný; subvencovaný
~ **bank** štátna banka
~ **bank notes** štátne bankovky
~ **bond** štátna obligácia
~ **budget** štátny rozpočet
~ **controlled corporation** akciová spoločnosť s väčšinovou účasťou štátu
~ **deliveries** štátne dodávky
~ **grants** štátna dotácia
~ **life insurance** štátne osobné poistenie
~ **note** štátovka
~ **of account** výpis z účtu; stav účtu
~ **of business** obchodná situácia
~**-owned** štátny
~**-owned company** štátny podnik
~ **ownership** štátne vlastníctvo
State property insurance štátne majetkové poistenie
~ **social insurance** štátne sociálne poistenie
state subsides štátne dotácie
~ **supervision** štátna kontrola
~ **tax** štátna daň
~ **the prices** oznámiť ceny
stated capital deklarovaný kapitál
~ **salary** pevný (stály) plat
stated: as stated above ako je uvedené vyššie
statement odpočet; správa; výkaz; výrok; formulácia; zostava; inštrukcia
~ **account** výpis z účtu
~ **analysis** rozbor bilancie (finančného výkazu)
~ **balance** bilančný výkaz
~ **of account** výpis z účtu
~ **of accounts** stav účtov
~ **of assets and liabilities** bilancia; bilančný výkaz; účtový výkaz
~ **of cash flows** výkaz hotovostných tokov (s obsahom hotovostných príjmov a výdavkov)
~ **of changes in owner's equity** výkaz zmien vlastného majetku
~ **of charges** výkaz výdavkov
~ **of cost** výkaz nákladov; výkaz o nákladoch
~ **of deposit** vyúčtovanie zálohy
~ **of finances** finančný výkaz; účtová uzávierka
~ **of financial position** výkaz o finančnom stave; finančný výkaz
~ **of income** výkaz príjmov; výsledovka; účet zisku a strát
~ **of interest** úroková stupnica
~ **of loan** úverové podmienky
~ **of natural flows of funds** tabuľka finančných operácií
~ **of objectives** formulácia cieľov
~ **of operations** výkaz operácií
~ **of remuneration** mzdový list
~ **of retained earnings** výkaz o nerozdelenom zisku
~ **of taxable income** daňové priznanie
~ **of the bank** hlásenie banky; výpis z účtu
~ **of value** uvedenie ceny
~ **of working capital** výkaz prevádzkového kapitálu
~ **savings account** sporiteľný účet
statement: according to statement podľa oznámenia
~ **as per statement** na základe oznámenia
statements of account účtovné výkazy
statewide banking celoštátny bankový systém
static budget fixný rozpočet
~ **economy** statická ekonomika
station stanica; stanovisko; miesto; pracovisko; pôsobisko; terminál; ubytovať; umiestniť; rozmiestniť
stationary stály; stacionárny; konštantný; pevný; nepohyblivý; stojatý
stationery postal cenina
statism etatizmus
statistical accounting štatistické účtovníctvo
~ **due** štatistický poplatok
~ **fee** štatistický poplatok
Statistical Office štatistický úrad
statistical returns system výkazníctvo
~ **statement** štatistický výkaz
~ **survey** štatistické zisťovanie (prehľad)
~ **treatment** štatistické spracovanie
status postavenie; stav; spoločenské postavenie; právne postavenie; dobrá povesť;

štatút; stav zariadenia; kód vyjadrujúci stav; stavový
~ **analysis** analýza stavov
~ **ranking of industries** odvetvová klasifikácia
~ **report** stavová správa
statused account „stavový účet"
statute of limitation zákonná lehota
statuted-barred debt premlčaná pohľadávka
statutory fee štatutárny poplatok
~ **funds** štatutárne fondy
~ **investment** štatutárna investícia
~ **warranty deed** štatutárna záručná listina
stay of proceedings odklad; prerušenie konania
steady error trvalá chyba
~-**state economy** ekonómia stáleho stavu
steels oceliarske akcie
steep fall prudký pokles (cien)
steered economy riadené hospodárstvo
steering command riadiaci príkaz
~ **committee** riadiaci výbor; kontrolný výbor
step krok; inštrukcia; stupňovito usporiadať; vyrovnávať; postúpiť; prírastkový; skokový
~-**by-step approach** postupné riešenie
~ **payments** leasingové splátky, ktoré stúpajú alebo klesajú
~ **rate** stupňovitá sadzba
~ **stress test** stupňový test
~ **up production** zvýšiť výrobu
stepped cost stupňované náklady
stepwise regression schodkovitá regresia
sterilize sterilizovať; zbaviť možnosti ovplyvniť trh cenných papierov
sterilizing gold sterilizácia zlata; nevyužité zlaté zásoby
sterling šterling (mena Veľkej Británie)
~ **balances** šterlingové bilancie
~ **bond** dlhopis cudzej krajiny (splatný v librách šterlingov)
~ **credit** šterlingový akreditív
~ **exchange** šterlingová zmenka (šek)
~ **invoice** účet vystavený v anglických librách
stick out for the highest price trvať na najvyššej cene
sticky prices strnulé ceny
~ **wages** strnulé mzdy
stiff price vysoká cena
stiffening trend zmrazovacia tendencia (na trhu)
stimulate a demand podporovať dopyt
stimulating fund pobádací, stimulujúci fond
stipend plat; mzda
stipulate zmluvne dohodnúť; stanoviť; zjednať; dohodnúť; dohovoriť; uviesť
stipulated loss value tabuľka leasingových splátok
stochastic process náhodný proces; stochastický proces
stock sklad; inventár; materiál na sklade; kapitál; vklad; istina; základný majetok; akcia; akciový kapitál; cenný papier; skladovať; zásobiť sa
~ **account** skladový účet; skladová účtovná kniha; zoznam tovaru v sklade
~ **accounting** skladové účtovníctvo
~ **allotment** pridelené akcie
~ **and bonds** cenné papiere
~ **assessment** dávka z akcií
~ **association** akciové združenie
~ **bin** zásobník
~-**bonus trust** poručníctvo s grátis akciami
~ **book** skladová účtovná kniha
~ **borrowed** vypožičané akcie
~-**broker** senzál; maklér
~ **capital** akciový kapitál; základný akciový kapitál
~ **card** skladová karta; skladový dierny štítok
~ **certificate** akciový certifikát; akcie znejúce na meno
~ **certificate book** kniha nevyplnených akciových certifikátov
~ **clearing agency** clearingové centrum
~ **company** akciová spoločnosť
~ **control** inventarizácia hospodárskych prostriedkov
~ **corporation** akciová spoločnosť
~ **discount** akciový eskont
~ **discrepancies** skladové nezrovnalosti
~ **dividend** dividenda v akciách; akciová dividenda
~ **dormant** zle predajný tovar; ležiak
~ **exchange** burza cenných papierov
~-**exchange assets** burzové aktíva
~ **exchange council** burzový dozor
~-**exchange gambling** burzové špekulácie
~-**exchange regulations** burzový poriadok
~ **exchange seat** miesto na burze
~-**exchange value** burzová cena
~ **goods** tovar na sklade
~ **holder** akcionár
~ **holding** skladové hospodárstvo; evidencia zásob
~ **in cash** pokladničná hotovosť
~ **in hand** dostupné zásoby
~-**in-trade** zariadenie; prevádzkový kapitál; vlastnené akcie; celková zásoba tovaru v obchode; prevádzkový inventár; bežný
~ **increase** rast zásob
Stock Index index cien cenných papierov
stock insurance company akciová poisťovacia spoločnosť
~ **investments** obežné prostriedky
~ **jobber** špekulant s akciami (na burze);

~ **keeping** vedenie skladu
~ **limit** norma zásob
~ **list** burzový (kurzový) lístok
~ **market** burza cenných papierov; trh cenných papierov
~ **market crash** krach na burze cenných papierov
~-**market craze** nerozvážny burzový vzostup
~ **market listings** burzové správy (tabuľky)
~ **option** právo kúpiť (predať) určité akcie; ponuka akcií spoločnosti svojim zamestnancom; akciová opcia; opčný plán účastín
~ **option contract** akciová opčná zmluva
~ **out** výdaj tovaru (zo skladu)
~ **picking** spôsob postupu pri výbere akcií
~ **power** plná moc na prevod akcií
~ **pricing** tvorba cien akcií
~ **purchase plan** fond nákupu akcií
~ **purchase trust** poverenie na nákup akcií
~ **quotation** kótovanie akcie; cena akcie
~ **quotation instrument** diaľnopisné zariadenie informujúce o počte obratov na burze
~ **receipt** príjem tovaru; potvrdenka o prevode akcií
~ **reconciliation** pohyb zásob
~ **record accounting** skladové účtovníctvo
~ **records** skladová evidencia; evidencia zásob; skladové účtovníctvo
~ **registrar** registrátor; matrikár
~ **release** výdaj tovaru
~ **report** výkaz skladu
~ **reporting** výkazy o zásobách
~ **repurchase agreement** zmluva o odkúpení akcií
~ **right** upisovacie právo; akciové právo
~ **savings bank** akciová sporiteľňa
~ **split** delenie akcií
~ **split-down** zníženie akcií v obehu
~ **subscription** upisovanie akcií
~ **taking** inventúra
~ **transfer** prevod akcií
~-**transfer agent** agent prevádzajúci akcie
~ **transfer book** kniha záznamov o prevodoch akcií
~-**transfer tax** daň z prevodu akcií
~ **trust certificate** akciový certifikát
~ **turnover** obrat zásob
~ **warrant** záručný list; poukážka na akcie
~ **yield** výnos z akcie
stock: in stock na sklade
~ **out of stock** nemať na sklade
~ **to have in stock** mať na sklade
stockbroker burzový maklér; dohodca; sprostredkovateľ na burze; komisionár
stockbrokerage obchod s akciami; maklérsky poplatok
stockholder akcionár; majiteľ cenných papierov; držiteľ akcií
~ **of record** registrovaný akcionár
stockholder's equity vlastný majetok akcionárov; akciový kapitál
~ **ledger** akcionárska účtovná kniha
stockholders annual report výročná správa pre akcionárov
stocking inventúra
stockjobber špekulant s akciami (na burze); burzový senzál; maklér
stockpile železná zásoba; uskladniť; hromadiť zásoby
stockpiling of profits hromadenie ziskov
stocks zásoby; cenné papiere; akcie
~ **and bonds** cenné papiere
stocktaking inventúra; inventarizácia
stoking premium prémia za úsporu paliva
stone broke na mizine
stop príkaz, aby šek nebol preplatený; najnižšia sadzba; najnižšia sadzba, ktorú centrálna banka účtuje dealerom
~-**gap aid** porovnávací príplatok
~ **loss** zastavenie strát; príkaz brokerovi zahájiť predaj cenného papiera, ak jeho cena klesne na stanovenú hranicu alebo pod ňu, prípadne ukončiť nákup cenného papiera ak cena dosiahne stanovenú hranicu alebo stúpne nad ňu
~ **loss order** príkaz na predaj cenných papierov pri dosiahnutí určitého kurzu
~ **order** stop príkaz; príkaz na zastavenie výplaty (šeku)
~-**out price** minimálna cena
~ **payment** príkaz na zastavenie platieb
~ **price** stop-cena
stoppage loss strata z prestojov
stopped at st. stopnutá cena na niečom
~ **cheque** odvolaný (zrušený) šek
~ **investment** zastavená investícia
storage sklad; skladné; skladovanie; uskladnenie
~ **building** skladisko; skladisková budova
~ **carryover** pohyb zásob
~ **charges** poplatky za uskladnenie
~ **ground** skladovacia plocha
~ **life** skladovateľnosť; doba skladovania
~ **room** skladovacia miestnosť; skladisko
store sklad; obchod; akumulovať; zásobiť; uskladniť; uložiť do pamäti
~ **accounting** skladové účtovníctvo
~ **charge** skladné
~ **demonstration** am. predvádzanie tovaru v obchode
~ **on wheels** pojazdná predajňa
~ **plan** plán vnútornej úpravy a zariadenia obchodu
~ **receipt voucher** príjemka materiálu
store: ex store zo skladu
~ **in store** na sklade
stores accounting skladové účtovníctvo

~ **accounts** účty zásob
~ **bill** zásobovací list; povolenie spätného dovozu vyvážaného tovaru bez cla
straddle šteláž; kombinovanie predajnej a nákupnej opcie za rovnakú základnú cenu (kupujúci môže požadovať počas trvania kontraktu jeden raz odber a jeden raz dodanie cenných papierov za pevne stanovený kurz); štelážový obchod
straight čistá obligácia
~ **amortization plan** metóda priameho odpisovania
~ **bankruptcy** priamy bankrot
~ **bill of lading (B/L)** konosament na meno; priamy nákladný list
~ **bond** normálna obligácia; pevne úročiteľný dlhopis s pevným úrokom
~ **credit** priamy úver
~ **investment** priama investícia
~ **letter of credit** priamy akreditív
~**-line interest** priamy úrok
~ **loan** priama pôžička
~ **mortgage** priama hypotéka
~ **serial bond** priama periodická obligácia
~**-term mortgage loan** koncová hypotéková pôžička
~**-term plan** metóda priameho umorovania
strangle štelážový obchod, v ktorom sa súčasne kupuje (predáva) nákupná alebo predajná opcia, avšak za odlišnú dojednanú cenu pri CALL OPTION a za inú pri PUT OPTION
strap akciová opčná zmluva (strap), skladá sa z dvoch práv nákupu (call) a jedného práva predaja (put)
strategic business unit samostatná zisková organizačná jednotka; samostatne hospodáriaca jednotka
straw fiktívny; nepravý
~ **bid** nepravá ponuka
~ **man** bábka; osoba nakupujúca majetok pre niekoho iného
street broker pouličný maklér (mimoburzový)
~ **certificate** prevoditeľný certifikát
~ **market** pouličný trh
~ **name** akciový certifikát na meno makléra (nie je jeho majetkom)
~ **orders** mimoburzové príkazy
~ **price** mimoburzová cena
strength: on the strength of the contract na základe zmluvy
stress dôraz; tlak; zdôrazniť
stretch a credit prekročiť úver
stretching the payables preťahovať splatnosť
strike čiara; raziť (mince); čiarkať; štrajk; štrajkovať
~ **a balance** zostaviť bilanciu; zhodnotiť výsledok
~ **a bargain** urobiť dobrý obchod
~ **from the list** vyčiarknutie zo zoznamu
~ **fund** štrajkový fond
~ **out** vymazať; vyčiarknuť
~ **out inapplicable phrases** nehodiace sa vyčiarknite
~ **price** realizačná cena na burze u opcií
~ **up a bargain** uzavrieť obchod; slang. ťapnúť si
string of coconuts obzvlášť veľký počet bankoviek; slang. balík peňazí
stringency nedostatok peňazí na trhu
stringent market trh charakterizovaný nedostatkom peňazí
strip zložitá technika opcie; akciová opčná zmluva (strip)
~ **bond** obligácia s pruhom kupónov
stripped bond obligácia s nulovým kupónom
striving for profit honba za ziskom
strong market čulý trh; trh predávajúceho
~ **stock** pevné akcie
structural budget štruktúrovaný rozpočet
~ **policy** štruktúrna politika
~ **surplus** štruktúrovaný prebytok
~ **trade deficit** štruktúrovaný obchodný deficit
structure zloženie; štruktúra; systém; vnútorné usporiadanie; členiť
~ **of accounts** štruktúra účtov
~ **of cost** štruktúra nákladov
stub kupón; kontrolná časť šekov; testovací kód; blok (stĺpca)
stuck (with) „pichnúť sa"; slang. kúpiť nekvalitný; bezcenný alebo predražený tovar
Student Loan Marketing Association Marketingová asociácia študentských pôžičiek
sub-account podúčet
~**-balance accounts** podsúvaha
~**-branch** expozitúra
subaccount podúčet
subbudget čiastkový rozpočet
subcompany am. dcérska spoločnosť
subcontract čiastková zmluva; doplnok k zmluve; zadať čiastkovú zmluvu
subdelivery subdodávka
subject bid subjektívna ponuka
~ **of charge** subjekt zdanenia
~ **premium** predmetná prémia
~ **to** s ohľadom na (v auditorskej správe); podliehajúci niečomu
~ **to collection** v prípade inkasa
~ **to count** vyžaduje prepočítanie
~ **to prior sale** s výhradou medzipredaja
~ **to redemption** podliehajúci umoreniu; s právom umorenia
~ **to sale** pokiaľ nedošlo k predaju
~ **to tax** podliehajúci dani
~ **to taxation** zdaniteľný
~ **to verification** podliehajúci kontrole

subject: on the subject of st. týkajúci sa niečoho
sublease podnájom
subminimum wages subminimálne mzdy
submission ponuka; predloženie; kompromis; zmier; zadanie
submit an offer predložiť ponuku
~ **for audit purposes** predložiť na revíziu
~ **for sale** dať do predaja
~ **for signature** predložiť na podpis
~ **wage demands** klásť mzdové požiadavky
submultiple desatinný podiel; zlomok
subordinate podriadený pracovník; podriadiť; podriadený; vedľajší
subordinated debenture podriadený dlhopis
~ **exchangeable variable-rate note** podriadená zmenka s výberovou variabilnou úrokovou mierou
~ **interest** podriadený nárok
~ **securities** podriadené cenné papiere
subrogate prevziať práva veriteľa zaplatením jeho pohľadávky; nahradiť; substituovať; realizovať subrogáciu
subrogation zámena veriteľov; postup regresívnych práv; subrogácia
subscribe predplatiť; upisovať; upísať podiely
subscribed capital upísaný kapitál
~ **capital stock** upísaný základný kapitál
subscriber abonent; predplatiteľ; upisovateľ; účastník
subscribing witness svedok potvrdzujúci podpisom
subscription predplatné; upisovanie (akcií, pôžičky)
~ **cash record** protokol o upisovacích platbách
~ **fee** predplatné
~ **for a joint-stock venture** upisovanie akcií
~ **of bonds** upisovanie obligácií; upisovanie akcií
~ **of shares** upisovanie akcií
~ **policy** kolektívna (hromadná) poistka
~ **price** emisná cena
~ **rate** predplatné
~ **rights** upisovacie práva
~ **warrant** subskripčný záručný list
subscriptions receivable splatné subskripcie
subserve plniť (úlohu); podporovať
subside klesať; opadať; ukľudniť sa
subsidiary filiálka; dcérska spoločnosť
~ **account** analytický účet; pomocný účet
Subsidiary Account Number (SAN) číslo pomocného účtu
subsidiary coins pomocné mince
~ **company** dcérska spoločnosť; pridružená firma
~ **economy** pomocné hospodárstvo
~ **income** vedľajší príjem
~ **ledger** pomocná účtovná kniha
subsidization podporovanie; subvencovanie
subsidy dotácia; subvencia; podpora; prídel; štátna podpora; výpomoc; príspevok; prémia
~ **fund** podporný fond
subsistence živobytie; existencia; trvanie
~ **allowance** výživné
~ **cost** životné náklady
~ **level** existenčné minimum
~ **money** záloha na plat
~ **theory of wages** subsistenčná teória miezd
~ **wages** existenčné mzdy
substance majetok; prostriedky
substandard life insurance životné poistenie proti zvýšeným životným rizikám
substantive hmotný
substitute náhradník; zástupca; náhrada; suplovať; substituovať; zastupujúci
substituted duty náhradné clo
substitution account substitučný účet
substitutional right of property zástupné právo
subsystem podsystém; subsystém; podsústava; subsystémový
subtotal medzisúčet; čiastkový súčet; vypočítavať medzisúčty; medzisúčtový
subtraction odpočítanie
subtrahend menšiteľ
subvene subvencia; dotácia; štátna podpora
subvention subvencia; podpora
succeed in st. mať úspech v niečom
~ **to an office** nastúpiť do úradu
success úspech; zdar; šťastie
succession následníctvo; nástupníctvo; dedičstvo
~ **duty** dedičská daň
~ **tax** dedičská daň
successor následnícka organizácia
sucker kapitálovo slabý burzový špekulant
sucre menová jednotka Ecuadoru
sudden failure náhla porucha
~ **fall in prices** náhly pokles cien
sue for a debt zažalovať pre dlh
~ **on a bill** zažalovať pre zmenku
suffer decline poklesnúť na cene
sufficiency of st. dostatok niečoho
sufficient conditions postačujúce podmienky
~ **funds** dostatočné finančné prostriedky
suffix index; prípona
Suffolk bank system suffolský bankový systém
sugar tax daň z cukru
suggested retail price odporúčaná maloobchodná cena

suggestion návrh; podnet; pokyn; náznak; vnuknutie; sugescia
sui generis zvláštneho druhu; svojho druhu
sum at disposal čiastka k dispozícii; disponibilná čiastka
~ **of value added** súčet pridanej hodnoty
~ **owing** dlžná čiastka
~ **total** celkový počet; celkové množstvo; celková čiastka
~ **up** zhrnúť; zhodnotiť; sčítať; doplniť
summary súhrn; prehľad; výpis; zostava; resumé; sumarizácia; správa; výkaz; hlásenie; stručný obsah; súhrnný; stručný; sumárny; zberný
~ **account** zberný účet; súhrnný účet
~ **budget** podnikový (súhrnný) rozpočet
~ **error** súčtová chyba
~ **of pending problems** prehľad nevybavených problémov
~ **sheet** sumár; súčtový list; celkový odpočet
summing sčítací; sumačný
sumptuary tax spotrebná daň
sundry accounts rôzne účty
~ **cost** ostatné náklady
~ **expenses** združené náklady; rôzne (drobné) výdavky
sunk cost utopené (stratené) náklady
sunset zánik; ukončenie alebo koniec časového obdobia
super NOW účty super NOW
superannuation allowance starobná podpora; dôchodok; penzia
~ **scheme** penzijné poistenie
supercheck hromadný platobný systém
superdividend mimoriadna dividenda; superdividenda
superintendant dozorca; správca; vedúci
superintending charges kontrolné výdavky
superior predstavený; nadriadený pracovník; vyšší; vrchný; nadradený; nadriadený; kvalitný; dokonalejší
superprime instrument superprima zmenka
supertax daň z vyšších príjmov; naviac uložená daň; daňová prirážka
supervised lender požičiavateľ pod štátnym dozorom
supervisor kontrolór; inšpektor; vedúci; nadriadený pracovník; supervízor
supervisory board dozorná rada
~ **merger** kontrolná fúzia
supplement doplnok; dodatok; zásoba; príloha; doplniť
supplementary charge príplatok; prirážka
~ **cost** doplnkové náklady
~ **duty** doplatok cla
~ **entry** dodatočné účtovanie; dodatočný účtovný zápis; doplnkový zápis
~ **estimates** dodatočný rozpočet
~ **income** vedľajší príjem
~ **payment** doplatok
~ **wages** doplnková mzda
supplier dodávateľ
~ **credit** dodávateľský úver
supplies zásoby; zásobovanie; ponuka; dodávať
supply zásoba; dodávka; ponuka (na trhu); príspevok; zásobovať; dodávať
~ **and demand** ponuka a dopyt
~**-and-demand model** model ponuky a dopytu
~ **charges** parlamentom každoročne povoľované rozpočtové výdavky
~ **curve** ponuková krivka
~ **demand** kryť dopyt
~**-demand pricing** cenová tvorba podľa ponuky a dopytu
~ **gap** úzke hrdlo; úzke miesto; kritické miesto
~ **meets demand** ponuka kryje dopyt; dodávka kryje požiadavky; zásoba kryje potreby
~ **number** objednávacie číslo
~ **of st.** dodávka niečoho
~ **price** najnižšia dodacia cena
~**-side economics** ekonomika ponuky; teória podpory agregátnej ponuky
~**-side economy** ekonomika ponuky
~**-side inflation** inflácia podľa teórie ekonomiky strany ponuky
supply: in good of supply dostatočná zásoba
~ **in limited supply** v omedzenom množstve
support opora; podpora; odporúčanie; súhlas; pomoc; podporiť; umožniť; dopĺňať; obslúžiť; vybaviť; zabezpečiť; intervenčný; prídavný; doplňovací; záložný
~ **a project** financovať projekt
~ **by vouchers** doložiť dokladmi
~ **level** oporná úroveň
supporting the market podporovanie trhu
suppose predpokladať; domnievať sa; pripúšťať
suppress potlačiť; zastaviť; zrušiť; zatajiť; utajiť; utlmiť
suppressed inflation potlačená inflácia
supra zhora; vyššie
supreme najvyšší; zvrchovaný
~ **court of finance** najvyšší finančný súd
sur mortgage dokument, ktorý požaduje, aby osoba, ktorá neuhradila hypotekárne splátky, preukázala, prečo hypotéka nemôže prepadnúť
surcharge prirážka; príplatok; zvýšený poplatok
surcharges daňové alebo colné prirážky
surety istota; záruka; záloha; ručiteľ
~ **bond** záručná (garančná) poistka; záručná listina

~ **company** poisťovacia spoločnosť
~ **for a person** kaucia; ručenie za osobu
~ **underwriting** poisťovanie záruk
suretyship ručenie; záruka; zárukové poisťovanie
surface mail rate obyčajná poštovná sadzba
surfeit of labor nasýtenie trhu práce
surge forward (upward) stúpať (ceny)
surname priezvisko
surplus zisk; nadbytok; prebytok ponuky nad dopytom; rezerva; rezervný fond
~ **economy** prebytková ekonomika
~ **equity** prebytočný kapitál; rezervný fond
~ **fund** rezervný fond
~ **money** peniaze prevyšujúce právny nárok
~ **of capital** nadbytok (prebytok) kapitálu
~ **production** nadvýroba
~ **reserve** účelová rezerva
~ **value** nadhodnota
surrender of a bankrupt's estate odstúpenie kurzovej podstaty veriteľom
~ **of a policy** odkúpenie poistky
~ **the gains** stratiť zisk
~ **value** odkupná (výkupná) hodnota; hodnota vrátenej poistky
surtax daňová prirážka
survey prieskum; prehľad; zisťovanie; skúmanie; dozor; prehliadka; inšpekcia; odhad; skúmanie; prehliadka (poistnej udalosti); kontrola
survivor preživší
survivors insurance trust fund starobný a penzijný poisťovací fond
survivorship account účet ďalej žijúceho spoločníka
~ **annuity** pozostalostná renta; anuita na prežitie
suspend odročiť; odložiť; prerušiť; zdržovať; zavesiť; zastaviť; suspendovať; zbaviť úradu; dočasne pozastaviť
~ **a policy** dať poistku do kľudu; pozastaviť poistku
~ **benefit** pozastaviť dávku
~ **payments** zastaviť platby
suspended trading zastavené obchodovanie
suspense (memorandum) evidenčný účet
~ **account** evidenčný účet; účet prechodných položiek; pozastavený účet
~ **fund** pozastavený fond
suspension of a policy pozastavenie poistenia
~ **of gold payments** zastavenie platieb v zlate
~ **of payments** pozastavenie platieb
sustain injury utrpieť škodu
~ **loss** utrpieť škodu
sustainable growth udržateľný rast
sustained outflow of capital trvalý únik kapitálu

swag korisť; lup, slang.
swap swap; barter; presun; výmenná operácia (kombinácia promptnej a termínovej operácie pri obchodovaní s komoditami, cennými papiermi a menami)
~ **credits** swapové úvery
~ **fund** swapový fond
sweat equity kapitál získaný činnosťou kupujúceho alebo vypožičiavateľa, ktorý zvyšuje hodnotu majetku
~ **money** nízka mzda
sweated articles tovar vyrobený za nízku mzdu
sweating prices nízke (chabé) ceny
sweep accounts preplnené účty
sweetening a loan slang. prisladzovať pôžičku (cieľ - uchovať krytie)
SWIFT pozri Society for Worldwide Interbank Financial Telecommunications
swimming market hladký trh
swindle sheet falošné konto
swing cenový výkyv
~ **loan** preklenovacia pôžička
swing/marginal credit hraničný úver
swing period obdobie konjunktúry
swingers finanční manažéri zaoberajúci sa veľkými obchodnými transakciami
switch presúvanie (investícií); druh devízovej arbitráže; prejsť z jedného cenného papieru na iný; presunúť; preorientovať sa
~ **funds** previesť finančné prostriedky
~ **off** vypnúť
~ **on** zapnúť
~ **one currency to another** previesť jednu menu na druhú
syli menová jednotka Guiney
symmetallism symetalizmus
syndicate finančné združenie; syndikát; konzorcium; družstvo; dočasné spojenie dvoch alebo viacerých spoločností pre spoločnú investíciu
syndicated liabilities konzorciálne záväzky
~ **loan** syndikátna pôžička; kartelový úver
synthetic account syntetický účet
~ **fixed-rate loan** syntetická pôžička s pevnou úrokovou mierou
system systém; usporiadanie; sústava; rad; systémový
~ **accounting** evidencia využívania systému
~ **of accounts** systém účtov
~ **of free market** systém voľného trhu
~ **of payments** platobný systém; platobný styk
~ **of tax laws** systém daňového práva
~ **of taxation** daňový systém
~ **of wages** mzdová sústava

T

T-bond štátna obligácia
~ **minus** čas uplynutý do začiatku akcie
~ **plus** čas, uplynutý od začiatku akcie
tab slang. nezaplatený účet; záznam; účet
tabelar accounting tabelárne účtovníctvo
table tabuľka; zoznam; tabelačná sústava; tabelárny prehľad; stôl; položiť na stôl; brit. dať na prerokovanie; am. odložiť ad acta; robiť prehľady; uviesť v tabuľke; stolový; tabuľkový
~ **of charges** cenník
~ **of contents** tabuľka obsahu; obsah
~ **of exchange rates** kurzový lístok
~ **of fares** cenník cestovného; sadzobník
~ **of interest** úroková tabuľka
~ **of keys** číselník
~ **of organization** organizačná schéma; organizačný pavúk
~ **of rates** tarifa
~ **of wages** mzdový sadzobník
tables, annual investment accumulation tabuľky ročných investícií
tabular bookkeeping americké účtovníctvo; tabelárne účtovníctvo
tacit extension automatická prolongácia
tacking pripojenie; napojenie
tag etiketa; cenovka; označenie; prívesok; menovka; štítok; sprievodná karta; opatriť štítkom; označiť
taha menová jednotka Bangladéša
tailored prispôsobený danému účelu; „ušitý" na mieru
tails rub mince; obmedzenie
take výťažok zo vstupného; príjem; tržba; prijať ponuku; dediť; odvádzať
~ **a bath** slang. vykúpať sa; utrpieť závažnú finančnú stratu
~ **a bill on sb.** vystaviť zmenku na niekoho
~ **a flier** slang. nakupovať cenné papiere bez rozmyslu (s vysokým rizikom)
~ **all actions necessary** podniknúť všetky potrebné kroky
~ **an option** prevziať ďalšie cenné papiere
~**-and-pay contract** zmluva ber a plať
~ **effect from** platiť od (cena)
~ **goods on trust** vziať tovar na úver
~**-home pay** čistá mzda; čistý zárobok
~ **in** reportovať; absolvovať; zahájiť; začať; brať; prijať; pochopiť; vnímať; zabrať
~ **in stock** realizovať deportnú špekuláciu
~ **into account** vziať do úvahy
~**-off** ekonomický vzostup
~ **off** odňať; sňať; odpočítať; zraziť; zostaviť; štartovať
~ **on** mať úspech; priťahovať; vziať do práce; vziať na seba; nafukovať sa
~ **on credit** brať na úver
~**-or-pay contract** zmluva ber alebo plať
~ **out a licence** obstarať si povolenie (koncesiu)
~ **out a policy** uzavrieť poistenie
~ **out an insurance** uzavrieť poistenie (poistku); poistiť sa
~ **over against payment** prevziať po zaplatení
~ **over bid** prijatie cenovej ponuky (pri aukcii)
~ **over for collection** prevziať na inkaso
~ **possession of st.** prevziať do vlastníctva
~ **profits** realizovať zisky
~ **steps** podniknúť opatrenia; urobiť kroky
~ **stock** urobiť inventúru
~ **st. off a person's wages** zraziť zo mzdy
~ **the duty** vyberať clo
~ **the minutes** urobiť zápis
~ **the money** vyzdvihnúť si peniaze
~ **up a bill** splatiť (uhradiť) zmenku
takedown prídel; poskytnutie peňažných prostriedkov na pôžičku alebo leasing
takeoff ekonomický rast (vzostup); naštartovanie ekonomického rastu
~ **stage of economic development** štartovacie štádium ekonomického rozvoja
takeout podiel na koristi (zisku)
~ **loan** provizórna pôžička
takeover fúzia; skúpenie najmenej 51 percent akcií; prevzatie; absorpcia; zlúčenie
~ **bid** prijatie cenovej ponuky (v aukcii); verejná ponuka kúpy
taker príjemca; remitent; kupujúci; zákazník; vypožičiavateľ; vyberač
taking over prebierka; odobranie (tovaru); prevzatie
takings príjem; tržba; výnos; výťažok
~ **of the day** denný obrat
tala menová jednotka Samoy
tale quale prezreté (skontrolované) a schválené
talk over prediskutovať; prehovoriť
tally zoznam; účtovať; kontrolný ústrižok; kupón; kontrolný duplikát
~ **sheet** účtový (kontrolný, evidenčný) záznam; kontrolný arch
talon špeciálny kupón; talón
tamper with the books falšovať knihy (účtovné)
tangible asset hmotné aktívum alebo investícia
~ **commodities** hmotné komodity; hmotný tovar
~ **net worth** čistá hodnota hmotných aktív
~ **product** hmotný výrobok; výrobok, ktorý je práve k dispozícii
~ **property** hmotný majetok
~ **wealth** hmotný blahobyt
tap slang. pokúsiť sa „pumpnúť" (požiadať o

pôžičku)
~ **CD** depozitný certifikát
~ **issue** trvalá emisia (podľa situácie na trhu)
~ **out** slang. prísť o peniaze
tape páska; pás; pásik; prúžok; zlepiť páskou; nahrať na magnetofónovú pásku; páskovať; robiť videozáznam
~ **price** kurz udaný na páske
~ **prices** telegrafné ceny
target krátkodobý cieľ; konečný (termín); smerné číslo; plánovaná úloha; výsledný
~ **company** spoločnosť vybraná na zakúpenie väčšiny akcií; cieľová spoločnosť
~ **country** krajina, proti ktorej sú namierené sankcie
~ **figure** smerné číslo; plán
~ **market** cieľový trh
~ **marketing** cieľový marketing
~ **output** plánovaná výroba
~ **price** cieľová cena
target: to set targets stanoviť ciele
targeted exchange rate cieľovo riadený výmenný kurz
~ **issue** emisia pre určitú skupinu vkladateľov
targeting the money supply cieľové riadenie peňažnej ponuky
tariff tarifa; sadzba; clo; sadzobník; cenník; zahrnúť do sadzobníka; označiť cenami
~ **act** colný zákon
~ **bargaining** vyjednávanie; colná tarifa
~ **barriers** colné bariéry
~ **class** sadzobná (tarifná) trieda
~ **classification** colné zaradenie
~ **concessions** colné výhody
~ **for revenue only** dôchodková tarifa
~ **goods** colný tovar
~ **increase** zvýšenie colných sadzieb
~ **item** colná položka
~ **law** colný zákon
~ **negotiation** colné rokovania
~ **of wages** mzdový sadzobník
~ **policy** colná politika
~ **preferences** preferenčné clá
~ **protection** colná ochrana
~ **quota** colná kvóta (kontingent)
~ **rate** daňová sadzba; tarifná sadzba
~ **reform** colná reforma
~ **regulations** colné predpisy
~ **union** colná únia
~ **war** colná vojna
task úloha; práca; dielo; automatizovaná úloha; uložiť úlohu; zamestnať; pracovne zaťažiť; úkolový
~ **wage** úkolová mzda; akordná mzda
taux d'intérest úroková miera (sadzba) (fr.)
tax daň; taxa; clo; poplatok; dávka; odvod; vymerať (uložiť) daň; zdaniť; odhadnúť; činiť nároky; účtovať
~ **abatement** zníženie daní
~ **accounting** daňové účtovníctvo
~ **adjustment** daňové vyrovnanie
~ **advantage** daňová výhoda
~ **adviser** daňový poradca
~ **allowance** oslobodenie od dane; daňová úľava; daňové zvýhodnenie
~-**anticipation** daňový úpis; úložková obligácia splácaná z výťažku daní
~ **anticipation bond** úložková obligácia na splatenie daní; daňový úpis
~ **anticipation note (TAN)** obligácia na vrub budúcich daní
~ **applicable** platná daň
~ **arrear** daňový nedoplatok
~ **assessment** vymeranie daní; daňový výmer; uloženie daní
~ **assessment base** základ dane
~ **at source** zrážka zo základu
~ **audit** daňová revízia
~ **authority** finančný (berný, daňový) úrad
~ **avoidance** daňový únik; vyhýbanie sa daniam
~ **away** odčerpať daňami
~ **base** základ dane; daňový základ
~-**based income policy (TIP)** dodatočný odvod z miezd
~ **benefit** daňová úľava
~ **bill** daňový výmer
~ **burden** daňové bremeno; daňové zaťaženie
~ **calculation** výpočet dane
~ **capitalization** daňová kapitalizácia
~ **carryback and carryover** daňové prevody
~ **certificate** daňový certifikát
~ **code** daňový zákonník
~-**collection** vyberanie daní
~-**collector** vyberač daní
~ **collector's notice** daňová upomienka
~ **convention** daňová dohoda
~ **cost** daňové náklady
~ **court appeal** daňový súd
~ **credit** daňový dobropis; daňový úver
~ **deductible** odpočítateľný z daňového základu
~-**deductible items** odpočítateľné položky
~ **deduction** zrážka (odpočet) dane; odpočítateľná daňová položka
~ **deferral** daňový odklad; moratórium
~ **deliquency** daňový priestupok
~ **demand note** daňová upomienka; daňový výmer
~ **depreciation** odpis daní
~ **disallowances** sprísnenie daňových povinností
~ **dodge** daňový únik
~ **dodger** neplatič
~ **due** splatná daň
~ **effect** daňový efekt
~ **enforcement** vynútenie dane z moci úradnej

~ **equivalent** daňový ekvivalent
~ **evasion** daňový únik
~ **examination** daňová revízia; daňové zisťovanie
~ **exempt** oslobodenie od dane
~-**exempt bond** obligácia oslobodená od daní
~-**exempt organization** organizácia oslobodená od dane
~-**exempt securities** nezdaniteľné cenné papiere
~ **exemption** daňová výnimka; oslobodenie od dane
~ **exile** daňový exulant
~ **expenditure** daňové výdavky
~-**expense** daňové výdavky (náklady)
~ **foreclosure** prepadnutie (odobranie) majetku pre neplatenie daní
~ **form** formulár daňového priznania
~ **fraud** daňový podvod
~-**free** nezdanený; oslobodený od daní
~-**free rollover** nezdaniteľný presun
~ **from the alienation of property** daň z predaja majetku
~ **gatherer** vyberač daní
~-**gathering** vyberanie daní
~ **guidelines** daňové smernice
~ **heaven** daňový raj (krajina s nízkymi alebo žiadnymi daňami)
~ **holidays** daňové prázdniny
~ **immunity** daňová imunita
~ **in kind** daň v naturáliách; naturálna daň
~ **incentives** daňové stimuly
~ **incidence** daňový dopad; dopad zdanenia
~ **income** príjem z daní
~ **law** daňový zákon; daňové právo; fiškalita
~ **lease true lease** leasing umožňujúci prenajímateľovi uplatňovať daňové výhody spojené s vlastníctvom zariadenia
~ **legislation** daňové zákonodarstvo
~ **liability** daňová povinnosť
~ **lien** daňová pohľadávka
~ **liens receivable** splatné daňové záložné pohľadávky
~ **limit** daňový limit
~ **loophole** medzera (zadné dvierka) v daňovom zákone
~-**managed funds** daňovo zvládnuteľné fondy
~ **matching credit** započítanie fiktívnej dane
~ **matters** daňové záležitosti
~ **maturity** splatnosť dane
~ **measures** daňové opatrenia
~ **money** peniaze poplatníkov
~ **obligation** daňový záväzok
~ **of annuities** rentová daň
~ **office** daňový úrad
~ **offset** daňové vyrovnanie
~ **on appropriations** daň z vecí pre vlastnú potrebu
~ **on capital** daň z kapitálu
~ **on circulation** daň z obratu
~ **on conveyance of property** daň z prevodu vlastníctva
~ **on cyclical increase** konjukturálny poplatok (dávka)
~ **on earnings** daň z príjmu; dôchodková daň
~ **on importation** dovozná daň
~ **on imports** daň z dovozu; dovozná daň
~ **on land** poľnohospodárska daň
~ **on mineral oils** daň z minerálnych olejov
~ **on net investment income** daň z čistého príjmu z investícií
~ **on property** daň z majetku
~ **on stock-exchange dealings** daň z burzových obchodov
~ **on the profit of corporation** daň zo zisku spoločnosti
~ **on trade** živnostenská daň; daň z obratu
~ **on transfer of property** daň z prevodu vlastníctva
~ **on turnover** daň z obratu
~ **on wages** daň zo mzdy
~ **overdue** odklad
~ **overpaid** preplatok dane
~ **paper** daňová upomienka
~-**payer** daňovník
~-**paying citizen** daňový poplatník
~ **payment** odvod dane
~ **penalty** daňová pokuta
~ **planning** daňové plánovanie
~ **policies** daňová politika
~ **policy** daňová politika
~ **preference item** preferenčná daňová položka
~ **preferences** daňové zvýhodnenie
~ **provision** rezervný fond na platenie daní; daňové opatrenie
~ **rabate** daňový rabat
~ **rate** daňová sadzba
~ **rate limit** najvyššia daňová sadzba
~ **rating** určenie daňovej sadzby
~ **reduction** zníženie dane; redukcia daní
~ **reform** daňová reforma
~ **relief** daňová úľava (zľava)
~ **return** daňové priznanie
~ **revenue** príjem (štátneho rozpočtu) z daní; daňový príjem; príjmy z daní (štátne; fiškálne)
~ **revision** daňová revízia
~ **roll** daňová listina
~ **sale** daňový predaj
~ **search** daňová kontrola
~ **selling** stratový predaj cenných papierov na zníženie daňovej povinnosti
~ **service contract** zmluva o daňovej službe

~ **sharing** delenie dane
~ **shelter** daňový úkryt
~-**shelter countries** krajiny s nízkymi daňami
~ **shield** daňový štít
~ **shifting** presun daní
~ **sovereignty** daňová suverenita
~ **sparing credit** započítanie fiktívnej dane
~ **structure** daňová štruktúra
~ **st.** zdaniť niečo
~ **system** daňový systém
~ **threshold** nezdaniteľné minimum
~ **value** daňová hodnota
~ **waiver** vzdanie sa daní
~ **write-offs** odpisy daní
~ **year** daňový (fiškálny) rok
~ **yield** daňový výnos
tax: to be exempt from tax byť oslobodený od dane
~ **to be liable to tax** podliehať dani
taxability zdaniteľnosť
taxable zdaniteľný; podliehajúci dani; daňový
~ **class** daňová trieda
~ **distribution** zdaniteľné rozdelenie
~ **equivalent yield** zdaniteľný ekvivalentný výnos
~ **event** daňový základ; fiškalita
~ **gifts** zdaniteľné dary
~ **income** zdaniteľný dôchodok (príjem, zisk); príjem podliehajúci zdaneniu
~ **income** zdaniteľný príjem; príjem podliehajúci dani
~ **value** zdaniteľná hodnota
~ **year** daňové obdobie
taxableness zdaniteľnosť
taxables daňoví poplatníci; zdaniteľný majetok
taxation zdanenie; clo; odhad dane; daňový systém
~ **incidence** daňový dopad
~ **overpaid** preplatok daní
~ **relief** daňová úľava
~ **transparency** daňová priehľadnosť
taxes dane
~ **payable method** metóda výpočtu dlžnej dane zo zisku
taxflation taxflácia (inflácia spoločne s progresívnym zdanením)
taxing power právo ukladať dane
taxless nezdanený; nepodliehajúci dani
taxpayer daňový poplatník; platiteľ daní
taxpayer's money peniaze poplatníkov
taxpaying ability schopnosť platiť dane
tear-up ruch; rušný obchod
technical market nestabilný trh (ovládaný špekuláciami)
~ **market action** technická výkonnosť trhu
~ **movement** pohyb cien následkom podmienok vo vnútri burzy
~ **reserves** poistné rezervy
technological cost technologické náklady
~ **diseconomies** technologické záporné úspory
tel quel prezreté a chválené (tak ako je) (podmienka zbavujúca predávajúceho záruky za akosť kúpeného tovaru okrem prípadov podvodu)
~ **quel rate** netto kurz
telegraph charges telegrafné náklady
telegraphic transfer (T/T) telegrafický prevod
telemail elektronická pošta
telephone bill paying telefonické platenie účtov
~ **billing** účtovanie telefónnych poplatkov
~ **book** telefónny zoznam
~ **call** telefónny hovor (rozhovor)
~ **directory** brit. telefónny zoznam
~ **rentals** telefónne poplatky
telephone: on the telephone pri telefóne
~ **over the telephone** telefonicky
teleprinter exchange service účastnícky ďalekopis; telex
telereference diaľková konzultácia katalógu
teleselling telefonický nákup
teletype ďalekopis; ďalekopisný stroj; ďalekopisný
teletyper ďalekopis; telex
telex system ďalekopis; telex
teller úradník pri bankovej priehradke; pokladník
~ **account** pokladničný účet
~ **console** priehradkový bankový terminál
~ **journal** priehradkový bankový denník
~ **operation** pokladničná operácia
~ **proof** pokladničná kontrola
~ **system** systém priehradkových bankových terminálov
~ **terminal** priehradkový bankový terminál
~ **work station** priehradkový bankový terminál
teller's check pokladničný šek
~ **window** pokladničná priehradka
temporal inhibition dočasné zablokovanie
temporary administrator dočasný správca
~ **admission** dočasne bezcolný dovoz
~ **bond** dočasná obligácia
~ **cover** dočasné krytie
~ **credit** preklenovací (prechodný) úver
~ **loans** dočasné pôžičky
~ **stay** dočasný pobyt
ten-cent store lacný jednotkový obchod
~-**day summary overview** dekádny prehľad
~-**forty** desať-štyridsať (obligácia, ktorú možno stiahnuť z obehu po 10 rokoch so splatnosťou 40 rokov)
~-**spot** slang. desaťdolárovka
tenancy nájom; držba; nájomné; nájomná lehota; prenájom

~ **agreement** nájomná zmluva
~ **for years** nájom na dobu neurčitú
~ **in common account** podielový účet spoluvlastníkov
tenant držiteľ; nájomca
~ **for life** doživotný držiteľ dedičného majetku s právom predaja
tendency sklon
tender konkurz; verejná súťaž; ponuka; peniaze, určené na uspokojenie pohľadávok; ponúkať služby
~ **calculation** kalkulácia ponuky
~ **of delivery** podanie zásielky na prevzatie
~ **offer** ponuka akcionárom prevziať akcie; ponuková obligácia
tender: by tender na základe konkurzu; pri verejnom ponukovom konaní
tenderable konkurencieschopný
tenor zmenková doba
tenure držba; výkon úradu; léno; úžitkové vlastníctvo; vecné právo; časové obdobie pracovnej zmluvy
term podmienka; lehota; doba; funkčné obdobie; čas; termín; odborný názov; pojem; výraz; podmienka; hranica; prvok (zobrazenie); nazvať; pomenovať; termínový
~ **bond** termínová obligácia
~ **bonds payable** splatné termínované obligácie
~ **cash** platiť pri dodaní
~ **insurance** dočasné životné poistenie
~ **issue** termínovaná emisia
~ **life insurance** termínovaná životná poistka
~ **loan** termínovaná pôžička
~ **mortgage** termínovaná hypotéka
~ **of a bill** doba splatnosti zmenky
~ **of expiration** doba splatnosti
~ **of notice** výpovedná lehota
~ **of payment** termín splatnosti; deň splatnosti; platobná lehota
~ **of repayment** lehota splatenia
~ **plan** termínované poistenie
term: for a short term na krátku dobu
~ **in the long term** dlhodobo; na dlhú dobu; na dlhé obdobie
~ **on term** na úver
terminable bond zakončiteľná obligácia
~ **interest** ukončiteľný úrok
terminal koniec; terminál; účastnícka stanica; konečný; hraničný; termínový; kvartálny; semestrálny
~ **bond** terminálová obligácia
~ **market** termínový (lehotný) trh; konečný trh
terminate agreement vypovedať zmluvu
termination ohraničenie; obmedzenie; hranica; koniec; ukončenie; končiaci
terms okolnosti; podmienky; pomery; náležitosti
~ **of a letter of credit** akreditívne podmienky; podmienky akreditívu
~ **of contract** podmienky zmluvy
~ **of credit** úverové podmienky
~ **of payment** platobné podmienky
~ **of sale** predajné podmienky
~ **of trade** obchodné podmienky
terms: on easy terms za priaznivých finančných podmienok
~ **to come to terms** dohodnúť sa
test pokus; skúška; test; kontrola; prieskum; dôkaz; skúšať; preskúšať; vyskúšať; testovať; skúšobný; testovací; kontrolný
~ **code** skúšobné predpisy
~ **market** skúšobný trh
~ **marketing** testovací marketing
testamentary account testamentárny účet
testator zosnulý, ktorý zanechal poslednú vôľu
testatrix zosnulá, ktorá zanechala poslednú vôľu
testimonial vysvedčenie; osvedčenie; odmena; zvláštne uznanie; svedecká reklama (výpovede, svedectvá a úsudky zákazníkov ako forma reklamy); osvedčujúci; svedecký
~ **letter** odporúčajúci (referenčný) list
text editing úprava (editácia, redigovanie) textu
textware príručky a sprievodné dokumentácie
thaw the wage freeze odstrániť mzdový strop
the buying public spotrebitelia; zákazníci
~ **rate of interest** úroková miera; sadzba
theft insurance poistenie proti krádeži
theory of economic equilibrium teória ekonomickej rovnováhy
~ **of games** teória hier
~ **of price mechanism** teória cenového mechanizmu
~ **of reliability** teória spoľahlivosti
~ **of value** teória hodnoty
thin capitalization nízka kapitalizácia spoločnosti
~ **corporation** zadĺžená spoločnosť
~ **dime** hov. pár halierov
~ **margin** malá marža
~ **market** úzky trh (s obmedzeným obratom)
third market terciárny trh; burzový tretí trh
~ **mortgage** terciárna hypotéka
~ **of exchange** tercia zmenky
~ **party** tretia strana
~**-party check** šek na tretiu stranu
~**-party credit transfers** kreditné prevody tretej strany
~**-party debit transfers** debetné prevody tretej strany
~**-party insurance** poistenie zákonnej zodpovednosti

~ **party liability insurance** poistenie zodpovednosti za škody
~ **party motor vehicle insurance** poistenie povinného ručenia
~**-party payment service** platobná služba tretej strane
~**-party transaction** trojstranná transakcia
~**-party transfer** transfer v prospech tretej strany
~**-rate** podradný; tretej triedy
thirty days after date tridsať dní po vystavení
this is to certify that ... týmto sa potvrdzuje, že ...
thought myšlienka; úvaha; zamyslenie; myslenie; premýšľanie; mienka; názor; nápad; úmysel; starosť
threshold companies prahové spoločnosti
~ **value** prahová hodnota
thrift šetrnosť; sporivosť; hospodárnosť; úspornosť
~ **institution** sporiteľňa
thriftiness hospodárnosť
through bill of lading (B/L) priebežný konosament
~ **costing** priebežná kalkulácia
~ **fare** priebežné cestovné
~ **freight** priebežné dopravné
~ **rate** priama (priebežná) sadzba
~ **the market** prostredníctvom trhu
throw open a place to competition vypísať konkurz
throwback rule vratné pravidlo
tick hov. úver; dlh; chod (pohyb cien hore alebo dole v cenných papieroch na burze); poskytnúť úver; pripísať na účet; zmena
ticker ďalekopis (na burzách); automatický systém na burze kontinuálne udávajúci kurzy a obraty
ticket burzová potvrdenka; sprievodka
tickler termínovník; pripomienka
~ **file** termínový zaraďovač
tied loan viazaná pôžička
tight market pevný trh
~ **money** ťažko dostupné peniaze
~ **money market** kritická situácia na finančnom trhu
~ **money policy** politika ťažko dostupných peňazí
tightness of money nedostatok peňazí
till money peniaze v pokladni; príručná hotovosť
~ **takings** pokladničný príjem
time čas; doba; lehota; príležitosť; krok; takt; vhodná chvíľa; životné podmienky; načasovať; časovať; časovo zladiť; zmerať čas; časový
~ **account** termínový účet
~ **allowance** prídavný čas; časová rezerva; prípravný čas; povolený (normovaný) čas
~ **and a half** časová mzda s 50% príplatkom
~ **bargain** sezónny obchod; lehotná kúpa; termínový obchod
~ **bill** dlhodobá zmenka s vymedzenou splatnosťou; lehotná zmenka
~ **certificate of deposit** termínový depozitný certifikát
~ **chart** časový diagram; porovnávacia tabuľka medzinárodných časov
~ **charter** časový charter (prenájom lode, lietadla)
~ **deposit** termínovaný vklad; vklad s výpovednou lehotou
~ **deposit (open account) (TDOA)** vklad s výpovednou lehotou (otvorený účet)
~ **differentiation** časové rozlišovanie nákladov a výnosov
~ **draft** lehotová (časová) zmenka; termínovaná zmenka
~ **expenses** výdavky (náklady) závislé od času; fixné náklady
~ **loan** časovo obmedzená (vypovedateľná) pôžička; lombardný úver
~**-loss insurance** poistenie proti prerušeniu prevádzky
~ **management** pracovný režim; riadenie v čase
~ **of arrival** doba príjazdu (príletu); doba príchodu
~ **of delivery** dodacia lehota
~ **of operation** čas operácie
~ **of payment** platobná lehota; deň splatnosti
~ **open account** termínovaný otvorený účet
~ **payment** splátka
~ **plan loans** rozpísané pôžičky
~ **policy** termínovaná poistná zmluva; časová poistka; poistka na určitú dobu
~ **rates** časová mzda
~ **sale financing** splátkové financovanie
~ **saving** ekonómia času
~ **schedule** časový plán; časový rozvrh
~ **series** chronologická séria; časový rad
~ **sharing** zdielanie času
~ **sheet** pracovný výkaz
~ **to pay** doba zostávajúcej splatnosti
~ **wages** časová mzda
~ **warrant** opčný list
~ **warrants payable** splatné opčné listy
~ **work** hodinová mzda; časová práca
time: at a given time v danú dobu
~ **at a set time** vo vopred dohodnutom čase
~ **at the stated time** v stanovenom čase
~ **in due time** v lehote; v pravý čas
~ **in the press of time** v časovej tiesni
~ **on time** na splátky; načas
~ **time and again** čas od času
~ **to buy on time** kupovať na splátky

timeless nedátumovaný; večný
timelessness nadčasovosť
timeliness of accounting včasnosť účtovníctva; aktuálnosť účtovníctva
times interest and preferred dividend earned zarobené úroky a preferenčné dividendy
~ **interest charges earned** úrokové krytie
~ **interest earned** zarobené úroky; úrokové krytie
~ **interest earned ratio** úrokové krytie
~ **preferred dividend earned** zarobené preferenčné dividendy
timetable cestovný (letový) poriadok; časový rozvrh; rozvrh hodín
timing meranie času; vypočítanie času; časovanie; načasovanie; termínovanie; zladenie; tempo; časový; časovací
~ **accounting** účtovanie prevádzkovej doby
~ **of notes** časovanie zmeniek
tin slang. prachy; peniaze
tit for tat strategy stratégia „ako ty ku mne, tak ja k tebe"
tithe desiatok
title titulok; názov; nadpis; záhlavie; právny nárok; vlastnícke právo; oprávniť
~ **exception** výnimka z poistenia vlastníckeho práva
~ **guaranty policy** zmluva o záručnom poistení vlastníckeho práva
to acknowledge the receipt potvrdiť príjem; napísať potvrdenku
~ **arrive** na dodanie
~ **come - to go** presný počet obchodovaných akcií, ktoré by mali byť predané, ale stále ostávajú alebo presný počet akcií, ktoré by mali byť iba teraz nakúpené
~ **credit** pripísať si v prospech; kreditovať
~ **debit** zaťažiť; debitovať
~ **pool the profits** dať do spoločného fondu; používať spoločne; podeliť sa o zisky
~ **quit score** vyrovnať účty
tobacco tax daň z tabaku
token prejav; znamenie; výmenná známka; kovová známka; známka pravosti; prejav uznania; rozlišujúci znak; rozlíšiteľná jednotka; charakteristická črta
~ **money** drobné peniaze; mince kryté zlatom
toll poplatok; mýto; platiť; ukladať (poplatky); vyberať; nástroj; náradie; prostriedok; pomôcka
~ **call** telefónny rozhovor za mierne zvýšenú sadzbu
~ **central office** am. medzimestská ústredňa
~-**free number** číslo s priamou voľbou
~ **road** mýtna diaľnica (za poplatok)
tollable podliehajúci poplatku
tom/next od zajtrajška do nasledujúceho pracovného dňa
tonnage dues tonážne poplatky
~ **duty** tonážny poplatok
~ **tax** tonážny poplatok
tools of economic policy nástroje hospodárskej politiky
top vršok; vrchol; záhlavie; hlava; prekonať; predčiť; pokryť vrchol; maximálny; najvyšší; vrcholný; vrchný
~ **cell** horná podskupina platobnej triedy
~ **credit** pohotový úver
~ **limit** horná cenová hranica
~ **management** vrcholové vedenie; riadenie na najvyššej úrovni; vedenie podniku; predstavenstvo
~ **prices** najvyššie ceny
~ **salary** špičkový plat; najvyšší plat
~ **up** sčítať
topheavy preinvestovaný; finančne zaťažený
~ **market** preinvestovaný trh
topic predmet rozhovoru; námet; téma
Topix Index akciový index tokijskej burzy
topping out vyvrcholenie
toppy slang. preinvestovaný trh
total súčet; celok; súhrn; spočítať; súčtový; celkový; súhrnný; komplexný
~ **asset turnover** obrat celkových aktív
~ **assets** celkové aktíva; všetok majetok
~ **assets turnover ratio** pomer obratu celkových aktív
~ **balance** celkové saldo
~ **cost** celkové náklady; úplné vlastné náklady
~ **debt** celkový štátny dlh
~ **fixed cost** celkové fixné náklady
~ **gain** hrubý zisk
~ **income tax** daň z objemu miezd
~ **interest charges** celkové splátky úrokov
~ **item** súhrnná položka
~ **of account** obrat účtu
~ **of payments** celkové platby
~ **receipts** celkové príjmy
~ **variable cost** celkové variabilné náklady
total: in total súhrnom; spolu
~ **to total up expenses** spočítať výdavky celkom
totalling súčtovanie; sumarizácie
touch požiadať o pôžičku známeho alebo priateľa
~ **off the stops** spustiť príkazy na nákup pri dosiahnutí určitej kurzovej hranice
tough buck slang. ťažko zarobené prachy
tour of inspection inšpekčná cesta
tour: on an official tour na služobnej ceste
tourist account účet cestovného ruchu
~-**baggage insurance** poistenie cestovnej batožiny
~ **currency** mena cestovného ruchu

~ **market** trh cestovného ruchu
~ **rate** turistický kurz
~ **receipts** príjmy z cudzineckého ruchu
~ **scrip** cenný papier v cestovnom ruchu
town rates mestské dávky
trace známka; trasa; krivka; záznam; plán; nakresliť; načrtnúť; kopírovať; zaznamenávať; stopovať; sledovať; zisťovať; sledovací
trade obchod; živnosť; obchodné odvetvie; trh; obchodovať; obchodný prípad; obchodné rokovanie
~ **acceptance** akceptácia obchodnej zmenky (súhlas s preplatením)
~ **account receivable** bežné pohľadávky u odberateľov
~ **agency** obchodné zastúpenie
~ **allowance** priekupnícky rabat
~ **and other accounts payable** pohľadávky splatné veriteľom
~ **and other accounts receivable** pohľadávky po dlžníkoch
~ **and payments system** systém obchodu a platenia
~ **balance** obchodná bilancia
~**-balancing item** položka obchodnej bilancie
~ **bill** obchodná zmenka
Trade Board komisia pre riešenie mzdových problémov zamestnancov
trade boom konjunktúra
~ **capital** obchodný kapitál
~ **credit** obchodný úver
~ **cycle** hospodársky cyklus
~ **deficit** obchodný deficit; deficit obchodnej bilancie
~ **discount** obchodný rabat (diskont, zľava, zrážka)
~ **draft** zmenka
~ **fair** veľtrh
~ **for account of another** obchod na cudzí účet
~ **gap** obchodný schodok; deficit
~ **goods** obchodovať s tovarom
~ **imbalances** obchodné prebytky a deficity
~ **in** obchodovať s
~ **in one's own name** obchod na vlastný účet (vlastným menom)
~ **in stocks** obchod s cennými papiermi
~ **invoice** obchodný účet; faktúra
~ **margin** obchodné rozpätie; marža
Trade Mart veľkoobchodné centrum
trade monopoly obchodný monopol
~ **name** obchodný názov; zákonom chránené meno firmy
~**-off** závislosť; spojitosť; vzájomná výmena; výmenný obchod; kompromis; kompromisná dohoda; substitučný vzťah
~ **off theory of inflation** teória zameniteľnej inflácie
~ **on one's own name** obchodovať na vlastný účet
~ **paper** obchodná zmenka
~ **price** cena pre malých a drobných obchodníkov
~**-price** veľkoobchodná cena
~ **price increase** obchodná prirážka
~ **sale** obchodná dražba; obchodný predaj
~ **slump** obchodná kríza
~ **stocks** obchod s cennými papiermi
~ **surplus** obchodný prebytok
~ **survey** prehľad obchodu
~ **tax** daň z výkonu povolania; stavovská daň
~ **tendency** zameranie obchodu
~ **union** odborová organizácia; odborový zväz; odbory
~ **union dues** odborové príspevky; príspevky odborovému hnutiu
~ **with sb. in st.** obchodovať s niekým (niečím)
traded option obchodovaná opcia
trademark obchodná značka; ochranná známka
trader obchodník; kupec; účastník trhu; prepravca
tradesman obchodník; kupec; živnostník; remeselník
trading activity obchodná činnosť
~ **area** obchodná zóna
~ **bank** obchodná banka
~ **capital** obchodný (prevádzkový) kapitál
~ **company** obchodná spoločnosť
~ **habits** obchodná uzancia, úzus; obchodné zvyklosti
~ **in exchange** devízový obchod
~ **income** výsledok hospodárenia
~ **institution** obchodná organizácia
~ **licence** koncesia; licencia; povolenie
~ **limit** cenový limit; zmluvný limit
~ **market** obchodný trh; krátkodobý obchod na burze
~ **on equity** pákový efekt; financovanie investícií s použitím vlastného majetku a pôžičiek
~ **period** obchod v príslušných opciách
~ **profits** zisky z obchodovania
~ **range** obchodné rozpätie; kurzové rozpätie
~ **unit** uzávierka; najmenšie uzančné množstvo, ktoré možno kúpiť na burze
~ **up** činnosti na rozšírenie obchodu
traditio odovzdanie a prevod držby majetku vlastníkom
traffic doprava; preprava; premávka; ruch; frekvencia; obchodný styk; obchodovať; vymieňať (tovar); dopravný
train sled; rad; trénovať; učiť; vychovávať; školiť; zaškoľovať; stýkať sa
trained personnel kvalifikované pracovné sily; odborné kádre

~ **staff** zapracovaný, vyškolený personál
training new worker zapracovávanie pracovných síl
tranche rozhranie; časť emisie cenných papierov
transact realizovať transakcie; obchodovať
transaction operácia; transakcia
~ **amount** čiastka transakcií
~ **balances** transakčné zostatky
~ **cost** transakčné náklady
~ **for cash** obchod za hotové
~ **history file** chronológia transakcií
~ **velocity of money** transakčný obrat prostriedkov
transactions demand for money transakčný dopyt po peniazoch
~ **money** transakčné peniaze
~ **tax** daň z obratu
transfer prevod; presun; postúpenie; cesia; poukázať (peniaze); odstúpenie; presúvať
~ **by endorsement** previesť rubopisom
~ **cost** náklady transferu; náklady prevodu
~ **day** zúčtovací deň
~ **fee** prevodný poplatok
~ **from the account of sb.** previesť z účtu niekoho
~ **in blank** prevod in bianco
~ **in favour of sb.** previesť v prospech niekoho
~ **journal** denník prevodov
~ **of a debt** postúpenie pohľadávky
~ **of balance** prevod salda
~ **of depreciation allowance** odvod odpisov
~ **of payments** prevod platov
~ **of securities** prevod cenných papierov
~ **of shares** prevod akcií
~ **payments** platobné prevody; transfery; odvody (do štátneho rozpočtu); transferové platby
~ **price** vnútropodniková cena; cena transferu
~ **pricing** účtovanie vnútropodnikových cien
~ **service fee** manipulačný poplatok za prevod
~ **stamp duty** poplatok za obrat na burze
~ **tax** daň z pozostalosti; daň z prevodu
~ **to national budget** odvod do štátneho rozpočtu
~ **to the bank** previesť na banku
transferability prevoditeľnosť
~ **and exchangeability** konvertibilita
transferable letter of credit prevoditeľný akreditív
~ **notice** prevoditeľné avízo
transferee cesionár; príjemca; preložená osoba; nadobúdateľ; preberajúci
transference prenos; prevod; premiestnenie
transferor prevodca; cedent; prevoditeľ; postupiteľ
transferred account prevedený účet
transferrer rate prepočítací kurz
transfers (mail, wire, cable) prevody (poštové, telegrafické, káblové)
transformation prevod; konverzia; transformácia; prechod; pretvorenie; premena; prevedenie; transformačný
transhipment charges výdavky na prekládku
transient cestujúci; prechodný; nestály; občasný; prechodový; prechodne uložený (program); rušivý (impulz)
~ **traders' tax** obecná dávka cudzích obchodníkov
transit tranzit; preprava; prejazd; prechod; mestská doprava; tranzitný
~ **account** priebežný účet
~ **charges** tranzitné náklady
~ **department** oddelenie inkasa šekov
~ **duty** tranzitné clo; clo za prevoz
~ **floaters** špedičné tranzitné poistky
~ **visa** tranzitné vízum
transition prejazd; priechod; premena
~ **aids** prevádzacie prostriedky
translate prekladať; preložiť; preniesť; vyložiť; vysvetliť; previesť kódovaný text; prekladový
translation of foreign currencies prevod cudzích mien
translator prekladateľ; prevodník; prekladací
transloading prekladanie; prekládka tovaru
transmarine zámorský
transmission prenos; prevod; postup; preprava; doprava; zaslanie; sprostredkovanie; odovzdanie; vysielanie; podanie; prechodový; hnací; prenosový
transmit a message odovzdať správu (oznámenie)
transmittal letter sprievodný list
transnational company nadnárodná spoločnosť
~ **corporations** nadnárodné združenie
~ **monopolies** nadnárodné monopoly
transoceanic zaoceánsky
transport charges dopravné; dopravné náklady; prepravné
~ **cost** dopravné náklady; náklady na dopravu
~ **tax** prepravná daň; dopravná dávka
transportation doprava; preprava; deportácia; am. dopravný prostriedok; am. cestovný lístok
~ **cost** dopravné náklady
~ **expense** dopravné náklady; prepravné
~ **insurance** dopravné poistenie
~ **order** dopravný príkaz
~ **rate** sadzba za nákladnú dopravu
travel and entertainment credit card cestovná kreditná karta

~ **ban** zákaz cestovania
~ **cost** cestovné
~ **on business** služobná cesta; cestovať služobne
traveller's check cestovný šek
~ **letter of credit** cestovný akreditív
travelling allowance náhrada cestovných výdavkov; cestovné
~ **charges** náhrada cestovných výdavkov
~ **expenses** cestovné výdavky; cestovné
~ **money** cestovné
traverse pohyb; posuv; priečny smer; pohyb naprieč; popredný; prekážka; položiť naprieč; skrížiť; precestovať; prerokovať; prekaziť; zvrátiť; poprieť tvrdenie; prekračovať; namietať; popierať (nárok)
tray priehradka; schránka; zásobník
treachery faloš; zrada; vierolomnosť
treasure poklad; pokladňa; financie
treasurer pokladník; hospodár; osoba zodpovedajúca za finančné transakcie spoločnosti
treasurership pokladníctvo; funkcia pokladníka
treasuries štátne dlhopisy
treasury štátna pokladňa; štátna finančná správa; ministerstvo financií
~ **bill** štátna pokladničná poukážka; krátkodobý vládny dlhopis
~ **bond** dlhodobý štátny dlhopis; štátna obligácia
Treasury bonds and notes vkladové obligácie a štátne pokladničné poukážky
treasury cash holdings hotovosť štátnej pokladne
Treasury certificates krátkodobé cenné papiere vlády USA
~ **currency** obeživo vydané Ministerstvom financií USA
~ **currency outstanding** obeživo v obehu
~ **Department** ministerstvo financií
~ **Investment Growth Receipts (TIGRs)** obligácie s nulovým kupónom vo výške príslušných úrokových výnosov so súhlasnou lehotou
treasury note strednodobý štátny dlhopis; štátna pokladničná poukážka
~ **securities** štátne cenné papiere
~ **shorts** krátkodobé štátne cenné papiere
~ **stock** vlastné akcie; akcie v držaní spoločnosti, ktorá ich vydala
Treasury warrant príkaz ministerstva financií na výplatu
treat platiť útratu za iného; podplatiť; pokladať za niečo; nakladať s niečím; vystaviť pôsobeniu
treatment zaobchádzanie; postup; nakladanie s niečím; spracovanie; úprava; liečba
treaty of commerce obchodná zmluva
~ **shopping** využívanie rôznych ustanovení v rôznych daňových zmluvách
tree graf; stromová sieť; stromový
~ **network** stromová sieť
~ **of decision** rozhodovací strom
trend trend; smer; tendencia; pravdepodobný budúci vývoj; smerovať; zaznamenať; vytlačiť (hodnoty); mať tendenciu; mať sklon; trendový
~ **growth** trendový rast
~ **of prices** cenový vývoj
~ **of the market** vývoj trhu
treshold prah; prahová úroveň
~ **resources** obmedzené prostriedky
trespass priestupok; previnenie; rušenie držby; prekročiť; prestúpiť prehrešiť sa; previniť sa; dopustiť sa prehmatu; rušiť držbu; zneužívať
~ **to goods** úmyselné porušenie držby hnuteľnej veci
~ **to land** úmyselné porušenie pozemkovej držby
trial-and-error method metóda pokusov a omylov; metóda postupných aproximácií
~ **balance** kontrolná bilancia; hrubá súvaha
~ **order** predbežná objednávka; skúšobná objednávka
~ **period** skúšobná doba; lehota
tribute poplatok; členský príspevok
trick zvláštny nízky kupón pri vysokom výnose z dlhodobo splatnej emisie
trickle down dotovať
trigger-price system aktivačný cenový systém
trim poriadok; rovnováha; stav; pripravenosť; výstroj; sklon; dať do poriadku; nastavovať (hodnotu); dolaďovať
trip jazda; cesta; zájazd; uvoľnenie; vypnutie; uvoľniť; prerušiť (vyzváňanie); vypnúť
triple trojitý; trojnásobný
~ **A** najlepšie bonitné zaradenie cenných papierov (AAA)
~ **tax free** trojnásobné daňové oslobodenie
troc (troquer) fr. swap
trouble porucha; nepríjemnosť; trápenie; problémy; rušenie; zmätok; obťažovať; trápiť; znepokojovať; rozrušiť; namáhať; mať problémy
~ **man** údržbár
~ **recording** zaznamenávanie porúch
trough dolný bod obratu; najnižší bod krízy; dno hospodárskeho cyklu
truck výmena tovaru; výmenný obchod; platenie tovarom
~-**load rate** sadzba za celovozidlový náklad
~ **system** naturálna mzda; platenie mzdy tovarom; systém naturálnej mzdy
trucking cestná doprava
truckman podnikateľ v nákladnej doprave; autodopravca; vodič nákladného vozidla
true pravý; pravdivý; verný; presný; práv-

ny; oprávnený; skutočný; rýdzi; poctivý; reálny (čas); lícová (strana)
~ **cost banking** produktívny spôsob poskytovania úverov
~ **discount rate** skutočná diskontná sadzba
True Pin skutočné osobné identifikačné číslo
true reserve rezervný fond
~ **side** lícová strana
~ **view** účtová pravdivosť
truncation úschova šekov
trunk-call brit. medzimestský hovor
~ **charges** poplatky za medzimestské hovory
trust úver; záruka; depozitum; kartel; konzorcium; poručníctvo; správa majetku; depot; sirotské peniaze; záloha; vec daná do úschovy; dať na úver
~ **account** poručnícky účet
~ **and agency fund** zverený konateľský fond
~ **certificate** osvedčenie o vlastníckych právach majetku, zvereného inej osobe
~ **charges** poručnícke, správcovské poplatky
~ **company** kuratórium; depozitná banka
~, **corporate** odbor združených trustov;
~ **costs** náklady poručníckeho správcu
~ **deposit** zverený vklad
~ **estate** zverený majetok
~ **fund** zverený fond
~ **indenture** poručnícka zmluva
~ **instrument committee** výbor poručníckej spoločnosti
~ **investments** poručnícke investície
~ **officer** správny úradník poručníckej spoločnosti
~, **personal** personálne trusty
~ **powers** poručnícke splnomocnenia
~ **receipt** potvrdenie o prijatí do poručníckej správy
~ **under agreement** zverený majetok na základe zmluvy
~ **under will** zverený majetok
trustee poručník; dôverník; správca konkurznej podstaty; kurátor; správca trustu; zástupca; správca; sprostredkovateľ
Trustee Council Poručenská rada (OSN)
trustee in bankruptcy vykonávateľ; nútený správca
~ **investments** uloženie zverených kapitálov do papierov sirotskej istoty
~ **securities** hodnota otca rodiny (záručné cenné papiere); cenné papiere sirotskej istoty
~ **shares** podielové užívateľské certifikáty
~ **stock** správca trustu; sirotský cenný papier
trusteed fund zverený fond
trusteeship opatrovníctvo; poručníctvo; spravovanie
trustor zakladateľ zvereného majetku
try podrobiť sa skúške; vyšetrovať; vypočúvať; rozhodnúť spor; pokúsiť sa; snažiť sa; skúsiť; robiť pokus
~ **a case** prejednať prípad
tub: in the tub v bankrote
tube post potrubná pošta
tughrik menová jednotka Mongolska
turn obeh; ísť na odbyt; smena; zmena; obrátka
~ **bankrupt** skrachovať; zbankrotovať
~ **crowns into dollars** previesť koruny na doláre
~**-key** na kľúč
~ **money** mať obrat v peniazoch
~ **over** predávať a kupovať; investovať peniaze
~ **the tables** spôsobiť náhly (úplný) obrat
turnaround time doba obrátky; doba obehu zákazky
turnover obchodný obrat; tržba; obrat (tovaru); fluktuant
~ **balance** bilancia obratu
~ **commission** obratová provízia
~ **fund** obratový fond
~ **of goods** obrat tovaru
~ **of staff** fluktuácia pracovníkov
~ **ratio** obrátka
~ **tax** daň z obratu
~ **transit policy** obratová poistka pre cestnú a železničnú dopravu
turnpike mýto
~ **money** cestné mýto; poplatok za použitie diaľnice
~ **toll** cestné mýto; poplatok za použitie diaľnice
twenty-four-hour banking nepretržitá banková služba
twice a week (TAW) dvakrát týždenne
two bits slang. štvrťdolár; štvrťák
~**-case note** dvojdolárová bankovka
~**-dollar broker** dvojdolárový maklér
~**-name paper** nástroj s dvoma ručiteľmi; obchodovateľný cenný papier s dvoma podpismi záruky
~**-tier market** dvojitý (dvojaký) trh
~**-tier wage system** dvojpásmový mzdový systém
~**-way** dvojstranný; dvojsmerný
~**-way analysis** dvojfaktorová analýza
~**-way table** dvojrozmerná tabuľka
tycoon magnát
tying contract podmienená zmluva
type typ; vzor; model; druh; písmeno; litera; písať na stroji; typicky znázorniť; predznamenať; typový
~ **of accounts** druh účtov
~ **of income** druh výnosu
~ **of merchandise** druh tovaru
~ **of service** typ služieb; druh prevádzky
~ **print** strojopis

U

U-shaped cost curve nákladová krivka v tvare U
UCE európska zúčtovacia jednotka
uid identifikácia užívateľa
ultimate najvzdialenejší; posledný; konečný; krajný; hraničný; najväčší; maximálny; rozhodný
~ **capacity** najväčší výkon; maximálny (krajný) výkon (zariadenia)
~ **destination** cieľové určenie
~ **market** konečný trh; spotrebný trh
~ **net loss** konečná škoda na vlastný účet poisťovne
ultimo predchádzajúci (minulý) mesiac; označenie konca mesiaca
ultra vires lat. „nad sily"
umbrella funds „zastrešujúce" fondy (typ investičných fondov)
unable to pay insolventný
~ **to settle accounts** insolventný
unabsorbed burden nezúčtovaná réžia
unaccrued časovo nerozlíšiteľný
unadjusted rate of return neupravená miera návratnosti
unadulterated čistý; nefalšovaný; pravý; rýdzi
unallotted balance of appropriation nepridelený zostatok dotácií
unamortized bond discount neumorený obligačný diskont
~ **discounts on bonds sold** neumorený diskont z predaných obligácií
~ **discounts on investments** neumorený diskont z investícií
~ **premiums on bonds sold** neumorené prémie z predaných obligácií
unanimity jednomyseľnosť; jednohlasnosť
unanticipated inflation neanticipovaná inflácia
unapplied funds mŕtvy kapitál
unappropriated profits nepridelené zisky
~ **retained earnings** nerozdelený zisk
~ **surplus** nerozdelený zisk
unassented securities neschválené cenné papiere
unattended banking terminal bezobslužný bankový terminál
unattested nedoložený
unauthenticated neoverený
unauthorized neautorizovaný; neoprávnený; nepovolený; nezmocnený
~ **investment** neautorizovaná investícia
~ **overdraft** nepovolené prečerpanie
unavoidable nevyhnutný; neodvrátiteľný; neodstrániteľný; nezamedziteľný
~ **accident** vyššia moc; neodvrátiteľná nehoda
~ **shortage** nezavinené manko
unbalanced nevyrovnaný; nevyvážený; nesúmerný; nesymetrický; nerozvážny
~ **inflation** neproporcionálna inflácia
unbilled accounts receivable nefakturované bežné pohľadávky
unbridled competition bezuzdná konkurencia
uncallable bond obligácia, ktorá nemôže byť predčasne vypovedaná
uncalled capital nesplatený kapitál (akciový)
unchanged price nezmenená cena
unclaimed nepožadovaný
~ **balances** nevyžiadané zostatky
~ **dividend** nevybraná (nenárokovaná) dividenda
~ **wages** nevybrané (nenárokované) mzdy
unclean bill of lading (B/L) nečistý konosament
uncleared entries otvorené položky
~ **items** neobjasnené položky
uncollected cash items nezinkasované položky hotovosti
~ **items** prechodné položky (aktíva)
uncollectible account nedobytná pohľadávka
~ **debt** nedobytná pohľadávka
~ **duty** nedobytné clo
uncompleted investment nedokončená investícia
unconfirmed documentary credit nepotvrdený dokumentárny úver
~ **letter of credit** nepotvrdený akreditív
uncontrollable expenses nekontrolovateľné výdavky
uncover account nekrytý účet; otvorený účet
uncovered nekrytý
~ **bear** kto predáva tovar (cenné papiere), ktoré ešte nemá
~ **check** nekrytý šek; šek bez úhrady
~ **credit** nekrytý úver
~ **money** nekryté peniaze
uncustomed goods tovar nepodliehajúci clu
undated bond netermínovaná obligácia
~ **debenture** permanentná obligácia
under authority of st. na základe niečoho; v dôsledku niečoho
~ **average life assurance** životné poistenie zvýšených rizík
~ **bond** pod zárukou
~ **cost** pod nákupnou cenou
~ **fully competitive conditions** v podmienkach voľnej konkurencie
~ **no circumstances** za žiadnych okolností
~ **other conditions** za iných podmienok
~ **protest** „nedobrovoľne"; za protestovania
~ **the counter payment** úplatok

~ **the rule** podľa pravidla
underaverage life assurance životné poistenie zvýšených rizík
underbuy kupovať pod cenou (lacnejšie)
undercapitalization nedostatok kapitálu na pokračovanie v normálnych operáciách
undercharge nedoplatok; nedostatočný poplatok; počítať nízku cenu
underconsumption podpriemerná spotreba
undercut znížiť cenu; predávať za nižšiu cenu; pracovať za nižšiu cenu
underdevelopment zaostalosť; nerozvinutosť
underemployment čiastočná zamestnanosť
underestimate podceniť; nedoceniť
undergraduate vysokoškolák; vysokoškolský študent; študentský
undermentioned nižšie uvedený
underground economy tieňová ekonomika
underlet dať do prenájmu; prenechať pod cenou
underlying podklad (cenný papier slúžiaci ako podklad pre kúpne a predajné opcie)
~ **bond** obligácia s prednostným právom na majetok
~ **lien** základné bremeno
~ **mortgage** základná hypotéka
~ **retention** základný vrub poisťovne
~ **stock** relevantné akcie
underpay neadekvátna mzda; nedostatočne platiť
underproduction podvýroba
underrate podceňovať; nízko odhadnúť
undersell predávať pod cenou (za nízku cenu)
understaffed: be understaffed mať nedostatok personálu
understanding: on the understanding that ... s podmienkou, že
undersubscribed issue nekrytá emisia
undertake podnikať; podniknúť; vziať do rúk; odvážiť sa; pustiť sa do; vykonať; zaviazať sa
~ **an obligation** prevziať záväzok
~ **for st.** zaručiť sa za niečo
undervaluation podhodnotenie; udanie nižšej ceny
underwithholding nedoplatok na dani zrazenej zo mzdy
underwrite upísanie (novej emisie cenných papierov); podpísať poistku; poistiť
underwriter poisťovateľ; poistiteľ; poisťovňa; riaditeľ dopravnej poisťovne; emisný systém; investičný bankár; upisovateľ
underwriter's spread upisovateľské rozpätie
underwriting upisovanie; prevzatie emisie cenných papierov; poisťovanie záruk
~ **account** poisťovací účet
~ **group** upisovateľské konzorcium
~ **risk** riziko banky z neúspešného predaja novej emisie cenných papierov
~ **suspense account** účet očakávaných poisťovacích výdavkov
underwritten signatures nižšie napísané (dole uvedené) podpisy
undesirable nežiadúci; nevhodný
undigested securities „nestrávené" (zvyšné) cenné papiere
undistributed net income (UNI) nerozdelený čistý príjem
~ **profit** nerozdelený zisk
~**-profits tax** daň z nerozdeleného zisku
undivided interests pozri joint tenancy, tenancy by the entirety, tenancy in common
~ **right** bezpodielové vlastníctvo
undo uvoľniť; otvoriť; zrušiť; anulovať; odčiniť; odvolať; zničiť; skaziť; rozobrať; obnoviť
~ **a contract** zrušiť zmluvu
undue nenáležitý; doteraz nesplatný; nepriemeraný; nevhodný;
~ **influence** nenáležitý vplyv
unearned bezprácny; nezaslúžený
~ **burden** nezúčtovaná réžia
~ **discount** nezarobený diskont
~ **income** bezprácny príjem; dôchodok z renty
~ **interest** nezarobený úrok
~ **premium** nespotrebované poistné; matematická rezerva v majetkovom poistení
unemployed nezamestnaný
~ **capital** mŕtvy (neinvestovaný) kapitál
unemployment nezamestnanosť
~ **benefit** podpora v nezamestnanosti
~ **compensation** podpora v nezamestnanosti
~ **insurance** poistenie pre prípad nezamestnanosti
~ **relief** podpora v nezamestnanosti
unencumbered nezadĺžený; nezaťažený
unendorsed bez rubopisu
unenforceable credit nevymáhateľná pohľadávka
uneven nerovnomerný; nerovný; nevyrovnaný
~ **market** nevyrovnaný trh
unexpired risks dlhšie trvajúce poistenie
unfair nekalý; nespravodlivý; nečestný; nepoctivý; neslušný; nedodržiavajúci pravidlo
~ **competition** silná konkurencia; nekalá konkurencia; nekalá (nečestná) súťaž
~ **list** am. čierna listina (zamestnávateľov)
unfavourable balance of trade nepriaznivá obchodná bilancia
unfinished investment object nedokončená investícia
unfreeze funds uvoľniť peniaze

unfunded debt nekrytý (nefundovaný, nezaložený) dlh
~ **insurance trust** nezaložený poistný zverený majetok
~ **option** nefundovaná opcia
unified bond unifikačná obligácia
~ **credit** unifikovaná daňová úľava
uniform lineárny; homogénny
~ **accounting** jednotné účtovníctvo
~ **cash flow** unifikované peňažné toky
~ **chart of accounts** typová účtová osnova
~ **cost system** jednotné prevádzkové účtovníctvo
~ **delivered price** jednotná dodacia cena
~ **price** jednotná cena
unilinear tariff jednotná tarifa; sadzobník
uninsurable risk nepoistiteľné riziko
~ **title** nepoistiteľné vlastnícke právo
uninsured nepoistený
uninterrupted payment relations bezporuchový platobný styk
union spojenie; jednota; zjednotenie; zlúčenie; únia; konfederácia; zväz; združenie; spolok; zhoda; jednota; disjunkcia; logický súčet; súhrnný; súčtový
~ **card** odborárska legitimácia
~ **rate** minimálna hodinová sadzba (dohodnutá s odbormi)
uniphase jednofázový
unipunch dierovacie kliešte
unique jednoznačný; jedinečný; jednotný; špecifický
unissued capital nevydaný kapitál
~ **stock** nevydané akcie
unit kombinovaná emisia cenných papierov
~ **bank** separátna banka
~ **banking** jednotné bankovníctvo
~ **conversion cost** jednotkové náklady konverzie (spracovania)
~ **cost** jednotková cena; náklady na jednotku; jednotkové náklady
~-**elastic demand** dopyt s jednotkovou elasticitou
~ **investment trust** jednotný investičný fond
~ **labor cost** jednotkové náklady na prácu
~ **manager** riaditeľ hospodárskej jednotky (prevádzky, závodu)
~ **of account** účtová jednotka; zúčtovacia jednotka
~ **of currency** menová jednotka
~ **of trading** uzávierka
~ **posting plan for checking account** spoločné zaznamenávanie položiek šekových účtov
~ **price** cena za jednotku; cena za kus; jednotková cena
~ **pricing** jednotková cenotvorba
~ **redemption** spätná kúpa pôžičiek
~ **savings plan** spoločné zaznamenávanie položiek do záznamovej knihy vkladateľa
~ **teller** pokladník pri príjme aj výdaji
~ **teller system** jednotný pokladničný systém
~ **trust** investičný fond; podielový fond
unitary jednotkový; pobočka sporiteľného a úverového združenia
~ **investment fund** unitárny investičný fond
~ **tax** jednotná daň
united economical year jednotný ekonomický rok
United States Government Securities cenné papiere vydávané vládou USA
universal bank univerzálna banka
~ **life policies** všeobecné životné poistenie
unlimited accounts neobmedzený účet
~ **company** verejná spoločnosť; spoločnosť s ručením neobmedzeným
~ **credit** neobmedzený úver
~ **liability** neobmedzené ručenie (za dlhy)
~ **mortgage** neobmedzená hypotéka
~ **tax bond** neobmedzený daňový úpis
~ **tax liability** neobmedzená daňová povinnosť
unliquidated nezaplatený; neuhradený; nevyrovnaný; nezlikvidovaný
~ **claim** nelikvidovaný nárok
unlisted market neregistrovaný trh
~ **securities** nekótované cenné papiere
~ **trading privileges** výsada neregistrovaného obchodovania
unload predávať; zbavovať sa niečoho; vyložiť; zložiť (náklad); uvoľniť do pamäti zavedený súbor; vyňať (disk)
~ **stock** predať špekulačné cenné papiere
unloading výpredaj (predaj cenných papierov alebo tovaru na zamedzenie strát v prípade poklesu cien)
unmatched nesúhlasný; nezodpovedajúci; bez konkurencie; nevyrovnateľný; nepárovaný (záznam); neprispôsobený; neporovnateľný
unmatured bill „nedospelá" (nesplatná) zmenka
unmerchantable nepredajný
unnamed policy poistka bez mena (lode)
unneeded nadbytočný
unpaid (unpd.) nezaplatený; nesplatený; bezplatný
~ **balance** nesplatený zostatok
~ **capital** nesplatený kapitál
~ **capital stock** nesplatený základný kapitál
~ **dividend** nesplatená dividenda
~ **interest** dlžné úroky
unpayable nevýnosný
unpredictable neočakávaný; nepredpovedateľný
unprejudiced nezaujatý; vecný; bez predsudkov

unpriced neocenený; bez uvedenia ceny
unproductive capital neproduktívny kapitál
unprofitable nerentabilný; nevýnosný; nevýhodný; neužitočný; zbytočný
~ **price** stratová cena
unrealized profits nerealizované zisky
unrecovered cost neuhradené náklady
unredeemable neumoriteľný; nevyplatiteľný
unredeemed pledge nevyplatená záloha
unregistered stock neregistrovaná akcia; akcia na doručiteľa
unsalaried bezplatný; neplatený
unsaleable nepredajný
unsatisfactory account neuspokojivý účet
~ **turnover** neuspokojivý obrat
unsatisfied demand neuspokojený dopyt
unscheduled neplánovaný
unsealed nezapečatený; bez pečate; neuzavrený; nezalepený; nezaplombovaný
unsecured bond nekrytá obligácia
~ **credit** nekrytý úver
~ **creditor** nezabezpečený veriteľ
~ **debt** nezabezpečený dlh
~ **lending** nezabezpečená pôžička
~ **loan** nezabezpečená pôžička
~ **note** nekrytá zmenka
unsettled account nezaplatený účet
~ **claim** nevyrovnaná pohľadávka
~ **debts** nezaplatené dlhy
~ **market** neustálený trh
unstable market nestabilný trh
unsteady market neistý (kolísavý) trh
untouched by human hands plne automatizovaný
unvalued policy poistka na náhradu škody; škodová poistka
~ **stock** neocenené akcie
unwarranted price premrštená cena
unweighted average nevážený (štatistický) priemer
up tick za vyšší kurz
~ **tick** transakcia uskutočnená za cenu vyššiu ako transakcia predchádzajúca
~ **to the amount** až do čiastky
~**-value** zhodnotiť; zvýšiť cenu
update aktualizovať; obnoviť; modernizovať; aktualizačný
~ **write** aktualizačný zápis
upgrade zvýšenie úverového limitu
upkeep náklady na údržbu; udržiavanie
upon sight pozri sight draft
upper management vyšší management; vyššie zložky riadenia (vedenie)
~ **price limit** horný cenový limit
ups and downs výkyvy kurzov (na burze)
upset price základná cena pri dražbe; najnižšia cena; vyvolávacia cena
upside gap horná medzera
upswing zvyšovanie konjunktúry
upward compatibility vzostupná zlučiteľnosť; kompatibilita zhora
urban and regional policy politika územného rozvoja (regionálna politika)
~ **informal sector** sféra pracovného trhu, kde nemožno uplatniť pracovnoprávne predpisy
urbank mestská banka
urge povzbudzovanie; popud; pobádať; namáhať sa; nútiť; urgovať; ponáhľať; nútiť; naliehať; naliehavo potrebovať
~ **for st.** usilovať sa o niečo
~ **on** naliehať na niečo
urgent call súrny hovor
usable použiteľný
~ **bonds** variant opčnej obligácie na Eurotrhu
~ **capacity** užitočný výkon; užitočná kapacita
usage of the stock exchange burzová uzancia
~ **of trade** obchodná uzancia; obchodný zvyk
usance zmenková lehota; uzancia; zvyklosť; úrok; výnos z užívania
use of income použitie zisku
~ **tax** užívateľská daň
~ **value** úžitková hodnota
user užívateľ; používateľ; spotrebiteľ; abonent; užívacie právo; zvyklosť; užívateľský
~ **charges** užívateľské poplatky
~ **cost** užívateľské náklady
usuance použitie; úrok; príjem; zmenková lehota
usufructuary right užívacie právo
usurious rate of interest úžernícka úroková sadzba
usuriuos interest úžernícky úrok
usurper držiteľ mala fide; nepoctivý držiteľ
usury úžera
utilities akcie verejno-prospešných podnikov
utility užitočnosť; úžitkový predmet; funkčnosť; verejné služby; obslužný program
~ **goods** úžitkový tovar
utilize využiť; použiť; užiť; upotrebiť; zúžitkovať; spracovať
utmost: to do sb.'s utmost urobiť všetko, čo je v silách niekoho
utter a check uviesť šek do obehu
~ **false coin** dávať do obehu falošné mince
U.S. government deposits depozity (vklady) vlády USA

V

vacancy voľné miesto; pracovná príležitosť; neobsadený
vacant account neobsadený účet
vacate anulovať; prehlásiť neplatným; vzdať sa (úradu); odpratať
vacation club account účet úspor na dovolenku
~ **compensation** náhrada mzdy za dovolenku
valeurs fr. cenné papiere
valid schváliť; uznať platným; platný; právoplatný; závažný; záväzný; odôvodnený; pádny; silný; pevný
~ **claim** oprávnený nárok
~ **date** dátum vstupu do platnosti
~ **notes** platné bankovky
validate uviesť do platnosti; potvrdiť; ratifikovať; legalizovať
validation dôkaz; potvrdenie
validity of the L/C platnosť akreditívu
~ **period** doba platnosti
valorization valorizácia; zhodnotenie
valorize valorizovať; zhodnotiť
valuable cenný; hodnotný; drahocenný; vážený
valuables cenné veci; ceniny; cenné zásielky; cenné papiere
valuation ohodnotenie; ocenenie; odhad; hodnotenie
~ **account** účet oprávok
~ **by actual cost** ocenenie podľa skutočných nákladov
~ **charge** poplatok z hodnoty
~ **clause** doložka na istenie hodnoty
~ **of assets** ocenenie hospodárskych prostriedkov
~ **of balance items** súvahové ocenenie
~ **of real property** odhad nehnuteľností
~ **reserve** oprávka (k základným prostriedkom, aktívam)
value hodnota; cena; mena; valuta; čiastka; oceňovať; hodnotiť; hodnotový
~ **added** pridaná hodnota
~**-added approach to GNP measurement** metóda merania HNP podľa pridanej hodnoty
~ **added tax (VAT)** daň z pridanej hodnoty
~ **adjustment** opravné položky
~ **analysis** hodnotová analýza
~ **as per invoice** cena podľa faktúry
~ **asset** hodnota aktív na kmeňovú akciu
~ **axis** os Y
~ **bill** cenný papier
~ **cash** pokladničná hotovosť
~ **charge** poplatok z hodnoty
~ **compensated** kompenzovaná hodnota
~ **date** hodnota k dňu (dátumu)
~ **for customs purposes** colná hodnota
~ **in a/c** hodnota na účte
~ **invoiced** účtovaná (fakturovaná) cena
~ **of acquisition** obstarávacia cena
~ **of money** hodnota peňazí
~ **on the labour market** hodnota na pracovnom trhu
~ **proclaimed** úradné kurzy
~ **received** zaplatené
~ **sign** znamienko hodnoty
~ **surcharge** hodnotová prirážka
value: of no value bezcenný
valued as original policy poistná hodnota podľa pôvodnej poistky
~ **policy** poistka na pevnú čiastku; poistka na sumu
valueless bezcenný
valuer odhadca
valuta crown devízová koruna
vanilla transaction spoločnosť predáva sama seba
variable premenná; veličina; kvantitatívny znak; premenný; premenlivý; kolísavý; nestály; variabilný; modifikovaný
~ **amount note** zmenka na variabilnú čiastku
~ **annuity** variabilná renta, anuita
~ **budget** alternatívny rozpočet
~ **capital** variabilný kapitál
~ **cost** premenlivé náklady
~ **costing** kalkulačná metóda, pri ktorej sa zisťujú variabilné náklady na výrobok a fixné náklady sa pripočítavajú formou príspevku
~ **expenses** premenlivé náklady
~ **interest plus (VIP)** variabilný úrok plus
~ **life insurance** variabilné životné poistenie
~ **pricing** variabilná tvorba cien
~ **rate** variabilná úroková miera
~**-rate account** účet s variabilnou úrokovou mierou
~**-rate CDs** depozitné certifikáty s variabilnou úrokovou mierou
~**-rate certificate** certifikát s variabilnou úrokovou mierou
~**-rate mortgage** hypotéka s variabilnou úrokovou mierou
variance rozptyl; variancia; odchýlka; diferencia; rozpor medzi tvrdením; zmena; nezhoda; kolísanie
variation of exchange kolísanie (zmeny) kurzu
~ **of prices** zmeny (kolísania) cien
variations in prices cenové výkyvy
~ **in the market** trhové zmeny; zmeny na trhu
varying prices kolísavé ceny
vault trezor; trezorová miestnosť
~ **cash** pokladničná hotovosť; trezorová hotovosť
~ **receipt** potvrdenie o uložení do trezoru

veil of money theory teória peňažného závoja
velocity of circulation rýchlosť obehu
~ **of money** rýchlosť peňažného obehu
~ **shop** miesto, kde banky predávajú hypotéky sekundárnym úverovým trhom
velvet slang. ľahký zisk; výhra
venality predajnosť; úplatnosť
vend predaj; predávať
vendee kupujúci
vender's shares zakladateľské akcie
vendor predávajúci
vendor's lien záloha predávajúceho
vendue verejná dražba
venture riziko; špekulácia; obchodné podnikanie; rizikové podnikanie; riskovať; špekulatívny
~ **capital** rizikový (špekulatívny) kapitál; kapitál vložený do spoločného podniku
~ **capital financing Co.** inovačná kapitálová spoločnosť
~ **capital funds** rizikové investičné fondy
verification verifikácia
verify a statement potvrdiť správnosť výpisu účtu
vertical merger vertikálna fúzia
vest previesť (majetok); prepožičať; zveriť
vested capital investovaný kapitál
~ **estate** nezadateľné právo držby
~ **rights** oprávnené nároky
vesting oprávnenie
vide pozri
view pohľad (of - na); obraz; výhľad; názor; hľadisko; predstava; prehľad; úmysel; zámer; zreteľ; stanovisko; dohľad; vzhľad; pozrieť sa; pozerať sa; prezerať si; posudzovať; zobraziť; sledovať
vigorish percentá zo stávky; úrok
violate porušiť; zrušiť
violation porušenie; prestúpenie; priestupok (zákona); zneužívanie; narušenie (súkromia dát)
~ **of customs laws** colný priestupok
virtue účinnosť; cena; podstata
vis-a-vis na resp. voči niekomu
~ **major** vyššia moc
visa vízum; úradné potvrdenie
visa: entry visa vstupné vízum
~ **transit visa** tranzitné vízum
visible items of trade viditeľné obchodné položky
visibles viditeľné položky
visiting card navštívenka; vizitka
void prázdny priestor; zrušiť; prehlásiť za neplatné; urobiť neplatným; vymazať; anulovať
~ **contract** neplatná zmluva
~ **of contract** zrušiť kontrakt (zmluvu)
voidable contract zrušiteľná zmluva
volatile investment vrtkavé investície; nestále investície
volatility volatilita; nestálosť
volume rozsah (objem) transakcií na burze
~ **cost** objemová cena
~ **discount** objemový diskont
~ **of business** objem obchodu; obrat
~ **of foreign trade** objem zahraničného obchodu
~ **of liquid assets** likvidné aktíva
~ **of trading** objem obchodovania; obrat na komoditnej burze
voluntary association account sporiteľný účet neregistrovaného združenia
~ **contributions** dobrovoľné príspevky
~ **dissolution** dobrovoľná likvidácia (rozpustenie spoločnosti)
~ **insurance** dobrovoľné poistenie
~ **retail buying chain** dobrovoľná reťaz
~ **trust** poručnícky majetok z vlastnej vôle
vostro account váš účet
vote on account súhlas parlamentu na použitie rozpočtových úverov pred definitívnym schválením rozpočtu
voting right (stock) hlasovacie právo (akcie)
~ **shares** akcie spojené s hlasovacím právom
~ **stock** akcie spojené s hlasovacím právom
voucher účtovný doklad; potvrdenie; ručiteľ; svedok; záruka
~ potvrdenie; poukaz; poukážka; doklad; bon; ručiteľ; svedok; záruka; značka pri inceráte
~ **audit** dokladová revízia
~ **check** voucherový šek
~ **checking** preskúšavanie účtovných dokladov; kontrola účtovných dokladov
~ **preparation** vyhotovenie účtovného dokladu
~ **register** kniha prijatých účtov
~ **requirements** náležitosť účtovného dokladu
vouchers preukazné doklady; účtovné doklady
~ **circulation** obeh účtovných dokladov
~ **payable** splatné vouchery (doklady)
voyage policy cestovná poistka

W

Wachovia adjustable mortgage upraviteľná hypotéka typu Wachovia
wad slang. zvitok bankoviek
wage mzda; plat; výplata; odmena; mzdový
~ **and other payment** mzda a iné osobné náklady
~ **and price rigidities** mzdová a cenová nepružnosť
~ **and salary administration** správa miezd a platov
~ **assignment** pozastavenie vlastnej mzdy
~ **bill** mzdový fond
~ **bookkeeping** mzdové účtovníctvo
~ **boost** jednorázové zvýšenie miezd
~ **bracket** mzdové rozpätie; platová stupnica
~ **card** mzdový lístok
~ **category** tarifná trieda (mzdová)
~ **cost** mzdové náklady
~ **deduction** zrážka zo mzdy
~ **department** mzdová učtáreň
~**-drift** stúpanie miezd
~ **effect** mzdový efekt
~ **floor** minimálna mzda
~ **freeze** zmrazenie miezd; úradná úprava miezd
~ **fund** mzdový fond
~ **grades** mzdové triedy
~ **hour rate** mzdová hodinová sadzba
~ **incentives** pobádacia mzda
~ **increase** zvýšenie miezd
~**-increase** zvyšovanie miezd
~ **input** mzdové náklady (vstupy)
~ **level** mzdová hladina
~ **maker** tvorca miezd
~**-payment plan** mzdová sústava; mzdový systém
~ **policy** mzdová politika
~ **pressure** mzdový tlak; tlak na zvýšenie miezd
~**-price control** mzdová a cenová regulácia
~**-price policy** mzdová a cenová politika
~**-price spiral** mzdová a cenová špirála
~**-push inflation** mzdami tlačená inflácia; mzdová inflácia
~ **rate** mzdová sadzba; mzdová tarifa
~ **restraint** brzdenie rastu miezd
wage(s) mzda
~ **fund** mzdový fond
wage schedule mzdová tarifa
~ **slip** výplatná páska
~ **spread** mzdové rozpätie
~ **stabilization** stabilizácia miezd
~ **system** mzdová sústava
~ **tariff** tarifná trieda (mzdová)
wageless neplatený
wagering policy špekulačná poistka
wages accounting mzdové účtovníctvo; výplatná listina
~ **and salaries accounting** mzdové účtovníctvo
~ **bookkeeper** mzdový účtovník
~ **clerk's office** mzdová učtáreň
~ **in advance** záloha na mzdu
~ **supplements** príplatok k mzdám
waggonage prepravné (v žel. doprave)
wagon hire nájomné za vagón
waiting line theory teória (čakacích) radov
~ **period** čakacia doba
waive a claim vzdať sa nároku
waiver vzdanie sa práva
~ **of premium** vzdanie sa prémie; oslobodenie poistenca od ďalšieho platenia poistného
walk clerk inkasný zriadenec banky
~**-out** štrajk (narýchlo vyhlásený); protestný odchod zo schôdze
want potreba; nedostatok; núdza; potrebovať; žiadať; chcieť; priať si; chýbať; hľadať
~ **of money** nedostatok peňazí
wanted for cash za hotovosť
war bond vojnová obligácia
~ **debts** vojnové dlhy
~ **indemnity** vojnové odškodnenie
~ **loan** vojnová pôžička
~**-profits tax** daň z vojnových ziskov
~**-risk insurance** poistenie proti vojnovému nebezpečenstvu
warehouse charges skladiskové poplatky; skladovacie poplatky; nájomné za uskladnenie
~ **customs bond** poistka colných záruk
~ **receipt** skladový list; skladové potvrdenie
~ **stock** skladové zásoby
~ **to warehouse insurance** poistenie zo skladu do skladu
~ **warrant** skladový list
warehousing skladovanie; pozastavenie hypotéky; skladové hospodárstvo; skladová evidencia; prevádzka skladov
~ **loan** skladová pôžička
warning výstraha; varovanie; výpoveď; poplach; pokarhanie; oznámenie; pokyn; vyzvanie; výstražný
warrant záruka; potvrdenie; splnomocnenie; príkaz na výplatu; príkaz výstavovateľa zmenky; platobný poukaz; opčný list; varant
~ **issue** varantová obligácia
~ **of attorney** príkaz (splnomocnenie, plná moc) právnemu zástupcovi; procesná plná moc
warranted rate of growth zaručená miera rastu ekonomického rozvoja
warrants payable splatné opčné listiny

warranty záručné prehlásenie; záruka; ručenie; záručný list
~ **deposit** peňažná záruka
wash sale fingovaná kúpa (na burze)
wastage plytvanie; odpad; roztrúsenie; ubúdanie
~ **in bulk** úbytok množstva; strata na hmotnosti pri doprave
waste odpad(y); strata; nepodarok; plytvanie; mrhanie; opotrebovanie; nešetrné zaobchádzanie; zanedbanie; neúčelné výdavky; plytvať; likvidovať; nadbytočný; odpadový
~ **book** strazze (pomocná účtovnícka kniha)
watch and ward prísny dozor; sledovanie
~ **filing** postup, ktorým je upisovateľ upozorňovaný na straty z malých rizík
watching charges výdavky za stráženie
water-borne agreement dohoda o obmedzenom ručení poisťovne za nebezpečia vojny na dopravu po mori
~ **policy** špekulačná poistka
~**-power tax** daň z vodnej energie
watered stock akcie prekapitalizovanej spoločnosti
ways and means committee rozpočtový výbor
weak holdings slabé držby
~ **market** slabý trh; klesajúci trh
wealth majetok; dedičstvo
~ **tax** daň z bohatstva
wear and tear opotrebovanie veci používaním; fyzické opotrebenie majetku normálnou prevádzkou
weather insurance poistenie proti dažďu
weed off „prepliet"; slang. vziať peniaze zo zvitku bankoviek
week týždeň; týždenný
~ **order** týždenný príkaz
weekday všedný deň
weekly pay týždenná mzda
~ **report** týždenná správa
~ **wage** týždenná mzda
weight allowance tolerancia straty hmotnosti
~ **charge** poplatok podľa hmotnosti
~ **pay** týždenná mzda
weighted average vážený priemer
~ **average cost of capital** vážené priemerné kapitálové náklady
weighting coefficient koeficient vyváženosti
welfare economics ekonomika blahobytu (sociálneho a hmotného)
~ **payments** platby verejnej sociálnej starostlivosti
~ **policy** sociálna politika
~ **state** sociálny štát; „štát blahobytu"
well-conditioned v dobrom stave; vyrovnaný; vyvážený
~**-earned** poctivo zarobený; zaslúžený
~**-off** zámožný; majetný
~**-supplied market** dobre zásobený trh
wellhead tax daň zo studne (pri ťažbe ropy)
went to the wall zlikvidovaný; zbankrotovaný
wet lease operatívny leasing, pri ktorom sa prenajímateľ zaväzuje poskytovať určité služby
wharf charges pobrežné poplatky
what-if analysis analýza citlivosti
wheelage mýto
wheeler-dealer prešibaný obchodník
when, as, and if issued (WI) pozri when issued
~ **issued (WI)** v prípade vydania; v prípade emisie
whipsaw slang. kto kupuje pri vysokom kurze a predáva za nízky kurz
whipsawed utrpieť podstatnú stratu
whole coverage úplné krytie
~ **loan** celá pôžička
wholesale veľkoobchod; obchod vo veľkom; predávať vo veľkom; veľkoobchodný
~ **banking** veľkobankovníctvo; poskytovanie bankových služieb zákazníkom so silným finančným zázemím
~ **business** veľkoobchodná činnosť; veľkoobchod
~ **dealer** veľkoobchodník
~ **discount** veľkoobchodný rabat; diskont
~ **market** medzibankový peňažný trh
~ **markup** veľkoobchodná prirážka
~ **merchant** veľkoobchodník (hlavne dovozca-vývozca)
~ **money** veľkoobchodné peniaze
~ **price** veľkoobchodná cena
~ **trade discount** veľkoobchodný rabat
~ **value** veľkoobchodná cena
wholesale: by wholesale vo veľkom
wide-area data service dataservis za paušálne poplatky
~ **market** široký trh
~ **opening** široké zahájenie
widening of capital rozširovanie kapitálu
widespread increase of prices všeobecný rast cien
wild cat pochybný (nezákonný) podnik; neoficiálny štrajk (neschválený odbormi); ilegálny; nenormálny; neoprávnený; divoký
wildcat bank pokútna banka; nesolídna banka
~ **money** nedostatočne krytá výmena
willingness to pay ochota platiť
win výhra; terno; získať; vyhrať
wind up an account zrušiť účet; zlikvidovať účet
~**-up of company** likvidácia podniku
windfall profit neočakávaný zisk

~ **profits tax** daň z neočakávaných ziskov
~ **profit** neočakávaný zisk
winding down inflation postupné zmierňovanie inflácie
~**-up profit** dobropis pri likvidácii
window envelope obálka s okienkom (pre adresu)
~ **warrant** opčný list
wipe off a debt umoriť dlh; splatiť; vyrovnať
wiped out úplný krach
wiping off a debt úhrada dlhu; vymazanie dlhu
wire house významný maklér
wise hov. informovať; spôsob; múdry; rozumný; skúsený; zručný; odborný
~ **up** upozorniť; dať výstrahu
~ **up to st.** uvedomiť si niečo
with a view to ... s cieľom ...
~ **all faults** bez záruky
~ **effect from** s platnosťou od
~ **exchange** zápis na splatnom šeku alebo zmenke, ktorý znamená, že inkasné poplatky a čiastky pôjdu na vrub platiteľa v prípade šeku a na vrub príjemcu v prípade zmenky
~ **full recourse** s plným postihom
~ **reference to** podľa
~ **respect to ...** pokiaľ ide o ...; s ohľadom na ...
with/without notice s/bez výpovednej lehoty
withdraw vziať späť; odobrať; vyňať; stiahnuť (z obehu); odvolať (z funkcie); vybrať; vyzdvihnúť (peniaze); vzdialiť sa; odísť; odobrať sa (na poradu); odvolať
~ **money from the bank** vyzdvihnúť peniaze z banky
~ **operation** operácia výberu; výber
withdrawal vyzdvihnutie peňazí; odčerpanie; výber
~ **form** výberný lístok
~ **notice** avízo na výber
~ **of a paid-on for value** zrušenie dobierky
~ **of an order** stiahnutie objednávky
~ **ratio** pomer výberov
withheld zadržaný; zrazený (daň); pozastavený
withhold benefit zadržať dávku; nevyplatiť dávku
withholding zrážka; zrazená daň zo mzdy
~ **tables** tabuľky dane zo mzdy
~ **tax** daň vyberaná zrážkou; daň z výnosu cenných papierov
won menová jednotka Kórejskej republiky
word slovo; správa; odkaz; poznámka; sľub; heslo; vyjadriť slovami; formulovať; štylizovať
work práca; činnosť; dielo; zamestnanie; agenda; výrobok; závod; továreň; výroba; účinok; pracovať; vykonávať; tlačiť; pracovný; operačný
~ **at a low rate of pay** pracovať za nízku mzdu
~ **economics** ekonomika práce
~ **for wages** pracovať za mzdu
~**-in-process** rozpracovanosť
~ **in return of wages** práca za mzdu
~ **schedule** pracovný režim
~ **trip** cesta do práce a z práce
work: at work pri práci; v práci
~ **to be out of work** byť bez práce; byť nezamestnaný
workaday bežný; všedný
workday am. pracovný deň; pracovná doba; všedný deň
worked off znížený
working pracovná činnosť; práca; riadenie; prevádzka; spracovanie; pohyb; postup; pôsobenie; výpočet; prevádzkový; pracovný; pracujúci; hlavný; operačný; aktívny
~ **ability** pracovná schopnosť
~ **accident** pracovný úraz
~ **assets** obežné prostriedky
~ **balance** pracovná bilancia (nezverejnená časť globálnych menových rezerv centrálnej banky)
~ **capital** obežný kapitál; prevádzkový kapitál; finančné aktíva
~ **capital acceptance** akceptácia prevádzkového kapitálu
~ **capital loan** pôžička na prevádzkový kapitál
~ **capital ratio** všeobecná likvidita (koeficient alebo podiel)
~ **capital turnover** obrat prevádzkového kapitálu
~ **cost** vlastné náklady
~ **expenses** režijné náklady; prevádzkové náklady
~ **funds** prevádzkové prostriedky; obežné fondy
~ **method** pracovný postup
~ **of an account** vedenie účtu
~ **place** pracovisko
~ **population** činné obyvateľstvo
workload pracovná náplň; pracovná záťaž
workmen's compensation kompenzácia pracovníkom
workout loan pomocná pôžička
workshop pracovná porada; dielňa; prevádzka; pracovisko; menší závod; seminár; kurz; praktické cvičenie
World Bank Svetová banka
world depression svetová hospodárska kríza
~ **economic crisis** svetová hospodárska kríza
~ **economy** svetová ekonomika; svetové hospodárstvo

~ **market** svetový trh
~-**market price** svetová trhová cena
~ **reserve currency** svetová rezervná mena
worldwide letter of credit svetový akreditív
worth cena; hodnota; zásluha; vážnosť; hodný; cenný; stojaci za
worth: to be worth mať cenu; stáť
worthful hodnotný
worthy of credit úveruhodný
wraparound annuities „obalené" renty
~ **lease** trojstranný leasing
~ **mortgages** trojstranné „obalené" hypotéky
write písať; zapisovať; zápisový
~ **a policy** uzavrieť poistku
~-**down** znížená hodnota
~ **off** odpísať (dlh, stratu); amortizovať
~-**off** odpísané aktívum; odpis
~ **off of shortage** odpísanie manka
~-**offs** odpisy
~ **shorthand** stenografovať
~-**up** pripísanie
writer predajca opčnej zmluvy
writing predaj opcie
~ **off taxes** odpis daní
written-down value zostatková hodnota
~ **off debt** odpísaná pohľadávka
wrong krivda; bezprávie; nespravodlivosť; zlo; škoda; chyba; urážka; ukrivdiť; ublížiť; uraziť; chybný; falošný; zlý; nepravý; mylný; nepravdivý; nesprávny
~ **answer** chybná odpoveď
~ **entry** chybný zápis
wrongful possession neoprávnená držba
wrongly neprávom

X

X-efficiency X-efektívnosť
~-inefficiency neefektívna výroba
XX bez poistenia alebo záruk

Y

Y nominálny hrubý národný produkt
~ loan pôžička y
Yankee bond market americký obligačný trh
Yankees „amíci" (americké cenné papiere na londýnskej burze)
yard slang. stodolárová bankovka; stovka
~-end adjustment koncové vyrovnanie
~-end dividend mimoriadna dividenda; dividenda na konci roku
yardstick rates porovnávacie meradlo
year: from year to year rok čo rok
yearbook ročenka
yearly balance sheet ročná súvaha; bilancia
~ income ročný príjem
yellow-back slang. bankovka
yen menová jednotka Japonska
yield výťažok; úroda; výnos; investičná návratnosť; dávať; niesť; poskytovať úrok
~ (a profit) získať
~ a dividend of st. prinášať dividendu
~ a profit poskytovať zisk
~ accounts výnosové účty
~ interest prinášať úrok
~ maintenance zachovanie výnosu
~ of capital výnos kapitálu
~ on shares výnos z akcií
~ spread ziskové rozpätie
~ to adjusted minimum maturity výnosnosť v pomere k najkratšej životnosti obligácie
~ to lessor výnosnoť v pomere k požičiavateľovi
~ to maturity výnosnosť v pomere k splatnosti
~ to put výnosnoť v pomere k opčnému predaju
yields výnos cenných papierov
yo-yo stock hov. akcie s veľkými výkyvmi trhovej ceny
~-yo stocks (YYS) kolísavé akcie
young adult account účet mladých
your account váš účet; pozri vostro account
~ reference vaša značka
yours cordially so srdečným pozdravom
~ faithfully so všetkou úctou
~ sincerely s priateľským pozdravom
~ truly vo všetkou úctou; s pozdravom
yuan menová jednotka Číny

Z

zaire menová jednotka Konga a Zaire
zero balance nulové saldo
~-balance account účet s nulovým zostatkom
~ basis nulový základ
~-coupon bond obligácia s nulovým kupónom
~ coupon bonds obligácia s nulovým kupónom
~-coupon Eurobonds obligácie amerických spoločností (neplatí sa žiaden úrok, predávajú sa s vysokým diskontom)
~-loss bezstratový
~ losses nulové straty
~ proof nulová kontrola
~-rate and low-rate mortgage hypotéka s nulovou a nízkou úrokovou mierou
~-rated nezdaniteľný
~-sum game hra s nulovým súčtom
zillion hov. nepredstaviteľné množstvo
zip-code opatriť smerovacím číslom
~ code am. poštové smerovacie číslo
zloty menová jednotka Poľska
zone oblasť; pásmo; zóna; oblastný; pásmový; zónový
~ of free trade zóna voľného obchodu
~ pricing cenová tvorba podľa pásiem
zoom prudký vzostup (cien)

SLOVENSKO – ANGLICKÁ ČASŤ

A

a priori antecedent
~ vista after sight
abeceda, Morseova dot-and-dash code
abonent subscriber; participant; user
absencia spôsobená chorobou sick leave; sickness absence
absolútny specific; absolute
absolvovať take in
absorpcia takeover; merger
adaptovať alter
~ sa cope with changes
administratívny administrative; staff; clerical
administrátor, delegovaný managing director
adresa direction; place of residence; address
~ do bytu home address
~ do zamestnania business address
~, prázdna blank address
~, súkromná home address
~, vyvolávacia call address
adresár mailing list; dictionary; catalog
adresát addressee; consignee; payee; recipient
~ dlžobného úpisu obligee
Adresát neprijal Refused
adresát ponuky offeree
adresovať address
~ niekomu address to sb.
~ zásielku na zákazníka address to the customer
advokát counsel; attorney
advokátska komora bar
aféra affair
agenda business before meeting; work
~, bežná day-to-day transactions
~, mzdová salary administration
agent factor; canvasser; entrepreneur; agent
~, burzový broker; commission broker
~, colný custom agent
~, ekonomický economic agent
~, inkasný collection agent
~, poisťovací insurance agent
~ prevádzajúci akcie stock-transfer agent
~-sprostredkovateľ agent middleman
agentúra agents; agency; commission
~, komerčná commercial agency
~, odborná agency shop
~ sprostredkujúca prácu employment agency
~, štátna obchodná marketing board
agitácia agitation; drive
agitovať agitate; lobby
agregát package; aggregate
~, peňažný monetary aggregate
ak je nutné if required
~ nebude in default
~ nie je stanovené ináč except as otherwise provided for
akcelerátor (pomer kapitálu k objemu výkonov) accelerator
akcept acceptance
~, bankový bank acceptance
~, domáci domestic acceptance
~ len s podpisom trasáta general acceptance
akceptácia, banková bank acceptance
~ bianko acceptance in blank
~ na trhu market acceptance
~ obchodnej zmenky (súhlas s preplatením) trade acceptance
~ prevádzkového kapitálu working capital acceptance
~ rizika poistiteľom line
akceptant acceptor; promissor
~ ceny price taker
akceptovanie na protest acceptance upon protest
akceptovať platobnú podmienku accept the condition of payment
~ storno accept a cancellation
~ zmenku honour a bill; accept a bill; honor a bill
akcepty D/A drafts
akcia share; stock
~, bezplatná bonus share
~, grátis bonus stock; bonus share
~, hypotéková pawned stock
~, iluzórna phantom stock
~ je zaznamenaná nad nominál the share is at a premium
~, kmeňová ordinary stock; common share; primary share; ordinary share
~, ľudová people's share
~, mladá new share
~ na doručiteľa unregistered stock
~ na držiteľa bearer share
~ na meno personal share; inscribed share
~, neregistrovaná unregistered stock
~, nová new share
~, obyčajná common share
~, poskytnutá pri novej emisii žiadateľom allotment
~, pôvodná original issue stock
~, predajná (kampaň) sales campaign
~, preferenčná (prioritná) preference share; preference stock
~, prémiová bonus share; bonus stock
~, propagačná publicity campaign
~ s nízkym kurzom low share
~, sekundárna prioritná second preferred stock
~, spoľahlivá blue chip
~, uzatvorená closed stock
~ v obehu outstanding stock; outstanding capital stock
~ vysokej triedy quality stock

~, **zlatá** golden share
~, **železničná** railway share
akcie stocks; funds; share of stocks; shares
~, **bankové** bank stock; bank shares
~ **bez hlasovacieho práva** nonvoting stock
~ **bez nominálnej hodnoty** nonpar stock; no-par value stock
~ **bez uvedenia nominálnej hodnoty** nopar stock
~, **bežné** active stock
~, **delené** split stock
~, **fiktívne** kiting stock
~, **hypotékové** hypothecated stock
~, **klasifikované** classified stock
~, **kmeňové** capital stock; full-stock; common stock; equities
~, **kmeňové rozdelené do skupín** classified stock
~, **kolísavé** yo-yo stocks (YYS)
~, **kontrolné** control stock
~, **kumulatívne preferenčné** noncontingent preference stock
~, **kvalifikačné** qualification shares
~, **manažérske** management stock
~ **na meno** registered stock
~, **neocenené** unvalued stock
~ **nepodliehajúce záväzku ďalšieho platenia** nonassessable stock
~, **nepreferované** deferred shares; deferred stocks
~, **neprivilegované** deferred shares
~, **nesplatené** outstanding shares
~, **nevydané** unissued stock
~, **nezdanené** nonassessable stock
~ **obchodovateľné na burze** negotiable shares and entitlements
~, **obmedzené** restricted shares
~, **obranné** defensive stocks
~, **obyčajné** common stock; equities; junior equity
~, **obyčajné/kmeňové** ordinary shares
~, **oceliarske** steels
~, **ochranné** protective stocks
~, **oprávnené** eligible stock
~ **osadenstva** participating share
~ **patriace prvotriednym spoločnostiam** blue-chip stock
~, **pevné** strong stock
~, **požičané** loaned stock; loan stock
~ **predávané bez provízie** no-load
~, **prednostné** priority share
~, **preferenčné (prioritné)** preferred shares; preferred stock
~ **prekapitalizovanej spoločnosti** watered stock
~, **prepadnuté** forfeited stock
~, **pridelené** stock allotment
~ **priemyselných podnikov** industrials
~, **rastové** growth stock
~, **relevantné** underlying stock
~ **s právom na akumuláciu dividend** cumulative stock
~, **splatené** paid-up stock
~ **spojené s hlasovacím právom** voting shares; voting stock
~ **spoločnosti ťažiacej zlato** gold shares
~, **špekulačné** leverage stock
~ **špekulujúce na vzostup cien** long stock
~ **v držaní spoločnosti, ktorá ich vydala** treasury stock
~ **v obehu** shares outstanding; outstanding shares
~, **veľmi žiadané pri prvom predaji** hot issue
~ **verejno-prospešných podnikov** utilities
~, **vlastné** own shares; treasury stock
~, **vlastnené** stock-in-trade
~ **vynášajúce dividendu** dividend paying stock
~, **vypožičané** stock borrowed
~, **vysoko špekulačné** cats and dogs
~, **zakladateľské** vendor's shares
~, **zamestnanecké** staff shares
~, **zmiešané** miscellaneous stock
~ **znejúce na meno** stock certificate
~ **železničných spoločností** rails
~, **žiadúce kmeňové** desired capital stock
akcie: časť akcií spoločnosti vlastnená verejnosťou a predávaná na verejnosti public ownership
akcionár stock holder; investor; shareholder; stockholder; holder of shares
~, **ktorý vlastní 10 alebo viac percent akcií s hlasovacím právom** principal stockholder
~, **menšinový** minority stockholder
~, **nastrčený** dummy stockholder
~, **registrovaný** stockholder of record
akcionári corporators
~, **majoritní (vlastníci viac ako 50% akcií)** majority shareholders
akcíz excise; octroi; excise tax
akceptovať zmenku splatnú určitú dobu po videní sight a bill
ako je uvedené v zázname of record
~ **je uvedené vyššie** as stated above
akosť condition
~, **dobrá** ordinary gold
~, **dobrá stredná** gold middling
~, **druhá** second best
~, **prvotriedna** gold first
~, **slušná** fair quality
~, **stredná** gold second
~, **trhová** merchantable quality
~, **znížená** defective quality
akreditív credit letter; bill of credit; circuit note; letter of credit (L/C)
~ **bez uvedenia čiastky** blank credit

~, **bežný** circular note
~, **cestovný** traveller's letter of credit
~, **čistý** clean letter of credit; open letter of credit
~, **deliteľný** divisible letter of credit
~, **dokumentárny** documentary letter of credit
~, **komerčný** commercial letter of credit
~ **na financovanie dovozu tovaru** import letter of credit
~ **na predloženie** sight credit
~, **neodvolateľný** irrevocable letter of credit; irrevocable credit
~, **nepotvrdený** unconfirmed letter of credit
~, **odvolateľný** revocable letter of credit
~, **okružný (cirkulárny)** circular letter of credit
~, **osobný (peňažný)** personal letter of credit
~, **peňažný** cash letter of credit; personal letter of credit
~, **potvrdený, neodvolateľný** confirmed credit
~, **prevoditeľný** transferable letter of credit
~, **priamy** straight letter of credit
~, **reimburzný** reimbursement letter of credit; acceptance credit; reimbursement credit
~, **revolvingový** revolving letter of credit
~, **svetový** worldwide letter of credit
~, **šterlingový** sterling credit
~, **záložný** standby letter of credit
~, **zaručený** guaranteed letter of credit
akreditovať accredit
akt, verejnoprávny authentic act
aktíva resources; active capital
~ **a pasíva** assets and liabilities; assets and debts
~, **bežné** current assets
~, **bežné peňažné čisté** net current monetary assets
~, **burzové** stock-exchange assets
~, **celkové** gross assets; total assets
~, **celkové mínus pasíva** capital net worth
~, **čisté** net assets
~, **disponibilné** available assets
~, **dlhodobé** long-term assets
~, **finančné** financial assets; cash assets; monetary working capital; working capital
~, **fixné** noncurrent assets; fixed assets
~ **hlavnej účtovnej knihy** ledger assets
~, **hmotné (materiálne)** tangible assets
~, **kapitálové** capital assets
~, **krátkodobo realizovateľné** short-term realizable assets
~, **ktoré nie sú vedené v hlavnej účtovnej knihe** nonledger assets
~, **likvidné** liquid assets; volume of liquid assets; quick assets
~, **málo rizikové** low-risk assets
~, **mŕtve** dead assets
~, **nehmotné** intangible assets; intangibles; spiritual assets
~, **nelikvidné** long-term assets; illiquid assets
~ **nesúce úrok** interest-bearing assets
~, **nezárobkové** nonaccrual assets
~, **obežné** short-term assets
~, **obmedzené** restricted assets
~, **peňažné** asset money
~, **podnikové** corporate assets
~, **pochybné** doubtful assets
~, **pozastavené (ako záruka)** assets pledged
~, **prevádzkové** operating assets
~, **priznané** admitted assets
~, **rizikové** risk assets
~ **s citlivým úrokom** interest-sensitive assets
~, **skryté** hidden assets
~ **spoločnosti** corporate assets
~, **stále** assets fixed
~, **tuzemské** inland assets
~, **účtovné** account asset
~, **viazané** non-current assets
~, **vonkajšie** external assets
~, **vysoko likvidné** near-money; near money
~, **vysoko rizikové** high-risk assets
~, **vysoko výnosné** high-yield assets
~, **zahraničné** foreign assets
aktivácia capitalization
~ **hlavnej účtovnej knihy** general ledger (GL) trigger
~ **príjmu** capitalization of income
aktivita na trhu, znížená flat market
~ **účtu** account activity
aktivity dealera dealer activities
~, **finančné a obchodné** floatation; flotation
~, **investičné** investment activities
aktivizácia členov canvassing for members
~ **finančných nákladov** capitalization of financial costs
~ **zákaziek** canvassing of orders
aktívny working
aktivovanie capitalization
aktivovať enable
aktívum asset
~, **bežné** current asset
~, **burzové** stock exchange asset
~ **citlivé voči úrokovej miere (bankové úvery)** rate-sensitive assets
~ **dlhodobého charakteru (budovy, pôda, stroje)** fixed asset
~, **fixné** capital asset
~, **fixné (kapitálové)** permanent asset

~, **hmotné** tangible asset
~, **hypotékové** hypothecated asset
~, **nečinné** inactive asset
~, **nominálne** nominal asset
~, **nominálne (v hodnote 1 dolára)** nominal asset
~, **obežné** liquid asset; floating asset
~, **obyčajné** ordinary asset
~, **odpísané** write-off
~, **odpisovateľné** depreciable asset
~, **peňažné** monetary asset
~, **pomalé** slow asset
~ **použiteľné po určitej dobe** deferred asset
~, **pôvodné** original asset
~, **prípadné** contingent asset
~, **rezervné** reserve asset
~, **umŕtvené** dead asset
~, **záporné** minus asset
~, **zmrazené (napr. počas súdneho konania)** frozen asset
aktualizácia updating; posting; maintenance
~, **spätná** de-updating
aktualizačný update
aktualizovanie posting
aktualizovaný clean
aktuálnosť účtovníctva timeliness of accounting
aktuálny current
akumulácia accumulate; accumulation
~ **do zásob** inventory accumulation
~ **kapitálu** capital accumulation; accumulation of capital
~ **kapitálu, nadmerná** overaccumulation of capital
~ **kapitálu, optimálna** optimal capital accumulation
~ **kapitálu, pôvodná** primitive accumulation of the capital
~, **pôvodná** previous accumulation
~ **zásob** accumulation of stock; inventory accumulation
akumulačný accumulation
akumulovaný úrok accrued interest
akumulovať store
akvizícia promotion; acquisition; canvass
~, **primárna** primary acquisition
akvizície, burzové exchange acquisition
al pari at par
algoritmus computational procedure
aloi fineness
alokácia zdrojov (zásob, prostriedkov) resource allocation
alokovať allocate
alternatíva alternate; option; alternative
Americká burza cenných papierov American Stock Exchange (AMEX); Little Board
~ **tovarová burza** Amex Commodities Exchange
Americké štátne ukladacie papiere Savings Bonds
~ **združenie bankárov** American Bankers Association (ABA)
Americký sporiteľný a úverový inštitút American Savings & Loan Institute
~ **ústav pre bankovníctvo** American Institute of Banking (AIB)
Americká asociácia hypotekárnych bankárov Mortgage Bankers Association of America (MBA)
amortizácia depreciation; redemption; amortization; depreciation allowance; extinction
~ **dlhov** financial performance
~ **dlhu** loan repayments
~ **kapitálu** depreciation of capital
~ **obligácie** bond amortization
~, **povolená** allowed depreciation
~, **prípustná** curable depreciation
~ **základných prostriedkov** capital consumption
amortizovanie dlhov amortizing of debts
amortizovať write off; depreciate; amortize; redeem
analytik, burzový chartist
~, **systémový** computing analyst
analytika analytics; analytical accounts
analýza, aktívna activity analysis
~, **alokačná** allocation analysis
~ **cenného papieru** security analysis
~ **citlivosti** what-if analysis
~ **činností** activity analysis
~, **diferenčná** gap analysis
~ **dopytu** demand analysis
~, **dvojfaktorová** two-way analysis
~, **ekonomická** economic analysis
~ **finančnej rovnováhy** break-even analysis
~, **hodnotová** value analysis
~, **kovariačná** analysis of covariance
~ **kritickej cesty** critical path analysis (CPA)
~ **medziodvetvových vzťahov** analysis of interindustrial relations
~ **mŕtveho bodu** break-even analysis
~ **nákladov a výnosov** cost-benefit analysis
~, **nákladová** outlay analysis
~ **objednávok** order analysis
~ **objemu nákladov a zisku** cost-volume profit analysis
~ **odchýlky** analysis of deviation; analysis of variance
~, **operačná** operational analysis (OA)
~ **počítačom** computer analysis
~ **pomeru vynaložených prostriedkov k celkovému zisku** cost benefit analysis
~, **porovnávacia** comparative analysis
~ **príjmov (dôchodkov)** analysis of income

~, **profesijná** occupational analysis
~ **rovnováhy nákladov a výnosov (ekonomickej efektívnosti)** break-even analysis
~ **rozptylu** analysis of variance
~, **sieťová** network analysis
~ **spotrebiteľských požiadaviek** analysis of consumer demand
~ **stavov** status analysis
~, **stromová** decision-tree approach
~ **sústavy** analysis of the system
~ **toku** flow analysis
~ **trhu** market analysis
~ **údajov** data analysis
~ **úžitku a nákladov** benefit-cost analysis; cost effectiveness
~ **vkladu** deposit analysis
~ **vonkajších vplyvov** intervention analysis
~ **vzájomnej korelácie** analysis of covariance
~, **základná ročná (metóda analýzy finančných výkazov, ktoré sa porovnávajú s číslami základného roku)** base-year analysis
~ **zdrojov zmien** source of shifts analysis
~, **zhluková** cluster analysis
~ **zisku** analysis of profit
analyzovať resolve; analyze
analyzovateľnosť analysability
angažovanosť exposure
angažovať sa embark in st.
~ **sa v niečom** embark upon st.
ani inflácia, ani deflácia flation
anketa inquiry; public inquiry
anotácia annotation
antedatovanie antedate
antedatovať (skorší dátum ako v skutočnosti) antedate; foredate
anticipácia anticipation
anticipovať anticipate
anticipujúci anticipatory
anuita annuity; retirement annuity
~, **modifikovaná refundovaná v hotovosti** modified cash refund annuity
~ **na prežitie** survivorship annuity
~ **na prežitie, spojená** joint and survivor annuity
~, **okamžitá** immediate annuity
~, **pevná** fixed annuity
~, **prípadná** contingent annuity
~, **skupinová** group annuity
~, **splatná** due annuity
anuity, konsolidované consolidated annuities
anulovanie defeasance
~ **zmluvy** abrogation of agreement; nullification of agreement
anulovať abolish; vacate; cancel out; undo; declare null and void; annul; void; avoid
aparát, riadiaci management
apostrof (') single quote
arbitráž arbitrage
~, **devízová** switch; exchange calculation
~, **hospodárska** economic arbitrage
arbitrážne rozhodnutie award
árendátor lessee; renter
argument reasoning; argument
argumenty pre a proti pros and cons
arch, kontrolný tally sheet
~ **papiera** sheet
archív files; file
archivár recorder
archivovanie filing
~ **dokladov** record retention
asignát assignat
asignatár assignee
asimilácia assimilation
asistent assistant
asistent, odborný fellow
~ **účtovníka** junior clerk
asistovať stand by
asociácia, úverová credit association
atmosféra v podniku feel of the place
audit auditing
~, **komplexný** complete audit
~, **ročný** annual audit
~ **účtov** certificate of accounts
audítor auditor; public accountant
auditovať účty audit accounts
aukcia sale; public sale
autarkia self-sufficiency
autodopravca truckman
automat, bankový pre motoristov courtesy box
~, **elektronický účtovací** electronic accounting automaton
~ **na mince** slot machine
~, **pokladničný** automated teller machine (ATM)
automatizácia administratívy (kancelárskych prác) office automation
~ **bankových operácií** bank automation
~ **počítačom** computerization
~ **účtovníctva** automation of accounting; computerization of accounting
autonómny autonomic(al)
autorita authority; reputation
autorizácia/overenie úveru credit authorization/verification
autorizovaný proprietary; chartered; authorized
aval guarantee
avalovať coaccept
~ **bankou** coaccept by the bank
~ **zmenku** coaccept the draft
avízo credit advice; advice note; advice
~, **bankové** bank's advice
~ **na výber** withdrawal notice
~ **o odoslaní** letter of advice
~ **o odoslaní tovaru** consignment note
~ **o otvorení akreditívu** advice of opening

of L/C
~ **o realizovanej platbe** remittance advice
~, **písomné** letter of advice
~, **prevoditeľné** transferable notice
avizovať notify; advise
~ **písomne** advise in writing
~ **telexom** advise by telex
až do pending
~ **do čiastky** up to the amount
~ **do odvolania** until further notice; till forbid
ážio agio; prime
~ **(hodnota nad nominálnou hodnotou akcie)** premium
~, **emisné** capital in excess of par value; capital surplus; share premium
ažiotáž agiotage

B

bádanie research
balenie, jednorázové disposable wrapping
~, **pôvodné** original package
balíček mincí coin pack
balíčky, skontrolované ok packages
balík package; lot
~ **(akcií)** block
~ **(sto bankoviek)** package
~ **akcií, kontrolný** controlling interest
~, **cenný** insured parcel; parcel of value
~ **s deklarovanou cenou** package with price declaration
baliť package
banka bank; banking-house; institution
~, **akceptačná** accepting house
~, **akciová** joint stock bank
~, **autorizovaná** chartered bank
~, **ceduľová** bank of circulation; money creation authority; circulation bank; emissive bank; bank of issue
~, **centrálna** central bank
~, **centrálna v USA (federálna rezervová oblastná banka)** banker's bank
~, **clearingová** clearing house
~, **členská** member bank
~ **dát** data bank
~, **depozitná** deposit bank; depository bank; trust company; bank of deposit
~, **devízová** exchange bank
~, **diskontná (eskontná)** discount house; discounting house
~, **dlžná** debtor bank
~, **družstevná** cooperative bank
~, **emisná** bank of circulation; bank of issue
~, **eskontná a depozitná** bank of discount and deposit
~, **federálna** national bank
~ **hors-lieu** offshore bank
~, **hypotéková** mortgage bank; land bank
~, **investičná** investment bank
~, **komerčná** commercial bank
~, **kompenzačná** reimbursement bank
~, **korešpondenčná** correspondent bank
~, **ktorá inkasuje alebo prepláca na základe predložených dokladov** negotiating bank
~, **ktorá je depozitárom pre inú banku** correspondent bank
~, **ktorá koná pre zahraničnú banku** agent bank
~, **ľudová** people's bank
~, **medzinárodná** international bank
~, **mestská** urbank
~ **mimo mesta** country bank
~, **neparitná** nonpar bank
~, **nesolídna** wildcat bank
~, **nezávislá** independent bank
~, **obchodná** trading bank; commercial bank; merchant bank
~, **obľúbená** pet bank
~, **odosielajúca** sending bank
~-**odosielateľ** presenting bank
~ **odosielateľa, korešpondenčná** sender's correspondent bank
~ **operujúca ako dealer s cennými papiermi** dealer activities
~ - **platiteľ** paying bank
~, **podvodnícka** bogus bank
~, **poistená** insured bank
~, **pokútna** wildcat bank
~, **poľnohospodárska** land bank
~, **pozemková (hypotéková)** land mortgage bank
~, **pôdna** soil bank
~ **pôvodcu** originator's bank
~, **pôvodná** original bank
Banka pre medzinárodné zúčtovanie Bank for International Settlements
banka, priemyslová industrial bank
~ **príjemcu, korešpondenčná** receiver's correspondent bank
~, **prijímacia** receiving bank
~ - **príkazca** ordering bank
~, **problémová** problem bank
~, **regionálna** regional bank
~, **rezervná** reserve bank
~ **s kompletnými službami** full-service bank
~, **separátna** unit bank
~, **sprostredkujúca úverová** intermediate credit bank
~, **štátna** state bank; national bank
~, **univerzálna** general bank; universal bank
~, **ústredná** reserve bank; central bank
~, **ústredná mestská** reserve city bank
~ **v zahraničí** offshore bank; offshore banking unit (OBU)
~, **vystavujúca** issuing bank
~, **zápožičná** loan bank
~ **zaručených úspor** guaranty savings bank
~, **záručná** guarantee bank
~, **zúčtovacia** clearing bank; banker's clearing house
banka: hlavná obchodná miestnosť banky lobb
bankár financier; banker
~, **investičný** underwriter; investment banker
~, **súkromný** individual banker
bankomat automated teller machine (ATM); cashomat; cash dispenser
~, **nočný** card-activated night drop
bankovka note; national bank note; bank bill; bill; banking note; bank note
~, **dvojdolárová** two-case note
~, **stodolárová** hollow note

bankovky paper currency; currency; papers
~, **americké** greenback
~ **falšované zvýšením nominálnej hodnoty** raised bills
~, **hviezdne** star notes
~, **náhradné** replacement notes; star notes
~, **necelé/poškodené** defective notes
~, **nekryté** fiduciary issue; fiat money
~, **neupotrebiteľné** invalid notes
~, **platné** valid notes
~, **revalidované** revalidated notes
~, **rozstrihané** cut notes
~, **štátne** state bank notes
~ **v obehu** notes in circulation
~, **viacjazyčné** multilingual notes
~, **vydávané namiesto poškodených alebo zle vytlačených** replacement notes
~ **zhodnotené pretlačou (oficiálne)** raised notes
bankovky: v menších b. in small denomination
bankovníctvo banking; banking establishment
~, **bezšekové** checkless banking
~, **depozitné** deposit banking
~, **dvojité (podvojné)** dual banking
~, **elektronické** electronic banking
~, **investičné** investment banking
~, **jednotné** unit banking
~, **mnohostranné** multiple banking
~, **skupinové** group banking
~, **slobodné** free banking
bankový banking
~ **komisár** commissioner of banking
bankrot bankruptcy; financial ruin; insolvency
~, **priamy** straight bankruptcy
~, **úmyselný** fraudulent bankruptcy
bankrot: v bankrote in the tub
bankrotovať go bankrupt
banky dlhodobých investícií a úverov banks of long-term capital investments and credits
~, **ľudové** Mutual banks
~, **odborové** labour banks
~, **preferované úverové** preferred lender banks
~, **sprostredkujúce** intermediary banks
~, **špeciálne** special banks
bariéry, colné tariff barriers
barometre úveru credit barometrics
barter liée
báza dát data base; database
bazár, dobročinný sale of work
beh run
berný odhad assessment
bez ex
Bez cla Passed Free of Duty
bez cla free of duty; customs-free
~ **colných poplatkov** free of customs duties
~ **dane** free of tax
~ **dividend** ex-dividend (ex div; XD)
~ **dividendy** ex-stock dividend; dividend off; ex dividend
~ **dlhov** clear of debt
~ **dodávky** not a delivery
~ **dosiahnutia úspechu** re infecta
~ **konkurencie** unmatched
~ **kontroly** checkless
~ **krytia** no funds
~ **kupónu** ex-coupon
~ **nároku na nové akcie** ex new
~ **nominálnej hodnoty** no-par value
~ **ohľadu na výdavky** regardless of expenses
~ **pečate** unsealed
~ **peňazí** bare of money; out of money
~ **platenia** free of payment
~ **poplatkov** clear of charge
~ **porta** frank
~ **predsudkov** unprejudiced
~ **pripomienok** no comments
~ **prirážky** in full
~ **protestu** no protest
~ **rubopisu** unendorsed
~ **spojovníka** hyphenless
~ **určenia dátumu (lehoty)** sine die
~ **úrokov** flat
~ **úroku** ex interest
~ **uvedenia ceny** unpriced
~ **úveru** bare of credit
~ **všetkého** ex all
~ **výdavkov** exclusive of expenses; no expenses
~ **výhrad** clean; without reservation
~ **zákazníkov** clientless
~ **záruky** with all faults
~ **záväzkov** without any commitment
~ **záznamu** no record
~ **zisku** gainless
Bez zľavy No Discount
bez znamienka signless
~ **zrážky** no abatement; net cash
~ **zrážok** clear
bezcenný valueless; of no value
bezcolne duty free
bezcolnosť duty-free
bezcolný nondutiable
bezhotovostný cashless
bezchybný exact; clean
bezkonkurenčný matchless
bezpečnosť práce labour protection
bezpečnostný safe
bezpečný safe
~ **pred niečím** safe from st.
bezplánovitý aimless
bezplatne free of charge; cost free; without charge
bezplatný honorary; unsalaried; gratuitous; unpaid (unpd.); charitable

bezpodmienečný (zmluva) bare
bezpracný unearned
bezprávie wrong
bezpríplatkový nonsurcharged
bezprostredný immediate; first-hand
bezstratový zero-loss
bezšekový checkless
bezúčelný aimless
bezúhonný clean
bezúplatný gratis; gratuitous
bezúročne free of interest; no interest; interest free
bezúročný ex-interest; interest-free; non-interest bearing
bezvadný fair
bezvýznamný small-time
bežať na prázdno idle
bežný current; ordinary; stock-in-trade; workaday; instant
~ **mesiac** instant
bianko blank
bianko: žírovaný in bianko blank endorsed
bilancia balancing; account balance; balance; statement of assets and liabilities; balance sheet; asset and liability statement
~ **ako celok** balance as a whole
~, **aktívna obchodná** active trade balance; favourable trade balance; active balance of trade (payments); export credit balance
~, **pasívna obchodná** adverse balance of trade
~ **bežného účtu** balance of current account
~, **finančná** financial balance sheet
~, **hospodárska** list of balances
~, **hotovostná** cash balance
~, **kontrolná** trial balance
~, **maloobchodná** retail balance
~, **medzinárodná platobná** international balance of payments
~ **národného hospodárstva** balance of national economy
~, **nepriaznivá** adverse balance
~, **nepriaznivá obchodná** unfavourable balance of trade
~, **neviditeľná obchodná** invisible trade balance
~, **obchodná** trade balance; balance of trade
~ **obratu** turnover balance
~, **pasívna** short balance; imbalance; debit balance
~, **pasívna obchodná** import balance; import debit balance
~, **platobná** balance of payments; balance-of-payments
~ **pohľadávok a dlhov** balance of claims and liabilities
~ **pokladničnej zálohy** cash advance balance
~, **pracovná (nezverejnená časť globálnych menových rezerv centrálnej banky)** working balance
~ **pracovných síl** labour balance
~ **príjmov a výdavkov** balance of revenues and expenditures
~ **prírastkov a úbytkov základných fondov (kmeňového majetku)** balance of capital movements
~, **ročná** annual balance; annual balance sheet; yearly balance sheet
~, **rozpočtová** projected balance sheet; forecasted balance sheet
~ **skutočných peňazí** real-money balances
~ **so stratou** less-balance
~ **statkov a služieb** balance of goods and services
~, **stratová** less-balance
~, **súhrnná** aggregate balance sheet
~, **účtovná** balance account
~, **upravená** adjusted trial balance
~, **výročná** general balance
~, **základná** basic balance
~ **základných fondov** balance of fixed assets
~, **zhustená** condensed balance sheet
~, **zlúčená** consolidated balance sheet
~, **zúčtovacia** balance of claims and liabilities
bilancie, denné daily statement
~, **šterlingové** sterling balances
bilancovanie balance sheet work
~, **denné** daily balancing
~, **počítačové** computer balancing
bilión, brit. billion
binárny binary
blahobyt economic well-being
~, **čistý ekonomický** net economic welfare
~, **hmotný** tangible wealth; material welfare (well-being)
~, **hospodársky** economic welfare
blízko near
blízky near
blok entry; slot
~ **(kláves)** cluster
~ **(stĺpca)** stub
~, **kontrolný** controlling block
~, **menový** currency block
blokáda, obchodná embargo
blokovací disable
blokovanie lock-out
~ **(účtu)** blockage
blokovať block; lock
~ **niekoho** bar
bludný devious
bod item; spot
~, **absorpčný (keď trh s cennými pa-**

piermi odmieta ďalšie ponuky) absorption point
~, **finančný kritický** financial break-even point
~, **finančný mŕtvy** financial break-even point
~, **inflexný** point of inflection
~ **konjunktúry, najnižší** slump point
~, **konverzný** conversion point
~, **kritický** peril point; crash point; break-even point
~ **krízy, najnižší** trough
~, **mŕtvy** break-even point
~, **najnižší** low
~, **najvyšší (krivky)** apex
~ **obratu, dolný** trough
~ **obratu, dolný, ekonomickej aktivity** downturn in economic activity
~, **sedlový** saddle point
~, **sporný** issue
~, **trestný** penalty
~ **varu** cusp
~, **vstupný** entry
~, **východiskový** start
~ **zlata (pre výhodný vývoz alebo dovoz zlata)** specie point
~ **zlomu** crash point; corner
bodkočiarkovať dash-and-dot
body articles
~, **denné (použité v spojitosti s tranzitnou prácou a hlavnou účtovnou knihou banky)** day points
bohatí haves
bohatnúť na úkor iného batten
bohatstvo, národné national wealth
bohatý moneyed
boj contest
~, **konkurenčný** competitor's fight
~ **o život** rat race
bojkot boycott
bojkotovať boycott
bojovať o cenu contest for a price
bolestné smart money
bon voucher
bonifikácia incentive bonus; dividend; exclusive allowance
~ **úrokov** interest rate subsidy
bonita financial standing
~, **úverová** creditworthiness
bonita: najlepšie bonitné zaradenie cenných papierov (AAA) triple A
box, riadiaci check box
brať take in
~ **na úver** take on credit; go upon trust
~ **plný dôchodok** draw a full pension
~ **úplatky** bribe
bremeno incumbency; burden; encumbrance; load
~, **daňové** tax burden; pressure of taxation
~, **základné** underlying lien
~, **zvláštne daňové** special assessment liens
brožúra prospectus
brzdenie deceleration
~ **rastu miezd** wage restraint
budova, skladisková storage building
budúci ex ante; future
budúcnosť future
burza bourse; exchange; change
~, **Baltická (v Londýne, rozdeľuje náklady lodiam)** Baltic exchange
~ **cenných papierov** security exchange; stock exchange; house; stock market
~ **cenných papierov, americká v Kalifornii** Pacific Stock Exchange
~ **cenných papierov, Newyorkská** New York Stock Exchange (NYSE)
~, **devízová** foreign exchange
~, **domáca** domestic market
~, **komoditná** commodity exchange
~, **neoficiálna** kerb market; curb
~, **Newyorská merkantilná** New York Mercantile Exchange
~, **Newyorská poisťovacia** New York Insurance Exchange
~, **obchodná** mercantile exchange
~ **obchodných cenných papierov** commercial-paper house
~, **obilná** grain exchange; corn exchange
~, **organizovaná** organized exchange
~, **plodinová** corn exchange; produce exchange
~, **pokútna** inofficial market
~ **pre termínové obchody** futures exchange
~ **pre termínový obchod** contract market
~, **regionálna** regional exchange
~, **registrovaná** registered exchange
~ **s tovarom** commodity exchange
~ **termínovaných obchodov, Newyorská** New York Futures Exchange
~, **tovarová** commodity exchange
~, **zaisťovacia** reinsurance exchange
burzový exchange
burzy cenných papierov a komodít securities and commodities exchanges
bydlisko residence
~, **trvalé** domicile
byrokracia red tape
bystrý smart
byť akcionárom spoločnosti hold shares in the company
~ **bez práce** to be out of work
~ **deliteľný** contain
~ **dlžný** be bound
~ **hlavnou zložkou niečoho** dominate
~ **iného názoru** dissent
~ **menovaný za člena** to be named a member (of)
~ **na programe rokovania** appear on the agenda

~ **nezamestnaný** to be out of work
~ **niekomu naklonený** favour
~ **niekomu ručiteľom** stand a person surety
~ **niekým podporovaný** be backed by sb.
~ **oslobodený od dane** be exempt from tax
~ **oslobodený od daní** enjoy a tax-free status
~ **platný, vhodný** be available
~ **pod kuratelou** to be under guardianship
~ **povinný** owe; be due
~ **pri peniazoch** set up
~ **príčinou** cause
~ **pripravený** stand by
~ **prospešný** avail
~ **si vedomý** aware
~ **splatný** fall due; be due
~ **splatný za** have a life of
~ **sponzorom** stand sponsor
~ **spôsobený niečím** be due to st.
~ **trestaný** carry a penalty
~ **v čele kurzového lístku** pace the list
~ **v menšine** be in the minority
~ **v nevýhode** be disadvantaged
~ **v odklade** make a default
~ **v peňažnej tiesni** to be in queer streets
~ **v pohotovosti** stand by; to be in commission
~ **v pohybe (ceny)** to be on the move
~ **v prevádzke** to be in commission
~ **v prevádzky schopnom stave** to be in commission
~ **v rozpore** contravene
~ **v zhode** comply with
~ **vo väčšine** to be in the majority
~ **vyradený z prevádzky** to be out of commission
~ **zadĺžený** be in debt; be in debt to sb.; to be involved in debt
~ **zamestnancom firmy** to be on the staff of the firm
~ **zamestnaný niekde** be engaged in st.
~ **zbavený** forfeit
~ **zmluvne zaviazaný** be bound by contract
bývalý ex
bývanie living

C

cedent transferor; reinsured; granter
cedovať convey
cech craft
celistvý integer
celkom altogether; amount in full
celkový across-the-board; all-round; total; cumulative
~ **počet odovzdaných hlasov** ballot
~ **pohľad** overview
celočíselný integer
celok total; integer; aggregate
celonárodný nationwide
celoštátny nationwide
celoživotný lifetime
cena worth; cost; figure; price; virtue; value; lay up; rate; merit
~ **(odmena)** prize
~ **akcie** stock quotation
~ **akcií nižšia ako ich nominálna hodnota** shares below par
~ **akcií rovnaká ako ich nominálna hodnota** shares at par
~ **akcií vyššia ako nominálna hodnota** shares above par
~, **aplikovaná** administered price
~ **bez zliav a zrážok** long price
~, **bežná** market price; current price; common price
~, **bežná trhová** current selling price
~, **brutto** gross price
~, **burzová** stock-exchange value
~, **burzová (kótovaná)** listing price
~ **cenného papiera, najvyššia a najnižšia** intraday high and low
~, **cenníková** list price
~, **cieľová** target price
~, **čestná** price
~, **čistá** net price
~, **denná trhová** actual price
~, **detailná** retail selling price
~, **dodacia** delivery price
~, **dodacia, platná pri dodaní tovaru** landed cost
~ **dohodou** negotiated price
~, **dohovorená** price as per agreement
~, **dopytová** demand price
~, **dovozná** rendu price
~, **duálna** shadow price
~, **dumpingová** dumping price; discriminatorily low price
~, **emisná** subscription price; issue price
~ **faktorov výroby** factor cost
~, **fakturovaná** invoice-cost; price invoiced
~, **fixná** notice price
~ **franko hranice** price free frontier
~, **historická** historical cost
~, **intervenčná** intervention price
~, **jednotková** unit cost; unit price; price by the piece; single price
~, **jednotná** flat price; uniform price
~, **jednotná dodacia** uniform delivered price
~, **kalkulačná (nákupná, vlastná)** cost price
~, **kalkulovaná** calculated price
~ **kapitálu** cost of capital
~, **katalógová** list price
~, **konečná** final price
~, **konečná maloobchodná** list-price
~, **konkurenčná** competitive price; competition price
~, **konverzná** conversion price
~, **kótovacia** quoted price
~, **kúpna** cost of acquisition; purchase money
~, **kúpna, hlásená pri prevode cenného papieru** consideration money
~, **kúpna v aukcii** hammer price
~ **kupujúceho** oligopsony price
~, **limitovaná** limit price
~, **loco** price loco; to arrive price; spot price
~, **maloobchodná** resale price; retail price
~ **materiálu vo výrobku** capital endowment
~ **materiálu, zúčtovacia** standard of material price
~, **maximálna** price ceiling; maximum price; ceiling price
~, **maximálna (úradne stanovená)** maximum ceiling price
~, **mierna (primeraná)** moderate price
~, **mimoburzová** street price
~, **minimálna** price floor; stop-out price
~, **monopolná** monopoly price
~ **na splátky, likvidačná** liquidation cost per installment
~, **najnižšia** upset price; lowest price; bottom price
~, **najnižšia dodacia** supply price
~, **najnižšia možná** bedrock price
~, **najvyššia, ktorú dosiahol cenný papier po registrácii na burze** new high
~, **najvyššia maloobchodná** retail ceiling price
~, **nákupná** first cost; purchasing price; price trade; purchase price; buying price; cost price
~, **náležitá** fair consideration
~ **nerozhoduje** money no object
~, **netto** short price
~, **nezmenená** unchanged price
~, **nominálna** nominal price
~, **objemová** volume cost
~, **obstarávacia** value of acquisition; historical price; purchase cost; purchase price
~, **obvyklá** normal price

~, **odhadnutá** appraised value
~, **odovzdávacia vnútorná** intercompany transfer price; internal transfer price
~, **odporúčaná maloobchodná** suggested retail price
~, **odporúčaná predajná** recommended selling price
~, **okamžitá** spot price
~, **oligopolistická** oligopoly price
~, **orientačná** orientation price
~, **paušálna** flat price; flat
~ **peňazí** money price
~, **pevná** firm price; no abatement
~, **platná** current price
~, **počiatočná** opening price
~, **počiatočná (najnižšia, vyvolávacia)** reserve price
~ **podľa cenníka** list-price
~ **podľa dohody** price on agreement
~ **podľa faktúry** value as per invoice
~ **podľa katalógu** catalogue price
~ **podľa účtu** invoice-cost; value as per invoice
~ **podľa vlastných nákladov** selfcost price
~, **pomerná** relative price
~, **ponúknutá** bid
~, **ponuková** offering price
~ **ponuky** bid price
~, **poriadna (mastná)** smart price
~, **požadovaná** price asked
~ **požadovaná predávajúcim** asked price
~, **pôvodná** original cost
~, **pôvodná obstarávacia** gross book value
~, **pôžičková** loan price
~ **pôžičky, likvidačná** liquidation cost per loan
~ **pre malých a drobných obchodníkov** trade price
~, **predajná** disposal price; sales price; price of selling; selling price
~, **predajná pre spotrebiteľa stanovená výrobcom** manufacturer's resale price
~ **predávajúceho** oligopoly price
~, **prehnaná** fancy price
~, **premrštená** extravagant price; unwarranted price; exorbitant price; heavy price; exaggerated price
~ **pri vyššom odbere** quantity price
~, **priemerná** mean price; average price; average cost
~, **príliš vysoká** overprice
~, **primeraná** proportionate price; fair price
~, **primeraná (rozumná)** reasonable price
~, **primeraná predajná** salable price
~, **prvá** opening price
~, **realizačná** exercise price
~, **realizačná na burze u opcií** strike price
~, **reálna** real price
~, **regulovaná** price ruling
~, **reprodukčná** reproductive price; reproduction cost; reproduction price
~, **režijná** cover price
~, **skoršia** old price
~, **skupinová** class price
~, **skutočná** actual price
~, **slušná** fair price
~, **smerná** basic price; indicative price
~, **solídna trhová** fair market price
~, **spotrebiteľská** consumer price
~, **spravodlivá** just price; justified price
~, **stabilizovaná** pegged price
~, **stabilná** stable price
~, **stanovená** limit price
~ **stanovená koncernom** combine price
~, **stratová** unprofitable price
~, **súčasná (pokladničnej komodity danej kvality)** cash price
~, **svetová trhová** world-market price
~, **štandardná** full standard cost
~, **tieňová** shadow price
~, **továrenská** manufacturer's price
~ **transferu** transfer price
~, **trhová** market; market price; marketing price
~, **trhovo nevhodná** priced out of the market
~, **účtovaná** charge price
~, **účtovaná (fakturovaná)** value invoiced
~, **upisovacia** issue-par; issue price
~, **uplatnená** exercise price
~, **úplná** full cost
~, **upraviteľná trhová** adjustable peg
~, **úradne stanovená** official price; price ruling
~ **v špičke** peak pricing
~, **veľkoobchodná** wholesale value; wholesale price; trade-price
~, **veľmi nízka** cutting price
~ **výrazne pod súčasnou trhovou cenou prioritných akcií** deep in money
~, **vlastná** self-cost price
~, **vnútropodniková** transfer price
~, **voľná** open market price
~ **vrátane cla** price including duty
~ **vrátane všetkých výdavkov** all-round price
~, **vstupná** market entry price
~, **vyčerpaná** exhaust price
~, **výhodná, znížená** bargain price
~, **výkupná** redemption value; redemption price
~, **výnosná** remunerative price
~ **výrobku, nákupná** prime cost
~, **výrobná** cost price; producer price; factory price; factory cost; prime cost
~, **vyrovnávacia** equation price
~, **výsledná** historical price
~, **vysoká** heavy price; stiff price

~, **vyvolávacia** upset price; starting price; posted price
~ **za hotové** cash price
~ **za jednotku** unit price
~ **za kus** unit price
~ **za niečo** price for st.
~ **za výtlačok** copy price
~ **zahrňujúca poplatky v prístave** ex quay
~, **záverečná** closing price
~ **zlata** gold price
~ **zlata, mincová** mint price of gold
~, **zmluvná** negotiated price; contract price; price on agreement
~, **zničujúca (ruinujúca)** ruinous price
~, **znížená** derived price; reduced price
~, **zostatková** net book value; residual cost; depreciated cost
~, **zrazená** knock-down price
~, **zúčtovacia** settlement price; book cost; standard price; clearing price
~, **zvláštna** special price
~ **zvláštnej obľuby** fancy price
~, **zvýšená** advance price; advanced price
cena: čo najnižšia cena rock-bottom price
~ **nad cenu** outside the value
~ **nech to stojí čokoľvek** cost what it may
~ **pod nákupnou cenou** under cost
~ **výkupná c. komodít platená poľnohospodárskym prvovýrobcom** country price
~ **za každú cenu** at all costs
~ **za ľudové ceny** popularly priced
~ **za nízku cenu** at a low figure
~ **za prijateľné ceny** within reach of their pockets
~ **za režijnú cenu** at prime cost
~ **za rovnakú cenu** at the same price
~ **za zníženú cenu** at a reduced price
~ **za žiadnu cenu** at no cost
cenina policy paper; insured letter; stationery postal
~, **poštovná** stamped stationery
ceniny valuables; postal stationery
ceniť rate
~ **si** prize
cenník schedule of charges; price current (P/C); list of prices; price list; table of charges; priced catalogue; list; tariff; schedule of prices
~ **cestovného** table of fares
~, **inzertný** rate card
cenný worth; valuable; precious
cenotvorba, jednotková unit pricing
~, **variabilná** variable pricing
cenotvorca price maker
cenovka parcel of value; tag
cenovo výhodný budget-priced
cenový price

cent, metrický (100 kg) cent; quintal
centrála head office; main office
~, **bilančná** balances sheets surveillance
~ **úverového dozoru** central credit surveillance
centralizácia účtovníctva centralization of accounting
centrovať center
centrum center
~, **clearingové** stock clearing agency
~, **finančné** rialto
~, **netradičné bankové s priaznivými podmienkami pre rentabilné bankové operácie** off-shore center
~, **obchodné** shopping center; emporium
~, **veľkoobchodné** Trade Mart
~, **ziskové** profit center
ceny aktív asset prices
~ **burzového príkazu, limitované** out of the market
~ **dovozcu, predajné, vyššie ako stanovil vývozca** overage
~, **implicitné** implicit prices
~, **kolísavé** varying prices
~ **kolísajúce podľa ponuky a dopytu** prices responsive to shifts in supply and demand
~, **konštantné** constant cost
~ **letia hore** the prices are on the skyward path
~, **minimálne** floor prices
~, **najvyššie** top prices
~, **nízke (chabé)** sweating prices
~, **paritné** parity prices
~, **pevné** close-market prices
~, **podmienené** contingent prices
~, **porovnateľné** comparable prices
~, **posledné** runoff
~, **prínosné** skimming prices
~, **prirážkové** loaded prices
~, **rýchlo stúpajúce** soaring prices
~, **skákavé** leapfrogging prices
~, **slušné** decent prices
~, **stabilizované** freeze prices
~, **stanovené vopred** forward prices
~, **strnulé** sticky prices
~, **telegrafné** tape prices
~, **terajšie** ruling prices
~ **tovaru a služieb, bežné, za každý rok** current dollars
~, **veľmi nízke (smiešne)** slaughtered prices
~, **viazané** controlled prices
~, **výnosné** skimming prices
~ **výrobných faktorov** factor services; factor prices
~ **základných fondov, zaobstarávacie** acquisition prices of fixed assets
ceny: za znížené ceny at reduced prices
cenzus qualification
certifikát certification; certificate

~ **(akcií), dočasný** scrip certificate; scrip
~, **akciový** stock certificate; stock trust certificate
~, **akciový na meno makléra (nie je jeho majetkom)** street name
~ **akosti** quality certificate
~, **daňový** tax certificate
~, **depozitný** tap CD; certificate of deposit
~, **hypotečný** mortgage certificate
~, **inšpekčný** inspection certificate
~ **investičnej spoločnosti, vydaný namiesto akcií s uvedením pomerného úroku** certificate of participation
~, **investičný** investment certificate
~, **jednodenný** one-day certificate
~ **na meno** registered security
~ **o účasti** certificate of participation
~ **o vzdaní sa práva** certificate of release
~ **o záruke pôžičky** loan guarantee certificate
~ **peňažného trhu** money market certificate (MMC)
~, **poistný** certificate of insurance; insurance certificate
~, **prevoditeľný** street certificate
~, **registračný** certificate of registry
~, **rolovaný depozitný** rollover CD
~, **ropný** oil certificate
~ **s variabilnou úrokovou mierou** variable-rate certificate
~, **sporiteľný** savings certificate
~, **termínový depozitný** time certificate of deposit
~, **vkladový** certificate of deposit; negotiable deposit bond
~, **vlastnícky** certificate of title
~, **zakladateľský (doklad predkladaný pri založení banky)** organization certificate
certifikáty certificates
~ **amerických bánk na deponované zahraničné akcie** American depositary receipts (ADR)
~, **depozitné s variabilnou úrokovou mierou** variable-rate CDs
~, **garantované** pass-through certificates
~ **malých vkladateľov** small-saver certificates
~, **obrie** jumbo certificates
~, **podielové užívateľské** trustee shares
~ **so splatnosťou** certificates with a term
~, **strieborné** silver certificates
~, **vkladové** certificates of deposit
certifikát na akcie share certificate
cesia transfer; cession; assignment
cesionár cessionary; grantee; reinsurer; transferee
cesta route; trip
~ **do práce a z práce** work trip
~, **inšpekčná** tour of inspection
~, **inštančná** stages of appeal
~ **k dokumentu** document path
~, **kritická** critical path
~, **obchodná** business journey; business trip
~, **prenosová** path
~, **sieťová** network path
~, **služobná** travel on business
cestovať služobne travel on business
cestovné travelling allowance; travelling money; travelling expenses; travel cost
~, **priebežné** through fare
~, **zľavnené** reduced fare
~, **znížené** reduced fare
cestujúci transient; itinerant salesman
~, **obchodný** salesman/saleswoman; bagman; canvasser
cesty, odbytové market channels
~, **predvolené** default paths
~, **zásobovacie** channels of supply
ciacha stamp; seal
ciachovať stamp
cieľ aim; goal; objective; point; object; animus; destination; end
~, **dlhodobý** long-range goal
~, **ekonomický** economic goal
~, **investičný** investment objective
~, **krátkodobý** target
cieľ: s cieľom of purpose
ciele, spoločné common ends
cielený goal-directed
cieľový final
cifra cipher; digit
cirkevný clerical
cirkulácia circulation
cirkulovať circulate
citát quote; quotation
citovaný quoted
citovať quote
civilista citizen
civilný civic; civil
clá, finančné (fiškálne) revenue tariffs
~, **odvetné** retaliatory duty
~, **preferenčné** preference duties; tariff preferences
~, **vysoké** heavy duties
clearing, bankový bank clearing
~, **cenový** price clearing
clearing(ový) clearing
clearing, viacstranný (multilaterálny) multilateral clearing
clo tariff; customs duty; duty; customs; taxation; custom bond; tax; custom duty
~, **diferenčné** duty differential
~, **dovozné** entrance duty; import tariff; inward dues; import duty; duty inwards
~, **finančné** revenue duty
~, **fiškálne** revenue duty; fiscal duty
~, **hodnotové** ad valorem duty
~, **kĺzavé** duty countervailing
~, **kombinované** compound duty
~, **kompenzačné** compensating tariff

~, **náhradné** substituted duty
~, **nedobytné** uncollectible duty
~, **neprohibičné** nonprohibitive tariff
~, **odvetné** retaliatory tariff; duty retaliatory
~, **odvetvové** defensive duty
~, **ochranné** protective tariff; safeguarding duty
~, **optimálne** optimal tariff
~ **podľa hodnoty** duty on value
~ **podľa váhy** duty by weight
~, **prohibičné** duty prohibitory; prohibitive tariff
~, **rezortné** defensive duty
~, **tranzitné** transit duty
~, **tuzemské** inland duty
~, **všeobecné hodnotové** general ad valorem duty
~, **výchovné** educational duty
~, **vyrovnávacie** contingent duty; countervailing duty; compensatory duty
~, **vývozné** export duty
~ **z hodnoty** ad valorem duty
~ **za prevoz** transit duty
~, **zložené** compound tariff
~, **zvláštne** specific duty
clo: Bez cla Passed Free of Duty
~ **bez colných poplatkov** free of customs dues
~ **podliehajúci vysokému clu** high-duty
~ **s dodaním clo (ne)platené** delivered duty (un)paid

colne odbaviť clear
colnica customhouse; custom bond
colník customs officer; customhouse officer
colný dutiable
~ **preukaz** clearance
~ **vstup (deklarácia)** entry
ctený pán (v adrese za priezviskom) Esquire (Esq.)
ctižiadosť ambition
cudzinci, devízoví nonplanners
cudzinec alien
~, **devízový** nonresident for currency purposes; exchange foreigner
cúvnutie backout
cvičenie, praktické workshop
cvičený skilled
cvičiť practice
cyklostylovaný mimeo
cyklus circle; cycle
~, **elektronický účtovací** electronic accounting cycle
~, **hospodársky** trade cycle; economic cycle
~, **hospodársky, ekonomický** business cycle
~, **inkasný** collection cycle
~, **konjunkturálny** economic cycle
~, **rovnovážny hospodársky** equilibrium business cycle
~, **trhový** market cycle
~, **uzavretý** closed loop

Č

čakanie idle; waiting
čas term; time
~, letný daylight-saving time
~, nevyužitý blackout time; idle time
~ od času time and again
~ odchodu departure
~ odletu departure
~ operácie time of operation
~, povolený (normovaný) time allowance
~, prídavný time allowance
~, prípravný time allowance
~, stratový idle time; malfunction time
časopis obchodu, odborný business paper
časovací timing
časovanie timing
~ zmeniek timing of notes
časovať time
časovo nerozlíšiteľný unaccrued
~ zladiť time
časový time; timing
časť segment; part; portion; deal
~ akcií, nevydaná potential stock
~ bankovej haly, kde sú vedúci aj úradníci úseku nových účtov platform
~ dodávky, zostávajúca balance of an order
~ dokumentu, hlavná document body
~ emisie cenných papierov tranche
~ osobného majetku chose
~, predná front
~, prepážková front office
~, prevažná bulk
~ šekov, kontrolná stub
~, väčšinová (akcií) majority holding
~ výrobku, devízová imported input
časti čistého príjmu určené na reinvestovanie a nie na výplatu dividend retained earnings
čeliť buck; counter; front
~ konkurencii encounter competition
~ niečomu face
čelný front
čerpanie drawings
~ úspor dissaving
čerpať draw
~ úver loan drawdown
čerpateľný payable
česť honor
~, stavovská professional honour
čestný honorary
čiara strike
~, prerušovaná dash line
~, riadiaca directrix
~ rovnakých nákladov isocost line
~ rovnakých výnosov isorevenue line
čiarka, rádová point
čiarkať strike
čiarkovať dash-and-dash
čiastka amount; value; quota
~, amortizačná depreciation allowance
~, celková sum total; gross amount
~, celková splatná bez úrokov principal balance
~, disponibilná sum at disposal
~, dlžná amount due; amount outstanding; sum owing
~ faktúry invoice amount
~, hlásená message amount
~, hrubá gross amount
~ hypotéky (celková splatná), alebo dlhu bez úrokov alebo prémií principal balance
~ investovaná do kapitálu alebo investícií capital investment
~ k dispozícii sum at disposal
~, kapitálová capital sum
~ kmeňového imania amount of capital
~, menová nominal amount
~, menovitá nominal sum
~ miezd v peniazoch money wage
~ na bankovke face of a note
~ na preplatenie, celková payroll
~ na zmenke amount of a bill
~ na zúčtovanie amount awaiting clearance
~, nesplatená outstanding item; outstanding amount
~, nominálna face amount
~, obstarávacia purchase money
~, odoslaná peňažná remittance
~, odpisová depreciation amount; amortization amount; depreciation sum
~, paušálna gross sum
~ peňazí sock
~, platená payment
~ podľa faktúry amount as per invoice
~, poistná size of policy; insured amount
~, poistná uvedená v poistnej zmluve face amount
~ prevedená z jedného účtovného obdobia do druhého amount brought (carried) forward
~ rozpočtových nákladov, odhadnutá budgeted estimated cost
~, saldovaná residual balance; net amount
~, splatná amount due
~ splatnej pôžičky, celková bullet payment
~ transakcií transaction amount
~ účtovaná dovozcovi fas price
~ úrokov amount of interest
~, veľká disbursement
~, vopred platená amount prepaid
~ vyplatená bankou po zrušení životnej poistky cash surrender value
~, vyššie uvedená above amount
~, zadržaná checkoff

~ **zadržaná zrážkou** amount withheld
~, **zmenková** draw
čiastkový fractional
čiastky, peňažné kryté šekmi float
~, **splatné** payables
čiastočne splatený part-paid
čiastočný part
čidlo sensor
čierny off
čin deed
činiť nároky tax
činiteľ factor; coefficient
~ **obtiažnosti** complexity factor
~, **výrobný** factor of production
~ **zrýchlenia** speedup factor
činitele, výrobné agents of production
činnosť work; operation; activity; function
~, **auditorská** auditing
~, **ekonomická, hospodárska, zárobková** economic activity
~, **investičná** investment activities
~, **každodenná** day-to-day activities
~ **konkurencie** activity of competitors
~, **medzibanková** interbank activity
~, **obchodná** business; trading activity
~, **podnikateľská** enterpreneurial activity; business activities
~, **pracovná** working
~ **v obchode** line
~, **veľkoobchodná** wholesale business
~, **zárobková** gainful activity
činnosti, investičné investing activities
~ **na rozšírenie obchodu** trading up
~, **prípustné mimobankové** permissible nonbank activities
čip chip
čipový chip
číselník dial; code-book; classifier; table of keys
čísla, súhlasné amicable numbers
číslica figure; digit; cipher
~, **desiatková** decimal
~, **platná** significant figure
~, **rímska** Roman numeral
číslo figure
~, **celé** integer
~ **dávky** batch number
~, **desatinné** decimal
~ **dokladu** number of voucher
~, **indexné** index number
~, **inventárne** inventory number
~ **karty, bezpečnostné** card security number (CSN)
~, **komplexné celé** complex integer
~, **konštantné** constant number
~, **kontrolné** check number
~, **Ludolfovo** circular constant
~, **najvyššie radové** most significant position
~, **nepárne** odd number
~ **obchodného prípadu** code
~, **objednávacie** supply number
~, **osobné identifikačné** Personal Identification Number (PIN)
~ **podnikového výkonu** job number
~, **pomerné** index number
~ **pomocného účtu** Subsidiary Account Number (SAN)
~ **poradia odosielajúcej banky** sending bank input sequence number
~, **poradové** consecutive number
~, **poštové smerovacie** zip code; postcode
~ **práce** job number
~, **približné** round figure
~ **s priamou voľbou** toll-free number
~, **skutočné osobné identifikačné** True Pin
~, **smerné** target figure; target
~ **šeku** cheque number; check number
~, **šestnástkové** sedecimal
~, **telefónne smerové** dialling code
~ **účtu** number of account
~ **účtu a jeho tajného kódu** PAN-PIN pair
~ **účtu, primárne** Primary Account Number (PAN)
~, **úrokové** interest number; number of interest
~, **všeobecné** common number
~, **výrobné** serial number
~ **zákazky** job number
~, **zaokrúhlené** round number
~, **zložené** composite number
číslovanie, priebežné consecutive numbering
~ **účtov** numbering of accounts
číslovať paginate
~, **nesprávne** misnumber
číslovka, základná cardinal number
čistý unadulterated; fine; net
čitateľný fair
články obchodnej dohody articles of agreement
článok point; article; clause; item
~, **hlavný rozpočtový** main budgetary item
~ **o súhrne stredných sadzieb** aggregate of intermediates clause
~, **stredný** mid-link
člen component
~ **burzy** market maker
~ **(burzy), riadny** regular member
~ **(burzy), špeciálny** special member
~ **burzy, insolventný** lame duck
~ **burzy, ktorý obchoduje s akciami na svoje konto** competitive trader
~ **burzy obchodujúci na parkete burzy** floor trader
~ **burzy, špekulujúci na vlastný účet** room-trader
~ **korešpondent** corresponding member

~, obchodný merchant affiliate
~ parížskej burzy agent de change
~ predajného syndikátu participant
~ predstavenstva director
~ správnej rady director
~ správnej rady, externý outside director
~ vedeckej spoločnosti fellow
~, zakladajúci charter member
členenie classification
~ aktív (majetku) asset classification
~ majetku a jeho usporiadanie, ktoré umožňuje vydanie cenných papierov asset securitization
~ nákladov, druhové classification by elements of cost
~, odvetvové classification by line
~ súvahy form of balance sheet
~ účtov classification of accounts
členiť structure
členitosť division
členovia spoločnosti corporators
členský membership
členstvo membership
~ na burze seat
človek, bezradný lame duck
~, ekonomický homo oeconomicus
~, ekonomicky sa správajúci economic man
~, podnikavý businessman
človeko-deň man-day
čo najlacnejšie at the lowest figure
~ najskôr at your earliest convenience
~ sa mňa týka on my part
~ sa toho týka for that matter
~ sa týka as to

D

ďalekopis telex system; teletype; teletyper
~ **(na burzách)** ticker
~, **účastnícky** teleprinter exchange service
ďalekopisný teletype
ďaleký distant
daň tax; rate; duty; levy
~, **akumulovaná dôchodková** accrued income tax
~, **cestná** road tax
~, **cirkevná** church tax
~, **činžová** house tax; house-rent-tax
~, **darovacia** gift tax
~, **dedičská** legacy duty; succession tax; legacy tax; settlement estate duty; inheritance tax; estate tax; succession duty; death duty
~, **distribučná (repatriačná)** pay-as-you-go basis (tax)
~, **dlžná** delinquent tax
~, **domová** house duty; rent tax; house tax
~, **dovozná** tax on imports; import tax; tax on importation
~, **dôchodková** company tax; tax on earnings; income duty; corporation tax; corporation income tax; income tax
~, **federálna** federal tax
~, **inflačná** inflation tax
~, **jednoduchá** single tax
~, **jednorazová spotrebná** single-excise tax
~, **jednotná** unitary tax
~, **kupónová** coupon tax
~, **majetková** property tax
~, **merná** specific tax
~, **mestská na nezastavané pozemky** graded tax
~, **miestna** local resident tax
~ **(minulá) splatná v súčasnosti** back duty
~ **na hlavu** per capita tax; capitation tax
~, **národohospodársky škodlivá** nuisance tax
~, **naturálna** tax in kind
~, **naviac uložená** supertax
~, **nepriama** indirect tax
~, **nepriama obchodná** indirect business tax
~, **nezaplatená** back tax; delinquent tax
~, **nízka** light tax
~, **obratová** turnover tax
~, **odložená** deferred tax
~, **odstupňovaná** graduated tax
~, **osobná** personal tax
~, **paušálna** lump-sum tax
~ **platená priamo** directly paid tax
~ **platená v mieste pobytu** residence tax; origin tax
~, **platná** tax applicable
~, **poľnohospodárska** tax on land
~, **potravinová** excise
~, **pozemková** real-estate-tax; land tax
~, **predpokladaná** presumptive tax
~, **prepravná** transport tax
~, **priama** direct tax
~, **príjmovo neutrálna** revenue neutral tax
~, **progresívna** progressive tax
~, **proporcionálna** proportional tax
~, **rentová** tax of annuities
~, **represívna** repressive tax
~ **s celoštátnou pôsobnosťou** federal tax
~, **skrytá** hidden tax
~, **splatná** tax due
~, **spotrebná** consumption tax; spending tax; excise duty (tax); duty on articles of consumption; sumptuary tax; excise; consumer tax
~, **spotrebná pre určitú komoditu** specific commodity sales tax
~, **stavovská** trade tax
~, **stupňovaná** graded tax
~, **štátna** state tax
~, **štátna z predaja** national sales tax
~ **ukladaná poľnohospodárom** process tax
~, **užívateľská** use tax
~ **v naturáliách** tax in kind
~, **volebná (zrušená)** poll tax
~, **všeobecná z majetku** general property tax
~, **všeobecná zárobková** general tax on profits
~ **vyberaná zrážkou** withholding tax
~, **vyrovnávacia** interest equalization tax (IET); equalization tax
~, **vysoká** heavy tax
~ **z bohatstva** wealth tax
~ **z burzových obchodov** tax on stock-exchange dealings
~ **z cukru** sugar tax
~ **z čistého príjmu z investícií** tax on net investment income
~ **z daru** gift tax
~ **z daru a dedičstva** accession tax
~ **z dedičstva** legacy duty
~ **z dedičstva (podľa príbuzenského stupňa)** legacy and succession duty
~ **z dividendy** dividend tax
~ **z dochádzania (daň z príjmu pre tých, ktorí v meste pracujú, ale bývajú inde)** commuter tax
~ **z dovozu** tax on imports
~ **z emisií** emissions tax
~ **z hlavy** head tax; head money
~ **z hodnoty** ad valorem tax
~ **z hriechu (na tabakové výrobky, likéry, hazardné hry)** sin tax
~ **z investícií** capital gain tax
~ **z jednotkového obchodu** chain store tax

~ **z jednotky množstva** specific tax
~ **z kapitálového zisku** capital gain tax
~ **z kapitálu** tax on capital; capital tax
~ **z licencie** license tax
~ **z liehu** spirit tax; alcohol tax
~ **z majetku** tax on property
~ **z mäsa** meat tax
~ **z minerálnych olejov** tax on mineral oils
~ **z motorového vozidla** motor vehicle tax
~ **z nadmerných ziskov** excess profits duty; excess profits tax
~ **z nehmotného majetku** intangible tax
~ **z nehnuteľnosti** real estate tax; realty tax; estate duty; immovable property tax
~ **z neočakávaných ziskov** windfall profits tax
~ **z nerozdeleného zisku** undistributed-profits tax
~ **z objemu miezd** total income tax; payroll tax
~ **z obratu** transactions tax; sales tax; tax on trade; turnover tax; sales and turnover tax; tax on turnover; tax on circulation; sale tax
~ **z obratu platená zákazníkom (predchodca DPH)** purchase tax
~ **z obratu, všeobecná** general sales tax
~ **z pozemku** feu duty
~ **z pozostalosti** transfer tax; estate tax; death tax
~ **z predaja** sales tax
~ **z predaja majetku** tax from the alienation of property
~ **z prepychu (z luxusu)** luxury tax
~ **z prevodu** transfer tax
~ **z prevodu akcií** stock-transfer tax
~ **z prevodu kapitálu** capital transfer tax
~ **z prevodu vlastníctva** tax on conveyance of property; tax on transfer of property; estate tax
~ **z pridanej hodnoty** value-added tax (VAT)
~ **z príjmov z literárnych a umeleckých činností** artists' and writers' income tax
~ **z príjmu** income tax; personal income tax; income duty; tax on earnings
~ **z príjmu fyzických osôb** individual income tax
~ **z príjmu, záporná** negative income tax
~ **z prírastku hodnoty pozemku** land-value tax
~ **z razenia mincí** brassage
~ **z tabaku** tobacco tax
~ **z ťažby** severance tax
~ **z vecí pre vlastnú potrebu** tax on appropriations
~ **z vodnej energie** water-power tax
~ **z vojnových ziskov** war-profits tax
~ **z vykonávania určitého zamestnania** occupation tax
~ **z výkonu povolania** trade tax
~ **z výnosu cenných papierov** withholding tax
~ **z výnosu kapitálu alebo finančného majetku** capital gain tax
~ **z vyšších príjmov** supertax
~**, zahrnutá** included tax
~ **zo mzdy** tax on wages; employment tax; income tax
~ **zo mzdy platená zamestnávateľom** payroll tax
~ **zo mzdy zrazená zamestnávateľom** individual income tax
~ **zo studne** wellhead tax
~ **zo zábav** amusements tax
~ **zo zisku** profit tax; income tax; gain tax
~ **zo zisku, akumulovaná** accumulated profit tax
~ **zo zisku spoločnosti** corporation tax; corporate tax; tax on the profit of corporation
~**, zrazená** deducted tax
~**, zrazená zo mzdy** withholding
~**, zvláštna zárobková** special tax on profits
~**, živnostenská** tax on trade; business tax; income tax
daň: bez dane excluding tax
~ **nižšia sadzba dane na zisky spoločnosti, rozdeľované ako dividendy** split rate
~ **oslobodený od dane** exempt from tax
~ **s vylúčením dane** excluding tax
~ **stratový predaj cenných papierov na zníženie daňovej povinnosti** tax selling
dane taxes
~**, časove rozlíšené** accrued taxes
~**, miestne** local rates
~ **podľa hodnoty** ad valorem taxes
~**, priame miestne** municipal tax; local tax
~**, regresívne** regressive taxes
~**, regulačné** corrective taxes
~ **s deformujúcim účinkom** distortionary taxation
~**, vysoké** high taxes
~ **za predchádzajúce roky** prior years tax levies
dane: oslobodený od platenia daní exempted from payment of taxes
daňovník tax-payer
daňový taxable; fiscal; revenue
~ **úpis, limitovaný** limited tax bond
dar gratuity; advancement
~ **(ako reklama)** giveaway
~**, finančný** financial donation
~**, preukazný** demonstrative gift
~ **v poslednej vôli** demonstrative gift
darca donor; granter
darček, reklamný novelty
dariť sa stand fair

darovanie dedication
darovať dedicate; donate
dary, zdaniteľné taxable gifts
dať do obehu circulate; issue
~ **do poriadku** trim
~ **do predaja** submit for sale; release
~ **do prenájmu** underlet
~ **do spoločného fondu** to pool the profits
~ **do úschovy** lay up; bail
~ **do zálohy** impawn
~ **do zálohy cenné papiere** pledge securities
~ **formálne povolenie** license
~ **na program rokovania** put a question on the agenda
~ **na úver** trust
~ **najavo** show
~ **niečo do evidencie** place st. on file
~ **niečo do zálohy** pawn
~ **odklad** defer
~ **oprávnenie** certify
~ **pečiatku s dátumom** date stamp
~ **podnet** start; raise
~ **podnet k niečomu** occasion
~ **poistku do kľudu** suspend a policy
~ **pokutu** mulct
~ **potvrdenku** receipt
~ **povolenie** grant a concession
~ **príkaz na odber tovaru** to give notice of appropriation
~ **sa najať** enter
~ **sa zapísať** enter
~ **úver** credit
~ **výpoveď** recall; notice; to give notice; discharge; leave one's job
~ **výstrahu** wise up
~ **zálohu** pay a deposit; give bail
~ **záruku** to stand del credere; cover
~ **závdavok** hansel; handsel
dáta data
~, **bezchybné** clean data
~, **dostupné** data available
~ **narodenia** particulars of birth
~, **nespojité** discontinuous data
~, **platné** relevant data
~, **požadované** should-be data
~ **prenosu (v aritmetickej jednotke)** carry-over data
~, **šifrované** ciphertext
~, **vhodné** fitting data
databáza database
datovanie dating
datovať date
dátum date
~ **autorizovania vyplácania dividend správnou radou** declaration date
~ **deklarácie** declaration date
~ **fakturácie** date of invoice
~ **nadobudnutia platnosti** effective date
~ **narodenia** date of birth
~ **obchodu** date of trade
~ **otvorenia** inception date
~ **prerušenia** cutoff date
~ **prevzatia tovaru** receipts-of-goods-dating (ROG dating)
~ **prijatia žiadosti (prihlášky)** filing date
~ **príjmu** date of receipt
~, **rozhodný** determination date
~ **splatnosti** maturity date; due date; expiry date; date of maturity
~ **splatnosti, priemerný** average due date
~ **traty** date of draft
~ **účtovania** date of accounting record
~ **umorenia** redemption date
~ **uzávierky** cut-off date; closing date
~ **vstúpenia do platnosti** effective date; valid date
~ **vydania** date of the note
~ **vyplatenia dividend** date of payment of dividends
~ **výpovede** call date
~ **zápisu** record date; entry date
~ **získania** date of acquisition
dátumovka date stamp
dav ľudí crowd
dávať yield
~ **do obehu falošné mince** utter false coins
~ **znamenie** signal
dávka local rate; levy; rate; batch; benefit; lot; tax
~, **aktívna** active batch
~, **delená** split batch
~, **dopravná** transport tax
~, **nemocenská** sick benefit; sick pay; sickness pay
~, **peňažná, plynúca z poistenia** insurance benefit
~ **pri skončení pracovného pomeru** severance payment; redundancy payment
~, **verejná** imposition
~ **z akcie** stock assessment
~ **z majetku** capital levy
dávkovať batch
dávky dues
~, **daňové** octroi dues
~, **invalidné** disablement benefits
~, **komunálne** municipal taxes
~, **mestské** town rates
~, **nepeňažné** noncash benefits
~, **peňažné** cash benefits
~ **počas choroby** disability benefits
~, **policajné** police dues
~, **povinné** obligatory allowances
~, **sociálne** social benefit; social security benefits
~ **sociálneho poistenia** social insurance benefits; social security benefits
~, **sociálne a nemocenské** social/insurance/security benefits
~ **v sociálnom poistení** allowances

~, **zvláštne** special assessment
dbať na dodržiavanie enforce
dealer drobných partií častí zlomkov uzávierok odd-lot dealer
~ **so zahraničnou menou** forex dealer
debata discussion; agitation
debet debit
debitovať to debit
decelerácia (hospodárskeho rastu) deceleration
decentralizovať decentralize
dedič heir; heritor
~, **univerzálny** sole heir
dedičnosť heredity
dedičný allodial
dedičstvo welth; succession; legacy; hereditament
dediť inherit; take
dedukcia deduction
dedukovať deduce
deduktívny deductive
deetatizácia denationalization
deficit deficit; shortage; deficiency; gap; trade gap
~, **cyklický rozpočtový** cyclic budget deficit
~ **doláru** dollar gap
~, **fiškálny** fiscal deficit
~, **fundovaný** funded deficit
~ **obchodnej bilancie** trade deficit
~, **obchodný** trade deficit; optimal budget deficit
~ **platobnej bilancie** balance-of-payments deficit
~, **platobný** payments deficit
~, **rozpočtový** budget deficit
~, **štruktúrovaný obchodný** structural trade deficit
deficitný deficit
definícia formula
definitívne definitely
definitívny final; specific; definite
definovať define
deflácia deflation(ary) policy; disinflation; deflation
deflátor (cenový index pre vylúčenie cenových zmien) deflator
~, **implicitný cenový** implicit price deflator
deformácia deformation; distortion
deformačný deformation
deformovať distort
defraudácia malversation; misappropriation
defraudant embezzler
defraudovať embezzle
degradovať demote
degresia degression
degresívny degressive
dekadický decimal
deklarácia declaration; declarative statement
~ **dividend** declaration of dividend
~ **poručníctva** declaration of trust
deklarant custom agent
deklarovanie, združené (atribútov) factoring
deklarovať declare
deklarovateľný declarable
dekódovať descramble
dekorovať decorate
dekrét decree; edict
deľba práce division of labour
delegát delegate; deputy
delegovať depute; delegate
delenie division; imputation
~ **akcií** stock split; split
~ **dane** tax sharing
~ **na položky** itemizing
~, **neprípustné** divide exception
~ **príjmov** revenue sharing
~, **skrátené** short division
delený split
deliaci division; divisional
deliť (sa) share
deliteľ factor; divisor
~, **spoločný** common divisor
deliteľný divisible; dividable
delkredere guarantee; del credere
dementovať disclaim
demografia demography
demonetizácia demonization; demonetization
demonetizovať demonetize st.
demonopolizácia demonopolization
demonštrácia demonstration
demontovať dismantle
demontovateľný dismountable
deň day
~, **bilančný** balancing day
~, **burzový** session
~ **doručenia, odložený** carrying-over day
~, **likvidačný** pay day
~, **opčný** optional date
~, **pracovný** daily work schedule; man-day; workday
~, **reportný (pre prolongačné obchody na burze)** making-up day
~ **splatnosti** account day(s); maturity date; maturity day; term of payment; time of payment; date of expiry
~ **splatnosti zmenky** due date of bill
~, **v ktorom sa nebude obchodovať** dies non
~, **všedný** workday; weekday
~ **výplaty** payable day; pay day
~ **vypršania opcie** option day
~, **zúčtovací** transfer day; settling day
~, **zúčtovací (na burze)** name day
~ **zverejnenia novej emisie akcií** impact day
denne daily; per diem

denník diary; day book; book of original entry; daybook
~, hlavný general journal
~, nákupný purchase journal
~ odoslaných faktúr sales daybook
~, pokladničný cash book; cashbook; cash payments book; cash journal; cash diary; cash payments journal
~ pokladničných potvrdení cash receipts journal
~, prepážkový bankový teller journal
~, prevádzkový log; journal
~ prevodov transfer journal
~ prijatých faktúr purchase daybook; purchase journal
~, úverový purchase and sales journal
~, všeobecný general journal
~, zmenkový (prevádzkový) journal
~, zmenový log
denný daily; diurnal
~ program schedule
depeše advices
deponent bailor; bailer; depositor
~ (peňazí) consigner
deponovanie consignation
deportácia transportation
depot trust
depozit deposit
depozitá deposits
depozitár depository
~ cenných papierov securities depository
~, korporačný corporate depository
~ peňazí stakeholder
depozitum trust; bailment
~, účelové specific deposit
depozity vlády USA U.S. government deposits
depresia depression
derivácia derivation
desať-štyridsať (obligácia, ktorú možno stiahnuť z obehu po 10 rokoch so splatnosťou 40 rokov) ten-forty
desatinný decimal; denary
desaťnásobný denary; decuple
desaťnásobok decuple
desaťročie decenniad
descendencia descent
descendent descendant
desiatka denary
desiatkový decimal; denary
desiatnik, 10 centov dime
design design
desterilizácia zlata desterilizing gold
detail item; particular
detailista detailman
detailný particular
detekcia detection
detencia occupation
deterministický deterministic
detezaurácia dishoarding
detto ditto
devalorizovať devaluate
devalvácia depreciation; historical accounting; devaluation
~ meny devaluation of currency
~ peňazí depreciation of money
~, skrytá hidden devaluation
devalvovať depreciate; devaluate
deviácia deviation
devíza foreign exchange; currency bill
~, dolárová dollar exchange
devízový exchange
~ kurz agio
devízy foreign currency; foreign currency cheque
~, došlé incoming exchanges
devízy: dobre zásobený devízami long of exchange
dezaktivačný disable
dezaktivovať disable
dezaktualizácia de-updating
dezinflácia disinflation
diagnostický diagnose
diagnostikovať diagnose
diagonálny bias
diagram chart; plot; pattern
~, bodový korelačný scatter chart
~, časový time chart
~, Ganttov Gantt chart
~, kruhový circular chart; circular graph
~, logický vývojový logical chart
~, postupový flowchart; Gantt chart
~ prahovej hodnoty break-even chart
~ priebehu výpočtu run chart
~ rentability break-even chart
~ rovnováhy equilibrium diagram
~, rovnovážny constitutional diagram; equilibrium diagram
~, sieťový flowchart; network diagram
~, stavový constitutional diagram; equilibrium diagram
~, stĺpcový column chart; bar chart; grid chart; box diagram
~, vývojový flowchart
~ zobrazenia display chart
diaľka distance
diaľkový distant
diaľnica, mýtna (za poplatok) toll road
diaľnopis informujúci o počte obratov na burze stock quotation instrument
diár list of cases; calendar; docket
diel part; share
~, nepatrný shade
dielenský shop
dielňa shop; workshop
dielo work; production; make; task
diera v daňových predpisoch loophole
diéta, denná per diem
diéty remuneration
~, denné daily (per diem) allowance
diferencia variance
~ (medzi úrokovými sadzbami alebo

medzi nákupnou a predajnou cenou) spread
difúzia diffusion
difúzovať demerge
diktafón dictaphone
diktovať dictate
dimenzovať size
diplom diploma; certificate of competence
diplomacia, dolárová dollar diplomacy
diplomatický diplomatic
direktíva directive
direktívy guidelines
dirigizmus government-controlled economy
disážio disagio
disjunkcia union; join; disjunction
disk disk
~, **pružný** diskette
disketa diskette
disketový diskette
diskont discount; wholesale discount; rebate
~, **cenový** price discount
~, **neumorený obligačný** unamortized bond discount
~, **neumorený z investícií** unamortized discounts on investments
~, **neumorený z predaných obligácií** unamortized discounts on bonds sold
~, **nezarobený** unearned discount
~, **obchodný** merchant discount; trade discount
~, **objemový** volume discount
~ **obligácie** bond discount
~, **pôvodný emisný** original issue discount
~, **súkromný** market discount
~ **z majetkovej hodnoty** discount from asset value
diskontný discounting
diskontovanie discounting
diskrétny discrete
diskriminácia, cenová price discrimination
diskriminačný discriminating
diskriminant discriminant
diskriminovať discriminate
diskusia argument; agitation; debate
~ **(verejná)** airing
~, **riadená d. o riešení nových problémov** brainstorming
diskutovať discuss
~ **o niečom** argue about st.
disparita gap
~ **v menových rezervách** disparity of gold holdings
dispečer dispatcher; distributor
dispečing control system; dispatching
disperzia deviation; dispersion
displej display; display unit
disponibilita availability (of funds)
disponibilný dispensable; disposable
disponovanie majetkom disposal of property
disponovať s niečím dispose of st.
dispozícia disposal; disposition; instruction
dispozičný disposition
disproporcia disproportion
distribúcia scatter; distribution; circulation
~ **majetku ako takého** kind
~, **primárna (primárny predaj cenných papierov)** primary distribution
~ **tovaru** product placement
~ **tovaru, fyzická** merchandising
~ **v naturáliách** distribution in kind
distribuovaný outstanding
distribuovať distribute
~ **(dáta)** disperse
distribútor distributor
divergencia divergence
diverzifikácia diversification
dividenda v akciách stock dividend
~ earning; dividend
~, **akciová** stock dividend
~, **akumulovaná** cumulative dividend; accumulative dividend
~, **dočasná (zálohová)** interim-dividend
~, **likvidačná** liquidating dividend
~, **mimoriadna** yard-end dividend; superdividend
~ **na konci roku** yard-end dividend
~, **nahromadená (nevyplatená)** accumulated dividend
~, **nesplatená** unpaid dividend
~, **nevybraná (nenárokovaná)** unclaimed dividend
~, **opčná** optional dividend
~, **poistná** policy dividend; policy bonus
~, **poukážková** scrip dividend
~, **pravidelná** regular dividend
~, **preferovaná** preferred dividend
~, **splatná** dividends declared
~ **v hotovosti** property dividend
~, **vecná** property dividend
~ **vyplatená** dividend claimed
~ **z** dividend on
~, **zvláštna** special dividend
dividenda: bez dividendy ex dividend
~ **neplatenie dividend** passing a dividend
~ **s dividendou** cum dividend
dividendy na akciu dividends per share
~, **nepravé** phony dividends
~, **oprávnené** qualifying dividends
~, **splatné preferenčné** preferred dividends payable
~, **uplynuté** passed dividend
~, **výnosové** income dividends
~, **zarobené preferenčné** times preferred dividend earned
divízia division
divízny divisional
divoký wild cat
dlh score; debit; jawbone; tick; debt

~, **bezúročný** passive debt
~, **bežný** current debt
~, **celkový** gross debt
~, **celkový štátny** total debt
~, **čestný** debt of honour
~, **čistý** net debt; net indebtedness
~, **čistý dlhodobý** net long-term debt
~, **čistý národný** net national debt
~, **dlhodobo splatný** long-term debt
~, **dlhodobý** long-term debt
~ **druhého stupňa** deferred debt
~, **fundovaný** funded debt
~, **fundovaný štátny** consolidated stock
~, **hypotékový** hypothecary debt; debt on mortgage; mortgage debt
~, **investičný** investment liabilities
~, **jednoduchý** single debt
~, **konsolidovaný** bond debt
~, **krátkodobý** short-term debt
~, **nadradený** senior
~, **nedobytný** bad debt
~, **nekrytý** unfunded debt
~, **nezabezpečený** unsecured debt
~, **nezaložený** unfunded debt; floating debt
~, **nezaručený** nonguaranteed debt
~, **podmienený** conditioned debt
~, **podnikateľský** enterprise debt
~, **pohyblivý** floating debt
~, **preferenčný** preferred debt
~, **presahujúci** overlapping debt
~, **priamy** direct debt
~, **prioritný** senior
~, **samolikvidný** self-supporting debt
~, **skutočný** effective debt
~, **splatný** debt due
~, **spoločný (solidárny)** joint debt
~, **starý** debt of old standing
~, **starý (zastaralý)** stale debt
~, **štátny** national debt
~ **štátu, zahraničný** external national debt
~, **účtovný** book debt; ledger debt
~, **umoriteľný** redeemable debt
~ **uznaný súdom** judgment debt
~ **v účtovnej knihe** book debt
~, **verejný (štátny)** public debt
~, **vlastný** home debit
~, **vnútorný** internal debt
~, **vnútorný národný** internal national debt
~, **vnútorný vládny** internal government debt
~, **vonkajší štátny (štátne dlhy zahraničným veriteľom)** external national debt
~, **všeobecný zaručený** general bonded debt
~ **z obligácií, čistý** net bonded debt
~, **zahraničný** foreign debt; external debt
~, **zanedbateľný** small debt
~, **zaručený** secured debt; funded debt
~, **zmenkový** bill payable
dlh: dlžníkovo odmietnutie zaplatiť dlh repudiation
dlhodobé úvery, iné other long-term debts
dlhodobo in the long term
dlhodobý long; long-run; forward
dlhopis bearer debenture; debit note; debenture bond; debenture; obligation
~ **cudzej krajiny (splatný v librách šterlingov)** sterling bond
~, **dlhodobý štátny** treasury bond
~, **konvertibilný s vysokou prémiou** high-premium convertible debenture
~, **konverzný** adjustment bond
~, **krátkodobý** short
~, **krátkodobý vládny** treasury bill
~ **na doručiteľa** bearer bond
~, **neumoriteľný** debenture stock
~, **pevne úročiteľný s pevným úrokom** straight bond
~, **podriadený** subordinated debenture
~ **preplatiteľný v mene krajiny vydania** currency bond
~, **s uplynulou platnosťou** overdue note
~ **splatný po smrti tretej osoby, po ktorej má niekto dediť** postobit bond
~, **strednodobý štátny** treasury note
~, **štátny** government bond
~ **vydaný za zrušené záruky** rescission bond
~, **zaručený** endorsed bond; guaranteed bond
dlhopisy funds
~, **falšované** forged bonds
~, **konsolidačné** consol (s); consolidated stock
~, **konsolidačné štátne** consols
~ **opatrené opčným listom, oprávňujúcim investora k ďalším pôžičkám** bonds with warrants attached
~ **s meniacou sa úrokovou sadzbou** drop-lock floating rate notes
~, **štátne** governments; treasuries; consols
dlhy borrowings; liabilities
~, **krátkodobé** current liabilities; open debts; short-term liabilities
~, **nevybavené** backlog of debts
~, **nezaplatené** unsettled debts
~ **podniku** company debts
~, **súkromné** personal debts
~, **účtovné** book debt
~, **vojnové** war debts
dlhy: hlboko v dlhoch deep in debt
dlžiť owe
dĺžka duration; size
~ **života, očakávaná** life expectancy
~ **života, priemerná** life span
dlžníci, dlhodobí non current receivables
dlžník debtor; obligor; obligator
~, **colný** party responsible for customs duty

~, hypotekárny mortgager
~, insolventný insolvent
~, lenivý dilatory payer
~, neplatiaci defaulter
~, nesolídny bairman
~, solventný solvent debtor section
~, váhavý negligent debtor
~, vyrovnaný konkurzný discharged bankrupt
~, záručný bailer
~, záložný distrainee; pawner; bailor
~, zmenkový drawee
~ zmenky drawee of a draft
~, zmiznuvší skip
dlžníkovo prehlásenie, že nesplní zmluvu repudiation
dlžný due; owing; due to; back; outstanding
dni, diškrečné grace period
~, likvidačné account day(s)
dní po predložení (obsah zmenky) days after sight (D/S)
dni, rešpektné grace period
~ určené pre nakládku a vykládku lay days
~, zúčtovacie account day(s)
dno hospodárskeho cyklu trough
do cudziny abroad; outwards
~ prenájmu for hire
~ zahraničia outward
doba term; time; space
~, čakacia waiting period
~ existencie lifetime
~ medzi ukončením a začatím burzových a bankových operácií overnight
~, mimoprevádzková off time
~, najkratšia možná earliest possible time
~ návratnosti (investícií) pay-back period
~, normálna pracovná simply work regular hours
~ obehu zakázky turnaround time
~ obnovy, stredná mean refresh time
~ obrátky turnaround time
~ odovzdania riadenia (supervízorovi) departure time
~ opravy, stredná mean repair time
~ platnosti period of validity; validity period
~ platnosti patentu patent term
~, poistná policy period
~, pracovná workday; business hours; hours of labour
~ prenájmu lease term
~, priemerná vybavovacia mean access time
~ príchodu time of arrival
~ príjazdu (príletu) time of arrival
~, prijímacia business hours
~ realizácie investičného zámeru generation period of investment
~ skladovania storage life
~, skúšobná trial period
~ splácania period of repayment
~ splatnosti term of expiration
~ splatnosti zmenky term of a bill
~ splátok, limitovaná limited payment life
~, spojovacia connect time
~ trvania duration
~ upotrebiteľnosti life span of investment
~, vybavovacia access time
~ výkonu funkcie incumbency
~, výpovedná period of notice
~, zmenková tenor
~ zostávajúcej splatnosti time to pay
~ života, priemerná average duration of life
dobierka cashing the reminder
dobierka: na d. collection on delivery
dobrá vôľa goodwill
dobročinnosť almsgiving; charity
dobročinný charitable
dobropis advice of credit; chit; credit note; credit advice
~, colný custom debenture
~, daňový tax credit
~ fakturácie credit note of invoicing
~, investičný daňový investment tax credit (ITC)
~ pri likvidácii winding-up profit
dobropisovanie (na účet) credit
dobrozdanie certificate
dobytok cattle
docieliť ring up
~ čistý zisk net
~ prepustenie na kauciu bail
dočasne pozastaviť suspend
dočasný rough; temporary
dodanie commitment; delivery
~ tovaru podľa zmluvy provision of goods in conformity with the contract
dodanie: s dodaním na hranicu delivered at frontier (DAF)
dodať ship; deliver; effect delivery
~ do domu deliver to domicile
~ tovar make delivery of goods
dodatočný excessive
dodatok fill-up; sequel; supplement; appendix
~ k listine schedule
~ k záveti codicil
~, poistný rider
~, súhrnný d. k štátnemu rozpočtu bill of supply
~ zákona ordinance
dodávanie dokladov document delivery
dodávať supply; supplies
~, starať sa o niečo cater for st.
dodávateľ supplier; contractor
~, hlavný main supplier
~, konečný final supplier
dodávka delivery round; supply
~, čiastková partial delivery

~, **dobrá** good delivery
~ **komodít, dohodnutá** futures call
~ **kryje požiadavky** supply meets demand
~, **mimoriadna** emergency delivery
~ **na požiadanie** delivery on call
~ **na sklad** receipts
~ **na úver** delivery on credit
~, **nadmerná** oversupply
~, **najbližšia** nearby delivery
~, **nesprávna** misdelivery
~ **niečoho** supply of st.
~, **odložená** delayed delivery
~, **okamžitá** ready delivery; prompt delivery
~ **po častiach** delivery by installments
~, **postupná** delivery by installments
~, **termínovaná** future delivery; delivery on term
~ **tovaru** delivery of goods
~ **tovaru, čiastočná** installment
~ **zahrnutá v cene** delivery included
~, **združená** composite supply
~ **zo skladu** delivery from stock
dodávky, štátne state deliveries
dodržanie zmluvy loyal observance of a treaty
dodržať dodaciu lehotu hold to delivery term
~ **konečný termín** meet the deadline
~ **zmluvné ustanovenie** abide by the terms of the agreement
dodržiavanie performance
~ **kritérií** meeting criteria
~ **predpisov** observance of rules
~ **termínov** observance of terms
dodržiavať observe
~ **zmluvu** observe a treaty
dodržovať adhere
~ **niečo** abide
~ **pravidlá konania** adhere to the rules of procedure
dohľad view; inspection; sight
~ **veriteľa nad zákazníkovým majetkom poskytnutým ako záruka na pôžičku** collateral management
dohliadač checker
dohoda bargain; convention; contractual arrangement; accommodation; contract; settlement; agreement; cartel; accord; covenant; arrangement; alliance
~ **alebo záväzok zahrňujúci tri strany** guaranty
~, **budúca obchodná** forward deal
~, **cenová** price agreement
~, **daňová** tax convention
~, **devízová** exchange agreement
~, **kartelová** cartel agreement
~, **kompromisná** trade-off
~, **konečná, definitívna** closing agreement
~ **medzi požičiavateľom a dealerom** lender-dealer agreement
~ **medzi predávajúcou bankou a kupujúcim** retailed cap
~, **medzibanková** bank agreement
~, **mnohostranná** multilateral agreement
~ **o dátach** data convention
~ **o kúpe a predaji** buy-sell agreement
~ **o obmedzenom ručení poisťovne za nebezpečia vojny na dopravu po mori** water-borne agreement
~ **o ponuke a kúpe cenných papierov** put and call options on stock
~ **o predaji zariadenia kupcovi, ktorý toto zariadenie hneď prenajíma predajcovi formou leasingu** sale lease-back
~ **o predĺžení** extension agreement
~ **o prenájme (dopr. prostriedku)** charter agreement
~ **o spätnom odkúpení** repurchase agreement (REPO)
~ **o spätnom odpredaji** reverse repurchases
~ **o spolupráci** cooperation accord; agreement on cooperation
~ **o tovare** commodity arrangement
~ **o účasti na pôžičke** loan participation agreement
~ **o vyrovnaní** composition settlement
~ **o zázname na burze** listing agreement
~, **obchodná** merchant agreement
~, **pevná** firm commitment; definite understanding
~, **podmienená** escrow agreement
~, **predajná** agreement to sell
~, **rámcová** framework agreement
~, **recipročná obchodná** reciprocal trade agreement
~, **stabilizačná** standstill agreement
~, **tajná obchodná** merchant collusion
~, **termínová o úrokovej miere** future contract on interest rate
~, **úradná** indenture
~, **úverová, kde veriteľ získava nielen bežné úroky, ale aj dohodnuté percento z hrubého príjmu** piece-of-the-action financing
~, **vedľajšia** collateral agreement
~, **vládna** executive agreement
~, **výmenná** barter agreement
~, **vzájomná** indenture
~, **záručná** collateral agreement
~, **záväzná** obligation; binding agreement
~, **záverečná** closing agreement
dohoda: po vzájomnej dohode by mutual consent
dohodca stockbroker; ship broker
~, **poisťovací** insurance broker
dohodné courtage
dohodnúť conclude; stipulate
~ **cenu** agree the price

~, **definitívne (am.)** conclude
~ **predaj** negotiate sales; negotiate a sale
~ **sa** come to an agreement; arrange; come to terms
dohodnutie budúceho dátumu v zmluve forward-forward
~ **úrokovej miery k budúcemu termínu** forward forward
dohodnutý concerted; collusive
~ **zmluvou** covenanted
dohody, mzdové, prekrývajúce sa overlapping wage contracts
~, **porovnané o predaji a nákupe** matched sale-purchase agreements
dohovorený collusive
dohovoriť stipulate
dohromady altogether
dochádzanie do zamestnania commutation
dochádzať do práce commute
dochádzka, povinná školská compulsory education
dohodnutie (zmluvy) conclusion
dohody, obmedzujúce, viaznúce na pozemku restrictive covenants
dok dock
dokázať prove
doklad reference (REF); document; deed; voucher; record; paper
~, **bankový** bank voucher
~, **bilančný** balance slip
~, **čistý** blank document
~, **dopravný** document of conveyance
~, **došlý** incoming voucher
~, **inzertný** checking copy
~, **jednotlivý** single document
~ **k položke v denníku** journal voucher
~, **originálny** original voucher
~, **pokladničný** cash voucher
~, **prázdny** blank document
~, **prepravný** document of conveyance
~, **prevodný** remittance letter
~, **prijatý** incoming voucher
~, **príjmový** receipt
~, **prvotný** primary document; source document; primary voucher; input document
~, **účtovný** bookkeeping voucher
~, **účtovný** actuarial document (value); journal voucher; voucher
~, **výdavkový** petty cash voucher
~, **zberný** collecting voucher
doklady papers
~ **(sú) priložené** documents attached
~, **akreditívne** documents required under a credit
~ **o protiakceptácii** documents against acceptance (D/A)
~, **osobné** identification papers
~, **preukazné** vouchers
~, **sprievodné** documents accompanying the goods
~, **súhrnné** collective documents
~, **účtovné** vouchers
dokonalejší superior
dokončenie completion
dokončiť complete
~ **niečo** complete st.
doktrína implicitného príjmu constructive receipt doctrine
~ **„pravých" zmeniek** real bills doctrine
dokument record; document; act; deed
~ **dokazujúci vlastníctvo** document of title
~, **hlavný** main document
~ **potvrdzujúci právny nárok k nehnuteľnosti** abstract of title
~, **výstupný** output record
~, **zakódovaný** coded document
dokumentácia, projektová development records
dokumenty, priložené appended documents
dolaďovať trim
dolár dollar; one
~, **americký** greenback
~, **komoditný** commodity dollar
~, **kompenzovaný** compensated dollar
~, **strieborný** silver dollar
~, **štandardný** standard dollar
~, **všemocný** almighty dollar
doláre, bežné current dollars
~, **kanadské používané na európskych trhoch** Euro-Canadian dollars
dolárový dollar
doložiť dokladmi support by vouchers
doložka clause; postposition
~ **(zmluvy)** insertion
~, **administratívna** administrative provision
~, **garančná** clause of warranty
~ **hypotekárnej listiny** habendum clause
~, **komerčná** commerce clause
~, **kompenzačná** hedge clause
~, **koncesná** franchise clause
~, **kurzová** exchange clause
~ **menovej ochrany** protective currency clause
~ **na istenie hodnoty** valuation clause
~ **najvyšších výhod** most favoured nation clause (MFN); most-favoured nation tariff treatment; most-favoured nation status
~ **najvyšších výhod, podmienečná** conditional most-favoured-nation clause
~ **o dražbe** mother hubbard clause
~ **o forme dlhodobej hypotéky** long-form mortgage clause
~ **o nadobudnutí** after-acquired clause
~ **o neplatnosti** cancelling clause
~ **o poistných rizikách** perils clause
~ **o ručení poisťovne za škodu spôsobenú poistenou loďou, ak sa zrazí s**

inou loďou running-down clause
~ **o škode** ad damnum clause
~ **o znovunadobudnutí** recapture clause
~, **paritná** parity clause
~, **poistná** hedging clause
~ **potvrdzujúca príjem** receipt clause
~, **riziková** jeopardy clause
~, **saldovacia** receipt clause
~, **skrytá** hidden clause
~, **stručná hypotéková** short-form mortgage clause
~, **účelová** purpose clause
~, **úniková** skip-payment privilege
~, **úroková** interest clause
~ **v dohodách o zverenom majetku** spendthrift provision
~ **v poručníckej zmluve alebo v závete** cross remainder
~ **v zmluve** reference (REF)
~, **veriteľská** mortgagee endorsement
~ **viacerých mien** multiple currency clause
~, **vinkulačná** loss payable clause; mortgagee endorsement; mortgagee clause
~, **výjazdná** exit permit
~, **výpovedná** cancellation clause
~ **zhovievavosti** leniency clause
~, **zlatá** gold clause
~, **zmluvná** clause in contract
doložky o mieste určenia destination clauses
~, **poistné** insurance clauses
dom house
~, **bankový** banker; banking-house
~, **bankový, pre cenné papiere, ktorý prijíma štátne obligácie** primary dealer
~, **diskontný obchodný** discount house
~, **filiálkový obchodný** multiple shop
~, **jednotkový obchodný** chain store; discount house
~, **jednotkový obchodný, s cenami do jedného doláru** dollar store
~, **obchodný** large-scale retailer; retail outlet; department store
~ **od domu** door-to-door
~, **rabatový obchodný** discount house
~, **veľký obchodný, predávajúci za nižšie ceny** discount store
~, **zásielkový obchodný** catalog house
domáci domestic; house; lessor; inland
domácnosť establishment; household
domácnosti household sector; consumer sector
~ **s vysokými príjmami** high income households
domáhať sa solicit
doména domain
domicil domicile
dominium dominion
domnievať sa suppose
domov domicile
domový house
donucovací compulsory
donútenie compulsion
donútiť coerce
~ **k abdikácii** cashier
dopad, daňový taxation incidence; tax incidence
~ **zdanenia** incidence of taxation
doplatky excess tolls
doplatné postage due
doplatok supplementary payment; pay-up; balance of an account; after payment
~ **(vo vzájomnej poisťovni)** post levy
~ **cla** supplementary duty
~ **na vyrovnanie** compensation
dopĺňať complement; support; make full
doplnenie completion
doplniť supplement; complete; make full; amend; sum up
~ **zásoby** restock
doplnkový complementary; complement; optional
doplnky k mzde plus rates
doplnok supplement; annex; complement
~, **jednotkový** complement on one
~ **k radixu** noughts complement
~ **k zmluve** subcontract
doplňovací feature; support
doporučene by registered post; by registering mail; registered
doposiaľ nesplatný undue
doprava transmission; freight; transportation; carriage; traffic
~, **cestná** trucking
~, **diaľková** haulage
~, **mestská** transit
~, **miestna** local traffic
~, **nákladná** freight
~ **po náprave** carriage traffic
~ **povozom** cartage
~ **tovaru, expresná** express
~, **vozidlová** carriage traffic
dopravca carrier
~ **prenajímajúci vlastné alebo najaté vozidlá** carting agent
dopraviť convey
dopravné freight; carriage; carrying charges; transport charges
~ **(bez nákladov na nakládku a vykládku)** haulage
~ **platené až do** free paid to
~ **platené vopred** freight pre-paid
~, **priebežné** through freight
~ **vyplatené** freight charges paid
dopravný freight; traffic
dopravovať carry
dopredaj final sale
dopredný front
dopustiť sa prehmatu trepass
dopyt demand; rate of demand

~ **a ponuka** demand and supply
~ **a ponuka, celkový** aggregate demand and supply
~, **alternatívny** alternate demand
~, **cenovo elastický** price elastic demand
~, **čistý trhový** market net demand
~, **čulý** brisk demand
~, **dlhodobý** long-run demand
~, **domáci** domestic demand
~, **dôchodkovo elastický** income elastic demand
~, **dynamický** dynamic demand
~, **investičný** investment demand
~, **konečný** final demand
~, **kúpyschopný** potential demand; factual demand; effective demand
~ **na domácom trhu** home demand
~ **na trhu** market demand
~, **nepružný** inelastic demand
~, **neuspokojený** backlog demand (backlog of demand); unsatisfied demand
~, **očakávaný, predpokladaný** anticipated demand
~, **odložený** backlog demand (backlog of demand)
~, **odvodený** derived demand
~, **peňažný** money demand
~, **plánovaný** planned demand
~ **po aktívach** asset demand
~ **po kapitáli** demand for capital
~ **po komoditách** commodity demand
~ **po niečom** demand for st.
~ **po peniazoch** demand for money; money demand
~ **po peniazoch, opatrnostný** precautionary demand for money
~ **po peniazoch, špekulatívny** speculative demand for money
~ **po peniazoch, transakčný** transactions demand for money
~ **po pracovných silách** labour demand
~ **po tovare** inquiry
~, **pomyselný** notional demand
~, **prebytočný** excess demand
~, **pružný** elastic demand
~ **s jednotkovou elasticitou** unit-elastic demand
~, **selektívny (výberový)** selective demand
~, **sezónny** seasonal demand
~, **silný** run
~, **skutočný** actual demand; effectual demand
~, **slabý** consumer resistance
~, **spotrebiteľský** customer demand
~, **trhový** market demand
~, **uspokojený** met demand
~ **v dlhom období** long-run demand
~, **zamýšľaný** intended demand
dopyt: v súlade s dopytom in accordance with the pattern of demand
dopytovanie, priame direct inquiry
doručenie delivery; consignment
~ **až do domu** door-to-door
~ **peňazí, expresné** express
doručenka advice of payment; return receipt; advice of delivery; affidavit of service
doručiť deliver; carry
~ **(úradnú listinu)** serve
doručiteľ (zmenky) payee
~ **zmenky** bill bearer
doručovanie service
doručovať poštu run the mail
doručovateľ carrier
~ **korešpodencie (v podniku)** mail clerk; messanger
~, **poštový** mail carrier
dosadenie installment
dosadiť institute
dosah coverage
dosahovať úroveň rank
~ **zisky** make gains
dosiahnuť acquire; fetch
~ **cenu** fetch a price
~ **dohodu** to reach agreement; reach a settlement; come to a settlement; reach an agreement
~ **niečo** manage
~ **platnosť** come into force; come into effect; come into operation
~ **účinnosť** come into force; come into effect; come into operation
~ **zisk** realize a profit; make a profit
dosiahnuteľnosť availability
dosiahnutie obtainment
~ **hospodárskej samostatnosti** achievement of economic independence
dospelí (obyvateľstvo) adult (population)
dospelosť majority; maturity
~ **zmenky** maturity of bill; currency of a bill
dospelý mature
dospieť k mŕtvemu bodu come to a standstill
dostať get; obtain
~ **na dlh** receive upon credit
~ **náhradu** recoup
~ **náhradu za stratu** recover a loss
~ **náhradu za škodu** recover a damage
~ **odškodnenie** recoup
~ **podporu** get relief
~ **prémiu** earn a bonus
~ **sa do debetu** to go into red
~ **sa do mínusu** edge into the red
~ **sa do rozporu** come into competition
~ **sa do úpadku** go bankrupt
~ **sa hore** come out ahead
~ **sa na trh** reach the market
~ **sa z dlhov** extricate from debt
dostatok niečoho sufficiency of st.
~ **peňazí za lacný úrok** cheap money
dostávať úroky get interest
dostaviť sa show; appear

dostupnosť (výsledkov) disposal
dosvedčiť certify
dotácia production grants; appropriation; subvene; grant; gratuity; subsidy; grant-in-aid
~ **(do pokladne)** donation
~ **do rezervného fondu** allocation to reserves
~ **fondov** allocations into funds
~, **jednorazová** single appropriation
~, **merná** specific subsidy
~ **rozpočtu** budget grants
~, **štátna** state grants
~, **vývozná** export subsidy
dotácie appropriations; endowments
~ **(subvencie) rozpočtu** budget grants
~ **do rezervného fondu** allocation to reserves
~, **štátne** state subsides
dotazník query sheet; answer sheet; enquiry; interrogatory
~, **úverový** credit interviewer
doterajší previous
dotiahnuť to niekam make st.
dotovanie funding
dotovať endow; trickle down
~ **účet** fund the account
dovedna altogether
doviezť späť re-import
dovolenie allowance
dovolenka leave
~, **zdravotná** sick leave
dovolený allowable; open
dovoliť countenance; leave
~ **si** afford
dovoz import; import trade
~ **colne zaznamenaného tovaru** imports under bond
~, **dočasne bezcolný** temporary admission
~, **nezákonný** illegal entry
~ **oslobodený od cla** imports „En Franchise"
~, **spätný** reimport
dovozné cargo; freight; carriage; cartage; carriage charges
~ **platené príjemcom** carriage forward (paid)
dovŕšenie consummation
doznievanie decay
dozor survey; custody; control
~, **bankový** banking committee
~, **burzový** stock exchange council
~, **prísny** watch and ward
dozorca guardian; superintendant; controller
~, **finančný** preventive man
~ **v obchodnom dome** shopwalker
dôchodca rentier; annuitant
dôchodky finance
~, **neviditeľné (z vývozu)** invisible income
~, **peňažné** pecuniary means
~ **pred zdanením** earnings before taxes
dôchodok contributory pension; revenue; pension; income; superannuation allowance; rent
~, **agregátny (súhrnný)** aggregate income
~, **celoživotný** life-cycle income
~, **čistý** effective income; net income; net earnings
~, **disponibilný** disposable income
~, **disponibilný osobný** disposable personal income
~, **doživotný** life annuity
~, **hraničný** marginal revenue
~, **hrubý (štátny)** gross revenue
~, **invalidný** invalidity benefit; disability pension; invalidity pension
~, **invalidný (podpora)** disability allowance
~ **jednotlivca** personal income
~, **národný** national income; aggregate income
~, **národný podľa výdavkov** national expenditures
~, **okamžitý** immediate annuity
~, **osobný** personal income
~, **peňažný** money income
~, **permanentný** permanent income
~ **podniku** earnings
~, **reálny (skutočný) národný** physical national income
~, **reálny národný** real national income
~, **ročný** annuity
~, **sirotský** orphan's benefit
~, **skutočný (čistý)** effective income
~, **skutočný národný na jedného obyvateľa** real national income per head
~ **sociálneho poistenia** social security benefits
~, **starobný** rent; retirement annuity; old-age benefit; retirement pension; old-age pension; retire pay; old-age annuity
~, **štvrťročný** quarterage
~, **voľne použiteľný** discretionary income
~, **vytvorený národný** produced national income
~ **z renty** unearned income; rental income
dôjsť (zásoba) run out
dôkaz test; demonstration; validation
~, **nepriamy** circumstantial evidence
~, **presvedčivý** cogent argument
dôkazový prostriedok argument
dôkladný particular
dôležitosť significance
~ **(hypotéky alebo iného legálneho záväzku)** equal dignity
dôležitý serious; relevant
dôraz force; stress
dôsledok consequence; sequel; repercussion

dôvera confidence
dôverčivý confident
dôverník ombudsman; trustee; fiduciary
~, **poisťovací** Insurance Ombudsman
dôverný restricted
dôveryhodný safe; credible
dôvod cause; consideration
dôvody, nedostatočné failure of consideration
dráha, životná career
drahocenný precious; priceless; valuable
drahota dearness
drahý costly; expensive
dravosť (keď sa maklér rozhodne urobiť obchod na svoj vlastný účet) going ahead
dražba sale; sales; sale by auction
~ **(v Škótsku)** roup
~, **holandská** Dutch auction
~, **obchodná** trade sale
~, **obrátená** Dutch auction
~, **súdna** judicial sale
~, **verejná** auction; vendue; public sale; public auction
dražiť roup
dražiť: kto draží len na oko, nastrčený dražiteľ puffer
dražiteľ bidder
drobné change; petty; petty cash
~ **(mince)** minor coins
~ **(peniaze)** small money; small change
drobný penny ante; small
~ **(peniaze)** divisional
druh make; type
~ **obchodu** class of trade
~ **(odvetvie) obchodu** line of business
~ **poistenia** class of insurance
~ **prevádzky** type of service
~ **tovaru** item; article; commodity; type of merchandise
~ **účtov** type of accounts
~, **výnosový** type of income
~ **výrobku, nový** novelty
~ **výroby** line of production
druhá veta ekonómie blahobytu second theorem of welfare economics
druhoradý minor
druhý junior; different
druhy dlhov articles of debt
~, **nákladové** different cost; natural expenses
~ **poistenia** insurance classes
~ **vývozného tovaru, hlavné** staple exports
družstvá, spotrebné consumer's cooperatives
družstvo syndicate
~, **predajné** marketing cooperative
~, **spotrebné** consumers cooperative; consumer cooperative
držanie akcií, väčšinové majority holding
držať carry
~ **sa mimo** keep out of a business
dŕžava dependency
držba tenure; possession; holding; occupancy; occupation; holdings; tenancy
~ **(akcií) úzkym okruhom osôb** closely held
~ **akcií** shareholding
~ **akcií, vzájomná** interlocking shareholding
~, **dobročinná budúca** charitable remainder
~ **majetku** demesne
~ **meny** holdings of currency
~, **nástupcu** remainder; remainder estate
~ **nehnuteľností, neoprávnená** forcible detainer
~, **neobmedzená** absolute possession
~, **neoprávnená** wrongful possession
~ **pozemkov, neoprávnená** deforcement
~, **prípadná budúca** contingent remainder
~, **protiprávna** adverse possession
držby, slabé weak holdings
držiteľ person in possession; bearer; holder; tenant
~ **akcií** holder of shares; stockholder
~ **cenného papiera** holder for value; holder of value
~ **karty** cardholder
~ **koncesie** concessionaire
~ **mala fide** usurper
~, **neoprávnený veci** detainer
~, **nepoctivý** usurper
~ **obligácií** bondholder
~, **oprávnený** holder in due course
~, **poctivý** bona fide holder
~ **pozemku** occupier
~, **pôvodný** ancestor
~ **účtu** account holder
~ **úradu** freeholder
~ **v dobrej viere (v dobrom úmysle)** bona fide holder
~ **zálohy** pawnbroker; pawnee; bailee
držiteľ: doživotný d. dedičného majetku s právom predaja tenant for life
dualistický dual
dubióza bad debts
dubiózny doubtful
duch, obchodný commercialism
~, **podnikateľský** spirit of enterprise
dumping dumping
~, **valutový** exchange dumping
duopol duopoly
duopson duopsony
duplicitný duplicate
duplikát duplicate
~ **dokumentu** rescript
~, **kontrolný** tally
duplikovať duplicate
dvakrát týždenne twice a week (TAW)
dve ceny spread

dvíhanie najnižších cien rising bottoms
dvojica couple
dvojitý dual
dvojkový (číselný systém, ktorý používa len číslice 0 a 1) binary
dvojmocnina square
dvojsmerný two-way
dvojstránka opening
dvojstranný two-way
dvojznačnosť divalence
dvor, najvyšší účtovný national audit office
dynamický dynamic
dynamika dynamics
~ **nákladov** dynamism of cost

E

efekt effect
~, **cenový** price effect
~, **daňový** tax effect
~, **dôchodkový** income effect
~, **krížový cenový** cross price effect
~, **mzdový** wage effect
~, **pákový** trading on equity
~ **príkladu** imitation effect
~, **vlastný cenový** own price effect
efektívnosť operational efficiency; efficiency; economic efficiency
~, **hraničná** marginal efficiency
~, **klesajúca** decreasing effectiveness
~, **medzičasová** intertemporal efficiency
~ **nákladov** cost effectiveness
efektívny effective
ekonóm economist
~, **podnikový** controller
~, **stavebný** quantity surveyor
ekonometria econometrics
ekonómia economy; economics
~ **času** time saving
~, **medzinárodná** international economics
~, **neoklasická** neoclassical economics
~, **normatívna** normative economy; normative economics
~, **politická** political economy
~, **pozitívna** positive economy
~, **radikálna** radical economy
~ **stáleho stavu** steady-state economy
ekonomický economic
ekonomika economy; economics; economic
~, **inštitucionálna (zdôrazňujúca mimotrhové faktory)** institutional economics
~ **blahobytu (sociálneho a hmotného)** welfare economics
~ **čistého obchodu** pure exchange economy
~, **deficitná** deficit economy
~, **diverzifikovaná** diversified economy
~, **duálna** dual economy
~, **dynamická** dynamic economics
~, **jednoduchá** simple economy
~, **keynesovská** Keynesian economics
~, **kvantitatívna** quantitative economics
~, **medzičasová** intertemporal economy
~, **mnohoodvetvová** diversified economy
~, **moderná zmiešaná** modern mixed economy
~, **nedostatková** shortage economy; economy of scarcity
~, **neoficiálna** inofficial economy
~, **neregulárna** irregular economy
~, **nerovnovážna** disequilibrium economics
~, **nová (J.M.Keynes)** New Economics
~, **nová klasická** new classical economy
~, **otvorená** open economy
~, **peňažná** monetary economy
~, **podielová** share economy
~, **podniková** business economics
~ **ponuky** supply-side economics
~ **práce** work economics; labour economics
~, **prebytková** surplus economy
~, **prekapitalizovaná** overcapitalized economy
~, **priemyslová** industrial economy
~, **priestorová** space economy
~, **príkazová** command economy
~, **regulárna** regular economy
~ **riadená prácou** labor-managed economy
~ **s nedostatkom pracovných síl** labor scarce economy
~ **s podielnictvom na zisku** profit-sharing economy
~ **sociálneho blahobytu** social welfare economics
~, **sociálno-reformná** social welfare economics
~, **statická** static economy
~, **svetová** world economy
~, **šedá** grey economy
~, **tieňová (neoficiálna)** shadow economics; underground economy
~, **trhová** market-directed economic system; market economy; free market economy
~, **uzavretá** closed economy
~ **vysokej životnej úrovne** economic welfare
~, **zladená** concerted economic actions
~, **zmiešaná** mixed economy
~, **zrelá** mature economy
ekvita equity
ekvivalent equivalent
~, **daňový** tax equivalent
elasticita, cenová price elasticity
~, **vlastná cenová** own price elasticity
elektromigrácia migration
eliminovať eliminate
embargo economic sanctions
emblém logo
~ **umiestnený na výkladoch a dverách obchodníka na identifikáciu jeho spojenia s plánom úverových kariet** decal
emisia emission; issue
~ **akcií** issue of shares
~ **cenných papierov, kombinovaná** unit
~ **dlhopisov** issue debentures
~, **nadmerná** overissue
~, **nekrytá** undersubscribed issue
~, **nová** new issue
~ **nových akcií akcionárom v pomere vlastníctva predchádzajúcej emisie** scrip issue

~ **obligácií** issuance of bonds
~ **obligácií, sériová** serial bond issue
~, **obyčajná** junior issue
~ **peňazí** money supply
~ **pre určitú skupinu vkladateľov** targeted issue
~, **prioritná** senior issue
~, **privilegovaná** privilege issue
~, **prvá** initial issue
~, **sériová** serial issue
~, **spätná** reverse emission
~, **termínovaná** term issue
~, **trvalá (podľa situácie na trhu)** tap issue
~, **zvláštna** special issue
emisia: v prípade emisie when issued (WI)
emisie (akcií), lacné penny stocks
~ **dobre zavedených cenných papierov** seasoned issues
~, **kapitálové** capital issues
~, **obnovené** reissues
~, **vyzreté** seasoned issues
emitent emitent/issuer
emulácia emulation
entita, kurzová rate entity
entropia average information content; negentropy
~, **maximálna** decision content
~ **stacionárneho zdroja správ** character information rate
erár exchequer
ergonómia human factors engineering; ergonomics
ergonomika ergonomics
eskont discounting; discount
~, **akciový** stock discount
~, **bankový** bank discount
~ **cenných papierov** discount on securities
~ **dlhu** debt discount
eskontný discounting
eskontovanie vlastnej zmenky (dlžobného úpisu) discounting note receivable
eskontovať správu (na burze) discount the news
eskontovateľný acceptable
etablovať sa implant o.s.
etapa stage
etapy, ekonomické phases of economy
etatizmus statism
etika podnikania business ethics
etiketa tag; docket
~ **kvality** seal of quality
euroakcie Euroequity
eurobond eurobond
eurodevízy eurocurrency
euromena Eurocurrency
euroobligácie eurobond
europoukážka eurobond
europôžička eurobond
Európska investičná banka European Investment Bank (EIB)
~ **menová dohoda** European Momentary Agreement (EMA)
~ **menová únia** European Momentary Union
~ **platobná únia** European Payments Union; EPU
európska zúčtovacia jednotka UCE
Európske hospodárske spoločenstvo EHS European Economic Community (EEC)
~ **spoločenstvo** European Community (EC)
~ **združenie voľného obchodu EZVO** European Free Trade Association (EFTA)
Európsky fond pre menovú spoluprácu EMCF
~ **fond rozvoja** European Development Fund (EDF)
~ **menový systém** European Monetary System
~ **sociálny fond** European Social Fund
euroúpis euronote
eurozmenka euronote
evidencia register
~, **analytická** analytical accounts
~, **operatívna** keeping records; operational records
~, **prevádzková** production records
~, **prvotná** primary records
~, **skladová** stock records; warehousing
~, **účtovná** financial reporting; accounting
~ **využívania systému** system accounting
~ **zásob** stock records; stock holding
~ **zmien obyvateľstva** registry office
evidenčný memorandum
evidovanie keeping records
evidovať record
ex ante ex ante
~ **post** ex post
exekúcia distraint
exemplár copy; specimen
existencia subsistence
existujúci de facto
exoty outside securities
expandovať expand
expedícia dispatch department; mail branch; shipping department; despatch
expedovať despatch; expedite
expertíza advisory opinion
explicitný explicit
exploatácia depletion
exponát exhibit
export outward trade; export
expozé (vysvetlivky) k rozpočtu budget speech
expozícia display
~, **denná** daylight exposure
expozitúra sub-branch

expres express
externality peripherals
extrapolácia extrapolation
extrém extreme
extrémny extreme
exulant, daňový tax exile

F

facilita s mnohonásobnými opciami multi-option facility
faksimile autotype; fascimile (FAX)
faktický effectual; effective
faktor factor
~ **ekonomického rastu** determinant of growth
~, **konštantný** constant factor
~, **neinvestičný** noninvestment factor
~ **rozmanitosti** diversity factor
~, **výrobný** factor of production
faktori factors
faktorovanie factoring
faktorský factoring
faktory, cenové cost factors
~ **ekonomického rastu** factors of economic growth
~, **kľúčové** key factors
~, **nákladové, počítané od daného obdobia do budúceho bodu** contango
~, **trhové** market factors
~, **výrobné** production factors
faktúra bill; invoice; trade invoice; receipt; recharge note
~, **fiktívna (simulovaná)** simulated account sales
~, **inkasovateľná** collectable account
~, **konečná** final invoice
~, **konzulárna** consular invoice
~, **opravená** corrected invoice
~ **poistného** premium note
~ **potvrdená konzulátom** certified invoice
~, **predbežná** pro-forma invoice; preliminary invoice; provisional invoice
~, **prémiová** premium note
~ **prijatá** invoice in
~ **s uplynutou splatnosťou** overdue invoice
~, **splatná** invoice due; payable account
~ **vydaná** invoice out
~ **za tovar** bill of parcel(s)
~, **zberná** collective invoice; collecting invoice
fakturácia billing; invoicing
~, **núdzová** forced billing
fakturista billing clerk
fakturovanie invoicing
~, **automatické** automatic invoicing
~, **popisné** descriptive billing
fakturovať invoice
~ **prirážku za niečo** invoice surcharge of st.
faktúry odberateľov, ktoré peňažný ústav môže odkúpiť alebo na ne poskytnúť pôžičku eligible accounts
fakty, skreslené distorted facts
fakulta faculty; college
fakultatívny optional
faloš treachery
falošné peniaze bogus money
falošný wrong
falšovanie manipulation
~ **(mincí)** debasement
~ **nominálnej hodnoty** raise
~ **šekov** check forgery
falšovaný sham
falšovať counterfeit; forge; manipulate; adulterate
~ **knihy (účtovné)** tamper with the books
falšovateľ bankoviek note forger
falzifikát fake; fabrication; counterfeit
farmár, malý (bez zamestnancov) dirt farmer
fascikel file
fax fascimile (FAX)
Fayolizmus Theory of Fayol
fázy, ekonomické phases of economy
fertilita fertility ratios
fiduciár fiduciary
fikcia sham
fiktívny straw
filiálka subsidiary; outlet; branch office; branch establishment, branch house; affiliated branch; chain store
financie finance; exchequer; treasure
~ **a kontrola** finance and control
~, **funkčné** functional finance
~, **kompenzačné (teória vládnych výdavkov)** compensatory finance
~, **medzinárodné** international finance
~, **ostrihané** haircut finance
~, **verejné** public finance
~, **vyrovnané** equity finance
financovanie funding
~ **dealera** dealer financing
~ **deficitu** deficit financing
~, **delené** split funding
~, **dlhodobé** long-term financing
~ **domu** home financing
~ **investícií s použitím vlastného majetku a pôžičiek** trading on equity
~, **kompenzačné úradné** compensatory official financing
~ **obchodov, v ktorého rámci sú dovozy financované časťou vývozov, na ktorých produkcii sa podieľajú** product payback
~ **odbytovej siete (forma)** franchising
~, **počiatočné** front-end finance
~ **podniku (bankou)** corporate finance
~ **pomocou deficitu** deficit spending
~, **predbežné** preliminary financing; advance financing
~, **preklenovacie** bridge financing
~, **prémiové** premium finance
~ **prenájmu** lease financing
~ **prenájmu, priame** direct lease financing
~ **prevodom výnosov z budúcej produkcie** carve-out

~ **prostredníctvom pohľadávok** accounts receivable financing
~, **splátkové** installment financing; time sale financing
~, **spoločné** cofinancing
~, **súkromné** private financing
~, **štátne, pomocou pôžičiek** deficit financing
~, **trhové** market financing
~, **účelové** specific financing
~, **vnútorné dlhodobé** internal long-term financing
~, **vonkajšie** outside financing
~ **z vnútorných zdrojov** internal financing
~ **zásob** inventory financing
~ **zásob predajcu (dealera)** floorplanning
financovanie: metóda f., pri ktorej sa prevádzajú daňové výhody z užívateľa na vlastníka single investor tax lease
financovať finance; put up
~ **(ťažbu)** habilitate
~ **projekt** support a project
finančne dotovať endow
~ **prispieť** sponsor
~ **únosný** financially bearable
~ **zaťažený** topheavy
finančníci, medzinárodní gnomes
finančník customhouse officer; financier; moneymakerman
finančný pecuniary; revenue; fiscal; monetary; nummary
firma corporation; concern; name; house; establishment; firm; commercial name; sign; business firm
~, **členská** member firm
~, **emisná** house of issue
~, **falošná** bogus firm
~, **intramarginálna** intramarginal firm
~, **investičná, ktorej akcie sú vymieňané na burze cenných papierov alebo na pokladničnom trhu** closed-end fund
~, **ktorá nakupuje pre cudzie firmy za províziu** export commission house
~, **ktorá nemá žiadny investičný majetok** corporate shell
~, **ktorá neplatí za prevzatý tovar** long firm
~, **ktorá vybavuje objednávky** ordering firm
~, **ktorej sa ponúka** offeree
~ **mimo monopolu** outsider
~ **na burze, obchodná** member firm
~ **obchodujúca so zmenkami** bill dealer
~, **podnikavá** go-ahead firm
~, **poradenská** consultant firm
~ **predávajúca za hotové** cash house
~, **pridružená** subsidiary company
~, **prosperujúca** going business
~, **prvotriedna** first-rate firm
~ **s viacerými výrobkami** multiproduct firm
~, **sprostredkovateľská (komisionárska)** commission house
~, **súkromná telegrafizovaná (maklérska firma, ktorá si prenajíma telegrafické linky)** private wire firm
~, **vedúca (v odbore, na trhu)** leading firm
~ **vykonávajúca zákazku** confirming house
~, **zahraničná** foreign house
~, **zapísaná obchodná** registered company
~, **zastupiteľská** corporate agent
~, **zdravá** sound company
firmy businesses
~, **veľké** big business
fiškalita tax law; taxable event
fiškálny fiscal
flexibilita, cenová price flexibility
fluktuácia fluctuation; job move; employee turnover
~ **kurzov** exchange fluctuations
~ **pracovníkov** turnover of staff
~ **zamestnancov** labour turnover
fluktuácie, nepredvídatateľné erratic fluctuations
fluktuant turnover
fluktuovať float
fond fund; resource; foundation
~, **amortizačný** amortization fund
~, **bytový** residential property; residential capital
~, **diaľničný zverený** highway trust fund
~, **dispozičný pre nekalé účely** slush fund
~ **dlhovej služby** debt service fund
~, **dôchodkový** income fund
~, **garančný** guarantee fund
~, **imunizačný** immunization fund
~, **indexový** index fund
~, **investičný** investment fund; real estate fund; hedge fund; unit trust; fixed investment trust
~, **investičný so sídlom mimo USA (z daňových dôvodov)** off-shore fund
~, **jednotný investičný** unit investment trust
~, **menový (peňažný)** monetary fund
~, **menový stabilizačný** exchange equalization fund
~, **mimotrhový** off-market fund
~, **mzdový** wage(s) fund; wage bill; wage fund; payroll fund
~ **na zvláštne účely** special fund
~, **nadačný** endowment fund
~ **nákupu akcií** stock purchase plan
Fond národného majetku National Property Fund
fond, nečerpateľný nonexpendable fund

~, **nepoistený** noninsured fund
~, **obežný** revolving fund; operating fund
~, **obratový** turnover fund
~ **odmien** remuneration fund
~, **odpisový** amortization fund; depreciation fund
~ **opčných príjmov** option income fund
~, **otvorený** open-end fund; open fund
~, **otvorený investičný** mutual fund; investment fund, open-end
~, **peňažný trhový** money market fund (MMF)
~, **penzijný (dôchodkový)** retirement fund; pension fund
~, **pobádací** stimulating fund
~, **podielový** unit trust
~, **podporný (pomocný)** relief fund; subsidy fund
~, **poistný** insurance trust
~, **poolový príjmový** pooled income fund
~, **pozastavený** suspense fund
~, **pôžičkový** loan fund; loanable funds
~, **rastový** growth fund
~, **rezervný** reserve; surplus equity; general reserve; accumulated surplus; true reserve; surplus; reserve fund for contingencies; reserve fund; contingency fund; surplus fund; corporate surplus
~, **rezervný mimoriadny** contingency fund
~, **rezervný na platenie daní** tax provision
~, **rizikový** risk fund
~ **s len určitým množstvom nezaplatených akcií** closed-end mutual fund
~ **sociálneho zabezpečenia** pension fund; social welfare fund
~, **spoločenský spotrebný** social consumption fund
~, **spoločný** pool
~, **stabilizačný** stabilization fund
~, **stimulačný** incentive fund
~, **swapový** swap fund
~, **špecializovaný** specialty fund; specialized fund
~, **špekulatívne ladený investičný** leverage fund
~, **štrajkový** strike fund
~, **trhový** market fund
~, **účelový** special-purpose enterprise fund
~, **umorovací** redemption fund; sinking fund
~, **unitárny investičný** unitary investment fund
~, **uzavretý investičný** closed-end investment fund
~, **uzavretý, ktorého akcie sú obchodované na burze cenných papierov alebo na prepážkovom trhu** close-end fund
~, **uzavretý spoločný** closed-end mutual fund
~, **verejný zverený** public trust fund
~, **všeobecný** general fund
~, **vzájomný hypotekárny poisťovací** mutual mortgage insurance fund
~, **zabezpečovací** safety fund
~, **základný** basic asset; primary fund; original foundation; capital fund
~, **záručný** guarantee fund
~, **zverený** trust fund
~, **zverený konateľský** trust and agency fund
~, **zvláštny** special reserve
~ **zvláštnych dávok** special assessment fund

fond: starobný a penzijný poisťovací fond survivors insurance trust fund

fondy funds; resources
~, **daňovo zvládnuteľné** tax-managed funds
~, **disponibilné** funds available
~, **firemné** corporate funds
~, **hmotné** material assets
~, **investičné, ktoré nie sú predávané obchodnými zástupcami** no-load funds
~, **investičné s poplatkom** load funds
~ **investorov** investors funds
~, **jednoúčelové** special-purpose funds
~, **nedostatočné** insufficient funds
~, **obežné** circulating funds; working funds; means of circulation
~, **obstarané** purchased funds
~, **peňažné** money funds
~, **podstatné, ktoré sú k dispozícii pre prevody fondov tovarov a služieb** next day funds
~ **prevádzané do ďalšieho obdobia** carryover funds
~, **priemyslové** industry funds
~, **rizikové investičné** venture capital funds
~, **súvzťažné** related funds
~, **štatutárne** statutory funds
~ **toho istého dňa** same - day funds
~ **v zahraničí** offshore funds
~, **vládne** government funds
~ **vlastnené cudzincami** nonresident-owned funds
~, **vzájomné na peňažnom trhu** money market mutual funds
~, **zákonné rezervné** reserve funds stipulated by law
~, **zastrešujúce (typ investičných fondov)** umbrella funds

fonogram signal

forma (vzor) listu letterform
~ **denníka** format of journal
~, **hodnotová** form of value
~ **účtu** format of account

formálny dry; adjective

formát layout; size
~, **všeobecný** general format
formovať form
formula (právna) formula
formulácia setting; set; statement; formula
~ **cieľov** goal setting; statement of objectives; setting of objectives
~ **podmienok (v rozhodovacej tabuľke)** condition statement
formulár sheet; form
~, **čistý** blank form
~ **daňového priznania** tax form
~ **finančnej ponuky** proposal form
~, **návrhový** proposal form; format planning chart
~ **objednávky** order form
~ **pre oznámenie zostatku bankového účtu** confirmation form
~ **pre predaj kupónov** coupon transmittal form
~ **pre vkladanie peňazí na bežný účet** credit slip
~ **pre zaplatenie kupónu** coupon payment form
~, **prepisový** carbonized form
~ **s čiastočnou uhlovou vrstvou** spot carbon
~, **samostatný** cut sheet form
~, **vyhodnocovací** answer sheet
~, **vzorový** conditioning document
~, **zavádzací** conditioning document
~ **žiadosti** application blank
formuláre, účtovné accounting forms
formulovať formulate; form; word
~ **(úlohu)** set
fotografovanie dokumentov shooting of documents
frakcia fringe
franchising franchising
franko Carriage Free; carriage paid; freight prepaid; carriage-free; expenses covered; post-free
~ **prístav** ex quay
~ **sklad** ex warehouse
~ **vagón** free on rail (FOR)
~ **závod** ex factory
frankotyp permit mail
frankované freight prepaid
frankovať stamp; frank
franšíza franchise
fráza clause
frekvencia traffic
fundovať consolidate
fungovať run
funkcia mode; operability; position; schedule; capacity; rank; office; function
~, **analytická** natural function
~, **čestná** office of honour
~, **derivovaná** derivative
~, **Gaussova** error integral
~, **chybná** malfunction
~, **inverzná dopytová** inverse demand function
~, **kompenzovaná dopytová** compensated demand function
~, **kumulatívna distribučná** cumulative distribution function
~, **majoritná** majority function
~, **párna** even function
~ **peňazí** money functions
~, **platená** office of profit
~ **pokladníka** treasurership
~ **riaditeľa (manažéra)** managership
~ **„rovná sa"** equals function
~ **úspor (závislosť úspor na národnom dôchodku)** saving function
~ **vedenia (podniku), rozhodovacia** management decision
~, **základná úžitková** cardinal utility function
~ **zaokrúhlenia hore** round-up function
funkcionár office holder; functionary; officer
funkčnosť utility
funkčný operating
fúzia merger; amalgamation; merge; consolidation; fusion; takeover
~, **kontrolná** supervisory merger
~, **vertikálna** vertical merger
fúzovať amalgamate
fyziokratizmus physiocratism

G

galantéria notions
garancia safeguard
garantovať back
generálka general overhaul
gestor sponsor
graf tree; diagram
~, bodový scatter chart
~, čiarový line plot
~, linkový line plot
~, sieťový flowchart; network diagram
~, stĺpcový bar graph
grafy kurzov cenných papierov point-and-figure charts
granty vo vede research grants
grátis free of charge
grófstvo county
guvernér (banky) governor
~ (štátu) governor
~ štátu (USA) chief executive

H

habilitovať habilitate
hájiť záujmy promote
hala lobb
~, **burzová** floor
harmonogram flowchart; schedule
~ **nákladov** cost schedule
hárok, sčítací census-paper
havária crash; disaster
hazard punt; plunge
hesifiácia hesiflation
heslo word; caption; password
~, **platné** current password
hexadecimálny sedecimal
hľadá sa ponuka offer wanted
hľadanie search
hľadať search; want
hladina (cenová) cenného papieru security price level
~, **cenová** price line
~, **mzdová** wage level
~, **platová** salary level
~, **vnútorná cenová** national price level
hľadisko view
~, **ekonomické** economic point of view
hladomor famine
hlásenie notification; message; report; summary
~ **banky** statement of the bank
~, **chybové** error message
~, **poplachové** alarm message
~ **škody** notification of loss
~, **výstražné** alert message
hlásiť report
~ **odchod** check out
hlava head; top
hlavička head; caption
hlavná kniha účtov dlžníkov accounts receivable ledger
hlavný prime; main; master; root; paramount; working; chief; head; cardinal
hĺbka depth
hĺbkový depth
hmotný corporeal; substantive; material
hnací transmission
hnať ceny dole drive down prices
hnuteľnosť movable
hnuteľnosti movables; movable assets
hnuteľný movable
hnutie na ochranu záujmu spotrebiteľov consumerism
~ **za jedinú daň** single tax movement
hodina, pracovná na jedného pracovníka man-hour
hodiny banky, úradné banking hours
~, **návštevné** business hours
~, **odpracované** hours actually worked
~, **pichacie** check clock
~, **zameškané** hours lost
hodiny: v smere pohybu hodinových ručičiek clockwise (clkw)
hodiť na trh launch; dump
hodnosť, akademická degree
hodnota worth; magnitude; value
~ **(mince)** denomination
~, **absolútna** modulus
~, **absolútna hraničná** absolute limiting value
~, **agregátna** aggregate value
~ **akcie, menovitá** amount of a share
~ **aktív na kmeňovú akciu** value asset
~ **aktív, rektifikovaná bilančná** adjust book value
~, **aktuálna** current cost
~, **amortizovaná** amortized value
~, **celková** aggregate value
~, **celková všetkých cenných papierov firmy** capitalization
~ **cenného papiera, nominálna** par
~, **colná** value for customs purposes
~, **čistá, aktív investičného fondu** net assets value (NAV)
~, **čistá pridaná** net added value
~, **čistá súčasná** net present value
~, **čistá účtovná** net book value
~, **daňová** tax value
~, **diskontná** discount value
~, **dnešná diskontovaná** present discounted value
~, **fakturovaná** actuarial document (value); invoice value
~ **firmy, ideálna** intangible value
~ **hmotných aktív, čistá** tangible net worth
~, **hrubá účtovná** gross book value
~, **hypotéková** hypothecary value
~, **charakteristická** characteristic value
~, **ideálna** ideal value
~, **inverzná** inverse value
~ **investície, zvyšková** junk value
~, **kapitalizovaná** capitalized value
~, **kapitálová** cost of capital
~ **kapitálu, čistá** capital net worth
~, **kompenzovaná** value compensated
~, **kontrolná** checkvalue; check value
~ **k dňu (dátumu)** value date
~, **kurzová** rate of exchange
~, **likvidačná** liquidating value
~ **majetku po odčítaní dlhov a záväzkov** equities
~, **maximálna** ceiling value
~, **limitná** limit
~, **menovitá** nominal terms; nominal value
~ **na pracovnom trhu** value on the labour market
~ **na účte** value in a/c
~, **nadobúdacia** purchasing value/price
~, **náhodná** random value
~, **najvyššia** maximum value
~, **nehmotná** intangible value

~, **nominálna** at par; nominal value; par value; face value; denomination value; nominal terms
~ **obligácie (zaručená nominálna) splatnej v dobe splatnosti** redemption value bond
~ **obligácie, reálna** real bond
~, **očakávaná** expected value
~, **odkupná (výkupná)** surrender value
~, **odpísaná** amortized value
~, **okamžitá** momentary value
~ **otca rodiny (zaručené cenné papiere)** trustee securities
~, **paritná** par value of currency
~ **peňazí** value of money; cost of money
~ **peňazí, reálna** real value of money
~, **percentuálna** percentage
~, **plná** full value
~ **podnikovej upotrebiteľnosti** service value
~ **poistky** policy value
~, **poistná** insurable value; amount at risk; casualty; insured value
~, **poistná podľa pôvodnej poistky** valued as original policy
~ **pôžičky** loan value
~, **prahová** threshold value
~, **predajná** sales value
~, **predpokladaná** expected value
~ **prenajatej nehnuteľnosti** leasehold value
~, **prevrátená** inverse value
~, **približná** approximate value
~, **pridaná** added value; value added
~, **priemerná** average value; mean
~, **primeraná výpovedná** equity of redemption
~, **recipročná** reciprocal
~, **rovnaká** equal dignity
~, **rovnovážna** equilibrium value
~, **skutočná** cash value; present value; actual value
~, **skutočná peňažná** actual cash value
~, **stredná** mean value; median
~, **štandardná** default
~, **terajšia** present value
~ **tovaru na hranici** frontier value
~, **trhová** market value; commercial value
~, **trvalá** lasting value
~, **účtovná, knihovaná** book value
~, **upisovacia (emisná)** issue value
~ **uvedená na faktúre** invoice value
~, **úžitková** use value
~ **v deň splatnosti** maturity value
~ **váženého kovu** bullion
~, **vnútorná devízová** intrinsic value of foreign exchange
~ **vrátenej poistky** surrender value
~ **vydanej hotovosti** cash surrender value
~, **výmenná** exchange value
~, **vypočítaná** calculated value
~, **vyššia udaná** excess value
~, **základná** basis value
~ **základných fondov, zostatková** net value of fixed assets
~, **záručná** collateral value
~ **závodu, odpisovateľná** depreciable plant
~, **zdaniteľná** assessed value; taxable value
~, **znížená** write-down
~, **zostatková** carrying value; net book value; salvage value; written-down value
~, **zostatková (základného prostriedku)** residual value
~, **zostatková pri vyradení investície** scrap value
~, **zvýšená (poistná)** increased value
~ **životnej poistky, kúpna** cash value
hodnota: podľa h. ad valorem
hodnotenia, ekonomické economic appraisal
hodnotenie valuation; ranking; rating; evaluation
~ **cenných papierov** security ratings
~ **funkcií** position evaluation
~ **kapitálu** capital rating
~ **úveru** credit rating
~ **výkonu** performance appraisal
hodnotiť value
~ **niekoho** merit-rate
hodnotný worthful; valuable
hodnotový value
hodnoty, denné actuals
~, **disponibilné** liquid funds
hodný worth
holdingový holding
homogénny uniform
honba za kariérou rat race
~ **za ziskom** striving for profit
~ **za ziskom a bohatstvom** chermatistic
honorár gratification; compensation; rate; fee
~, **autorský** royalty
~, **výkonnostný (pre manažérov investičných fondov)** performance fee
honorárny honorary
honorovať fee
~ **zmenku** answer a bill
hore above
horúčka, investičná overstrained investment
~, **nákupná** buying fever; bargain daze; hoarding spree; run; consumption binge; scare buying
~, **špekulačná (skupovanie pôdy)** land fever
hospodár treasurer; economist; housekeeper; catering manager
~ **podniku** treasurer
~, **riadny, opatrný** careful manager
hospodárenie economy; management

~, **finančné** financial management
~, **intenzívne** intensive economy
~ **podľa rozpočtu** budgetary control
~ **s majetkom** management of property
~, **úsporné** economization
~, **zlé** maladministration
hospodáriť manage; economize
~, **starostlivo** husband
~, **zle** mismanage
hospodárka housekeeper
hospodárnosť thriftiness; economization; economy; thrift
hospodárny saving; frugal
hospodársky economic
hospodárstvo economy
~, **čisté trhové** pure market economy
~, **expanzívne** expansionary economy
~, **národné** national economy; economy
~, **naturálne** economy in kind
~ **nedostatku** economy of scarcity
~ **orientované na vývoz** export-orientated economy
~, **otvorené (bez trhových obmedzení)** open economy
~, **peňažné** monetary economy
~, **plánované** planned economy
~, **pomocné** subsidiary economy
~, **riadené** economy of centralized regulation; economics of regulation; controlled economy; diriged economy; steered economy
~, **skladové** warehousing; stock holding
~, **striedavé** diversified farming
~, **svetové** world economy
~, **trhové** market-oriented economy; price economy; market economy; free market economy
~, **vedľajšie** secondary economy
~, **výmenné** exchange economy
~, **vyspelé** mature economy
~, **zmiešané** mixed economy; pluralistic economy
hosť, čestný (spoločnosti) corresponding member
hotovosť effective money; ready cash; cash; funds; ready
~, **banková** cash in vault
~, **čistá** net cash
~, **nepoužitá** excess cash
~, **peňažná (pokladničná, príručná)** balance in hand
~, **pokladničná** stock in cash; hard cash; cash in hand; value cash; petty cash; vault cash; cash; balance in cash; cash holding
~ **pri prijatí** Cash on Receipt
~, **príručná** till money
~ **štátnej pokladne** treasury cash holdings
~, **trezorová** vault cash
~ **u prepážky** counter cash
~, **väčšia** bulk cash
hotovosti nezapočítané do úhrady nonreserve cash
hovor, medzimestský trunk-call
~ **na výzvu** messenger call; message call
~, **súrny** urgent call
hovoriť discuss
hovorový speech
hra s nenulovým súčtom nonzero-sum game
~ **s nulovým súčtom** zero-sum game
hradiť náklady endow
~ **výdavky** meet the costs
hranica term; termination; boundary
~ **dlhu, horná** debt ceiling
~, **dolná** floor
~, **horná cenová** top limit
~, **kurzová** limit
~, **najvyššia dolná** greatest lower bound
~ **úrokov, horná** caps
hranice cien výrobných faktorov factor-price frontier
~ **plnenia (poisťovne), najvyššie** limit of indemnity
~ **rentability** break-even point
hraničný terminal; ultimate; limit
hrať na burze play the market
~ **úlohu** perform
hrdlo, úzke supply gap
hromada stack; dump
hromadenie pyramiding
~ **peňazí** hoarding
~ **zásob** hoarding
~ **ziskov** stockpiling of profits
hromadiť lay up; hoard; register; cumulate
~ **sa** accrue
~ **zásoby** stockpile
hromadný bulk; multiple; collective
hrot (krivky) cusp
hrubý coarse
hry, manažérske (podnikové) management games
~, **podnikateľské** business games
hustota obyvateľstva population density
~ **osídlenia** population density
hviezdička, šeková check asterisk
hyperinflácia hyperinflation; galloping inflation; runaway inflation
hypotéka mortgage; encumbrance; hypothec
~ **alebo iná forma zaručenia** indenture
~, **balíková (týkajúca sa príslušenstva domácnosti)** package mortgage
~, **balónová** balloon mortgage
~, **čiastočne amortizovaná** partially amortized mortgage
~ **daná banke** banker's mortgage
~, **dlhodobá** long-term mortgage; permanent financing
~, **domová** residential mortgage
~, **druhotná** second mortgage

~, **ekvitná** equitable mortgage
~, **hlavná** general mortgage
~, **konsolidovaná** consolidated mortgage
~, **kúzelná (magická)** magic mortgage
~, **limitovaná otvorená** limited open-end mortgage
~ **na hnuteľnosti** chattel mortgage
~ **na hnuteľnosti, zmiešaná** miscellaneous chattel mortgage
~ **na osobnom majetku** mortgage chattel
~, **neobmedzená** unlimited mortgage
~ **nižšej triedy** overlying mortgage
~, **normálna** regular mortgage
~, **obrátená** reverse mortgage
~, **obyčajná** junior mortgage
~, **odstupňovaná** pledged-account mortgage
~, **otvorená** open-end mortgage
~ **platiaca len úrok** interest only mortgage
~ **pod trhovú sadzbu** owner will carry (OWC)
~, **prepadnutá** defaulted mortgage
~, **priama** straight mortgage
~, **pružná** flip mortgage
~, **prvá** preferred debt
~, **rastúca ekvitná** growing equity mortgage
~, **rolovaná** rollover mortgage
~ **s nulovou a nízkou úrokovou mierou** zero-rate and low-rate mortgage
~ **s postupnými splátkami** graduated-payment mortgage (GPM)
~ **s postupnými, upraviteľnými splátkami** graduated-payment adjustable mortgage (GPAM)
~ **s prehodnotiteľným úrokom** renegotiable-rate mortgage (RRM)
~ **s variabilnou úrokovou mierou** variable-rate mortgage
~ **so zdieľaným ocenením** shared-appreciation mortgage
~ **splatná na požiadanie** demand mortgage
~ **splatná v splátkach** amortized mortgage
~, **spoločná** joint mortgage
~, **terciárna** third mortgage
~, **termínovaná** term mortgage
~, **trvalá** standing mortgage
~ **upravená podľa cenovej hladiny** price-level-adjusted mortgage (PLAM)
~, **viazaná** closed mortgage
~, **voľná** open mortgage
~, **vyzretá** seasoned mortgage
~, **základná** underlying mortgage
~, **zaručená** collateral mortgage
~ **zaťažujúca celý majetok** blanket bond

hypotéka: konvenčná h. s pevnou sadzbou conventional fix-rate mortgage
~ **prehlásiť h. za prepadnutú** foreclose a mortgage

hypotéky, alternatívne alternative mortgages
~, **trojstranné „obalené“** wraparound mortgages

hypotetický conjectural

CH

chaos, hospodársky economic disarray
chápanie cognizance
charakter character
charakteristický specific
charakteristika rating; characteristic; property
~, rozhodovacia decision feature
charakterizácia characterization
charitatívny charitable
charta charter
chcieť want
chod (programu) flow
~ obchodu course of trade
choroba trouble
~ z povolania occupation disease; occupational illness
chránenie sa proti riziku hedging of risks
chrániť cover; protect
~ sa proti stratám (na burze) heavy hedge
chronický chronic
chronológia transakcií transaction history file
chvíľa, vhodná time
chýba not found
chyba defect; objection; error; fault
~, administratívna clerical error
~, analytická analysis error
~, bežná common error
~, cyklická circular error
~ delenia divide error
~, náhodná accidental error
~, neúmyselná inadvertent error
~, pisárska clerical error
~, predpokladaná eligible error
~, priemerná average error
~, súčtová summary error
~, systémová bias
~, tlačová misprint
~, trvalá steady error
~, úmyselná conscious error
~ úplnosti consistency error
~ v desatinnej čiarke slide
~ v listine clerical error
~ v súčte error in adding up
~ vo výpočte poplatkov mistake in charging
~, zanedbateľná negligible error
~, závažná catastrophic error
chybný wrong; failure
chybový failure
chyby a prehliadnutia errors and omissions
chyby: kontrola a oprava chýb error checking and correction
chytrý smart

I

identifikácia užívateľa user identification; uid
identifikátor pôvodcu originator identifier
~ **banky - príkazcu** ordering bank identifier
~ **odosielajúcej banky** sending bank identifier
ignorovanie nákladov disregard for cost
ihneď at short notice
~ **predajný** readily marketable
ilegálny wild cat; outlawed
image image
~, **podnikový** company image
imitácia counterfeit; fake
implementácia implementation
implicitný constructive; default
import import
impresário entrepreneur
imunita privilege
~, **daňová** tax immunity
index suffix; repertory; index number
~ **akcií** share price indices
~, **akciový tokijskej burzy** Topix Index
~, **celkový cenový** overall price index
~, **cenový** price index
~ **cien cenných papierov** Stock Index
~ **cien potravín** food index
~ **drobných partií (na burze)** odd-lot index
~ **hore-dole** hi-lo index
~ **kurzov cenných papierov** rate of exchange index
~ **maloobchodných cien** retail price index; index of retail prices
~, **potravinový** food index
~ **spotrebiteľských cien** consumer price index
~, **trhový** market index
~ **veľkoobchodných cien** index of wholesale prices
~ **vzostupu a poklesu** advance decline index
~ **životných nákladov** cost-of-living index
indexy akcií share indices
~ **so skríženými váhami** crossed-weight index-numbers
indícia circumstantial evidence
indikátor, ekonomický economic indicator
~ **pomeru dlžného a akciového kapitálu** gearing
indikovať present
indosácia indorsement
~ **s výhradami** qualified endorsement
~, **zvláštna** special endorsement
indosament endorsement
~ , **inkasný** endorsement for collection
indosant endorser
indosatár endorsee
indosovať endorse
~ **zmenku** back a bill
indukcia induction
iné záväzky a splatné dividendy other liabilities and accrued dividends
inflácia inflation
~ **a nezamestnanosť, simultánna** simultaneous inflation and unemployment (inflump)
~, **cyklická** cyclical inflation
~, **dlhodobá** secular inflation
~, **dokonale anticipovaná** perfectly anticipated inflation
~ **dopytového typu** demand inflation
~, **chronická** chronic inflation
~, **mierna** moderate inflation
~, **mzdová** wage-push inflation
~, **neanticipovaná** unanticipated inflation
~, **negatívna** disinflation
~, **neproporcionálna** unbalanced inflation
~, **nezadržateľná** run inflation
~, **nominálna** nominal inflation
~, **plazivá** creeping inflation; pervasive inflation
~ **podľa teórie ekonomiky strany ponuky** supply-side inflation
~, **potlačená** suppressed inflation
~, **potlačovaná** repressed inflation
~, **reálna** real inflation
~, **rýchla** galloping inflation
~, **skrytá (formou zhoršovania kvality výrobkov)** hidden inflation
~, **veľmi vysoká** hyperinflation
~, **vysoká** double-digit inflation
~ **vyvolaná dopytom** demand-pull inflation
~ **vyvolaná nákladmi** cash-push inflation
~ **vyvolaná rastom dopytu alebo zvýšením kúpnej sily** demand-pull inflation
~ **z nedostatočnej ponuky** demand-pull inflation
~, **záporná** negative inflation
~, **zjavná** open inflation
~, **zotrvačná** inertial inflation
inflacionizmus inflationism
informácia information; data; advice; inquiry
~, **falošná** misrepresentation
~ **o úverovej schopnosti zákazníka** credit report
~, **spoľahlivá** certain information
~, **združená** item
informácia: stredné množstvo informácie negentropy
informácie data
~, **dôverné** inside
~, **finančné pre spotrebiteľov pri splátkovom predaji** consumer sale disclosure statement
~, **marketingové** marketing intelligence
~, **medzibankové** bank-to-bank informa-

tion
~ **o konkurencii** company intelligence
~ **o obligácii, cirkulárne** bond circular
~ **o technologickom procese** know-how
~ **o úveruschopnosti zákazníka** commercial report
~ **pre potenciálnych majiteľov cenných papierov** proxy statement
~, **profesijné** occupational information
~, **všetky možné** any and all information
informatika information science
informátor zákazníkov shopwalker
informovaný aware
informovať brief
~ **sa** consult
inicializácia start-up
iniciátor promoter
inkasá cash-ins
~, **zahraničné** foreign collections
inkasant collector
inkasista pohľadávok dun
inkasný collection
inkaso recovery of debts; collection; encashment; collection of money
~ **(šeku)** cashing
~, **dokumentárne** documentary collection
~, **paritné** par collection
~ **pohľadávok** debt collection; settlement of outstanding account
~ **trát** collection of drafts
~, **vnútorné** inward collection
~ **zmeniek zo zahraničia** outward collection
inkaso: v prípade i. subject to collection
inkasovať cash; get (a bill) cashed; collect; recover money
~ **(za hotové)** cash for
~ **dlhy** collect debts
~ **šek** cash a cheque; collect cheque
inkasovateľný collectable
inovácia innovation; renewal
insolvencia failing circumstances
insolventnosť insolvency
insolventný unable to pay; unable to settle accounts
inšpekcia inspection; survey
inšpektor supervisor; audit clerk; checker
~, **bankový** bank auditor
inšpirácia animus
inštitúcia institute; institution; establishment
~, **finančná** finance house; financial institution
~, **charitatívna** charitable institution
~, **medzinárodná** international body
~, **medzinárodná finančná** international finance corporation
~, **verejná (štátna)** public body
~, **poručnícka, slúžiaca ako depozitár fondov a iného vlastníctva** corporate depository
inštitúcie, oficiálne menové official monetary institutions
~, **úverové** credit institutions
inštrukcia instruction; step; command; order; statement
~ **k nákupu v pravidelných cenových intervaloch** scale buying
~, **nemodifikovaná** presumptive instruction
~, **pôvodná** presumptive instruction
inštrukcie directions
inštrukčný instruction
integrácia, hospodárska economic integration
~, **západoeurópska** European integration
integrálny integrant
integrovaný integrated
integrujúci integrant
inteligentný smart
intenzita práce, hraničná marginal disutility of labour
~ **opotrebovania (súčiastok)** deterioration rate
intenzívny keen
interakcia ekonomických síl interaction of economic forces
interdikt interdiction
interpretácia construction
interpretovať interpret; recognize
interval range; slice
intervencia intercession; lobby; intervention
~, **cenová** price support; price subsidy
intervenčný support
intervenovať lobby
interview interview
invalidita disablement; disability
inventár inventory; fixture; schedule; stock; fixtures and fittings
~ **k čistému prevádzkovému kapitálu** inventory to net working capital
~, **mŕtvy** dead stock
~, **prevádzkový** stock-in-trade
~, **skladový, pre ďalší predaj** inventory of stores for resale
inventarizácia stocktaking
~ **hospodárskych prostriedkov** stock control
~, **mimoriadna** extraordinary stock-taking
~ **peňažných prostriedkov** cash audit
inventárny inventory
inventúra stocktaking; stock taking; inventory check; inventory; stocking
~ **odhadom** estimating inventory
~, **predbežná** estimating inventory
investícia invested capital; investment
~ **(povolená poručníckou zmluvou)** authorized investment
~, **bezpečná** prime investment
~, **celková finančná** capital requirement
~, **čistá** net investment

~, **derivátna (ukladanie prostriedkov zameraných na nové finančné zdroje)** derivate investment
~, **dlhodobá** long-term investment
~ **do bytovej výstavby** housing investment; residential investment
~ **do školstva** educational and training investment
~ **do zásob** inventory investment
~, **krátkodobá** short-term investment
~, **kvalitná** prime investment
~, **menšinová** minority investment
~, **neautorizovaná** unauthorized investment
~, **nedokončená** uncompleted investment; unfinished investment object
~, **nezaplatená** investment in default
~, **obnovovacia** replacement investment
~, **obranná** defensive investment
~, **odvážna** pioneer-type investment
~, **oprávnená** eligible investment
~, **podniková** business investment
~, **pôvodná** original investment
~, **priama** direct investment; straight investment
~, **reálna** real investment
~, **štatutárna** statutory investment
~ **uloženia kapitálu** capital investment
~, **vládna na oživenie národného hospodárstva** pump priming
~, **vyvolaná** induced investment
~, **zastavená** stopped investment
~, **znížená** impaired investment
investície fixed assets; assets fixed; capital assets
~, **bežné** current investments
~ **do cenných papierov** investment in stock
~ **do stálych aktív** investment in fixed assets
~ **do zdravotníctva** health service investment
~, **finančné** investments
~, **hrubé** gross capital formation
~, **indukované** induced investment
~, **legálne** legal investments
~, **nedobrovoľné** involuntary investment
~, **nehmotné** intangibles
~, **nelegálne** nonlegal investment
~, **plánované** planned investment
~, **portfóliové** portfolio investments
~, **poručnícke** trust investments
~, **priame** equity investments
~, **riskantné, za účelom rýchlych výnosov** go-go fund
~, **rozvojové** development investments
~ **s krátkou dobou návratnosti** fast-return investment
~, **strojové** machinery investments
~, **súkromné** private investment
~ **v zahraničí, čisté** net foreign investment
~ **vo výrobnom podniku** plant assets
~, **vrtkavé** volatile investment
~ **výrobného charakteru** plant assets
~, **vyvolané (predpokladané)** implied investment
investičná spoločnosť pre malé podnikanie Small Business Investment Company (SBIC)
investičný investment; capital
investor investor
~, **drobný** retail investor
~, **nedobrovoľný** involuntary investor
~, **pasívny** passive investor
investovanie, nepriame portfolio investment
investovať do niečoho embark in st.
~ **do podniku** back an enterprise
~ **kapitál** invest; lock
~ **peniaze** place; turn over
~ **peniaze do štátnych papierov** invest money in government stock
investovateľný investable; investible
inzerát notice; advertisement
~, **textový** insertion
inzerovať advertise
inžinier, prevádzkový manufacturing engineer
inžinierstvo, stavebné civil engineering
ísť do likvidácie go into liquidation
~ **dobre na odbyt** meet with a ready sale; to have a ready market
~ **na odbyt** find a ready sale; to be current; sell; turn; sell well; find a ready sale
~ **nakupovať** shop
~ **s cenou hore (pri predaji domu)** gazump
~ **s cenou nižšie** gazunder
istenie v termínovom obchode s devízami exchange hedging
istina stock; principal; fund; capital
~, **kmeňová** principal fund
~, **poistená** insured capital
~ **s úrokmi** principal and interest
istota pawn; bail; collateral; penal bond; surety; guarantee
~, **banková** banker's collateral
~, **ekonomická** economic security
~, **záručná** safety fund
istý safe
iterácia runs
izba, hotelová poskytovaná bezplatne complimentary room
~, **jednoposteľová** single room; single bed
izočiara, nákladová isocost line
~, **výnosová** isorevenue line

J

jadro inflácie core inflation
január, apríl, júl, október (štvrťročné výplaty úrokov alebo dividend) JAJO
jasnosť simplicity
jasný express; obvious
jav, komplexný compound event
~, náhodný event
~, súhrnný compound event
javiť sa show; appear
jazda trip
jazyk speech
~, strojový computerese
jeden ruší druhý one cancels the other
jedinečný matchless; unique
jediný single
jednať sa cheapen; chaffer
jednateľ commercial agent; factor; broker; jobber
~, colný custom agent
~ na burze exchange broker
~ na províziu commission broker
~, obchodný business agent
~ za províziu de credere agent
jednateľstvo factorage; dealership
jednoduchosť simplicity
jednoduchý single; one-way
jednofázový uniphase
jednohlasnosť unanimity
jednomyseľnosť unanimity
jednorazovo použiteľný nonreusable
jednorazový one-time
jednosmerný one-way
jednostupňový one-stage
jednota union
jednotka (hmotnosti) denomination
~, aritmetická mill
~, homogénna produkčná (hospodárska) homogene unit of production
~ informácie item
~, kalkulačná cost unit
~, kolektívna rezervná collective reserve unit, CRU
~, magnetická pásková deck
~, menová unit of currency; pozri menová jednotka; currency unit; monetary unit
~ množstva quantitative unit
~, riadiaca controller
~, rozlíšiteľná token
~, samostatná zisková organizačná strategic business unit
~, samostatne hospodáriaca strategic business unit
~, spotrebná economic unit of consumption
~, štandardná (pevné množstvo cenných papierov na burze) lot
~, účtovná unit of account
~, účtovná na základe pohybu 12 arabských mien voči USD Arcru
~, účtovná peňažná money of account
~, účtovnícka založená na väčšom počte mien currency cocktail
~, vstupná input
~ výberového súboru sample element
~, výrobná manufacturing entity
~, zobrazovacia display unit
~, zúčtovacia unit of account
jednotkový unitary
jednotky, čiastočné prevádzkové component operating firms
jednotlivec (skupina) s právne zaručeným záujmom v komerčnom podniku party at interest
jednotlivý particular; odd; single
jednotný unique; integrated; comprehensive
Jednotný európsky akt Single European Act
jednoúčelový disposable
jednoznačný unique
jurisdikcia cognizance

K

k dispozícii disposable
~ **nášmu listu** according to our letter
kádre, odborné trained personnel
kalendár calendar
~, **vreckový** datebook
kalendárny calendar
kalkulácia cost accounting; costing
~, **cenová** price calculation
~ **cien** pricing
~, **jednotková** job order costing; job costing
~ **nákladov na výrobu** manufacturing costing
~, **normová** normal costing system
~ **ponuky** tender calculation
~, **predbežná** precalculation
~, **priebežná** running costing; through costing
~ **prírastkových nákladov** marginal costing
~, **prirážková (absorpčná)** full absorption costing; absorbing costing
~, **sériová (hromadná)** batch costing
~ **úplných vlastných nákladov** absorption costing
~, **výsledná** postcalculation; actual costing
~, **výsledná nákladov a výnosov** benefit cost analysis
~ **zákazky** job costing
kalkulovať compute
kampaň drive
~, **inzertná** advertising campaign
~, **odbytová** marketing campaign
~ **pre vzostup cien na burze** bull campaign
~, **predajná** sales campaign
~, **predbežná predajná** preliminary selling campaign
~, **reklamná** advertising campaign
kanál channel
kanály, distribučné channels of distribution
~, **odbytové** market channels
kancelácia, náborová employment office
kancelár chancellor
kancelária office; countinghouse; desk room
~, **komerčná** commercial agency
~, **obchodná** business agency
~, **pokútna burzová** bucket shop
~, **prijímacia** desk
~, **spravodajská (úverová)** mercantile agency
~, **ústredná** central office
~, **úverová** credit bureau
kancelársky clerical; office
kandidát, menovaný appointee
kandidatúra candidature
kanibalizmus (v bankovníctve) cannibalism
kánon canon
kapacita power
~ **lode aj s pohonnými látkami, vodou a pod.** deadweight all told
~ **trhu, odberná** absorbtive capacity of the market
~, **užitočná** usable capacity
~, **voľná** spare capacity
~, **výrobná** capacity of production
~, **zisková** earning capacity (power)
kapacity, nevyužité cost of idleness
kapitál stock
~ **a rezervný fond** capital and surplus
~, **akciový** stockholder's equity; joint capital; share capital; joint-stock capital; stock; stock capital; joint stock
~, **bankový** bank stock; banking capital
~, **bezpečný** security capital
~, **cudzí** loan capital; foreign capital; foreign funds
~, **čistý** net capital
~, **čistý prevádzkový** net working capital
~, **darovaný akciový** donated stock
~, **deklarovaný** stated capital
~, **disponibilný** callable capital
~, **dlhodobo investovaný** fixed capital
~, **dlhový** debt capital
~, **finančný** financial assets; finance capital
~, **finančný prevádzkový** monetary working capital
~, **fixný** fixed assets; non-current assets; permanent capital; fixed capital
~, **fyzický** physical capital
~, **imobilizovaný** locked up capital
~, **investovaný** vested capital; invested capital
~, **iný ako ľudský** nonhuman capital
~, **kmeňový akciový** common stock
~, **krátkodobý** hot money
~, **legálny** legal capital
~, **likvidný** available capital
~, **ľudský** human capital
~, **malý prevádzkový** shoestring
~, **mŕtvy** dead capital; dormant capital; dead stock; lockup; unapplied funds
~, **mŕtvy (neinvestovaný)** unemployed capital
~, **nefinančný** non-financial assets
~, **neproduktívny** unproductive capital
~, **nesplatený** uncalled capital; capital due; unpaid capital
~, **nesplatený základný** unpaid capital stock
~, **nevydaný** unissued capital
~, **nevyužitý** idle money; dormant capital; dead capital
~, **nominálny (základný)** nominal capital
~, **obežný** working capital; circular capital;

current capital; circulating capital; rolling capital
~, **obežný (cirkulujúci)** floating capital
~, **obchodný** trade capital; business capital; commercial capital
~, **obchodný (prevádzkový)** trading capital
~, **odvolaný (vyžiadaný) základný** called-up capital stock
~, **peňažný** moneyed capital; monetary capital; money capital
~, **plne splatený akciový** paid-up stock
~, **počiatočný** original capital; initial capital
~, **počiatočný obežný** initial circulating capital
~ **podniku, čistý** net worth
~, **pohotový** available capital
~, **potenciálny** potential stock
~ **použitý vo výrobe** employed capital
~, **pozemkový** ground capital
~, **požičaný** loan capital
~, **prebytočný** surplus equity
~, **preferenčný** preferred capital stock; senior equity
~, **prevádzkový** operating capital; live capital; circular capital; stock-in-trade; plant; rolling capital; working capital
~, **priemyslový** industrial capital
~, **priplácaný** contributed capital
~, **produktívny** productive capital
~, **rezervný** reserve capital
~, **rizikový** amount at risk; risk capital
~, **rizikový (špekulatívny)** venture capital
~, **rozdelený** split capital
~ **s tendenciou rastu** capital intensive
~, **spiaci** dormant capital
~, **splatený** paid in capital
~, **splatený základný** paid-up capital stock
~ **spoločnosti, základný akciový** capital stock
~, **správny** management stock
~, **stály** constant capital; fixed capital
~, **súkromný** private capital
~, **terajší** present capital
~, **tvárny** malleable capital
~, **ukladací** capital moneys
~, **únikový** refugee capital
~, **upísaný** capital subscribed; subscribed capital
~, **upísaný základný** subscribed capital stock
~, **úverový** loanable funds
~, **variabilný** variable capital; floating capital
~, **vlastný** net worth; owned capital; shareholder's capital; core capital; own capital
~, **vlastný (kmeňový) akciovej spoločnosti** equity capital
~, **vložený** contributed capital; paid-in capital
~ **vložený do spoločného podniku** venture capital
~, **vydaný akciový** issued capital stock
~, **výnosový akciový** income stock
~, **výrobný** productive capital
~, **zahraničný** foreign capital
~, **zakladajúci** legal capital
~ **zakladateľa, akciový** founder's stock
~, **základný** funds; authorized capital; invested capital; registered capital; original capital; fund; ordinary stock; basic capital
~, **základný a obežný** assets
~, **základný akciový** corporate stock; stock capital; capital stock
~, **zamrznutý** frozen stock
~, **zapísaný** registered capital
~ **získaný činnosťou kupujúceho alebo vypožičiavateľa, ktorý zvyšuje hodnotu majetku** sweat equity
~, **znížený** impaired capital
kapitalista investor; money-marker
kapitalizácia capitalization
~, **burzová (hodnota)** market capitalization
~, **daňová** tax capitalization
~ **spoločnosti, nízka** thin capitalization
~ **úrokov** capitalization of interest
kapitalizmus capitalism
~, **čierny (pokus o zvýšenie obchodného vlastníctva medzi černochmi)** black capitalism
~, **modifikovaný** modified capitalism
kapitalizovať capitalize
kapitálovo náročný capital intensive; capital-intensive
kapitálový capital
kapitola head
~, **rozpočtová** category of budget
kardinálny cardinal
kargo cargo
kariéra career
karierista careerist
karnet carnet
karta card
~ **(hlavná účtová) sporiteľného účtu** savings account ledger card
~, **analytická** analytical card
~, **banková** bank card
~, **banková úverová (kreditná)** bank credit card
~, **banková úverová s fotografiou majiteľa** photo card
~ **bez hviezdičiek (nákupy do 50 USD nemusia byť overované)** nonstarred card
~ **bežného účtu** current account card
~, **cestovná kreditná** travel and entertainment credit card
~, **cudzia** foreign card

~, **cudzia banková** out-of-area card
~, **debetná** debit card
~, **debetná vydaná Visa** Entree
~, **dispozičná** debit card
~, **dlžobná** debit card
~, **hviezdna** starred card
~, **kontrolná** clock card
~, **kreditná** credit card
~, **matričná** registration card
~, **plastická identifikačná** prestige card
~, **platobná** bank credit card; credit card
~, **podpisová** signature card (Sig. Cd.)
~, **pokladničná** cash card
~, **prémiová úverová** premium card
~, **prestížna** prestige card
~, **skladová** stock card
~, **sprievodná** tag
~, **stratená alebo ukradnutá** hot card
~, **úverová** credit card
~, **úverová, ktorá umožňuje 100 transakcií a priame čítanie štítku** carte a memoire
~, **vlastnícka** proprietary card
~, **vstupná (pre pasový orgán)** landing card
kartel cartel; ring; trust; pool; combine
~, **cenový** price cartel
kartogram cartogram
kartotečný filing
kartotéka card-index; file; card file; card-index file; card index
~ **analytických účtov** file of analytical accounts
~ **investičného účtovníctva** property ledger
karty, plastické plastic
~, **znovunájdené** cards recovered
kasa case
kasár safebreaker
katalóg repertory; catalog; checklist; directory
~, **mzdový** list of salary groups
~, **prírastkový** accession catalogue
~ **zásielkového domu** mail-order catalog
katalogizovať inventory; catalog
katastrálny cadastral
katedra (br.) department
kategória denomination; classification; category; range
~, **mzdová** rate of pay
kategorizovať lot
kaucia security; bail; guarantee; amount of bond; caution; reinsurance deposit; surety for a person
~ **od budúceho nájomníka bytu** key money
kaucia: schopný zložiť kauciu bailable
kauza consideration
kauzalita causality
kauzálny causal
kaz defect
kaziť sa decay
každá dobrá značka any good brand
každoročný annual
keynesizmus Keynesian economics
kladenie setting
kladná položka asset
klam sham
klamanie deception
klamstvo deceit
klasický classical
klasifikácia classification; ranking
~, **odvetvová** status ranking of industries
~, **rozpočtová** classification of budget
~ **účtov** account coding; classification of accounts
klasifikačný classificatory
klasifikátor classifier
klásť mzdové požiadavky submit wage demands
klauzula clause
klesajúci downward
klesanie decline
klesať subside; sag; fall; lower
klesnúť (cena) drop
~ **na cene** ease
~ **v cene** derogate from
klient v sťaženej situácii client in dire need of help
klientela clientage; clientship; followings; goodwill; custom
kliešte, dierovacie unipunch
klika na burze, medvedia špekulačná bear clique
klíma, podnikové feel of the place
klon (kompatibilný počítač) clone
kľúč check word
~, **kontrolný** check key
~ **oddelenia, identifikačný** department key
kľúčový crucial
kĺzanie slide
kniha akceptovaných zmeniek acceptance liability ledger
~ **akcionárov** share ledger
~, **akcionárska účtovná** stockholder's ledger
~, **akciová** book of shares
~ **alebo denník, účtovná** blotter
~, **archívna** archival book
~, **denná** day book
~ **dlžníkov** book of debtors
~ **dlžníkov, účtovná** debtor's cash book
~ **došlých faktúr** bought book
~ **eskontovaných zmeniek** discount ledger
~ **faktúr** book of invoice
~, **hlavná (účtovná)** ledger
~, **hlavná (účtovná)** card ledger
~, **hlavná inkasná účtovná** collection ledger
~, **hlavná prevádzkového účtovníctva**

factory ledger
~, **hlavná účtovná** general ledger; book of secondary entry
~, **hlavná účtovná vykazujúca pohľadávky každého zákazníka** customer's ledger
~, **kupónová hlavná účtovná** coupon ledger
~ **nákladových účtov** cost ledger
~, **nákupná** bought book
~ **nevyplnených akciových certifikátov** stock certificate book
~, **obchodná** commercial book
~ **objednávok** book of commissions
~ **odpisov** depreciation book
~ **podpisových vzorov** signature book
~, **pokladničná** cash book; petty cash book
~ **pokladničných príjmov** receipt book
~ **pokladničných výdavkov** cash payments journal; cash payments book
~, **pomocná účtovná** subsidiary ledger
~, **pomocná účtovnícka** waste book
~, **pozemková** real register
~ **pôžičiek, hlavná** loan ledger
~ **prevádzkového účtovníctva, hlavná** factory ledger
~ **prianí a sťažností** book of suggestions and complaints
~ **prijatých faktúr** purchase ledger
~ **prijatých účtov** voucher register
~, **príručná pokladničná** cash diary
~ **prvotných položiek, účtovná** book of original entry
~ **reklamácií** complaint book
~ **sekundárnych záznamov** book of secondary entry
~, **skladová účtovná** stock book; stock account
~, **účtovná** journal; office book; account book
~, **účtovná, hlavná** book of accounts
~ **vydaných faktúr** sales book
~ **vydaných faktúr (tržieb)** sales record
~ **vydaných účtov (tržieb)** sales-book
~ **záznamov o prevodoch akcií** stock transfer book
~, **záznamová** minute book
~, **záznamová, v ktorej sú zaznamenané všetky finančné transakcie v poradí v akom vznikli** day book
~ **zmeniek** bill ledger
~ **zmeniek, termínová** bill diary
kniha: hlavná účtovná k. dotácií appropriated ledger
knihy, riadne vedené účtovné properly kept books
knižka, banková bankbook; bank passbook
~, **kupónová** coupon book
~, **nákupná** passbook
~, **sporiteľná** savings book
~, **šeková** cheque book
~, **vkladná** depositbook; bank book; passbook; depositor's book; depositor's passbook; savings book; bankbook; deposit book
~, **výherná vkladná** premium bank book
~, **zúčtovacia** bankbook
koalícia alliance
kód code
~, **dohliadací** guardian
~, **menový** currency code
~, **následný** postcode
~, **polohový čiarový** codebar
~, **prihlasovací** sign on code
~ **prístupu** password
~, **stĺpcový** column code
~, **testovací** stub
~, **účtový** code of accounts
~, **ukončovací** completion code
~ **vyjadrujúci stav** status
kódex code
kodicil codicil
kodifikovať codify
kódovací coding
kódovanie coding
koeficient factor; ratio; coefficient
~ **bonity výsledkov** price-earnings ratio
~ **dlhu** debt ratio
~ **kapitalizácie výsledkov** price-earnings ratio (PER)
~ **likvidity** currency ratio
~ **nezaplatených pôžičiek k celku vydaných pôžičiek** delinquency ratio
~ **úplnosti** coefficient of fineness
~ **využitia** operating ratio
~ **vyváženosti** weighting coefficient
koeficienty priamej spotreby input-output coefficients
~ **priamej spotreby faktorov** input coefficients
koherencia coherence
koincidenčný coincidence
kolacionovanie collation
kolacionovať collate; check off
kolaps economic collapse; collapse
kolaterálny collateral
koláž collage
kolega colleague
kolekcia collection
kolektív collective
~, **pracovný** staff
kolektivizovať collectivize
kolektívny collective
kolektor collector
kolísanie variance; fluctuation
~ **(zmeny) kurzu** variation of exchange
~ **cien** price hike; price variation; instability of prices; fluctuation in prices
~ **kurzov** exchange fluctuations
~ **kurzov, drobné** crawling peg

~ **kurzu** variation of exchange
kolísať hore a dole (trh) shuttled back and forth
kolísavý liquid; flexible; variable
kolízia crash
kolkovať stamp
kolkovné stamp tax; stamp duty; stamping fee
kolobeh circulation; circular flow; cycle
~ **prostriedkov** funds turnover
kolok stamp; revenue stamp
~, **dokumentárny** documentary stamp
~ **na osvedčenie** certificate stamp
kolónia dependency
komanditista special partner
kombinácia devízovej opcie a bežného devízového termínového obchodu range-forward contract
kombinačný combinational
kombinát combine; combination
kombinatorika combinatorics; combinatory analysis
kombinovaný combined; composite
kombinovať combine
komentár comment
komentovať annotate
komercialista commercialist
komercionalizmus commercialism
komerčný commercial
komfort convenience
komfortnosť serviceability
komisár commissioner
~, **havarijný** claims adjuster
komisia committee; panel; bank commission; commission
~, **finančná** monetary commission
~, **konkurzná** selection board
Komisia pre burzy cenných papierov Securities and Exchange Commission (SEC)
komisia pre riešenie mzdových problémov zamestnancov Trade Board
~, **stála** standing committee
komisionár de credere agent; commission agent; broker; commissioner; factor; stockbroker; jobber
komisionári factors
komisionárstvo factorage
komodita commodity
komodity commodities
~, **hmotné** tangible commodities
komora, obchodná board of trade
kompaktnosť solidity
kompaktný compact
kompatibilita compatibility
~ **zhora** upward compatibility
kompenzácia clearing; compensation; offset
~ **dlhodobého dlhu** offsets to long-term debt
~, **finančná** severance pay
~ **pracovníkov** workmen's compensation
~ **strát daňou zaplatenou v predošlých rokoch** carry-back
~ **úspor** offsets to savings
kompenzačný compensatory; barter
kompenzovať compensate; hedge; make up for; offset; recoup
~ **škody a prémie** offset claims and premiums
kompetencia competence; ambit
kompetentný competent
kompilácia compilation
kompilovanie zákonov consolidation
kompilovať compile
komplementárny complementary; complement
kompletný comprehensive
komplex package
komplexný total; full; integrated
komplikovanosť complicity
kompozitá (súbory dát) composities
komprimovať compress
kompromis compromise; accommodation; trade-off; submission
kompromisný compromise
komunálny communal
komunikácia communication
komuniké communiqué
komunita community
konanie proceeding
~, **konkurzné** bankruptcy proceedings
~, **likvidačné** meeting of creditors
~, **procesné** process
~, **súdne** assize
~, **súťažné** public tender
konať podľa niečoho act on st.
~ **proti** contravene
~ **v dobrej viere** act bona fide
~ **v zastúpení niekoho** act for sb.
konatelia factors
koncentrácia concentration
~ **kapitálu** concentration of capital
koncentračný concentration
koncentrát concentrate
koncentrovať concentrate; center
koncepcia conceptual framework; concept
koncept rough copy; concept; draft
koncern concern; combine; pool
~, **zmiešaný** conglomerate
koncesia charter; license; trading license; franchise; concession
~, **povolená** license and permit bond
koncesionár licensee; concessionaire
koncesovaný concession
koncipient clerk
koncom mesiaca month-end
koncový final; ending; limit
končiaci termination
kondomínium condominium
konečný terminal; ending; ultimate; freeze; final

~ **(termín)** target
konfederácia union
konferencia convention
konfidenčný confidence
konfigurácia configuration
konfiškácia forfeiture
konfiškovať annex; confiscate; seize
konfiškovateľný forfeitable
konflikt conflict
~ **záujmov** conflict of interests
konflikty, ekonomické economic frictions
konformný conformal
konfrontovať review
konglomerát conglomerate
kongres congress
kongruencia congruence
koniec termination; terminal
~ **mesiaca** ultimo
~, **slepý (sieťová analýza)** dangle
~ **správy elektronickej pošty** mail tail
konjugovať conjugate
konjunktúra conjuncture
~ boom; trade boom
konjunkturálny conjuctural
konkrétny concrete
konkurencia competition; competing business
~, **bezuzdná** unbridled competition
~, **deštruktívna** destructive competition
~, **dravá (silná)** keen competition
~, **ideálna** pure competition; perfect competition
~, **mimocenová** nonprice competition
~, **monopolistická** monopolistic competition
~, **nedokonalá** imperfect competition
~, **nekalá** collusion; unfair competition; keen competition
~, **ostrá** keen competition
~, **silná** unfair competition; keen competition
~, **slušná (prípustná)** fair competition
~, **špinavá** mean competition
~, **voľná** free competition
~, **vražedná** cutthroat competition
~, **vynaliezavá** innovative competition
konkurencia: v podmienkach voľnej k. under fully competitive conditions
konkurencie-schopný able to compete; competitive
konkurencieschopný tenderable
konkurent competitor
~ **na trhu, nový** new entrant
konkurovať compete
konkurz bankruptcy; tender; competition
~, **vypísaný** competition of tenders
konkurz: na základe konkurzu by tender
~ **úradné vyhlásenie k.** decree of bankruptcy
konosament bill of lading; accommodation bill
~, **čistý** clean bill; clean bill of lading (B/L)
~ **na meno** named bill of landing (B/L); straight bill of lading
~ **na rad** order bill of lading (B/L)
~, **nečistý** dirty bill of lading (B/L); unclean bill of lading
~, **nečistý (napr. pri kaze obalu)** foul bill of lading (B/L)
~, **neobchodovateľný** nonnegotiable bill of lading (B/L)
~, **palubný** shipped bill of lading (B/L); shipped bill of lading; shipped bill
~, **priebežný** through bill of lading (B/L)
~, **zasielateľský** forwarder's bill of lading (B/L)
~, **železničný** railroad through bill of lading (B/L)
konsenzus consensus; consent
konsignácia consignment; consignment note
~ **(tovarov)** consignation
konsignatár consignee
konsolidácia consolidation
konsolidovať consolidate
konšpirácia collusion
konštanta, integračná časová floating rate
konštantný stationary
konštatovanie claim
konštitúcia constitution
konštrukcia construction; design
~ **výrobku** design of product
konštrukčný design
~ **prvok** component
kontá fondov fund accounts
~, **medzifondové** interfund accounts
~, **rozpočtové** budgetary accounts
~, **vysokoobjemové** high-volume accounts
~, **zmiešané** commingled accounts
kontakt contact
kontaminácia contamination
kontejner container
kontext context
kontinentálny continental
kontingent quota; contingent
~, **vývozný** export quota
kontinuálny continuous
~ continual
konto account; accounting
~ **„loro“** „loro” account
~, **alternatívne** alternate account
~, **bankové** bank account
~, **bežné šekové** drawing account
~, **bonusové** bonus account
~ **čistého majetku** capital account
~ **dedičstva zosnulého** decedent estate account
~, **domáce** house account
~ **držiteľa karty** cardholder account
~, **falošné** swindle sheet

~, hlavné general account
~, hypotékové hypothecated account
~, kľúčové key account
~, kontrolné controlling account
~, kontrolované controlled account
~, konzultačné consult account
~, kupónové coupon account
~, magnetické magnetic account
~, maklérove brokerage account
~, maržové margin account
~, mŕtve dormant account
~, naše (názov konta) due from account
~, neaktívne inactive account
~ nedobytnej pohľadávky, nečinné inactive bad debt account
~, opatrovníkove guardian account
~, osobné individual account
~, podnikateľské commercial account
~, podvodné fraud account
~, poistené insured account
~, pracovné job account
~ prémií za mesačné platby monthly payment bonus account
~ prenechané na voľné použitie discretionary account
~, príjmové income account
~ s denným úrokom daily interest account
~ s dvojakou menou dual currency account
~ separato special account
~, spoločné a **solidárne** joint and several account; joint account
~, šekové s poplatkom fee checking account
~, termínované certificate account
~ tretej strany loro account
~, úrokové interest only account
~ úspor, investičné investment savings account
~ uznané súdom judgment account
~, výhodné platobné convenient payment account
~, vyrovnané closed account
~, záručné guaranteed account
~ zlatého certifikátu gold certificate account
~, zmiešané mixed account
~, zmluvné contract account
~, zmrazené frozen account
~ zosnulého deceased account
konto: kto prečerpal svoje k. check bouncer
kontokorent contocurrent account; account current; book account
kontraband contraband
kontradictio in adjecto antilogy
kontrahent counterparty; contractor
kontrahovať contract
kontrakt contract; guaranty; deed of association
~, kvázi implied contract
~, mlčky uzavretý implied contract
~, pôžičkový loan contract
~ s pevnou cenou fixed-price contract
~, termínový devízový future exchange contract
kontrakty, termínové na nemeckej burze Bund Future
kontrastný arbitrary
kontremina selling short
kontrola checkout; revision; control; checkup; test; examination; checking; survey; audit; check; inspection
~ a oprava chýb error checking and correction
~ banky: úvodná k.b. zo strany bankového dozoru compliance examinations
~, bežná running check
~, cenová price control
~ cien check of prices; price check
~, colná custom inspection
~, colná: Tu otvoriť k c. kontrole Remove for customs inspection
~, cyklická cyclic check
~, daňová tax search
~, detailná detailed audit
~, devízová exchange control; control of foreign exchange
~ doby platnosti expiration check
~, dvojitá dual control
~, finančná financial control
~, nahlas call-back
~ hotovosti proving cash
~, hromadná batch proof
~ I. stupňa (skupinová) minor
~ kódu code check
~ managementu management audit
~ menšinou minority control
~ na nulu nought check
~, náhodná random check; sampling inspection
~ národnej banky national bank examination
~ nespornosti consistency check
~, nulová crossfooting test; zero proof
~, obmedzená limited check
~ oprávnenia authorization checking
~ osobných preukazov identity check
~ paritou even-odd check
~, pokladničná teller proof; cash checking
~, predbežná preliminary check
~ príjmov a splátok audit of collection and repayment
~, rozpočtová budgetary control; control of the budget
~ rozpočtu budgetary control
~, ručná dry run
~ starých a nových zostatkov old and new balance proof
~ starých záznamov (na lokalizáciu chýb, ktoré boli zistené kontrolou)

look back
~, **štátna** state supervision
~ **trhu** market audit
~, **trvalá** continuous audit
~ **účtov** auditing
~, **účtová** accounting checks
~ **účtovných dokladov** voucher checking
~, **ústredná** central proof
~, **vnútropodniková** internal audit
~, **vstupná** receiving inspection
~ **výberu** selection check
~ **výsledkov** result check
~ **vzostupného poradia** ascendary check
~ **zhody** consistency check
~ **zostatku** balance control
~, **zvláštna dozorná** special supervisory examination
kontrolka clock card
kontrolný checking; checkout; control; pilot; test
kontrolór checker; supervisor; controller
~, **finančný** comptroller; auditor
~ **účtov, hlavný** auditor-general
kontrolovať reconcile; restrain
~ **obchody z predchádzajúceho dňa** check bargains
konvencia convention
konvenčný convenience
konvergencia convergence
konvertibilita convertibility; transferability and exchangeability
konvertovať convert
konverzia transformation; conversion
~ **nižšie** demotion
~ **pôžičky** conversion loan
~ **úrokov (dlhopisov)** conversion of a debt
konzistencia (systému) consistency
konzola (terminál dátovej stanice) console
konzorciá, bankové multibank consortia
konzorcium consortium; syndicate; trust
~, **bankové** joint banking venture
~, **predajné** selling group
~, **upisovateľské** underwriting group
konzul, generálny consul general
konzulát consulate
konzultácia counsel
~ **katalógu, diaľková** telereference
konzultačný consult
konzultant consultant
konzultovať consult
konzum (družstvo) consumer's cooperative
konzumácia, podozrivá conspicuous consumption
konzument consumer
konzumerizmus consumerism
kooperovať cooperate
koordinovať príjmy s výdavkami balance shipments against receipts
kópia duplicate; copy
~, **bezpečnostná** save
~, **doslovná** conform copy
~ **originálneho dokladu s podpisom, pečiatkou a inými znakmi** conformed copy
~, **overená** authentic copy; exemplified copy
~, **overovacia** audit copy
~, **presná** apograph; facsimile (FAX)
kópie, usporiadané collated copies
kopírovať copy; trace; duplicate
korektný correct; proper
korelácia, mnohonásobná štatistická multiple correlation
~, **viacnásobná** multiple correlation
koreň (rovnice) root
korene, viacnásobné multiple roots
korešpodencia correspondence
~, **obchodná** business correspondence
korešpondent correspondent
korešpondentka correspondence clerk
korigovať correct
korisť prize; swag; loot
korporácia corporation
korporačný corporate
korporativizmus corporatism
korporatívny corporate
koruna, devízová valuta crown
korupcia jobbery; graft; corruption; corrupt practices; payola
kotácia official quotation
kótovací quote; quotation
kótovanie quotation
~ **(na burze)** listing
~ **akcie** stock quotation
~ **cenných papierov** admission of shares of stock exchange
kótovaný na burze listed
kótovať list
~ **bez záväzku (na burze)** quote not firm
kótovať: na burze kótované opcie na akcie listed stock/options
kotúč disk
~ **pásky** roll
~, **registračný** circular chart
kov, čistý mincový bullion
~, **drahý** bullion
kovariancia covariance
kôš, spotrebiteľský consumer basket
~, **spotrebný** consumption basket
krabica case
krádež larceny
kradnúť v obchode cat out
krach na burze crash
~ **na burze cenných papierov** stock market crash
~, **úplný** wiped out
kraj district
krajina country
~, **menej rozvinutá** less developed country (LDC)

~, **rozvojová** less developed country (LDC)
~ **s nízkou mierou inflácie** low-inflation country
~ **s nízkymi mzdami** low-wage country
~ **s vysokou mierou inflácie** high-inflation country
krajiny s nízkymi daňami tax-shelter countries
krajnosť excess
krajný ultimate; extreme
krátiť reduce
krátkodobý short-dated; near-term; short
kredit credit
~, **bianco** open credit
kreditovať to credit
kritériá zdaňovania canons of taxation
kritérium canon; standard; criterion
~ **efektívnosti riadenia** effectiveness criterion of industrial enterprise management
~ **klasifikácie** base of division
~ **relevancie** conformance criterion
kritický crucial; critical
kritika criticism; comment
krivda wrong
krivka trace
~, **cenová** cost curve; price curve
~ **cien, vývojová** course of prices
~, **čiarkovaná** dash curve
~, **distribučná** distribution curve
~ **dopytu, lomená** kind-demand curve
~, **Gaussova** bell shaped curve
~, **nábehová** learning curve
~, **nákladová v tvare U** U-shaped cost curve
~, **ponuková** supply curve
~, **rastová** growth path
~, **riadiaca** directrix
~ **rozloženia početností** distribution curve
~, **spotrebná dopytová** consumption demand curve
~, **typická** characteristic
~, **výuková** learning curve
~, **zábehová** learning curve
kríza slump point; depression; flap
~, **finančná** financial crisis
~, **hospodárska** economic depression; business depression
~, **obchodná** trade slump
~, **svetová hospodárska** world depression; world economic crisis
~ **vyvolaná určitým finančným tlakom** crunch
krížik (pri mene ako výraz nespokojnosti) black mark
krížiť plány contravene
križovanie šeku, všeobecné general crossing
križovať šek cross a cheque
krok step; time
~, **rozhodovací** decision step
kronikár recorder
krotiť moderate
kruh circle
kruhy, obchodné commercial circles; business circles
kryť cover; protect
~ **cenné papiere zálohou proti kolísaniu kurzov** merge up
~ **dopyt** supply demand
~ **hodnotu** cover the value
~ **kapitálom** fund
~ **náklady** clear expenses
~ **potreby trhu** match the needs of the market
~ **riziko** cover a risk
~ **termínované obchody** offset future contracts
krytie reimbursement; cover; provision; backing; coverage
~ **(meny, poistky)** coverage
~ **aktív** asset coverage
~ **bankoviek** backing of notes
~ **bankoviek (meny)** currency backing
~, **celkové** overall coverage
~, **dočasné** temporary cover
~, **finančné** financial backing
~, **menové** backing of currency
~ **meny** coverage
~ **nákladov** settlement; refundment of cost
~, **nedostatočné** nonsufficient funds; no funds
~ **novej ceny** reinstatement cover
~ **podvodu** lapping
~, **poistné** insurance coverage
~ **príjmu** income coverage
~ **réžie** overhead absorption
~, **rovnaké** equal coverage
~, **rozšírené** extended coverage
~, **trvalé** continuity of coverage
~ **trhovej ceny, celkové** overall market price coverage
~, **úplné** full cover; whole coverage
~, **úplne nedostatočné** shoestring margin
~, **úrokové** times interest earned ratio; times interest earned; times interest charges earned
~, **záporné** negative coverage
~ **zlatom** gold coverage
kto dáva do nájmu lessor
kulminácia acme; culmination
kumulatívny cumulative; aggregative
kumulovať cumulate
kúp a odlož (finančné pravidlo pre nákup akcií a odloženie s očakávaním vyššieho zisku) buy and put aside (away)
kúpa purchase; bargain; acquisition
~ **a predaj akcií, termínovaná** futures
~, **dohodnutá** negotiated purchase
~, **fingovaná (na burze)** wash sale

~, **krycia** purchase to cover; buy-in
~, **lehotná** time bargain
~ **na splátky** hire purchase
~ **na termín** buying hedge
~ **podľa vzorky** purchase as per sample
~ **pôžičiek, spätná** unit redemption
~, **príležitostná** chance purchase; special bargain; occasional purchase
~, **spätná** repurchase; redemption; buy back
~ **spoločnosti (podniku) vlastným podnikovým vedením** management buyout
~, **úvodná** opening purchase
~, **výhodná** bargain counter
~, **záverečná** closing purchase
kupec trader; tradesman; merchant
kupecký merchant; mercantile
kúpiť (lacno) make a bargain
~ **cenný papier alebo obligáciu až do osobného finančného limitu za účelom špekulácie** load up
~ **na splátky** buy on hire purchase
~ **na úver** buy on credit
~ **podiel vo firme** buy out
~ **späť** repurchase
~ **z druhej ruky** purchase at second hand
~ **z prvej ruky (priamo)** buy firsthand
~ **za hotovosť** buy for cash
kúpna opcia call
kupón stub; tally; coupon; dividend coupon; counterfoil
~, **investičný** investment coupon
~, **špeciálny** talon
kupón: vrátane kupónu (termín pre obchody s obligáciami) cum coupon
kupovať na splátky to buy on time
~ **na svoj účet** purchase for own account
~ **na úver** jawbone
~ **pod cenou (lacnejšie)** underbuy
~ **vo veľkom** buy in bulk
kupujúci emptor; taker; vendee
~ **(vyjednávajúci)** bargainee
~ **do určitého limitu** marginal buyer
~, **perspektívny** optionee
~ **s poctivým úmyslom** bona fide purchaser
~ **za hotovosť** cash buyer
kurátor guardian; trustee; assignee
~ **pri likvidácii majetku** bankruptcy trustee
kuratórium trust company
kuriér messenger
kurz quotation; workshop; quote; institute; rate
~ **(školenie)** course
~ **akcie, historicky najnižší** all time low
~ **akcie, historicky najvyšší** all time high
~ **akcie, odberný** share price
~ **akcií (kótovaný)** share quotations
~, **arbitrážny** arbitrary rate
~, **bežný** current rate of exchange
~, **budúci devízový** forward exchange rate
~, **cieľovo riadený výmenný** targeted exchange rate
~, **čierny** shadow rate of exchange
~, **denný** daily rate; quotation of the day; rate of day
~ **devíz, denný** foreign exchange
~, **devízový** exchange rate; rate of exchange (ROE)
~, **devízový prepočítavací** conversion rate
~, **devízový termínový** long rate
~, **diferencovaný devízový** multiple exchange rate
~, **emisný** issue price
~, **jednotný** standard rate
~, **korešpondenčný** correspondence course
~, **krížový** cross rate
~, **likvidačný** settling rate
~, **likvidačný pri prolongačných obchodoch** making-up price
~, **menový** rate of currency
~ **meny** course
~ **nákup/stred/predaj** purchase/middlerate/sell
~, **nákupný** prices bid; buy rate
~, **nákupný (valút)** buying rate
~, **nečistý pohyblivý devízový** dirty float
~, **netto** tel quel rate
~, **nominálny** nominal quote; nominal exchange
~, **nominálny výmenný** nominal rate of exchange
~, **nútený (devízový)** forced course of exchange
~, **oficiálny prepočítavací** parity of exchange
~, **oficiálny výmenný** official exchange rate
~, **okamžitý výmenný** spot exchange rate
~, **paritný menový** par exchange rate
~, **peňažný** rate of currency
~ **peniaze a tovar** double price
~, **pevný** fixed rate
~, **pevný (stabilizovaný) výmenný** pegged exchange rate
~, **pevný devízový** fixed exchange rate
~, **pevný výmenný** fixed exchange rate
~, **počiatočný** opening rate
~, **pohotový (promptný)** prompt rate
~, **pohyblivý** flexible exchange rate
~, **pohyblivý devízový** floating exchange rate
~, **predajný** selling rate
~, **premenlivý devízový** floating rate
~, **prepočítací** transferrer rate
~, **prepočítavací** rate for conversion; rate of conversion; rate of reduction
~, **prepočítavací denný** rate of exchange ruling on the day

~, **prijímací** rate for acceptance
~, **promptný** spot price
~, **reálny faktický výmenný** real effective exchange rate
~, **skutočný devízový** effective exchange rate
~, **stanovený menový** established rate
~, **stredný** mid-rate; average rate; cross rate; middle price
~, **stredný devízový** central rate
~, **súčasný devízový** exchange current
~, **termínovaný devízový** forward exchange rate
~, **turistický** tourist rate
~ **udaný na páske** tape price
~, **upisovací** rate of subscription
~, **úradný** official rate
~, **úradný devízový** fixing
~, **úvodný** induction course
~, **valutový** exchange rate
~, **vista** sight rate; demand rate
~, **výmenný** rate of exchange (ROE)
~, **vynútený** forced currency
~, **výplatný** rate of payment
~, **základný** base rate
~, **záverečný (cenných papierov)** closing price
~, **záverečný (na burze)** close; closing summary accounts
~, **zúčtovací** rate of compensation
kurz: pri najvýhodnejšom kurze at the most favourable rate
~ **pri zníženom kurze** at a reduced rate
~ **za vyšší kurz** up tick

kurzor myši mouse pointer
kurzy akcií share prices
~, **nestále (pohyblivé) devízové** fluctuations of exchange
~, **poludňajšie** midday quotations
~, **úradné** value proclaimed
~ **zahraničných mien umožňujúce automatickú zmenu paritnej hodnoty obeživa určitej krajiny o malé prírastky** crawling peg
kvadrant formulácií podmienok (v rozhodovacej tabuľke) condition stub
kvalifikácia qualification; competence
kvalifikovaný certificate; competent; skilled; expert
kvalifikovať sa rank
kvalita chop
~, **nízka** low grade
~, **stredná** middling quality
~, **vynikajúca** excellence
~, **zlá** ill-conditioned
kvalitný prime; superior
kvartál quarter
kvartálny terminal
kvázi kontrakt implied contract
kvázirenta quasirent
kvitancia acquittance; discharge; quittance; receipt
kvocient quotient; common ratio
kvóta contingent; quota; quote
~, **colná** tariff quota
~, **exportná** export quota
~, **odpisová** depletion allowance
kybernetický cybernetic

L

labilita disequilibrium
 ~ **meny** monetary instability
lacno cheap; at a cheap rate; at a low figure
lacný low-priced; cheap
ladiaci debug
ladiť check out
ľahko na predaj easy at sell
ľahkosť ease
ľahký gravy
laket (zastaralá miera) cubit
latentný dormant
látka matter
leasing, operatívny operational leasing
 ~, **operatívny, pri ktorom sa prenajímateľ zaväzuje poskytovať určité služby** wet lease
 ~ **oslobodený od daní uzavretý s verejnoprávnou organizáciou** municipal lease
 ~, **pri ktorom nájomné nekryje kapitálové náklady prenajímateľa** nonfull payout lease
 ~, **spätný** leaseback
 ~, **trojstranný** wraparound lease
 ~ **umožňujúci prenajímateľovi uplatňovať daňové výhody spojené s vlastníctvom zariadenia** tax lease true lease
 ~, **uzavretý** closed-end lease
legalizovať validate
legenda caption
legislatíva, protitrustová antitrust legislation
legitimácia card; identity card; identification card
 ~, **odborárska** union card
legitímny de jure
lehota time; date; space; term; day
 ~, **amortizačná** period of write off
 ~, **dodacia** time of delivery
 ~, **dodatočná** respite
 ~, **nájomná** tenancy
 ~, **opravná** period for assessment reconciliation
 ~, **platobná** term of payment; payment term; time of payment
 ~, **počas ktorej môže nájomca používať zariadenie podľa leasingovej zmluvy** lease-to-ownership plan (LTOP)
 ~, **premlčacia** period of limitation
 ~, **skúšobná** trial period
 ~ **splatenia** term of repayment
 ~, **stanovená** appointed time
 ~, **výpovedná** notice period; term of notice; length of notice; period of notice
 ~, **zákonná** period stipulated by law; statute of limitation
 ~, **záručná** guarantee period
 ~, **zmenková** usuance; usance
 ~ **zmiešanej životnej poistky** endowment term
lehota: s/bez výpovednej lehoty with/without notice
lekár nemocničnej pokladne panel doctor
lekcia session
len pre pozvaných admission by invitation
Len pre služobnú potrebu Restricted Document
léno fief; feod; tenure; feoff
leták prospectus
 ~, **reklamný** handbill
letenka bez dátumu open ticket
ležiak stock dormant; idle stock
liberalizácia cien price liberalization
libra (jednotka hmotnosti, jednotka britskej meny) libra
líc (bankovky) obverse; observe
líce face
 ~ **bankovky** face of a note
licencia trading license; license; concession; franchise
 ~, **vývozná** export license
lícny obverse
 ~ **(strana)** true
lícový observe; obverse
liečba treatment
liečivo drug
likvidácia dissolution; liquidation; bankruptcy; settling; disposal
 ~ **(zmenky)** clearance
 ~ **burzových obchodov** settlement
 ~, **dobrovoľná** voluntary dissolution
 ~ **investícií** disposal of investments
 ~ **majetku** bankruptcy proceedings
 ~ **podniku** company wind-up; wind-up of company
 ~ **pohľadávok** settlement of outstanding debts
 ~ **účtov** approval of bills
likvidačný settling
likvidátor bankruptcy trustee; receiver; liquidator; assessor of risks
 ~ **(škôd, poistení)** adjuster
 ~**-kontrolór šekov (v banke)** certification teller
 ~ **škôd** assessor; claims adjuster
 ~ **účtov** bill adjuster
likvidita liquidity; liquid funds
 ~ **(podniku)** solidity
 ~ **trhu** market liquidity
 ~ **v štáte** national liquidity
 ~, **všeobecná (koeficient alebo podiel)** working capital ratio
likvidná (pohľadávka) liquid
likvidný cashable
likvidovanie disposal
 ~ **škody** assessment of claims
likvidovať close out; kill; waste

~ **škody** liquidate claims; settle losses
limit, cenový trading limit
~, **daňový** tax limit
~ **dlhu, maximálny** debt ceiling
~, **horný cenový** upper price limit
~ **stanovený burzou** fluctuation limit
~, **úverový** limit of credit; line of credit
~, **vládny na predaj pôdy** land freeze
~, **zmluvný** trading limit
limitovať limit
lineárny linear; uniform
linka route
~, **revolvingová úverová** revolving credit line
~, **telefónna** extension
~, **úverová** credit line
~, **úverová pre rozpredaj komerčných papierov** backup credit
list schedule; letter; sheet
~, **cenný** insured letter
~, **ďalší** follow-up letter
~, **denníkový** daybook leaf
~, **devízový opčný** currency warrant
~, **dodací** dispatch note; delivery order; despatch note; order of delivery; bill of delivery; delivery note; certificate of delivery; bill of sale (b.s.)
~, **doporučený** registered letter
~, **dopravný** freight bill; bill of lading
~, **druhý hypotekárny záložný** second mortgage bond
~, **hypotekárny záložný** mortgage bond; improvement mortgage bond
~, **informatívny** letter of advice
~, **kalkulačný** cost sheet
~, **krstný** certificate of baptism
~, **krycí** binder
~, **krycí (pri poistení)** cover note
~, **kurzový** list of exchange rates; exchange list
~, **majetkový opčný kombinovaný s dlžobným opčným listom** bonds with warrants attached
~, **mzdový** statement of remuneration; earning record
~, **nákladný** bill of freight; bill of carriage
~, **nákladový** consignment note
~, **námorný nákladný** bill of lading
~, **následný** follow-up letter
~ **návratného cla** debenture certificate
~, **nedoručiteľný** returned letter; dead letter
~, **notársky overený** certified letter
~ **o predĺžení splatnosti** letter of license
~ **o pridelení akcií** allotment letter
~, **objednávací** order form
~, **odporúčací** comfort letter; commendatory letter; recommendatory letter
~, **odporúčací (referenčný)** testimonial letter
~, **opčný** window warrant; time warrant; bond warrant; put-warrant; warrant
~, **opčný (na odber akcií)** equity warrant
~ **papiera** sheet
~, **peňažný** cash letter
~, **podielový** participation certificate; allotment certificate; participating certificate
~, **ponukový** offering list
~, **priamy nákladný** straight bill of lading (B/L)
~, **prijímací** receiving voucher
~, **reklamačný** claim letter
~, **rektifikačný** adjustment of the draft budget
~, **rodný** birth certificate; certificate of birth
~, **skladový** warehouse receipt; material ledger sheet; warehouse warrant
~, **skladový z colného skladu** bond warrant
~, **sobášny** certificate of marriage
~, **sprievodný** transmittal letter; cart note
~, **subskripčný záručný** subscription warrant
~, **súčtový** summary sheet
~, **trhový** market letter
~, **účtovný** ledger sheet
~, **úradný kurzový** official list
~, **úverový** letter of credit (L/C); circuit note; bill of credit
~, **vstupný** importation voucher
~, **výstupný (pri colnom konaní)** certificate of custom clearance
~, **vzorový (štandardný)** form letter
~, **zákazkový** order sheet
~, **záložný** mortgaged deed; letter of lien; letter of hypothecation; bill of sale (b.s.); mortgage debenture; mortgage certificate; bond
~, **záložný (hypotékový)** letter of hypothecation
~, **zamietavý** denial letter
~, **záručný** letter of indemnity; letter of guarantee; letter of dispute; certificate of warranty; indemnity agreement; warranty; stock warrant
~, **záručný colný** custom bond
~, **zásobovací** stores bill
~, **záverečný** contract note
list: kalkulačný list zákazky job cost sheet
listina memorandum; document
~ **banky, zakladacia** bank charter
~, **čierna (zamestnávateľov)** unfair list
~, **daňová** tax roll
~, **darovacia** deed of gift; deed of donation
~, **kótovacia** official list of quotations
~, **menovacia** letter of appointment
~, **mzdová** payroll sheet; payroll distribution sheet
~, **mzdová (námorníkov)** portage bill
~, **nadačná** charter of a foundation; deed of a foundation

~, **obchodná** mercantile paper
~, **odstupná** deed of cession
~, **oprávnená obchodná** eligible commercial paper
~, **podstrčená** fake
~, **právna** bond for deed
~, **prevodná** deed of assignment; deed in assignment; deed of cession
~, **prezenčná** attendance list
~, **štatutárna záručná** statutory warranty deed
~, **upisovacia** allotment sheet
~, **úverová** credit instrument
~, **vadná** bad title
~, **vlastnícka** document of title
~, **vlastnoručne spísaná** holograph
~, **výplatná** wages accounting; paysheet; pay sheet; payroll
~, **výsadná** charter
~, **zabezpečovacia** reinsurance bordereau
~, **zakladacia** memorandum of association; foundation charter
~, **zakladajúca** charter
~, **základná** script
~, **záručná** bail bond; surety bond; penal bond
listiny, dokumentárne obchodné documentary commercial bills
~, **poverovacie** credential (letters)
~, **ratifikačné** instruments of ratification
~, **splatné opčné** warrants payable
lístkovnica card-index; card index
lístok schedule
~, **burzový (kurzový)** stock list
~, **burzový akciový** sharelist
~, **cestovný** transportation
~, **depozitný** deposit slip
~, **dobierkový** cash-on-delivery note
~, **hlasovací** ballot
~, **investičný** plant ledger card
~, **kurzový** exchange list; exchange rate quotations bulletin; table of exchange rates; list of exchange; list of foreign exchange; exchange rate; note of exchange; list of exchange quotations
~, **mzdový** payroll card; wage card; job ticket
~, **nákupný (k nákupu cenného papiera)** buy ticket
~, **odberný** issue card; material issue slip
~, **opravný** correction voucher
~, **podací** certificate of posting
~, **pokladničný** cash ticket
~, **pracovný** job ticket
~, **prihlasovací (v hoteli)** registration card
~, **úlohový** piece ticket
~, **vkladový** paying-in slip; deposit ticket
~, **vkladový opravný** deposit correction slip
~, **výberný** withdrawal form
~, **výdajový** charge ticket
~, **výplatný** paying-in slip
~, **záložný** pawn ticket
listovanie detail printing
listy, dlžobné debentures
~, **reklamné zasielané poštou** mail shot
~, **splatné opčné** time warrants payable
~, **vkladové** deposit letters
~, **záložné** mortgage bonds
litera type
literatúra, predajná sales literature
lobby lobby
loď ship
lodný ship
logika reasoning
lombard pawning stock; lombard
lombardovať pledge securities
lomený fractional
Londýnska burza cenných papierov London Stock Exchange
~ **burza neželezných kovov** London Metal Exchange
~ **medzinárodná finančná burza** London International Financial Futures Exchange (LIFFE)
losovanie v prípade, ak sú súčasne podané dve ponuky kúpy rovnakých akcií matched and lost
lož deceit
ľubovoľný random; discretionary
lup swag
lupič burglar
luxusný deluxe

M

Má dať debit; debits
magnát tycoon
magnetofón magnetic recorder; recorder
machinácia monkey business
machinácie racket
majestátny majestic
majetkoprávny referring to the rights of property
majetkový proprietary; property
majetky, nadradené merit goods
~, **penzijné poručnícke** retirement plan trusts
~, **výrobné** instrumental goods
majetní haves
majetný well-off
majetok estate; faculty; substance; fortune; property; holding; equity; means; wealth; possession; holdings
~ **(hlavne hnuteľný)** effects
~ **akcionárov, vlastný** stockholder's equity
~ **akciovej spoločnosti, vlastný** shareholder's equity
~, **celkový** assets; gross estate
~, **čistý** equity; final assets; basic capital
~, **čistý obežný** net current assets
~, **dediteľný** fee
~, **doživotný** life estate
~, **hmotný** tangible property; corporeal property
~, **hmotný osobný v skutočnom vlastníctve** chose (s) in possession
~, **hnuteľný** corporeal; personal estate; effect; goods; personal property; movable property; current assets; movable assets; chattel
~, **hnuteľný a nehnuteľný** funds and properties
~, **investičný** investment property
~, **jednoduchý zverený** simple trust
~, **kmeňový** original foundation
~, **ku ktorému sa nikto nehlási** derelicts
~, **likvidný** liquid assets
~, **národný** national ownership; national wealth
~, **nehmotný** intangible assets; non-depreciable assets; intangible property; incorporeal property
~, **nehnuteľný** fixed property; real property; immovable assets; realty; immovables; fixture; immovable property; real estate
~, **nepredajný** dead hand; mortmain
~, **nezaložený poistný zverený** unfunded insurance trust
~, **obežný** short-term assets
~, **osobný** personal property; paraphernalia; movable; personal asset; chose
~, **osobný hnuteľný** chattels personal
~, **pozastaviteľný hnuteľný** corporeal hereditament
~, **recipročný poručnícky** reciprocal trust
~, **roztrúsený zverený** sprinkling trust
~ **spoločnosti** company property
~, **verejný** public domain; common property
~, **viazaný** frozen assets
~, **vlastný** owner's equity; equity; allodium
~, **zadĺžený** insolvent estate
~, **základný** capital; stock; assets fixed; fixed assets
~, **zdaniteľný** taxables
~, **zmiešaný** mixed property
~ **zo zmluvy, zverený** trust under agreement
~, **zostatkový** residuary estate
~, **zverený** trust estate; trust under will
~, **zverený z vlastnej vôle** voluntary trust
majiteľ proprietor; holder; proprietary
~ **cenných papierov** stockholder
~ **dlhopisov** bondholder
~, **jediný** sole proprietor
~ **koncesie** licensee
~ **licencie (spoločnosť)** franchisor
~ **obchodu** shopkeeper
~ **opcie** optionee
~ **podniku** principal
~ **pozemkov** freeholder
~ **pôdy** landowner
~ **realitnej kancelárie** real estate agent; land agent; realtor; house agent
~, **registrovaný** holder of record
~ **účtu** account holder
~, **výhradný** sole proprietor
~ **záložne** pawnbroker; pawnee
~ **zmenky** holder of a bill
~ **zmenky, ktorú získal za protihodnotu** holder for value
~ **zmenky, nový** endorsee
majoritný majority
majúci opačný záujem adverse
maklér carrying broker; bank broker; bond broker; negotiator; commission broker; courtier; dealer; broker; stock-broker; stockjobber
~ **(predávajúci majetok podľa zoznamu)** lister
~, **arbitrážny** arbitrage broker
~, **burzový** share dealer; stockbroker; share broker; exchange broker
~, **colný** customs broker
~, **devízový (valutový)** exchange broker
~, **diskontný** discount broker
~, **dvojdolárový** two-dollar broker
~, **hypotekárny** mortgage broker
~, **komisný s termínovým tovarom** futures commission broker
~, **ktorý nie je členom burzy** outsider

~, **lodný** ship broker
~, **mimoburzový** outside broker
~, **peňažný** money broker
~, **poisťovací** insurance broker
~, **pouličný (mimoburzový)** street broker
~ **riečnych plavidiel** river-ship broker
~ **s drahými kovmi** bullion broker
~ **s opciami na predaj alebo kúpu** put and call broker
~ **termínových obchodov na burze** option dealer
~, **valutový** exchange broker
~, **významný** wire house
~, **zmenkový** bill broker; note broker
~, **zmluvný** contract broker
makléri, pozičnί position traders
maklérstvo jobbery; courtage
makroekonómia racionálnych očakávaní rational-expectation macroeconomics
makroekonomický macroeconomic
makroekonomika macroeconomics
mala fide bad faith
málo výnosný low-yield
malobankovníctvo retail banking
maloobchod retail business; retail trade; retail
maloobchodník retail dealer; retailer; detailman
~, **zásielkový** mail-order retailer
maloobchodný retail; point-of-sale
malý (cyklus) minor
~ **zisk (na jednotku), veľký obrat** small profits and quick returns
management, medzinárodný peňažný international money management (IMM)
~, **mnohostranný** multiple management
~, **pokladničný** cash management
~, **vyšší** upper management
management: pracovník vrcholného m. spoločnosti executive
manažér manager; entrepreneur
~, **líniový** line manager
~ **pre prácu s ľuďmi** personnel manager
~, **vedúci** lead manager
manažéri, finanční, zaoberajúci sa veľkými obchodnými transakciami swingers
manažérka manageress
manažérstvo managership
manažment management
~, **finančný** financial management
mandát power; mandate
manipulácia manipulation; operation
~, **colná** customs handling
~, **podvodná (s šekmi)** kite; kiting
manipulantka operator
manipulovať manipulate; handle
manko difference; deficit; shortage of stock; deficiency; shortage
~ **do normy** shortage within the norm
~ **nad normu** shortage over the norm
~, **nezavinené** unavoidable shortage
~, **pokladničné** cash short
~ **v pokladni** cash deficit; deficiency of money
~, **zavinené** caused shortage
manuál, prevádzkový manual of operation
manuály, praktické codes of practice
manufaktúra manufactory
manželský conjugal
mapa portfolio; chart
~ **(na spisy)** dossier
marginalizmus marginal utility theory
marketing marketing
~, **cieľový** target marketing
~, **masový** mass marketing
~, **neziskový** nonprofit marketing
~, **odvetvový** industrial marketing
~, **pozičný** position marketing
~, **priemyslový** industrial marketing
~ **so sociálnou zodpovednosťou** social responsibility marketing
Marketingová asociácia študentských pôžičiek Student Loan Marketing Association
marža spread; trade margin; markup; price margin; margin
~, **malá** thin margin
~, **počiatočná (záloha, ktorú musí kupujúci zložiť u makléra pred začatím termínového obchodu)** initial margin
masa, peňažná money supply
maskovaný disguised
mať cenu cost; to be worth
~ **deficit** to be in the red
~ **dobrú povesť** enjoy a good reputation
~ **dobrý odbyt** enjoy large sales
~ **hodnosť** rank
~ **hodnotu** be worth
~ **k dispozícii** command
~ **koncesiu** to be licensed
~ **kredit v obchode** run a book
~ **málo peňazí** to be short of money
~ **meškanie** to make default
~ **na niečo monopol** to hold a monopoly on st.
~ **na sklade** to have in stock; keep in stock; carry in stock
~ **náskok pred niekým** be ahead of sb.
~ **nedostatok personálu** be understaffed
~ **obchodné styky s niekym** have dealings with sb.
~ **obrat v peniazoch** turn money
~ **otvorený účet** run an account
~ **pasívny účet** be in the red
~ **peniaze v zahraničí** carry funds abroad
~ **pod kontrolou** restrain
~ **právo disonovať niečím** to have disposal of st.
~ **predpísanú (očakávanú) úroveň** to be up to standard

~ **problémy** trouble
~ **schôdzku** date
~ **sklon** trend
~ **splatnosť** come to term
~ **spor** dispute
~ **tendenciu** trend
~ **trvalo aktívnu platobnú bilanciu** run a current account surplus
~ **trvalo pasívnu platobnú bilanciu** run a current account deficit
~ **u niekoho pohľadávku** to have a bill against sb.
~ **účasť** share
~ **(udržať si) zamestnanie** hold down
~ **určitý druh tovaru** handle a line
~ **úspech** stand fair; take on; come out ahead
~ **úspech (zdar)** make good
~ **úspech v niečom** succeed in st.
~ **vo vlastníctve niečo** keep hold of st.
~ **výborné odporučenie** have excellent references
~ **výhradné právo používať niečo** have exclusive use of st.
~ **vysoký zdravotný štandard** enjoy a high standard of health
~ **zásadný (hlavný) prejav** keynote
~ **zisk** make a profit; profit
~ **živnosť** be engaged in business
matematická symbolika notation
matematika, ekonomická economic mathematics
materiál material
~ **a služby, nakupovaný** purchased materials and services
~, **jednotkový** direct material
~, **kádrový** cards
~ **na ceste** material in way
~ **na sklade** stock
~, **odpadový** scraps
~, **pomocný** consumables
~, **rozpracovaný** material in process
~, **výstavný** display material
~, **základný** basic material
materiály, usvedčujúce examination
matica, diagonálna diagonal matrix
~ **koeficientov** coefficient matrix
~, **rozložiteľná** decomposable matrix
matrikár stock registrar; registrar
maximálne cenové pohyby na burze počas obchodnej doby limit move
maximálny top; ultimate; ceiling
maximum, cenové price ceiling
~, **dovolené** ceiling
mazaný smart
medián median
medzera, časová slack
~, **deklaračná (nerovnováha vzniknutá prevahou ponuky)** deflationary gap
~, **horná** upside gap
~ **v daňovom zákone** tax loophole
medziburzový interbourse
medzičlánok, obchodný dealer
~, **prepojovací** interface
Medzinárodná banka pre hospodársku spoluprácu International Bank for Economics Cooperation (IBEC)
~ **banka pre obnovu a rozvoj** International Bank for Reconstruction and Development
medzinárodná finančná spoločnosť International Finance Corporation
Medzinárodná obchodná burza International Commercial Exchange
~ **organizácia pre normalizáciu** International Organization for Standardization (ISO)
medzinárodná poznávacia značka vozidla distinguishing sign
medzinárodný international
Medzinárodný menový fond (MMF) International Monetary Fund (IMF)
medzinárodný menový systém International Monetary System
medziobchod intermediate trade; intermediary trade
medziobchodný interdealer
medzipredaj: s výhradou m. subject to prior sale
medziprodukt intermediate product
medziprodukty intermediate goods
medzisklad in-process store
medzisúčet group total; intermediate total; progressive total; subtotal
medzisúčtový subtotal
medzivýsledok intermediate result
mechanizmus, hospodársky economic mechanism
~, **medzinárodný platobný** international payments mechanism
~ **pohybov cien a zlatých platidiel** price-specie flow mechanism
~ **riadenia** mechanism of management
~, **trhový** market mechanism
~ **tvorby cien** price-setting mechanism
membrána diaphragm
membránový diaphragm
mena value; money; currency
~, **blokovaná** blocked currency
~ **cestovného ruchu** tourist currency
~, **cudzia** foreign currency
~, **devalvovaná** depreciated currency
~, **domáca** inland currency; domestic currency
~, **falšovaná** funny money
~, **inflačná** funny money
~, **intervenčná** intervention currency
~, **konvertibilná** convertible currency
~, **kovová** metallic standard
~, **mäkká (nekonvertibilná)** soft currency
~ **Maroka** dirham
~, **miestna** local currency

~, **národná** national currency
~, **nedostatková** scarce currency
~ **nekrytá kovovou rezervou** credit currency
~ **nepodložená zlatom, papierová** fiduciary standard
~, **papierová** paper currency
~, **pevná** stable currency
~, **pohyblivá** movable exchange; floating currency; clean float
~, **poštová** postage currency
~, **referenčná** reference currency
~, **rezervná** reserve currency
~, **riadená** managed currency
~, **svetová rezervná** world reserve currency
~, **tvrdá** hard currency; hard money
~ **Vietnamu** dong
~, **voľne zameniteľná** hard currency
~, **voľne zmeniteľná** free convertible currency
~, **základná** base currency
~, **zákonná** lawful currency of a country; legal tender; lawful money
~, **zhodnotená** revalued currency
~, **zlatá** gold standard; gold currency
~, **zmiešaná** mixed currency
menej významný junior
~ **závažný** minor
menič changer
meniteľný changeable
meno name
~ **a adresa sprostredkujúcej banky** intermediary bank name and address
~, **dobré** goodwill; reputation
~, **druhé krstné** middle name
~ **firmy, zákonom chránené** trade name
~, **krstné** Christian name
~, **obchodné** commercial name
meno: pod menom by the name of
menová jednotka:
~ **j. Abu Dhabi** dinar
~ **j. Adenu** dinar
~ **j. Albánska** lek
~ **j. Alžírska** dinar
~ **j. Andorry** peseta
~ **j. Angoly** kwanza
~ **j. Argentíny** austral
~ **j. Azorských ostrovov** escudo
~ **j. Bahrajnských ostrovov** dinar
~ **j. Baleárskych ostrovov** peseta
~ **j. Bangladéša** taha
~ **j. Barmy** kyat
~ **j. Bhútanu** ngultrum
~ **j. Bolívie** boliviano
~ **j. Bolívie** peso
~ **j. Botswany** pula
~ **j. Brazílie** new cruzeiro
~ **j., britská** libra
~ **j. Bulharska** lev
~ **j. bývalého ZSSR** rubl
~ **j. Čiech** koruna
~ **j. Číny** yuan
~ **j. Dánska** krone
~ **j. Dominikánskej republiky** peso
~ **j. Dubaja** gulf riyal
~ **j. Ecuádoru** sucre
~ **j., európska** European Currency Unit (ECU)
~ **j. Filipín** peso
~ **j. Fínska** markka
~ **j. Gambie** dalasi
~ **j. Ghany** new cedi
~ **j. Grécka** drachma
~ **j. Guatemaly** quetzal
~ **j. Guiney** syli
~ **j. Guinei-Bissau** escudo
~ **j. Holandska** guilder
~ **j. Holandských Antíl** guilder
~ **j. Hondurasu** lempira
~ **j. Chile** peso
~ **j. Indie** rupee
~ **j. Indonézie** new rupiah; rupiah
~ **j. Iránu** rial
~ **j. Islandu** krona
~ **j. Japonska** yen
~ **j. Jemenu** riyal
~ **j. Jordánska** dinar
~ **j. Juhoafrickej republiky** rand
~ **j. Juhoslávie** dinar
~ **j. Južného Jemenu (Aden)** dinar
~ **j. Kampučie** riel
~ **j. Kanárskych ostrovov** peseta
~ **j. Kapverdských ostrovov** escudo
~ **j. Kataru** gulf riyal
~ **j. Kene** shilling
~ **j. Kolumbie** peso
~ **j. Konga** zaire
~ **j. Kórejskej republiky** won
~ **j. Kostariky** colon
~ **j. Kuby** peso
~ **j. Kuvajtu** dinar
~ **j. Laosu** kip
~ **j. Líbye** dinar
~ **j. Madeiry** escudo
~ **j. Malajzie** riggit
~ **j. Malawi** kwacha
~ **j. Maledivských Ostrovov** rupee
~ **j. Mauretánie** ouguiya
~ **j. Mauritia** rupee
~ **j. Mexika** peso
~ **j. Mongolska** tughrik
~ **j. Mozambiku** escudo
~ **j. Namíbie** rand
~ **j. Nepálu** rupee
~ **j. Nigérie** naid
~ **j. Nikaraguy** cordoba
~ **j. Nórska** krone
~ **j. Ománu** riyal
~ **j. Pakistanu** pice (rupee)
~ **j. Panamy** balboa
~ **j. Papuy** kind

~ j. **Paraguaja** guarani
~ j. **Peru** sol
~ j. **Poľska** zloty
~ j. **Portugalska** escudo
~ j. **Priateľských ostrovov** pa'nga
~ j. **Rakúska** schilling
~ j. **Rumunska** leu
~ j. **Salvadoru** colon
~ j. **Samoy** tala
~ j. **San Marina** lira
~ j. **Saö Tomé a Principe** dobra
~ j. **SaudskeJ Arábie** riyal
~ j. **Saychelských ostrovov** rupee
~ j. **Sierry Leone** leone
~ j. **Slovenska** koruna
~ j. **Somálska** So shilling
~ j. **Srí Lanky** rupee
~ j. **Surinamu** guilder
~ j. **Svazijska** lilangeni
~ j. **Španielska** peseta
~ j. **Švédska** krona
~ j. **Talianska** lira
~ j. **Tanzánie** shilling
~ j. **Timoru** escudo
~ j. **Tuniska** dinar
~ j. **Turecka** lira
~ j. **Ugandy** shilling
~ j. **Uruguaja** peso
~ j. **Vatikánu** lira
~ j. **Venezuely** bolivar
~ j. **Východnej Afriky** escudo
~ j. **Zaire** zaire
~ j. **Zambie** kwacha
~ j. **Zambie, dielčia** ngwee
menovací appointive
menovanie appointment
menovaný nominee
menovať (do funkcie) name
~ **do funkcie** appoint
menovateľ denomination
~, **najmenší spoločný** least common denominator
~, **spoločný** common factor; common denominator
menovitý nominal
menovka tag; name badge
menový monetary
menší minor
menšinový minor
menšiteľ subtrahend
menu menu
meradlá, rozdielne differential scaling
meradlo hodnoty measure of value
meradlo: v určitom meradle on a scale
meranie citlivosti cenných papierov k pohybu všeobecného trhu Beta
~ **času** timing
merkantilistický mercantile
merkantilizmus mercantilism
mesačný per mensem
mesiac, bežný instant
~, **budúci** proximo
~, **predchádzajúci (minulý)** ultimo
~, **zmluvný** contract month
mesto, hlavné capital
~, **veľké** city
mestský city
meškať make a default
metóda mode; method
~, **aproximačná** method of approach
~ **aritmetického stredu** method of average time
~ **automatizovaného rozvrhovania dát** data automatic rescheduling technique
~, **bilančná** balance sheet method
~, **brutto** gross method
~ **degresívneho odpisu** declining balance
~, **delfská** Delphi method
~, **dôchodková** income approach
~, **dvojitá odpisová s klesajúcim zostatkom** double-declining-balance method of depreciation
~ **ekvivalencie** equity method
~, **extrapolačná** extrapolation method
~ **hlavného článku** capital link method
~ **kĺzavých veličín** method of sliding numbers
~ **konečných prvkov** finite element method (FEM)
~ **kritickej cesty** Critical Path Method (CPM)
~ **merania HNP podľa pridanej hodnoty** value-added approach to GNP measurement
~ **najčastejšieho výskytu** method of the mode
~ **najmenších štvorcov** least squares method; method of least squares
~, **netto** net method
~ **odpisov na jednotku produkcie** production unit method of depreciation
~ **odpisu, anuitná** annuity method of depreciation
~ **odpisu podľa pracovných hodín** labour-hour method of depreciation
~ **operačnej analýzy** method of operational analysis
~, **platobná sprostredkujúcej banky** intermediary bank method of payment
~ **podielového oceňovania a účtovania finančných investícií do akcií iného podniku** equity method
~ **pokusov a omylov** trial-and-error method
~ **postupných aproximácií** trial-and-error method
~, **pracovná** method of working
~, **pracovná, prevádzkového účtovníctva** job method of cost accounting
~ **predchádzajúcich odpočtov** prior deductions method
~, **prevádzková** method of operation

~ **priameho odpisovania** straight amortization plan
~ **priameho umorovania** straight-term plan
~ **prístupu so zaraďovaním do radov** queued access method
~, **revidovaná simplexová** revised simplex method
~, **riadiaca** method of control
~ **sieťovej analýzy** program evaluation and review technique (PERT)
~, **výberová** sampling method
~ **vyhodnotenia a kontroly (plánu)** performance evaluation and review technique (PERT)
~, **výpočtová** calculus
~ **výpočtu** method of calculation
~ **výpočtu dĺžnej dane zo zisku** taxes payable method
~ **zložitého úroku, odpisová** compound-interest method of depreciation
metodika účtovníctva methodology of accountancy
metódy, výpočtové computerized methods
miasť confuse
mienka thought
~, **verejná** public opinion
miera proportion; size; degree; rate
~, **diskontná** discount rate
~ **ekonomického rozvoja** development rate of economy
~ **ekonomickej aktivity obyvateľstva** labor-force participation rate
~ **inflácie** rate of inflation; inflation rate
~, **interná návratnosti investícií (u leasingu)** running rate
~ **investícií** investment rate
~ **kapitálu, výnosová** rate of return on capital
~, **krátkodobá úroková** short-term interest rate
~ **kúpychtivosti** consumer spending behaviour
~, **lombardná úroková** lombard rate
~, **minimálna úroková** floor
~ **možnosti zadĺženia** loan ratio
~ **nadhodnoty** rate of surplus value
~ **návratnosti** rate of return (ROR)
~ **návratnosti, neupravená** unadjusted rate of return
~, **obchodná výnosová** mercantile rate of return
~ **opcie, priemerná** average rate option
~, **plná** full
~ **rastu, očakávaná (predpokladaná)** envisaged rate of growth
~ **rastu, priemerná ročná** average annual growth rate
~, **reeskontná** rediscount rate
~ **reprodukcie** reproduction ratio
~ **rizika** exposure
~, **skutočná úroková** effective interest rate
~ **sporivosti** savings rate
~ **spotreby** measure of consumption
~ **stability** degree of stability
~ **umorovania** sinking fund rate
~, **úroková** interest rate; price of money; rate of interest
~, **úroková ponúkaná na londýnskom medzibankovom trhu** London Inter-Bank Offered Rate (LIBOR)
~ **úspor** savings rate
~, **variabilná úroková** variable rate
~ **výnosnosti, obrátená** reserve yield gap; reverse yield gap
~ **výnosnoti kmeňových akcií** rate of return on common shareholders' equity
~ **zadĺženia** debt equity ratio
~ **zdanenia, priemerná** average tax rate
~, **zisková** profit margin
~ **zisku** rate of profit; gross profit margin; profit rate; income ratio; rate of profitability; rate of real return
~ **zisku z celkových dôchodkov** operating profit margin
miera: zaručená m. rastu ekonomického rozvoja warranted rate of growth
mierne poklesnúť slip
mierniť moderate
mierny soft; moderate
miesta, voľné (inzertná rubrika) situations vacant
miestenka seat reservation
miestnosť, skladovacia storage room
~, **trezorová** vault
miestny particular
miesto post; appointment; site; spot; position; job; location; station; situation
~, **desatinné** decimal position
~, **kde banky predávajú hypotéky sekundárnym úverovým trhom** velocity shop
~ **na burze** stock exchange seat
~, **najvyššie platné** most significant position
~ **nákupu** point of purchase (POP)
~ **odoslania** place of dispatch
~ **plnenia** place of performance
~ **plnenia kúpnej zmluvy** point of sale (POS)
~ **podnikania** registered office
~ **pôvodu** point of origin
~ **predaja** point of sale (POS)
~ **určenia** place of destination; destination
~ **určenia presnej ceny akcií** collar pricing
~, **voľné** vacancy
~ **vzniku** point of origin
miesto: na mieste on-site
miestopredseda deputy chairman
migrácia migration

mikroekonómia microeconomics
mikroekonomika microeconomics; microeconomy
mikromarketing micromarketing
mikrorozhodnutie microeconomic decision
mikrozaručenie micro-hedge
míľa mile
miliarda, am. billion
~, **brit.** milliard
mimo ex
~ **dohodnutia** out of contract
~ **radu** out of line
~ **zákona** outlawed
mimoburzový off-exchange; off the board
mimoekonomický noneconomic
mimopracovný nonwork
mimoriadny extra; emergency; extraordinary
mimotrhový off-market
min - max (čiary) HI-LO lines
minca coin
~, **drobná** cash
~, **podradná (so zníženým obsahom mincového kovu)** base coin
mince kryté zlatom token money
~, **zničené** defaced coins
mincovňa mint
mincovníctvo acunation
minimálny minimum
minimaxový minimax
minimum minimum
~, **cenové** price floor
~, **existenčné** subsistence level; living wage
~, **nezdaniteľné** exemption limit; tax threshold
minipobočka minibranch
minister (am.) head of department; minister
~ **financií** Chancellor of the Exchequer
~, **splnomocnený** minister plenipotentiary
ministerstvo ministry; department; executive department
~ **financií** exchequer; treasury; Treasury Department
minoritný minor
minulý ex post
mínus minus
mix, marketingový (výrobok, cena, distribúcia, propagácia) marketing mix (product, price, place, promotion)
mladší junior
mlyn mill
mnohočlen multinominal
mnohočlenný multinominal
mnohonásobný multiple; multi
mnohouzlový multinode
množina family
~, **disjunktná** disjoint set
množstvá, rovnaké even lots
množstvo amount; bulk; crowd
~ **akcií, veľké** line
~, **celkové** sum total
~, **dvojnásobné** double
~, **nadmerné** excessive amount
~, **najmenšie** minimum
~, **najmenšie uzančné, ktoré možno kúpiť na burze** trading unit
~ **peňazí** money mass
~ **peňazí v ekonomike** money supply
~, **štandardné** full standard cost
~, **vložené** input
mobilizovať a využívať pracovné sily mobilize and use labour
moc, depozitná plná deposit warrant
~, **neobmedzená plná** carte blanche
~ **(písomná), plná** letter of attorney
~, **plná** powers of representation; mandate; full power of attorney; procuracy; proxy; commission
~, **plná, na prevod akcií** stock power
~, **plná, zástupcu** power of attorney
~, **procesná plná** warrant of attorney
~, **verejná** public authority
~, **všeobecná plná** general power of attorney
~, **vyššia** fine force; unavoidable accident
~, **vyššia (nehoda bez ľudského zavinenia)** act of God
~, **zvláštna plná** special power of attorney
mocnenec (základ) cardinal number
mocnina power
~, **druhá** square
mocninový power
mocniteľ power exponent
mocný main
model type
~ **cyklického rastu** model of cyclical growth
~, **ekonometrický správania sa hospodárskeho cyklu** econometric model of cyclical behavior
~ **ekonomického rastu** pattern of economic growth
~ **správania sa spotrebiteľa** consumption model
~ **medziodvetvových vzťahov** input-output model
~, **oblastný štruktúrny (medziodvetvový)** regional input-output model
~ **obnovy (základných fondov)** replacement model
~, **odvodený** contextual model
~ **spotreby** model of consumption
~ **štrukturálnej analýzy** input-output model
~, **znížený rastový (v ekonómii kombinovaný so silnými inflačnými tlakmi)** hesiflation
modelovanie, makroekonomické macroeconomic modelling
modelovať simulate

modely, dopytové demand oriented models
modernizovať update
moderný advanced
modifikácia alteration
modifikovaný variable
modifikovať alter
modul modulus
modus mode
momentálne splatný spot
monetarista monetarist
monetarizmus monetarism
monogram cipher
monometalizmus single standard; monometallism
monopol monopoly
~, **diskriminačný** discriminating monopoly
~ **dvoch inštitúcií** duopoly
~, **ideálny (čistý)** perfect monopoly
~, **nadnárodný** multinational monopoly
~, **obchodný** trade monopoly
~, **výhradný** exclusive privilege
monopolistický monopolistic
monopolizovať monopolize; sew up
monopolný monopoly
monopoly, nadnárodné transnational monopolies
morálka ethics
moratórium tax deferral
mostík, bilančný balance cross-walk
~, **účtovný** accounting crosswalk
motivácia drive; motivation
motorový motor-driven
možnosť occasion; chance
~ **čerpania alebo odvolania depozitu** at call
~, **druhá** alternate
~, **odbytová** market outlet
~ **odkúpenia cenného papiera emitentom** call feature
~ **použitia** application
~ **prečerpania** overdraft banking
~ **šekového prečerpania** overdraft checking account
možnosti, investičné channels for investment
~ **odbytu niečoho, veľké** a high market potential for
~, **výrobné** production facilities
možný, ale nie istý contingent
mraziarne cold stores
mrhanie waste
múdry wise
multilaterálnosť multilateralism
multimilionár multimillionaire
multiplikátor multiplier
~ **(investičný)** income multiplier
~ **medzinárodného obchodu** export multiplier
~, **daňový** net tax multiplier
~, **investičný** investment multiplier
mutualita mutuality
mylný wrong; devious
myslenie thought
~, **logické** reasoning
myslieť reason
~ **to vážne** mean business
myšlienka thought
mýto wheelage; toll; turnpike
~, **cestné** turnpike money; turnpike toll
mzda pay; reward; merit; payment; emolument; wage(s); paycheck; wage; earnings; remuneration
~ **a iné osobné náklady** wage and other payment
~, **akordná** task wage; piece rate wage; piecework wage
~, **časová** time rates; hourly pay; time wages
~, **časová s 50% príplatkom** time and a half
~, **čistá** take-home pay; net pay; net wages
~, **denná** daily pay; daily wages; day wages
~, **doplnková** supplementary wages
~, **hodinová** time work; hourly wage
~, **hrubá** gross pay; gross earnings
~, **hrubá (čistá)** gross (net) amount of wages
~, **jednotková** piece rates; direct labor
~, **minimálna** wage floor; minimum wage; floor
~, **naturálna** truck system
~, **neadekvátna** underpay
~, **nevýrobná** nonproductive wages
~, **nízka** sweat money
~, **pobádacia** wage incentives
~, **počiatočná** initial wage
~ **podľa tarify (sadzobníku)** scale wage
~, **prémiová** premium wage; bonus wage
~ **pri nástupe** initial wage
~, **progresívna** acceleration premium
~, **pružná** accelerating premium
~, **reálna** real wage
~, **režijná** nonproductive wages
~, **ročná** annual wage
~, **spravodlivá** quantum merit
~, **týždenná** weekly wage; weight pay; weekly pay
~, **úkolová** accelerating premium; piece rate; piecework wage; job wage; piece rate wage; task wage
~, **ušlá** loss of wages
~ **vedúceho pracovníka** executive compensation
~ **za dovolenku** holiday wages
~, **základná** base pay
~ **zamestnancov** compensation of employees
mzdová a cenová politika wage-price policy
~ **a cenová regulácia** wage-price control

~ **a cenová špirála** wage-price spiral
mzdové listy zamestnancov employees ledger
mzdový wage; payroll
mzdy, časovo rozlíšené accrued wages
~, **čisté** net after-tax wages
~, **doplnkové** fringe benefits
~, **efektívne** efficiency wages
~, **existenčné** subsistence wages
~, **flexibilné** flexible wages
~, **implicitné** implicit wages
~, **nevybrané (nenárokované)** unclaimed wages
~, **nízke** low-range wages
~, **nízke (hladné)** starvation wages
~, **stredné** middle-range wages
~, **strnulé** sticky wages
~, **subminimálne** subminimum wages
~ **v priemysle** industrial wages
~, **vedľajšie** fringe benefits
~, **výrobné** manufacturing wages
~, **základné** basic wages

N

n-členný n-adic; n-ary
na dlhé obdobie in the long term
~ **dne** flat broke
~ **dobierku** forward carriage; carry forward
~ **dodanie** to arrive; future delivery
~ **dosah** within reach
~ **kľúč** turn-key
~ **krátku dobu** for a short term
~ **mieru** bespoke
~ **mieste** on-site
~ **mizine** destitute; stone broke
~ **neurčito** sine die
~ **objednávku** made to order
~ **obrátku** for a turn
~ **okamžité dodanie** spot
~ **písomné potvrdenie** against receipt
~ **počesť niečoho** in observance of st.
~ **podnikovej úrovni** at plant level
~ **pokladničnom trhu (cenných papierov)** over the counter
~ **ponuku kupujúceho** on bid
~ **ponuku predávajúceho** on offer
~ **povrchu** outward
~ **požiadanie** at call; at short notice; on demand
~ **pôžičku** on loan
~ **predaj** for sale; for disposal; on sale
~ **prenajatie** for hire
~ **prianie** on request; by request
~ **prvý pohľad** prima facie
~ **rovnakej úrovni** on the same level
~ **saldo** on balance
~ **sklade** on hand; in stock; in store
~ **služobnej ceste** on an official tour; away on business
~ **splátky** on time
~ **strane Má dať** on the debit side
~ **suchu** down and out
~ **ťarchu zisku** debiting the profit
~ **treťom trhu** over the counter
~ **trhu** at the market; on the market
~ **účet** on account
~ **účet niekoho** at the expense of sb.
~ **úkor niekoho** on the expense of sb.
~ **úver** on credit; charge send
~ **videnie** after sight
~ **vlastný účet** on one's own account
~ **vlastný vrub poisťovne** net retention
~ **voľné použitie** open to buy
~ **výzvu** at call
~ **zákazku** bespoke
~ **základe (splnomocnenia)** on authority
~ **základe dohody** by agreement
~ **základe konkurzu** by tender
~ **základe niečoho** under authority of st.
~ **základe oznámenia** as per statement
~ **základe zmluvy** on the strength of the contract
~ **záruku** against security
~ **zúčtovanie** awaiting clearance
~ **žiadosť** on request; by request
nabehnutý accrued
nábehový start-up
nábor pracovníkov staffing; recruitment of personnel
~ **pracovných síl** labour recruitment
nacionálie personal data
načas on time
načasovanie timing
načasovať time
načítavať count
načrtnúť trace
nad cenu outside the value
~ **nominálnou hodnotou** above par
~ **pari** above par
~ **sily** ultra vires
nadácia institution; foundation
nadbytočný excess; unneeded
nadbytok redundance; excess; surplus
~ **kapitálu** surplus of capital
~ **kúpnej sily** excess of purchasing power
~ **peňazí** easement of money; ease of money
nadčasovosť timelessness
nádej prospect; chance
nádherný magnificent
nadhodiť otázku nákladov raise the question of cost
nadhodnota increase in value; surplus value
nadhodnotenie, trhové pricing out the market
nadhodnotený overestimate; overvalued
nadhodnotiť overcapitalize; overestimate
nadmerné (náklady, výdavky) exceeding
nadmernosť excess
nadmerný rank; excess; excessive
nadnárodný multinational
nadobúdací acquired
nadobúdateľ optionee; endorsee; transferee; alienee
~ **práva** assignee
nadobudnúť platnosť (poistka) endow
nadobudnutie majetku purchase
~ **vlastníctva privlastnením** occupancy
nadpis title
nadpočetný odd
nadpriemerný above standard
nadradenosť precedence
nadradený superior
nadriadený superior; chief
nadväzujúci: tesne na seba n. back-to-back
nadviazať obchodné spojenie establish business contacts
~ **obchodné styky** initiate business connections
~ **styk** enter
~ **styky** enter into contact

nadvláda domination
nadvýroba surplus production
nafukovanie cien bull machinations
nahliadnuť consult
náhly abrupt
náhoda random; chance; conjuncture; occasion; random event
náhodný random; odd; aleatory
náhodou at random
náhrada proxy; restitution; reimbursement; backup; refundation; recompense; compensation; refund; shift; remuneration; replacement; substitute
~ **cestovných výdavkov** defraying of travelling expenses; reimbursement of travel cost; travelling allowance
~ **hotových výdavkov** expense allowance
~ **mzdy za dovolenku** vacation compensation
~ **nákladov** reimbursement of cost
~, **odložená** deferred compensation
~, **peňažná** monetary indemnity
~ **skutočných výdavkov** compensation for expenses
~ **straty** compensation of a loss
~ **škody** indemnification; damages; amends; liquidated damages
~ **škody, dvojnásobná** double indemnity
~ **úrokov** rebate of interest
~ **výdavkov** reimbursement of expenses
~ **za zdržanie pri nakladaní** demurrage
náhrada: peňažná n. životného dôchodku cash refund annuity
nahradenie replacement
nahradiť subrogate; repair; compensate; make up for; recoup
~ **niečo** make up for st.; make compensation of (for)
náhradník substitute; alternate; stand-in; backup
náhradný replacement; standby; alternate
náhrady reimbursements
~, **adaptívne** adaptive replacements
~, **finančné** financial reimbursements
náhrady: ihneď splatné n. škôd cash losses
nahradzovanie kapitálu displacement of capital
nahradzujúci replacement
nahrať record
nahrávací prístroj recorder
nahromadenie accumulation; accumulate
nahromadený úrok accrued interest
nahromadiť amass
~ **sa** stack up
náchylnosť k poškodeniu damageability
najať si charter; lease
nájdený found
najímať robotníkov hire workers
najnovší current
nájom lease; tenancy; leasing; share cropping; hire
~, **finančný** finance lease
~ **na dobu neurčitú** tenancy for years
~, **papierový** paper lease
~ **pôdy** estate for years
~, **účelový** operating lease
nájom: kto si prenajíma zariadenie od leasingového vlastníka lessee
nájomca occupier; tenant; renter
nájomné hire; tenancy; lease; hire cost; rent; rental
~, **odpisovateľné** redeemable rent
~, **posledné** quit rent
~, **sekundárne** secondary rental
~, **vydieračské** rack rent
~ **z kapitálu** rental on capital
~ **za uskladnenie** warehouse charges
~ **za vagón** wagon hire
nájomník lessee; occupier; renter; holder
nájomný contract-hire; rentable
nájsť odbyt pre niečo find a market for st.
najväčší ultimate
najvyšší supreme; top
najvzdialenejší ultimate
náklad expenditure; freight; load; cargo
~, **celovozidlový** carload freight
~, **nebezpečný** dangerous goods
~, **priamy** direct cost
~, **užitočný** payload
~ **z nedobytnej pohľadávky** bad debt expense
~, **zmiešaný** semifixed expense
nakladanie loading
~ **s niečím** treatment; disposal
nakladať na loď ship
nákladný costly; freight
~ **(cenovo)** expensive
nákladovo náročný prohibitively costly
nákladový outlay
náklady cost; costs; disbursement; expense(s)
~ **a poistenie** cost and insurance
~ **a prepravné** cost and freight
~, **aktivované** capitalized cost
~, **aktuálne** current cost
~, **akvizičné** acquisition cost
~, **alokované** allocated expenses
~, **alternatívne** opportunity cost
~, **amortizačné** depreciation charges
~, **bežné** running costs; current cost
~ **budúcich období** deferred charges; deferral; prepaid expenses; prepayments; deferred expense
~ **budúcich období, odhadované** projected accruals
~, **celkové** total cost; final cost
~, **celkové fixné** total fixed cost
~, **celkové v dlhom období** long-run total cost
~, **celkové variabilné** total variable cost
~, **celkové za krátke obdobie** short-run

total cost
~, **časovo rozlíšené** accrued cost
~, **čisté** net cost
~, **daňové** tax expense; tax cost
~, **degresívne (klesajúce)** decreasing cost
~, **diferenčné** differential cost
~, **distribučné** distribution cost
~, **dlhodobé celkové** long-run total cost
~, **dlhodobé priemerné** long-run average costs
~, **dodatočné** additional expenditure; additional charges; additional cost
~, **doplnkové** supplementary cost
~, **dopravné** transportation expense; delivery cost; transport charges; transportation cost; transport cost
~, **druhotné** secondary cost; internal cost
~, **ekonomické** economic cost
~, **finančné** burden; financial expenses; financial charges
~, **fixné** standby cost; fixed costs; time expenses
~ **hradené v hotovosti** cash expenses
~, **hrubé** gross receipts
~, **implicitné** implicit costs
~, **informačné** information cost
~, **inkasné** collection fee
~, **investičné** capital cost; installation costs; capitalized cost; investment costs
~, **jednorazové** nonrecurring charge; nonrecurring expense; incidental expenses
~, **jednotkové** unit cost; specific cost
~, **jednotkové výrobné** flat cost; prime cost
~, **jednotlivé** individual costs
~, **kapitálové** capital charges; capital cost; cost of capital
~, **komplexné** complex cost
~, **konštantné** constant cost
~, **krátkodobé celkové** short-run total cost
~, **krátkodobé hraničné** short-run marginal cost
~, **krátkodobé priemerné** short-run average cost
~, **ktoré možno ušetriť pri nevyužití kapacity podniku** enabling cost
~, **marginálne** marginal cost
~, **materiálové** material cost
~, **limitné** final cost
~, **medzné** marginal cost
~, **medzné za krátke obdobie** short-run marginal cost
~, **merné** specific cost
~, **mimoprevádzkové** nonoperating expense
~, **mimoriadne** additional charges; extraneous expenses; extraordinary cost
~, **mimovýrobné** sales cost
~, **minimálne** less-cost; minimum cost
~ **mínus amortizácia, skutočné** historical accounting
~, **mzdové** staff cost; wage input; wage cost; labour cost
~ **na bývanie** housing cost
~ **na dopravu** transport cost
~ **na jednotku** unit cost
~ **na materiál, plánované** budgeted material cost
~ **na montáž** assembly costs
~ **na obeh** circulation cost
~ **na obnovu** renewals
~ **na odbyt a distribúciu** sales and distribution cost
~ **na odpisy** allowance for depreciation
~ **na odvrátenie a zmenšenie škôd** particular charges
~ **na osvetlenie** light expense
~ **na prácu, jednotkové** unit labor cost
~ **na prestoje** cost of idleness
~ **na prípravu výroby** setup cost
~ **na reklamu** advertising expenses
~ **na riadenie** management cost
~ **na rozbeh výroby** starting cost; start-up cost
~ **na spoje** communication costs
~ **na správu** administrative expenses
~ **na údržbu** maintenance costs; upkeep; service cost; maintenance charges
~ **na výrobné činitele** factor cost
~ **na výskum** research cost
~ **na vývoj** development cost
~ **na záchranné práce (lode)** salvage charges
~, **nábehové** start-up cost; starting cost
~, **nadmerné (prevyšujúce normu)** excess expense; excessive costs
~ **naviac** additional charges
~, **nehotovostné** noncash charges
~, **nekalkulovateľné** nonchargeable cost
~, **nenormovateľné** indeterminable expense
~, **nepredvídané** incidental expenses
~, **neprevádzkové** extraneous expenses; neutral expenses
~, **nepriame** indirect cost; indirect expenses
~, **nepriame mzdové** indirect labor cost
~, **neproduktívne** nonproductive cost
~, **nepružné** nonvariable expense
~, **neuhradené** unrecovered cost
~, **nevyhnutné** inescapable cost
~, **nominálne** nominal cost
~, **normované (štandardné)** standard cost
~, **obstarávacie** purchase cost; historical cost
~, **očakávané (plánované)** expected actual cost
~, **odbytové** sale cost; selling expenses; distribution cost; marketing cost

~, **odbytové (predajné)** cost of sales
~, **odhadnuté** estimated cost
~, **okamžité** immediate cost
~, **optimálne** ideal standard cost
~, **ostatné** sundry cost
~, **partikulárne** particular charges
~, **penzijné** pension costs
~, **pevné** standby cost
~, **pevné (nepružné)** stand-by cost
~ **platené v hotovosti** explicit costs
~ **po odčítaní výdavkov** charges deducted
~, **počiatočné** initial cost
~, **pohotovostné** idle plant expenses
~ **poručníckeho správcu** trust costs
~, **povolené** allowable expense
~ **práce** labour cost
~ **pred vypravením** preshipment finance
~, **predbežne kalkulované** estimated cost
~, **prekročené** exceeded cost
~, **premenlivé** variable expenses; variable cost
~, **prestojové** idle plant expenses
~, **prevádzkové** carrying charge; operation expenditure; operation costs; running cost; activity expenses; working expenses
~ **prevodu** transfer cost
~, **priame** immediate cost
~, **priame mzdové** direct labor cost
~, **priemerné** average cost
~, **priemerné fixné** average fixed cost
~, **priemerné v dlhom období** long-run average costs
~, **priemerné za krátke obdobie** short-run average cost
~, **primárne** primary cost
~, **prírastkové** incremental cost
~, **prispôsobovacie** adjustment cost
~, **produktívne** productive cost
~, **progresívne** progressive cost
~, **propagačné** publicity cost
~, **proporcionálne** proportional cost
~, **prudko rastúce** skyrocketing cost
~, **pružné** activity expenses; flexible expense
~, **rastúce** increasing costs
~, **realizované** cost incurred
~, **regresívne (klesajúce)** regressive costs
~, **relevantné** relevant cost
~, **reprodukčné** reproduction cost; replacement cost
~, **režijné** overheads; working expenses; overhead cost; general expenses; burden; overhead expenses
~, **režijné, priamo zúčtovateľné** direct expenses
~, **režijné zúčtované na výkony** applied overhead; absorbed cost
~, **rozpočtované** expected actual cost
~, **rozpočtové** expected actual cost; budgeted cost; estimated cost
~, **rozumné štandardné investičné** prudent investment-cost standard
~, **rôzne** different cost
~, **rôzne (zmiešané)** miscellaneous expenses
~, **sezónne** season cost
~, **skladovacie** hold costs; holding cost; inventory carrying cost
~ **skladovania** inventory cost
~, **skutočné** historical cost; actual cost
~, **sociálne** social welfare expenditure
~ **spojené s uzatvorením obchodu (právnické poplatky atď.)** closing costs
~, **spoločenské** social cost
~, **spoločenské výrobné** social cost of production
~, **spoločné** joint expenses
~, **spoločné výrobné** joint production cost
~, **spracovacie** conversion cost
~ **spracovania, jednotkové** unit conversion cost
~, **správne** general expenses
~, **stále** fixed charges
~, **stanoviteľné normovateľné** determinable expenses
~, **stratené** sunk cost
~, **stupňované** stepped cost
~, **technologické** technological cost
~, **telegrafné** telegraph charges
~, **transakčné** transaction cost
~ **transferu** transfer cost
~, **tranzitné** transit charges
~, **účtovateľné** chargeable cost
~, **účtovné** book costs; accounting costs
~, **udržiavacie (pri trvalom odstavení)** abandonment cost
~, **uplatnené nepriame** applied cost
~, **úplné vlastné** total cost
~, **užívateľské** user cost
~, **variabilné** proportional costs
~, **vážené priemerné kapitálové** weighted average cost of capital
~, **vedľajšie** secondary cost; by-cost
~, **vlastné** prime cost; real actual cost; working cost; cost incurred
~, **vlastné výrobné** output cost
~, **vopred určené** predetermined costs
~, **vyhľadávacie** search cost
~, **výrobné** factory cost; manufacturing costs; production expenses; cost of production; production cost
~ **výrobného faktoru, hraničné** marginal factor cost
~ **výrobných činiteľov** factor cost
~ **výslednej kalkulácie** historical cost
~, **vysoké** heavy expenses
~ **za výkony (vo verejných službách)** output cost

~, **zakladateľské** formation expenses; organization cost
~, **obstarávacie** acquisition cost
~, **združené** joint cost; sundry expenses
~, **zmiešané (fixné + proporcionálne)** fixed-variable cost
~, **zmiešané (polofixné)** semifixed cost
~, **značné** heavy expenses
~, **zodpovedajúce** attributable cost
~, **zúčtované** standard cost
~, **zvláštne** extraneous expenses
~, **zvyšujúce sa** increasing costs
~, **životné** cost of living; subsistence cost; living cost
náklady: nevýrobné n. na tovar carrying charges
~ **po odčítaní n.** expense deducted
náklonnosť goodwill
nakopiť amass
nákres design; layout; scheme
nakresliť trace
nákup purchase; provision
~ **(úver) na splátky** installment credit
~ **a predaj (súčasný) opcií v rámci rovnakej triedy, s rôznymi dátumami splatnosti** calendar spreading
~ **a predaj cenných papierov na burze** margin transaction
~ **a predaj cenných papierov, opakovaný** churning
~ **a predaj, súčasný - v termínovanom obchode** crossed trades
~ **celkovej čiastky** lump sum purchase
~ **cenného papieru na burze za takú cenu, aby sa dosiahla nižšia priemerná cena** averaging
~ **do zásoby** buying long
~, **hromadný** buy in bulk
~, **jednorázový** lump-sum purchase
~, **krížový** cross purchase
~, **lehotový špekulatívny** buying on margin; margin buying
~ **meny v dodávke týždeň po zúčtovaní** spot/week
~ **meny v pondelok pre štvrtkové zúčtovanie** spot/next
~ **na konci obchodovania na burze počas burzového dňa** buy on close
~ **na splátky** installment buying
~ **na vyzvanie (podľa ponuky)** buy on bid
~ **na výzvu** buy on the offer
~ **na začiatku obchodovania na burze** buy on opening
~ **obligácií, spätný** bond buy back
~, **opčný** call of more
~, **opčný (prémiový nákup do dvojnásobného množstva)** call of more
~ **po uvážení (keď maklérove príkazy k nákupu prevýšia jeho príkazy k predaju)** buying on balance
~ **podľa kontraktu** contract purchasing
~, **priamy** buying outright
~, **priamy u výrobcu** direct buying
~ **s nedostatočným krytím** buying on a shoestring
~, **špekulačný** buying long
~, **telefonický** teleselling
~ **termínovaných kontraktov s predpokladom, že ceny stúpnu** long
~, **termínový špekulačný** buying on margin
~ **za hotové** cash buying
nákup: okamžitý n. tovaru za platné ceny cash and carry
nákupca buying agent
nakúpiť lacno akcie a potom ich draho predať reload
nakupovať shop; buy in
~ **v drobnom** do shopping
nakupujúci shopper
nákupy rôznych cenných papierov s cieľom povzbudenia cien running in the shorts
~, **systematické za účelom zvýšenia cien určitého tovaru alebo cenných papierov** bull the market
nálepka seal
nález, súdny finding
náležitosť účtovného dokladu voucher requirements
náležitosti terms
~ **faktúry, predpísané** requirements as to invoices
náležitý proper; due
naliehať urge
~ **na niečo** urge on
~ **na platenie** push for payment
nalodiť ship
naložiť freight
namáhať trouble
~ **sa** urge
námestník deputy
~, **ekonomický** economic manager; merchandising manager
~ **riaditeľa** deputy director; manager's assistant
námet topic
namiesto dane in lieu tax
namietajúci objector
namietať traverse; caveat
námietka opposition; objection; protest
nanosekunda bilisecond
~ **(ns)** millimicrosecond
nápad thought
napájací power
napájať (zo zdroja) power
napísať dátum date
~ **na dlh** score up
~ **potvrdenku** to acknowledge the receipt
náplň fill
~, **pracovná** workload

napodobnina counterfeit; fake
~ **niečoho** near
napodobniť simulate
napodobňovanie emulation
napojenie tacking
nápomocný auxiliary
nápor rush
~ **na banku** run on a bank
náprava meny reflation
napraviť repair
náprotivný opposite
náradie toll; equipment
nárast accrual; accruement
narastať (úroky) accrue
narastený (úrok) accrued
naraziť (na obtiaže) encounter
nariadenie order; fiat; regulation; ordinance; decree
nariadený, zákonom compulsory
nariadiť decree; direct; rule
narobiť dlhy run into debts
náročnosť, kapitálová capital intensity
~ **produkcie, faktorová** factor intensity of production
~ **trhu** absorption faculty of the market
náročný demanding
Národná burza National Stock Exchange
~ **burza cenných papierov** National Security Exchange
Národné združenie vzájomných sporiteľní National Association of Mutual Savings Banks (NAMSB)
národnosť nationhood
Národný prevodový systém vzájomných inštitúcií Mutual Institution National Transfer System, Inc.
národohospodár economist; public policy maker
nárok right; accrue; claim
~, **devízový** exchange privilege
~, **čiastkový** fractional interest
~, **hlavný patentový** generic claim
~ **na aktíva, prednostný** preference as to assets
~ **na náhradu škody** claim for damages
~, **nelikvidovaný** unliquidated claim
~, **oprávnený** valid claim
~, **podriadený** subordinated interest
~, **poistný** insurance claim
~, **právny** title; color of title; claim
~, **zlomkový** fractional interest
nárok: bez nároku na nové akcie ex new
nároky liquidate claims
~, **oprávnené** vested rights
~ **umorovacieho fondu** sinking fund requirements
narušenie (súkromia dát) violation
narušiť disturb
~ **obchody** disturb the business
nasadenie, výnimočné pracovné peak
následky, právne consequence in law
nástupníctvo succession
následník descendant; child
následný consecutive; serial; sequential
následok consequence; outcome; sequel
nasledovať ensue
násobiť multiply
násobiteľ multiplier
~ **čistého príjmu** net income multiplier
~, **investičný** investment multiplier
násobný multiple
násobok multiple
~, **najmenší spoločný** least common multiple (LCM)
~, **spoločný** common multiple
nastavenie setup; setting; set
nastaviť set up; set
nastavovací setting
nastavovať (hodnotu) trim
nastoliť otázku raise the question
nástroj toll
~ **(šek)** item
~ **s dvoma ručiteľmi** two-name paper
nástroje hospodárskej politiky instruments of economic policy; tools of economic policy
~, **investičné** investment media
~, **ochranárske** protectionist devices
~ **peňažného trhu** money market instruments
~ **riadenia** management instruments
nástupca, právny assignee
nastúpiť assume
~ **do úradu** succeed to an office
nástupníctvo succession
nasýtenie trhu market saturation
~ **trhu práce** surfeit of labor
nasýtiť saturate
náš účet: due from balance
naše prečerpanie nostro overdraft
naštartovanie ekonomického rastu takeoff
nátlak, ekonomický crunch
~, **hospodársky** coercive pressure(s); economic constraint
~ **na dovozcu** squeeze on importer
naturálny in kind
naúčtovať niekomu niečo bill sb. st.
náväznosť sequence
náväzný consecutive
návestie letter of advice; advice; advice note
~ **sprostredkujúcej banky** intermediary bank advice instructions
naviac above; excessive
návod instruction; direction
~ **na používanie** direction for use; directions; directions for application
návrat do počiatočného stavu restoration
~ **peňazí** money return
návratka return

~ **(materiálu)** material return slip
~, **prémiová** return of premium
návratnosť return; payoff; economic return; return (on)
~ **(kapitálu)** recoupment period
~ **akciového (vlastného) kapitálu** return of equity
~ **aktív** return on assets (ROA)
~ **bankoviek** backflow of notes; note reflux
~ **celkových aktív** return on total assets
~ **investícií** return on investment (ROI); return of investment
~, **investičná** yield
~ **kapitálu** return of capital
~, **obchodná** mercantile rate of return
~, **požadovaná, uložená na navrhovanú akciu** hurdle rate
~, **účtovná** accounting rate of return
návratný return; prior
návrh draft; scheme; proposal; design; suggestion; proposition
~ **dohody, predbežný** draft agreement
~ **finančného zákona** finance bill
~ **funkcií systému** FSD
~ **na povýšenie** proposal for a person's promotion
~ **poistky (formulár)** proposal form
~ **rozpočtu** estimates
~ **výrobku, výtvarný** design of product
~ **zákona o medzištátnych bankových pobočkách** interstate branching bill
~ **zmluvy** draft agreement
~ **zmluvy, predbežný** draft contract
návrh: ľahkosť n. designability
navrhnúť move
~ **rozpočet** draw up a budget
navrhovať scheme; design
navrhovateľ kúpy bidder
~ **poistenia** proposer; applicant for insurance
návšteva u zákazníkov calling on customers
navštívenka calling card; card; visiting card
návyky spotrebiteľov consumer habits
naznačovanie prompting
náznak suggestion
náznakový prompting
názor thought; view
~ **na vec** position
názov name; title
~, **obchodný** trade name
~, **odborný** term
~ **odosielajúcej banky** sending bank name
~ **účtu** name of an account
~, **všeobecný pre zmluvu, v ktorej sa vec odovzdáva dočasne inej osobe za určitým účelom (napr. úschova, pôžička atď.)** bailment
nazvať term
neakceptovať dishonour
neautorizovaný unauthorized
nebezpečenstvo risk
~ **devízových výkyvov** risk of exchange fluctuations
nebrať na vedomie disregard
nebyť vôbec na trhu to be destituted of the market
nečestný unfair; dirty
nečinný idle
nečitateľnosť illegibility
nedátumovaný timeless
nedbalosť cesser; carelessness
nedbalý neglectful
nedbať na niečo disregard
nedeliteľný integrant
nedobytný burglar-proof
nedoceniť underestimate
nedodanie nonperformance
nedodržanie záväzku default
~ **(porušenie) záruky** breach of warranty
nedodržať zmluvu to break a contract
nedodržiavajúci pravidlo unfair
nedodržiavanie pracovnej doby early finishing of work
nedopatrenie fault
nedoplatky arrears
~, **nevyrovnané** outstanding arrears
nedoplatok back payment; arrear; undercharge; outstanding payment; arrears of payment; outstanding balance; item still in arrear
~ **daní** arrears of taxes
~, **daňový** tax arrear; back tax; residual tax
~ **na dani zrazenej zo mzdy** underwithholding
~ **úrokov** back-interest; interest short
~ **za akcie** liability on shares
nedostatkový shortage; scarce
nedostatok failure; scarcity; gap; objection; drawback; want; fault; pinch; deficiency; shortage
~ **devíz** exchange stringency
~ **dopytu** demand deficiency
~ **ekonomických prostriedkov** scarcity of economic means
~ **finančných prostriedkov** lack of funds
~ **kapitálu na pokračovanie v normálnych operáciách** undercapitalization
~ **miesta** space shortage
~ **peňazí** impecuniosity; tightness of money; want of money; shortage of money
~ **peňazí na trhu** stringency
~ **pracovných síl** labour shortage
~ **tovaru** deficit of goods; shortage of goods
~ **valút** short of exchange
~, **veľký** famine
nedostaviť sa absent from work
nedovolený inadmissible
nedôležitý penny ante

nedôvera distrust
nedôverčivý diffident
nedôverovať distrust; doubt
nefalšovaný unadulterated
nefungovať malfunction
negácia negation
negatívne investície disinvestment
negovať negate
nehnuteľnosť deed stock; realty
~, **bankou vlastnená** owned real estate
~ **bez závad** freehold
~, **ktorá bude prevzatá neskôr** nonpossessory estate
~, **nevlastnená** future estate; nonpossessory estate
~, **obytná** residential real property
~, **vlastná** real estate owned
~, **zmluvne predaná** real estate sold on contract
nehnuteľnosti idle capital; immovable property; real things; immovables; invested capital; real property; real estate; immovable assets
nehnuteľný real; immovable
nehoda casualty
~, **neodvrátiteľná** unavoidable accident
nehodiace sa vyčiarknite strike out inapplicable phrases; delete one alternative
nehospodárnosť lack of economy
nehybný immovable
nechať leave
~ **zmluvu prehlásiť za neplatnú** avoid a contract
neindexovaný nonsubscripted
neísť na odbyt hang on hand
neistota doubt
~, **hospodárska** economic insecurity
neistý aleatory; doubtful
Nejednáme sa No Discount
neísť na odbyt to be out of favour
nekalý unfair
nekľud trouble
nekomerčný noncommercial
nekonečný (formulár) continuous
nekontinuálny discrete
nekótovaný nonlisted
nekritický slack
nekrytie dôchodkovým poistením nonpensionable
nekrytý uncovered
neľahký difficult
nelikvidný illiquid
nelinearita nonlinearity
nemajetný: je n. nulla bona
nemanželský odd
nemať na sklade out of stock
~ **žiadnu prednosť pred niekým** have nothing on a person
~ **žiadnu výhodu nad niekým** have nothing on a person
nemocenské sickness benefit; sick benefit; sickness pay; sickness compensation; sick pay; disability allowance
nemožnosť plnenia impossibility of performance
~ **splnenia** frustration
nenáhodný nonrandom
nenáležitý undue
nenaložiť default in shipping
nenamietať, nič raise no objection
nenormálny wild cat
nenulový nonzero
neobchodný noncommercial
neobchodovateľný (cenný papier) not negotiable
neobmedzený open-ended
neobsadený vacancy; disengaged
neobyčajný special
neocenený unpriced
neoceniteľný priceless
neočakávaný abrupt; unpredictable
neodcudziteľný inalienable
neodkladný immediate
neodstrániteľný unavoidable
neodvrátiteľný unavoidable
neoprávnený false; unauthorized; wild cat
neoverený unauthenticated
nepárovaný (záznam) unmatched
nepatrný negligible
nepeňažný nonmonetary
neplánovaný unscheduled
neplatenie delinquency; nonpayment; dishonour
~ **dividend** passing a dividend
neplatený honorary; unsalaried; wageless
neplatič tax dodger; bad payer
neplatiť dividendy pass a dividend
neplatnosť, dočasná abeyance
neplatný invalid; false
~ **(bankovka)** obsolete
neplnenie nonfulfillment
~ **(plánu)** shortfall
neplnoletý minor
nepoctivý dishonest; unfair
nepodarok waste
nepodliehajúci dani taxless; exempt from tax
nepodložený, ničím naked
nepohyblivý stationary
nepochybne out of doubt
nepochybný express
nepoistený uninsured
nepomer disproportion; imparity
neporiadok derangement
neporušenosť consistency
nepotrebný dead
nepoužitý dormant
nepoužívanie práva alebo zákona desuetude
nepoužívaný dead
nepovinný optional
nepovolený unauthorized

nepozorný neglectful
nepožadovaný unclaimed
nepožadovať ochranu disclaim
nepôvodný derivative
nepravdivý wrong; false
nepravidelný disordered
~ **a rýchly (pohyb trhu)** erratic
neprávom wrongly
nepravý straw; wrong
nepreclený bonded
nepredajný unmerchantable; unsaleable
nepredloženie (dokladov) nonproduction
nepredpovedateľný unpredictable
nepredvídaný emergency
nepredvídavosť imprevision
nepreplatiť refer a cheque to drawer
nepretržitý continuous; continual
neprevoditeľný not negotiable
~ **(cenný papier)** not negotiable
nepriamy (úmera) reciprocal
nepriaznivý adverse
nepridelený (zostatok dotácií) unallotted (balance of appropriation)
nepriechodnosť congestion
neprijať decline; dishonour
~ **šek** reject a cheque
neprijatie dishonour
~ **(cudzej zmenky)** nonacceptation; nonacceptance
~ **šeku** dishonour of a cheque
nepríjemnosť trouble
neprimeraný undue
neprípustný false; inadmissible
nepríspevkový noncontributory
neprispôsobený unmatched
neprísť do práce absent from work
neprospech disadvantage
nepružnosť cien price rigidities; price inelasticity
~, **mzdová a cenová** wage and price rigidities
nepúšťať sa do obchodu keep out of a business
nerentabilný unprofitable
nerovná sa not equal to (NE)
nerovnomerný uneven
nerovnosť inequation; disparity; imparity
~ **v držbe zlata** disparity of gold holdings
nerovnováha imbalance; disequilibrium
nerovný uneven; odd
~ **(zmluva)** onerous
nerozhodnutý pending
nerozvinutosť underdevelopment
neschopnosť disability
~ nonability
~, **platobná** insolvency; failure; default
~, **pracovná** disablement; incapacity to work
neschopný konkurovať out of competition
~ **platby** illiquid
~ **platiť** insolvent; bankrupt; be in above one's head
~ **práce** disable
neschválenie disapproval
neskreslený distortion-free
neslušný unfair
nesolventnosť default
nesplatenie: včas nesplatený overdue
nesplatený unpaid (unpd.)
nesplnenie dodávok tovaru alebo služieb nonperformance
nespojitosť discontinuity
nespojitý discrete
nespornosť consistency
nespôsobilosť disability; disablement
~ **plniť svoje záväzky** insolvency
nesprávny false; wrong
nespravodlivosť wrong
nespravodlivý unfair
nestálosť volatility
nestálosti price volatility
nestály transient; variable; changeable; erratic
nestrannosť fairness
nesúci úroky interest-bearing
nesúhlas dissent; discrepancy; objection; disapproval; disagreement; protest
nesúhlasiť discord
nesúhlasný unmatched
nesúlad discrepancy
nesúmerný unbalanced
nesúvislý discontinuous; abrupt
nesymetrický unbalanced
neštandardný optional
nešťastný off
netajiť sa avow
netto net; clear
~ **(váha)** netto weight
~, **samofinancovanie** cash flow net(to)
nettometóda net method
neuhradený unliquidated
neúmerne nákladný prohibitively costly
neumoriteľný not subject to call; unredeemable
neúspech reverse; failure
neuspieť fail; fall
neusporiadaný disordered
neuzavrený unsealed
neuznať disavow; disallow
~ **pohľadávku, nárok** disallow a claim
neužitočný unprofitable
nevhodný undue; undesirable
neviazaný not firm
nevšímať si niekoho disregard
nevšímavosť disregard
nevybavený pending
nevyclené duty unpaid
nevyhnutný unavoidable
nevýhoda drawback; disadvantage
nevýhodný unprofitable; onerous
nevýnosný unpayable; profitless; gainless; unprofitable

nevyplatene carriage-forward
nevyplatiť dávku withhold benefit
nevyplatiteľný unredeemable
nevyrovnaný unbalanced; unliquidated; uneven
nevyrovnateľný unmatched
nevyužitý dormant; idle; dead; slack
nevyváženosť imbalance
nevyvážený unbalanced
nexus nexus
nezadĺžený unencumbered
nezahrnutý do počtu odd
nezákonnosť corruption
nezalepený unsealed
nezamedziteľný unavoidable
nezameniteľnosť inconvertibility
nezamestnanosť idleness; unemployment
~, **celková v %** complete jobless ratio
~, **cyklická** cyclical unemployment
~, **dočasná** frictional unemployment
~, **masová** mass unemployment
~, **občasná (prechodná)** intermittent unemployment
~, **sezónna** seasonal unemployment
~, **skrytá** concealed unemployment; hidden unemployment
nezamestnaný jobless; idle; unemployed; excess worker; idle worker
nezapečatený unsealed
nezaplatenie non-payment; failure to pay
~ **dlhu** nonpayment
~ **šeku** dishonour of a cheque
nezaplatený due; unpaid (unpd.); receivable; outstanding; unliquidated; back
~, **včas** past due
nezaplatiť pôžičku default a loan
~ **zmenku** dishonour
nezaplombovaný unsealed
nezárobkový nonprofit; not-for-profit
nezaslúžený unearned
nezaťažený unencumbered
nezaujatý unprejudiced
nezáujem spotrebiteľa consumer resistance
nezáväzne no obligation
nezáväzný dispensable
nezávislosť freedom
nezávislý freelance; definite-time; arbitrary
nezaznamenaný (na burze) nonlisted
nezdanenie príjmov non-appropriation of revenues
nezdanený tax-free; taxless
nezdaniteľný not taxable; notaxable; nontaxable; zero-rated
nezdar miscarriage; failure
nezhoda variance; mismatch; discord
neziskový profitless
nezlikvidovaný unliquidated
nezmocnený unauthorized
neznižuj do not reduce
nezodpovedajúci unmatched
nezrovnalosť discrepancy
nezrovnalosti, skladové stock discrepancies
~, **účtovné** cooking the books
neporovnateľný unmatched
nezúčastniť sa stand aside
nezvratný conclusive; one-way
nežiadúci undesirable
nič nil
nie (hlas proti) nay
~ **je na predaj** not for sale
~ **je rovné** not equal to (NE)
~ **menší ako** not less than (NL)
~ **väčší ako** not greater than (NG)
niečo celkom iné altogether a different thing
~ **za niečo** quid pro quo
niesť yield
~ **dividendu** yield a dividend of st.
~ **náklady** share costs
~ **úrok** earn; bear interest; carry interest
~ **úroky** return interest; get interest
nikdy nepoužitý (napr. účet držiteľa platobnej karty) never used
nízkovýkonový low-performance
nízky (cena) keen
nižší v hodnosti junior
nižšie infra
~ **napísané podpisy** underwritten signatures
nocľažné overnight accommodation cost
nomenklatúra, colná customs nomenclature
nominálie denomination; nominal amount; par value
nominálne nesplatený nominally outstanding
nominálny nominal
norma rule; rate; norm; standard
~, **odpisová** rate of depreciation
~ **prirodzeného úbytku** standard of natural wastage
~ **spotreby materiálu** standard of material expenditure
~, **výkonová** output rate
~ **zásob** stock limit
normál, kalkulačný estimate's standard
normála normal distribution
normalizácia standardization
normálny ordinary
normohodina man-hour
normovanie nákladov cost regulation
normy specification
~, **autonómne** bylaws, By-laws, Bye-laws
~, **minimálne majetkové** minimum property standards
~ **režijnej spotreby a nákladov** burden and cost standards
~ **rozpracovaných výrobkov** norms of goods in process
~ **rozrobenej práce** norms of work in pro-

cess
nosič carrier
nosiť carry
nositeľ bearer
~ **informácie** carrier
nosnosť, čistá cargo deadweight
~ **lode bez pohonných látok, vody a pod.** deadweight cargo capacity
~ **lode, hrubá** deadweight tonnage (DWT)
notácia notation
~ **zmenky** noting a bill
notačný notation
notár notary
~, **verejný** notary public
novinka feature; innovation; novelty
núdza distress; want
núdzový intervention; emergency
nula nil; cipher
nulovanie reset
nulový niladic
nútene vysťahovať (nájomníka) eject
nútenie zákazníkov ku kúpe highpower salesmanship; high-pressure selling campaign
nútiť urge
nutne of necessity
nutný needy

O

obal, chybný defective packing
obálka, kupónová coupon envelope
~ **poskytnutá bankou pre vklad úrokových splátok pôžičky** coupon envelope
~ **s okienkom (pre adresu)** window envelope
~ **s výplatou** pay packet
~, **zmenková** draft envelope
obalový package
obava doubt
~ **z devalvácie** currency fear
občan citizen
~, **štátny** citizen
občasný transient
občiansko-právny civil
občiansky civic; civil
občianstvo, dvojité štátne double nationality
~, **štátne** citizenship
obdarovaný donee
obdobie, časové, pracovnej zmluvy tenure
~, **daňové** taxable year
~ **ekonomickej stability** flation
~, **funkčné** incumbency; life; term
~ **hradenia prémie** premium recapture
~, **inkasné** collection period
~, **kalendárne** calendar season
~ **konjunktúry** swing period
~, **krátke** short run
~, **nadväzujúce** consequential period
~ **od zberu obilnín do ďalšieho roku** crop year
~, **prechodné** interim period
~, **prípravné** slack
~, **rozpočtové** budget period
~, **sledované** period under consideration
~, **tolerančné** grace period
~, **účtovacie** billing cycle
~, **účtovné** accounting period
~, **umorovacie** period of redemption; period of limitation
~, **úrokové** interest period
~, **zúčtovacie v prevádzkovom účtovníctve** cost period
obdobie: v období jedného roka in the space of a year
obdobný congeneric
obdržanie receipt
obdržať obtain; get
~ **objednávku** receive an order
obec community
obecný communal
obeh circulation; turn; circuit
~ **(v ekonomike)** circular flow
~ **dokladov** document flow; circulation of records; document passage
~ **peňazí** money go-round; flux of money; circulation of money; monetary circulation
~ **peniaze-tovar-peniaze** Money-Commodities-Money circuit
~ **tovaru** circulation of the goods
~ **účtových dokladov** vouchers circulation
obeživo means of circulation; circulation; currency; medium of circulation
~, **aktívne** asset currency
~, **kovové** mintage
~, **papierové** fiduciary issue; handbill
~, **poškodené** mutilated currency
~, **šekové** check currency
~, **uložené** deposit currency
~ **v obehu** Treasury currency outstanding
~ **vydané Ministerstvom financií USA** Treasury currency
~, **zásobné** deposit currency
obežník circular letter; circuit letter; circular; form letter
~, **cyklostylovaný** mimeo
~ **s informáciami o obligáciách** circular bond
obhajoba defense; answer
obchodovať s ničím deal in st.
obhliadnutie look back
obhospodarovanie coverage
obchádzať circumvent
obchod dealing; retail outlet; agreement; commerce; market; store; trade; shop; business
~, **aktívny** assets transaction
~, **ambulantný** itinerant trade
~, **burzový** exchange business
~, **čierny** profiteering; illicit trade
~, **devízový** business done in foreign bills; trading in exchange; business in foreign exchange
~, **dovolený** lawful business
~, **dovozný** import trade
~, **dvojitý prémiový opčný** spread
~, **dvojitý termínový** pull and call
~, **efektívny** cash business
~, **fingovaný** sham business
~, **generálny** general trade
~, **hotovostný na burze** comptant
~, **kde poškodená strana nemohla vyjednávať za rovnocenných podmienok** catching bargain
~, **komisionársky** commission
~, **kompenzačný** compensation trade; compensation deal
~, **konateľský** commission trade
~, **konkurenčný** rival business
~, **lacný jednotkový** dime store; ten-cent store
~, **marginálny** marginal trading
~, **medzinárodný** international trade
~, **medzištátny** interstate commerce

~, **multilaterálny** multilateral trade
~ **na burze, krátkodobý** trading market
~ **na burze, špekulačný** nominal business
~ **na cudzí účet** trade for account of another
~ **na vlastný účet (vlastným menom)** trade in one's own name
~, **peňažný** pecuniary exchange
~, **poctivý** fair trade
~, **podomový** itinerant trade; door-to-door selling
~, **pokútny** huckstering
~, **pokútny, výmenný** bartering
~, **prémiový** option business; option bargain
~, **prémiový opčný** option; call option
~, **prémiový opčný, s právom kúpiť cenné papiere v budúcnosti za dohovorenú cenu** option to buy
~, **prolongačný bez platenia eskontu** at even
~, **promptný proti termínovanému obchodu** spot against forward
~, **recipročný** reciprocal business
~, **reťazový** chain trade
~, **rušnejší** animation in trade
~, **rušný** tear-up
~ **s akciami** stockbrokerage
~ **s automobilmi** motor trade
~ **s cennými papiermi** trade in stocks; dealing in stocks; trade stocks
~ **s devízami** cambism
~ **s dobytkom** cattle trade
~ **s konfekciou** outerwear store
~ **s kožušinami** fur-trade
~ **s metrovým tovarom** mercery
~ **s narkotikami** drug sale
~ **s potravinami** food store
~, **sezónny** time bargain
~ **so šekmi** check trading
~, **splátkový** hire purchase
~, **špinavý** dirty business; mean business
~, **šteIážový** straddle; put and call; put and call option
~, **termínový** forward business; time bargain
~, **termínový devízový** broken period
~, **termínový s lehotou** exchange for futures
~, **úspešný** flourishing trade
~, **uzavretý** closed trade
~ **v malom** retail; retail business; retail trade
~ **v príslušných opciách** trading period
~ **v rovnakom dni** day trading
~, **vnútorný** home trade; domestic business; interior trade; internal trade
~, **vnútroštátny** intrastate commerce
~ **vo veľkom** wholesale
~, **vydarený** smooth deal
~, **výmenný** truck; barter trade; trade-off; countertrade
~, **výnosný** profitable business
~, **vývozný** export trade
~ **za hotové** cash trade; transaction for cash
~ **za hotové (splatnosť pri dodaní)** spot business
~ **za hotové, termínovaný** exchange of spot for futures
~, **zahraničný** foreign trade; active commerce; external trade; merchanting
~, **zákonný** lawful business
~, **zásielkový** mail-order business
obchod: kto zháňa lacné o. bargain hunter
obchodníci s priamym vkladom direct deposit merchants
obchodník trader; businessman; merchant; monger; tradesman; dealer
~, **ambulantný** market salesman
~, **dravý** hustler
~-**jednotlivec** sole trader
~, **konkurenčný** competitive trader
~, **mazaný** wheeler-dealer
~, **podomový** packman; chapman
~, **pouličný** packman; coster
~, **realitný** land agent
~ **s drobnými partiami (na burze)** odd-lot trader
~ **s nábytkom** furnisher
~ **s nehnuteľnosťami** house agent; land agent; real estate agent; house purchase agent
~ **s odevmi** outfitter
~ **s plodinami** produce dealer
~ **so zahraničím** merchant
~ **v drobnom, veľký** large-scale retailer
~ **v konkurze** bankrupt
obchodníkov rabat merchant rebate
obchodný mercantile; shop; commercial; merchant; sales
obchodovanie commerce; negotiation
~, **mimoburzové neoficiálne** after-hours dealings; after-hours trading
~ **na ulici** kerb dealing
~, **priebežné (na burze)** continuous market
~ **s cennými papiermi** security brokerage
~ **s nehnuteľnosťami** dealing in real estate
~ **za hotové** spot trading
~, **zastavené** suspended trading
obchodovať transact; carry business; handle; sell; merchandise; carry on trade; traffic; deal; conduct trade; trade; market; do a trade
~ **bez zisku a bez straty** break even
~ **na vlastný účet** trade on one's own name
~ **s** trade in

~ **s cennými papiermi** market securities
~ **s niekym** play a person; do business with sb.; have dealings with sb.
~ **s niekým (s niečím)** trade with sb. (in st.)
~ **s tovarom** trade goods
obchodovateľný negotiable; bankable
obchody dealings
~, **bankové** banking transactions
~, **burzové** operations in stocks
~, **devízové** exchange dealings
~, **diferenčné** speculation in differences
~, **kuriérske** courier trade
~, **lacné jednotkové** dime store chains
~, **opčné prémiové** optionals
~, **prémiové (diferenčné)** privileges
~, **prolongačné** continuation business; contango business
~, **prolongačné (na burze)** carryover operation
~ **s lehotou** forward dealings
~, **špekulačné** carryover operation
~, **telefonické (s cennými papiermi)** interoffice dealings
~, **termínované** forward dealings; future trading; futures
~, **termínované finančné** financial futures
~ **viaznu** the market is lifeless
obchôdzka round
obiehať pass; circularize
~ **(cenný papier)** float
obísť round
~ **embargo** circumvent the embargo
objasniť clarify
objaviť discover
~ **sa** stack up
objednať order
~ **u niekoho** place an order with sb.
objednávateľ order party
objednávka order; order form
~ **(v zahraničnom obchode)** indent
~, **bežná (stála)** standing order
~, **ďalšia** follow-up order
~, **dodatočná/opätovná** repeat order
~, **hromadná** blanket order
~, **inzertná** insertion order
~ **k okamžitému dodaniu** rush order
~, **limitovaná** limited order
~ **na niečo** commission for st.
~, **pozastavená** hold order
~, **predbežná** advance order; trial order
~, **rozšírená** extended order
~ **s limitovanou cenou** limited price order
~ **s okamžitým dodaním** rush order
~, **skúšobná** trial order
~, **spätná** back order
~, **spiaca** resting order
~, **stála** orders on hand
~, **súrna** rush order
~, **špecifikovaná podľa položiek** itemized order
~ **všetko alebo nič** all or none order
~, **vybavená** satisfied order
~, **záväzná** definite order
objednávka: uzavretá o. z cudziny closed indent
objednávky, nevybavené backlog of orders
~, **spojené** combination orders
objektívny objective
objem capacity; size
~ **dát** data bulk
~ **investícií, celkový** aggregate invested capital
~, **obchodný** merchant volume
~ **obchodovania** volume of trading
~ **obchodu** volume of business
~ **výroby** output
~ **zahraničného obchodu** volume of foreign trade
oblasť range; domain; zone; field
~, **bežná požičiavacia** normal lending territory
~ **činnosti** department
~, **devízová** currency area
~, **dolárová** dollar area
~ **ekonomiky** economic field
~, **hospodárska** economic field
~ **nerozhodnosti** gap
~, **odbytová** market area
~ **podnikania** sphere of business
~ **príjmu** service area
~ **príjmu, okrajová** fringe area
~ **rezervovaná pre rozvoj priemyslu na kraji mesta (pre rozvojové druhy podnikania)** industrial park
~ **slobodného obchodu** free-trade area
~, **spoločná** public domain
~ **trhu** market area
~, **valutová** currency area
~, **vyhradená** dedicated area
oblastný zone
obligácia debenture; bond; obligation
~, **agentúrna** agency bond
~, **akumulačná** accumulation bond
~ **alebo akcia, ktorá môže byť premenená na kmeňové akcie** convertible security
~, **anuitná** annuity bond
~ **autorizovaná záložným dlžníkom (vyššia ako pôvodná hodnota hypotéky)** obligation bond
~ **bez kupónového archu** registered bond
~ **bez prednostného práva** overlying bond
~ **bez termínu** interminate bond; intermediate bond
~ **bez záruky** debentures bond
~, **čestná** honor bond
~, **čistá** straight
~, **detašovaná** insular bond
~, **čiastočná** partial bond

~, **dlhodobá firemná** long-term corporate bond
~, **dočasná** interim bond; temporary bond
~, **dôchodková** income bond
~, **externá** external bond
~, **hypotekárna** real estate bond
~, **indexovaná** index-linked bond; indexed bond
~, **interná** internal bond
~, **interná dôchodková** internal revenue bond
~, **kolkovaná** stamped bond
~, **koloniálna** colonial bond
~, **kombinovaná** combination bond
~, **komunálna** city bond; municipal bond
~, **konsolidovaná** consolidated bond
~, **krátkodobá** short term bond
~, **krátkodobá emitovaná bankou alebo korporáciou najvyššej spoľahlivosti stanovená agentúrou Moody's** prime paper
~, **ktorá nemôže byť predčasne vypovedaná** uncallable bond
~, **ktorá odškodní majiteľa dokumentu v prípade, že ho vlastní niekto iný** lost-instrument bond
~, **kvalitná (bezpečná)** cushion bond
~, **medzinárodná** international bond
~, **menej významná (podradná)** junior bond
~, **mestská** municipal bond
~ **na doručiteľa** bearer debenture
~ **na fundovanie dlhov** funding bond
~ **na úpisový účastinný bond** obligation with share option
~ **na vrub budúcich daní** tax anticipation note (TAN)
~ **natrvalo** consol (s)
~, **naturálna** imperfect obligation; naked contract; nude contract; natural obligation
~, **nečinná** inactive bond
~, **neindexovaná** nonindexed bond
~, **nekrytá** unsecured bond
~, **netermínovaná** undated bond
~, **nevypovedateľná** irredeemable bond; noncallable bond
~, **nezaručená** plain bond
~, **normálna** straight bond
~, **oficiálna verejná** public official bond
~ **opatrená opčným listom, ktorý potvrdzuje neskorší odber akcií** bonds with warrants attached
~, **opčná** option bond
~ **oslobodená od daní** tax-exempt bond
~, **ostrovná** insular bond
~, **otvorená** open-end bond
~, **pasívna (bezúročná)** passive bond
~, **permanentná** undated debenture
~, **plne zaplatená** fully paid bond
~ **podložená výnosom špeciálnych odhadov** special assessment bond
~ **podložená výnosom z dávok majetkov** special assistance bond
~, **podradná** junk bond; junior bond
~ **ponúknutá na kúpu** bid bond
~, **ponuková** tender offer
~, **poradová periodická** serial bond; regular serial bond
~ **použitá na financovanie nákupu zariadení** equipment trust bond
~, **predĺžená** extended bond
~, **prechodná** intermediate bond
~, **prémiová** premium bond
~, **priama periodická** straight serial bond
~, **priemyslová** industrial bond
~, **priemyslová dôchodková** industrial revenue bond
~, **príjmová** revenue bond
~, **prioritná** preference bond; senior bond; preferential bond
~, **privilegovaná** privileged bond
~, **prolongovaná** extended bond
~, **prostá** plain bond
~, **prvotriedna** gilt-edged bond
~, **registrovaná** registered bond
~, **registrovaná kupónová** registered as to principal
~, **riziková** junior bond; junk bond
~ **s čiastočným úpisom** partly paid bond
~ **s dobou splatnosti pod dva roky** short bond
~ **s ľubovoľným umorením** optional payment bond
~ **s nárokom na podiel zo zisku** profit sharing bond; participating bond
~ **s nulovým kupónom** zero-coupon bond; stripped bond
~ **s pohyblivou úrokovou mierou** floating rate bond
~ **s prednostným právom na majetok** underlying bond
~ **s prednostným záložným právom** prior-lien bond
~ **s pruhom kupónov** strip bond
~ **s večnou anuitou** perpetuity bond
~, **samolikvidačná** self-liquidating bond
~, **sériová s odsunutou splatnosťou úroku** serial deferred bond
~, **schválená** approved bond
~ **so skrátiteľnou splatnosťou** retractable bond
~ **so špeciálnym retenčným právom** special lien bond
~ **so žiadosťou na veriteľa** petitioning on creditor's bond
~, **splátková** installment bond
~ **splatná v mene krajiny vydania** legal-tender bond
~, **stála** continued bond
~, **stavebná garančná** construction bond
~, **súdna** judgment bond

~, **školská** school bond
~, **štátna** state bond; treasury bond; T-bond
~, **teritoriálna** insular bond
~, **terminálová** terminal bond
~, **termínová** term bond
~ **u hypotéky na obstarávaciu čiastku** purchase-money bond
~, **účastnícka** participating bond
~, **ukončená** completion bond
~ **uložená u tretej strany** escrow bond
~, **úložková na splatenie daní** tax anticipation bond
~, **úložková splácaná z výťažku daní** tax-anticipation
~, **umorená** called bond
~ **umorovaná zo zvláštneho fondu** sinking fund bond
~, **unifikačná** unified bond
~, **úradná** authority bond
~, **úroková náhradná** interest bond
~ **v nominálnej hodnote** par bond
~, **varantová** warrant issue
~, **večná** perpetual bond
~, **verejná** public bond
~, **vládna** civil bond
~ **vo verejnom záujme** improvement bond
~, **vojnová** war bond
~, **výberová** flower bond
~ **vydávaná vládou USA (v nominálnej hodnote od 50 do 10000 USD)** saving bond
~, **vypovedateľná** optional bond
~, **vypovedateľná (umoriteľná) nahradená inou obligáciou** redemption bond
~, **vypovedateľná umoriteľná** redeemable bond
~, **vysoko výnosná** high-yielding bond
~, **zakončiteľná** terminable bond
~, **zameniteľná** interchangeable bond
~, **zaručená** secured bond; collateral bond
~, **záručná** indemnity bond
~, **zlatá** gold bond
~, **zmluvná** indenture bond
~ **zvláštneho obvodu** special district bond
~, **železničná** railway bond; railway debenture

obligácie securities
~ **amerických spoločností (neplatí sa žiaden úrok, predávajú sa s vysokým diskontom)** zero-coupon Eurobonds
~, **detské (americké dlhopisy s nízkou menovitou hodnotou)** baby bonds
~, **emitované** bonds issued
~, **firemné** corporate bond
~, **fundované** consols
~, **generálne** general obligations (GO)
~, **krátkodobé** shorts
~, **ktoré dosiahli dátum splatnosti, ale ostávajú nezaplatené** matured bonds payable
~, **ktorých istina alebo úrok nie sú zaplatené** defaulted paper
~, **legálne** legal bond
~, **medzinárodné na novozélandské doláre** kiwi bonds
~, **pevne zúročiteľné** active bonds
~ **s nulovým kupónom vo výške príslušných úrokových výnosov so súhlasnou lehotou** Treasury Investment Growth Receipts (TIGRs)
~, **sériové** series bonds
~, **skôr splatné** earlier maturing issues
~, **splatné periodické** serial bonds payable
~, **splatné príjmové** revenue bonds payable
~, **splatné termínované** term bonds payable
~, **štátne** government bonds
~, **štátne (čerstvo vydané)** hot treasury bills
~, **variabilné zúročiteľné** droplock bonds
~, **vkladové, a štátne pokladničné poukážky** Treasury bonds and notes
~, **vládne** government obligations (GO); government bond
~, **zaručené hypotečné** collateral mortgage bonds
~, **zlosovateľné** lottery bonds

obligácie: použitie výnosu z výmeny o. pri nákupe ďalších o. applied proceeds swap
~ **v Japonsku vydávané o. zahraničných dlžníkov znejúce na Jeny** samuray bonds

obmedzené ručenie single liability

obmedzenia, devízové exchange restriction
~, **menové** exchange restriction
~ **zmluvy** deed restrictions

obmedzenie tails; termination; limit; restraint
~, **ekonomické** economic constraint
~ **obchodu** restraint of trade
~ **úveru** credit squeeze; credit rationing

obmedzenosť scarcity

obmedzený scarce; short; restricted

obmedziť limit; restrain; curb; curtail; delimit; cut down
~ **niečie výdavky** limit sb.'s expenditure
~ **zdroje** diminish the funds

obmena permutation
~ **sortimentu** assortment alteration

obnova renewal
~ **(systému)** restoration
~, **hospodárska** economic recovery
~ **kapitálu** replacement of capital; renewal of capital

obnovenie restitution; reinstate; novation; revival; replacement
~ **nájmu** release
~ **pôvodného stavu** reset
obnoviť update; reset; undo
obnoviteľný (systém) restorable
obnovovací replacement
obohatenie enrichment
obojsmerný reversible
obojstranný reversible
obrana defense
obrat volume of business; overturn; reversal; rate of turnover; sale; reverse
~ **(tovaru)** turnover
~ **celkových aktív** total asset turnover
~, **denný** takings of the day; daily return
~, **ekvitný** equity turnover
~ **kapitálu** capital turnover
~, **mimoburzový** kerb market
~ **na komoditnej burze** volume of trading
~ **na saldo, burzový** on-balance volume
~, **neuspokojivý** unsatisfactory turnover
~, **obchodný** turnover
~, **peňažný** money return
~ **prevádzkového kapitálu** working capital turnover
~ **prostriedkov, transakčný** transaction velocity of money
~, **ročný** annual sales; annual turnover
~, **rýchly** quick turn
~ **splatných pohľadávok** receivables turnover
~ **strany Dal** credit turnover; credit total
~ **strany Má dať** debit total
~ **tovaru** inventory turnover; turnover of goods
~ **účtov pohľadávok** accounts receivable turnover
~ **účtu** total of account
~ **za účtovné obdobie, hrubý** gross sales of period
~ **základných prostriedkov** plant asset turnover ratio
~ **zásob** stock turnover
obrátene counter
obrátenie (chodu, fázy) reversal
obrátený opposite
obrátiť reverse
~ **pozornosť** direct
~ **sa na niekoho** address to sb.
obrátka turnover ratio; turn
obratom at your earliest convenience; by return
~ **pošty** by return mail
obrazec pattern
obsadenie occupation
obsadený full; engaged
~ **menovaním** appointive
obsadiť staff
obsadzovací connect
obsah list of contents; contents; table of contents; directory; capacity
~, **krátky** digest
~ **menovej jednotky, zlatý** par value
~ **rozhodovania** decision content
~, **stručný** summary
~ **zlata** gold content
obsahovať contain
obsiahnutý bez zbytku aliquot
obsiať crop
obsluha operation; attendant; service; operator; operating
obsluhovať service
~ **(zariadenie)** man
~ **zákazníkov** attend customers
obslúžiť support
obstarať provide
~ **si peniaze** raise money
~ **si povolenie (koncesiu)** take out a license
~ **stravu a ubytovanie** provide board and lodging
obstarávať štatistiku niečoho collect statistics on
~ **zásoby** purvey; supply
obstáť compete
obstavenie attachment
obstávka platu loan against pledged bill
obťažovať trouble; solicit
obtiažny difficult
obviniť niekoho z niečoho charge sb. with st.
obvod district
~, **obecný** community district
obvodový circuit
obvykle as a rule; usually
obvyklý common
obyčajnou poštou via the regular mail stream
obyčajný common; ordinary
obyčajový common
obyvateľ occupier; citizen
obyvateľstvo population
~, **činné** working population
~, **ekonomicky činné** labor force
ocenenie estimate; appreciation; valuation; rate
~ **aktív, nové** reevaluation of assets
~ **hospodárskych prostriedkov** valuation of assets
~, **kapitálové** capital appreciation
~ **marginálnych nákladov** marginal cost pricing
~, **nové** revaluation
~ **podľa skutočných nákladov** valuation by actual cost
~, **súvahové** valuation of balance items
~ **základných prostriedkov** capital asset pricing
~ **zásob, nové** inventory valuation adjustment
~ **zásob podľa úplných výrobných ná-**

kladov full-cost pricing
ocenený priced
oceniť form an estimate of st.; evaluate; estimate; appraise; assess
~ **majetok** liquidate
oceniteľnosť ratability
oceniteľný ratable
oceňovanie evaluation; pricing
~ **(zásob) priemernou cenou** average pricing
~, **kruhové** collar pricing
~ **základných fondov** evaluation of fixed assets
~ **zásob** original-cost method; inventory pricing
oceňovať rate; value; judge
očakávanie anticipation
očakávať expect
očíslovať figure
očistenie od vplyvov cenových zmien adjustment for price changes
očividný obvious
od zajtrajška do nasledujúceho pracovného dňa tom/next
odbavenie, colné inward clearing; paying duty (on st.)
odbaviť tovar, colne clear goods
odber materiálu material withdrawal
~ **v pobočke (bankových kariet)** branch pickup
odberateľ customer; buyer; subscriber
~, **náročný** demanding customer
odberatelia followings
odblokovať enable
odbor specialization; field; section; branch; division; department
~, **kontrolný** proof department
~, **obchodný** business branch
~ **podnikania** business branch
~ **združených trustov** corporate trust
odborník expert; connoisseur
~ **na reklamu** advertising agent
~, **propagačný** advertising agent
~, **reklamný** merchandiser
~ **v oblasti firemného práva** corporation attorney
odbornosť, manažérska managerial skill
odborný wise; special; skilled
odbory labour union; trade union; labor organizations; labor union
odbremenenie stand-in
odbúranie ciel dismantling of tariffs
odbyt consumption; sale; sales; marketing; outlet
~, **čistý** net sales
~, **hrubý** shipments
~, **klesajúci (upadajúci)** shrinking sales; declining sales
~, **možný** potential market
~, **pravidelný** even sale
~, **prudký** run
~, **rýchly** ready market
~, **silný** heavy sales
odbyt: dobre idúci na odbyt salable
odbytisko outlet; market outlet
odcudzenie disposal
~ **bankových fondov** abstraction of bank funds
odcudziť estrange
odčerpanie withdrawal
odčerpať daňami tax away
~ **likvidné prostriedky** siphon off liquidity
odčiarkávať check off
odčiniť undo
odčítací minus
odčítanie subtraction
~ **(na nulu)** countdown
~ **so záporným výsledkom** bellow zero subtraction
odčítať abate; deduct
oddelenie department; desk; section
~, **analytické** analysis department
~ **banky, obslužné (bez priameho styku so zákazníkom)** back office
~, **cenovej kalkulácie** price-fixing department
~, **detašované** detached department
~, **expedičné** dispatch department; shipping department
~, **finančné** financial division; finance department
~, **hypotekárne (vo finančných ústavoch)** mortgage department
~ **inkasa šekov** transit department
~, **kalkulačné** estimating department; cost department
~, **konštrukčné** designing department
~, **kontrolné** audit department
~, **kontrolné (banky)** check desk
~, **mzdové** payroll
~, **nákupné** purchasing department
~, **návrhové** designing department
~, **obchodné** commercial section
~, **osobné** personnel department
~, **personálne** human resources department
~, **plánovacie** forecast department
~ **podniku, poštové** mailroom
~ **poisťovne, poistkové** policy department
~, **poštové** mail room
~ **pôžičiek** loan department
~ **práce a miezd** pay office
~ **pre schvaľovanie úveru** credit approval department
~, **prognostické** forecast department
~, **projekčné** designing department
~, **propagačné** publicity department
~, **revízne** audit office
~, **rozpočtové** forecast department
~ **účtovnej evidencie** ledger department
~, **úverové** credit department

~ **vyplácajúce kupóny (v banke alebo poručníckej spoločnosti)** coupon-paying department
~ **zásielok** dispatch department; mail-order department
~, **zásobovacie** purchasing department
oddelený discrete
oddeliť detach; allocate
~ **kupóny** detach coupons
~ **sa** part
oddeľovanie division; separation
oddeľovať prepážkou do off
oddialenie deferment
oddialiť defer
oddiel section
oddelenie, nákupné buying department
odhad assessment; rating; rate; estimate; valuation; survey
~, **bleskový** flash estimate
~ **ceny** estimated value; appraisal
~ **dane** taxation
~, **daňový** assessment
~ **hospodárskeho výsledku** estimated profit and loss
~ **hospodárskej činnosti** business forecasting
~ **majetku** census
~ **nákladov** estimate of charges
~ **nehnuteľností** valuation of real property
~, **nový colný** reappraisement
~, **približný** computation
~, **revidovaný** revised estimate
~ **škody pri poistení** adjustment
~ **veľkosti** sizing
odhadca lister; prizer; valuer; adjuster; claims adjuster
~, **daňový** assessor
~ **rizík** assessor of risks
~ **škôd** claims adjuster
odhadnúť calculate; compute; appraise; estimate; form an estimate of st.
~ **(pozemok)** extend
~, **nízko** underrate
odhady estimates
~ **hospodárskej činnosti** business forecasting
odhalenie detection; giveaway; disclosure
odhaliť totožnosť declare identity
odhlásenie (relácie) deregistration
odhlasovať rozpočet pass the budget
odhodlanie resolution; determination
odhodnotenie devaluation
odchod exit; recession; departure
~ **zo schôdze, protestný** walk-out
odchýlka deviation; variance; divergence; departure
~, **hrubá** gross variance
~, **pomerná** deviation ratio
odchýliny devious
odísť leave; withdraw
~ **do dôchodku** retire
odjazd departure; leave
odkaz word; message
~ **(dar v záveti)** devise
odkázať (v záveti) bequeath
~ **na** cross-refer to
~ **na niečo** refer (to st.)
odklad tax overdue; delay; deferment; adjournment; stay of proceedings; respite
~, **daňový** tax deferral
~ **platenia** delay of payment
~ **platenia daní** deferment of taxes
~ **v platení** default in payment
odklad: byť v o. s platením default in payment
odkladanie dokladov document delivery
odkladať register
~ **(doklady)** daw out; stack
odkladný dilatory
odkaz legacy
odkryť discover
odkúpenie pohľadávok forfeiting
~ **poistky** surrender of a policy
odkúpiť buy back
~, **spätne** redeem
odľahčený derated
odľahlý distant
odlákať zákazníkov od konkurencie attract customers from competition
odlet departure
odlišnosť distinction
odlišovanie (daného prípadu od podobného prípadu) distinguishing
odloženie deferment; respite; default; adjournment
~, **časové** deferral
odložiť defer; postpone; cast; delay; suspend; respite; carry over
~ **platenie** defer payment
~ **plnenie** carry over
~ **plnenie pri burzových prolongačných obchodoch** carry the deal over
odlúčiť dissociate
odlučné nonresidence allowance
odmena consideration; premium; testimonial; reward; remuneration; recompense; wage; provision; gratuity
~, **časová** hourly pay
~, **maklérska** brokerage
~ **manažéra úveru alebo emisie obligácií na Euromarkete** praecipium
~, **náležitá** fair consideration
~, **spravodlivá za vykonanú prácu** quantum merit
~, **sprostredkovateľská** agency fee
~, **úverová** del credere
~ **za prácu** compensation
~ **za sprostredkovanie** brokerage
~, **zvláštna** prize
odmeniť reward
odmeny rewards
~, **mimoriadne** company benefits

odmietnuť ponuku reject an offer; decline an offer
~ **zaplatenie zmenky** dishonour a draft (bill)
~ **žiadosť** decline an application
odmietnutie nonacceptance; denial; nonacceptation
~ **platenia** non-payment
~ **úveru** adverse action
odmocnina root
odmocňovať extract
odňať take off
odňatie držby disseisin
odobranie (tovaru) taking over
odobrať withdraw
~ **držbu** dispossess
~ **niekomu držbu** disseise
~ **sa (na poradu)** withdraw; retire
~ **tovar z colnice** remove goods
odolať care
odosielateľ dispatcher
~ **(tovaru)** consigner
~ **poštovej poukážky** purchaser of a money order
odoslané z ... Redirected from ...
odoslanie despatch; dispatch
~ **(tovaru)** consignation
odoslať mail
~ **(poukázať) peniaze** remit
odovzdanie handing over; delivery; transmission
~ **(zrušenie) obchodu** giving business
~ **a prevod držby majetku vlastníkom** traditio
~, **bezplatné** free (of charge) transfer
~, **dobročinné (v záveti)** charitable devise
~ **šeku** delivery of check
~ **veci** delivery
~ **zmenky** delivery of bill
odovzdať remit
~ **(lodné papiere na colnici)** make entry
~ **späť** remise
~ **správu (oznámenie)** transmit a message
odozva reaction
odôvodnenie reasoning
odôvodnený valid
odpad wastage
odpad(y) waste
odpadový waste
odpis apograph; depreciation allowance; depreciation; write-off
~, **budúci** future depreciation
~ **daní** tax depreciation; writing off taxes
~, **degresívny** accelerated depreciation
~, **finančný** financial depreciation
~, **klesajúci** declining balance depreciation
~, **mimoriadny** extraordinary depreciation
~, **overený** examined copy; certified copy; attested copy;
~ **pre zníženie substancie** depletion allowance
~, **prípustný** allowable depreciation
~, **súdny** office copy
~, **účtovný** book depreciation
~ **účtu (faktúry)** invoice-copy
~, **úradný** office copy
~ **združenou sadzbou** composite rate depreciation
odpísanie manka write off of shortage
~ **nedobytnej pohľadávky** bad debt write off
odpísať charge off; amortize; depreciate
~ **(dlh, stratu)** write off
~ **stratu** cut losses
odpisovanie, urýchlené accelerated depreciation
~, **združené** composite depreciation
odpisovateľný depreciable; redeemable
odpisy write-offs
~, **akumulované** accumulated depreciation
~, **časove rozlíšené** accrued depreciation
~ **daní** tax write-offs
~ **strát, ročné** annual write-off
~ **umorovacieho fondu** sinking fund depreciation
odplata recompense
odplatiť reward
odplávať leave; float away
odpočet statement; settlement
~, **celkový** summary sheet
~, **kúpny** bought note
~ **nákladov** cost sheet
~ **nákladov zákazky, prevádzkový** job cost sheet
~, **nákladový** cost sheet
~, **predajný** sold note
~, **valutový** conversion note
odpočítanie deduction
~ **straty** loss carryback
odpočítať take off; recoup; deduct
~ **od zdaniteľného príjmu za minulé obdobie** carry back
odpočítateľný allowable
~ **z daňového základu** tax deductible
odpočítavať manipulačné poplatky deduct bank charges
odpočty z hrubého príjmu deductions from gross income
odpojenie disconnection
odpojiť detach
odpoludnia post meridiem (P.M.)
odpor opposition
~, **neprekonateľný** repugnancy
odporovať niečomu counter
odporúčania a varovania do's and don'ts
odporúčanie support; say-so
~, **písomné** commendatory letter
odporúčať recommend
odporučiť commend
odpoveď reply

~, **chybná** wrong answer
~ **na reklamáciu** adjustment letter
~, **záporná** denial
odpoveď: v odpovedi na Váš list in answer to your letter
odpovedací reply
odpovedajúci commensurate
odpovedať reply
~ **na sťažnosť** answer a claim
odpratať vacate
odpredaj aktív sales of assets
~ **podniku zamestnancom** employee buyout
odpustenie cla remission of duties
~ **dlhu alebo inej povinnosti** release
odrezanie cut-off
odrieknutie renunciation
odročenie adjournment
odročiť suspend; postpone; respite
odstavec clause; item
odstránenie displacement
~ **fluktuácie pracovníkov** decasualization
~ **chyby** elimination of mistake
~ **obchodných bariér** relaxation of trade barriers
~ **príležitostných pracovných síl** decasualization
odstrániť abolish; shift; dismantle; eliminate; dispose of st.; displace
~ **mzdový strop** thaw the wage freeze
~ **nezamestnanosť** eliminate unemployment
~, **tajne** convey
~ **zo zoznamu** delist
odstraňovať závady debug
odstrihnúť cut
odstúpenie cession; retirement; transfer
~ **konkurznej podstaty veriteľom** surrender of a bankrupt's estate
~ **od zmluvy** recession from contract; repudiation
odstúpiť retire
~ **od** declare off
~ **od sľubu** renege
~ **od zmluvy** renege; back out of contract
odstupné redundancy payment; forfeit; severance payment
odsúdiť condemn
~ **k pokute** cast
odsúhlasenie účtov reconciliation of totals; adjustment
~ **účtu** adjustment of an account
odsúhlasiť reconcile; approbate
~ **účty** adjust accounts; agree accounts
~ **záznam** adjust an entry
odsunúť (dátum splátky) postpone
odstúpenie od abandonment
odsuvník single quote
odškodné recompense; damages; indemnification; allowance; amends; insurance benefit
odškodnenie compensation; recompense; restitution; reimbursement
~, **peňažné** pecuniary consideration
~, **vojnové** war indemnity
~ **za niečo** compensation for st.
odškodniť make amends; compensate; recoup; indemnify from st.
~ **niekoho za niečo** compensate sb. for st.
~ **za niečo** make amendments for st.
odštartovanie start-up
odštartovať start
odtezaurovanie dishoarding
odtrhnutie separation
odvádzať divert; take
odvážiť sa risk; undertake
odvetvia ekonomiky industries
~, **kapitálovo náročné** highly capital-intensive industries
~, **výrobné** manufacturing industries
odvetvie line; branch; department
~, **nevyspelé** infant industry
~, **obchodné** trade
~, **poistné** class of insurance
~ **priemyslu, kapitálovo náročné** capital intensive industry
odvetvový industrial
odviesť stranou decline
odvod draft; tax; handing over
~ **(do trezoru)** settling
~ **dane** tax payment
~ **do fondov** fund contribution
~ **do štátneho rozpočtu** transfer to national budget
~ **odpisov** transfer of depreciation allowance
~ **peňazí** levy
~ **tržieb** handing over of receipts
~ **z majetku** property tax
~ **z miezd, dodatočný** tax-based income policy (TIP)
~ **zo zisku** income tax
odvodenina derivation
odvodený constructive
odvodiť deduce
odvody (do štátneho rozpočtu) transfer payments
odvodzovať nároky od niekoho (od niečoho) derive claims from sb. (from st.)
Odvolajte sa na Refer to
odvolanie countermand; revocation; cancellation; recourse; appeal; rescission
~ **z funkcie** recall; callback
odvolať adeem; reverse; retire; annul; undo; recall; withdraw; declare off
~ **(z funkcie)** withdraw
~ **kapitál pre iný účel** displace funds
~ **niečo** call off st.
~ **sa** appeal
~ **storno** revoke the cancellation
~ **zmluvu** disclaim a contract

odvolateľný reversible
odvolávať sa na niečo refer (to st.)
odvrátiteľný avertible
oficiálny court
ohlas na reklamnú kampaň pull
ohlásenie škody notice of claim
ohlásiť declare; announce
~ **sa** reply
~ **bankrot** to file a petition in bankruptcy; declare bankrupt; to declare oneself (a) bankrupt
~ **dividendu k niečomu** declare a dividend to st.
~ **sa** report
~ **sa u kontroly** check
~ **stratu** declare a loss
~ **škodu** declare a loss
~ **úpadok** declare bankrupt; declare o.s. insolvent
ohodnotenie valuation
~ **majetku** property assessment
ohodnotený priced
ohodnotiť cost; evaluate
ohraničenie termination
ohraničiť define
~ **(právne)** determine
ochabnutie slack
ochabnutosť trhu slackness
ochota goodwill
~ **kúpiť ponúkaný tovar** acceptance of the product
~ **platiť** willingness to pay
~ **spotrebiteľov niečo kupovať** consumer acceptance
ochrana auspices; protection
~, **administratívna** administrative protection
~ **cenných papierov** safe custody
~, **colná** tariff protection
~, **diplomatická** diplomatic protection
~ **ekonomických a sociálnych záujmov** protection of economic and social interests
~ **kúpnej sily** protection of purchasing power
~ **patentu** patent protection
~ **proti nekrytým šekom** check bouncing protection
~ **proti strate príjmu** protection against loss of income
~ **ručenia** liability hedge
~ **spotrebiteľov** consumer protection
~ **šekov** check protect
ochranca guardian
ojedinelý sporadic
okamih, rozhodujúci crunch
okamžitý immediate; instantaneous
okienko (pre označenie začiarknutím) check box
~ **názvu** name box
~ **pre znázornenie záznamov** record box
~, **predtlačené (pre znaky)** constraint box
oklamať chisel; circumvent; cheat
okolie environment
okolnosť case; circumstance; setup
~, **nepredvídaná** contingency
okolnosti conditions; terms
~, **najdôležitejšie** key factors
okraj edge
~ **(dokladu), spodný** foot margin
okrem save
~ **iného** inter alia
okres county; district
okruh band; circuit
~ **(na burze)** ring
~, **obchodný** round trip trade
~ **pôsobnosti** domain
~ **zodpovednosti** responsibility center
okruhy (trhu) posts
október, január, apríl, júl - mesiace štvrťročných platieb divedend z akcií OJAJ
okupácia occupation
okupovať annex
oligopol oligopoly
oligopolistický oligopolistic
oligopsónia oligopsony
ombudsman ombudsman
~, **poisťovací** Insurance Ombudsman
omyl error; fault
~, **spoločenský** flap
~ **v položke** error in item
~ **vo výpočte** error in calculation
oneskorenie delay
~ **dopytu** demand lag
oneskorený overdue; backward
oneskoriť (sa) delay
oneskorovací delay
oneskorovanie backlog
~, **ekonomické** economic lag
opačný reverse; contrary; opposite; counter
opačným smerom counter
opak reverse; contrary
opakovanie (typu) multiple
opäť vyviezť re-export
opätovné tvrdenie (zdôraznenie) reaffirmation
opatrenia, daňové tax measures
~, **menové** monetary steps
~ **na zabránenie vyhýbania sa daniam** antiavoidance measures
~, **odvetné** sanctions
~, **ochranné** safeguard measures
~, **vykonávacie** implementation measures
opatrenie measure
~, **daňové** tax provision
~ **dávajúce obom stranám právo zrušiť zmluvu v prípade špecifikovanej udalosti** cancellation clause
~, **odvetné** sanction
~ **pre prípad straty pôžičky** loan loss

provision
~, úsporné economy
opatriť skorším dátumom foredate
~ smerovacím číslom zip-code
~ štítkom tag
opatrnosť diligence; reserve; care; caution
opatrovanie custody
opatrovníctvo trusteeship; custody
opatrovník custodian; guardian; depository
opcia option; right of refusal
~, „americká" American option
~, akciová option on shares; stock option
~, čistá net option
~, jednoduchá single option
~, krytá covered option
~ na cenné papiere option on securities
~ na devízy currency option
~ na predaj obligácií put bond option
~, nefundovaná unfunded option
~, obchodovaná traded option
~, obmedzená akciová restricted stock option
~ predávajúceho seller's option
~ s právom kúpy call option
~ s právom predaja put option
~, úroková interest rate option
opcie, dve rozdielne spread
~ na úroky interest rate option
~, pobádacie akciové incentive stock options
~, spätné lookback options
opčný option
operácia operation; transaction
~, hospodárska economic operation
~, mimobilančná off-balance sheet activities
~ na voľnom trhu free-market operation
~, nevýrobná nonproductive operation
~, nezávislá ručná independent manual operation
~ OR join; disjunction
~, organizačná nonproductive operation
~, pokladničná teller operation
~, postupná consecutive operation
~, pracovná operation
~, sekvenčná consecutive operation
~, spoločná pooling operation
~, termínovaná forward transaction
~, účtovná accounting operation
~ výberu withdraw operation
~, výmenná (kombinácia promptnej a termínovej operácie pri obchodovaní s komoditami, cennými papiermi a menami) swap
operácie, burzové exchange operations
~, nesprávne mis-ops
~, peňažné monetary operations
~, spotové (promptné) spot transactions
operačný operation; working; operating; work; order
operátor operator; attendant
operátorský operator
operovať (s číslami) manipulate
oplatiť niekomu get back at sb.
oplotenie improvements
opomenúť fall; fail
opomenutie failure; forbearance
~ povinného konania nonfeasance
oponent objector
opora mainstay; support; recourse
opotrebenie detrition; depreciation
~ (odpis) drobných a krátkodobých predmetov depreciation of small and short-term objects
~ majetku, fyzické, normálnou prevádzkou wear and tear
opotrebovanie waste; consumption
~, bežné fair wear and tear
~ veci používaním wear and tear
opovrhovanie contempt
opozícia opposition; dissent
opozičník (na burze) contrarian
oprava repair; revision
~, generálna general overhaul; capital repair; overhaul
~, generálna (stroja) major overhaul
~, ktorá znižuje zostatok konta credit adjustment
~ znakov, dodatočná character off-line correction
opraviť correct; repair
opraviteľný restorable
oprávka (k základným prostriedkom, aktívam) valuation reserve
~ k drobným a krátkodobým predmetom accumulated depreciation of small and short-term objects
oprávky k nedobytným pohľadávkam allowance for uncollectibles (accounts receivable)
~ vykázané v hlavnej knihe depreciation book
oprávnenie power; authority; reason; vesting; competence; right; capacity; license; faculty
~ (autorizované) concession
~ k predaju power to sell; power of sale
~ k prístupu do súboru data set authority credential
~ na výplatu dividend dividend warrant
~, trvalé standing authorization
~, výhradné privilege
oprávnenosť nároku justice of a claim
oprávnený true; eligible; competent; able; fair; cestui; authorized
oprávniť title; proxy
opravovať amend; debug
opravy repair work
opustenie dereliction; abandonment
~ majetku, úmyselné dereliction
opustený destitute
opustiť leave

orgán, kolektívny collective body
~, **medzinárodný** international body
~, **poradný** consultative body
~, **revízny (pre technickú kontrolu rizík)** inspector of risks
~, **riadiaci** managing body
~, **štátny** public authority; public body
~, **výkonný** executive body
organizácia setup; organization
~, **akademická** collegiate organization
~, **funkčná** functional organization
~, **líniová** line organization
~, **následnícka** successor
~, **nezárobková** nonprofit organization
~, **nezisková** non-profit organization
~, **obchodná** trading institution
~, **odborová** trade union; labour union
~ **oslobodená od dane** tax-exempt organization
~, **podniková** company organization
Organizácia pre európsku hospodársku spoluprácu Organization for European Economic Cooperation
~ **pre hospodársku spoluprácu a rozvoj** Organization for Economic Cooperation and Development
organizácia, rozpočtová budget organization; nonprofit organization
~ **s priamym prístupom** direct access organization
organizácie, rozpočtové, neziskové nonprofit organizations
organizačný staff; organization
organizovať trh make a market
orientovať direct
originál dokumentu script
os Y value axis
osadenstvo occupancy
osamostatnenie určitého oddelenia spoločnosti spin-off
oslabenie trhu ease off
oslobodené od kolku exempt from stamp
oslobodenie, dvojité, od dane double exemption
~ **od** exemption from
~ **od cla** customs-free
~ **od dane** tax exemption; tax allowance; tax exempt; immunity from taxes; remission of taxes
~ **od dedičskej dane** inheritance tax waiver
~ **poistenca od ďalšieho platenia poistného** waiver of premium
~, **trojnásobné daňové** triple tax free
~ **zo stratenej poistky** lost policy release
oslobodený exempt
~ **od cla** exempt from duty; nondutiable; duty free
~ **od dane** exempt from tax; free of duty; tax-free
oslobodiť (od platenia daní) discharge
~ **niekoho od niečoho** exempt
osloviť address
osnova design; draft
~, **typová účtovná** uniform chart of accounts
~, **účtovná** chart of accounts; list of accounts
~, **účtovná** account classification; spreadsheet
~ **zákona** money bill
~, **zjednodušená účtová** simplified chart of accounts
osoba dávajúca do obehu falšované šeky (peniaze) shover
~ **de facto (de jure)** corporation de facto (de jure)
~, **fyzická** natural person; physical entity
~, **ktorá zabezpečuje pred stratou, napr. štelážnym termínovým obchodom** hedger
~, **ktorej má byť zaplatené** payee
~, **ktorej sa ponúka** offeree
~, **na ktorú sa prevádza** endorsee
~ **nakupujúca majetok pre niekoho iného** straw man
~, **nastrčená** dummy
~, **oprávnená** beneficiary
~ **oslobodená od daní** exempt
~ **poistená na život** life
~ **ponúkajúca úver** granter
~, **právnická** corporate entity; legal entity; artificial person; legal person
~, **preložená** transferee
~ **prijímajúca zmenku** acceptant
~, **zárobkovo činná** earner
~, **závislá** dependant
~ **žijúca z šekov zasielaných z domova** remittance man
osobitné práva čerpania SDR - Special Drawing Rights
osobne in personam
~ **ručiaci** personally liable
osobný particular
osoby s trvalým bydliskom residents
ostať remain
ostatný special
ostávať remain
ostrý smart; keen
osvedčenie certification; certificate; testimonial; confirmation
~ **o akosti** quality certificate
~ **o bezúhonnosti** clean bill
~ **o cene** certificate of value
~ **o obnovení poistnej zmluvy** renewal certificate
~ **o pôvode** certificate of origin
~ **o pracovnom pomere** certificate of service
~ **o prevzatí** certificate of acceptance
~ **o správnosti podpisu** certificate of signature

~ **o stave** conditioning certificate
~ **o štátnom občianstve** letters of citizenship
~ **o technickom stave vozidla** certificate of roadworthiness
~ **o vlastníckych právach majetku, zvereného inej osobe** trust certificate
~ **o vlastníctve** certificate of ownership
~, **podielnícke** partnership certificate
~ **pôvodu** certification of origin
~, **výrobné** certificate of manufacture
~, **záverečné zo strednej školy** diploma
osvedčený v prevádzke field-proven
osvedčiť attest; show; certify
~ **sa** prove
~ **správnosť** confirm
osvedčujúci testimonial
osvojenie si ďalšej kvalifikácie acquisition of multiple skills
otáľať s platením delay payment
otázka point; enquiry; query
otočenie shift
otras, menový momentary upheaval
otváranie (ložiska, bane) development
otvor opening
otvorené v admission on
otvorenie opening
~ **dávky** start batch
~, **odložené** delayed opening
~ **účtovných kníh** opening of ledger
~ **účtu** opening of account
~ **úveru** credit opening
otvorený open
otvoriť undo; enable; open
~ **nové trhy** open up new markets
~ **účet** open an account
~ **účet u banky** open an account with a bank
~ **úver** open a credit; lodge a credit
outsider sideliner
overenie checking; certification
~, **priame** direct verification
~ **šeku** check verification
~, **záporne** negative verification
overený authentic
overiť audit; certify; attest; check up; bare; prove
~ **podpis** attest a signature
overovanie checkout
~ **údajov** data authentication
overovať check
ovládací operating
ovládanie operating; commanding
ovládaný controlled
ovládať manage; master; handle; control; rule
ovládateľnosť manoeuvrability
ovládnuť engross; dominate
~ **trh** corner a market; dominate the market; forestall the market
ovzdušie environment
ozdravenie finančnej sústavy recovery of the financial system
označenie sign; tag; description
~ **firmy** logo
~ **pôvodu tovaru** indication of origin
~ **tovaru** marking sign
~ **znamienkom** signing
označený cenou priced
označiť tag; inscribe; denote; stamp; select; designate
~ **cenami** tariff
oznam o debetnom účtovaní advice of debit
~ **o vydanej trate (zmenke)** advice of draft
oznámenie warning; notice; advice note; aviso; call sheet; manifestation; notification
~ **o kreditnom účtovaní** advice of credit
~ **o odoslaní tovaru** consignment note
~ **o odstúpení od zmluvy** notice of withdrawal
~ **o účtovaní na vrub** debit advice; charge notice; debit memo
~ **o účtovaní v prospech** credit memo
~ **o uzatvorení kontraktu** contract note
~ **o výbere** notice of withdrawal
~ **o vymáhaní (avízo)** debit advice
~ **o výplate** pay advice
~ **o zúčtovaní** credit advice
~ **o zúčtovaní v prospech** credit advice
~ **poistenia** declaration of insurance
~ **predaja (výpredaja)** announcement of sale
~, **verejné** public notice
oznámiť deliver; announce; advise; report
~ **ceny** state the prices
~ **stratu** post a loss
oznamovací message
oznamovanie communication
oživenie revival; rise; recovery
~, **ekonomické** economic recovery
~ **na burze** flurry
oživovanie (modelu) implementation
oživovať (zariadenie) debug

P

pád fall; collapse; drop
padnúť do konkurzu fail
padnutie do konkurzu fail(s)
pacht holding
paluba lode deck
pamäť memory
~, **vyrovnávacia** cache
pamäťový memory
pamiatka token
panel, riadiaci console
panika panic; flap
panovať rule
papier, akomodačný cenný pig on port
~, **akýkoľvek prioritný cenný** prior stock
~, **bankovo kvalifikovaný cenný** bank-eligible issue
~, **bankový** security paper; bankable paper
~, **bezcenný cenný p.** busted convertible
~, **bezpečný cenný** blue chip
~, **ceninový** policy paper
~, **cenný** security; value bill; paper; stock; paper security
~, **cenný evidovaný (kótovaný) na burze** listed security
~, **cenný, ktorý má kompenzačnú schopnosť** hedge
~, **cenný prijímaný bankou namiesto hotovosti** bankable paper
~, **cenný p. na doručiteľa** bearer paper
~, **cenný, s pevným príjmom** fixed income security
~, **cenný s pevným úrokom** fixed interest security; load stock
~, **cenný s udanou menovitou hodnotou** par-value stock
~, **cenný, určený na zaobstaranie si ďalšieho kapitálu** donated stock
~, **cenný, v cestovnom ruchu** tourist scrip
~, **cenný v hodnote 25 USD** quarter stock
~, **cenný z pôvodnej emisie** original-issue stock
~, **cenný zapísaný do účtovných kníh (cenný papier nie je vydaný vo forme certifikátu, ale ako zápis na účet v banke)** book entry security
~, **cirkulačný cenný p. vydaný oprávnenou bankou** bank note
~, **dlhodobý cenný** lock-away
~, **dlhodobý ukladací cenný** long-term bond
~, **hypotekárny** owner's paper
~, **ilustračný** imitation art paper
~, **kancelársky** bond paper
~, **komerčný** purchased paper
~, **komoditný cenný** commodity paper
~, **konvertibilný cenný** convertible security
~, **ktorého cena je považovaná za príliš nízku alebo príliš vysokú** out of line
~, **listový** letterform; notepaper
~, **medzinárodný cenný** international stock; international
~ **na rad, cenný** order paper; order instrument
~, **neprevoditeľný cenný** nonnegotiable instrument
~, **nezaplatený** defaulted paper
~, **obchodný cenný** commercial paper; business paper; commercial instrument
~, **obchodovateľný cenný** document of title
~, **obchodovateľný cenný s dvoma podpismi záruky** two-name paper
~, **opečiatkovaný cenný** stamped security
~, **pasívny cenný** pup
~, **pivotný cenný** pivotal stock
~, **poľnohospodársky cenný** agricultural paper
~, **populárny cenný** glamour stock
~, **premiestnený cenný** out-of-town bill
~, **prémiový cenný** premium stock; prise bond
~, **prevoditeľný cenný** negotiable paper; negotiable instrument
~, **prieklepový** manifold paper
~ **pripojený k zmenke** allonge
~, **prvotriedny obchodný cenný (k eskontu)** fine trade power
~, **reálny cenný** real stock
~, **reeskontovateľný** rediscount
~, **rozmnožovací** manifold paper
~ **s jednou kópiou** single-ply paper
~ **s viacerými kópiami** multipart stationery
~, **samoprepisovací** no carbon required; carbonless copying paper
~, **sirotský cenný** trustee stock
~, **šekový** safety paper
~, **špecializovaný cenný** specialty stock
~, **špekulačný výnosový (s vysokou výnosnosťou)** junior bond
~, **štátny ukladací** saving bond
~, **ukladací cenný** investment security; investment bond; investment paper
~, **umoriteľný cenný** redeemable stock
~, **voľný cenný** open-market paper
~, **vyzretý (cenný papier s veľmi dobrou povesťou)** seasoned security
~, **zákonný cenný** legal security
~ **znejúci na doručiteľa** bearer instrument
~, **zvláštny cenný** special security
papiere, americké cenné Americans
~, **arbitrážne** interbourse securities
~, **bankové cenné** bank securities

~, **bezcenné cenné** nonvaleurs
~, **bežné cenné** active securities
~, **cenné** bonds; papers; funds; bills and notes; securities; stocks; valuables; financial holdings; stocks and bonds; exchanges
~, **cenné (na meno)** inscribed stock
~, **cenné (tých, ktorí majú právo kontrolovať spoločnosť)** control stock
~, **cenné federálnej vlády** federal government securities
~, **cenné, ktoré nie sú na predaj** digested securities
~, **cenné na doručiteľa** bearer securities
~, **cenné na meno** registered securities
~, **cenné, nekótované na burze** outside securities
~, **cenné nesúce úrok** interest-bearing securities
~, **cenné p. citlivé na situáciu na trhu** barometer securities
~, **cenné, s ktorými sa neobchoduje na burze** nonclearinghouse stock
~, **cenné s právom na podiel na združenom finančnom majetku** pass-trough securities
~, **cenné v obehu** floating securities
~, **cenné, vládnej jednotky** municipals
~, **cenné vo viacerých menách** multiple currency securities
~, **cenné, vydané obchodnou spoločnosťou** corporate securities
~, **cenné vydávané na konverziu krátkodobých zápožičiek** funding stock
~, **cenné vydávané vládou USA** United States Government Securities
~, **cenné, vynášajúce dividendu** dividend paying stock
~, **cenné zaručené hypotékou** mortgage-backed securities
~, **dlhodobé cenné** long-term securities
~, **dlžobné cenné** debt securities
~, **dolárové cenné** dollar exchange
~, **domáce cenné** domestic exchange
~, **investičné cenné** investment securities
~, **juhoafrické cenné** Kaffirs
~, **konvertibilné cenné** convertibles
~, **krátkodobé cenné** short-term securities; Note Issuance Facilities (NIFs); short stock
~, **krátkodobé cenné, vlády USA** Treasury certificates
~, **krátkodobé štátne cenné** treasury shorts
~, **ľahko predajné cenné** marketable notes; marketable securities
~, **likvidné cenné** liquid securities
~, **maržovné cenné** margined securities
~, **medzinárodné cenné** international securities
~, **nekótované cenné** unlisted securities
~, **nelegálne cenné** nonlegals
~, **neplatné cenné** obsolete securities
~, **neregistrované cenné** letter stock
~, **neschválené cenné** unassented securities; nonassented securities
~, **nestrávené (zvyšné) cenné** undigested securities
~, **nevypovedateľné cenné** noncallable securities
~, **nezdaniteľné cenné** tax-exempt securities
~, **obchodné** bills and notes
~, **obchodné cenné** bills and notes
~, **obyčajné cenné** junior securities
~, **odstupňované cenné** graduated securities
~, **odvodené cenné** derivatives
~, **ohodnotiteľné cenné** assessable stock
~ **peňažného trhu, cenné** money market securities
~, **pevne zúročiteľné cenné** not target registered obligations
~, **podriadené cenné** subordinated securities
~, **potvrdené cenné** certificated securities
~, **pozastavené cenné** pledged securities
~, **prevoditeľné cenné** negotiable securities
~, **priemyslové cenné** industrials; equities
~, **prioritné cenné** senior securities
~, **prvotriedne cenné** gilt-edged papers (securities, stock); eligible chancery securities; gilt-edged securities
~, **reziduálne cenné** residual securities
~, **rizikové cenné** high flyers
~, **schválené cenné** assented securities
~ **sirotskej istoty, cenné** trustee securities
~, **splatné cenné** securities due
~, **stabilné cenné** defensive securities
~, **špekulačné cenné** cats and dogs; fancy stocks; fancy funds; fancies
~, **špekulatívne cenné** speculative securities
~, **štandardné cenné** standard stocks
~, **štátne** consolidated annuities; public funds
~, **štátne cenné** government stock; public stock; treasury securities; gilt-edged papers (securities, stock)
~, **trhové cenné** market securities
~, **ubúdajúce cenné** shrinking stocks
~, **vedúce cenné** market leaders
~, **vládne cenné** government securities; agency issues
~, **vnútroštátne cenné** intrastate securities
~, **výherné cenné** fancy stocks; fancy funds; fancies
~, **výhodné cenné** growth stocks

~, **vyňaté cenné** exempt securities
~, **zaručené cenné** guaranty stock; guaranteed security
~, **zastupiteľné cenné** fungibles
~, **znovu nadobudnuté cenné** reacquired securities
papiere: cenné p. štátu a miestnych orgánov s nezdaniteľnými výnosmi short-term tax exempts
pár, menový currency pair
parafa cipher
parafovať endorse; sign
paragon chit
paragraf section; article
parcela plot
pari par
parita parity; par
~, **americká** American parity
~, **devízová** par of exchange; par to exchange
~, **devízová (menová)** par value of currency
~ **kúpnej sily** purchasing power parity
paritný parity
parity, menové currency parities
parket floor
párny even-numbered
párovanie štítkov card matching
partia, drobná odd lot
~ **tovaru** parcel
participačný participation
partner associate; partner
~, **aktívny** active partner
~, **zvláštny** special partner
partnerstvo partnership
pás tape
pas, služobný special passport
pásik tape
pasíva liabilities
~, **bežné** current liabies
~, **celkové** gross liabilities
~, **časovo rozlíšené** accrued liabilities
~, **čisté** net liabilities
~, **dlhodobé** long-term liabilities
~, **stále** permanent liabilities; fixed liabilities
pasívny adverse
pasívum liability; debit
~ **citlivé voči úrokovej miere (bankové vklady a výpožičky)** rate-sensitive liabilities
~, **krátkodobé** short-term liabilities
páska tape; band
~, **výplatná** payroll slip; wage slip
pásmo band; range; zone
~, **bezcolné** duty-free zone
~, **dolárové** dollar zone
~, **menové** currency zone
~, **slobodné** foreign trade zone
~, **slobodné colné** duty-free zone
~ **voľného obchodu** free trade area; zone of free trade
pásmový zone
pašeráctvo clandestine trade
pašovanie illegal entry; smuggling
pašovaný tovar contraband
päť znakov úveru (charakter, kapacita, kapitál, záruka a podmienky) five Cs of credit (character, capacity, capital, collateral and conditions)
päta (stránky) foot
päťcent half dime
päťdesiatcent fifty-cent piece
päťdolár, zlatý half eagle
patent gimmick
~ **(na)** patent (on)
pátranie search
patričný proper
patriť k veriteľom (pri úpadku) rank
paušál lump sum
paušálny across the board; across-the-board
pavúk (organizácie) table of organization
pečať seal; stamp
~, **úradná** official seal
pečatiť seal
pečiatka rubber stamp
~, **časová** clock stamp
~, **dátumová** stamp date
~, **firemná** common seal
~, **guľatá** round seal
~ **organizácie** common seal
~ **pre účtovací predpis** stamp for coding
~ **s dátumom** date stamp
~, **znehodnocujúca** nonvalidating stamp
pečiatkovač stamp feature
penále penalty; money penalty; penalization
~, **platené** paid penalty; paid fine
~, **úrokové** interest penalty
~ **za porušenie zmluvy** liquidated damages
~ **za predčasnú platbu** prepayment fee
penále: platiť penále za pay damages for
penalizácia penalization
peňazokazec coiner
peňaženka pocket book; purse
peňažná jednotka pozri menová jednotka
peňažníctvo banking
~, **medzinárodné** international banking
peňažný monetary; money; nummary; pecuniary; moneyed
peniaz coin
~, **malý** shinplaster
peniaze money; currency; oof; brass; fund; cash
~, **bezpečne uložené** safe investment of money
~ **cez noc** overnight money
~, **čierne** black money
~, **denné** demand money; overnight money; money at call
~, **denné (úver)** day-to-day money

~, **disponibilné** scratch
~, **dobré** good money
~, **drahé (na vysoký úrok)** dear money
~, **drobné** loose change; token money; fractional currency
~, **drobné papierové** small paper money
~, **horúce** hot money
~, **hotové** hard cash; liquidity; effective money
~, **kolkované** stamped notes
~, **konečné** end money
~, **konvertibilné** convertible money
~, **kovové** specie; hard cash
~, **krátkodobé bankové** short-term bank funds
~, **ktoré nenesú úrok** barren money
~, **ktoré prechádzajú z ruky do ruky ako prostriedok výmeny** current and collectable
~, **lacné** cheap money
~, **ľahko zarobené** easy money
~, **mäkké (papierové peniaze)** soft money
~, **mocné** high-powered money
~ **na ceste** funds in transit
~ **na použitie v prípadne nutnosti** emergency money
~, **nadbytočné** excess money
~, **nekonvertibilné** inconvertible money
~, **nekryté** uncovered money
~ **nekryté kovovou rezervou** credit money
~, **nepoctivo získané** dirty money
~, **nepodložené** fiat money
~, **neutrálne** neutral money
~, **nevymeniteľné** irredeemable money
~, **nevyužité** idle money
~, **nové** new money
~, **označkované** earmarked money
~, **papierové** paper currency; paper money; rag money; currency notes; representative money
~, **plnohodnotné** full-bodies money
~, **pobádacie** push money (PM)
~, **pohotové** ready stock; call money
~ **poplatníkov** taxpayer's money; tax money
~ **považované za stratené** back debt
~, **požičané** money lent
~ **požičané na vysoký úrok** dear money
~, **prebytočné** excess money
~ **prevyšujúce právny nárok** surplus money
~, **primárne (štandardné)** primary money
~, **pružné** elastic money
~, **prvé pre financovanie dlhodobého projektu** seed money
~, **pútnicke** pilgrim's receipt
~, **razené** coinage
~, **sirotské** trust
~, **skutočné** real money
~ **splatené na požiadanie** call money
~ **splatné na požiadanie** money on call; money at call
~, **stabilné** stable money
~, **súkromné** private notes
~, **špatné (podľa obsahu kovu)** bad money
~, **špinavé** payoff; dirty money
~, **štandardné** standard money
~, **ťažko dostupné** tight money
~, **transakčné** transactions money
~, **určené na uspokojenie pohľadávok** tender
~ **v obehu** active money; money in circulation
~ **v pokladni** till money
~ **v širokom pojatí** broad money
~, **veľkoobchodné** wholesale money
~, **vnútorné** inside money
~, **vonkajšie** outside money
~, **vypožičané, ktoré sa musia vrátiť na požiadanie** at call (money)
~ **vypožičané na peňažnom trhu s mesačnou splatnosťou** one-month money
~, **zadržané** retention money
~, **zajatecké** POW money
~ **získané nezákonnou cestou** hot money
peniaze: bez peňazí out of money
~ **mať málo peňazí** to be short of money
~ **voľné p. na trhu** capital offered
penzia retire pay
~, **plná** full board
~, **štátna** contributory pension
~, **zjednodušená zamestnanecká** Simplified Employee Pension (SEP)
penzijný pension
penzionovať retire; pension
per procura per procuration
percentá, franšisové memorandum percentages
~ **zo stávky** vigorish
percento percent
~, **celkové** percentage
~ **čerpania pôžičky** advance rate
~ **čistého zisku vyplatené akcionárom ako dividendy** payout ratio
~ **hotovosti k celkovým čistým aktívam** cash position
~, **ktoré pri každej z nasledujúcich položiek alebo jej častí pripadá na celkovú kapitalizáciu** capitalization ratios
~, **odpisové** rate of depreciation
percentuálny percent
periférie peripherals
periodicky sa opakovať circulate
permutácia permutation
permutačný permutation
personál manning; staff
~, **zapracovaný** trained staff

personálie name and description
personálny staff
perspektívny forward
petroobligácie petrobonds
pevný immovable; valid; concrete; definite; stationary
piatok, čierny (na burze) Black Friday
pichačky clock card
pilotný pilot
písanie (tlač) poistiek premium writing
~ **protokolu** auditing
pisár clerk
pisáreň countinghouse
pisárka correspondence clerk
písať na stroji type
~ **podľa diktátu** write from dictation
~ **poznámky** notice
~ **vlastnou rukou** autograph
písmeno character; type
písmo script; character
písomnosti, účtovné accounting documents
plagát display poster
plán design; plot; schedule; scheme; objective; target figure; layout
~ **a rozpočet, výrobný** production budget
~, **automatický vkladový** automatic deposit plan
~, **časový** line up; time schedule; schedule
~, **denný** shooting schedule
~, **hospodársky** economic plan
~, **investičný** plan of investment
~ **kapitálu, umorovací** schedule for repayment of principal
~, **menový** monetary plan
~, **mesačný investičný** monthly investment plan (MIP)
~ **nákladov** cost budget
~ **poistenia úverov, pružný** flexible loan insurance plan
~, **pracovný** effort
~ **prednostného predaja akcií vlastným zamestnancom** employee stock ownership plan (ESOP)
~ **priestorového usporiadania** floor plan
~, **ročný vykonávací** annual operational plan
~ **rovnomerných splátok** level-payment plan
~, **spoločný** common plan
~, **špekulatívny nákladový** leverage charge plan
~ **účastín, opčný** stock option
~, **umorovací** curtail schedule
~ **úspor** savings plan
~, **výrobný časový** manufacturing schedule
~ **zásobovania** maintenance scheme
~, **zmluvný splátkový** periodic payment plan
plánovanie, centralizované centralized planning
~, **daňové** tax planning
~, **hospodárske** planning tendency
~, **hrubé** coarse planning
~, **kapacitné** capacity planning
~, **komplexné (súhrnné)** comprehensive planning
~, **krátkodobé** short-range planning
~ **kritickej cesty** Critical Path Scheduling
~, **národohospodárske** macroeconomic planning
~, **priestorové** space planning
~**-programovanie-rozpočtovanie** planning-programming-budgeting (PPB)
~, **termínové** calendar planning
~ **úloh** job scheduling
plánovaný routine; ex ante
plánovať schedule; scheme; design
plánovitý plan-based
plat salary; payment; remuneration; pay; stipend; emolument
~, **dodatočne vyplatený** back salary
~, **doposiaľ nevyplatený** back salary
~, **hrubý** gross earnings; gross salary
~, **mesačný** monthly salary
~, **najvyšší** top salary
~, **nástupný** commencing salary; initial salary
~, **pevný** fixed salary
~, **pevný (stály)** stated salary
~, **priemerný ročný** median annual earnings
~, **primeraný** commensurate salary
~, **špičkový** top salary
~, **štvrťročný** quarterage
~, **základný** basic pay; base pay
~, **znížený** half pay
platba pay; payment; payment settlement; paycheck
~, **čiastočná** partial payment
~, **čistá** clean payment
~, **dopredu schválená** preauthorized payment
~, **krytá** cover payment
~ **leasingového dlžníka pri podpise leasingovej zmluvy** advance rental payment
~ **nadobúda účinnosť** payment is effective
~, **oneskorená** delayed payment
~, **periodická** periodic payment
~, **pobádacia** incentive pay
~ **pred uplynutím lehoty** anticipate payment
~ **pri dobierke** amount payable on delivery
~ **sociálneho poistenia** social security payment
~ **v kovových peniazoch** specie payment
~ **za faktúru** payment against the invoice
~, **zakázaná** payment stopped
~ **zmenkou** payment by bill

platby, celkové total of payments
~ **dôchodkových podpôr** income-support payments
~ **na úhradu dlhu** debt-service payments
~ **na úhradu záväzkov** payment in discharge
~ **pri uzavretí pôžičky** loan-closing payments
~, **rovnaké počas dohodnutého obdobia** level payments
~, **transferové** transfer payments
~, **úrokové** interest payments
~, **vedľajšie** side payments
~ **verejnej sociálnej starostlivosti** welfare payments
platca depositor; drawee of a draft; drawee
platené šekom paid by check
platenie payment
~ **(dlhu)** liquidation; clearance
~, **bezhotovostné** direct debit; noncash payment system
~ **bonmi** chit-system
~ **colných poplatkov** payment of custom charges
~ **dane zo mzdy alebo platu zrážkou** Pay as you Earn
~, **dodatočné** after-payment
~ **dopropismi** chit-system
~ **kompenzáciou** payment by setoff
~ **mzdy tovarom** truck system
~ **nedoplatku** back payment
~ **pred dňom splatnosti** anticipation
~ **pri prevzatí dokladov** documents against payment (D/P)
~ **tovarom** truck
~ **účtov** bill payment
~ **účtov, automatické** automatic bill payments
~ **účtov, telefonické** telephone bill paying
~ **v hotovosti** down payment; spot cash; cash payment; prompt cash
~ **v hotovosti proti dokladom** cash against documents
~ **v hotovosti vopred** cash in advance
~ **v naturáliách** payment in kind (PIK)
~ **v splátkach** hire purchase; payment by installments; installment payment
~ **vopred** cash with order; prepayment
platený paid
platidlo means of payment; instrument of payment
~, **limitované zákonné** limited legal tender
~, **zákonné** lawful money; legal tender
platiť toll
~ **clo: s dodaním clo (ne)platené** delivered duty (un)paid
~ **daň** pay a tax
~ **dane** pay taxes
~, **nedostatočne** underpay
~ **niekoho podiel** kick in
~ **od (cena)** take effect from
~ **penále za** pay damages for
~ **pokutu** forfeit
~ **pred splatnosťou** advance
~ **pri dodaní** term cash
~ **pri pokladni** pay the cashier
~ **šekom** remit by cheque; pay by cheque
~ **útratu za iného** treat
~ **v hotovosti** pay cash; plunk down
~ **v naturáliách** pay in kind
~ **výkupné** ransom
~ **za niečo** rate
platiteľ payer; payor; paymaster
~ **daní** taxpayer
~ **dividend** dividend payer
platnosť force
~ **(súboru)** retention
~ **akreditívu** validity of the L/C
~, **ročná** annuality
~ **znakov** character validity
platnosť: s konečnou p. definitely
~ **s okamžitou platnosťou** effective immediately
platný effective; relevant; current; sound; present; good; valid
~ **od 1. mája** effective from 1st May
platobne neschopný insolvent
~ **schopný** able to pay
platobný payment
plávajúci floating
plieniť loot
plná miera full
plne automatizovaný untouched by human hands
plnenie performance; discharge
~, **jednorazové** lump sum
~ **podmienky** feasance
~, **poistné** insurance benefit
~ **poisťovne** insurance
~ **povinností** feasance
plniť fill; observe
~ **(úlohu)** subserve
~ **úlohu** serve
~ **záväzok** carry out the obligation
plnoletosť majority; maturity
plnou silou amain
plodina, poľnohospodárska crop
~, **trhová** cash crop
plodiny, hlavné staple
plocha flat
~, **pracovná** desktop
~, **propagačná** advertisement space
~, **skladovacia** storage ground
plomba seal
plonk blasted
plošina table
plynulý continual
plytvanie waste; wastage
plytvať waste
po akceptácii after sight
~ **doručovateľovi** per bearer

~ **druhé** second off
~ **odpočítaní** deducting; net of
~ **odpočítaní všetkých nákladov** all expenses deducted
~ **predložení (zmenky)** after sight
~ **prúde** downstream
Po prvé! Po druhé! Po tretie! (na burze) Going! Going! Gone!
po sebe idúci consecutive
~ **zaplatení** on payment
pobádania incentive(s)
pobádanie urge
pobádať urge
poberať plat draw a pay
pobočka branch establishment, branch house; branch office; affiliated branch
~, **banková** branch of bank
~ **banky** branch of bank; bank branch
~, **limitovaná** limited facility branch office
~, **spoločná** co-owned branch
~ **sporiteľného a úverového združenia** unitary
pobočný collateral
pobyt residence
~, **dočasný** temporary stay
poctivo by fair means
~ **zarobený** well-earned
poctivý true; fair; square; decent
počet amount; count; figure
~, **celkový** sum total
~ **detí v rodine** fertility rate
~ **dní, priemerný od odoslania do zaplatenia faktúry** days receivable
~, **nepárny** odd number
~ **plastických kariet vydaných spoločnosťou** card base
~, **pomerný** proportion
~ **pracovníkov** man effort
~ **pracovníkov prijatých do zamestnania ako percento zo všetkých zamestnaných** accession rate
~ **pravdepodobnosti** calculus of probability
~, **úrokový** calculus of interest
~, **výrokový** propositional calculus; proportional calculus
počet: vyšší než povolený p. excess
početnosť count
~ **pohybu na účte** activity ratio
počiatočný start
počiatok root
počítací computing
počítač computer; machine
~, **host/hlavný** host
~ **mincí** coin-counting machine
~, **prenosný** notebook
~, **simultánny** concurrent computer
~, **univerzálny** all-purpose computer
počítačový computer
počítadlo counter
počítanie computation; computing
~ **poplatkov** charging
počítať, chybne miscount
~ **nízku cenu** undercharge
~ **províziu** charge a commission
~ **s** count
~ **s niečím** face
pod cenou below cost
~ **čiarou, nad čiarou** above and below the line
~ **nákupnou cenou** under cost
~ **nominálom** below par
~ **nominálnou hodnotou** at a discount
~ **podmienkou** under (with) the proviso; under the condition
~ **podmienkou, že** on the understanding that ...
~ **trhovou cenou** below the market
~ **zárukou** under bond
podanie transmission
~ **(v dražbe)** bid
~ **informácií (pri podpise zmluvy)** representation
~ **zásielky na prevzatie** tender of delivery
podať present
~ **(sťažnosť, informácie)** lodge
~ **doporučene** register
~ **priznanie k dani** make returns
~ **protiponuku** make a counteroffer
~ **reklamáciu** lodge a claim
~ **si prihlášku** enter
~ **si žiadosť** make an application; apply for st.
~ **správu** report
~ **výpoveď** depose
~ **žiadosť** make a request; make an application
podateľňa mail room; mail branch
podávací feed
podávanie feed
~ **správ štátnym orgánom** notification of authorities
podávať feed; apply
podceniť underestimate; downplay
podceňovať underrate
podeliť sa (o zisk) pool
~ **sa o zisky** to pool the profits
podfuk chisel
podhodnotenie undervaluation
podiel allotment; part; share; proportion; lay; lot; quotient; ratio; interest; common ratio; portion
~ **(zamestnancov) na zisku** participation of employees
~, **akciový** equity share
~ **celkových dlhov k vlastnému kapitálu** debt equity ratio
~, **dedičský** portion
~, **dedičský po otcovi** patrimony
~, **desatinný** submultiple
~, **distribučný** distributive share

~ **hodnoty materiálu na dosiahnutých výkonoch** material value/performance ratio
~ **ľudskej práce, vyšší** labor intensive
~, **majetkový** shares
~, **majetkový na existujúcej spoločnosti** equity joint venture
~ **na banskom podnikaní** mining share
~ **na koristi** slice
~ **na koristi (zisku)** takeout
~ **na pôžičke alebo finančnom leasingu** participation
~ **na trhu** market share
~ **na zisku** profit sharing; copartnership; share of profits
~, **príslušný** due
~ **rizika pri poistení** self-retention
~, **vlastnícky na majetku** equity
~ **z konkurznej podstaty** dividend
~, **zlatý** golden share
podieľanie sa na nákladoch cost-sharing
podieľať sa share
~ **sa na nákladoch** share the costs
~ **sa na strate** share the loss
~ **sa s inými** disperse
podielnictvo zamestnancov na spolurozhodovaní o zisku copartnership of labor
podielnik distributee; partaker; shareholder
podielový participation
podiely (akcie), zlaté gold shares
~, **členské** participation dividends
~, **investičné** investment unit trusts
~, **vlastnícke** shares
podklad field; basis; setting
~ **(cenný papier slúžiaci ako podklad kúpnym a predajným opciám)** underlying
~ **(úsudku)** datum
podklady pre fakturáciu cost data
~, **účtovné** bookkeeping papers
podľa with reference to
~ **dohody** by appointment; according to agrement
~ **faktúry** as per invoice; as invoiced; per invoice
~ **hodnoty** ad valorem
~ **našej objednávky** according to our order
~ **objednávky** by order
~ **oznámenia** according to statement
~ **plánu** as scheduled
~ **pravidla** under the rule
~ **predpisov** according to rules
~ **výmenných (burzových) zvyklostí** according to exchange regulations
~ **zákona alebo spravodlivosti** de jure
~ **zvyku** according to custom
podliehajúci (colnému) hláseniu declarable
~ **clu** dutiable; liable to duty
~ **dani** taxable; subject to tax
~ **kontrole** subject to verification
~ **niečomu** subject to
~ **poplatku** tollable; chargeable
~ **spotrebiteľskej dani** excisable
~ **umoreniu** subject to redemption
~ **zdaneniu** liable to taxation
podliehanie dani z príjmu liability to income tax
podliehať dani to be liable to tax
podmienečne de bene esse
podmienený conditional
podmienka term; condition; clause; qualification
~ **(zmluvy)** provision
~, **finančná** financial condition
~, **odkladná** condition precedent
~, **okrajová, obmedzujúca** boundary
~, **predbežná (predchádzajúca)** precondition
~ **pri kontrakte, podľa ktorej sa dve udalosti musia stať súčasne** condition concurrent
~ **rovnováhy** equilibrium condition
~ **zmluvy, podstatná** fundamental term
podmienka: s podmienkou že on condition that
podmienky articles; provisions; terms
~ **akreditívu** terms of a letter of credit
~, **americké** American terms
~, **dodacie** delivery terms
~ **dodávky** delivery terms
~, **dohodnuté** agreed conditions
~, **ekonomické** economic conditions
~ **na poskytnutie úveru** credit terms
~, **nákupné** buying terms
~, **normálne** standard conditions
~, **obchodné** course of trade; terms of trade
~ **obchodnej zmluvy** articles of agreement
~, **platobné** conditions of payment; terms of payment; payment conditions
~, **platové** compensation packages
~, **poistné** insurance clauses
~, **postačujúce** sufficient conditions
~ **pre prijatie** admission requirements
~, **predajné** terms of sale; selling conditions
~, **technické** specification
~, **úverové** statement of loan; terms of credit
~, **úverové platobné** deferred payment terms
~, **vonkajšie** conditions
~, **všeobecné nákupné** general buying conditions
~ **zamestnávania** conditions of employment
~, **zmluvné** contractual terms
~ **zmluvy** terms of contract
~ **zmluvy, všeobecné** general conditions

of contract
~, životné time; living conditions
podmienky: za priaznivých finančných p. on easy terms
~ za rovnakých podmienok ceteris paribus
podnájom sublease
podnecovať rozvoj spur development
podnet suggestion
podnik enterprise; establishment; entrepreneurship; firm; business concern; business firm; office; business establishment; corporation; company (Co.)
~, bankový banking establishment
~, funkčný going business
~ jednotlivca proprietorship
~, kde je zákazník obslúžený, pričom nemusí vystúpiť z auta drive-in
~, koncernový concern
~, ktorý vznikol fúziou merger
~, obchodný merchant outlet
~, pochybný (nezákonný) wild cat
~, priemyselný industrial; industrial plant
~, prosperujúci going concern
~ riadený zo zahraničia foreign controlled enterprise
~, riskantný adventure
~ so zahraničnou majetkovou účasťou joint venture
~, spoločný joint venture
~, súkromný private undertaking; firm of private business; business enterprising
~, štátny state-owned company
~, úspešný (výnosný) money-marker
~, verejný public company; depreciable plant
~, výrobný manufacturing entity
~, vyvíjajúci sa levered firm
~ vzniknutý fúziou merger
~ zahraničného obchodu foreign trade corporation
~, zárobkový gainful enterprise
podnikanie enterprise; business enterprise; business; entrepreneurship
~, dovolené lawful business
~ na vlastný účet business for own account
~, obchodné venture; business venture
~ prinášajúce zisk economic enterprising
~, rizikové venture
~, slobodné free enterprise
~, súkromné business enterprising
podnikanie: odbor p. branch of business
podnikať undertake; carry business; be engaged in business
~ na vlastný účet operate on own account
podnikateľ industrial employer; contractor; entrepreneur; businessman; enterpriser
~ v nákladnej doprave truckman
~, súkromný self-employed
podnikateľstvo entrepreneurship
podnikavec hustler
podnikavosť adventure; entrepreneurship; enterprise; going ahead; drive
podniknúť undertake
~ opatrenia take steps
~ všetky potrebné kroky take all actions necessary
podnikový corporate; shop
podoprieť menu prop up the currency
podozrenie doubt
podpis sign
~, bianko blank signature
~ na rube endorsement
~ nečitateľný signature illegible
~ nevyplneného tlačiva blank signature
~, právne prijateľný binding signature
~ s výhradou reservation on signature
~, záväzný binding signature
~ značkou mark signature
podpísanie (zmluvy) completion
podpísať sign; endorse
~ in bianco sign st. in blank
~ poistku underwrite
~ sa sign one's name
~ šek na rube endorse a cheque
podplácať bribe
podplatenie fix
podplatiť buy over; treat
podpora countenance; support; aid; subsidy; subvention; backing
~, finančná grant; financial support
~, peňažná pecuniary aid
~ počas choroby sickness compensation
~ počas nezamestnanosti unemployment relief; unemployment compensation; dole; unemployment benefit; relief of unemployment
~ počas tehotenstva pregnancy benefit
~ predaja sales promotion; promotion
~, starobná superannuation allowance
~, štátna subsidy; subvene
~ zahraničného obchodu promotion of foreign trade
podporiť support; forward
podporovanie subsidization
~ trhu supporting the market
podporovať sponsor; subserve; raise; promote
~ dopyt stimulate a demand
~ dosiahnutie cieľov further the objectives
~, finančne finance
~ niekoho favour
~ podnikanie boost business
podporovateľ promoter
podpory farmárom farm subsidies
podpriemerný below standard
podradný third-rate
podriadenosť precedents
podriadený subordinate

podriadiť subordinate
podrobený clu liable to duty
podrobiť sa skúške try
podrobnosť detail; particular
podrobný particular
podskupina, horná platobnej triedy top cell
podstata inside; virtue
~ **(poručníctva)** corpus
~, **hmotne právna skutková** merit
~, **konkurzná** gross estate; estate of a bankrupt; assets in bankruptcy; bankrupt's estate
~ **veci** merits of the case
podstatný fundamental; material; essential
podsústava subsystem
podsúvaha off balance sheet; sub-balance accounts
podsystém subsystem
podúčet sub-account; subaccount
podvádzať defraud
podviazaný dried up
podviesť circumvent; cheat
podvod gazump; deception; delivery; fraud; racket; deceit; monkey business
~, **daňový** tax fraud
~ **obchodníka** merchant fraud
podvodník sham
~, **akciový** share pusher
~, **šekový** paper hanger
~, **zmenkový** kite-flyer
podvodom niekoho pripraviť o majetok defraud
podvojný dual
podvolenie sa acquiescence in st.
podvýroba underproduction
pohľad (na) view (of)
pohľadávka outstanding debt; claim; receivable; account receivable; debt; debtor's statement
~, **daňová** tax lien
~, **delikventná** delinquent account receivable
~, **hypotekárna** claim on a mortgage
~, **nedobytná** irrevocable debt; uncollectible account; irrecoverable claim; bad debt; uncollectible debt
~, **neuhradená** overdue account
~, **nevybavená** back order
~, **nevymáhateľná** unenforceable credit
~, **nevyrovnaná** unsettled claim
~, **odpísaná** written off debt
~, **prednostná** preferred debt
~, **premlčaná** statuted-barred debt; out-of-date debt
~, **sporná** questionable debt
~, **účtovná** ledger claim
~ **v banke** cash in bank
~, **vykonateľná** judgment debt
~, **vývozná** export claim
~, **zaručená** secured account
~, **zmenková** bill receivable
~, **žalovateľná** recoverable debt
pohľadávky choses in action
~ **a investície, dlhodobé** long-term receivables and investments
~, **dobytné** collectable debts
~, **inkasované nedobytné** bad debts collected
~, **knihované** book debts
~, **nedobytné** abandoned claims; bad debts; dead assets
~, **nedobytné a pochybné** bad and doubtfuls
~, **nefakturované bežné** unbilled accounts receivable
~, **nezaplatené** active debts
~, **nie-bežné (splatné po viac ako jednom roku)** noncurrent liabilities
~, **pochybné a sporné** dubious and controversial debts
~, **prednostné** preferred debt
~, **splatné** payables
~, **splatné daňové záložné** tax liens receivable
~ **splatné veriteľom** trade and other accounts payable
~ **u odberateľov, bežné** trade account receivable
~, **účtové** book claim
~ **v zahraničí** foreign assets
~ **voči dlžníkom** trade and other accounts receivable
~, **zaručené** receivables reinsured
~, **zmenkové** bills receivable
pohltiť absorb
pohnúť (sa) move
pohostenie: starať sa o zásobovanie, p. a zábavu cater
pohostinstvo catering
pohotovosť (stav zariadenia) standby
pohotový immediate; disposable
pohovor interview
~, **cielený** structured interview
~, **voľný** unstructured interview
pohroma disaster
pohyb working; excercise; traverse; movement; progression
~ **(kolísanie) cien** price fluctuations; price movement
~ **cien hore alebo dole v cenných papieroch na burze** tick
~ **cien následkom podmienok vo vnútri burzy** technical movement
~ **devízových kurzov** movement of the exchange rates
~ **financií, záporný (výdavky presahujúce príjmy)** negative cash flow
~ **hotovosti** cash flow
~ **individuálnych akcií, priemerný** hi-lo index
~ **kapitálu** migration of capital; capital mo-

vement
~ **kapitálu, voľný** perfect capital mobility
~ **limitu (maximálny pohyb cien)** limit up, limit down
~ **na účte** account activity
~ **naprieč** traverse
~ **obyvateľstva, prirodzený** natural development of population
~ **prostriedkov** funds flow
~ **prostriedkov uvoľnením z jednej investície a vkladom do ďalšej investície** rollover
~, **sezónny** seasonal variation
~ **tovaru, voľný** free movement of goods
~ **trhu nečakaným smerom** contrary market
~ **zásob** storage carryover; stock reconciliation
pohyb: v smere pohybu hodinových ručičiek clockwise (clkw)
pohyblivý floating; float; flexible
pohybovať sa v rozmedzí (ceny) range
pohyby cien, neočakávané abrupt price movements
~ **kurzov** exchange fluctuations
pochybne špekulovať speculate in wildcat
pochybnosť doubt
pochybný contingent; doubtful
Poissonovo rozdelenie Poisson distribution
poistenec insurant; policyholder; insuree
~, **uvedený** named insured
poistenie insurance; coverage; assurance
~ **pre prípad krádeže vlúpaním a lúpežného prepadnutia** insurance against burglary and robbery
~ **balíkovej pošty** parcel post insurance
~ **batožiny** luggage insurance
~ **bez ďalšieho platenia poistného** paid-up insurance
~ **bez účasti na zisku** nonparticipating insurance
~, **celoživotné s obmedzenou dobou platenia poistného** limited-payment life insurance
~ **cenín** registered-mail insurance
~ **cenností** species insurance
~ **cenných zásielok** registered mail insurance
~ **cestovnej batožiny** tourist-baggage insurance
~, **dlhšie trvajúce** unexpired risks
~, **dobrovoľné** voluntary insurance
~, **dočasné p. potvrdenia** binder
~, **dočasné životné** term insurance
~ **domácnosti** household insurance
~ **domácnosti, združené** householder's comprehensive insurance
~, **dopravné** transportation insurance
~, **dopravné (proti riziku)** insurance against risk of transport
~ **dopravného prostriedku** casco
~, **dovolenkové** holiday and travel insurance
~, **dôchodkové** pension insurance scheme
~, **drobné životné** industrial life insurance
~ **hmotnej zodpovednosti** professional indemnity insurance
~, **kaučné** fidelity insurance
~ **kurzových strát** loss-on-exchange insurance
~, **majetkové** general insurance; property insurance
~ **motorových vozidiel** motor insurance
~ **motorových vozidiel, havarijné** motor hull insurance
~ **na dožitie (a úmrtie)** endowment insurance
~ **na nemocenskú starostlivosť** hospitalization insurance
~, **námorné** marine insurance
~ **následných škôd** loss of profit insurance
~, **nemocenské** insurance for medical treatment; health insurance; disability benefits; invalid insurance; sickness insurance
~ **novej ceny** replacement insurance
~ **novej hodnoty** replacement-new basis; replacement value insurance
~, **osobné úrazové** personal accident insurance
~ **osôb** personal insurance
~, **penzijné** superannuation scheme
~, **pevné dôchodkové** fixed insurance annuities
~ **platné len v prístave** port-risk-only insurance
~, **pokrývajúce všetky vzniknuté škody okrem tých, čo sú uvedené v zmluve** all risk/all peril
~, **povinné** obligatory insurance
~ **povinného ručenia** third party motor vehicle insurance; insurance against responsibility; liability insurance
~, **požiarne** fire insurance
~ **pre prípad nezamestnanosti** unemployment insurance
~ **pre prípad strát z nedobytných dlhov (pohľadávok)** bad debts insurance
~ **pre prípad úmrtia** insurance payable at death
~ **prenajatej nehnuteľnosti** rent insurance; leasehold insurance
~, **priemyslové** industrial insurance
~ **proti dažďu** weather insurance; pluvious insurance; rain insurance
~ **proti falšovateľom** forgery bonds
~ **proti krádeži** theft insurance; robbery insurance
~ **proti krupobitiu** hail insurance
~ **proti olúpeniu** holdup insurance

~ **proti prerušeniu prevádzky** time-loss insurance
~ **proti sprenevere** fidelity insurance
~ **proti stranám z nedobytných dlhov** bad debts insurance
~ **proti strate koncesie (živnostenského oprávnenia a pod.)** license insurance
~ **proti škode** indemnification; indemnity insurance
~ **proti úniku** skip insurance
~ **proti úrazom** insurance against injuries
~ **proti vlámaniu** burglary insurance
~ **proti vojnovému nebezpečenstvu** war-risk insurance
~ **proti všetkým nebezpečenstvám** all-risk insurance
~ **proti všetkým rizikám** insurance A.A.R. (against all risks)
~, **rizikové** hazard insurance
~, **robotnícke** industrial insurance
~ **sa proti inflácii** hedging against inflation
~, **skupinové** group insurance
~, **skupinové životné** group life insurance
~, **sociálne** national insurance; social security coverage; social insurance
~, **spätné** reinsurance
~, **starobné** old-age insurance; old-age benefit insurance
~, **starobné a penzijné** old-age and survivor's insurance (OASI)
~, **súbežné** concurrent insurance
~, **súkromné hypotekárne** private mortgage insurance
~, **štandardné životné** ordinary life insurance
~, **štátne** government insurance
~, **štátne majetkové** State property insurance
~, **štátne osobné** state life insurance
~, **štátne sociálne** State social insurance
~ **tabuľových skiel** plate-glass insurance
~, **termínované** term plan
~, **trvalé životné** permanent life insurance
~, **úrazové** casualty insurance; accident insurance; accidental insurance
~ **úrody** crops insurance
~ **ušlého zisku** loss-of-profits insurance
~, **úverové** credit insurance
~ **úveru, jednoduché** single interest insurance
~, **variabilné životné** variable life insurance
~ **vecných škôd, zodpovednostné** property damage insurance
~ **vkladov** deposit insurance
~ **vnútrozemského kaska** inland hull insurance
~ **vozidiel** inland hull insurance
~, **všeobecné** general insurance
~, **všeobecné životné** universal life policies
~, **vzájomné** mutuality; coinsurance
~ **z domu do domu** insurance from house to house
~ **zákonnej zodpovednosti** liability insurance; third party insurance; public liability insurance; third-party insurance
~, **zameniteľné rizikové životné** reversible term insurance
~, **združené** comprehensive insurance; package insurance; joint insurance
~, **združené, obytných budov** houseowner's comprehensive insurance
~, **zmiešané životné** endowment insurance
~ **zo skladu do skladu** warehouse to warehouse insurance
~ **zodpovednosti za prevádzku letiska** airport and airmeet insurance
~ **zodpovednosti za škody** third party liability insurance
~ **zodpovednosti za škody pri výkone povolania** professional liability insurance
~ **zodpovednosti za škody z prevádzky motorových vozidiel** motor third party insurance (MTP)
~ **zostatkovej hodnoty** residual value insurance
~ **zvýšených rizík** rated life insurance
~ **zvýšených rizík, životné** under average life assurance
~ **živého inventára** live stock insurance
~, **živelné** insuring against disasters
~, **životné** life insurance; life assurance
~, **životné proti zvýšeným životným rizikám** substandard life insurance
~, **životné s dodatočným podielom na zisku** participating life insurance
~, **životné zvýšených rizík** underaverage life assurance

poistenie: dočasné p. len na úmrtie term insurance
~ **odškodnená strana v záručnom p.** obligee
~ **strana odškodňujúca v záručnom poistení** obligor

poistený insurable; insurant

poistiť to stand insurer; underwrite
~ **proti niečomu** indemnify from st.
~ **sa** take out an insurance
~ **u niekoho** place insurance with sb.

poistiteľ assurer; underwriter; insurer

poistiteľnosť, zaručená guaranteed insurability

poistiteľný insurable

poistka insurance policy; insurance certificate; insurance; policy
~ **(poistná zmluva)** policy of insurance; policy of assurance

~ **(združená)** blanket policy
~ **bez doložky o podielovom poistení** nonaverage policy
~ **bez mena (lode)** unnamed policy
~ **celého majetku** block policy; blanket bond
~, **celková námorná** floating policy
~, **cestovná** voyage policy
~ **colných záruk** warehouse customs bond
~, **časová** time policy
~, **čistá životná** pure endowment
~, **garančná** penal bond
~, **garančná pre splnenie kontraktu** payment bond; performance bond
~, **generálna** open policy; general policy; open cover
~, **hlavná** master policy
~, **hromadná** common policy; collective policy
~, **hypotekárna životná** mortgage life insurance
~, **kde poistný záujem bude preukázaný neskôr** policy proof of interest
~ **kľúčovej (vedúcej) osoby** key man insurance
~, **kolektívna (hromadná)** subscription policy
~ **majiteľa domu** homeowner's insurance
~ **na náhradu škody** unvalued policy
~ **na pevnú čiastku** valued policy
~ **na sumu** valued policy
~ **na určitú dobu** time policy
~, **obratová pre cestnú a železničnú dopravu** turnover transit policy
~, **platná životná** life insurance in force
~ **pôžičky** loan policy
~, **prenajatá životná** leased life insurance
~, **proti krádeži, falšovaniu a sprenevere** ddd policy
~ **proti sprenevere so súpisom mien** named schedule bond; position-schedule bond
~ **proti úrazu so smrteľným následkom** accidental death benefit
~, **ročná** annual policy
~ **s menom lode** named policy
~ **so súpisom** schedule bond
~, **spoločná životná** joint life insurance
~, **súhrnná, poskytujúca krytie proti sprenevere, falšovaniu alebo krádeži** ddd policy
~, **škodová** unvalued policy
~, **špekulačná** wagering policy; water policy
~, **termínovaná životná** term life insurance
~ **vydaná na zaručenú hypotéku** mortgage guarantee policy
~, **vymerateľná** assessable insurance
~, **záručná** liability insurance
~, **záručná (garančná)** surety bond; conditional bond
~, **združená, hromadná** joint policy
~, **životná** life insurance
~, **životná s rovnakými prémiami** level-premium life insurance
poistky, špedičné tranzitné transit floaters
poistné premium
~, **hrubé** gross premium
~, **následné** premium renewals
~, **nespotrebované** unearned premium
~, **prijaté (hlavný ukazovateľ obratu poisťovne)** premium income; premium volume
~, **rýdze** net premium
~, **združené** comprehensive insurance
~, **zrušené** return of premium
poistný policy; insurable
poisťovanie záruk underwriting; surety underwriting
~, **záručné** suretyship
poisťovateľ underwriter
poisťovňa underwriter; insurance company; insurance office
~ **pre vlastnú potrebu** captive insurance company
~, **vzájomná** mutual insurance company; mutual relief association
~, **zmiešaná** multiple-line insurance company
~, **životná** life company; life office
poisťovníctvo insurance industry
pojednávať handle
pojem concept; term
pokarhanie warning
pokaziť kill
pokiaľ ide o as to
~ **ide o niečo** with reference to st.
~ **ide o ...** with respect to ...
~ **nedošlo k predaju** subject to sale
poklad treasure
~, **zlatý** hoard gold
pokladať za niečo treat
pokladňa exchequer; cash desk; desk; cash counter; safe; treasure; petty cash; cash
~ **(príručná)** petty cash box
~, **elektronická** electronic cash register
~, **hlavná** cash principal; main cash office; cash office
~, **kontrolná** cash register
~, **príručná** cash-box; cashbox
~, **spoločná** joint purse
~, **štátna** treasury; public purse; exchequer
~ **v samoobsluhe** check-out counter
pokladnica, hlavná main cash box/teller
pokladníctvo treasurership
pokladničný point-of-sale
pokladník receiver; teller; cashier; treasurer; cash-keeper; checker

~, **hlavný** chief teller; head teller
~, **inkasný** collection teller
~ **pôžičiek** loan teller; note teller
~ **pri príjme aj výdaji** unit teller
~ **pri výdaji** paying teller
~ **prijímania vkladov** receiving teller
~ **v banke, vyplácajúci** first teller
~ **vyplácajúci mzdy** paymaster
pokles contraction; lapse; depression; decline; reduction; decrease; diminution; recession; downturn; fall
~ **(cien)** sag; slash
~ **(cien), prudký** steep fall
~ **(na burze), najnižší** gravelled
~ **(vzťahujúci sa k cenám)** dip
~ **aktivity, krátkodobý (podniku alebo hospodárstva)** slump
~ **cenných papierov, náhly** soft spot
~, **cenový** price slash
~ **cien** drop in prices; fall in prices; price drop; prices fall; decline of prices; recede; decrease in prices
~ **cien cenných papierov** slid off
~ **cien, náhly** sudden fall in prices; price slump
~ **cien, pomalý** ease off
~ **ekonomickej aktivity v obchodnom cykle** contraction
~ **hodnôt** fall in value
~, **hospodársky (prechodný)** recession
~ **investícií** disinvestment
~ **miery zisku** decline in the rate of profit
~ **na trhu, prudký** smash
~, **náhly v ekonomickej aktivite** slump
~ **obchodnej činnosti** decline in business
~ **obchodov** falling of a business
~, **prudký** rapid decline
~, **silný vo výrobe/cenách** setback in production/price
~ **trhu** market off
~ **tržieb** decline in sales
~ **účinnosti** loss of efficiency
~ **úspor** dissaving
poklesnúť na cene suffer decline
pokračovanie continuation
pokračovať resume; carry on; continue
pokročilý advanced
pokryť cover
pokrytie coverage
pokus test; assay; attempt
~, **nový** retrieval
~ **o záchranu** salvage
~ **o zmierenie** conciliation in arbitration
pokúsiť sa try
pokusy, zbližovacie advances
pokuta mulct; money penalty; penalty; expiation; fine; forfeit
~, **colná** customs fine
~, **daňová** tax penalty
~, **peňažná** financial fine; financial penalty
~, **platená** paid fine; paid penalty
~, **prijatá** received penalty
~, **vysoká** heavy fine
pokutovať amerce; fine
pokyn instruction; direction; suggestion; warning
pokyny directions
poldolár half-dollar
pole field
~, **dierne** field
~ **pôsobnosti** coverage
politika policy
~, **(národo)hospodárska** economic policy
~, **cenová** price policy; pricing policy
~, **colná** tariff policy
~, **daňová** fiscal policy; tax policy; tax policies
~, **deflačná** deflation(ary) policy
~, **dôchodková** income policy; incomes policy
~, **ekonomická nezasahovania štátu do hospodárstva** laissez-faire („leave us alone")
~, **emisná** issuing policy
~, **expanzívna** expansive policy
~, **finančná** financial policy
~, **fiškálna** fiscal policy
~, **inflačná** inflationary policy; inflationism
~, **investičná** investment policy
~ **jednotnej ceny** one-price policy
~, **kádrová** staffing
~, **monetárna (peňažná)** monetary policy
~, **mzdová** wage policy; incomes policy; rewarding policies; pay policy
~, **mzdová a cenová** wage-price policy
~, **obchodná** business policy; marketing policy
~, **odbytová** marketing policy
~, **podniková** business policy
~ **postupného znižovania cien** skimming policy
~, **protiinflačná** antiinflation policy
~, **protimonopolná** antitrust policy; antimonopoly policy
~, **pružná cenová** flexible pricing
~, **regionálna** regional policy
~, **reklamná** promotional policy
~, **reštriktívna** restrictive policy
~, **reštriktívna úverová** restrictive credit policy
~, **rozpočtová** fiscal policy; budget policy
~, **sociálna** welfare policy
~, **spoločná** common policy
~, **štruktúrna** structural policy
~ **ťažko dostupných peňazí** tight money policy
~, **tovarová** commodity policy
~, **úverová** credit policy; lending policy
~ **územného rozvoja (regionálna politika)** urban and regional policy
~ **v oblasti úspor** saving policy
~, **zahraničná** foreign policy

~, **zahraničná hospodárska** economic foreign policy
~, **zahranično-obchodná** foreign-trade policy
poľnohospodárstvo farming
poľný field
polo- demi-
poloautomatický manumatic
poloha situation; site
polotovar semiproduct; raw product
polotovary intermediate goods
poloúradný parastatal
polovládny parastatal
položiť na stôl table
~ **naprieč** traverse
~ **základy** found
položka item; entry
~, **aktívna** item of assets
~, **amortizačná odpočítateľná** allowance for depreciation
~ **bez nominálnej hodnoty** non-par item
~, **bilančná** balance sheet item
~, **colná** tariff item
~, **dátová** data entry
~, **dlžná** score item
~, **dohadná účtovná (určená odhadom)** contingency
~, **kalkulačná** cost element
~, **konečná** closing entry
~, **neodpočítateľná** nondeductible item
~ **nezaplatená včas** past-due item
~ **obchodnej bilancie** trade-balancing item
~, **odpočítateľná** deduction; exemption; exclusion; deductible item; carryback
~, **odpočítateľná amortizačná** depletion allowance
~, **odpočítateľná daňová** tax deduction
~, **oneskorená kreditná** deferred credit
~, **opravná** adjusting entry
~, **paritná** par item
~, **pasívna (v bilancii)** liability item
~, **podsúvahová** item of balance sheet
~ **poslaná omylom do inej banky** missent item
~, **preferenčná daňová** tax preference item
~, **príjmová** earner
~, **režijná** cost-point
~, **rozpočtová** appropriation; budget item
~, **súhrnná** aggregate item; total item
~, **účtová** accounting item
~ **účtovaná, ale doposiaľ nezaplatená** account rendered
~, **účtovná** head; book entry; entry of booking item
~, **uzávierková** closing entry
~, **vyrovnávacia** adjusting entry
položky (aktíva), prechodné uncollected items
~, **bilančné** balance items
~ **budúcich období, príjmové** deferrals
~, **časove rozlíšené (minulých a budúcich období)** accruals and deferrals
~ **časového rozlíšenia, prechodné** accruals
~, **debetné** accounts receivable
~, **debetné časovo rozlíšené** deferred debits
~, **došlé zúčtované** in-clearing items
~ **hotovosti, nezinkasované** uncollected cash items
~, **inverzné** reversing entries
~, **miestne** local items
~, **neviditeľné obchodné** invisible items of trade
~, **odpočítateľné** deductible items; allowable items; deductibles; tax-deductible items
~, **opravné** value adjustment
~, **ostávajúce** arrears
~, **otvorené** uncleared entries
~, **pokladničné pre neskoršie použitie** deferred availability cash items
~, **prechodné** deferred items
~, **saldové** balancing items
~ **spotreby** consumer items; consumables
~, **účtové** accounting entries
~, **účtovné** accountabilities
~, **účtovné kreditné** book credit
~, **viditeľné** visibles
~, **viditeľné obchodné** visible items of trade
~, **vyrovnávacie** balancing items
~ **znižujúce tržby** sales deductions
polpenzia half board
polynóm multinominal
polynomický multinominal
pomalý slow; slack; dilatory
pomenovanie name; designation; denomination
pomenovať designate; term
pomer proportion; ratio; rate; relation
~ **aktív k vlastnému kapitálu** equity ratio
~ **cena - výnos (zisk)** price-earnings ratio
~ **ceny k dividende** dividend-price ratio
~, **deliaci** dividing ratio
~ **delikvencie** delinquency ratio
~ **dlhov a celkového kapitálu** debt-to-total-assets ratio
~ **dlhov a vlastného majetku** debt-to-equity ratio
~ **dlhov k vlastnému kapitálu** leverage
~ **dlhovej služby** debt service ratio
~ **dlhu k čistej hodnote** debt-to-net worth ratio
~ **došlých účtov k nákupom** ratio of accounts payable to purchases
~, **inkasný (pomer pohľadávok k čistým predajom, vykazuje inkasnú schopnosť podniku)** collection ratio

~ **investícií k čistej hodnote hmotných aktív** fixed-to-tangible-net-worth assets
~ **investícií k dlhodobým záväzkom** fixed test assets
~ **investičného majetku k dlhodobým záväzkom** ratio of fixed assets to fixed liabilities
~ **investičnej návratnosti** return on investment ratio
~, **kapitalizačný** capitalization ratios
~ **kapitálu k investíciám** ratio of capital to fixed assets
~, **likvidný** liquidity ratios
~ **nedobytných pohľadávok (k nezaplateným predajom)** bad debts ratio
~ **otvorených predajných akcií ku kúpnym (trhový ukazovateľ)** put-call ratio
~ **poskytnutého istenia k dlhu** ratio of collateral to debt
~ **pôžičiek k vlastnému kapitálu** gearing
~ **pôžičky k hodnote** loan-value ratio
~, **pracovný** labour relation
~ **prevádzkového zisku k čistým tržbám z predajov** operating profit ratio
~ **produktívnej a neproduktívnej populácie** ratio of people supported by others
~ **rentability** return on investment ratio
~ **rovnováhy pri výmene** equilibrium ratio of exchange
~, **rýchly** quick ratio
~, **schválený** approval ratio
~ **trát (pasívnych zmeniek) k došlým účtom** ratio of notes payable to accounts payable
~ **trhovej ceny akcií a vlastného majetku pripadajúceho na akciu** market-to-book ratio
~ **tržieb k celkove vloženým zdrojom** investment turnover ratio
~ **vlastného kapitálu k vypožičanému kapitálu** ratio of owned capital to borrowed capital
~ **výberov** withdrawal ratio
~, **výmenný** exchange ratio
~ **výnosu k cene** earnings price ratio
~, **výplatný** pay-out ratio
~, **výplatný (vyplatené dividendy v pomere k zisku)** pay-out ratio
pomer: v pomere 2:1 in the ratio of 2:1
pomerná časť proportion
pomerný aliquot
~ **diel** quota
pomerným dielom pro rata
pomerový ratio
pomery conditions; terms
~ **cien, rovnovážne** equilibrium price ratios
pomoc backing; aid; support; bailout
~, **finančná** financial assistance
~, **hospodárska** economic assistance; economic aid
pomocný complementary; auxiliary; junior
~ **(index, dáta)** minor
pomôcka toll; shift
pomôcky, výpočtové computing aids; computation aids
ponáhľať urge
poňatie concept
ponechaný na voľné uváženie discretionary
ponuka offer; supplies; submission; proposition; tender; proposal; menu; bid
~ **(na trhu)** supply
~ **a dopyt** supply and demand
~ **a požiadavka** asked and bid
~ **akcií na burze, prvá** going public
~ **akcií spoločnosti svojim zamestnancom** stock option
~ **akcionárom na prevzatie akcií** tender offer
~, **bianco** offer in blank
~, **celková** all-inclusive offer
~ **cenného papieru, písomná predajná** prospectus
~, **cenová** quotation
~, **čistá** net supply
~, **dohovorená** collusive bidding
~, **konkurenčná** competitive bid
~ **kryje dopyt** supply meets demand
~ **kúpy (predaja), pevná** firm bid
~ **kúpy, verejná** takeover bid
~ **kúpy za stále vyššie ceny bez stanovenia limitu** buy at best
~, **maklérska na poistenie** slip
~, **mlčky urobená** implied offer
~ **na trhu** market supply
~, **nadbytočná** excess supply
~, **nadmerná** oversupply
~, **najlepšia** best bid
~, **najnižšia** lowest offer
~, **nepravá** straw bid
~, **nová** follow-up letter
~ **obeživa alebo peňazí, ktorá stúpa a klesá s potrebami ekonomiky** elastic money
~, **peňažná** money supply
~ **pracovných síl** labour supply; labor supply
~ **predávajúceho, opčná** seller's call
~, **prednostná** preference offer; bid ahead
~, **pružná** elastic supply; elasticity of supply
~, **regresívna** regressive supply
~, **rovnaká na oboch stranách (pri hrách a stávkach)** even money
~, **stabilizačná** stabilizing bid
~, **subjektívna** subject bid
~, **trhová** market supply
~, **uzavretá** closed stock
~, **verejná** public offering

~, **výhodná** bargain offer
~, **vyššia** outbid
~, **vyžiadaná** solicited offer
~, **zamýšľaná** desired supply
~, **záväzná** binding offer (order)
~, **zvláštna** special bid
~, **žiadaná (na burze)** bid wanted
ponúkajúci offerer; bidder
ponúkať dodatočný úver solicit
~ **služby** tender
~ **za nominále** offer at face
ponúknuť make a bid; extend; make an offer; offer
~ **akcie a obligácie** offer shares and debentures
~ **akcie na kúpu na burze** go public
~ **akcie na predaj na burze** go public
~ **cenové zvýhodnenie** offer price advantages
~ **(finančné) krytie** offer cover
~ **na predaj** offer for sale; expose for sale
~ **najvyššie možné ceny** quote the best possible prices
~ **viac** outbid
~ **viac ako** overcall
~ **vlastníctvo v dedičstve** bequeath
ponúknutý na nižšej úrovni offered down
ponuky na kúpu a predaj (na burze) bid and asked
pool, pracovný labor pool
popierať (nárok) traverse
popis declarative statement; characterization; representation; description
~ **dokumentu** doc info
~ **doručiteľa (držiteľa)** description of the bearer
~ **majetku** prospectus
~ **práce** job description
~ **problému (úlohy)** problem description
~ **tovaru** description of goods
~ **trhu** market delineation
~ **zmluvy** deed description; description deed
popisný description
popisovač endorser
poplach warning
poplašné znamenia alarm
poplatky charges; dues; police dues; rates; duties
~ **a dávky** fees and charges
~ **a príjmy z priamych investícií** fees and royalties from direct investments
~, **advokátske** legal charges
~, **autorské** copyrights
~, **colné** customs; customs charges; customs dues
~, **daňové** octroi dues
~, **dedičské** inheritance duty; inheritance tax
~, **fiškálne** fiscal charges
~, **informačné** remitter advice charges
~, **konzulárne** consular charges; consular fees
~, **legalizačné** legalization fee
~, **manipulačné** service charges; handling charges
~, **mestské** city-dues
~, **miestne** local charges; municipal taxes; local taxes
~, **morské prepravné** sea-canal dues
~, **nábrežné** quayage; quay dues
~, **nábrežné prístavné** quay landing charges
~, **nezaplatené** outstanding charges
~, **odložené** deferred charges
~, **odložené špeciálne** deferred special assessments
~, **plavebné** navigation tolls
~, **pobrežné** wharf charges
~, **počiatočné** front-end fees
~, **poručnícke** trust charges
~, **povinné** compulsory charges
~ **povolené za zvláštnu službu** perquisites
~ **pridané k cene služby ako náhrada za zdržané platenie** carrying charge
~, **prístavné** dockage; port regulations; port dues; harbour dues; port charges
~, **registračné** registration charges
~, **rôzne** miscellaneous charges
~, **skladiskové** warehouse charges
~ **spojené s uzavretím obchodu** closing charges
~, **školné** school fee
~, **telefónne** telephone rentals
~, **tonážne** tonnage dues
~, **trhové** market dues
~, **úrokové** interest charges
~, **užívateľské** user charges
~, **vedľajšie** extras
~, **vyloďovacie** landing charges
~ **za medzimestské hovory** trunk charges
~ **za odosielanie** reforwarding charges
~ **za osvetlenie** light dues
~ **za skladovanie** charges for warehousing
~ **za služby** service rates
~ **za špeditérske služby** forwarding charges
~ **za uskladnenie** storage charges
~ **za vyhotovenie akcionárskej zmluvy** charter fees
~, **zúčtovacie** clearance fees
~, **zvláštne** extra
poplatníci, daňoví taxables
poplatník contributor; ratepayer
~, **daňový** tax-paying citizen; taxpayer; bearer of tax liability
~ **si daň vypočíta sám** self-assessment
poplatný assessable
poplatok tax; fee; tribute; imposition; char-

ge
~, **bankový** bank charges; bank service charge
~, **burzový** exchange charge
~, **depozitný** deposit fee
~, **devízový** exchange fee
~, **diferenčný** differential duty; preferential duty
~, **diskontný** discount charge
~, **dočasný (pri leasingu)** interim rent
~, **doručovací** delivery charge
~, **dražobný** lot money
~, **finančný** finance charge
~, **hrubý** gross charge
~, **inkasný** collection fee, collection charge
~, **koncesný** franchise tax
~, **konjukturálny** tax on cyclical increase
~, **konzulárny** consulage
~, **licenčný** royalty; license fee
~, **maklérsky** stockbrokerage
~, **manažérsky** management fee
~, **manipulačný** handling fee
~, **miestny** local rate
~, **mimoriadny** extra charge
~, **minimálny** minimum charge
~, **mýtny** rate of toll
~, **nedostatočný** undercharge
~, **normálny** standard charge
~, **obnovovací** renewal fee
~, **odložený** deferred fee
~ **odpočítaný vopred, finančný** discount charge
~, **paušálny** capitation tax
~ **podľa hmotnosti** weight charge
~ **pôžičky, záručný** loan guarantee fee
~, **pôžičkový** loan fee
~, **prevodný** exchange charge; transfer fee
~, **prihlasovací** filing fee; filling fee
~, **prístavný** port fee
~, **prístavný (za povolenie naložiť tovar)** lastage
~, **prístavný za osvetlenie** light money
~, **prolongačný** continuation fee; fee for renewal
~, **ročný** annual fee
~, **servisný** service charge
~, **správny** sealing fee; management charge
~, **sprostredkovací** finder's fee
~, **stornovací** cancellation charge
~, **súdny** court fee
~, **štatistický** statistical due; statistical fee
~, **štatutárny** statutory fee
~, **tonážny** tonnage tax; tonnage duty
~, **účastnícky** participation fee
~, **uložený** assessment
~, **úradne stanovený** fee
~, **úverový prevádzkový** credit service charge
~, **užívateľský** fee for using
~, **vstupný** initiation fee
~, **výmenný** interchange fee
~ **z hodnoty** valuation charge; value charge
~ **z predĺženia lehoty** extension fee
~ **z preťaženia** congestion fee
~ **z prírastku hodnoty pozemku** special assessment
~ **za dodávku (zásielku) bez ohľadu na druh komodít** all-commodity rate
~ **za inštaláciu** installation charge
~ **za každú libru hmotnosti** poundage fee
~ **za obrat na burze** transfer stamp duty
~ **za oneskorenie** payment for delay
~ **za oneskorenú zásielku** late fee
~ **za oneskorené dodanie cenných papierov** backwardation
~ **za overenie listín** legalization fee
~ **za platobné príkazy** exchange charge
~ **za poskytnutie práv** royalty
~ **za poštovú poukážku (podľa poukazovanej čiastky v librách šterlingov)** poundage fee
~ **za použitie diaľnice** turnpike money; turnpile toll
~ **za používanie dokov** dockage
~ **za požičanie** loan fee
~ **za právo raziť mince** brassage
~ **za predbežné hlásenie** préavis fee
~ **za predĺženie** renewal fee
~ **za prejazd** returns fare
~ **za prejdenú míľu** mileage duty
~ **za prenocovanie** overnight fee
~ **za preregistrovanie (vlastníctva)** registration fee
~ **za prevod, manipulačný** transfer service fee
~ **za protest** protest fee
~ **za razenie** mintage
~ **za razenie mincí** brassage
~ **za rekomando** registration fee
~ **za rýchle dodanie** special delivery fee
~ **za služby** service fee
~ **za tlačiareň** imprinter fee
~ **za vedenie vkladového účtu** activity charge
~ **za viazanie zdrojov** commitment fee
~ **za vybavenie** regularization fee
~ **za vyplatenie pokladničnej zálohy** cash advance reimbursement fee
~ **za vystavenie zádržného práva** lien placement fee
~ **za vyzdvihnutie zásielky** collecting fee
~ **za znečisťovanie vôd** sewer effluent charge; sewer surcharge
~ **za žiadosť** petition fee
~, **začínací** origination fee
~, **zriaďovací** installation charge
~, **zvláštny** extra charge
~, **zvýšený** surcharge
poplatok: inkasný p. z dobierky collec-

ting fee
popliesť confuse
popredný traverse; top; head
poprenie denial
popretie negation
poprieť disavow; disclaim; deny
~ **nárok** contest the claim
~ **tvrdenie** traverse
popud urge
populácia (súhrn prvkov definovaných pred voľbou vzorku) population
porada staff meeting; deliberation; consultative meeting; conference; council
~, **pracovná** workshop
poradca advisory officer; advisor; consultant
~, **daňový** tax adviser
~, **investičný** investment adviser
~, **právny** solicitor
~ **pre oblasť riadenia** management consultant
poradie order; sequence; file
poradiť sa consult
poradný deliberative
poradový consecutive
poriadny orderly; proper
poriadok order; rule; trim; organization chart
~, **burzový** exchange regulations; stock-exchange regulations
~, **cestovný (letový)** timetable
~, **organizačný** organization manual; organization rules
~, **právny** body of laws
porota panel
porovnané a stratené matched and lost
porovnanie rastu vkladov a objemu pôžičiek competitive profile
porovnať compare
~ **účty** reconcile
porovnateľné náklady comparable cost
porovnateľnosť comparability
porovnateľný comparable
porovnávací compare
porovnávanie, cenové cost comparison
~ **dokladov** document alignment
~ **nákladov** cost comparison
~ **štítkov** card matching
porovnávať collate
portfólio portfolio
~, **investičné (súbor investičných cenných papierov)** investment portfolio
~, **stabilné** defensive portfolio
~, **výnosové** income portfolio
porto mail charges; postal charge
Poručenská rada (OSN) Trustee Council
poručenský guardian
poručník trustee; guardian
porucha fault; failure; trouble; derangement
~, **funkčná** malfunction
~, **náhla** sudden failure
~, **postupná** degradation failure
porušenie violation; infringement
~ **(nesplnenie) povinností** breach
~ **predpisov** contravention of the provisions
~ **rovnováhy** imbalance
~, **úmyselné, pozemkovej držby** trespass to land
~, **úmyselné, držby hnuteľnej veci** trespass to goods
~ **verejného poriadku** disorder
~ **záväzku oprávňujúce odstúpenie od zmluvy** fundamental breach
~ **zmluvy** infringement of a treaty
~ **zmluvy, trvajúce** continuing breach
porušiť contravene; disturb; violate
~ **zmluvu** break a contract
poskytnúť concede; grant; extend
~ **krytie** provide cover
~ **licenciu** grant license
~ **odklad** grant respite
~ **odškodné** make amends
~ **pôžičku** make a loan; grant a loan; extend loan
~ **príspevok** make a contribution
~ **prostriedky** afford facilities
~ **rabat** allow an abatement; allow the usual reduction
~ **úľavu** ease
~ **úver** give credit; tick; grant a credit; extend a credit
~ **zľavu** make an allowance; rebate; make reduction; allow a discount
~ **zrážku** abate
poskytnutie (súkromnej nehnuteľnosti verejným účelom) dedication
~ **peňažných prostriedkov k pôžičke alebo leasingu** takedown
poskytovanie bankových služieb zákazníkom so silným finančným zázemím wholesale banking
~ **služieb** delivering services
~ **úveru** granting credit
poskytovať afford
~ **finančnú pomoc niekomu** render pecuniary aid to sb.
~ **peňažné podpory** grant subsidies
~ **úrok** yield
~ **verejné služby** provide public services
~ **vývozcom subvencie** pay bounties to exporters
~ **zisk** yield a profit
poskytovateľ úveru credit grantor
poslanec deputy
poslať ship; send
~ **balíček ako spešninu** send a parcel express
~ **expres** express
~ **faktúru** bill
~ **na dobierku** send cash on delivery
~ **na inú adresu** readdress

~ **na účet** invoice
~ **obežník** circularize
~ **poštou** send by mail; post; send by post
~ **trasou** route
posledný ultimate; current; final
posol messenger
posolstvo message
postavenie capacity; status; post; condition; place; rank; situation
~, **finančné** financial standing
~ **firmy** standing of a firm
~ **na trhu** position on the market
~, **oficiálne** official position
~, **právne** status
~, **spoločenské** status
~ **v zamestnaní** position
~ **v zamestnaní, ktoré neumožňuje funkčný postup alebo rast platu** dead-end job
postavenie: vo vedúcom postavení in a managerial capacity
postih disciplinary action; recourse
postih: s plným postihom with full recourse
postoj, marketingový marketing attitude
postrádateľný dispensable
postulát postulate
postulovať postulate
postup progression; process; advancement; order; policy; cession; proceeding; transmission; method; treatment; working
~, **inštančný** stages of appeal
~, **ktorým je upisovateľ upozorňovaný na straty z malých rizík** watch filing
~ **návrhu** design procedure
~, **nepriamy (ak je zmenka vrátená osobe, ktorá ju už podpísala a ktorá ju môže znovu previesť)** circuity of action
~, **obvyklý** routine
~ **pohľadávky, spätný** reassignment
~, **pracovný** working method; mode of operation; operation; method of operation
~ **regresívnych práv** subrogation
~, **technologický** job description
~, **účtovný** accounting procedure; account manner
~, **výnimočný** contingency procedure
~, **výrobný** process of production
~ **zostavovania rozpočtu** budget procedure
postúpenie grant; delivery; transfer
~ **pohľadávky** transfer of a debt
~ **práva (pohľadávky)** cession
~ **prenájmu** sale-leaseback
postúpiť convey; cede; step
~ **obchod inej spoločnosti** cede
postupiteľ transferor
~ **opcie** optioner
postupne in stages; step by step
postupnosť progression; sequence; order
postupný sequential; consecutive; sequence
postupy (sieťová analýza) routes
posúdiť consider; judge; review
posudok review; character
~, **kvalifikačný** qualification
~, **úradný** advisory opinion
posudzovať adjudicate; view; merit-rate
posun shift; displacement
~, **časový** economic lag
~ **splatnosti na neskorší termín** extension
posunutie shift; displacement; offset
posuv traverse
posúvací shifting
posúvanie shifting
posúvať shift
poškodenie damage; partial loss
~ **(dát)** corruption; contamination
~ **tovaru** damage to goods
poškodený ill-conditioned
poškodiť damage
poškoditeľnosť damageability
pošta post; mail
~ **do** mail bound to
~, **doporučená** certified mail; registered mail
~, **doručená** incoming mail
~, **elektronická** E-mail; mail; telemail
~, **potrubná** tube post
poštou per post; by mail
poštovné charge of postage; postal charge; mail charges
~ **paušalizované** permit mail
~ **úverované** permit mail; postal subscription
poštový mail
potenciál, finančný financial power
~, **ľudský** manpower
~, **trhový** marketing potential; market potential
potlačiť suppress; discriminate
~ **(medzeru)** compress
potomok descendant; child
potomstvo descent
potraviny foodstuffs
potreba need; want; exigency
~ **kapitálu** capital requirement
~, **naliehavá** emergency
~, **úverová (požadovaná)** outstanding credits
potrebný needy
potrebovať require; want
~, **naliehavo** urge
~, **niečo** stand in need of st.
potreby needs
~, **kancelárske** office appliances
~, **osobné** needments
~ **trhu** market needs
potrestanie penalty

potvrdenie endorsement; confirm; warrant; certificate; voucher; certification; validation; confirmation
~, **depozitné** deposit receipt
~ **dlhu** acknowledgement of a debt
~, **európske vkladové** European Depository Receipt
~ **o colnom odbavení** clear certificate; clearing bill
~ **o dodávke** delivery receipt
~ **o nároku** certificate of claim
~ **o odovzdaní** advice of delivery
~ **o platbe** receipt
~ **o poistení** certificate of insurance
~ **o predaji** sales draft
~ **o prehliadke tovaru** inspection certificate
~ **o prevode hotovosti** cash release ticket
~ **o prevzatí tovaru bez výhrad** clean receipt
~ **o prijatí do poručníckej správy** trust receipt
~ **o príjme** advice of receipt
~ **o splnení** acquittance
~ **o uložení do trezoru** vault receipt
~ **o zaplatenej dani** excise bill
~ **o zaplatení v hotovosti** cash paid receipt
~ **objednávky** sale note
~, **platobné** payment voucher
~ **podpísané požičiavateľom o splatení hypotéky** certificate of release
~ **pôžičky** loan voucher
~ **príjmu** reception confirmation
~ **príjmu dát** data acknowledgment
~, **prísažné** asseveration
~, **skladovacie, použité pri prevodoch alebo cesiách** cédule
~, **skladové** warehouse receipt
~, **úradné** visa
~, **vkladové** depository receipt
~ **znaku, záporné** character negative acknowledge
~ **znejúce na doručiteľa** bearer certificate
~ **zostatku** confirmation of balance
potvrdenka counterfoil; receipt; release; check; cash receipt; discharge; quittance
~, **burzová** ticket
~, **colná** customhouse bonds
~, **depozitná** security receipt
~, **depozitná s premenlivou sadzbou** floating-rate CD
~, **dočasná** scrip
~ **na zvyšok akcií** balance ticket; balance script
~ **o prevode akcií** stock receipt
~ **o prevode hotovosti** cash substitution ticket
~, **pokladničná** cash paid receipt
~, **predajná, prijatá bankou držiteľa karty** income interchange
~, **úverová** credit slip; credit voucher
~, **vkladová** depository receipt
~, **všeobecná** receipt in full
~,**výplatná** advice of payment
potvrdenky, primárne príjmové primary receipts
potvrdiť validate; attest; certify; affirm; confirm; countersign
~ **kúpu (závdavkom)** bind the bargain
~ **objednávku** confirm an order
~ **príjem** to acknowledge the receipt
~ **príjem (čiastky)** endorse
~ **správnosť účtu** acknowledge correctness of an account
~ **správnosť výpisu účtu** verify a statement
~ **vlastným podpisom** certify under one's hand
poukaz remittance; voucher; docket; pozri tiež poukážka
~ **na odber tovaru zadarmo** gift certificate
~, **platobný** warrant
poukázanie (peňazí) remittance; consignation; transfer
poukázať allocate
~ **banke** remit to the bank
~ **na účet** remit to the account
~ **peniaze** pay in funds
~ **úhradu** make a remittance
poukazca remitter
poukážka coupon; note; voucher; order
~, **akciová** share warrant
~, **medzinárodná poštová** overseas money order; international postal order
~ **na akcie** stock warrant
~ **na benzín** petrol ticket; petrol voucher
~ **na colný preplatok** overentry certificate
~ **na vrátenie cla** custom debenture
~ **na výplatu dividendy** dividend coupon
~, **peňažná** money order (MO); postal note
~, **peňažná, banková** bank money order
~, **peňažná poštová** money order
~, **pokladničná** bill of credit; bank issued medium-term note
~, **poštová** post-office order; postal money order; postal cheque
~, **poštová peňažná** post money order; post remittance
~, **preskúšaná (revidovaná)** audited voucher
~, **príkazová** collection money-order
~, **súkromná** private note
~, **štátna pokladničná** treasury note; treasury bill; exchequer bill
~ **vnútorného styku, poštová** inland money-order
použiť utilize; use
použiteľnosť serviceability
použiteľný employable; usable; disposable

použitie employment; disposal; usuance
~ **požičaných finančných prostriedkov na zvýšenie návratnosti investícií** positive leverage
~ **zisku** allocation of profit; use of income
používať enjoy
~, **chybne** misuse
~ **spoločne** to pool the profits
používateľ user
povaha character
považovať consider; judge
poverenec appointee; nominee; commissioner
poverenie charge; commission; delegation
~ **na nákup akcií** stock purchase trust
poverený riadením designated manager
poveriť commit
~ **niekoho niečím** delegate st. on/to sb.
~ **opaterou** caveat
povesť, dobrá goodwill; status; reputation
~ **podniku** image
~, **zlá** disrepute
povinnosť due; incumbency; engagement; part; obligation
~ **banky** bank call
~, **daňová** tax liability
~, **dodávková** obligation of a delivery
~, **imputačná daňová** imputation method system
~, **konečná daňová** final tax
~, **kúpna** obligation to buy
~ **zaplatiť pri predložení (zmenky)** at sight
~, **neobmedzená daňová** unlimited tax liability
~, **pracovná** labour service; conscripted labour
~, **služobná** service
~ **spoločnosti, daňová (pri zárobkovej dani)** corporate profits tax liability
povinný obligatory; owing; compulsory
~ **niečím** liable for
povolanie career; position; occupation; function
~ **ekonóma** economist job
povolené prečerpania authorized overdrafts
povolenie leave; compliance; license; admittance; concession; trading license
~, **colné** permit
~, **colné vyložiť tovar bez faktúry** bill of sight
~, **dovozné** import license
~ **na pobyt** residence
~ **na požičiavanie peňazí** license of money lender
~ **na vstup a obchodovanie na burze** permission to deal
~ **obchodnej spoločnosti, úradné** charter
~, **pracovné** labour permit
~, **predchádzajúce** previous authorization
~ **spätného dovozu vyvážaného tovaru bez cla** stores bill
~, **stavebné** building permission
~, **výjazdné** exit permit
povoliť dispense; concede; sag
~ **pôžičku** sign
~ **úver** credit; allow a credit for st.
povráva sa it is rumoured
povrch outward
povšimnutie notice
povýšiť lift; promote; raise (himself)
povzbudzovať promote
pozadie field; background
pozastavenie mortgage
~ **cenných papierov** pawning stock
~ **konta** flagging an account
~ **platieb** suspension of payments
~ **pohľadávok** pledging receivables
~ **poistenia** suspension of a policy
pozastavený freeze; withheld
pozastaviť pawn
~ **dávku** suspend benefit
~ **poistku** suspend a policy
pozastaviteľ pledger
pozdržanie konta account hold
pozdvihnúť na vyššiu úroveň enhance
pozemky demesne
pozemok real estate
pozhovenie platby deferred payment
~ **s platením** respite
pozícia slot; position
~ **a la baisse** short position
~, **čistá** net position
~, **devízová** FX (foreign exchange) position
~, **dlhodobá (voľná)** long position
~ **dlžníka** debtor's position
~, **hotovostná (pomer hotovosti a celkových čistých aktív)** cash position
~, **krytá** long position
~, **nekrytá** short position
~, **tesná (špekulácia na pokles kurzov)** short position
~, **tvrdá** hard spot
~, **voľná** open position
~, **vyvážená** square
pozmeniť amend; alter; modify
poznamenať make entry
~ **na rube** endorse
poznámka annotation; word; notice; notation; comment
~, **stručná** docket
pozornosť notice; care
pozorovanie, ekonomické economic observation
pozorovať observe
pozostalosť estate
~, **celková** gross estate
~, **zadĺžená** insolvent estate
pozostalosť: spojenie celej p. za účelom rovnomerného delenia hotchpot

pozri vide
pozrieť sa view
~ **sa do slovníka** consult a dictionary
požadovanie premrštených cien overpricing of goods
požadovať require; request; demand
~ **možnosť voľby výberu** call option
požiadavka exigency; inquiry; postulate; request; claim; demand
~ **(nárok) na vrátenie cla** drawback claim
~, **autonómna** autonomous demand
~ **na dividendu** dividend claim
~ **niečoho** demand for st.
~ **naviac** oversubscription
~, **odložená** backlog demand
~, **platobná** demand for payment
~, **zložená** composite demand
požiadavky na dividendy dividend requirements
~ **na evidenciu cenných papierov** listing requirements
~ **na verejné bilancovanie** public disclosure requirements
~ **na záznam na burze** listing requirements
požičané bez odpočítania poplatkov loaned flat
požičanie lend
~ **bez poplatku** lending flat
~ **cenných papierov** lending securities
požičať loan; lend
~ **peniaze** accommodate with money; lend money
~ **peniaze na úrok** lend money at interest
~ **peniaze na záruku** lend money on security
~ **si na hypotéku** borrow on mortgage
~ **peňazí** moneylending
~ **za hranice** cross-border lending
požičiavateľ credit grantor; lender
~ **do určitého limitu** marginal lender
~, **inštitucionálny** institutional lender
~, **koncesovaný** licensed lender
~ **peňazí** moneylender
~, **súkromný** private lender
požičovňa peňazí loan office
požičovné loan fee; lending rate; rental; premium of initial servicing fee; lending fee
~ **z cenných papierov** backwardation
pôžitky, invalidné disability benefits
požívať úver enjoy a credit
požívateľ doživotnej renty life annuitant
požívatiny consumables
pôda, sotva rentabilná marginal land
pôrodné cash birth grants
pôsobenie working; function; operation
~ **(propagačné)** coverage
pôsobisko station
pôsobivosť reklamy pull of an advertisement
pôsobivý effective
pôsobnosť competence; operation
pôvod background; rise; root; source; descent
~ **dát** data origination
~ **tovaru** provenance of goods
pôvodca originator
~ **vynálezu** deviser of an invention
pôvodný previous
pôžička loan; accommodation; money lent
~ **a prenájom** lend and lease
~, **amortizačná** amortization loan
~, **banková** bank accommodation; bank loan
~, **banková termínovaná** bank term loan
~ **bez hypotéky** nonmortgage loan
~ **bez informovania pôvodného dlžníka** nonnotification loan
~ **bez rekurzu** nonrecourse loan
~, **bezúročná** interest-free loan; non-interest bearing loan; free loan
~, **celá** whole loan
~, **celoštátna** nationwide loan
~, **časovo obmedzená (vypovedateľná)** time loan
~, **delená** split-schedule loan
~, **denná** one-day loan
~, **depozitná** deposit loan
~, **dlhodobejšia** longer-term loan
~, **dočasná** interim loan
~, **externá** outside borrowing
~, **hypotéková** conventional loan
~, **jednodenná** day loan
~, **jednorazová splatná** single-payment loan
~, **kapitálová** capital loan
~, **klasifikovaná** classified loan
~, **komerčná** commercial loan
~, **komunálna** municipal loan
~, **koncová hypotéková** straight-term mortgage loan
~, **konečná** end loan
~, **konsolidačná** consolidation loan
~, **konvenčná** conventional loan
~, **krátkodobá** short; short-term loan
~, **lombardná** lombard loan; collateral loan
~, **malá** small loan
~, **medzibanková** interbank loan
~, **melioračná** improve land loan
~ **mesačných splátok** monthly payment loan
~ **na (lodný) náklad** respondentia
~ **na cenné papiere** loan on pledges
~ **na dom** home conversion
~ **na mieste** on-the-spot loan
~ **na nehnuteľnosť** mortgage
~ **na poistku** cash loan
~ **na prevádzkový kapitál** working capital loan
~ **na rozvoj pozemku** land development

loan
~ **na skladované zásoby** field warehousing loan
~ **na vylepšenie domu** home improvement loan
~ **na vzdelanie** education loan
~, **nárazová** impact loan
~, **nebytová hypotekárna** nonresidential mortgage loan
~, **nenávratná** nonrepayable subsidy
~, **nepriama** indirect loan
~, **neumoriteľná** irredeemable loan
~, **nezabezpečená** unsecured loan; unsecured lending; fiduciary loan
~, **novomanželská** newlyweds loan; loan for newly married
~, **nútená** forced loan
~, **občianska** civil loan
~, **obligačná** bond debt
~, **odpredaná** sold loan
~, **osobná** personal loan
~, **participačná** participation loan
~, **penzijná** pension
~, **podielnická** share loan
~, **pohotovostná** stand-by loan
~, **pochybná** doubtful loan
~, **poistená** insured loan
~, **pomalá** slow loan
~, **pomocná** workout loan
~, **pozastavená** pledged loan
~, **preklenovacia** bridging loan; swing loan
~, **prémiová** premium loan
~, **priama** direct loan; straight loan
~, **priama redukčná** direct reduction loan
~, **provizórna** takeout loan
~, **ranná** morning loan
~, **reparačná** repayable loan
~, **revolvingová** revolving loan
~ **rozložená v čase** layoff loan
~, **rozpočtová** budget loan
~ **s okamžitou splatnosťou** call loan
~ **s účasťou na zisku** participating loan
~ **s vysokým percentom** high-ratio loan
~, **samolikvidná** self-liquidating loan
~, **skladajúca sa z viacerých mien** multicurrency loan
~, **skladová** warehousing loan
~ **splatná na požiadanie** demand secured loan; demand loan
~, **stavebná** building loan; construction loan
~, **syntetická s pevnou úrokovou mierou** synthetic fixed-rate loan
~, **termínovaná** term loan
~ **trvajúca dlhšie ako jej prenájom** hang-out loan
~, **tvrdá** hard loan
~, **večná (nie pravidelne splácaná)** evergreen loan
~, **verejná** public loan
~, **viazaná** tied loan
~, **vládna (štátna)** government loan
~, **vojnová** war loan
~, **vypovedateľná** demand loan
~, **zahraničná** foreign loan; external loan
~, **založená** permanent loan
~, **zaručená** secured loan; security loan
~ **zaručená cennými papiermi** collateralized loan
~ **zaručená osobným majetkom** collateral loan
~ **zaručená tovarom** commodity collateral loan
~, **zmenková** note loan
~, **zúročiteľná** profit bearing loan
~, **zvýhodnená** soft loan
pôžička: na pôžičku on loan
pôžičkový loan
pôžičky borrowings
~ **a diskonty** loans and discounts
~ **a investície, upravené** loans and investments adjusted
~ **a úpisy, nezaplatené** loans and notes receivable
~ **a zmenky, splatné** loans and notes payable
~, **denné** daylight overdrafts
~, **dlhodobé** longs
~, **dočasné** temporary loans
~, **domáce** domestic loans
~, **hypotekárne** real estate loans
~, **iné** other loans
~ **klientom banky, odberateľom** advances to customers
~, **krátkodobé** short money; short loans money; Note Issuance Facilities (NIFs)
~, **medzifondové** interfund loans
~, **nezaplatené** loans receivable
~ **od bánk** bank advances
~, **paralelné** parallel loans
~, **pochybné** nonperforming loans
~, **priemyslové** industrial loans
~, **rozpísané** time plan loans
~, **štátne** government bonds; government securities; funds
~, **upravené** loans adjusted
~ **v dvojakej mene** dual-currency issues
práca working; job; work; task; labor, labour
~, **administratívna** paperwork
~, **časová** time work
~ **na skrátenú pracovnú dobu** part-time job
~ **na smeny** shift working
~ **nad čas** overtime work
~, **nekvalifikovaná** common labour
~, **nízko prioritná** background job
~, **nútená** conscripted labour
~, **podradná** low-paying job
~, **príležitostná** occasional job
~, **spoločensky nutná** socially necessary

labour
~ **v časovej mzde** day work
~ **v dennej mzde** day labour
~ **v mzde** hired labour
~ **za mzdu** work in return of wages
~, **zákazková** custom work
~, **živá** direct labor
práce, neohodnotené loose jobs
~, **opravárenské** repair work
práceschopný employable
prácnosť labour-consumption
pracný labour-intensive
pracovať work; operate; function
~ **na vlastnú päsť** play a lone hand
~ **niekde** be engaged in st.
~ **s nižšou režijnou prirážkou k cene** operate on lower markups
~ **v administratíve** to have a desk job
~ **za mzdu** work for wages
~ **za nízku mzdu** work at a low rate of pay
~ **za nižšiu cenu** undercut
pracovisko location; site; workshop; shop; working place; station
~ **s menej ako štyrmi priehradkovými terminálmi** satellite office
pracovne náročný labour-intensive
~ **zaťažiť** task
pracovníci manning; staff
~, **administratívni** administrative staff
~, **vedúci** key staff
~ **výpočtového strediska** liveware
~, **zodpovední** key staff
pracovník man; clerk; worker
~ **inzertnej kancelárie** canvassing clerk
~ **kontrolujúci účty** check clerk
~, **nadriadený** supervisor; superior
~, **podriadený** subordinate
~, **pomocný** junior
~ **poverený vedením registra** register
~ **poverený vedením tajných spisov** confidential clerk
~ **poverený vedením závodu** acting manager
~, **určený** nominee
~ **v priemysle** industrial
~, **vedúci** manager; executive; officer
~, **vedúci priamej línie riadenia** line manager
~ **zákazkového oddelenia** chaser
~ **zodpovedajúci za bankové aktivity spojené s platobnými kartami** plan manager
pracovný operating; working; job; work
prácu hľadajú (inzertná rubrika) situations wanted
pracujúci working
~ **na voľnej nohe** freelance
prah threshold
~ **rentability** break-even point
praktiky, nečestné obchodné racket
~, **podozrivé finančné** abusive financial practices
prameň source
pranie peňazí money laundering
prať peniaze (špinavé) launder money
práva a cenné papiere, nehmotné choses in action
~ **čerpania, osobitné** special drawing rights
~ **čerpania, zvláštne (umelá účtovná jednotka používaná medzi MMF a členskými krajinami)** Special Drawing Rights (SDR)
~ **na hnuteľnosti** pure personality
~ **na nehnuteľnosti** real property
~, **ľudské** common rights
~ **menšiny akcionárov na ocenenie** appraisal rights of minority stockholders
~, **nepremlčateľné** imprescriptible rights
~, **nezadateľné (neodcudziteľné)** imprescriptible rights
~ **odberu** rights
~ **pripadajúce na akcie** rights attaching to shares
~, **upisovacie** subscription rights
~, **vlastnícke** property rights
~ **výmeny (poisťovníctvo)** commutation rights
práva: časovo obmedzené p. k nehnuteľnostiam (napr. prenájom) chatter real
pravdepodobnosť, spojená compound probability
~, **súčtová** cumulative probability
pravdepodobnostný probabilistic
pravdivosť, účtová true view
pravdivý true; real
pravidelnosť vyplácania dividend regularity of dividends
pravidelný routine; ordinary; continuous
pravidlá, hospodárske economic rules
~ **pre počítanie poplatkov** rules for charging
~, **rozhodovacie** decision rules
pravidlo rule; canon; regulation; standard
~ **najnižších nákladov** least-cost rule
~ **opatrného muža** prudent man rule
~ **poznania zákazníka** know-your-customer rule
~ **proti večnému trvaniu (pri poručníctve)** rule against perpetuities
~, **väčšinové** majority rule
~, **vratné** throwback rule
právnická osoba corporation; legal person
právo power; right
~, **autorské** copyright
~, **autorské: spôsobilý na zápis a. p.** copyrightable
~, **daňové** tax law
~ **disponovať** disposal
~ **držby, nezadateľné** vested estate
~, **hlasovacie** franchise

~, **hlasovacie (akcie)** voting right (of stock)
~, **hospodárske** economic legislation
~, **konkurzné** law of bankruptcy
~ **kúpiť (predať) určité akcie** stock option
~, **majetkové na nehnuteľnosť** estate
~, **majetkové na nehnuteľnosť na neurčitú dobu, kedykoľvek vypovedateľné** estate at will
~ **na dávky** right to benefit
~ **na nehnuteľnosť, vlastné (nedelené)** estate in severalty
~ **na niečo, spoločné** commonage
~ **na užívanie** start of interest entitlement
~ **na výnos pôdy** farming
~, **nástupné (majetkové)** remainder
~, **nehmotné** intangible right
~, **nepísané, precedenčné** case law
~, **nepoistiteľné vlastnícke** uninsurable title
~, **obchodné** company law; commercial law; mercantile law; Law Mercantile
~, **obligačné** law of debenture
~, **obyčajové** Common Law
~, **opčné** purchase option
~, **pasívne volebné** eligibility
~ **predaja, výhradné** franchise
~, **predajné** power of sale; power to sell
~, **predkupné** preemption; option to purchase; first option; option to buy; right of refusal
~, **predkupné (prednostné)** option
~ **prednosti pre niektorých veriteľov** right of preference
~, **prednostné** privilege; preemption
~ **prístupu** access right
~ **prístupu (vlastníka majetku)** access right
~ **raziť mince** coinage
~ **rozhodovať** say-so
~, **subjektívne** freedom
~ **súčasných akcionárov na nákupy za nižšiu cenu** rights issue
~, **šekové** law of cheque
~ **štátu určiť dočasne alebo trvalo súkromný majetok do verejného užívania** eminent domain
~ **ukladať dane** taxing power
~, **upisovacie** stock right
~ **uzatvárať nájomné zmluvy** power to grant leases
~ **uzavrieť zmier o pohľadávkach** power to compromise claims
~, **užívacie** usufructuary right; user
~, **vecné** tenure
~, **vlastnícke** title; ownership
~, **všeobecné zadržovacie** general lien
~, **výsadné** eminent domain
~, **zádržné (retenčné)** right of lien; retention; lien
~, **záložné** pledge; right of lien; lien
~, **zástupné** substitutional right of property
~, **zdržovacie** lien
~, **zmluvné (napr. nájomcu obnoviť leasing)** renewal option
~, **zvykové** Common Law
právom de jure
právomoc power; say-so; competence
~, **súdna** cognizance
právoplatný final; valid; effectual; genuine and valid
pravý real; authentic; proper; true; unadulterated
prax practice; experience; practices
~, **bežná** routine
~, **doterajšia** employment history
~, **mnohostranná menová** multiple currency practice
prázdniny, daňové tax holidays
pre nadchádzajúce obdobie for the period to come
~ **neakceptovanie** for non-acceptance
~ **nedostatok** propelled by shortage of
~ **nedostatok finančných prostriedkov** for lack of funds
~ **neprijatie** for non-acceptance
preadresovať niečo readdress
preberajúci transferee
preberanie acceptance test
~, **primárne** primary receipts
~, **štatistické** acceptance inspection
~ **tovaru** receiving record
prebierka taking over
prebytky a deficity, obchodné trade imbalances
prebytočný waste; odd
prebytok gain; overplus; balance on/in hand; excess; overage; margin
~ **celkových ziskov nad celkovými premennými nákladmi** contribution margin
~, **čistý** net surplus
~, **finančný** financing surplus
~, **importný** import balance
~ **kapitálu** surplus of capital; capital surplus
~, **komoditný** commodity surplus
~ **kúpnych pozícií** overbought
~ **na hotovosti** abundance of cash; abundance of money
~, **obchodný** trade surplus
~, **platobný** payments surplus
~, **pokladničný** overage cash; cash excess
~ **ponuky nad dopytom** surplus
~, **primeraný** appropriate surplus
~, **rozpočtový** budget surplus
~, **štrukturovaný** structural surplus
~ **v pokladni** cash surplus
prebytok: pokladničný p. a manko cash over and short
precedens (súdny) case authority

~, **dôležitý** leading case
precedent precedence
precenenie revaluation
preceniť overrate; overcharge; revaluate; overemphasize; overestimate
precestovať traverse
precízny exact
preclené out of bond
preclenie clearance
preclený duty paid
precliť clear; lay a duty; effect clearance; pay duty
prečerpanie overage; overdrawal; overdraft
~, **nepovolené** unauthorized overdraft
~, **šekové** overcheck
prečerpať (šekom) overdraw
pred prior; before
predaj sales; realization; vend; negotiation; sale
~ **a nákup súčasne** cross-trade
~ **akcií, masový (keď sa vlastníci domnievajú, že kurzy klesnú)** hammering the market
~, **baissový** short selling
~ **balíkov akcií** block sale
~ **bez úrokov** selling flat
~ **bez záruky** caveat emptor
~, **bilančný** selling on balance
~ **cenných papierov, hromadný** spilling stock
~, **daňový** tax sale
~ **dlžníckych úpisov (pohľadávok)** factoring
~ **do zahraničia** foreign sales
~ **hypotekárneho majetku** foreclosure
~ **investícií** disinvestment
~, **klesajúci (upadajúci)** shrinking sales
~, **komisionálny** sale by a commission; sale or return
~, **krížový** cross-selling
~ **len kompletných sérií alebo predaj bez ubezpečenia, že budú možné náhrady** closed stock
~ **majetku** sales of assets; disposal of property
~ **medzitrhového rozpätia** selling the intermarket spread
~ **mimo obchodu** nonstore retailing
~ **mimo skladu** depot sales
~, **mimopultový** over the counter
~ **na doplnkovú pôžičku** sale on credit
~ **na dražbe** sale by auction
~ **na splátky** installment selling; hire sale
~ **na súhlas** sale on approval
~ **na tabuli** blackboard trading
~ **na úver** sale on open account; credit sale; sale on credit
~ **na úver, nezabezpečený** open account sale
~ **na vnútornom trhu** domestic sales
~ **niečoho cez ulicu** st. to go
~, **nútený** enforced sale; compulsory sale; forced sale
~, **obchodný** trade sale
~ **obligácií, verejný** public going
~, **obvyklý** regular-way sale; normal sale
~ **opcie** writing
~ **opcií na cenné papiere nevlastnené zákazníkom** naked calls
~, **opčný** call sale; put
~, **opčný po dvojnásobné množstvo** put of more; call of more; seller's option to double
~ **pod trhovú cenu** selling below the market
~, **podomový** door-to-door selling
~, **posledný** last sale
~, **predchádzajúci** prior sale
~, **predpokladaný** estimated sales
~ **priamo spotrebiteľovi** direct-to-consumer selling
~, **priamy** direct sale
~, **prolongačný pri špekulácii na pokles** backwardation
~, **stratový** dumping
~, **súdny** forced sale
~, **špekulačný** blank sale; sale in blank; going short
~, **špekulačný na akciovom trhu (pri stúpajúcej trhovej cene)** averaging up
~, **špekulačný na vzostup cien** long sale
~, **špekulačný veľkého množstva akcií, aby klesla ich cena** put out a line
~ **špekulatívnych a často bezcenných akcií pomocou lživej literatúry** boiler room tactic
~, **termínovaný** forward selling
~ **v aukcii** disposal by action
~ **v tiesni** distress selling
~ **veci na príkaz vlastníka** sale by a commission
~, **verejný** public offering
~, **viazaný** full-line forcing
~, **voľný** inofficial market
~, **výhradný** exclusive sale
~, **vynútený** enforced sale
~ **z druhej ruky** resale
~ **za hotové** spot sale; cash sale
~ **za províziu** sale by a commission
~, **začiatočný** opening
~, **záverečný** closing sale
~ **zmenky (úpisu) banke alebo niekomu inému** discounting note receivable
predaj: na predaj on sale
~ **písomná záruka o výhradnom p.** dealer franchise
~ **uzavrieť termínový p. so špekuláciou na pokles kurzu** sell a bear
predajca dealer
~, **autorizovaný** authorized dealer
~ **opčnej zmluvy** writer

predaje (veľké) na burze, aby sa znížili ceny určitého tovaru bear the market
~, **čisté** net sales
~, **opakované burzové rovnakých skupín cenných papierov** bunched securities
~, **podmienené** conditional sales
~, **splátkové** installment sales
predajňa outlet; store; shop
~, **družstevná** co-op store; consumer cooperative
~, **filiálna** chain
~, **podniková** company store
~, **pojazdná** mobile shop; store on wheels
~ **tovaru bez cla** free shop
predajnosť marketability; venality
predajný salable; negotiable; sales; point-of-sale
predaný sold (sld.)
predať sell out (up); sell
~, **lacno** bargain away
~ **na dražbe** sell by auction
~ **niečo so ziskom** sell st. at a profit
~ **pod cenu (nákupnú)** sell bellow cost
~ **so stratou** to sell at a disadvantage; sacrifice: to sell at a sacrifice
~ **so ziskom** sell at a premium
~ **špekulačné cenné papiere** unload stock
~ **v aukcii** sell by auction; knock off
~ **v dražbe** sell by auction
predavač seller
predavač(ka) salesman/saleswoman
predávajúci vendor; seller
~ **(vyjednávajúci)** bargainer
~ **do určitého limitu** marginal seller
predávanie pod trhovou cenou dumping
predávať vend; unload; sell out (up)
~ **a kupovať** turn over
~ **cez priehradku** sell over the counter
~ **na dražbe** roup
~ **pod cenou** dump
~ **pod cenou (za nízku cenu)** undersell
~ **pod cenu** cut under
~ **so stratou** sell at a discount; sell at a loss
~ **so stratou/ziskom** sell at a loss/profit
~ **v malom** retail
~ **vo veľkom** wholesale; sell wholesale
~ **za cenu ...** sell at a price of ...
~ **za hotové** sell for cash
~ **za nižšiu cenu** undercut
predbežne vypočítať precalculate
predbežný anticipatory; draft
predčíslie prefix; antecedent number; antenumber
predčiť top
preddavok down payment; advance payment
~ **na bežnom účte** current account credit
predchádzajúci previous; prior; contiguous
predchádzanie nezamestnanosti prevention of unemployment
predimenzovaný overequipped
prediskutovať talk over; discuss
predkladanie dokladov discovery of documents
predkladateľ (šeku) presenter
predkontácia primary accounting
predloha register
~, **finančná** money bill
predlohový sample
predloženie production; submission
~ **dokumentov** presentation of the documents
~ **písomného dôkazu pri súdnom konaní** exhibit
~ **zmenky** sight
predloženie: 30 dní po p. (zmenky) 30 days after sight
predložiť offer; present
~ **(zmenku)** sight
~ **informáciu** refer (to st.)
~ **na inkasovanie** present for collection
~ **na podpis** submit for signature
~ **na posúdenie** arbitrate
~ **na revíziu** submit for audit purposes
~ **ponuku** submit an offer
~ **potvrdenie (osvedčenie)** produce a certificate
~ **pri pokladnici** present to the cashier
~ **rozpočet** present the budget
~ **rozpočet parlamentu** open the budget
~ **šek na preplatenie** present a cheque for payment
~ **účet** render, send in an account
~ **zmenku na akceptáciu** present a bill for acceptance
predĺženie continuation; extension
~ **hypotéky** extension of mortgage
~ **lehoty** extra time; extension of time
~ **platnosti** extension of time of validity
~ **úveru za čas, ktorý bol pôvodne určený** dating
~ **termínu platenia** delay of payment
predĺžiť (platnosť) extend
~ **lehotu** extend a term
~ **splatnosť** extend maturity
~ **úver** extend a credit; extend credit
predmet point; object; matter
~ **dane** object of the tax
~ **podnikania** line of business
~ **právneho nároku** choses in action
~ **rozhovoru** topic
~ **správneho sporu** choses in action
~ **účtovníctva** object of accounting
~, **úžitkový** utility
~, **vystavený** exhibit
predmetný objective
predmety dlhodobej spotreby durables
~, **drobné a krátkodobé** small and short-

term objects
~ **krátkodobej spotreby** nondurable goods
~ **postupnej spotreby** assets of gradual consumption
prednáška paper
predniesť raise
prednosť precedence; antecedent; preference; merit
~ **hotovosti** liquidity preference
prednosta konkurzného úradu registrar in bankruptcy
~ **súdu** master
prednosti, kvalitatívne nonprice advantage
prednostný precedence; priority; preferential
predok ancestor
predošlý previous
predpis rule; provision; order; instruction
~ **daní** rating
~, **daňový** charge
~ **o ukladaní dane** rule of assessment
~, **účtovný** accounting standard
predpisy regulation; directions
~, **colné** tariff regulations
~, **devízové** currency regulations
~, **podzákonné právne** bylaws, By-laws, Bye-laws
~, **skúšobné** test code
~, **vykonávacie** practices
predpisy: podľa výmenných predpisov according to exchange regulations
predplatenie prepayment
~ **daní** prepayment of taxes
predplatiť subscribe; prepay
predplatiteľ subscriber
predplatné advance payment; subscription fee; subscription rate; subscription
predpoklad anticipation; assumption; postulate; qualification; precondition
~, **nevyhnutný** sine qua non
predpokladať expect; suppose; anticipate; assume
predpoklady, osobné background
~, **rozpočtové** budgetary suppositions
predpona prefix
predpoveď prognosis; forecast
predpredaj advance booking
predražiť overcharge; over-price
predseda chair; chairman; chairperson
~ **akciovej spoločnosti, výkonný** chief executive officer (CEO)
predsedať chair
~ **diskusnej skupine** moderate
predsedníctvo chairmanship; chair
predsedníčka chairperson
predstava concept; view; image
predstavenie representation
predstavenstvo board of directors; general management; management; directorate
~ **družstva** management of cooperative
predstavený head; superior
predstavovať form; feature
~ **niečo** constitute
predstieranie sham
predstierať simulate
predsunutý forward
predvádzanie demonstration
~ **tovaru v obchode** store demonstration
predvedenie production; display; demonstration
predvídanie, hospodárske business forecasting
predvídať anticipate; forecast
predviesť exhibit
predvoľba configuration
predznamenať type
prefaktúrované reinvoiced; recharged
preferencia preference
~ **hotovosti** liquidity preference
preferovanie veriteľov preferring creditors
prefondovanie prerefunding
prehľad summary; abstract; overview; report; digest; view; survey; review
~, **dekádny** ten-day summary overview
~ **majetku** abstract of balance sheet
~, **maticový** grid chart
~ **nevybavených problémov** summary of pending problems
~ **obchodu** trade survey
~, **stručný** compendium
~, **tabelárny** table
prehľadávať search
prehlásenie manifestation; resolution; declaration; asseveration; deposition
~, **colné** customs declaration; bill of entry
~, **devízové** currency declaration
~, **dôchodkové** income statement
~, **miestoprísažné** declaration; declaration on oath
~ **na šeku pre zúčastňovacie združenie** bank return
~ **na šeku zo zúčtovacieho strediska** bank return
~ **neplatným** defeasance
~ **o doručení, prísažné** affidavit of service
~ **o účele** purpose statement
~ **o úpadku** declaration of bankruptcy; adjudication of bankruptcy
~ **o vyrovnaní pôžičky** loan settlement statement
~ **o zrušení záväzku** release
~, **poštové a colné** parcel declaration
~, **predbežné colné** bill of sight
~, **prísažné o zádržnom práve** lien affidavit
~ **registračného úradu štátu o registrácii lode** certificate of registry
~, **záručné** warranty

prehlásiť declare
~ **za neplatné** declare null and void; void; defeat; vacate
~ **zákon za neplatný** declare a law void
prehlbovanie kapitálu deepening of capital
prehliadanie contempt; review
prehliadka survey; search; examination; show
~ **(poistnej udalosti)** survey
~**, colná** customs
~**, hlavná (motoru)** major overhaul
prehnaný excessive
prehodnotenie revaluation; recast
~ **(nové ocenenie)** reevaluation
prehodnotiť revaluate; reassess
prehovoriť talk over
prechádzať obdobím stagnácie experience stagnation
prechod transformation; pass
prechodný transient
prechodový transmission; transient
prechovávač kradnutého tovaru receiver of stolen goods
preinvestovaný topheavy; overequipped
prejav token; address; speech
~ **uznania** token
prejaviť nesúhlas dissent
~ **sa** prove; stack up
prejazd transition; transit
prejsť z jedného cenného papieru na iný switch
prekapitalizovať overcapitalize
prekaziť circumvent; defeat; contravene; traverse
prekážať cross; restrain
prekážka traverse
~ **pri dodaní** impediment to delivery
prekážky barriers
~ **obchodu** barriers to trade
~ **uzavretia platnej zmluvy (platného manželstva)** impediments
~ **v práci** obstacles to work
preklad (programu) compilation
prekladací translator
prekladanie transloading
prekladať compile; translate
~ **(tovar)** shift; reload
prekladateľ translator
prekládka tovaru transloading
prekladový translate
preklasifikovanie reclassification
preklep keying mistake; keying error; misprint
prekonať exceed; override
prekontrolovať recheck
~ **doklady** examine the documents
prekračovať traverse
prekročenie overage; excess
~ **(prípustnej hodnoty)** overload
~ **bankového úveru** bank overdraft
~ **investičných nákladov** investment overshooting
~ **nákladov** cost overrun; overrun costs
~ **nákladového rozpočtu** cost overrun
~ **počas dňa** daylight overdraft
~ **povolených výdavkov** excess
~ **predpisov** contravention of the provisions
~ **rozpočtovanej čiastky** budget excess
prekročiť trespass; contravene; exceed
~ **čiastku na účte** to go into red
~ **príjem** exceed income
~ **úver** stretch a credit; outrun one's credit
prekrytie (pohľadávok) lapping
prekrývať (kódové kombinácie) fold
prelievanie pourover
preložiť translate; displace; delay
premávka traffic
~**, miestna** local traffic
premena commutation; transformation; transition
~ **súkromnej firmy na verejnú akciovú spoločnosť** going public
~**, termínovaná** maturity transformation
premeniť convert; change
~ **na hotové peniaze** convert into cash
premenlivý changeable; liquid; variable
premenná variable
~**, prvková** element variable
~ **relatívneho ukazovateľa (PL/1)** offset variable
~**, skalárna** element variable
premeškať lehotu úhrady (pôžičky) default a loan
prémia premium; subsidy; giveaway; reward; gratuity
~**, dodatočná** shave
~**, dovozná** import premium
~**, dvojitá** premium for a double option
~**, hrubá** gross premium
~**, jediná** single premium
~ **kúpnej sily** premium
~ **nad konverznú hodnotu** premium over conversion value
~**, poistná** premium; insurance money; insurance premium
~**, predmetná** subject premium
~**, riziková** risk premium
~**, výkonnostná** efficiency bonus; incentive fee
~**, vývozná** drawback; bounty on exportation; export bounty
~ **z cenných papierov** premium on securities
~ **z konsolidovaného dlhu** premium on funded debt
~ **z obligácie** premium on bond
~ **za úsporu paliva** stocking premium
~ **zo základného kapitálu** premium on capital stock
prémie company benefits; price; considera-

tion
~, **celoročné** full premium
~, **následné** premium renewals
~, **neumorené z predaných obligácií** unamortized premiums on bonds sold
~ **pri termínovom obchode** option money
~, **reštitučné** restoration premiums
~, **stimulujúce** incentive bonus
premiestnenie transference
~ **kapitálu** displacement of funds
premlčanie lapse; forfeiture
premlčaný overdue
premýšľanie thought
prenajať let on lease; lease out; hire
prenajateľný rentable
prenajatie pôdy farming
prenajímateľný lettable
prenájom tenancy; lease; leasing; hire; location; demise
~ **(hnuteľností)** leasing
~ **(lode, lietadla)** time charter
~, **dlhodobý** financial lease
~, **ekonomický** economic rent
~ **financovaný treťou stranou** leveraged lease
~, **kapitálový** capital lease
~ **nehnuteľnosti** rent
~ **pozemku** building lease
~ **pôdy** ground lease
~, **spätný** leaseback
~, **špekulačný** leveraged lease
prenájomca, doživotný life tenant
prenášať carry forward
prenáška, prémiová provision for unexpired risks
prenechanie podielu sell-down
prenechať convey
~ **pod cenou** underlet
prenesenie shift
preniesť carry over; translate
preniknúť na trh penetrate the market
preniknutie na trh market penetration
prenos amount carried over; carry; transference; carryover; brought over; transmission
~ **(dát)** communication
~ **dát, diaľkový** data communications
~ **obchodných vkladov** merchant deposit transmittal (MDT)
~, **paralelný** carry lookahead
prenos/prevod strát loss carryover
prenos, spätný carry back
~, **záporný** borrow
prenosnosť portability
prenosný negotiable
prenosový communication; transmission
preorientovať realign
~ **sa** switch
prepadnúť lapse
prepadnutie majetku pre neplatenie daní tax foreclosure
~ **veci** forfeit; forfeiture
prepadnutý past due
preparát specimen
prepis objednávky zákazníka abstract of customer order
~, **účtový** apron
prepísať readdress
~ **na stroji** overtype
prepitné lagniappe
preplácanie dlhu debt retirement
preplácať dlhy discharge debts
preplatenie payment settlement
~ **zmenky** retiring a bill
preplatený overpaid
preplatiť overpay; overcall; pay too much
~ **faktúru** pay a bill
~ **šek** cash a cheque
~ **zmenku** foot the bill; meet a draft; foot a bill; clear a bill
preplatok overpayment; difference in excess
~ **dane** tax overpaid
~ **daní** taxation overpaid
~ **dôchodkovej dane, daňový** overwithholding
~, **omylom účtovaný** amount overcharged in error
preplnenie congestion
~ **charakteristiky** characteristic overflow
prepnutie (systému) cutover
prepočet conversion; recomputation; rough calculation
~, **hrubý** rough calculation
~, **kurzový** conversion of currency
~ **meny** reduction of money
prepočet: pri súčasnom prepočte (kurzu) at present rate
prepočítať deflate
~ **sa** make a false calculation
prepoistenie overinsurance
prepojenie connection; interface
prepojiť interface
prepojovací interface
prepožičanie (úradu) investment
prepožičať vest
prepracovanie recast
~ **časového plánu** rescheduling
preprava transportation; transit; transmission; carriage; forwarding; traffic
~ **nákladov** delivery
~ **tovaru** movement of goods
prepravca carrier; trader
~ **tovaru, hromadný** bulk carrier
prepravné freight; transport charges; delivery charge; transportation expense
~ **(v žel. doprave)** waggonage
~ **na železnici** railway freight
prepravník container
prepravovať freight
~ **tovar** move goods
prepustenie release

~ **(zo zamestnania)** lay off
~ **po zložení kaucie** bailment
~ **robotníkov z práce** lock-out
~ **s výpovednou lehotou** dismissal with notice
~ **zo zamestnania** dismissal
prepustiť lay off; displace; dismiss
~ **(zo zamestnania)** discharge
~ **z činnej služby** invalid
~ **zo služby** cashier
prepúšťanie pracovníkov firing
prepychový deluxe
preradenie shift
preraďovanie shifting
~ **klávesnice** case shift
preraziť get ahead
prerobiť make over
prerokovať traverse
prerozdelenie overlining; reallowance
~ **národného dôchodku** national income redistribution
prerozdeľovanie redistribution
prerušenie cut-off; cessation
~ **konania** stay of proceedings
~ **konania v dôsledku nečinnosti jeho účastníkov** discontinuance
~, **nútené** preemption
prerušený open
prerušiť suspend
~ **(vyzváňanie)** trip
prerušovaný discrete
prerušovať chop; cut-off
presadiť enforce
~ **ceny** progress the prices
~ **sa** make right
presadzovať boost
presahovať exceed
preskočiť jump
preskúmať research; review
~ **trh** sound the market; check the market
preskúšanie revision; review; checkup; overhaul
preskúšaný pretested
preskúšať test
preskúšavanie účtovných dokladov voucher checking
presne stanovený specific
presný square; definite; particular; correct; true; specific
prestať leave
~ **fungovať** to be out of commission
~ **pracovať** lay off
prestavba conversion
~ **cien** reconstruction of prices
~ **závodu na ...** conversion of a plant to ...
prestaviť realign
prestávka adjournment
prestoj downtime; malfunction time; idle time
prestúpenie violation
prestúpiť contravene
~ **(zákon)** forfeit
prestúpiť trespass
presun alteration; transfer
~ **(stránok pamäti)** migration
~ **daní** tax shifting
~ **kapitálu** capital reswitching
~, **nezdaniteľný** tax-free rollover
~ **tovaru** redistribution
presunúť delay; shift; move; switch
presunutie pôžičky shifting loan
presúvací move
presúvanie (investícií) switch
presúvať move; transfer
presvedčiť satisfy
presýtenie trhu glut in the market
presýtiť tovarom overstock
~ **trh (tovarom)** overstock the market
prešetriť review
~ **reklamáciu** examine the claim
preškoliť na niečo retrain in st.
prešpekulovanosť overspeculation
preťahovať splatnosť stretching the payables
preťaženie congestion; overload
preťažiť overload
~ **daňami** overtax
pretínať cross
pretržitý discrete
pretvorenie transformation
preúčtovanie abandonment
preukaz identification card; pass
~, **bankový (majiteľa účtu)** cheque card
~, **evidenčný** identification card
~ **majiteľa účtu, bankový** cheque card
~, **osobný** identity card
~, **šekový** cheque card
~, **technický** certificate of roadworthiness
~ **totožnosti** certificate of identity; identification card; identity card
~, **vodičský** license; driver's license; license
preukázanie demonstration; evidence
~ **(platnosti)** establishment
~ **pohľadávok v konkurznom riadení** proof in bankruptcy
preukázať prove; show
~ **opak** disprove
preukaznosť účtovníctva conclusive evidence of accounting
preukážka, šeková cheque guarantee card
prevádzka operation; activity; working; workshop
~, **pohotovostná** standby operation
~ **skladov** warehousing
~, **skúšobná** pilot run
prevádzkovať carry on; run; run a firm; carry out
~ **obchod** drive business; conduct trade; carry on business
~ **podnik** conduct a business
~ **remeslo (živnosť)** carry on a trade

prevádzkovateľ operator
prevádzkovo bezpečný dependable
prevádzkový working; process; operating; service
prevádzkyschopnosť serviceability; operability
prevaha excess
~ **aktív nad pasívami** capital surplus
~ **ponuky** excess supply
~ **záujmu o akcie nad ponukou** oversubscription
prevedené brought over
~ **na účet** cleared to account...
prevedenie transformation; transfer
~ **daní** shifting tax
~ **straty** loss-carry forward
~ **úspor** disintermediation
~ **vkladových potvrdení do iných investícií** circumfiduciation
preventívny routine
preverenie počítačového systému computer-system audit
preveriť prove; check
preverovanie checking
previazanosť cohesion
previerka overhaul
previesť convert; convey
~ **(majetok)** vest
~ **(na účet)** bring forward
~ **(na účte)** carry forward
~ **(zmenku)** negotiate
~ **dedičstvo** alien
~ **do nižšej kategórie** demote
~ **finančné prostriedky** switch funds
~ **indosamentom** endorse
~ **jednu menu na druhú** switch one currency to another
~ **kódovaný text** translate
~ **koruny na doláre** turn crowns into dollars
~ **majetok** alien
~ **na banku** transfer to the bank
~ **nehnuteľnosť** release a property
~ **položku** extend
~ **pracovné sily** divert manpower
~ **rubopis** back a bill
~ **rubopisom** transfer by endorsement
~ **v prospech niekoho** transfer in favour of sb.
~ **vlastnícke právo** alienate
~ **z účtu niekoho** transfer from the account of sb.
~ **zmenku** endorse
previesť: prevedený späť na vydavateľa, žiranta alebo akceptanta negotiated back
previnenie trespass
previniť sa trespass
prevládať dominate; obtain
prevod transmission; indorsement; forwarding; brought over; negotiation; transfer; amount carried over; remittance; transformation; conversion; transference
~ **(na účte)** amount carried forward
~ **(účtovný)** brought
~ **(vlastníctva)** cession
~ **akcií** stock transfer; transfer of shares
~ **cenných papierov** transfer of securities
~ **cudzích mien** translation of foreign currencies
~ **do ďalšieho obdobia** carryover
~ **držby** demise
~ **fondov, automatický** automatic fund transfer
~ **in bianco** transfer in blank
~, **kapitálový** capital transfer
~ **majetku pre prípad smrti** demise
~ **na nový účet** balance carried forward
~, **obrátený peňažný** charge wire; reverse money transfer
~ **peňazí, medzinárodný** international money transfer
~ **platov** transfer of payments
~ **poistného** provision for unexpired risks
~, **poštový** mail transfer
~ **práv** sale
~ **predchádzajúceho zostatku** balance brought down
~ **salda** transfer of balance
~, **spätný** reassignment
~ **strát** carry-over of losses
~ **strát do budúcich rokov** carry-forward
~, **telegrafický** telegraphic transfer (T/T)
~, **transformačný** ratio
~ **údajov do inej meny** restatement
~ **úverov** carryover funds; credit transfer
~ **vlastníctva alebo práva** assignment
~ **zisku** shifting of profit
~ **zmenky rubopisom** endorsement
~ **zostatku** balance brought forward; carried down balance
prevodca transferor
~ **rubopisu** endorser
prevoditeľnosť convertibility; transferability
~ **obeživa** currency transferability
prevoditeľný negotiable; convertible
prevodník translator
~ **znakov** character translator
prevodný conversion
prevody (poštové, telegrafické, káblové) transfers (mail, wire, cable)
~, **daňové** tax carryback and carryover
~, **platobné** transfer payments
~ **tretej strany, debetné** third-party debit transfers
~ **tretej strany, kreditné** third-party credit transfers
prevoz cartage
prevrátiť reverse
prevyšovať exceed
prevyšujúce (náklady, výdavky) excee-

ding
prevzatie takeover; taking over; assumption
~ **dlhu** assumption of indebtedness
~ **do úschovy** safekeeping
~ **emisie cenných papierov** underwriting
~ **rizika** risk acceptance
~ **záruky za dlh** intercession
prevziať ďalšie cenné papiere take an option
~ **dlhy** assume the debts
~ **do vlastníctva** take possession of st.
~ **na inkaso** take over for collection
~ **náklady** absorb
~ **po zaplatení** take over against payment
~ **poistenie** to stand insurer
~ **práva veriteľa zaplatením jeho pohľadávky** subrogate
~ **záväzky** enter into obligations
~ **záväzok** undertake an obligation
~ **zodpovednosť** assume the responsibility
prevzatie, bezplatné free (of charge) take over
prezerať si view
prezident chief executive
~ **akciovej spoločnosti** chief operating officer (COO)
prezradenie disclosure; giveaway
prezreté (skontrolované) a schválené tale quale; tel quel
preživší survivor
pri najlepšom (na burze) at best
~ **otvorení** on opening
~ **peniazoch** in the money
~ **práci** at work
~ **predložení** on demand
~ **predložení (zmenky)** at sight
~ **splatnosti** at maturity; on maturity
~ **telefóne** on the telephone
~ **verejnom ponukovom konaní** by tender
~ **začiatku (na burze)** at the opening
~ **značne zníženej cene** at a knock-down price
priamka (krivka), výdavková spending line
priamo ex stock; directly
priamou voľbou directly
priamy first-hand; direct; square; immediate
~ **(prístup)** random
prianie desire
priať si want
priazeň countenance; favour
priblížiť sa approximate
približne spracovať approximate
približný coarse; rough
príbuzný relation; relative
príčina antecedent; source; reason; cause
~, **priama** proximate cause
príčinnosť causality
príčinný causal
prídavky company benefits
~ **k platu (napr. sociálne)** fringe benefit
~ **na deti** children's allowance
~, **rodinné** children's allowance
prídavný support; extension; auxiliary; slack; special
prídavok annex
~ **k nakúpenému tovaru zadarmo** lagniappe
~ **na deti** dependence bonus
~, **rodinný** family allowance
prídel takedown; allotment; allowance; subsidy
~ **devíz (valút)** allocation of currency
~ **do fondov** allocation to funds
~, **dodatočný** additional allowance
~, **finančný** grant-in-aid
~ **finančných prostriedkov** appropriation of funds
~ **fondov** allocation of funds
~ **peňazí** appropriation
~ **peňazí na reklamu** advertising appropriation
~ **valút** allowance of foreign exchange
~ **z rozpočtových peňazí** public appropriation
~, **zálohový** advance-allocation
pridelenie appropriation; grant
~ **akcií** allocation of shares
~ **cenných papierov** allocation of securities
~ **dividendy** dividend appropriations
~ **do zásob** allocation to reserves
~ **kapitálu** capital rationing
~, **predbežné** preallocation
pridelený pozemok allotment
prideliť allocate; appropriate; grant; apportion
~ **akcie** allocate shares
~ **do rezervného fondu** appropriate to reserve fund
~ **výdavky** allocate expenses
prideľovanie prostriedkov resource allocation
prídely valút rationing of exchange
pridružiť affiliate
pridržiavač papiera bail
priebeh development; process; course
~ **(operácií)** flow
~, **škodový** claims record; experience
priebežný continuous; current
priečiť sa contravene
priehľadnosť, daňová taxation transparency
priehradka tray
~, **odkladacia** receiving tray
~, **otvorená** friendly counter
~, **pokladničná** teller's window
priechod transit; transition
priekupník kerb broker
~ **kradnutého tovaru** receiver of stolen

goods
priemer mean; average
~, **depozitný** deposit line
~, **kĺzavý** moving average; running average
~, **nevážený (štatistický)** unweighted average
~, **približný (štatistický)** rough average
~, **prostý** nonweighted mean
~, **ročný** annual mean
~, **ročný mesačných výnosov** annual average of monthly yield
~, **vážený** weighted average
priemerne on an average
priemerný median; mean; moderate; ordinary
~ **denný obeh (šekov)** average daily float
priemerovanie averaging
priemysel, ľahký light industry
~, **nerozvinutý** infant industry
~ **s klesajúcimi nákladmi** decreasing cost industry
priemyslový industrial
prienik product
priepustka passbook
priepustnosť capacity
priesečník point of intersection
prieskum survey; sampling method; search; test; inquiry; research
~ **podnikovej činnosti** business study
~ **poštou** mail survey
~ **potrieb spotrebiteľov** consumer research
~ **spotrebiteľského dopytu** consumer research
~, **teoretický** desk research
~, **teritoriálny** market research by territories
~ **trhu** market research; field investigation; market investigation
~ **trhu, marketingový** marketing research
~, **účtovný** account inquiry
~ **verejnej mienky** opinion poll
prieskumy verejnej mienky public opinion polls
priestor obchodovania na burze pit
~, **prázdny** void
~ **pre zákazníkov** customer's room
priestorové usporiadanie layout
priestorovo usporiadať site
priestory, výstavné display facilities
priestrannosť capacity
priestupok trespass
~ **(dohody, zmluvy)** infringement
~ **(zákona)** violation
~, **colný** violation of customs laws
~, **daňový** tax delinquency
~ **proti zákonu** contravention of the law
prieť sa dispute; word; argue
priezvisko surname; family name
prihlásiť sa reply; enter
~ **sa (na pobyt)** check in
~ **sa do diskusie** signify one's wish to speak
prihláška form of application
~, **predbežná** provisional application
prihodiť (v dražbe) make a bid for st.
príchod arrival
prijať honour; assume; adopt; honor; take in
~ **bez dôkazu** postulate
~ **objednávku** accept an order; enter an order
~ **ponuku** agree to an offer; take; accept an offer
~ **pôžičku** contract a loan
~ **pracovníkov** enroll workers
~ **s výhradou** accept under reserve
prijaté received
~ **v hotovosti** received in cash
prijateľný fair; acceptable; receivable; admissible
prijatie assumption; receipt; acceptance
~ **(zmenky) bez výhrady** general acceptance
~ **cenovej ponuky (pri aukcii)** take over bid
~ **objednávky** receipt order
~, **podmienečné** conditional acceptance
~, **podmienečné (zmenky)** qualified acceptance
~ **úveru** credit acceptance
prijatie: bezpodmienečné p. zmenky clean acceptance
príjem takings; input; receipt; revenue; income; usuance; emolument; earnings; take; earner
~ **(štátneho rozpočtu) z daní** tax revenue
~ **(zisk) pred zdanením** before tax income
~ **a výdaj hotovosti, čistý** incremental cash flow
~, **agregovaný** aggregate income
~, **bezpracný** unearned income
~, **budúci** future income
~, **časovo rozlíšený** accrued income
~, **čistý** net income; net revenue; net receipts; excess of revenue over expense; disposable income; net earnings
~, **čistý po odpočítaní dividend z preferenčných akcií za určité obdobie v časovom rozlíšení** net for common stock
~, **čistý po zaplatení dividend** net income after dividends
~, **čistý po zdanení** after-payment-tax-incomes
~, **daňový** revenue collection; tax revenue
~, **daňový pokladničný** exchequer receipts
~ **domácnosti, použiteľný** disposable income of household

~, hrubý gross earnings; gross income; full income; gross revenue
~, hrubý prevádzkový gross operating income
~, investičný investment income
~, iný other income
~, marginálny marginal revenue
~ na akciu, čistý net income per share
~ na hlavu income per head
~, nerozdelený čistý undistributed net income (UNI)
~, osobný personal income
~, penzijný retirement income
~ podliehajúci dani taxable income
~ podliehajúci zdaneniu taxable income
~, pohotový disposable income
~, pokladničný till takings; cash receipt
~, pracovný labor income; earned income
~, pravidelný pevný regular permanent income
~, prevádzkový operating income
~, priemerný average income
~, reálny real income
~, ročný yearly income
~, rozdeliteľný čistý distributable net income
~, skutočný hrubý effective gross revenue
~, stály permanent income
~, súčasný current income
~, súhrnný comprehensive income
~, štátny z daní a dávok internal revenue
~ tovaru goods in; stock receipt; goods entry
~, upravený adjusted income
~, utajený concealed income; black money
~ v naturáliách income in kind
~, vedľajší subsidiary income; extraneous income; supplementary income
~ z daní tax income
~ z vlastných zdrojov revenue from own sources
~, zdaniteľný taxable income
~ zo zárobkovej činnosti earned income
príjemca beneficiary; recipient; taker; transferee; receiver
~, cenový price taker
~ dávok, štandardný standard beneficiary
~ listu addressee
~ mzdy recipient of wages
~ peňazí payee
~ platby payee
~ podielu allottee
~ poukázaných peňazí remittee
~ tovaru consignee
~ záruky pledgee
príjemka materiálu store receipt voucher
prijímací admission; recipient
prijímanie pracovných síl labour recruitment
prijímaný, bankou bankable
prijímať vklady acknowledge receipts
príjmy gains; proceeds
~ budúcich období prepaid income
~, celkové total receipts
~, celkové pred odpočítaním nákladov gross receipts
~, čisté rozpočtové net budget receipts
~ na jednej akcii earnings per share
~, nedôchodkové nonrevenue receipts
~, nezdaniteľné nontax revenues
~, nominálne cash earnings
~ platieb na účet upisovania zabezpečeného dlhu receipts outstanding for funded debt
~, pokladničné cash proceeds
~ predchádzajúcich období, časove rozlíšené accrued receipts
~, príjmové revenue receipts
~, reálne real earnings
~ štátneho rozpočtu budget revenues
~ v hotovosti cash proceeds
~ v hotovosti mínus výdavky v hotovosti cash earnings
~, vedľajšie perks; extras; perquisites
~, vopred inkasované revenues collected in advance
~ z cudzineckého ruchu tourist receipts
~ z daní (štátne, fiškálne) tax revenue
~ z neviditeľných položiek invisible earnings
príkaz direction; order; directive; mandate; command; instruction; disposal
~ brokerovi na nákup alebo predaj tovaru at the market
~, deklaračný declare statement
~, denný day order
~, dividendový dividend order
~, dodací delivery order
~, dopravný transportation order
~, expedičný delivery order
~, inkasný collection order
~, krížový cross order
~, krycí order to cover
~ ministerstva financií na výplatu Treasury warrant
~ na čerpanie, zmluvný negotiable order of withdrawal
~ na depozitný prevod depository transfer draft
~ na kúpu alebo predaj určitého množstva cenných papierov scale order
~ na miestnej počítačovej sieti capture
~ na platenie draft
~ na predaj cenných papierov pri dosiahnutí určitého kurzu stop loss order
~ na prevod letter of transmittal
~ na výber pay order of withdrawal (POW)
~ na vyplatenie order to pay
~ na výplatu warrant
~ na výpočet calculating statement
~ na zaistenie alebo predvedenie capias ad respondendum

~ **na zadržanie karty, ktorá bola zneužitá** card pick-up
~ **na zastavenie platieb** stop payment
~ **na zastavenie výplaty (šeku)** stop order
~, **nákupný** buy order
~ **nepreplatiť šek** stop
~, **platobný** demand for payment; payment order
~, **platobný na čiastku presahujúcu pohľadávku na bankovom účte** overdraft
~, **platobný peňažný, ktorý vydáva predávajúci tovaru na účet kupujúceho v banke** commercial draft
~, **podmienečný** order nisi
~, **popisný** descriptive statement
~, **poštový** mail order (MO)
~, **pracovný** job ticket
~ **právnemu zástupcovi** warrant of attorney
~ **prenechaný na voľné uváženie** discretionary order
~, **prevodný** money transfer order; remittance advice
~, **prípadný** contingent order
~, **riadiaci** steering command
~, **stop** stop order
~, **trhový** market order
~, **trhový na okamžité prevedenie** market-if-touched order (MIT)
~, **trvalý** standing order
~, **týždenný** week order
~ **uzavretia (súboru)** close statement
~, **vložený** nested command
~, **výberový** pay order of withdrawal (POW)
~, **výplatný** disbursement voucher
~ **vystaviteľa zmenky** warrant
príkazca order party; principal
prikazovanie commanding
príkazy, mimoburzové street orders
~ **platné do stanovenej doby** orders good until a specified time
príklad specimen
~, **typický** pattern
príkon input
prikryť cover
prikupovanie akcií, stále pyramiding
priľahlý contiguous
príležitosť time; occasion; chance
~ **(uplatniť sa)** opening
~, **pracovná** vacancy; job
príležitosti, pracovné job opportunities
príležitostný odd
prílišný undue
príliv afflux
~ **(kapitálu)** influx; inflows
príloha appendix; supplement; annex
prima-zmenka first of exchange
primanota book of original entry
primeranosť, kapitálová capital adequacy
primeraný moderate; square; fair; commensurate
~ **(cena)** sound
prinášajúci odmenu remunerative
~ **zisk** profit-yielding
prinášať nový problém raise a problem
~ **úrok** bear interest; yield interest
~ **zisk** bring the profit
princíp principle
~ **„menovej školy"** currency school principle
~ **„nič nie je zadarmo"** no-free-lunch principle
~ **cenovej tvorby** basis of pricing
~ **daňového zvýhodnenia** benefit principle of taxation
~ **nezávislých trhových cien** arm's length principle
~ **oceňovania, základný** keystone pricing
~, **peňažný** currency school
~ **spomalenia** deceleration principle
~ **stálosti kapitálu** principle of constant equity
~ **väčšiny** majority rule
priniesť stratu give a loss
prínos merit; gains; share; contribution
~ **(vklad)** apport
~, **hospodársky** economic gain
prinútiť make; coerce
priorita precedence; preference
~ **prideľovania** dispatching priority
~ **vybavenia** dispatching priority
~ **výberu** dispatching priority
prioritný senior; precedence
prípad case; event; occasion
~ **núdze** emergency
~, **obchodný** trade
~ **potreby** case of need
~, **precedentný** leading case
~, **účtovný** accounting transaction; accounting item
pripadnúť (dedičstvom) fall
~ **niekomu** devolve
pripadnutie majetku štátu escheat
prípadný relevant; contingent
prípady, účtovné od účtovnej uzávierky pre oficiálne publikovanie poststatement events
prípis address
~, **pochvalný** commendatory letter
pripísané in bianko assigned in blank
pripísanie write-up
~ **na ťarchu** debit entry
~ **úrokov** entry of interest
pripísať čiastku v niekoho prospech place a sum to sb.'s debit
~ **k dobru alebo v prospech** credit
~ **na dlh** debit
~ **na ťarchu** debit sb.'s account with a sum
~ **na účet** tick; credit an account; put

down to account; score
~ **na vrub** charge
~ **na vrub účtu** charge on account
~ **niečo na účet** put st. to account
~ **niekomu v prospech** put to one's credit
~ **si v prospech** to credit
~ **úroky** add the interest to the capital
pripisovanie application
pripisovaný imputed
príplatky premium pay
príplatok overcharge; excess charge; surcharge; bonus; additional charge; excess; supplementary charge
~ **k úradnému devízovému kurzu** exchange premium
~ **k mzdám** wages suplements; extra pay
~, **nadčasový** overtime bonus; overtime premium
~, **porovnávací** stop-gap aid
~, **výkonnostný** incentive bonus
~ **vyplácaný za odpracovanú dobu v podniku** seniority bonus
~ **za nočnú prácu** night-shift bonus
~ **za obsluhu** cover charge
~ **za prácu na smeny** shift premium
pripočítanie imputation
pripočítaný imputed
pripoistenie contributory insurance; additional insurance
~, **úrazové** additional accident benefit
prípoje (zariadenia) routes
pripojenie tacking
~ **materskej spoločnosti do pobočky** downstairs merger
~ **sa k zmluve** adhesion
pripojiť attach; connect; affiliate
prípojka allonge; derivation
pripomenúť recall
~ **si niečo** record
pripomienka comment; tickler
pripomienkovať annotate
prípona suffix
príprava dát data origination
pripravené na predaj in shape for sale
pripravenosť trim
pripraviť prime; provide
~ **niekoho o niečo** deprive sb. of st.
~ **sa o niečo** forfeit
~ **text (návrhu zákona)** engross
~ **vhodné obchodné podmienky** condition
pripravovať sa practice
pripustiť recognize; admit
prípustnosť hospodárskej operácie admissibility of transaction
prípustný allowable
pripúšťajúci zloženie kaucie bailable
pripúšťať suppose
priradenie hodnoty assignment of value
~ **ľudí k práci** staffing
prírastkový step
~ **(marginálny, hraničný) zisk** marginal profit
prírastky accruals
prírastok improvement; accruement; accrue; increase; gain; accruer; annex
~ **(hodnoty)** accession
~ **hodnoty** increase in value; increment value
~ **kapitálu** increase in capital
~ **konta** accretion account
~ **majetku** access of wealth
~ **papierových peňazí** increase in paper money
~, **paušálny** across the board increase
~ **peňazí (v obehu)** increase of money
~, **prirodzený** natural increase
~ **úspor, čistý** net savings gain; net savings inflow
~, **vyvážený** level accrual
~ **základného kapitálu, hrubý** gross capital formation
prirážka supplementary charge; prime; additional fee; loading; extra charge; margin; overplus; spread; surcharge; agio; markup
~, **bezpečnostná (k poistnému)** safety loading
~, **cenová** price surcharge
~, **daňová** surtax; supertax; additional tax
~, **dodatočná** additional charge
~, **dovozná** import charge; import surcharge
~, **hodnotová** value surcharge
~ **k cene** additional charge
~, **maximálna obchodná** markup ceiling
~, **minimálna daňová** add - on minimum tax
~, **mzdová** premium
~, **obchodná** business surcharge; trade price increase; business mark-up
~, **predajná** sales surtax
~, **prémiová** additional premium
~, **režijná** load charge; expense loading; loading charge
~, **režijná (spoločných finančných nákladov)** burden rate
~, **skutočná režijná** actual overhead rate
~, **veľkoobchodná** wholesale markup
~, **vyrovnávacia** compensatory surcharge
~, **zisková** margin of profit; profit margin
prirážky extra
~, **daňové alebo colné** surcharges
príručka manual
~, **devízová arbitrážna** cambist
~, **operačná** manual of operation
~ **súboru pravidiel** rulebook
príručky a sprievodné dokumentácie textware
príručný carry-on
prísľub commitment; pledge
~ **(peňažného ústavu pri potrebe úve-**

ru) standby
~ **na záruku** collateral pledge
~ **úveru** commitment loan
príslušenstvo fixture; extras
~, **osobné** paraphernalia
príslušník, rodinný dependent; encumbrance
príslušnosť classification
príslušný relevant; competent
príspevky contributions
~, **členské** membership dues (fees)
~, **dobrovoľné** voluntary contributions
~, **investičné** investment grants
~, **jednorazové** grants
~ **na sociálne poistenie** social security taxes
~, **odborové** contributions; trade union dues
~, **predpísané na sociálne poistenie** employment tax
~ **sociálnemu poisteniu** social security deductions
príspevok supply; fee; subsidy; accession; contribution
~, **členský** tribute; dues
~ **na sociálne poistenie** social-insurance tax
~ **na sociálne zabezpečenie** social security contribution
~, **peňažný** pay-in
~, **štvrťročný** quarterage
prispieť do diskusie raise a point in the discussion
~ **k niečomu** conduce to st.
~ **na dobročinný účel** donate
prispievať contribute
prispievateľ contributor
prispôsobenie matching
~, **menové** currency realignment
~ **pomocou cien** price adjustment
~ **sa** acquiescence in st.
~ **systému potrebám užívateľa** customization
prispôsobený imputed
~ **danému účelu** tailored
prispôsobiť customize
~ **ceny nákladom niečoho** hike prices to cost level of st.
~ **sa konkurencii** adapt to competitors
prispôsobiteľnosť hodnôt assimilation
prispôsobivý elastic; adaptive
prísť na mizinu to go bankrupt
~ **si pre niečo** fetch
prístavné harbour dues
prístroj equipment
~, **kopírovací** copy device; copying equipment
~, **registračný zaznamenávajúci čas (pichačky)** clock stamp
~, **rozmnožovací** manifolder
~, **stolový kopírovací** desktop machine
prístup enable; entry; accession
~, **marketingový** marketing approach
pristúpiť na dohodu accede to a convention
~ **na zmier** compound
~ **za spoločníka** enter a firm
prístupné enable
prístupnosť amenability; admissibility
prístupný open
prisúdiť attribute
prisúditeľný imputed
prísun influx
~ **surovín (zdrojov)** input
priťahovať take on
príťažlivý catching
prítok afflux
prítomnosť present
privatizácia privatization
~, **malá** small scale privatization
~, **veľká** large-scale privatization
prívesok tag
prívetivý (trh) cheerful
privilégium franchise; privilege
~ **prevedenia** diversion privilege
privilegovaný privilege; chartered
privlastnenie appropriation
privlastniť si appropriate
prívod feed; delivery
príznačný characteristic
príznak marker
priznanie, daňové declare of taxes; declared income; declaration of income; income tax return; tax return; statement of taxable income
~ **dôchodku** award of a pension
~ **k dani z príjmu** fiduciary return
~ **k dedičskej dani** inheritance tax return
~ **náhrady škody** assessment of damages
~, **skreslené daňové** misrepresentation
~, **spoločné daňové** joint tax return
priznať adjudicate
~ **(sa)** avow
~ **sa** confess
~ **výsadu** grant a concession
~ **vysokú náhradu škody** award heavy damages
príživník deadbeat
problém issue; proposition
~ **cenovej (ponukovej) licitácie (v operačnej analýze)** bidding problem
~, **daný** query
~ **ponukovej súťaže** bidding problem
~, **zložitý** challenge
problematický moot; doubtful
problémy trouble
~, **funkčné** difficulties in working
~, **peňažné** pecuniary embarrassments
problémy: došlo k p. the difficulties arose
procedurálny adjective
proces cause; proceeding; process
~, **náhodný** stochastic process

~, **počas ktorého je národný dlh použitý na zvýšenie peňazí v obehu** debt monetization
~, **stochastický** stochastic process
~, **výpočtový** computational process
procesný process
procesy, rozhodovacie modal choice decisions
producent maker
~, **marginálny (nízko produktívny)** marginal producer
produkcia production; produce
~, **celková** output
~, **denná** daily output
~, **hodinová** man-hour output
~ **na hlavu** per capita output
produkt produce; output; product
~, **čistý domáci** net domestic product
~, **čistý národný (po odčítaní odpisov)** net national product (NNP)
~, **dodatočný** extra product
~, **domáci** domestic product
~, **hmotný (+ spoločenský)** material product
~, **hrubý domáci** gross domestic product (GDP)
~, **hrubý národný** gross domestic product (GDP); gross national product (GNP)
~, **klesajúci hraničný** diminishing marginal product
~, **národný** national product
~, **potenciálny hrubý národný** potential gross national product
~, **reálny** real output
~, **vedľajší** spin-off
produktivita productiveness
~ **práce** productivity (of labour); labour productivity
profil, konkurenčný competitive profile
profit rake-off
prognóza forecast; prognosis; assumption
~ **hotovosti** cash forecast
~, **konjunktúrna** business forecasting
program scheme
~, **akčný** program of action
~, **denný** business before meeting
~, **hlavný rozvrhovací** main scheduling routine
~, **kompilačný riadiaci** compiler manager
~, **obslužný** utility
~ **porady** agenda
~ **pre vyhľadávanie, porovnávanie, triedenie dát** data base
~, **riadiaci** manager; control manager
~ **rokovania** docket
~ **s cenami (napr. v televízii)** giveaway
~, **štandardný** routine
~, **výrobný** production programme
program: dať do programu rokovania put a question on the agenda
programovanie coding
~, **cieľové** goal programming
~ **obnovy pomocou markovovských procesov** Markov-renewal programming
~, **optimálne** forced coding
~, **viacetapové lineárne** multistage linear programming
programovateľný smart, programmable
programy, mimorozpočtové off-budget programs
~, **zvláštne bankové úverové** special bank credit plans
progresívny advanced
projekt scheme; layout; setup; design
~, **investičný** capital project
~, **kvalifikovaný dôchodkový** qualified retirement plan
~, **úvodný** feasibility study
projektovať scheme; design
prokurista confidential clerk; chief clerk
prolongácia continuation; extension
~ **(zmenky)** renewal
~, **automatická** tacit extension
prolongačná sadzba continuation rate
prolongovať carry over
~ **(zmenku)** renew
~ **zmenku** renew a bill
promile per mile
promptný spot
propagácia advertisement; publicity; sales promotion; promotion
~, **aranžérska** display advertising
~, **nová** follow-up advertising
~ **poštou** mail advertising
propagačný promotion; publicity
propagovať boom; promote; advertise
proporcia proportion
proporcionalita balance
prospech interest; favour; avail; profit
prospech: v prospech niekoho to the benefit of
~ **v p. niečoho** in favour of
prospekt flyer
~, **predbežný** proxy statement
prosperovať boom
prosperujúci flourishing
prospešnosť merit
prospešný profitable
prostredie setting; environment
~, **podnikateľské** business environment
~, **životné** environment
prostredný middle; mid
prostriedky resources; substance; media; means
~, **celoštátne reklamné** national media
~, **dostatočné finančné** sufficient funds
~, **finančné** funds
~, **finančné, vložené do banky, aby ich investovala podľa svojej úvahy za svojho zákazníka** advisory funds
~, **hospodárske** economic means
~, **inkasované peňažné** collected funds

~, **investičné** investment means
~, **jednoúčelové základné** specialized capital good
~, **kapitálové** capital resources
~, **krátkodobé fixné** short-term fixed assets
~, **likvidné** cash in hand
~, **likvidované základné** disposed fixed assets
~, **mŕtve** dead assets
~, **národné** local remedies
~, **nelikvidné** illiquid assets
~, **obežné** active assets; current assets; means of circulation; floating assets; active capital; circulating means; stock investments; circulating assets; working assets
~, **obmedzené** threshold resources
~, **oznamovacie** communication engineering
~, **peňažné** cash; fund; finance
~, **peňažné p. na bežných alebo depozitných účtoch** bank deposits
~, **peňažné v rukách obyvateľstva** idle balances
~, **platobné** means of payment
~, **pohotové** quick assets
~, **pracovné** installations
~, **prenajaté** leased assets
~, **prevádzacie** transition aids
~, **prevádzkové** working funds
~ **rezervované pre začatie nejakej činnosti** send money
~ **štátneho rozpočtu** public funds
~ **trvalého charakteru** capital resources
~, **uvoľnené** released means
~ **v banke** amount in bank
~, **verejné** public funds
~, **vlastné obežné a podobné prostriedky** own and similar sources
~, **všeobecné základné** general fixed assets
~, **výpočtové** computation aids; computing aids
~, **základné** capital assets; basic means; noncurrent assets; fixed assets; capital goods
prostriedky: celkové podnikom zarobené p. cash flow
~ **voľné finančné p. na trhu** capital offered
prostriedok toll; resource
~, **čistiaci** cleaning agent
~, **dopravný** transportation
~ **iný ako hotovosť** medium, other than cash
~, **medzinárodný platobný** international medium of exchange
~, **obežný** circulating medium
~, **platobný** medium of exchange; instrument of payment
~ **výmeny** medium of exchange
~, **základný** capital asset
prostý single
protekcia stand-in; pull
protest challenge; protest; objection
~, **notársky šekový** notarial protest certificate
~, **písomný** deed of protest
~ **pre nezaplatenie** protest for non-payment
~, **šekový** notice of protest; notice of dishonor
~, **šekový** protest jacket
~, **zmenkový** notice of dishonor; deed of protest; notice of protest; act of protest; protest of a bill; protest
protestovať protest
~ **zmenku** note a bill
proti contra
~ **akceptovaniu** against acceptance
~ **platbe v hotovosti** against cash payment
~ **potvrdenke** against receipt
~ **záruke** against security
protiakcia adverse action
proticyklická (politika) countercyclical (policy)
protihodnota countervalue; equivalent; offset
~, **nedostatočná** failure of consideration
protichodný contrary
protiklad contradiction
protikonkurenčný anticompetitive
protiľahlý opposite
protinárok adverse claim; counterclaim
protipodpis countersignature
protipohľadávka offset
protipoložky peňažnej masy contra entries of money supply
protiponuka counteroffer; counter-offer; counter demand
protitrustový antitrust
protiúčet contra-account; offset; counteraccount; opposite account; per contra account; corresponding account
~, **čiastočný** part-exchange
protiváha counterbalance
protizostatok contrabalance
protokol certificate; record; minutes; report; protocol; act
~ **o upisovacích platbách** subscription cash record
~ **o založení akciovej spoločnosti** memorandum of association
~, **prijímací** receiving report
protokolovať protocol; record
proviant provisions
provízia commission; fittage; provision
~ **(poplatok) v librách** poundage
~, **banková** banking commission; bank commission

~ **de kredere** de credere commission
~, **delená** split commission
~, **franko** free of commission
~ **konateľa** factorage
~, **manažérska** override
~, **nákupná** purchasing commission; buying commission
~, **obratová** turnover commission
~, **úverová** commission del credere
~, **z ktorej sa hradia výdavky** commission in full
~ **za obstaranie (pôžičky)** procuration fee
~ **za úverové ručenie** del credere
provízia: na základe p. on a commission basis
provízie, avalové avail commissions
prúd flux; flow
prudko stúpať (ceny) boom; kite
prudký smart
prút, štandardný standard bullion
pružnosť, cenová elasticity of price
~ **ponuky** elasticity of supply
~ **trhu** flexibility of the market
pružný flexible; elastic
prúžok z výplatnej listiny salary slip
prvok component
~ **dát** datum
~, **obrazový** point
~ **pravdepodobnosti** element of probability
~, **rizikový** risk feature
~ **úveruhodnosti, príslušný** pertinent element of creditworthiness
prvotný source
publicita publicity; advertising
publikácia copy
pult counter; console; desk
punc hallmark
puncovať hallmark
pustiť sa do undertake
~ **sa do niečoho** embark upon st.
~ **sa do súťaže s niekym** set up in competition with sb.
~ **sa do všetkých rizík** stand all hazards
pútač caption
pútavý catching

Q

q-teória investícií Q-theory of investment

quasi kontrakt implied contract

R

rabat rebate; deduction; price discount; discount; reduction; abatement
~, **daňový** tax rabate
~, **dealerov** dealer rebate
~, **dodatočný** additional allowance
~, **maloobchodný** retail rebate
~, **obchodný** trade discount
~, **priekupnický** trade allowance
~, **veľkoobchodný** wholesale discount; wholesale trade discount
rabatovanie rebating
racionalizácia development engineering
~ **výpočtu miezd** salaries rationalization
rad order; row; system; scale of notation; stack; progression; sequence; train
~ **(počítačov)** family
~, **časový** time series
rád matice dimension of matrix
rad, prioritný competitive queue
~ **s rôznymi typmi užívateľov** competitive queue
~ **správ pre jedno miesto určenia** destination queue
rada council; board; rank
~, **dozorná** supervisory board; board of supervisors; board of trustees
~ **na ochranu spotrebiteľov** Consumer Council
~ **splnomocnencov (skupina sporiteľní v USA)** board of trustees
~, **spotrebiteľská** Consumer Council
~, **správna** board of trustees; administrative board; administration board; board of directors; managing board; administrative council
radiť counsel
raj, daňový (krajina s nízkymi alebo žiadnymi daňami) tax heaven
rámček, ovládací check box
~, **začiarkávací** check box
rámec framework
~, **úverový** credit restrictions
rásť accrue; expand
rast increase
~ **cien, všeobecný** widespread increase of prices
~, **dlhodobý** longrun growth
~, **ekonomický** growth performance; economic growth; takeoff
~ **kapitálu** capital growth
~, **nerovnovážny ekonomický** disequilibrium growth
~ **produktivity práce** advance in the labor productivity
~, **progresívny** exponential growth
~, **prudký** rapid growth
~, **rovnovážny** equilibrium growth
~, **trendový** trend growth
~, **udržateľný** sustainable growth
~ **výnosov na akciu** growth in earnings per share
~, **vyrovnaný** balanced growth
~ **zásob** stock increase
~ **životných nákladov** cost-of-living increase
ratifikovať confirm; countersign; affirm; validate
razbové seignorage
razenie mincí mintage; coinage
razič mincí coiner
razidlo stamp
raziť strike; mint
~ **mince** stamp; coin; monetize
reagovať answer
reakcia spotrebiteľov consumer response
realita real estate
realitný real
~ **úver** loan using property as collateral
realizácia realization; implementation
realizačný realization
realizovanie niekoľkých operácií, súčasné simultation of operations
~ **štatistického výberu** sampling
realizovaný ex post
realizovať capitalize; carry into operation; execute; consummate; effectuate
~ **deportnú špekuláciu** take in stock
~ **generálnu opravu** overhaul
~ **náhodný prieskum** sample
~ **obchodnú činnosť** merchandise
~ **skonto** make the cash
~ **subrogáciu** subrogate
~ **transakcie** transact
~ **úhrady peňazí** negotiate money transfers
~ **výskum** research
~ **výstup** output
~ **zisky** take profits
reálna veličina real
reálny real
~ **(čas)** true
recenzia review
recenzovať notice; review
recepčný receptionist
recesia recession
recipročný compensatory; reciprocal
reč speech
~, **záverečná** closing statement
redistribúcia redistribution
redukcia reduction
~ **daní** tax reduction
~ **kapitálu** capital reduction
redukovanie (rovnice) depression
redukovať reduce; deflate; compress; lower
reeskont rediscount(ing); rediscount
~ **zmenky** repeated negotiating of a bill
reeskontovať rediscount
reexport re-export
referát report; department

referencie, bankové banker's reference; bank reconciliation
referenčný console
referent employee in charge; managing clerk; officer
referovať report
refinancovanie refinance; refinancing
~ **hypotéky** refunding mortgage
~ **kontraktu** flipping
reflácia reflation; reflation policy
reforma, colná tariff reform
~, **daňová** tax reform
~, **ekonomická** economic reform
~, **menová** currency reform; monetary reform
reformovať menu reform the currency
refundácia refundation; reimbursement; refund
~ **dovozných ciel pri reexporte** drawback
refundovať recover a loss; refund
regály na vystavenie tovaru display shelves
regenerácia restitution
~ **(systému)** restoration
register record; file; roster; register; card-index; appendix
~, **diskontný** discount register
~, **obchodný** companies register; commercial register
~, **podnikový** company register
~ **poisťovne, rizikový** risk register
registrácia incorporation
registračný filing
registrátor stock registrar
registrovať register; record
~ **(poruchy)** log
regres recourse
regresia, hrebeňová ridge regression
~, **schodovitá** stepwise regression
~, **viacnásobná** multivariate regression; multiple regression
~, **vrcholová** ridge regression
regulácia regulation; control
~ **(cenného papieru)** regularization
~ **(usporiadanie) účtov** accruals and deferrals
~, **cenová** price control
~ **cien** price adjustment
~ **kúpnej sily** control of purchasing power
~, **menová** currency control
~ **miezd** regulation of earnings
~ **pracovných síl** manpower policy
~ **trhu** holding the market
regulovanie nákladov cost regulation
regulovaný controlled
regulovať adjust; control
rehabilitácia remitter
reimport reimport; re-import
reimportovať re-import
reinvestícia reinvestment
reinvestičný reinvestment
reinvestovanie reinvestment
~ **kapitálu** leverage
rekapitalizácia recapitalization
reklama advertisement; publicity
~, **masová** admass
~, **mimoriadna** display advertising
~, **nekalá** deceptive advertising
~, **neónová** neon signs
~, **nepravdivá** false advertising
~, **nová** follow-up advertising
~, **priama** direct advertising
~, **priama poštová** direct mail advertising
~, **príležitostná** point-of-sale advertising
~, **svedecká** testimonial
~, **účinná** highpower publicity
~ **zameraná na utvorenie image** image advertising
~, **zavádzajúca** misleading advertising
reklamácia claim; complaint; objection
~ **niečoho** application in respect of
~ **proti stanoveniu výšky dane** appeal against tax assessment
~ **v stanovenom čase** claim in due time
reklamný publicity
reklamovať niečo complaint of st.
rekomando registered letter
rekonštrukcia restoration
~ **hypotéky** recasting a mortgage
rektažíro restrictive endorsement
rektokonosament named bill of landing (B/L)
rektor chancellor
rekvalifikácia requalification
relácia parity; relation
~ **(výmena správ)** session
~, **cenová** relation of prices
relevantný relevant
remeselník tradesman; craftsman
remeslo craft; shop
remitenda remainders
remitent payee; remitter; taker
remonetizácia remonetization
remunerácia remuneration
renomé reputation
renovácia restoration
renta rent; annuity; allowance
~ **(z pozemku)** estate
~, **čistá ekonomická** pure economic rent
~, **doživotná** life annuity
~, **invalidná** physical disability benefit
~, **naturálna** rent in produce; rent in kind
~, **odložená** deferred annuity
~, **pozemková** rent of land; land rent
~, **pozostalostná** survivorship annuity
~, **pracovná** rent of labour
~, **variabilná** variable annuity
~, **večná** serial annuity bond
~, **večná (nevypovedateľná)** perpetual bond
~, **večná (nezrušiteľná)** annuity bond

~, **výnosná** economic rent
~, **životná** deferred annuity
~, **životná od určitej doby** annuity deferred
renta: kto upisuje rentu settlor
rentabilita profit margin; profitableness; profitability; profit rate
~, **cenová** profit to sales ratio
~, **trhová** profit to sales ratio
~ **vložených prostriedkov** profit to capital employed ratio; return on investment (ROI)
rentabilný in the black
rentiér rentier; annuitant
rentovať sa admit of a profit
renty, „obalené" wraparound annuities
renunciácia renunciation
report contango
reportovať take in
reprezentácia representation
reprezentant, zákazníkov customer's representative
reprivatizácia denationalization
reprivatizovať denationalize
reprodukcia reproduction; fascimile (FAX)
~ **(investícií)** replacement; renewal
~ **základných prostriedkov** capital maintenance
reprodukčný reproduction; replacement
reprodukovanie reproduction
reprodukovať duplicate
reputácia reputation
~ **podniku** company image
respiro grace period
resumé summary; digest
rešerš retrieval
reštitúcia restitution
reštituovať restoration
reštrikcia, rozpočtová liquidity squeeze
reštrukturalizácia reclassification of stock
~ **dlhu** rescheduling
reťaz (pobočiek, obchodov, bánk) chain
~, **dobrovoľná** voluntary retail buying chain
~, **menová** currency snake
reťazec, markovovský Markov chain (Markov's chain)
reťaziť (indexy) link
retencia retention
revalorizácia revalorization
revalvácia revalorization
~ **meny** revaluation of currency
reverzibilný reversible
reverzný reverse
revidovanie dohôd recontracting
revidovať review
~ **účty** audit; audit accounts
revízia revision; review; checkup; cash checking; inspection; examination; audit
~, **daňová** tax revision; tax audit; tax examination
~, **dodatočná** postaudit
~, **dokladová** voucher audit
~, **interná** internal audit
~ **nároku** claim audit
~, **podrobná** audit in depth
~ **pokladne** cash audit
~, **predbežná** preaudit
~ **účtov** auditing; audit of accounts
~, **účtová** audit of books
~ **účtovných kníh** audit of books
~, **úplná** complete audit
~, **vnútropodniková účtovná** administrative audit
~, **výročná** annual audit
revízor controller; inspector of risks; chartered accountant
~, **autorizovaný účtovnícky** public accountant
~ **účtov** auditor
~ **účtov, hlavný** auditor-general
~ **účtovníckych kníh, prísažný** chartered accountant
rezerva backlog; provision; reserve; surplus
~, **akumulovaná** accumulated surplus
~, **bezpečnostná** contingency fund
~, **časová** slack; time allowance; float
~, **daňová** accrued taxes
~, **druhotná banková** secondary bank reserve
~, **finančná** monetary reserve
~, **kapitálová** corporate surplus
~, **legálna** legal reserve
~, **matematická** provision for unexpired risks
~, **matematická v majetkovom poistení** unearned premium
~, **menová** reserve asset
~ **na dividendy** provision for payable dividends
~ **na dôchodkovú daň** provision for payable income tax
~ **na dubiózne pohľadávky (dlhy)** reserve for contingent liabilities
~ **na mimorozpočtové výdavky** deficiency supply bill
~ **na nedobytné a pochybné pohľadávky** provision for bad debts; allowance for bad debts
~ **na nepredvídané straty** contingency reserve
~ **na nevybrané dane** reserve for uncollected taxes
~ **na odpisy a amortizáciu** accumulated provision for depreciation and amortization
~ **na pochybné pohľadávky** allowance in accounts receivable; reserve for doubtful debts
~ **na príjmové obligácie** reserve for revenue bond contingency

~ **na umorovanie príjmových obligácií** reserve for revenue-bond-debt-service
~, **nutná časová** contingency reserve
~, **odpisová** depreciation reserve
~, **peňažná** mad money
~, **primárna banková** primary bank reserve
~, **rozpočtová** estimate's allowance for contingency
~, **skutočná (o sieťovom grafe)** actual slack
~, **účelová** surplus reserve
~ **umorovacieho fondu** reserve for retirement of sinking fund bonds
~ **úverových strát** provision for loan loss
~, **zákonná** lawful reserve
~, **záručná** collateral reserve
~, **zlatá** earmarked gold
~, **zvláštna** contingency reserve
~, **železná** inventory safety stock; inventory reserve
~ **životného poistenia, prémiová** life fund
rezervácia, pevná definite booking
rezervné fondy rest
rezervný standby
rezervovanie miest space reservation
rezervovanosť reserve
rezervovať make provision
~ **(si)** reserve
rezervy provisions
~, **čisté vypožičané** net borrowed reserves
~, **dealerove** dealer reserves
~ **na mzdy** accrued wages
~, **nelikvidné** illiquid holdings
~, **nevypožičané** nonborrowed reserves
~, **poistné** technical reserves
~, **povinné** required reserves
~, **povinné minimálne** mandatory minimum reserves
~, **prebytkové bankové** excess bank reserves
~, **zlaté menové** gold holdings; holdings of gold
rezidenčný root
rezignácia retirement
rezolúcia resolution
rezort department
réžia expenditure; overhead; burden; oncost; indirect cost
~, **celopodniková** general overheads
~, **dielenská** factory overhead
~, **materiálová** material burden
~, **nezúčtovaná** unabsorbed burden; unearned burden
~, **obchodná** commercial overhead
~, **odbytová** sales and distribution overhead; distribution expense; marketing cost
~, **správna** general expenses; administrative overhead expenses; administrative expenses
~, **všeobecná** general expenses
~, **výrobná** factory burden; indirect product cost; factory overhead; overhead cost; factory expense
~, **započítaná** absorbed burden
~, **zúčtovaná** applied indirect cost
režijné náklady zúčtované na výkony absorbed overhead
režim mode
~, **colný** customs regulations
~, **ekonomický** economic regime
~, **platobný** regime of payments
~, **pracovný** time management; work schedule
~, **pracovný, keď terminály finančných služieb majú prístup len k predradenému procesoru** on-line off-host
~, **pracovný, keď terminály finančných služieb sú spriahnuté a hlavný počítačový systém je prepojený s predradeným procesorom** on-line on-host
riadené prostredníctvom zástupcu managed by proxy
riadenie management; operating; working; control; administration; regulation; direction; gestion; commanding
~, **asynchrónne** asynchronous control
~, **automatizované** automated management
~, **centralizované** centralized control
~ **cien** regulation of prices
~, **direktívne** direct management; directive management
~, **disciplinárne** disciplinary action
~, **ekonomické (pomocou ekonomických nástrojov)** economic management
~, **finančné** financial management
~, **generálne** general management
~ **hotovosti** cash management
~, **klasické** classical management
~, **marketingové** marketing management
~ **motiváciou** management by motivation
~ **na najvyššej úrovni** top management
~, **operatívne** manufacture control
~ **peňažnej ponuky, cieľové** targeting the money supply
~, **plánovité** management by planning and control
~ **podľa cieľov** management by objectives (MBO)
~ **podľa rozpočtu** budgetary control
~, **podnikové** enterprise management
~ **podnikovej činnosti** business management
~ **podniku vo finančnej oblasti** financial management
~ **pracovníkov** man management
~, **priame** direct management; direct lea-

ding
~ **rizík** risk management (RM)
~ **účtovníctva, metodické** methodical management of accounting
~ **údržby** maintenance management
~ **v čase** time management
~ **výroby, automatizované** computer-aided manufacturing (CAM)
~, **zlé** maladministration; mismanagement
riadený controlled
~, **počítačom** computer-directed
riadiaci pilot; control
~ **(vedúci) pracovníci** management personnel
riadiť control; run; direct; manage; rule; chair
~ **diskusiu** moderate
~ **firmu/podnik** run a firm/business
~ **obchody** conduct a business
~ **sa niečím** abide
~ **sa pravidlami** conform to the rules
~ **vozidlo** drive
riaditeľ director; manager
~ **(na čele funkčného odboru veľkej banky)** operating officer
~ **akciovej spoločnosti** chief operating officer (COO)
~, **dezignovaný** designated manager
~ **dopravnej poisťovne** underwriter
~ **ekonomického úseku** office manager
~, **ekonomický** economic manager
~, **generálny** general manager; chief executive
~ **hospodárskej jednotky (prevádzky, závodu)** unit manager
~, **nezávislý** outside director
~, **obchodný** commercial director; sales manager; merchandising manager
~ **odboru** head of department
~, **personálny** staff manager; personnel manager
~, **podnikový** managing director
~, **odborný** line manager
~, **vrchný bankový** governor
~, **výrobný** production manager
riaditeľka manageress
riaditeľnosť manoeuvrability
riaditeľstvo main office; central office; head office; directory; directorate; management; board of management
~, **generálne** general management
riadny square; ordinary; proper; due
riadok row
~, **položkový** detail line
riedky scarce
riešenie design; solution
~, **možné** feasible solution
~, **postupné** step-by-step approach
~, **prijateľné** feasible solution
~, **prípustné** feasible solution
riešiť situáciu solve the situation
rimesa remittance; bill receivable; note receivable
riskovať adventure; risk; venture
ritrata cross-bill; redraft; counterdraft
riziko risk; contingency; venture
~ **banky z neúspešného predaja novej emisie cenných papierov** underwriting risk
~, **celkové** aggregate risk
~, **kapitálové** capital risk
~, **morálne** moral hazard
~, **nepoistiteľné** uninsurable risk
~ **nesie kupujúci** caveat emptor
~ **nesie predávajúci** caveat subscriptor
~ **nezaplatenia** default risk
~, **obchodné** business risk
~, **optimálne** sovereign risk
~, **poistiteľné** insurable risk
~ **poklesu** downside risk
~ **rôznych splatností** maturity gap exposure
~ **úrokovej sadzby** interest rate risk
~ **v prípade, že banka musí vyplatiť finančné prostriedky partnerovi** capital risk
~, **výmenné** exchange risk
~ **vyplývajúce z poistnej zmluvy** shifting risk
~, **vysoké** hi-risk
riziko: na riziko majiteľa at owner's risk
~ **S vylúčením rizika** No risk
rizikom zaťažený risk weighted
robenie náznakov prompting
robený na mieru tailored
robiť do; perform
~ **dlhy** contract debts
~ **inventúru** inventory
~ **náhradníka niekomu** stand in for sb.
~ **neplatným** invalid
~ **niečomu reklamu** play up st.
~ **niekomu nezriadenú reklamu** puff st. up
~ **plány** scheme
~ **reklamu** advertise; merchandise; boost
~ **si nároky na** make claims to
~ **si zásoby** hoard; lay up
robotníci manual workers
~, **nekvalifikovaní** day labour
robotník za časovú mzdu hourly worker
~, **zaučený** semiskilled worker
ročenka yearbook; annual; catalog; annual almanac
ročne per annum (p.a.)
rodinný family; domestic
rok, bežný/tento current year
~ **čo rok** from year to year
~, **daňový** income tax year
~, **daňový (fiškálny)** tax year
~ **dividendy, účtovný** dividend year
~, **finančný** financial year; business year
~, **fiškálny** exchequer year; fiscal year (FY)

~, **jednotný ekonomický** united economical year
~, **komerčný** commercial year
~, **obchodný** natural business year; financial year
~, **obchodný (360 dní)** commercial year
~, **rozpočtový** business year
~ **stagnácie** off year
~, **účtovný** fiscal year (FY)
~ **zberu** crop year
rokovania, colné tariff negotiation
rokovanie negotiation
~ **pri okrúhlom stole** round table meeting
ropa crude oil
rovnaký even; congeneric; equal
rovnať sa equal
rovnica, dopytová demand equation
~, **charakteristická** characteristic equation
~ **peňažnej výmeny** equation of exchange
rovnocenný equivalent
rovnomernosť rastu balance of growth
rovnomerný even
rovnoprávny equal
rovnosť parity
rovnováha parity; balance; trim; standoff
~, **agregátna (celková)** aggregate equilibrium
~, **finančná** financial equilibrium
~ **firiem** equilibrium of businesses
~, **makroekonomická** macroeconomic equilibrium
~ **monopolu** monopoly equilibrium
~ **na finančných trhoch** portfolio equilibrium
~ **na trhu peňazí** money market equilibrium
~, **okamžitá** momentary equilibrium
~ **peňažného trhu** money market equilibrium
~ **portfólia** portfolio equilibrium
~ **s vylúčením obchodu** no-trade equilibrium
~, **trhová** market equilibrium
rozbeh start
rozbiehavosť divergence
rozbor schedule; analysation
~ **bilancie (finančného výkazu)** statement analysis
~ **cien** analysis of prices
~ **časových štúdií** analysis of the time studies
~ **faktúr po lehote splatnosti alebo po dni vystavenia** aging
~ **hospodárskej činnosti** business report
~ **chýb** error analysis
~ **nákladov** analysis of the cost
~ **práce** job analysis; operation analysis
~ **tendencií** analysis of the trends
~ **výdavkov** analysis of expenses
~ **výkonov** performance analysis
~ **zisku a strát** gain and loss exhibit
rozčleniť účty dissect accounts
rozdelenie allocation of funds
~ **(opak fúzie)** divesting
~ **aktív** asset allocation
~ **čistého zisku** allocation of net income
~ **kapitalizačnej sadzby** split of capitalization rate(s)
~ **kapitálu** distribution of capital
~ **menových rezerv** distribution of gold holdings
~ **na podiely** allotment
~ **nákladov** division of cost
~ **nákladu hromadného tovaru** breaking bulk
~ **národného dôchodku** distribution of income
~, **nevhodné** bad break
~, **normálne** normal distribution
~ **obchodu a obchodných sfér** pool
~ **podielov** allocation of shares
~, **Poissonovo** Poisson distribution
~ **položky** distribution of item
~ **pracovných funkcií (v organizačnej štruktúre)** staffing
~ **trhu** sharing the market
~, **zdaniteľné** taxable distribution
~ **zisku** profit appropriation; distribution of profit
rozdelený discrete
rozdeliť split; quarter; distribute; parcel; share; apportion
~ **(sa)** part
~ **dôchodok** split income
~ **na stĺpce** columnarize
~ **podiely** allocate shares
~, **pomerne** proportion
~ **sporný rozdiel v cene** split the difference
rozdeľovanie distribution
~ **podľa kľúča** proration
~ **príjmov, funkčné** functional income distributions
rozdeľovať niečo deal st.
rozdeľovník distribution list
rozdeľuj a panuj divide and rule
rozdiel difference; deviation; margin
~ **(v bilancii)** gap
~, **cenový** difference in price
~, **kurzový** exchange difference; exchange-rate difference
~ **medzi hrubou a čistou hodnotou príjmu** margins
~ **medzi nákupnou a predajnou cenou tovaru** markup; margin
~ **medzi nákupnou cenou a nominálnou hodnotou zmenky** discount check; discount charge
~ **medzi promptným kurzom a vyšším termínovým kurzom** report
~ **medzi úrokovou mierou u pôžičky a**

u vkladov margin
~, **oceňovací** difference in valuation
~, **pokladničný** cash deficiency
~ **v cene** difference in price
~ **z drobných partií (na burze)** odd-lot differential
rozdielnosť disparity
rozdiely oproti rozpočtu budget variances
rozdrobenie atomization
rozhadzovať peniaze splurge
rozhodnúť sew up; determine; decide
~ **sa** make up one's mind; decide; resolve
~, **úradne** rule
rozhodnutie resolution; decision
~ **daňového úradu o postupe zdaňovania** advanced tax ruling
~, **krátkozraké** myopic decision
~, **súdne** decree; finding; order
~, **súdne o úpadku** adjudication of bankruptcy
~ **väčšinou hlasov** majority vote
~, **zásadné (typické)** leading case
rozhodný ultimate
rozhodovací decision-making
rozhodovacia tabuľka, zložená complex decision table
rozhodovanie decision taking; decision making
~, **manažérske** managerial accounting
~ **v podmienkach neistoty** decision making under uncertainty
rozhodovať decide; adjudicate; arbitrate
~ **o investíciách** quarterback one's investments
rozhodujúci conclusive; crucial
rozhovor, telefónny telephone call
rozhranie tranche; interface; dividing line
rozísť sa part
rozkaz command; directive; order
~, **bezpodmienečný platobný** selling order
rozklad decay
~ **na súčiniteľov** factoring
rozkladať sa decay
rozkol disunion
rozkúskovať parcel
rozlíšenie resolution
~, **časové** deferring; accruing
rozlišovací discriminating; resolution
rozlišovanie distinction
rozlišovanie: časové r. nákladov a výnosov time differentiation
rozlišovať resolve; discriminate
rozloženie scatter
~ **cien** price spreading
~ **kapitálu** distribution of capital
~ **rizika** distribution of risk
~ **splatnosti pôžičiek a cenných papierov** maturity distribution of loans and securities
rozložiť space; resolve

rozmach boom
~, **hospodársky** economic expansion
rozmedzie range
rozmeniť change
rozmer (písma) size
rozmiestnenie deployment; location; layout
~ **výrobných možností do jednotlivých odvetví** resource allocation
rozmiestniť station; space; distribute
rozmiestňovať place
rozmnožený multigraphed
rozmnožiť duplicate
~ **dokument** manifold a document
rozmnožovač, liehový spirit duplicator
rozmontovať dismantle
roznášať deliver
rozoberateľný dismountable
rozobrať undo; dismantle
rozpad dilapidation
~, **cenový** selling at give-away prices
~ **fúzovaných podnikov** demerger
~ **svetového trhu** dilapidation of the world market
rozpadať sa decay
rozpadnúť sa demerge
rozpätie allowance; spread; margin
~, **bezpečné ziskové** safety margin
~, **cenové** price margin
~, **časové** lay days
~ **dovozcu, ziskové** importer's margin
~, **dumpingové** margin of dumping
~, **hrubé ziskové** gross profit margin
~, **kontribučné** contribution margin
~, **kurzové** margin between the buying and selling price; currency band; range; trading range
~, **kurzové** collar
~, **maloobchodné** retail margin
~ **maloobchodu, ziskové** retail margin
~, **medzitrhové** intermarket spread
~, **mzdové** wage bracket; wage spread
~, **obchodné** business margin; markup; trading range; trade margin
~, **odvodené obchodné** derived margin
~, **opčné** option spreading
~, **pevné obchodné** fixed margin
~, **počiatočné** opening rate
~, **upisovateľské** underwriter's spread
~ **v termínovom obchode, kde sa počíta so stúpaním kurzov akcií** bull spread
~, **ziskové** yield spread; margin of profit; profit margin
~, **zrážkové** reduction margin
rozpínať sa expand
rozpis break-down; schedule; roster
~ **(plánu)** detailing
~ **nákladov** details of charges; cost breakdown
~ **peňažného denníka** breakdown of journal

~ **pohľadávok a záväzkov** breakdown of claims and liabilities
~ **poplatkov (určuje, že strana v transakcii má zaplatiť poplatky)** details of charges
rozpiska specification card slip
rozplynúť sa dissolve
rozpočet money bill; future statement; costing; estimates; calculation; futures statement; budget
~, **alternatívny** variable budget
~, **bežný** current budget
~, **cyklický** cyclical budget
~, **čiastkový** functional budget; subbudget
~, **dlhodobý** long-term budget
~, **dodatočný** supplementary estimates
~, **doplnkový** special budget
~, **dvojitý** double budget
~, **finančný** budget
~, **fixný** static budget
~ **hospodárskeho výsledku** estimated profit and loss
~, **investičný** capital budget
~, **kapitálový** capital budget
~, **kĺzavý** sliding budget
~, **ktorý neustále pridáva budúci mesiac a vypúšťa práve skončený mesiac** continuous budget
~ **miestnej samosprávy** local budget
~ **miezd** payroll budget
~ **nákladov** cost budget
~, **nízky** low budget
~ **obchodnej činnosti** merchandising budget
~, **obmedzený** budget constraint
~ **odbytovej činnosti** distribution budget
~ **orgánov miestnej správy** municipal budget
~, **podnikový (hlavný, celkový, súhrnný)** master budget
~, **podnikový (súhrnný)** summary budget
~, **pokladničný hotovostný** cash budget
~ **predaja** sales budget
~, **prevádzkový** cost distribution sheet; operating budget
~, **priebežný** continuous budget
~ **príjmov a výdavkov hotovostí** cash flow budget
~, **pružný** flexible budget
~ **réžie** overhead budget
~ **režijných nákladov** burden budget
~, **rozšírený** multiple budget
~, **skutočný (súčasný)** actual budget
~, **sociálny** social budget
~ **spotrebiteľa, obmedzený** budget constraint
~, **stavebný** building estimate
~, **štátny** national budget; state budget
~, **štrukturovaný** structural budget
~, **trvalý** continuous budget
~, **upravený** adjusted budget
~, **vládny** government budget
~ **výdavkov** budget
~ **výdavkov a príjmov** sales and revenues budget
~, **vyrovnaný** balance budget
~, **vývojový** project budget
~ **zásob a spotreby materiálu** material budget
~ **ziskov a strát** profit and loss budget
rozpočtovanie nákladov na propagáciu setting ad budgets
rozpočtovníctvo budgetary accounting
rozpojenie disconnection; disjunction
rozpojený disengaged; discrete
rozpor discrepancy; contention; antilogy; conflict; contradiction; offset
~ **medzi tvrdením** variance
~ **niekoľkých tvrdení (ich nezlúčiteľnosť)** repugnancy
rozpoznávanie (znakov) cognition
rozpracovanosť work-in-process
rozpredanie, rýchle out the window
rozpredať clear off
~ **tovar po častiach** dispose of by lots
rozprestierať sa range
rozptyl deviation; diffusion; variance; scatter; dispersion; dissipation
~ **náhodných koeficientov** random coefficient variation
rozptýlenie (dát) dispersion
rozptýlený scatter; random
rozpustenie dissolution
rozpustiť resolve; dissolve; discharge
rozpútať set off
rozruch na burze, prechodný flurries
rozrušiť trouble
rozsah amount; coverage; ambit; size; measure; range
~ **(transakcií na burze)** volume
~, **cenový** price range
~ **kalendára** calendar spreading
~ **poistenia** scope of insurance
~, **stredný** midrange
~ **škody** extent of the damage
~ **štatistického prieskumu** extent of coverage
~ **trhu** size of the market
~ **výberu (štatistického výberového skúmania)** sample size
~ **výroby** output
~, **záverečný (pri obchode s komoditami)** closing range
rozsudok decree
rozšírenie (pamäti) extension
~, **nadmerné** overextension
rozšírený abroad
rozšíriť expand; extend
rozširovanie kapitálu widening of capital; capital widening
rozširovať disperse; circulate
rozširujúci extension

rozštiepenie (rozkol) spoločnosti split of a company
roztriediť range
roztrúsenie wastage
rozum, zdravý common sense
rozumný wise
rozvádzač, hlavný main
rozvaha, bilančná balance sheet budget
rozvhnúť na položky item
rozviazanie zmluvy dissolution
rozvinúť sa develop; expand
rozvoj development
~, ekonomický economic development
rozvoj: štartovacie štádium ekonomického r. takeoff stage of economic development
rozvoz cartage
rozvrh line up; schedule
~, časový time schedule; timetable
~, denný daily schedule
~ hodín timetable
~ nákladov expense allocation; cost allocation; allocation of costs
~ práce labour schedule
~ réžie (v kalkulácii) spoločných finančných nákladov burden distribution (allocation)
~, účtovný spreadsheet
~, účtový list of accounts; chart of accounts
~ výplat disbursement
rozvrhnúť allocate
~, kalkulačne prorate
~ na položky item
~ výdavky allocate expenses
~ výdavky havárie adjust a general average
rozvrhnutie na dni daily spreadover
~ nákladov distribution of cost; account distribution
~ pôžičky loan schedule
~ zdrojov allocation of sources
~ zisku appropriation of profits
rozvrhovať v zozname schedule
rôzniť sa discord
rub mince tails
rubeľ rouble
rubopis endorsement; indorsement
~, bianko blank endorsement
~, obmedzený restrictive endorsement
~, úplný special indorsement
~, všeobecný general endorsement
~, zvláštny (vyplnený) special endorsement
rubrika column
ručenie warranty; suretyship; guarantee; intercession
~ do výšky aktív liability to extent of assets
~, dvojnásobné double liability
~, kapitálové capital liability
~, neobmedzené (za dlhy) unlimited liability
~, povinné damage liability
~ prijaté podľa zmluvy contractual liability
~, spoločné collective liability
~, úhrnné zmluvné aggregate contractual liability
~, všeobecné general liability
~ za akcie liability on shares
~ za indosáciu liability for endorsement
~ za osobu surety for a person
~ za škodu damage liability
~ zákazníkov customer's liability
~, zmluvné contractual liability
ručiaci za niečo liable for
ručiť guarantee
~ za niečo be liable for st.
~ za niekoho do určitej čiastky back sb. to an amount
~ za úhradu zmenky back a bill
ručiteľ caution; surety; cautioner; bail; intercessor; voucher; sponsor; guarantor; security
~ úpisu loan note guarantee
~ záruky pledger
ručiteľov podpis na zmenke aval
ručiteľstvo zmenky bill guarantee
ručný manual
ruch traffic; tear-up
~, domáci cestovný internal tourism
~, obchodný commercial intercourse
ruka, mŕtva mortmain
~ trhu, neviditeľná invisible hand of market
~ trhovej ekonomiky, neviditeľná invisible hand of market economy
~, voľná free hand; carte blanche
rukopis script
rušenie trouble
~ držby trespass
rušiť cancel
~ držbu trespass; convert
rušivý (impulz) transient
rutinný routine
rútiť sa fall
rýdzi fine; true; unadulterated
rýdzosť kovu fineness
ryhovanie milling
rýchle vybaviť rush
rýchlosť obehu velocity of circulation
~ obratu obežných prostriedkov celerity of the turnover of circulating means
~ peňažného obehu velocity of money
~ prevodu rate of conversion
~, priemerná average rate
rýchly express
rys feature; character
~, charakteristický token
rysy, charakteristické description

S

s cieľom ... with a view to ...
~ **dodaním do 30 dní** seller's 30
~ **láskavým prispením** contributions
~ **odvolaním sa na** with reference to st.
~ **odvolaním sa na váš list** referring to your letter
~ **ohľadom na** subject to; considering; with respect to
~ **okamžitou účinnosťou** self-executing
~ **oneskorením** behind schedule
~ **osobným ručením** personally liable
~ **otvoreným koncom** open-ended
~ **platnosťou od** with effect from
~ **plnou zodpovednosťou** with a full sense of responsibility
~ **plným postihom** with full recourse
~ **poctivým úmyslom** bona fide
~ **pozdravom** yours truly
~ **právami** rights on
~ **prepáčením** saving your reference
~ **priateľským pozdravom** yours sincerely
~ **upisovacím právom** cum right
~ **výhradou** under reservation
~ **vylúčením rizika** No risk
~ **vylúčením všetkých práv** ex all
sada stack
~ **(programov)** package
~ **konosamentov** set of bills of lading
~ **štítkov** deck
sadzba tariff; rate; burden rate
~, **bezriziková úroková** riskless interest rate
~, **centrálna** central rate
~, **colná** rate of duty
~, **colná špecifická** specific rate of duty
~, **členská** member's rate
~, **daňová** tax rate; rate of assessment; tariff rate
~ **daňovej prirážky** rate of surtax
~, **denná** daily rate
~, **diskontná** discount rate
~, **dlhodobá úroková** long-term interest rate
~, **dočasne zavedená centrálna** central rate
~, **dopravná** freight rate
~, **druhová** commodity rate
~, **eskontná** discount tariff
~, **hodinová (miezd)** hourly rate; hour rate
~, **implicitná nájomná úroková** implicit lease rate
~, **implicitná úroková (pre leasingové splátky)** implicit interest rate
~, **indexová** index linking
~, **jediná mzdová** single rate of pay
~, **jednotná režijná (celopodniková)** blanket burden rate
~, **kombinovaná** connected load; combination rate
~, **komoditná** commodity rate
~, **konštantná výnosová** constant yield rate
~, **krátkodobá** short-rate cancellation
~, **kupónová** coupon rate
~, **legálna úroková** legal rate of interest
~, **lombardná** rate for bank loans
~, **marginálna daňová** marginal tax rate
~, **medzibanková úroková** interbank offered rate
~, **medzinárodná ponuková** interbank bid rate
~, **miestna** local rate
~, **minimálna** minimum rate
~, **minimálna hodinová (dohodnutá s odbormi)** union rate
~, **mzdová** rate of wages; wage rate
~, **mzdová hodinová** compensation per hour; wage hour rate
~, **najnižšia** stop
~, **najvyššia daňová** tax rate limit
~, **nominálna úroková** nominal interest rate
~, **normálna** ordinary rate
~, **normálna režijná** standard burden rate
~, **normálová režijná** normal burden rate
~, **obyčajná poštovná** surface mail rate
~, **oceňovacia** appreciation rate
~, **odpisová** rate of depreciation; allowance for depreciation; depreciation rate
~, **paušálna** flat rate
~, **peňažná úroková** money interest rate
~, **percentuálna** percentage rate; percentage
~, **pevná** fixed rate
~, **pohyblivá** floating rate; sliding scale; flexible rate
~ **poistného** premium rate
~, **pomerná** pro rata rate
~, **poštová** postal tariff
~, **pôžičková** loan rate
~, **pracovná mzdová** labour rate
~ **pre krátkodobé poistenie** short rate
~, **prémiová (u opčných obchodov)** premium rate
~, **prepravná** freight charge; freight rate; shipping cost
~, **pri ktorej banka ponúka zahraničnú menu** left-hand side
~ **pri vkladoch, úroková** deposit interest rate
~, **priama (priebežná)** through rate
~, **priemerná** average rate
~, **prírastková daňová** marginal tax rate
~, **prirodzená úroková** natural interest rate
~, **pružná** flexible rate
~, **reálna úroková** real interest rate
~, **reportná** contango

~, **reportná (na burze)** continuation rate
~, **režijná** overhead rate
~ **režijných nákladov, rozpočtová** budget rate of overhead cost
~, **riziku prispôsobená eskontná** risk-adjusted discount rate
~, **ročná** annual rate
~, **ročná percentuálna** annual percentage rate
~, **rovnaká daňová** flat tax
~, **skupinová** class rate
~, **skutočná diskontná** true discount rate
~, **skutočná režijná** actual overhead rate
~, **strojová hodinová** machine-hour rate
~, **stupňovitá** step rate
~, **tarifná** tariff rate
~, **trhová úroková** market interest rate
~, **úkolová** piecework rate; job rate
~, **upraviteľná** adjustable rate
~, **úroková** interest rate; bank rate; rate of interest; loan rate
~, **úroková z úrokových kupónov** coupon rate
~, **úžernícka úroková** usurious rate of interest
~, **verejná úroková** advertised rate of interest
~, **vlastná úroková** own interest rate
~, **všeobecná colná** general rate of duty
~, **všeobecná kapitalizačná** capitalization rate (s), over all
~, **výročná** annual rate
~, **vyrovnávacia úroková** equilibrium interest rate
~ **za akékoľvek množstvo** any-quantity rate
~ **za celovozidlový náklad** truck-load rate
~ **za kusový tovar** part-load rate
~ **za nákladnú dopravu** transportation rate
~, **základná** rate base; base rate; basis quote
~, **základná banková** prime rate
~, **základná daňová** standard rate
~, **základná mzdová** base pay rate
~, **základná úkolová** basic piece rate
~, **znížená** cutback rate; concessional rate
~, **zúčtovacia** charging rate
~, **zvláštna** special tariff
sadzba: pri zníženej sadzbe at reduced rate
~ **úroková s. denných peňazí** call rate
sadzby, daňové rates of tax
~, **depozitné maximálne úrokové** deposit ceiling rates of interest
~, **minimálne mzdové** minimum wage rates
~ **na voľnom trhu, úrokové** open-market rates
~ **obchodného rozpätia** margin tariffs
~, **odpisové** allowances for depreciations
~, **ochranné** shut-off rates
~ **peňažného trhu** money market rates
~ **poplatkov za propagáciu** advertising rates
~, **rozhlasové** radio-station rates
~, **úrokové** money rates
~ **za povoz** cartage rates
~, **zmiešané** mixing rates
sadzobník price list; table of fares; tariff; freight tariff; rate book
~ **(daní)** rates tariff
~, **colný** custom tariff
~, **jednotný** unilinear tariff
~, **mzdový** tariff of wages; scale of wages; table of wages
~ **poplatkov** scale of fees
saldo balance; remainder; amount of balance
~, **aktívne s. na bankovom účte** bank balance
~, **celkové** total balance
~, **debetné** overdraft; balance due; debit balance
~, **dlžobné** balance of a debt; remainder of a debt
~, **emisné** issue balance
~, **konečné** closing balance
~, **kreditné** credit balance
~, **nulové** zero balance
~, **pasívne** credit balance; adverse balance
~, **počiatočné** starting balance
~, **počiatočné (stav, zostatok)** opening balance
~ **pohľadávok a dlžôb** balance of receivable accounts and debts
~, **prevodné** balance brought down
~ **strany Má dať** balance due
~ **v prospech** balance in favour
~, **záporné** negative remainder
saldo: na saldo on balance
saldokontista ledger clerk
saldokonto account file; ledger; list of balances; purchase or sale ledger
~ **dlžníkov** accounts receivable ledger
saldovanie, priame direct balance
saldovať receipt; balance
~ **konto** balance an account
~ **účet** counter-balance
samofinancovanie self-financing; internal financing
samopoistenie self-insurance
samospráva self-management
samostatnosť, finančná financial autonomy
samostatný (podnikateľ) self-employed
samozásobenie in-house consumption
sankcia sanction
~, **právna** deterrent of law
sankcie, hospodárske economic sanctions; economic reprisals; economic war-

fare
sankcionovať sanction
sanovať (platobnú bilanciu) prop up
satisfakcia satisfaction
saturovať saturate
sčítací summing
sčítačka comptometer
sčítanie count
~, **doplnkové** complement addition
~, **krížové (v stĺpcoch i riadkoch)** cross addition
~ **ľudu** census
sčítať sum up; top up
sebaistý confident
sebaocenenie self-assessment
sebestačnosť, hospodárska autarchy; self-sufficiency
segment section; segment; slice
segmentácia trhu market segmentation
segmentovať section
sekcia section; department; segment
~, **účtovná** category of cost
sekretár clerk
sekretariát secretarial services
sekretárka office girl
sektor slot
~, **nebankový** nonbank sector
~, **štátny** institutional sector; public sector
sekvencia sequence
sekvenčný consecutive; sequence; sequential; serial
seminár workshop
senzál exchange broker; stock-broker
~ **(vykonáva príkazy v burzovej hale)** floor broker
~, **burzový** jobber; stockjobber
senzor sensor
séria batch; set
~, **chronologická** time series
sériový serial
servis service
servisný service
sféra domain
~, **nevýrobná** nonproductive branch
~ **pracovného trhu, kde nemožno uplatniť pracovnoprávne predpisy** urban informal sector
schéma chart; schedule; scheme
~, **bloková** flowchart
~, **organizačná** organization chart; table of organization
~ **účtovania** scheme of posting
schodok cash deficit; deficiency; deficit; gap; imbalance; shortfall; out-turn in the red; shortage
~, **dolárový** dollar gap
~, **inflačný** inflationary gap
~, **obchodný** trade gap
~, **pokladničný** deficiency of money
~, **rozpočtový** budget deficit
~ **v pokladni** shortness of cash
schopnosť operability; capacity; aptitude; capability; craft; competence; faculty
~, **absorpčná** absorptive capacity
~ **dialógu** dialog faculty
~, **obchodná platobná** business solvency
~ **platiť (dane)** taxpaying ability
~, **platobná** liquidity; solvency; financial solvency
~, **pracovná** working ability
~, **predajná** placing power
~, **rozlišovacia** resolution; differentiation ability
~ **splácať pôžičky** repayment ratio
~ **splniť svoje záväzky** acid test ratio
~ **súťažiť** competitive strength
~ **trhu, absorpčná** absorption faculty of the market
~, **úverová** creditworthiness
~, **vypovedacia** expressing power
~, **zárobková** earning power
schopný able
~ **platenia** solvent
~ **prepustenia na kauciu** bailable
schôdza appointment; session
~, **verejná** public meeting
~, **výročná plenárna** annual general meeting
schôdzka date; engagement
schránka tray
~, **bezpečnostná** safe-deposit vault; safe; depository; safe-deposit box
~ **elektronickej pošty** mailbox
~, **inkasná** courtesy box
~, **poštová** mail box
schválenie confirmation; approval; endorsement; fiat; assent; confirm
~ **šeku** check authorization
~ **účtov** approval of bills
~ **účtovných výkazov** authorization of financial statements
schváliť adopt; commend; valid; approbate
~ **(zákon)** pass
~, **podmienečne** condition
schvaľovanie (dane), nové reimposement
~ **programu** program approval
sídlo establishment; seat
~ **(závodu)** location
~, **hlavné** main location
~ **korporácie** domicile of corporation
~ **spoločnosti zapísanej v obchodnom registri** registered office
sieť bankových pobočiek branch banking network
~, **centralizovaná (hviezdicová)** spider network
~ **kariet** card network
~, **(malo)obchodná** network of shops
~, **sociálna záchytná** social safety net
~, **stromová** tree network; tree
signál signal
~, **obsadzovací** connect signal

signalizačný signal
signalizovať signal
signatár signatory
~ **zmluvy** signatory to the treaty
signatárny signatory
signovanie, identifikačné na obaloch tovaru identification markings
sila force
~, **banková (určená nadbytkom bankových rezerv)** banking power
~, **finančná** leverage; gearing
~ **firmy, výnosová** earning power
~, **kúpna** purchasing power; buying/purchasing power
~, **pracovná** labor; labour; manpower
~, **skutočná kúpna** disposable personal income
~, **voľná kúpna** discretionary spending power
~, **výrobná** productive power
sila, kvalifikované pracovné trained personnel
~, **nekvalifikované pracovné** common labour
~, **pracovné** labour power; labor force
~, **výrobné** forces of production
simplexový simplex; one-way
simulant sham
simulovať simulate
simultánny concurrent
singulárny specific
situácia position; situation; setup; layout
~, **finančná** financial position; financial standing; cash position
~, **hospodárska** economic conditions
~, **keď ceny nevykazujú žiadny trend** mark time
~, **kritická na finančnom trhu** tight money market
~ **na burze a na devízovom trhu, keď sa cena plnenia blíži k bežnej trhovej cene** at the money
~ **na burze, keď cena cenného papiera je vyššia ako realizačná cena** out-of-the money
~ **na burze so stúpajúcou tendenciou cien (špekulujúci na hausse)** bullish
~ **na trhu** market condition
~, **nepríjemná finančná** squeeze
~, **obchodná** state of business
~, **ťažká finančná** involvement
~, **výnimočná** contingency
~, **zložitá alebo napätá** pinch
skartovanie účtovných písomností accounting papers destruction
skaza destruction
sklad magazine; depot; stock; storage; store
~, **colný** bonded warehouse
~, **dielenský** in-process store
~, **nadmerný** excessive inventory
~, **prebytočný** overstock
~, **predajný** distribution depot
~ **rozpracovaných výrobkov** in-process store
~, **štátny colný** public stores
~ **tovaru na colnici** customs warehouse
~, **verejný colný** public bonded warehouse
sklad: na (konsignačný) sklad on consignment
skladať niečo compose st.
~ **účty** render an account
skladba composition; pattern
~, **hospodárska** economic structure
skladby sortimentu a porovnanie služieb competitive profile
skladisko storage building; storage room
skládka dump
skladné store charge; storage
skladovanie storage; warehousing
skladovať stock
~ **mnoho tovaru** overstock
skladovateľnosť storage life
sklon tendency; trim; propensity
~ **k investíciám, hraničný** marginal propensity to invest (MPI)
~ **k investovaniu** determination toward investment; propensity to invest
~ **k spotrebe, hraničný** marginal propensity to consume (MPC)
~ **k úsporám** propensity to save
~ **k úsporám, hraničný** marginal propensity to save (MPS)
sklz lapse; slack
~ **cien** slipping
~ **dodávky** gliding delay in delivery
skok jump
~, **neočakávaný cenový** pinch
~, **podmienený** conditional jump
skokový step
skomolenie distortion
skomoliť distort
skončenie expiry
~ **platnosti ponuky** determination of offer
skončiť s mankom show a deficit
skonfiškovať embargo; escheat
skonto cash discount; sales discount; discount; drawback
~ **odberateľov** customer's ledger
~ **pri nákupe** purchase discount
skontro scontro
skontrolovať check up
skontrolovateľný checkable
skoro zadarmo for next to nothing
skorší preengagement
skorumpovať fix
skôr, hore uvedený afforecited
~ **splatný** overdue
skrachovať fail up; turn bankrupt
skrátenie reduction
~ **(termínu dospelosti cenných papie-**

rov) short
~ **šeku** check truncation
skrátiť cut down; diminish; abbreviate; curtail; cut
skreslenie deformation; distortion
~, **charakteristické** characteristic distortion
skriňa, úschovná custody cabine
~, **výkladná** display case; display window
skrinka, čierna black box
skriňový console
skript script
skrížiť traverse
skrytý (chyba) disguised
skúmanie survey; research; inquiry; search
skúmať search; explore; research
skúpenie buy-out
~ **(k ovládnutiu trhu)** engrossment
~ **akcií na dlh** leveraged buyout
~ **najmenej 51 percent akcií** takeover
~ **tovaru** corner
~ **všetkých zásob (tovaru)** coemption
skupina section; category; stack
~, **aktívna (na burze)** active crowd
~ **indikačných znakov** prosign precedence
~, **klasifikačná** peer group
~ **konajúca podľa vlastného uváženia** discretionary pool
~, **nátlaková** lobby
~, **obchodná** class of trade
~ **obyvateľstva, príjmová** income group
~, **pôžičková** loan crowd
~, **sortimentná** product line
~, **účtová** group of accounts
~ **výrobkov** product line
~, **záujmová** lobby; clique
skupinový family; cluster
skúpiť buy up; buy-in
~ **vlastné akcie na burze** go private
~ **vo veľkom** engross
skupovať buy in
skúsenosť experience
skúsený skilled; wise; expert
skúsiť try
skúšanie checking
skúšať test
skúška assay; check; inspection; test
~ **duplicity** collision check
~, **prijímacia** acceptance test
~, **typová** design test
~ **úverovej bonity** acid test ratio
skúšobný pilot; test
skutočne de facto
~ **nezaplatené** actually outstanding
skutočný instantaneous; effective; real; true; effectual
slabika, kontrolná check byte
slabnúť decline; decay
slabý soft
sled train; sequence
sledovací trace
sledovanie watch and ward
~ **kontrolných súčtov** check sum monitoring
sledovať keep track; trace; view
~ **(let)** course
~ **konkurenciu** follow the competitors
~, **prenikavo zmeny na burze (cenných papierov)** eyeing changes in the stockmarket
sloboda freedom
~ **podnikania** freedom of trade
slovník dictionary
slovo, kódové code word
~, **kontrolné** check word
slučka, uzavretá closed loop
slušnosť fairness
slušný fair
služba service; part
~, **dlhová** debt service
~, **informačná** inquiry service
~, **nepretržitá banková** twenty-four-hour banking
~, **poradenská** consultancy
~, **poštová sporiteľná** postal savings
~ **štátneho dlhu** debt service
~ **tretej strane, platobná** third-party payment service
~ **zahraničného dlhu** service of foreign debt
~ **zákazníkom** field service
služby, bankové ponúkané širokej verejnosti retail banking
~, **bankové pre motoristov** drive-in banking
~, **bankové v závode** in-plant banking
~ **banky klientom** banking facilities
~, **diaľkové bankové** remote electronic banking
~, **komplexné bankové** one-stop banking
~, **medzinárodné bankové** international banking facilities (IBFs)
~, **obchodno-technické** commercial and technical services
~, **poštové bankové** bank by mail
~, **sprostredkovateľské** middleman services
~ **užívateľom počítača** computer service bureau
~, **verejné** utility
~ **zákazníkom** customer service
služobnosť easement
smena turn
~ **jedného pracovníka** manshift
smennosť shift working
smer route; direction; trend
~ **(vývoja)** departure
~, **priečny** traverse
smernica rule; instruction; directive; order; rulebook; direction
~ **k účtovej osnove** directive to chart of

accounts
smernice directives; guidelines; regulation; practices
~, daňové tax guidelines
~, kalkulačné directive for costing
~ pre rozpočtovanie budget manual
smerodajný standard
smerovať route; direct; channel; trend
smerový direction
smerujúci dole downward
snaha effort
~, masová o výber bankových vkladov bank run
snímač sensor
~ (preukazov) receiver
snímok aktualizovanej položky after-image
so spiatočnou adresou self-addressed
~ srdečným pozdravom yours cordially
~ všetkou úctou yours faithfully
~ zľavou at a discount
sobášnosť (ukazovateľ) nuptiality
socioprofesionálny socioprofessional
solídny square
sólo (zahraničná zmenka vystavená v jedinom exemplári) sola
sólozmenka only bill
solventnosť solvency; ability
solventný able to pay; solvent
sondáž sampling method
sortiment product; choice; assortment
~ (druh) tovaru line
~, povinný compulsory assortment
~, úplný complete line
~, výrobný production assortment
spád descent
spadať pod poisťovňu be affiliated to an insurance institution
~ pod premlčanie come under status of limitations
spájanie alebo rozdeľovanie slov hyphenation
~ podnikov, monopolné combination
spájať connect; compound; link
~ (program) compose st.
~ (sa) amalgamate
spätný prior; reverse
speňaženie realization
~ (cenných papierov) encashment
~ dlhu debt monetization; monetizing the debt
speňažiť monetize
~ (cenné papiere) encash
speňažiteľný negotiable; cashable
spestrenie sortimentu diversification
spešnina dispatch goods
spevnenie consolidation
spiatočné dopravné return freight
spiatočný reply
spis document; record
~, súdny dossier
spísanie zmluvy formation of a contract
spísať list; draw up
~ zmluvu to form a contract; to record a contract
spisy files
splácanie redemption; paying-off
~ (kapitálu, akcií) payment in (of capital, of stock)
~ akcií paying-off shares
~ dlhu bank payment
~ pohľadávky amortization
splácať dlh clear off a debt; service the debt
~ úver pay back the credit
~ v lehotách (v splátkach) pay by installments
splatenie extinction; pay; repayment; payoff; refund; retirement
~ dlhu acquittance
~ kapitálu repayment of principal
~ pôžičky loan repayments
splatený paid-up
~ (kapitál) paid-in
~, čiastočne part-paid
splatiť pay off; wipe off a debt; get back at sb.; pay up; pay
~ (hypotéku) lift
~ (uhradiť) zmenku take up a bill
~ akcie, čiastočne part-pay a share
~ akciu pay up a share
~ dlh acquit a debt; repay
~ dlhopisy redeem bonds
~ hypotéku extinguish a mortgage
~ pôžičku repay a loan
splatiteľný redeemable
splátka installment payment; installment; part-payment; repayment; ante; part payment; partial payment; time payment
~, balónová balloon payment
~ honoráru retainer
~, chýbajúca missing payment
~, konečná final installment
~, konštantná constant payment
~, mesačná monthly installment
~, minimálna minimum payment
~ na účet payment on account
~, neskoro obdržaná late posting payment
~, odložená deferred payment
~, oneskorená late payment
~, ročná annuity
~, splatná installment due
~, štvrťročná quarterage
~, umorovacia sinking fund payment
~ z úveru installment on credit
~, zle kódovaná misencoded payment
splátkami by installments
splátkový installment
splátky, leasingové, ktoré stúpajú alebo klesajú step payments
~ na zahraničný dlh ako percento ex-

portných ziskov debt service ratio
~ **úrokov, celkové** total interest charges
splátky: na splátky on time
~ **splátkový režim s pozastavením splátok, ktoré pokračujú neskôr** skip payments
splatné od due from
~ **pri dodaní** collection on delivery
~ **pri predaji** due-on-sale
~ **u ...** made payable at st.
~ **v hotovosti** payable in cash
splatnosť (pohľadávky) maturity
~ **(úveru)** repayability
~ **dane** tax maturity
~ **obligácie** maturity of bond
~ **pôžičky** loan maturity; redemption date; maturity of loan
~ **zmenky** date of maturity of a bill
splatnosť: pri splatnosti on maturity
~ **skôr splatný** overdue
splatný outstanding; due to; collectable; due; payable
~ **dopredu** payable before hand
~ **na dobierku** payable on delivery
~ **na požiadanie (pri predložení)** payable on demand
~ **na požiadanie pred splatnosťou** callable
~ **niekomu** payable to sb.
~ **odosielateľovi** our account
~ **pri doručení** payable on delivery
~ **pri predložení** payable at sight; payable on presentation
~ **v cudzej mene** payable in exchange
~ **v prípade úmrtia** payable at death
split, obrátený reverse split
~**, obrátený akciový (delenie akcií)** reverse stock split
spĺňať answer
~ **požiadavky** to be up to standard
splnené (na burze) completes
splnenie, presné specific performance
splniť fulfill; comply with; carry out; implementation; fill
~ **(sľub)** perform
~ **objednávku** fill an order
~ **očakávania** deliver
~ **svoje záväzky** meet one's obligations
~ **termín** meet the deadline
~ **záväzok** meet a liability
~ **zmluvu** fulfill a contract
splnomocnenec delegate; designee; attorney; authorized representative
splnomocnenia, poručnícke trust powers
splnomocnenie warrant; deed of trust; mandate; commission
~**, firemné na rokovanie s bankou** corporate resolution
~ **na platbu** authority to pay
~ **na výplatu** authority for payment
~**, úverové** credit proxy
splnomocnenie: na základe vášho s. acting on your authority
splnomocniť accredit; constitute; delegate
~ **niekoho na niečo** confer authority on sb. for st.
splynúť amalgamate
splynutie merger; merge; consolidation
spočítať cast up; total
~ **výdavky celkom** to total up expenses
spodný down
spoj communication
spojenie alliance; connection; union; merge; combination; communication; join
~**, bankové** banks correspondent
~**, konferenčné** conference
~**, zostupné** downstairs merger
spojiť carry over; connect
~ **(sa)** merge
~ **prevodom jeden účet s druhým, keď prvý účet stratí identitu** absorb
~ **sa** combine
spojitosť compendency; coherence; tradeoff; nexus
spojitý continuous
spojka link
spojovací connection; connect
spojovať channel
~ **(program)** couple
spojovateľka operator
spojovník: bez spojovníka hyphenless
spokojnosť contentment
spoľahlivosť solidity
~ **strojov** machines reliability
spoľahlivý safe; credible; confident; dependable; sound
spolčenie za účelom obmedzovania slobody obchodu combination in restraint of trade
spolčovanie combination
spolkový confederate
spoločenskoekonomický socioeconomic
spoločenstvá konečných spotrebiteľov consumer's cooperatives
spoločenstvo community; partnership; pool; companionship
~**, hospodárske** economic grouping
spoločne dohodnúť concert
~ **užívať** share
~ **vlastnený** co-owned
spoločník associate; partaker; fellow; partner
~ **s obmedzeným ručením** special partner
~**, tajný** secret partner
~**, tichý** sleeping partner; dormant partner
~**, verejný** active partner
spoločnosť companionship; community; company (Co.)
~ **(vedecká)** institute
~**, akciová** stock company; stock corporation; proprietary company; company limi-

ted by shares; joint-stock company
~, **akciová komanditná** partnership limited per shares
~, **akciová poisťovacia** stock insurance company
~, **akciová s väčšinovou účasťou štátu** state controlled corporation
~, **burzová** exchange company
~, **cieľová** target company
~, **cudzia** edge corporation
~, **dcérska** subcompany; subsidiary; subsidiary company
~, **delená investičná** split investment company
~, **depozitná poručnícka** depositary trust company
~, **diverzifikovaná investičná** diversified investment company
~, **finančná** institution
~, **holdingová (viacerých bánk)** holding company (multiple bank)
~, **inovačná kapitálová** venture capital financing Co.
~, **investičná** investment company
~ **jednej banky, holdingová** one-bank holding company
~ **jednej osoby** corporation sole
~ **jednotlivca, akciová** single-person corporation
~, **kapitalizačná** capitalization company
~, **komanditná** special partnership; special limited partnership; limited partnership; commandite
~, **komerčná** commercial company
~, **konzumná** consumer society
~, **ktorej akcie sú k dispozícii pre verejnosť** publicity held corporation
~, **ktorej akcie sú prijaté na burze** listed company
~, **maketová** dummy incorporators
~, **maklérska** odd-lot house
~, **manažérska investičná, ktorá získala kapitál prostredníctvom verejnej ponuky** closed-end investment company
~, **materská** parent company
~, **nadnárodná** transnational company; multinational corporation (MNC)
~, **neakciová finančná** nonstock money corporation
~ **občianskeho práva** society of civil law
~, **obchodná** commercial company; trading company
~, **obchodná zo zákona** civil corporation
~ **obchodujúca s cennými papiermi** securities company
~, **osobná** single-person corporation
~, **ovládaná** controlled company
~, **podriadená (dcérska)** subsidiary company
~, **poisťovacia** insurance company; surety company

Spoločnosť pre celosvetové bankové telekomunikačné spojenie Society for Worldwide Interbank Financial Telecommunications (SWIFT)

spoločnosť pred zrútením collapsible company
~ **predáva sama seba** „vanilla“ transaction
~ **prijímajúca vklady** deposit-taking company
~, **príležitostná obchodná** occasional association
~, **registrovaná investičná** registered investment company
~ **s jednoduchou kapitálovou štruktúrou** single capital structure company
~ **s ručením neobmedzeným** unlimited company
~ **s ručením obmedzeným** company limited by shares; limited liability company; nonstock corporation; limited corporation; limited company
~ **s viacnásobnou kapitálovou štruktúrou** multiple capital structure company
~, **sesterská** affiliate company; affiliated society
~, **súkromná s ručením obmedzeným (nekótovaná na burze)** private limited company
~, **špecializovaná investičná** specialized management trust
~, **štatutárna investičná** regulated investment company
~, **tichá** silent partnership
~, **úverová** credit company; loan society
~, **úverová obchodná** consumer credit company
~, **väčšinovo vlastnená dcérska** majority-owned subsidiary
~, **verejná** unlimited company
~, **verejná obchodná** copartnership; public owned corporation; partnership; public trading company; public company
~ **vlastniaca banku** bank holding company
~, **vlastnícka** proprietary company
~ **vybraná na zakúpenie väčšiny akcií** target company
~, **vysoko zadĺžená** leveraged company
~, **vzájomná** mutual company
~, **zadĺžená** thin corporation
~, **zahraničná** alien company
~, **zaisťovacia** reinsurance company
~, **zaniknutá** defunct company
~, **záručná vydávajúca záručný list** cosurety
~, **záujmová** concern
~, **zmluvná** agreement corporation

spoločnosti, ktoré fungujú ako jednotka holdingového systému podniku component operating firms

~, **prahové** threshold companies
spoločný communal; concerted; multiple; corporate; common
Spoločný ekonomický výbor Joint Economic Committee
spolok companionship; corporation; union
spolu in toto; in total; altogether
spoludedičstvo coparcenary
spoludlžníci joint debtors
spolufinancovanie cofinancing
spolumajiteľ partner; co-owner
spolupartnerstvo copartnership
spolupodielnik copartner
spolupodpis countersignature
spolupoisťovateľ coinsurer
spolupôsobenie concurrence
spolupôvodca cooriginator
spolupráca so zákazníkom customer interface
spolupracovať cooperate
spolupracovník contributor; fellow-worker
spolupredsedajúci cochairman
spoluriaditeľ comanager
spolurozhodovanie codetermination
spoluručenie (spoluručiteľ) cosurety
spoluúčasť codetermination; sharing
spoluúčastník associate; partaker
spoluveritelia joint creditors
spoluvina complicity
spoluvlastníctvo co-ownership; coparcenary
spoluvlastník co-owner
spoluzodpovednosť involvement
spomalenie ekonomiky soft landing
spomaľovanie deceleration
sponzor booster; sponsor
sponzorovať back; sponsor
spor dispute; contention; cause; process; difference; debate
~, **súdny** case
sporenie saving
~, **podnikové** down pay
sporiť save
sporiteľňa savings bank; savings house; institution; thrift institution
~, **akciová** joint-stock savings bank; stock savings bank
~, **poštová** post-office savings bank
~, **prvá stavebná** first building society savings bank
~, **vzájomná** mutual savings bank
Sporiteľné životné poistenie Savings Bank Life Insurance (SBLI)
sporivosť thrift; economy
sporný moot; contentious; at issue
sporožíro budget account
spotreba consumption
~, **bežná** current consumption
~, **celková** overall consumption
~, **kapitálová** capital consumption
~ **materiálu** material usage
~ **na hlavu** consumption per capita
~, **nevýrobná** nonproductive consumption
~, **podpriemerná** underconsumption
~ **práce** labour-consumption
~, **priemerná** mean consumption
~, **žiadúca** desired consumption
spotrebič consumer
spotrebiteľ user; consumer
~, **konečný** final consumer
spotrebitelia the buying public
spotrebovanie podstaty depletion
spotrebovať exhaust; spend; expend
spozorovať notice
spôsob practices; mode; wise; method
~ **obchodovania** conduct of business
~ **ocenenia** method of valuation
~ **odoslania** mode of dispatch
~ **platenia** form of payment; mode of payment
~ **platenia oprávnenému** beneficiary method of payment
~ **poskytovania úverov, produktívny** true cost banking
~ **postupu pri výbere akcií** stock picking
~ **práce** method of operation; method of working; mode of operation
~ **spracovania** method of working; mode of processing
~ **účtovania, jednostranný** one-sided bookkeeping process
~ **úhrady** reimbursement method
~ **výroby** mode of production
~ **vyrozumenia oprávnenej osoby** beneficiary advice method
~ **života** course
spôsobený due
spôsobilosť faculty; qualification; capacity; capability
~ **aktívna, šeková** capacity of being the drawer
~ **pasívna, šeková** capacity of being the drawee
~, **platobná** solvability
~ **strán uzatvárať zmluvy** capacity of parties to contract
~, **zmenková** capacity to endorse bills; capacity to draw bills
spôsobilý competent
~, **zmenkovo** able to draw bills
spôsobiť cause
~ **náhly (úplný) obrat** turn the tables
~ **niečo** occasion
spracovanie working; manipulation; treatment; process
~ **dát, automatické** datamation
~, **postupné (s ukončením predošlej dávky alebo s použitím akumulácie)** batch processing
~ **strojom** machine processing
~ **šekov** check processing
~ **šeku, zrýchlené** check truncation

~, **štatistické** statistical treatment
~ **udalosti** posting
spracovať manipulate; utilize; process
spracovávať handle
správa communication; conduct; accounting; advice; communiqué; word; notice; statement; report; management; message; summary; relation; board of management; trust; trusteeship
~ **auditora s určitou výhradou** qualified report
~, **auditorská** audit report
~, **burzová** floor report; exchange report
~, **cestovná** account of journey; report of a journey
~, **colná** administration of the customs
~ **depozitu** deposit administration
~, **dôverná** confidence
~, **dôverná o riziku** confidential risk report
~, **elektronická** mailgram
~ **elektronickej pošty** mail message
~, **finančná** Financial Control
~, **hospodárska** Janitorial Department
~ **hypotekárnych pôžičiek pre investorov nezávislými pôžičkovými korešpondentmi** correspondency system
~ **hypotéky** mortgage administration
~, **chybná** nil report
~, **chybová** error message
~, **jednoduchá debetná** single debit reporting
~ **majetku** administration of assets; trust
~ **miezd a platov** wage and salary administration
~ **národnej banky** national bank call
~, **nepotvrdená** rumour
~, **nútená** receivership
~ **o analýze** analysis paper
~ **o debetnom účtovaní** advice of debit
~ **o chybe** error message
~ **o obdržaní** advice of receipt
~ **o podnikovej činnosti** business report
~ **o realizácii rozpočtu** performance report
~ **o stave financií** report on the finances
~ **o stave účtu** activity status report
~, **obchodná** business report
~, **odosielaná** outgoing message
~, **optická** display message
~, **pokladničná** cash report
~ **pre zákazníka pred dodaním tovaru** advice note
~, **prenášaná** message
~, **revízna** audit report; auditor's report
~, **štátna finančná** treasury
~, **stavová** status report
~ **súboru** filing
~, **súhrnná** abstractive report
~, **štandardná** common message
~, **trhová** market report
~, **týždenná** weekly report
~ **účtovej evidencie a výkazov** direction of accountant evidence and returns
~, **účtovná** accountant's certificate
~, **výročná** annual report; annual statement
~, **výročná (za rok ...)** annual report (covering ...)
~, **výročná pre akcionárov** stockholders annual report
~, **výstražná** alarm message; alert message
~, **zablokovaná** dead letter
~, **záručná** collateral management
~, **záverečná** closing statement
správanie, náhodné (stochastické) random behaviour
~ **sa** conduct
~ **sa, trhové** market behaviour
správca manager; custodian; governor; trustee; administrator; superintendant
~, **dočasný** temporary administrator
~ **konkurznej podstaty** trustee
~ **majetku** factor
~, **poručnícky v mieste bydliska** domiciliary trustee
~ **pozostalosti, súdom stanovený** receiver for the estate
~ **trustu** trustee; trustee stock
~, **vnútený** receiver; trustee in bankruptcy
~ **založenej veci zriadený záložným veriteľom** receiver
spravidla as a rule
správny true; de jure; correct; proper
~ **orgán** agency
spravodajstvo coverage
spravodlivý fair; equitable
správy (tabuľky), burzové stock market listings
~, **burzové** financial news
~, **finančné** financial reports
~, **obchodné** advices
sprenevera defalcation; misappropriation; malversation; fraud
spreneveriť embezzle
~ **niečo** defraud
~ **peniaze** sink money
sprepitné pin money; gratuity; gratification
spriahnutý in gear
sprievodka despatch note; dispatch note; ticket
sprievodný collateral
sprísnenie daňových povinností tax disallowances
sprístupnenie retrieval
~ **(prírodných zdrojov)** development
sprostredkovanie intercession; intervention; transmission
~, **finančné** factoring
sprostredkovať immediate
sprostredkovateľ contact; commercial agent; dealer; trustee; agent middleman;

promoter; mediator; middleman; negotiator; agent; entrepreneur; intercessor; factor
~, **autorizovaný** accredited agent
~, **ktorý preberá výrobky do svojho vlastníctva** merchant middleman
~, **ktorý zabezpečuje objednávky od kupujúcich a posiela objednávky výrobcom** drop shipper
~ **kúpy a predaja** jobber
~ **na burze** stockbroker
~ **nehnuteľností** house purchase agent
~, **peňažný** money broker
~, **poisťovací** insurance broker
~ **predaja** merchandise broker
~ **realít** land agent
~, **realitný** real estate agent
~ **za províziu** commission agent
sprostredkovatelia factors
sprostredkovateľňa práce public employment service
spustenie start-up; start
spustiť start; run; set up
~ **príkazy na nákup pri dosiahnutí určitej kurzovej hranice** touch off the stops
spúšťací start; start-up
spýtať sa na cenu inquire the price
spytovať sa make enquiries
stabilita devízových kurzov foreign exchange stability
~, **ekonomická** flation
~, **hospodárska** economic stability
stabilizácia cien price stabilization
~ **meny** stabilization of money
~ **miezd** wage stabilization
~ **trhu** market stabilization
stabilizovanie crawling peg
~ **cien** price peg
~ **dividendy** dividend freeze
stabilizovať (stabilizácia) peg (pegging)
stacionárny stationary
stagflácia (stagnácia a inflácia ekonomiky) stagflation
stagnácia stagnation
~, **dlhodobá** secular stagnation
~ **hospodárskej aktivity** slump point
~ **odbytu** slackness
stagnovať be in doldrums
stagnujúci dull
sťahovanie migration
~ **obeživa** deflating
stálosť duration; constancy
stály stationary
stanica station
~ **na prenos dát telefónnym vedením** dataphone
~, **obchodná** factory
~, **účastnícka** terminal
stánok display stand
~, **predajný** booth
stanovenie setting; determination; assessment; fixing; assignment
~ **(cieľov)** set
~ **ceny** fixing the price
~ **ceny komodity na burze** fixation
~ **ceny zlata** gold fixing
~ **cien** price determination; price fixing
~ **cien pod zaokrúhlenú hodnotu** odd-value pricing
~ **dolárového priemeru** dollar (cost) averaging
~ **kapacity** sizing
~ **minimálnych miezd** minimum wage fixing
~ **mzdových sadzieb** rate setting
~ **mzdy** pay settlement
~ **nízkej ceny (za účelom získania zákazníkov)** leader pricing
~ **prienikových cien** penetration pricing
~ **rovnakých cien pre skupinu rôznych výrobkov** price lining
~ **sadzieb, kombinované (za dodávku energie)** connected load
stanovisko view; site; station
stanovište, predajné point of sale (POS)
stanoviť designate; define; assess; make out; postulate; set out; stipulate; rule; determine; provide; lay; fix
~ **(úroveň)** rank
~ **cenu** price
~ **ceny** fix prices
~ **ciele** to set targets
~ **daň** assess a tax
~ **kapacitu** size
~ **metódy** to define methods
~ **nanovo (menové kurzy)** realign
~, **písomne** codify
~ **plán pre** direct a scheme for; direct of a scheme for
~ **poplatky** draw charges
~ **právomoci a povinnosti** set out powers and duties
~ **výrobný postup** route
~ **zásady obchodnej činnosti** formulate trade policies
~ **termín** schedule
stanovy memorandum; bylaws, By-laws, Bye-laws; bylaw, by-law; regulation; articles; covenant
starať sa o care
~ **sa o hostí** cater
starnutie pohľadávok aging of receivables
starostlivo zostavený elaborate
starostlivosť care; diligence
~ **o cenné papiere** care of securities
starší senior
stáť to be worth
~ **bokom** stand aside
~ **na čele** head
stať sa majetným get ahead

~ **sa platným** fall
~ **sa splatným** become due and payable
~ **sa splatným (zmenka)** mature
~ **sa zodpovedným** incur liabilities
stáť v ceste stand in the way
~ **v rade** stand in line
statkár landowner
stav trim; stage; layout; size; status; condition; position; estate; situation; financial position
~, **bilančný** balance sheet balance
~ **cenných papierov** holding
~ **denníka po aktualizácii** after look journal
~ **denníka pred aktualizáciou** before look journal
~ **ekonomiky** economic conditions
~, **finančný** financial position; financial evidence; financial solvency
~, **havarijný** disrepair
~ **investícií** investment portfolio
~, **konečný** closing balance
~ **na termínovej burze, ak je v akcii príliš mnoho pozícií a dochádza k špekuláciám** overtrading
~ **na trhu pri umiestňovaní novej emisie akcií** grey market
~, **nevýznamný (v rozhodovacej tabuľke)** dash entry
~ **opustenosti majetku** abeyance
~ **trhu** market condition
~ **účtov** statement of accounts
~ **účtovníctva** situation of bookkeeping
~ **účtu** state of account
~ **v pokladni** balance on/in hand
~ **vkladov** amount of deposits
~, **výnimočný** emergency
~ **zariadenia** status
~ **zásob, celkový** stock in trade
~ **zmeniek** portfolio of bills
stav: v dobrom stave well-conditioned
~ **v stave pokazenom** out of condition
stavať sa proti buck
stavby, hospodárske improvements
stavebníctvo civil engineering
stavebný constructive
stávka risk
stavový status
sťažnosť complaint; declaration of complaint; recourse
sťažovať sa na niečo complaint of st.
stenografia shorthand
stenografovať write shorthand
sterilizácia zlata sterilizing gold
stiahnuť draw down
~ **(z obehu)** withdraw
~ **bankovky z obehu** cancel
~ **mincu z obehu** demonetize st.
~ **z obehu** immobilize
stiahnuteľný contractible
stiahnutie investovaného kapitálu disinvestment; negative investment
~ **objednávky** withdrawal of an order
~ **sa z pozície** backout
~ **z obehu** retirement
~ **z trhu** call-back
stimulácia incentive(s)
stimuly, daňové tax incentives
~, **ekonomické** economic motives
stláčanie cien market depression
stláčať a zvyšovať ceny rig the market
~ **ceny** drive down prices; squeeze prices
stlačenie depression
stlačiť compress
~ **ceny** press down the prices; force down prices
~ **zárobky** squeeze
stĺpce formuláru columns of the form
stĺpcový columnal; columnar; column
stĺpec column; row
~, **peňažný** amount column
~, **voľný** space
stojaci za worth
stojan, výkladový display stand
stojatý stationary
stojné demurrage
stop-cena stop price
stopa trace
~ **(30,479449 cm)** foot
stopercentne istý dead certain
stopnutá cena na niečom stopped at st.
stopovať trace
storno cancellation; payment reversal; lapse; debiting per contra; crediting per contra; cancelling; reversal
stornovací cancelling
stornovanie cancellation; dissolution
~ **objednávky** cancellation of an order
stornovať recall; annul; cancel; declare off
~ **objednávku** cancel an order; countermand; countermand an order
stotina dolára cent
stôl table
~, **pracovný** desktop
~, **režijný** console
strácať na cene recede
strana part
~ **aktív/pasív** assets/liabilities side
~ **bilancie** side of balance sheet
~ **Dal** credit side
~ **Dal na účte** credit
~, **dlžobná** debit party
~, **ľavá** left-hand side
~, **lícna** true side
~ **Má dať** debit side; debtor; debit party
~ **Má dať a strana Dal** debit and credit
~ **pasív** liability side
~, **poškodená** aggrieved party
~, **reklamujúca** claimant
~, **rubová** reverse
~, **správna** right-hand side
~ **súvahy, pasívna** liability side of balance

~ **trhu, krátka** short side
~ **účtu** side of account
~, **v prospech ktorej bola zmluva uzavretá** covenantee
~, **veriteľská** credit party
~, **vnútorná** inside
~, **zmluvná** contracting party; counterparty; contractor; party to contract; negotiator
stránka veci angle
strany, kolidujúce conflicting parties
~, **zúčastnené** the parties concerned; parties concerned
strata loss; waste; forfeit; lapse; damage
~, **bilančná** balance sheet loss
~, **časová** blackout time
~, **čiastková** partial loss
~, **čistá** dead loss; clear loss; net loss
~, **devízová** currency leak(age)
~, **dlhodobá** long-term loss
~, **dohodnutá celková** constructive total loss
~ **dokladu** loss of document
~, **dvojitá** double indemnity
~, **ktorá vznikla znížením ceny** markdown loss
~, **kurzová** exchange rate loss; loss by exchange; loss of exchange
~, **možná** loss contingency
~ **mzdy** loss of pay
~ **na hmotnosti pri doprave** wastage in bulk
~, **nadmerná** excess of loss
~, **nečakaná** casualty loss
~, **nevyrovnaná** loss outstanding
~ **platnosti** expiry
~ **pri vyradení investície** retirement loss
~ **príkazov nákupu alebo predaju na burze cenných papierov** dried up
~, **realizovaná** realized loss
~, **skutočná** actual loss
~, **skutočne vzniknutá** actual cost
~, **šoková** shock loss
~ **z nedobytných pohľadávok** loss on bad debts
~ **z predaja aktív** lost on sale of assets; loss on fixed assets
~ **z prestojov** stoppage loss
stratégia „ako ty ku mne, tak ja k tebe" tit for tat strategy
~, **firemná** corporate strategy
~, **investičná špekulačného predaja kmeňových akcií** convertible hedge
~, **odbytová** sales strategy; marketing strategy
~ **riadenia podniku** management policy
stratiť forfeit
~ **platnosť** abate
~ **zisk** surrender the gains
stratový loss
straty, čisté net charge-offs
~, **daňové** revenue losses
~, **ekonomické** economic waste
~ **na majetku, mimoriadne** extraordinary property losses
~, **nulové** zero losses
~, **vonkajšie** external diseconomies
stravné diets; meals; allowance
stravovanie catering
strážnik checker
stred mean; mid; middle
~ **rozpätia** midrange
stredisko department; center
~ **(miestne) úverových informácií** retail credit bureau
~, **hlavné** main center
~, **hospodárske** responsibility center
~, **náborové** employment office
~, **nákladové** cost centre
~, **obchodné** emporium
~, **vnútropodnikové** administrative center
~ **výmeny informácií** clearing house
~, **výpočtové** computation center; data center
~, **výrobné** manufacturing centre; centre of manufacture
~, **zúčtovacie** responsibility center; accountability center
stredná hodnota, ročná annual mean
~ **hodnota súboru** ensemble average
stredný middle; mid; mean
stret zodpovedností cross liabilities
stretnúť sa meet
stretnutie encounter
striedanie alteration
striedať shift
striedavý reciprocal
~ **nákup a predaj** in-and-out
stroj, automatický fakturovací automatic billing machine; automatic invoicing machine
~, **automatický účtovací** automatic accounting machine
~, **ďalekopisný** teletype
~ **na počítanie mincí** counting machine for money
~ **na rezanie papiera** shearing machine
~ **na vystavovanie šekov** checkwriter
~, **obálkovací** mail inserter
~, **písací s magnetickou páskou** magnetic tape typewriter
~ **pre snímaciu tlač** spirit duplicator
~, **programovaný účtovací** programmed accounting machine
~ **s rozhodovaním** conscious machine
~, **účtovací** accounter
strojárstvo machine-building
strojopis type print
strojový machine
strom, rozhodovací decision tree; tree of decision
~, **rozlišovací** distinguishing tree

stromový tree
strop, cenový price ceiling
stručný summary
stúpanie ascension
~ **cien** advance in prices
~ **cien, automatické** escalator
~ **miezd** wage-drift
stúpať rise
~ **(ceny)** surge forward (upward)
~ **(o cenách)** go up
~, **prudko (ceny)** go skyhooting
stupeň point; stage; degree; order
~, **dôchodkový** income range
~ **operatívnej špekulácie na zisk** degree of operating leverage
~ **stability** degree of stability
~ **špekulatívneho zadĺženia** degree of financial leverage
~ **využitia** ratio of usefulness
~ **využitia prevádzkovej kapacity** level of operation
~ **zamestnanosti** activity factor; rate of activity; degree of activity
stupnica dial; scale of notation
~, **delená** degree scale
~, **kĺzavá** sliding scale
~, **kruhová** circular scale
~, **platobná** scale
~, **platová** wage bracket; salary bracket
~ **s dielikmi** degree scale
~, **úroková** statement of interest
stúpnuť (kurz akcií) show a gain
~ **na cene** rally; jump
styk interface; contact
~, **bankový** banking relations
~, **bezhotovostný platobný** clearing; non-cash payment system
~, **bezporuchový platobný** uninterrupted payment relations
~, **bežný** frequent contact
~, **dovozný s colnou výhodou** import traffic with customs relief
~, **malý pohraničný** local border traffic
~, **obchodný** traffic
~, **platobný** system of payments; payment and settlement
~ **s počítačom** computer communication
~, **spoločenský** companionship
styky, komerčné commercial intercourse
~, **obchodné** commercial intercourse; commercial relations; business connections; commerce
~, **zahraničné** external relations
subdodávka subdelivery
subdodávky bought out parts
súbeh, podmienený condition concurrent
súbežný concurrent; collateral
subjekt, ekonomický economic unit
~ **zdanenia** subject of charge
subjektívny arbitrary
subkontrahovať farm out
súboj o právo zastupovania akcionárov proxy fight
súbor file; set
~ **(služieb, programov)** package
~, **aktualizovaný (prevedený)** carried forward file
~, **analytický** analysis file
~ **diernych štítkov** card file; deck
~ **dokladov** document file
~ **držiteľa karty, hlavný** cardholder master file
~ **inštrukcií** repertory
~, **kurzový** rate file
~ **návrhov na prerokovanie** package deal
~ **obchodných kníh vedených v podniku** set of office-books
~ **odkazov** citation file
~ **opatrení** package of interrelated measures
~, **prevodníkový** cross-reference file
~, **štítkový** card file
~, **úverový** credit file
~ **výhod v pracovnej zmluve** package
~, **výkladový** display unit
~, **zle volený** misrepresentation
~ **zmien** exchange file
súbor: ústredný informačný s. banky central information fund (CIF)
subordinácia, ekvitná (zaradenie dlhu voči požičiavateľovi za pohľadávky ostatných veriteľov pri konkurze) equitable subordination
subrogácia subrogation
subskripcie, splatné subscriptions receivable
substituovať subrogate; substitute
subsystém subsystem
subsystémový subsystem
subštruktúra minor structure
subvencia subvene; subsidy; aid; nonrepayable subsidy; subvention
~ **(zo štátneho rozpočtu)** grant-in-aid
~, **štátna** price subsidy; government subsidy
subvencovanie subsidization
subvencovaný state-aided
súčasný present-day; present; concurrent; current
~ **a inkasovateľný** current and collectable
súčasť part; component
~, **nedeliteľná** par and parcel
~ **zmluvy, rozhodujúca** material fact
súčet total
~ **(stĺpca cifier)** footing
~, **celkový** grand total
~, **čiastkový** subtotal
~, **čistý** net amount
~ **druhého stupňa** grand total
~, **hlavný** major total
~, **hrubý** amount gross
~, **konečný** amount total; final total; grand

total
~, **kontrolný** check proof total; check sum; check total
~, **krížový** crossfoot
~, **logický** join; disjunction
~ **najnižšej úrovne** minor total
~ **pasív, celkový** gross liabilities
~ **pridanej hodnoty** sum of value added
~ **stĺpca, napísaný na spodok peňažného stĺpca Dal** credit footing of an account
~, **súhrnný (hlavný)** grand total
~, **výsledný** grand total
~ **3. stupňa** great grand total
súčin product
~, **logický** collation
súčiniteľ coefficient
~ **vzájomnej korelácie** covariance
súčinnosť concurrence
súčinový coincidence
súčtovanie totalling
súčtový union; total
súd, daňový tax court appeal
~, **konkurzný** bankruptcy court
~, **najvyšší finančný** supreme court of finance
sudca judge
~ **na súde** equity chancellor
súdne anulovať dissolve
~ **vysťahovať** evict
súdržnosť compendency
sugescia suggestion
súhlas concurrence; consistency; assent; consent; support; consensus; compliance; accord; countenance; approval
~ **parlamentu na použitie rozpočtových úverov pred definitívnym schválením rozpočtu** vote on account
~ **s akreditívom** letter of credit agreement
~, **tichý** acquiescence in st.
~, **úradný** fiat
~ **vedenia (podniku)** management agreement
~, **všeobecný** consensus
súhlasím s podmienkami it's a deal
súhlasiť consent
~ **s niečím** concur in st.
súhlasnosť correspondence; congruence
súhlasný coincidence; conformable; congruent
súhrn digest; aggregate; total; overview; summary
~ **aktivít firmy, finančný, v špecifickom čase** consolidated statement of income
~, **celkový** grand summary
~ **finančného stavu firmy v danom čase** consolidated statement of financial position
~ **odpisov** accrued depreciation
~ **pasív (dlžníka)** central liability
súhrnný total; union; summary; cumulative
súhrnom in total
súlad concordance
~ **s ustanoveniami** compliance with measures
suma amount; figure
~, **celková (paušálna)** lump sum
~ **činí ...** amount to ...
~, **fakturovaná** invoice amount
~ **je ...** amount to ...
~, **kompenzačná menová** monetary compensatory amount
~, **nadmerná** excessive amount
~ **obligácií, celková** omnium
~, **odhadná** assessed value
~, **poistná** insured sum
~, **vyplatená poistná** proceeds of insurance
sumačný summing
sumár summary sheet
sumarizácia summary; accumulation; conclusions
~, **kontrolná** check addition
sumárny summary
súper competitor
supercertifikácia overcertification
superdividenda additional dividend; special dividend; superdividend
súperivý emulation
supervízor supervisor
súpis calendar; list; census; catalog
~ **faktúr** list of invoices
~, **inventárny** inventory
~ **majetku** inventory
~ **nájomného** rental
~ **požiadaviek** request slip
~ **tovaru** invoice
súpiska, expedičná dispatch note
~, **kontrolná** roll
suplovať substitute
súprava collection; package
súradnicový coincidence
súrny express
surovina raw material
surový, hrubý crude
sused abutter
susedný contiguous
suspendovať suspend
sústava scheme; system; framework; compages
~ **(kriviek)** family
~ **dávok v nezamestnanosti** jobless pay system
~, **desiatková číselná** decimal numeration system
~, **hospodárska** economy
~, **kovová menová** bullionism
~, **menová** coinage
~, **mzdová** system of wages; payroll system; wage system; wage-payment plan
~, **prémiová mzdová** premium-wage sys-

tem
~, **tabelačná** table
~, **účtová** accounting system; account system
~ **vektorov** set of vectors
sústredenie concentration
~ **kapitálu** centralization of capital
sústrediť center
~ **nápor na určitý cenný papier alebo komoditu** hammering the market
sústreďovanie concentration
súťaž, dravá hot competition
~, **hospodárska** competition
~ **inováciami** innovative competition
~, **nekalá** unfair competition
~, **nekalá (nečestná)** unfair competition
~, **slobodná** free competition
~, **verejná** public tender; tender
~, **voľná** open competition
súťažiaci contestant
súťažiť compete
súťaživosť competitivity; competibility
súťaživý emulative
súvaha balance sheet
~, **hrubá** trial balance; gross balance
~, **konsolidovaná** consolidated balance sheet
~, **počiatočná** starting balance sheet
~, **počiatočná (východisková)** opening balance sheet
~, **porovnávacia** comparative balance sheet
~, **ročná** yearly balance sheet
~, **rozpočtová** estimated balance sheet
~, **účtovná** account balance
~, **upravená** adjusted trial balance
~ **vykazujúca finančný stav spoločnosti** consolidated balance sheet
~ **vykazujúca informácie za viac ako jedno fiškálne obdobie** comparative balance sheet
suverenita, daňová tax sovereignty
súvislosť coherence; connection; context
~, **príčinná** causality
súvislý continuous
súvzťažnosť účtov correspondence of accounts
svedectvo say-so
~, **písomné** deposition
svedok potvrdzujúci podpisom subscribing witness
svet, obchodný business world
svetlo, čierne (metóda overovania podpisu) black light
Svetová banka World Bank
sviatky, štátne public holidays
svojvoľný arbitrary
swap swap
~, **menový (výmena promptnej a termínovej operácie na burze)** currency swap
~, **úrokový** interest rate swap
SWIFT Society for Worldwide Interbank Financial Telecommunications
symbol image; attribute
~ **firmy alebo diela** logo
~, **rozhodovací** decision box
symbolický floating
symboly notation
symetalizmus symmetallism
sympatia, vzájomná medzi akciami intersympathy between stocks
syndikát syndicate
~, **investičný** management trust
~ **skupujúci rôzne druhy cenných papierov za účelom špekulácie** general management trust
systém structure; compages; scheme; scale of notation
~, **(automatický) na burze kontinuálne udávajúci kurzy a obraty** ticker
~, **abecedne usporiadaný informačný o zákazníkoch** alphabetic customers information system
~, **aktivačný cenový** trigger-price system
~, **automatizovaný informačný** computerized information system
~, **autorsky chránený k urýchleniu pokladníkovho zaobchádzania s hotovosťou** Fash-Cash
~, **bankový komunikačný** Bank Wire System
~, **bankový s čiastočnými rezervami** fractional-reserve banking
~ **bilancií materiálového produktu** material product system
~, **burzový na nemeckých burzách** order-driven system
~, **celoštátny bankový** statewide banking
~, **cenový** price system
~ **colnej ochrany** protectionist system
~ **daňového práva** system of tax laws
~, **daňový** system of taxation; taxation; tax system
~, **databázový** database system
~ **degresívneho odpisovania** decreasing-charge method of depreciation
~, **dialógový** call-reply system
~, **dvojpásmový mzdový** two-tier wage system
~, **ekonomický** economic structure; economy
~, **elektrizovaný burzový** price-driven system
~, **emisný** underwriter
~, **empirický úverový** empirical credit system
~, **fakturovací, v ktorom výpis z konta nie je sprevádzaný kópiami originálnych faktúr** descriptive billing
~, **globálny daňový** global tax system
~, **hodnotiaci** rating

~, **hospodársky** economic system
~ **hromadnej obsluhy** queuing system
~, **hromadný automatický (na burze)** block automation system
~, **hromadný platobný** supercheck
~, **informačný pre potreby riadenia** management information system (MIS)
~ **jednotkových cien** one-price system
~, **jednotný pokladničný** unit teller system
~, **klasifikačný** classified system of concepts
~, **korešpondenčný** correspondency system
~ **kvalifikačných skúšok (pri povyšovaní v štátnej službe)** merit system
~, **manažérsky informačný** management information system (MIS)
~, **marketingový informačný** marketing information system (MIS)
~, **medzitrhový obchodný** intermarket trading system
~, **menový** monetary system
~, **modulárny účtovnícky** modular accounting package
~ **monopolného dodávateľa, ktorý je zároveň monopolným odberateľom** monopoly-monopsony system
~, **mzdový** wage-payment plan; wage payment plan
~ **národného účtovníctva** national accounting system
~ **naturálnej mzdy** truck system
~, **nekovový** non-metallic standard
~, **obchodný na ponuku úverových služieb** credit facilities
~ **obchodu a platenia** trade and payments system
~ **obchodu v obchode (členenie sortimentu vo veľkých obchodných domoch)** shopping-the Shop-System
~, **otvorený cenový** open price system
~, **platobný** system of payments
~ **pohyblivých kurzov** floating
~ **pre riadenie, informačný** management information system (MIS)
~, **prémiový** bonus system
~ **prepojenia mien systémom výmenných kurzov** snake system
~ **priehradkových bankových terminálov** teller system
~, **progresívny platobný** progress payment plan
~ **pružných valutových kurzov** flexible exchange rate system
~ **riadenia zásob, pri ktorom sa zásoby nakupujú a dodávajú až v okamžiku spotreby** just-in time inventory
~, **riadiaci užívateľských informácií** Customer Information Control System
~ **rozhodovania** decision making system
~ **s cieľovým správaním sa** goal seeking system
~ **spätného odkúpenia** repurchase plan
~ **spriahnutých bankových priehradkových terminálov** bank on-line teller system
~, **štátny bankového dohľadu** National Bank Surveillance System (NBSS)
~ **štátnych účtov** national accounts system
~, **triediaci** classified system of concepts
~ **účtov** system of accounts
~, **účtovný** accounting classification
~, **účtovný jednookruhový** one-ledger system
~, **účtovný pre riadenie** managerial accounting
~, **účtový** accounting system
~, **úverový** credit system
~, **uzavretý oznamovací** closed circuit communication system
~ **viacerých obeživ** multiple currency system
~, **vnútropodnikový** in-plant system
~ **voľného trhu** system of free market
~, **základný cenový** mill base system
~, **základný cenový (franko továreň)** mill base system
~, **základný oceňovací v termínových obchodoch** contango
~, **zrážkový** check-off system

systém: bankový s. pobočky branch banking
~ **informačný s. podniku** company information system

systémový system

systémy úkolovej mzdy merit-pay schemes

Š

šanca prospect; chance
šéf chief; head of a firm
~ **administratívy** chief officer (CO)
šek cheque
~ **(amer.)** check
~, **bankový** bank check
~ **bez úhrady** uncovered check
~, **bianko** blank cheque
~ **bona fide** good faith check
~, **cestovný** traveller's check
~, **cirkulárny** circular check
~, **dividendový** dividend check
~, **evidenčný** memorandum check
~, **falšovaný** forged check
~, **chránený** protected check
~, **limitovaný (do určitej sumy)** limited check
~ **na doručiteľa** bearer check; cheque to bearer; cheque to orderer
~ **na majiteľa** cheque to bearer
~ **na rad** order check
~ **na splatný účet** due-bill-check
~ **na tretiu stranu** third-party check
~ **na uhradenie** refund check; cheque in settlement
~ **na výplatu mzdy** pay check
~, **nekrižovaný (bežný)** open check
~, **nekrytý** dishonoured cheque; uncovered check
~, **nepreplatený** outstanding check
~, **odvolaný (zrušený)** stopped cheque
~, **osobný** personal check
~, **overený** certified check; certificate check
~, **perforovaný (po jeho zrušení)** punch card check
~, **podvodom opravený na vyššiu nominálnu hodnotu** raised check
~, **pokladničný** nonclearing check; teller's check; cash note
~, **pokladníkov** official check; officer's check
~, **postdatovaný** postdated check
~, **poštový** postal cheque
~, **potvrdený** certified check; marked cheque
~, **prečiarknutý** crossed cheque
~, **preplatený** paid check; cashed check
~, **prevoditeľný** negotiable check
~, **priehradkový** counter check
~, **prijatý** certified check
~, **pružný** rubber check
~, **registrovaný** registered check
~ **spoločnosti** company check
~, **účtový** bill check
~, **uplynutý (premlčaný)** stale cheque
~ **určený len na zúčtovanie** not negotiable check
~, **vidiecky (tranzitný šek vystavený na mimomestskú banku)** country check
~, **vládny** government check
~, **vlastný** self-check
~, **voucherový** voucher check
~, **vrátený** returned check
~, **vyzdvihnutý** lift check
~, **zložený** composite check
~, **zmenený** altered check
~, **žírový** postal giro account
šek: označenie šeku, ktorý nie je dobre krytý not good (NG)
šeková knižka checkbook
šekový cheque
šeky, bankové bank exchanges
~, **medzinárodné** international cheques
~, **obiehajúce neinkasované** float
šestnástkový sedecimal
šetriť save; economize
šetrnosť thrift
šetrný frugal
šifra cipher
šifrant cipherer
šifrovanie ciphering
~ **reči** ciphony
šifrovať cipher
šípky (klávesy) direction keys
šíriť promote; scatter
~ **povesť** rumour
široký extend
škoda wrong; loss; detriment; damage
~, **konečná, na vlastný účet poisťovne** ultimate net loss
~, **poistná** claim; insurance claim
~, **pri ktorej poisťovňa hradí podiel medzi poistnou hodnotou a výnosom predaja zachránených zvyškov** salvage loss
škodový loss
škody, ktoré poisťovňa neplatí franchise
škola, historická historic theory
~, **jednotná stredná** comprehensive school
~, **vyššia obchodná** commercial college
~, **vyššia stredná** community college
školenie manpower training; education
~, **praktické** on-the-job training (OJT)
~ **pri práci** on-the-job training (OJT)
školiť train
školné school fee
škrtnúť cancel; delete
škrtnúť: nehodiace sa škrtnite delete

one alternative
šmelina profiteering
šot, reklamný (televízny alebo rozhlasový) commercial
špecialista expert
špecializácia specialization
špecializovaný na jedno odvetvie monoline
špeciálny special; particular
špecifický unique; specific
špecifikovaný specific
špekulácia venture; operation
~ **á la longue** long pull
~, **dlhodobá** long pull
~ **na burze** gamble on the stock exchange; agiotage
~ **na pokles cien** bear speculation
~ **na vzostup a pokles (kurzov)** speculation for rise and fall
~ **na vzostup cien** go long; speculation: bull speculation
~ **na zisk s požičanými peniazmi** leverage
~ **na zisk s vypožičaným kapitálom** gearing
~ **s akciami (cennými papiermi)** speculation in stocks
~ **s nehnuteľnosťami** speculation in real estate
špekulácie, burzové stock-exchange gambling
~ **na vzostup cien** long position
~, **obchodné** business enterprise
~ **s devízami** speculation in foreign exchange
špekulačný cat and dog
špekulant scalper; speculator
~ **(odberateľ viacerých akcií na rôznych miestach)** stag
~, **burzový** jobber; raider
~, **burzový na pokles cien** short of stock
~, **kapitálovo slabý burzový** sucker
~ **na vzostup cien** long in stock
~, **neskúsený** lamb
~ **s akciami (na burze)** stockjobber; stock jobber
~, **zruinovaný** lame duck
špekulatívny venture
špekulovať, chybne to back the wrong horse
~ **na pokles** speculate for a fall; to be a bear
~ **na pokles cien v termínovom obchode** to have a short position
~ **na vzostup** to be a bull; speculate for a rise
~ **na vzostup cien v termínovom obchode** to have a long position
~ **s akciami** speculate in shares
špička peak
~, **blokovaná (zamrznutá) clearingová** frozen balance of clearing account
špička: doba špičkovej prevádzky busy hour
špičkový crest
špirála, cenová spiral of prices
~, **inflačná** cost-push inflation; inflationary spiral
~, **inflačná cenová** inflation price spiral
štádium stage; point
štandard benchmark; standard
~, **menový** monetary standard
~, **strieborný** silver standard
~ **zlatého prútu** gold bullion standard
~ **zlatej devízy** gold exchange standard
~ **zlatej mince** gold specie standard
~, **zlatý** gold points; gold standard; gold exchange standard
štandardizácia standardization
štandardizovaný standard
štandardný standard; default
štandardy, konsolidované účtovné consolidated accounting standards
štart (systému), studený cold start
štartovať take off
šťastie success
štát country
~ **blahobytu** welfare state
~, **sociálny** welfare state
~, **veriteľský** creditor country
Štatistický úrad Bureau of Statistics
štatistika, analytická analytical statistics
~, **štátna účtovná** national accounts statistics
štatistiky, poradové rank statistics
štátny state-owned
štátom podporovaný state-aided
štátovka state note
štatút covenant; bylaw, by-law; status; bylaws, By-laws, Bye-laws
štatutárny corporate
štáty, ktoré používajú spoločnú peňažnú základňu currency block
šteláž straddle
~, **konvertibilná** convertible hedge
štít, daňový tax shield
~, **firemný** shingle
štítok tag
~ **čistej mzdy** nominal wage card
~, **firemný (továrenský)** nameplate
~, **náhradný** out card
~ **s magnetickou vrstvou** coated card
štrajk strike
~ **(narýchlo vyhlásený)** walk-out
~, **neoficiálny (neschválený odbormi)** wild cat
štrajkovať strike
štruktúra compages; pattern; structure; framework; design; setup
~ **(programu)** layout
~, **daňová** tax structure
~ **dopytu, meniaca sa** changing patterns

of demand
~, ekonomická economic pattern
~ kapitálu (pomer medzi cudzími a vlastnými zdrojmi) capital structure
~, menová currency composition
~, mzdová earnings pattern
~ nákladov structure of cost
~, podrobná deep structure
~ spoločnosti, kde podriadení podliehajú len jednému nadriadenému line organization
~ účtov structure of accounts
študent, vysokoškolský undergraduate
štúdia, operačná operational analysis (OA)
~, pracovná operation analysis; method study; job analysis
~, realizačná feasibility study
~, systémová method study
~, takticko-ekonomická feasibility study
štúdium, diaľkové correspondence course
štvrť, mestská district
~, obchodná business quarter
štvrťdolár silver Jeff; quarter
štvrtina quarter
štýl riadenia, liberálny laissez-faire („leave us alone")
štylizovať word
švindeľ gazoomph

T

T-konto certificate account
tabelárny columnal; columnar
tabelátor accounter
tabelovanie accumulation
tabuľa, plánovacia dispatch board
tabuľka chart; marker; table; schedule
~, **analytická rozhodovacia** analytical decision table
~, **anuitná** annuity table
~, **dvojrozmerná** two-way table
~, **finančná** financial list
~ **finančných a kapitálových operácií** flow-of-funds tables
~ **finančných operácií** statement of natural flows of funds
~ **leasingových splátok** stipulated loss value
~ **medzinárodných časov, porovnávacia** time chart
~, **obsahová** contents directory
~ **obsahu** table of contents
~ **peňažných tokov** flow-of-funds table
~ **platobnej bilancie** balance-of-payments table
~ **prevodov znakov** character translate table
~ **s firmou** shingle
~, **úroková** table of interest
~, **úverová** short term banking list
~ **vstupov a výstupov** input-output
~, **vyhľadávacia** look-at-table
tabuľkový table
tabuľky dane zo mzdy withholding tables
~ **prevádzkovej použiteľnosti (životnosti)** mortality tables for equipment
~ **ročných investícií** annual investment accumulation tables
ťah draw; move
tajnosť secrecy
tajný restricted
tajomstvo, výrobné manufacturing secret
tantiéma directors fees; director's bonus; royalty
ťarchopis bank debit advice; debit note
tarifa tariff; scale; table of rates; rate
~, **autonómna** autonomous tariff
~, **colná** customs tariff; tariff bargaining
~, **dôchodková** tariff for revenue only
~, **hlavná (základná)** master tariff
~, **jednotná** unilinear tariff
~, **merná** specific tariff
~, **mzdová** wage schedule; wage rate
~ **podľa vzdialenosti** distance rate
~, **preferenčná** preferential tariff
~, **spoločná nákladná** consolidated tariff
~, **stredná** intermediate tariff
~ **vedľajších poplatkov** scale of additional charges
~, **výnimočná** special tariff
~, **zvláštna** specific tariff
~, **železničná** railway rates; railway tariff
taxa lot; tax; rate; fee
taxatívny enumerating every item
taxflácia (inflácia spoločne s progresívnym zdanením) taxflation
ťažiť exploit
ťažkosti, finančné involvement
~, **prevádzkové** difficulties in working
technika devízového platobného styku exchange mechanism
~, **európska finančná** Epunts
~ **ľudských vzťahov** human engineering
~ **obchodovania** merchandising
~, **oznamovacia** communication engineering; communications
~ **používaná pri očakávaní poklesu trhových cien cenného papiera** selling short
~, **výpočtová** computer art
techniky, účtovné accounting techniques
telefón, tlačidlový push-button telephone
telefonicky over the telephone
telefonista operator
telegraf, burzový quotation ticker
telegrafia, obrazová fascimile (FAX)
telegram signal; dispatch
~, **denný (odosielaný za depešou)** day letter
telex teletyper; telex system; teleprinter exchange service; telex
téma topic; theme; subject
tempo timing
~ **ekonomického rastu** economic growth rate
~ **rastu, prirodzené** natural growth rate
~ **rozvoja ekonomiky** development rate of economy
~, **výnimočné pracovné** peak
ten, kto cestui que (cestuy que)
tendencia animus; trend
~ **(na trhu), zmrazovacia** stiffening trend
~ **investovať** determination toward investment
tendencia: s klesajúcou t. bearish
teoréma (zásada) vyrovnaného rozpočtu balance budget theorem
teória cenového mechanizmu theory of price mechanism
~ **cien, kvantitatívna** quantity theory of prices
~ **čakacích radov** waiting line theory
~, **difúzna o zdanení** diffusion theory of taxation
~, **ekonomická** economic
~ **ekonomickej rovnováhy** theory of economic equilibrium
~ **hier** theory of games; game theory
~ **hodnoty** theory of value
~ **hodnoty, pracovná** labour theory of va-

lue
~ **hraničného úžitku** marginal utility theory
~, **Keynesova ekonomická** Keynesian economics
~, **klasická ekonomická** classical economics
~ **klesajúcej marginálnej účinnosti kapitálu (J.M.Keynes)** declining-marginal-efficiency-of-capital theory
~ **miezd, subsistenčná** subsistence theory of wages
~ **odhadu** estimation theory
~ **peňazí, kvantitatívna** quantity theory of money; quantitative theory of money
~ **peňažného závoja** veil of money theory
~ **podpory agregátnej ponuky** supply-side economics
~ **renty, diferenčná** differential theory of rent
~ **riadenia** management theory
~ **spoľahlivosti** theory of reliability
~, **úroková požičiavateľných finančných prostriedkov** loanable funds theory of interest
~ **zameniteľnej inflácie** trade off theory of inflation
~ **závislosti investícií od rastu výroby** accelerator principle
teórie, ekonomické economic theories
terapia, šoková cold turkey
tercia zmenky third of exchange
terén field
terénny field
teritórium demesne; territory
termín date; term
~, **dodací** date of delivery
~, **konečný** expiry date; closing date; deadline
~, **najbližší možný** earliest start date
~, **nástupný** date of joining
~ **ocenenia, opčný** optional valuation date
~, **odosielací** date of dispatch
~, **posledný** deadline
~ **pre zaplatenie pôžičky** loan term
~, **prekluzívny** time of foreclosure
~ **splatnosti** due to date; actual date; term of payment
~ **splatnosti, povinný** obligatory maturity
terminál station; terminal
~, **bezobslužný bankový** automated teller; unattended banking terminal
~ **pre styk so zákazníkmi** remote service unit
~, **priehradkový** bank teller console
~, **priehradkový bankový** teller work station; teller console; teller terminal
termínovanie timing
termínovaný deadline; forward
termínovník schedule of cases; tickler; maturity index; maturity tickler
~ **akceptačných záväzkov** acceptance maturity tickler
~ **zmeniek** acceptance liability ledger
~, **zmenkový** acceptance register
termínový terminal; term
termíny, krátkodobé short dates
terno scoop; win
tesný near
test test
~ **obsahu** assay
~, **preberací** acceptance test
~, **skúšobný** benchmark
~, **stupňový** step stress test
testament last will
testovací test; debug
testovanie, orientačné benchmark
testovať test
tešiť sa enjoy
~ **sa dobrému zdraviu** enjoy a high standard of health
text na bankovke legend
~, **náborový** argumentation
~, **nekódovaný** clear text
~ **prejavu** script
~, **šifrovaný** ciphertext
tezaurácia hoarding
tieseň pinch; distress
~, **finančná** financial shortcoming
tisíc dolárov grand
tisícina milli
~ **doláru** mill
~ **palca** mil
tisícročie millennium
titrizácia titrisation
titul head
~, **neprevediteľný právny** nonnegotiable title
~, **platobný** payment purpose
titulok title
tlač, hospodárska business press
~, **chybná** misprint
tlačiareň, sériová character printer
~, **znaková** character printer
tlačiť work
tlačivo form; blank; blank form
tlak stress
~, **ekonomický** economic pressure
~, **inflačný** issue pressure
~, **mzdový** wage pressure
~ **na ceny** market depression
~ **na zvýšenie miezd** wage pressure
tok flow
~ **(magnetický)** flux
~, **čistý hotovostný** cash flow net(to)
~ **dát, informačný** dataway
~ **dopytu** rate of demand
~, **peňažný** money flow; cash flow
~ **tovaru a služieb** goods and services flow
toky, čisté peňažné net cash flow
~, **unifikované peňažné** uniform cash

flow
~, **vnútorné peňažné** internal cash flow
tolerancia float
~, **časová** slack
~ **straty hmotnosti** weight allowance
tonáž burden
touto listinou by these presents
tovar commodity; arrivals; goods; merchandise
~, **bezcolne dovezený** goods admitted free of duty
~ **bežnej (dennej) potreby** general run article
~, **bežný skladový** staple
~, **bežný spotrebiteľský** convenience goods
~, **colný** tariff goods; dutiable goods
~, **darčekový** gift goods
~ **dennej potreby** convenience goods
~ **dennej spotreby** goods of broad consumption
~ **dlhodobej spotreby** durable consumer goods; consumer durable
~, **dobre predajný** good seller
~, **dodaný** goods delivered
~ **dodávaný vo veľkom** goods marketed in bulk
~, **doposiaľ nepreclený** bonded goods
~ **dopravovaný za bežné tarify** carted goods
~, **dôležitý (nutný)** essential goods
~, **drobný** small wares; notions
~, **drogistický, galantérsky, kožený, sypký** dry goods
~, **expedovaný** deliveries
~, **heterogénny obchodný** heterogeneous shopping goods
~, **hlavný určitej krajiny** staple
~, **hmotný** tangible commodities
~ **hromadnej potreby** collective good(s)
~, **chýbajúci** missing goods
~, **koloniálny** colonial goods
~, **lakovaný** japanned goods
~, **metrový** mercery
~, **módny (bižutéria, galantéria)** fancy goods
~ **na ceste** goods in way
~ **na sklade** stock goods
~ **na sklade, nepredaný** idle stock
~ **na termín** futures
~ **naliehavej potreby** emergency goods
~, **nedostatkový** goods in short supply
~, **neobchodovateľný** nontradeable goods
~ **nepodliehajúci clu** uncustomed goods
~, **odoslaný** despatched goods
~, **ozdobný** decorated articles
~, **partiový** jumble goods
~ **pod colnou uzáverou** bonded goods
~, **pohotový** spot goods
~, **poškodený** defective goods
~, **predajný** marketable article
~, **predaný** goods sold
~ **predávaný pod cenou** distress merchandise
~, **priemyselný** hard goods; manufactured goods
~ **prvej akosti** firsts
~, **prvotriedny** first rate article
~, **reklamný predávaný pod cenu** loss leader
~, **rôzny (zmiešaný)** miscellaneous articles
~, **rýchlo (úspešne) predávaný** fast-selling item
~ **s rýchlym obratom** grande vitesse
~, **skladný** staple articles
~, **spotrebiteľský s dlhou životnosťou** consumer durable
~, **spotrebný** customer products; consumer goods
~ **širokej (hromadnej, masovej) spotreby** mass consumption goods
~, **špeciálny (značkový)** speciality goods
~, **štandardný** generic products
~, **tranzitný** in-transit merchandise
~, **úzkoprofilový** goods in short supply
~, **úžitkový** utility goods
~ **v strednej cenovej polohe** medium-priced goods
~ **v záznamovom konaní** bonded goods
~ **vo výpredaji** close-out sale
~, **vyložený** display material
~, **vyrábaný** manufactured goods
~ **vyrobený za nízku mzdu** sweated articles
~, **zabavený** distressed goods
~, **zastupiteľný** changeable goods
~, **zatiaľ nepreclený** good in bond
~, **zavedený** established commodity
~, **zle predajný** stock dormant
~, **zmiešaný** composite goods
~, **značkový** branded article
továreň manufactory; factory; mill; work
tovary a služby goods and services
~, **spotrebné** consumer's goods
trafiť ponuku hit the bid
transakcia operation; transaction; dealing; bargain
~, **diaľková** remote transaction
~, **majetková** assets transaction
~, **mimoburzová s cennými papiermi** off board
~, **neuzatvorená** open trade
~, **odosielaná** outgoing interchange
~, **okamžitá valutová** spot exchange transaction
~, **peňažná** monetary transaction
~ **platená v hotovosti pre okamžité doručenie tovaru** cash trade
~, **priama** outright transaction
~, **realizovaná úradom na poskytnutie**

(alebo získanie) cudzej meny compensatory official financing
~ **storna** reversal transaction
~, **súhrnná** package deal
~, **trojstranná** third-party transaction
~, **ukončená** completed transaction
~ **uskutočnená za cenu vyššiu ako transakcia predchádzajúca** up tick
~, **uzatvorená** round turn
~, **zotaviteľná** recoverable transaction
transakcie dealings
~, **bankové** banking transactions
~, **medzibankové** interbank transactions
~, **nezaknihované** no-book transactions
~, **peňažné** money dealings
~ **za účelom daňového úniku** sham transactions
transfer v prospech tretej strany third-party transfer
transformácia transformation
transformačný transformation
tranzit transit
~, **skrytý (nepodliehajúci clu)** disguised transit
tranzitný transit
trápenie trouble
trápiť trouble
~ **vysokými daňami** rack
trasa route; trace
trasát payer; drawee
trata bill payable; draft
~, **banková** bank draft
~, **dokumentárna** documentary bill; documentary draft
~, **dokumentárna (splatná po príchode tovaru)** arrival draft
~, **jednoduchá** clean draft
~, **komerčná** commercial draft
~ **splatná po určitom počte dní po svojom dátume** draft after date
~, **vyrovnávacia** draft to square
~ **vystavená na člena zúčtovacieho združenia** clearing draft
~, **zúčtovacia** clearing draft
traty bills payable; notes payable
trend trend
~, **strednodobý** intermediate trend
trendový trend
trénovať train
trest penalty
~, **peňažný** fine; mulct; money penalty
trestať amerce
tretej triedy third-rate
tretia strana third party
trezor safe-deposit box; vault; depository; safe-deposit vault; safe
~, **nočný** night depository
trh outlet; marketplace; fair; trade; market
~, **americký obligačný** Yankee bond market
~, **aukčný** auction market
~, **bulvárny** gutter market
~, **burzový tretí** third market
~ **bytov** housing market
~ **cenných papierov** stock market; security market
~ **cenných papierov, primárny** primary market; new issue market
~ **cestovného ruchu** tourist market
~, **cieľový** target market
~, **citlivý** sensitive market
~, **čierny** bootleg market; black market
~, **čulý** strong market
~, **dealerov** dealer market
~, **devízový** exchange market
~, **diskontný** discount market
~, **dobre zásobený** well-supplied market
~, **domáci** home market
~, **druhový** generic market
~, **dvojitý (dvojaký)** two-tier market
~, **dvojitý devízový** dual exchange market
~, **eurodevízový** euromarket
~, **eurodolárový** Eurodollar market
~, **faktický** effective market
~, **finančný** financial market
~, **hladký** swimming market
~, **horúčkový** feverish market
~, **hypotekárny** mortgage market
~, **chabý** hanging market
~, **chaotický** disorderly market
~ **charakterizovaný nedostatkom peňazí** stringent market
~, **chorý** sick market
~, **indikovaný** indicated market
~, **inštitučný** institutional market
~, **investičný** investment market
~, **jednotlivý** individual market
~, **kapitálový** capital market
~ **kapitálu, medzinárodný** international capital market
~, **kde je dopyt väčší ako ponuka** purchasing market
~, **klesajúci** weak market
~ **kolísal dole a hore** market shuttled back and forth
~, **komoditný** commodity market; commodity goods market
~, **komoditný termínový, kde sa obchoduje najmä s prvotriednymi cennými papiermi a cudzími menami** London International Financial Futures Exchange (LIFFE)
~, **konečný** terminal market; ultimate market
~, **konkurenčný** competitive market
~ **krátkodobých cenných papierov** money market
~, **ktorý vznikol po ponuke akcií spoločnosti na predaj** after-market
~ **kupujúceho** buyer's market
~ **kupujúceho (kontrola trhu skupinou kupujúcich)** oligopsony

~, **ľahký** easy market
~, **legálny** lawful market
~, **likvidačný** liquidating market
~, **likvidný** liquid market
~, **mäkký** soft market
~, **mdlý** heavy market; sluggish market; dull market; dead market
~, **medzibankový peňažný** wholesale market
~, **medzipodnikový** intercompany market
~, **monopolistický** noncompetitive market
~, **mŕtvy** heavy market
~, **náhradný** replacement market
~, **nákupný** purchasing market
~, **nasýtený** saturated market
~, **nečinný** inactive market
~, **neistý (kolísavý)** unsteady market; fringe market
~ **nepružných cien** price-inelastic market
~, **neregistrovaný** unlisted market
~, **nestabilný** unstable market
~, **nestabilný (ovládaný špekuláciami)** technical market
~, **nestály** erratic market
~, **nesúvislý** discontinuous market
~, **neustálený** unsettled market
~, **nevyrovnaný** uneven market
~, **obchodný** trading market
~ **obligácií, medzinárodný** international bond market
~, **obmedzený** narrow market
~, **obrátený** inverted market
~, **odvetvový** industrial market
~, **okamžitý** spot goods
~, **okrajový** fringe market
~, **opačný** contrary market
~, **opčný** option market
~, **organizovaný** organized market
~, **peňažný** money market
~, **perspektívny** forward market
~, **pevný** tight market
~, **pohotový peňažný** call money market
~, **pokladničný (cenných papierov)** over-the-counter market
~, **pokladničný (na ktorom sa obchoduje s neregistrovanými cennými papiermi)** outside market
~, **pokladničný: na pokladničnom trhu (cenných papierov)** over the counter
~, **pokleslý** hanging market
~, **potenciálny** potential market
~, **pouličný** street market
~ **práce** labor market; employment market; labour market
~, **pracovný** employment market; labour market; job market; labor market
~, **pravidelný** continuous market
~ **predávajúceho** strong market; oligopoly
~ **predávajúceho (konkurencia niekoľkých veľkých výrobcov)** oligopoly
~, **preinvestovaný** toppy; topheavy market
~, **preplnený** flooded market
~, **presýtený** oversaturated market
~, **prešľapujúci** spotted market
~, **priamy** immediate market
~ **priaznivý pre haussistov** bull market
~ **priaznivý pre špekuláciu la baisse** bear market
~, **priemyslový** industrial market
~, **prirodzený** logical market
~ **produktov** product market
~, **promptný (pohotový)** spot market
~, **prosperujúci** booming market
~ **proti kurzovému záznamu** market vs. quote
~, **riadený** administered market
~, **rozširujúci sa** expanding market
~ **s cennými papiermi** securities market
~ **s klesajúcimi cenami** sagging market
~ **s nehnuteľnosťami** property market
~ **s obligáciami** bond market
~ **s opciami** options exchange
~ **s pevným príjmom** fixed-income market
~ **s prevahou dopytu** bid market
~, **segmentovaný** segmented market
~, **sekundárny (cenných papierov)** secondary market
~, **sekundárny hypotekárny** secondary mortgage market
~, **sekvenčný** sequential market
~, **simultánny** simultaneous market
~, **skúšobný** test market
~, **skutočný** actual market
~, **slabý** weak market
~ **slúžiaci nákupu** purchasing market
~ **so stúpajúcou tendenciou (so vzrastom cenných papierov)** bull market
~, **spoločný** Common Market
~, **spotrebný** ultimate market
~, **sprostredkovateľský** intermediate market
~, **stabilný** stable market
~ **stagnuje** the market is in the doldrums
~, **stagnujúci** dead market
~, **stály** continuous market
~, **stiesnený** dull market
~, **súčasný** actual market
~, **svetový** world market
~, **šedý** gray market
~, **široký** wide market
~, **špekulatívny** speculative market
~ **štvrtej triedy** fourth market
~, **terciárny** third market
~, **termínovaný** futures market; forward market
~, **termínový** terminal market
~ **tovaru** commodity market
~, **tretí** over-the-counter market
~, **tretí: na treťom trhu** over the counter
~ **trpiaci depresiou** depressed market
~, **tuzemský** home trade
~, **úverový** loan market

~, **uzavretý** locked market
~, **úzky (s obmedzeným obratom)** thin market
~, **veľký** broad market
~, **viazaný** ration market; controlled market
~, **vnútorný** inland market; home trade; domestic market; home market
~, **voľný** overmarket; open market; market overt; competitive market; overt market; free and open market
~, **vykúpený** long market
~, **vypredaný** sold-out market
~ **výrobných faktorov** factor market
~, **výročný** annual fair
~, **vyvolávací** outcry market; open outcry
~, **vývozný** export market
~, **zahraničný** foreign market
~ **zlata** gold market
~, **zmanipulovaný** rigged market
~, **živý** active market
~, **živý a pevný t. s možnosťou vzostupu** buoyant market
trhovec market salesman
trhovisko market place
tridsať dní po vystavení thirty days after date
trieda family; class; rank; category
~, **cenová** price class
~, **daňová** taxable class
~, **ekonomická** economy class
~, **mzdová** income range
~, **opčná** class of options
~, **platová** salary grade; employee class; salary bracket
~, **pracovná** labor grade
~, **prvá** first class
~, **sadzobná (tarifná)** tariff class
~, **skladová** container class
~, **spoločenská** social class
~, **tarifná** job class
~, **tarifná (mzdová)** wage category; wage tariff
~, **turistická** economy class
~ **účtov** category of cost
~, **účtovná** account class
~ **úlohy** job class
~ **úverovej schopnosti** credit rating
triedenie classification
~ **investičných prostriedkov** classification of fixed assets
~ **účtov** classification of accounts
~ **zostatkov** sorting of balances
triediaci classificatory
triediareň rack
triedič šekov check sorter
triediť class
triedy, mzdové wage grades
trik shift
~, **predajný** confidence trick
trojitý triple
trojnásobný triple
trovy, súdne legal charges
trust concern
~, **nehnuteľnostný investičný** Real Estate Investment Trust (REIT)
trusty, personálne personal trust
trvale permanently
~ **uložiť (do pamäti)** fix
trvalý chronic; final
trvanie continuation; subsistence; perseverance
~, **obmedzené** limited life
~ **pôžičky** life of the loan
trvanlivosť serviceability
trvanlivý durable
trvať extend
~ **na najvyššej cene** stick out for the highest price
~ **na niečom** persist in st.
~ **na požiadavke niekoho** maintain sb.'s claim
~ **na storne** insist on the cancellation
tržba take; returns; drawings; earnings; income; sales; takings; revenue; avails; proceeds; turnover; receipts
~, **denná** daily gains; daily receipts
~, **klesajúca** declining sales
~, **očakávaná** estimated proceeds
~, **prírastková** marginal revenue
~, **rozpočtová** estimated proceeds
~ **z hraničného produktu** marginal product revenue
tržby, čisté net sales
~, **denné** daily sales; day's sales
~ **z predaja** revenue from sales
~ **z predajov, očakávané** anticipated sales
~ **za odpísané základné prostriedky** scrap receipts
tržnica market hall
tušiť calculate
tuzemský inland; domestic
tvorba formation; setting; making
~, **cenová** pricemaking; pricesetting; pricing
~, **cenová podľa hraničných nákladov** marginal cost pricing; marginal pricing
~, **cenová podľa pásiem** zone pricing
~, **cenová podľa ponuky a dopytu** supply-demand pricing
~, **cenová podľa priemerných nákladov** average cost pricing
~, **cenová podľa stupňa zaťaženia** peak-load pricing
~, **cenová podľa úplných nákladov** full cost pricing
~, **cenová s párnymi - nepárnymi číslami** odd-event pricing
~ **cien** formation of prices; pricing; price formation; determination of prices
~ **cien akcií** stock pricing
~ **cien, alternatívna** alternative pricing

~ **cien podľa hraničných nákladov** marginal cost pricing; mark-up pricing
~ **cien pomocou prirážky** markup pricing
~, **dravá cenová (za účelom zničenia alebo poškodenia konkurencie)** predatory pricing
~, **etická cenová** ethical pricing
~, **geografická cenová** geographical pricing
~ **kapitálu** capital formation
~, **nelineárna cenová** nonlinear pricing
~ **peňazí** creation of money
~, **propagačná cenová** promotional pricing
~, **psychologická cenová** psychological pricing
~ **rezervných fondov** advance funding
~ **zisku** profit formation
tvorca maker
~ **miezd** wage maker
~ **trhu** market maker
tvorenie cien making a price
tvoriť create; form
~ **doplnok** complement
tvorivý creative
tvrdenie proposition; say-so; contention; asseveration; claim
~, **pozitívne (kladné)** odd acknowledgement
tvrdiť depose; make out
týka sa re
týkajúci sa niečoho on the subject of st.
~ **sa veci** in rem
týkať sa niečoho refer (to st.)
týmto sa potvrdzuje, že ... this is to certify that ...
tímy, marketingové research-market teams
typ standard; type
~ **grafu** chart type
~ **kurzu** rate type
~ **služieb** type of service
typovanie search
typový type; standard
týždeň, týždenný week

U

u užívateľa on-site
uberať na (dôstojnosti) derogate from
ubúdanie decline; wastage
ubúdať be on the decrease
~ **(objednávky)** drop
úbytok loss; diminution; decrease; shortage; fall
~ **a opotrebovanie, normálny** fair wear and tear
~, **čistý** dead loss
~ **množstva** wastage in bulk
~ **obyvateľstva, prirodzený** natural decrease
ubytovanie accommodation
ubytovať domicile
~ **sa** check in
ucelený integrated
úctivý civil; respectful
účasť contribution; participation; part
~, **kapitálová** investment; interest
~, **majetková** investment
~, **väčšinová** controlling interest
účastina s kupónom share with share warrant
~, **špecifická** golden share
účastníci na zmenke parties to a bill
~, **nepriami na zmenkovom záväzku** remote parties
účastnícky participation
účastník subscriber; participant; partaker; attendant
~ **dohody** party to an agreement
~ **dôchodkového poistenia** planholder
~ **konferencie** conferee
~ **konkurzu** competitor
~, **priamy** auricular witness
~ **trhu** trader
~ **zmluvy** party to a contract
účel aim; end; point; object; objective
~, **úradný** official use
účelový final; objective
účet tab; bill; receipt; account
~, **advokátsky** bill of costs
~ **aktív** asset account
~, **akýkoľvek špekulačný** bear account
~, **alternatívny** alternate account
~, **analytický** subsidiary account; analytical account
~ **bez pohybu** inoperative account
~, **bežný** contocurrent account; current account; barring account; book account; account current; running account; continuing account
~, **bežný bez manipulačných poplatkov** free checking account
~, **bežný sporiteľný** regular savings account
~, **bilančný** asset account
~ **cestovného ruchu** tourist account
~, **cestovný** expense account
~, **clearingový** clearing account
~, **číslovaný** numbered account
~ **ďalej žijúceho spoločníka** survivorship account
~, **dedičský** estate account
~ **deficitnej zásoby** deficiency supply bill
~, **depozitný** custody account; deposit account
~, **devízový** foreign currency account
~, **diferenčný** over and short account
~ **dlhov (nedobytných)** bad debts account
~ **dlžníkov** charge account
~ **dodávateľov** account payable
~, **domáci** house bill
~ **domácnosti** household account
~, **doplnkový (prídavný)** adjunct account
~ **eskontovaných zmeniek** accepters ledger
~, **evidenčný** suspense account; memorandum account
~, **finančne výsledkový** financial income account
~ **hlavnej knihy** ledger account; accounting in the general ledger
~, **hlavný** principal account
~ **hospodárskeho výsledku** loss and gain account; loss and profit account
~ **chýb** error account
~ **jednotlivého odberateľa** customer's ledger
~, **kalkulačný** costing account
~, **kapitálový** capital account
~ **kaucií** bail account
~, **kompenzačný** barter account
~, **kompenzačný (vyrovnávací)** offset account
~, **konečný** balance sheet
~, **konečný poisťovací** final underwriting account
~, **konsignačný** consignment account
~, **kontokorentný** current account
~, **kontraaktívny** counterassets account
~, **kontrálny** contra-account
~, **kontrapasívny** counterliabilities account
~, **kontrolný** control account
~, **korekčný** correction account
~, **krátkodobý sporiteľný** short-term savings account
~, **kreditný** credit account; account payable
~, **kvitovaný** acquitted bill
~, **likvidačný** realization account
~ **loro** loro account
~, **majetkový** asset account
~ **mánk v hlavnej účtovnej knihe** cash short
~ **miezd** payroll account
~ **miezd rozpracovaných výrobkov** la-

bour-in-process-account
~ **mladých** young adult account
~, **mŕtvy (bez obratu)** dead account
~ **na jedno meno** single-name account
~ **na krytie nepredvídaných výdavkov** contingent account
~ **na preplatenie** bill for payment
~, **nadlimitný** overlimit account
~ **nákladov** expense account; cost account
~ **nákupov** accounting purchase; purchase account
~ **národného dôchodku** national income account
~ **národného produktu** national product account
~, **náš** nostro account
~, **návratný** cross account
~ **neexistuje** no account
~, **nekrytý** uncover account
~, **neobmedzený** unlimited accounts
~, **neobsadený** vacant account
~ **neregistrovaného združenia, sporiteľný** voluntary association account
~, **neuspokojivý** unsatisfactory account
~, **nezaplatený** unsettled account; open account
~, **nezdanený** Keogh account
~, **nominálny** nominal account
~, **obchodný** trade invoice
~, **obilný** grain bill
~, **obmedzený** restricted account
~, **obstavený** garnishee account
~ **očakávaných poisťovacích výdavkov** underwriting suspense account
~, **opčný** option account
~, **operačný** operational account
~, **operatívny** clearing account
~, **opravený** corrected invoice
~, **opravný** correcting account
~ **oprávok** valuation account; contra-asset account
~ **organizácie** corporate account
~, **osobný** personal account; drawing account
~, **osobný zamestnancov v podniku** employees' drawing account
~, **otvorený** open account; uncover account; open book account
~, **otvorený úverový** charge account
~, **označený (poznamenaný)** rubricated account
~, **palmárny** solicitor's fee bill; bill of costs
~, **párový** double account; binary account
~ **pasív** account of liabilities
~ **pobočky, clearingový** branch clearing account
~ **podľa zostatku ktorého sú vystavované úverové karty a šeky** cash management account
~, **podnikový** corporate account
~, **podsúvahový** off-balance sheet account
~ **pochybných pohľadávok** bad debts account
~, **poisťovací** underwriting account
~, **pokladničný** teller account; cash account
~, **pokladníkov** cashier's account
~, **pomocný** subsidiary account; auxiliary account
~, **poručnícke** custodian account; trust account
~, **pozastavený** suspense account
~ **pracovných síl** force account
~ **právneho zástupcu** solicitor's fee bill
~ **pre zúčtovanie obchodov** commercial settlement accounts
~ **prečerpania a nedostatočných zdrojov** over and short account
~, **prečerpaný** accounting overdrawn
~ **predaja, fingovaný** simulated account sales
~ **prechodných položiek** suspense account
~, **prémiový** reward account
~ **prepravného** freight account
~, **prevádzkový** management account
~ **prevádzkových príjmov** account of income from operations
~, **prevedený** transferred account
~, **priebežný** transit account
~, **priemerný ročný na jedného zákazníka** average annual bill per customer
~, **pripísaný** assigned account
~, **provízny** commission account
~, **realizačný** realization account
~, **redistributívny** redistribution account
~, **revolvingový** revolving account
~, **rozpočtový** budget account
~ **s deleným úrokom** split-rate account
~ **s nedostatočným vkladom** short account
~ **s nulovým zostatkom** zero-balance account
~ **s prevoditeľnými platobnými príkazmi** NOW account
~ **s variabilnou úrokovou mierou** variable-rate account
~ **s výpovednou lehotou** notice account
~, **saldovaný** receipted bill
~, **segregovaný** segregated account
~, **skladový** stock account
~, **skupinový** group account
~ **so záporným saldom držiteľa karty, ktorého miesto pobytu nie je známe** skip account
~, **splatný** due bill; account payable; collectable account
~, **spojovací** control account
~, **spoločný** hotchpot; joint purse; joint account; alternate account
~ **spoluvlastníkov, podielový** tenancy in common account

~ **sporenia, trojmesačný** ninety-day savings account
~, **sporiteľný** statement savings account; savings account
~, **sporiteľný s vkladnou knižkou** passbook savings
~, **stavový** statused account
~, **substitučný** substitution account
~, **súdny** court account
~, **súhrnný** general account; clearing account; summary account
~, **súhrnný spoločný (u brokera)** omnibus account
~, **súkromný** private account
~, **súvahový** balance sheet
~, **súvahový (počiatočný)** opening balance sheet
~, **súvahový (vecný)** real account
~, **súvzťažný** counteraccount; counter-account; corresponding account
~, **syntetický** synthetic account
~, **šekový** check account; checking account
~, **šekový s osobným úverom** personal line of credit
~ **škôd** claim bill
~, **štátny záverečný** national account
~, **termínovaný otvorený** time open account
~, **termínový** time account
~, **testamentárny** testamentary account
~ **tovaru v komisii** consignment account
~, **úschovný** safekeeping account
~, **uspokojivý** satisfactory account
~ **úspor na dovolenku** vacation club account
~, **úverový** credit account; credit bill; loan account
~ **v banke** bank account
~ **v poštovej sporiteľni** post-office cheque account; postal savings account
~, **váš** your account; vostro account
~, **vecný** material account
~ **veriteľov** account payable
~, **viazaný** garnishee account
~, **viazaný, blokovaný** blocked account
~, **vkladový** deposit account; passbook account
~, **vkladový na peňažnom trhu** money market deposit account
~ **výdavkov** accounting of disbursements; bill of costs; expense account
~ **výnosov** avail account
~ **výnosov a nákladov** profit/cost account
~, **výplatný** recharge note
~ **výroby** manufacturing account
~, **vyrovnaný** account in balance; acquitted bill
~, **vyrovnaný, zaplatený** acquitted bill
~, **vyrovnať** liquid
~, **vyrovnávací devízový** equalization account
~, **výsledkový** nominal account
~, **výsledný** profit and loss statement
~ **vystavený v anglických librách** sterling invoice
~, **vyšší** shave
~ **vývojových prác** development account
~ **z nákupu** account purchase(s)
~ **za tovar** invoice
~, **zabavený** sequestered account
~, **zahraničný** foreign account
~, **základný** capital account
~ **záloh** advance account
~, **zaplatený** acquitted bill
~ **záruk** aval account; bail account
~ **zásob** inventory account
~, **zastavený** attached account
~, **záverečný** balance account; final account; closing account
~, **zberný** summary account
~, **združený** joint account
~ **ziskov a strát** profit and loss statement; income statement; profit and loss account
~, **zmiešaný** mixed account
~, **zrkadlový** reflecting account; mirror account
~, **zúročiteľný** interest-bearing account
~, **zvláštne úročený** special interest account
~, **zvláštny** special deposit; separate account; special account
~, **žírový** giro account
~, **živý** active account

účet: bežný ú. v banke checking account
~ **na účet** on account
~ **na vlastný účet** on one's own account
~ **nekrytá čiastka na bežnom účte** shortage
~ **vedenie účtu** operation of the account

účinnosť force; virtue; operation; operational efficiency
~, **ekonomická** economic efficiency
~ **kapitálu, marginálna (hraničná)** marginal efficiency of capital
~, **maximálna** maximal efficiency

účinný effective

účinok consequence; effect; work

účinok: s okamžitým účinkom effective immediately

učiteľ master
~ **domácej ekonomiky** home economist

účtáreň accounting department; counting-house; account department; accountancy department; accounts office
~, **clearingová medzinárodného obchodu s cennými papiermi** Euroclear
~, **hlavná** audit office; accountancy general department

~, **kontrolná** audit bookkeeping department; audit office
~, **mzdová** payroll department; wages clerk's office; payroll; wage department
~, **prevádzková** cost accounting department; cost department
účtenka premium note
~ **(paragón)** sales slip
~, **potvrdená** receipted bill
~, **zmenená** altered sales draft
účtovanie accounting; charging; accounts
~, **automatické** automated posting; automatic accounting
~, **dodatočné** supplementary entry; later entry
~, **dvojité a systematický zápis** dual billing and posting
~ **opotrebenia** depletion accounting
~, **opravné** reversal; payment reversal
~ **poistného** premium accounting
~ **prevádzkovej doby** timing accounting
~, **priame, do hlavnej knihy** direct posting
~ **splneného kontraktu** completed contract accounting
~ **súdu** judicial accounting
~, **štandardné** conventional billing
~ **telefónnych poplatkov** telephone billing
~ **vnútropodnikových cien** transfer pricing
~ **zdržanej rezervy** lagged reserve accounting (LRA)
~, **zmluvné** conventional billing
účtovať invoice; tally; tax
~ **cenu** charge the price
~ **na vrub** charge
~ **za niečo** charge for st.; make charge for st.
~, **znovu** recharge
účtovateľný chargeable
účtovníctvo accountancy; bookkeeping; accounting
~, **americké** tabular bookkeeping
~, **automatizované** computerized bookkeeping
~, **centralizované** centralized bookkeeping
~, **daňové** tax accounting
~, **decentralizované** decentralized bookkeeping
~ **držiteľa karty** cardholder accounting
~, **dvojokruhové** multiple ledger bookkeeping
~, **finančné** cash method of accounting; general accounting; finance accounting; cash management
~, **hybridné** hybrid basis accounting
~, **inflačné** inflation accounting
~, **investičné** plant asset records; property record
~, **jednoduché** single entry; single-entry bookkeeping
~, **jednookruhové** one-ledger bookkeeping
~, **jednotné** uniform accounting; standardized accounting
~, **jednotné prevádzkové** uniform cost system
~ **managementu** management accounting
~, **mechanické** mechanical bookkeeping
~, **mzdové** payroll accounting; wage bookkeeping; wages and salaries accounting; wages accounting
~ **národného dôchodku** national income accounting
~, **nemecké** German bookkeeping
~, **obchodné** merchant accounting
~, **odbytové** sales accounting
~, **podnikové** factory accounting; shop accounting; business accounting
~ **podniku** company accountancy
~, **podvojné** double counting; double entry bookkeeping
~, **poručnícke** fiduciary accounting
~, **prepisovacie** duplicating bookkeeping
~, **prevádzkové** costing; cost system; process cost accounting; factory accounting; cost accounting
~, **prevádzkové (umožňujúce zrovnávanie skutočných nákladov s vopred stanovenými nákladmi)** estimating cost system
~, **prevádzkové, nákladov a výnosov podľa jednotiek** job cost accounting
~, **prevádzkové so štandardnými cenami** standard cost system
~, **rastové** growth accounting
~, **ručné** manual accounting
~, **skladové** stock record accounting; store accounting; stock records; material records; stock accounting; stores accounting
~, **skladové (materiálové)** material accounting
~, **strojové** machine accounting
~, **štatistické** statistical accounting
~, **tabelárne** tabelar accounting; tabular bookkeeping
~ **verejných inštitúcií** public accounts
~, **vládne** governmental accounting
~ **vládnych orgánov a inštitúcií** governmental accounting
~, **vnútropodnikové** interdepartmental bookkeeping
~, **zodpovednostné aktívne** activity accounting
účtovník account clerk; bookkeeper; settlement clerk; biller
~, **autorizovaný** certified accountant
~, **druhý** junior clerk
~, **expedičný** dispatch typist
~, **hlavný** head bookkeeper; chief accoun-

tant; comptroller
~, **mzdový** payroll clerk; wages bookkeeper
~, **prevádzkový** ledger clerk
~, **samostatný** senior accountant
~, **skladový** balance-of-stores clerk
~, **vedúci** accounts supervisor
účtovný accounting
účty, auditované (revidované) audited accounts
~, **bilančné** balance accounts
~ **dlžníkov** accounts receivable
~ **došlých platieb z clearingového centra** inward accounts
~, **duplikátne** duplicate bills
~, **interné** internal accounts
~, **národohospodárske** social accounts
~, **národohospodárske (štátne)** national accounts
~, **nepreplatené** bills in abeyance
~, **nespôsobilé** ineligible bills
~, **nezaplatené** outstanding accounts
~, **operatívne** operating accounts
~, **osobné penzijné** Individual Retirement Accounts (IRA)
~, **permanentné (pravé)** permanent accounts
~ **pohľadávok** accounts receivable
~ **položiek znižujúcich tržbu** contra-revenue accounts
~ **pre vyšlé platby** outwards accounts
~, **preplnené** sweep accounts; overflow accounts; sweap accounts
~ **prevádzkových nákladov** operating accounts
~, **rôzne** sundry accounts
~, **splatné** bills payable
~ **štátneho rozpočtu, špeciálne** special treasury accounts
~ **vlastníctva** proprietary accounts
~, **výnosové** yield accounts; income statement accounts
~, **vyrovnávacie pohľadávkové** compensatory accounts receivable
~, **vzájomné menové** mutual currency accounts
~, **vzájomné recipročné** reciprocal accounts
~ **zásob** stores accounts
~, **záverečné** closing summary accounts
~ **zdrojov** fund accounts
~, **zjednodušené** simplified accounts
~, **zvláštne kontrolné (poplatkové)** pay-as-you-go accounts
údaj datum
~, **hodnotový** monetary data
~, **peňažný** monetary data
~, **štrukturovaný** composite data element
~, **vstupný** input
údaje data; representation; disclosure
~, **bibliografické** background
~ **o objeme výroby** production figures
~ **o predaji** sales figures
~, **osobné** personal data; name and description
~, **predpokladané** anticipated data
~, **redukované** deflated data
~, **rozpočtové** budget figures
~, **získané** obtained data
udalosť event
~, **náhodná** casualty
~, **poistná** insured accident; casualty
~, **predchádzajúca** antecedent
udať denounce
~ **smer** direct
udeliť award; grant; bestow; concede
~ **cenu** award the prize
~ **dekrétom** decree
~ **licenciu** issue a license
~ **plnú moc** delegate all powers to sb.
~ **pokutu** award a fine
~ **povolenie** accord a permission
~ **slovo** recognize
udeliteľný dispensable
udeľovanie cien prize distributing
udeľovateľ povolenia, licencie licenser, licensor
udržanie cien price maintenance
~ **výroby v chode** maintenance of the production process
udržať ceny maintain the prices
~ **si odbyt** hold a market
údržba repair work; maintenance
~ **(programu)** revision
~, **časovo rozlíšená** deferred maintenance
~, **havarijná** emergency maintenance
~, **odložená** deferred maintenance
~, **pozdržaná** deferred maintenance
~, **preventívna (plánovaná)** routine maintenance
~, **technická** maintenance service
~ **u zákazníka** field maintenance
údržbár trouble man
udržiavací maintenance
udržiavanie upkeep
udržiavať pozíciu na trhu maintain position in the market
~ **v chode** carry on
úhrada reimbursement; remittance; settlement; provision
~, **čiastková** part payment
~ **dlhov** settlement of debts
~ **dlhu** wiping off a debt; liquidation of debts
~ **faktúry** settlement of the invoice
~ **nedobytného dlhu, dodatočná** bad debt recovery
~, **písomná (poštová)** mail transfer
~ **pohľadávok** account payable remmitance; claims settlement
~, **poštová** mail transfer
~ **vrubopisu** settlement of debit note
~, **vzájomná** quid pro quo

úhrada: na úhradu všetkých škôd in settlement of all claims
uhradený settled
uhradiť cover; defray; settle; pay off; meet; clear; disburse
uhradiť/inkasovať faktúru settle/collect invoice
uhradiť náklady offset the costs
~, plne pay up
úhrnne amount in full
úhrnom celkom in the aggregate
uchádzač aspirant; claimant; contestant
~, prijatý appointee
uchádzačstvo candidature
uchádzať sa compete; enter
uchovanie (cenných papierov v redukovanom množstve) short
~ kapitálu physical capital maintenance
uchovať v pamäti record
úchylka deviation; divergence
uistenie assurance
ujať sa držby seise
ujatie sa držby entry
ujednanie arrangement
újma detriment
ujma, majetková loss of property
ukázať show
ukazovateľ indicator; directory; mouse pointer; coefficient; index number
~, bilančný balance indicator
~ celkovej zadĺženosti (celkové dlhy: celkové aktíva) debt ratio
~, číselný index number
~, ekonomický economic indicator
~, hlavný major pointer
~ hospodárskej aktivity activity ratio
~ krátkodobej likvidity quick ratio
~ likvidity liquidity ratios
~ obrátky vloženého kapitálu investment turnover ratio
~ okamžitej likvidity cash ratio
~, relatívny (PL/1) offset
~, stĺpcový column scale; column indicating device
ukazovatele, objektívne objective indicators
~ platobnej a úverovej schopnosti solvency ratios
~, trhové market indicators
~, záväzné binding indicators
ukážka tovaru sample; specimen
ukladanie miezd, priame direct payroll deposit
~ výplaty, priame direct deposit of payroll
ukladať (poplatky) toll
~ (záznam) put
~ obyvateľstvu dane impose taxes on the population
~ peniaze pour money
~ peniaze v ... bank with ...
ukladateľ investor; depositor
ukľudniť sa subside
úkolovanie rate setting
~ práce job evaluation
úkolový task
úkon operation; mode of motion
ukončenie cut-off; termination
~ (zánik) práva determination
~ systému, legálne shutdown
ukončiť determine; conclude
~ činnosť podniku liquidate
ukradnutie larceny
úkryt, daňový tax shelter
uľahčiť ease
úľava, colná drawback
~, daňová tax allowance; taxation relief; tax benefit; tax relief
~ na daniach easement of taxation
~, unifikovaná daňová unified credit
úľavy, daňové reliefs
ulička, slepá (rokovania) deadlock
úloha objective; part; task; job
~, automatizovaná task
~, hlavná major task
~, kontrolná check problem
~, plánovaná target
~, projektová feasibility study
~ s nižšou prioritou nonproductive task
~ vlády role of government
~, výskumná research target
uloženie dane, priame direct assessment
~ dane z príjmu income tax assessment
~ daní tax assessment
~ do úschovy deposition
~ kapitálu, bezpečné secure investments
~ peňazí investment
~ veci alebo peňazí u tretej osoby s podmienkou, že budú vydané za určitého predpokladu stake
~ poručníckych kapitálov do papierov sirotskej istoty trustee investments
uložiť commit; invest; quarter
~ (dane) levy
~ (peniaze) lodge
~ (poplatok) lay
~, bezpečne safe
~ cennosti do banky lodge valuables in the bank
~ daň lay on tax; impose a duty; levy a tax
~ dávku impose a levy
~ do starostlivosti caveat
~ na úroky put out to interest; put at interest
~ pokutu lay on fine; levy a fine
~ spotrebnú daň excise
~ úlohu task
~ v banke bank; put in a bank
úmera proportion; ratio
~, priama continual proportion; direct proportion; positive correlation
úmernosť, nepriama indirect proportion; reciprocal ratio

úmerný comparable; commensurate
~ **zárobku** earnings-related
umiestnenie site
~ **(kapitálu)** placement
umiestniť lodge; position
~ **akcie** place shares
~ **emisiu (akcií)** place an issue
umocniť (číslo) raise
~ **na druhú** square
umorenie extinction; redemption
~ **dlhu** amortization
~ **istiny** repayment of principal
~ **kapitálu** capital redemption
~, **predčasné** prior redemption
umorenie: s právom u. subject to redemption
umoriť redeem
~ **dlh** wipe off a debt
~ **hypotéku** extinguish a mortgage
umoriteľný redeemable
umorovanie redemption
~ **dlhu splácaním** redemption by installments
umožniť support; enable
umožňujúci rôznu interpretáciu open-ended
úmrtnosť mortality
úmysel view; animus; thought
~, **spoločný** common design
unca ounce
únia union
~, **colná** tariff union; customs union
~, **menová** monetary union
unifikovať consolidate
únik, daňový tax avoidance; tax evasion
~ **devíz** currency leak(age)
~ **dolára** flight of the dollar; dollar drain
~ **kapitálu** capital flight; capital outflow; outflow of capital
~ **kapitálu, trvalý** sustained outflow of capital
~ **správ** message drain
úniky do daní leakages into taxes
univerzálny master; combined; all-round
univerzita college
upadať fall; decay
upadnúť do dlhov run into debts
~ **do konkurzu** go in for bankruptcy
úpadok decay; bankruptcy; bank crash; recession; failure; decrease
~ **(systému)** decline
~ **banky** bank failure; bank crash
~, **nezavinený** simple bankruptcy
~, **podvodný** fraudulent bankruptcy
úpadok: byť na pokraji úpadku be on the threshold of bankruptcy
upevnenie (papiera) hold down
~ **trhu** firming of the market
upevniť consolidate
upevňovanie úrokovej sadzby firming of interest rate

úpis mortgage debenture; note; mortgaged deed
~, **bankový dlžobný** bank bond
~ **bez ďalších rubopisov** single-name paper
~, **daňový** tax anticipation bond; tax-anticipation
~, **dlhodobý** long draft
~, **dlžobný** bill of debt; bill for debt; bond; debenture certificate; promissory note; debenture; certificate of debt; I owe you; obligation; note of hand; debenture bond; indent
~, **dlžobný - s nižšími splátkami na začiatku** balloon note
~, **dlžobný (brit.)** bearer debenture
~, **dlžobný ú. na majiteľa** bearer debenture
~, **dlžobný vydaný štátom (miestnym úradom)** municipal bond
~, **krátkodobý dlžobný** certificate of indebtedness
~, **ktorý je vlastnou zmenkou, ako aj hnuteľnou zálohou** cognovit note
~, **náhradný dlžobný** refunding bond
~, **neobmedzený daňový** unlimited tax bond
~, **reorganizačný dlžobný** reorganization bond
~, **špeciálny daňový** special tax bond
~, **uznávací** cognovit note
~, **zapožičaný** borrowed note
~, **zaručený** collateral note
úpis: dlžobný ú. so zmluvnou zárukou chattel paper
~ **dlžobný ú. splatný na požiadanie** demand note
upísanie (novej emisie cenných papierov) underwrite
~ **a predaj cenných papierov** net issue
~ **podielov, minimálne** minimum subscription
upísať akcie, aby sa rýchlo predali stag
~ **podiely** subscribe
upisovanie underwriting
~ **akcií** subscription of shares; stock subscription; subscription for a joint-stock venture; subscription of bonds
~ **obligácií** subscription of bonds
upisovanie: bez upisovacieho práva ex new
~ **s upisovacím právom** cum new
upisovať subscribe
~ **pôžičku** invite subscriptions for a loan
upisovateľ underwriter; subscriber
~, **ktorému boli pridelené akcie** allottee
úpisy, dlžobné certificates of debt
~, **konvertibilné dlžobné** convertible debentures
~ **na meno, dlžobné** promissory notes, certified

~, **spotrebiteľské dlžné** consumer debentures
úplatkár (ten kto dáva úplatky) briber
~ **(ten kto prijíma úplatky)** bribee
úplatkárstvo bribery; barratry; corrupt practices; corruption; malversation; graft
uplatnenie práva demand
~ **vyrovnaného rozpočtu** balance budget exercises
uplatniť námietku raise objection
~ **nárok** lodge a claim; file a claim
~ **nárok na niečo** set up a claim to st.
~ **podvodný nárok** make a fraudulent claim
~ **pozmeňovací návrh** move an amendment
~ **v praxi** practice
úplatnosť venality
uplatňovať nárok claim
~ **nárok na odškodné** claim damages
úplatný (za úplatok) onerous
úplatok kickback; salve; bribe; embracery; payoff; under the counter payment
úplne altogether
úplný complex; full
uplynulý stale; overdue; past due
uplynutie expiration; expiry
upomienka demand note; collection letter; reminder; demand for payment; dunning
~ **(platby)** application for payment
~, **daňová** tax demand note; tax collector's notice; tax paper
~, **inkasná** collection reminder
~, **písomná** dun
~, **výpredajná** sell-out notice (notification)
upomínať claim payment; remind; dunn
upotrebenie application; use; utilization
upotrebiť appropriate; utilize
upotrebiteľnosť serviceability
~, **podniková** lifetime
upovedomiť zmluvné strany notify to the contracting parties
upozornenie notice; warning
upozorniť wise up
upozorňovať na zaplatenie demand payment
úprava adjustment; arrangement; treatment; conversion; regulation
~ **ceny** price adjustment
~ **cien, horizontálna** horizontal price fixing
~ **miezd, úradná** wage freeze
~ **na strane Má dať** debit adjustment
~ **textu** text editing
~ **úveru** credit adjustment
upravenie regulation
~ **účtu** bill adjustment
upraviť adjust; regulate; settle; arange
~ **(stanoviť) sadzbu** rate
~ **bilanciu** settle (doctor) a balance sheet
~ **ceny** adjust the prices
~ **na prianie zákazníka** customize
upravovať alter
úpravy, zákaznícke customization
uprednostniť (užívateľa) express
upustenie od nároku quit claim
~ **od nároku voči majetku z titulu hypotéky** release of mortgage
~ **od prémie u zaisteného dlhu** release of premiums on funded debt
upustiť od uloženia cla abstain from the assessment of duty
upútať pozornosť engross
úrad office; service; department; function; authority; place
~, **colný** customhouse; board of customs; customs; revenue office
~, **daňový** board of revenue; octroi authority
~, **daňový (berný)** tax office
~, **doživotný** freehold
~, **finančný** revenue office; revenue authority
~, **finančný (berný, daňový)** tax authority
~, **matričný** registry office
~, **podací** office of mailing
~, **poštový šekový** check office
~ **práce** employment agency
~, **pracovný** registry office; Labour Office; labour office
Úrad pre bankový dozor Office of the Controller of the Currency
úrad pre nákup a predaj štátnych dlhopisov national debt office
~ **pre patenty a vynálezy** patent office
Úrad pre rozpočet Bureau of the Budget
~ **pre správu a rozpočet** Office of Management and Budget (OMB)
úrad, protimonopolný anti-trust office
~, **puncovný** assay office
~, **správny** administration
~, **štatistický** Statistical Office
~, **vstupný colný** office of entry
úradná osoba officer
úradníci na burze, ktorí nerobia burzové obchody blue buttons
úradnícky clerical
úradníctvo clerkdom; staff; public servants; civil servants
úradník functionary; officer; clerk
~, **bankový** bank clerk
~ **diskontného oddelenia** discount clerk
~, **hlavný** chief officer (CO)
~, **hlavný výkonný** chief executive officer (CEO)
~, **policajný** constable
~ **poručníckej spoločnosti, správny** trust officer
~, **poštový** mail teller
~ **pre inkaso kupónov** coupon collection teller
~ **pri bankovej priehradke** teller

~, **skladiskový** depot master
~, **vysoký** high-ranking official
~ **vyššej hodnosti** major official
úradný official; authoritative
úradovanie, byrokratické red tape
úradovňa, satelitná satellite office
úrady, okresné district authorities
~ **podávajúce informácie o úverovej schopnosti zákazníka** credit reporting agencies
úraz accident; injury; casualty
~, **pracovný** occupational accident; on-the-job accident; occupational injury; working accident
~ **vzniknutý pri zamestnaní** accident resulting from employment
určenie determination; destination
~ **ceny** evaluation
~, **cieľové** ultimate destination
~ **daňovej sadzby** tax rating
~, **účelové** earmarking
určiť determine; fix; designate; schedule
~ **hodnotu** evaluate; assess the value
~ **trasu** route
určitý particular; definite
určovať provide
urgencia prompting
~ **(objednávok)** query
~, **naliehavá** rush
urgovať urge
urobiť (ponuku) enter
~ **dlh** incur a debt
~ **dobrý obchod** drive a good bargain; close the deal; strike a bargain
~ **inventúru** take stock
~ **konečné vyrovnanie** close out
~ **kroky** take steps
~ **neplatným** void
~ **objednávku** make an order
~ **odhad (predbežný rozpočet) nákladov** make an estimation of costs
~ **odpis** duplicate
~ **opatrenie** adopt a measure; provide
~ **ponuku** make an offer; bid
~ **prevod (z účtu na účet)** effect a transfer
~ **rozbor** analyse
~ **rozhodnutie** make a decision
~ **stratu** incur a loss
~ **terno** make a bargain
~ **úpravu** adjust
~ **uzáver** draw (a bill)
~ **všetko, čo je v silách niekoho** to do sb.'s utmost
~ **vyúčtovanie** make an audit
~ **zápis** take the minutes
~ **záväznú ponuku** make a firm offer
~ **záznam** make an entry
úročenie bearing interest
úročený interest-bearing
úroda crop; yield
úrodnosť - ukazovatele fertility ratios
úrok vigorish; interest; usance; increase; usuance
~, **aktívny** received interest
~, **celkový, hrubý** gross interest
~, **čistý** net interest
~, **dohodnutý** explicit interest
~, **explicitný** explicit interest
~, **hrubý** gross interest
~, **jednoduchý** simple interest
~ **majiteľa prenajatého majetku** leased fee interest
~, **kumulovaný** interest accrued; accrued interest
~, **nezarobený** unearned interest
~, **nízky** low interest
~ **obligácie** conversion point
~, **odložený** deferred interest
~, **pasívny** expense interest
~, **pevný** fixed interest
~ **plus, variabilný** variable interest plus (VIP)
~, **počiatočný** inchoate interest
~, **pôžičkový** loan interest
~, **predpokladaný** anticipated interest
~, **presný** exact interest
~, **priamy** straight-line interest
~, **prisúdený** imputed interest
~, **refundovateľný** refundable interest
~, **splátkový** installment interest
~, **splatný** interest payable
~, **ukončiteľný** terminable interest
~, **úžernícky** usuriuos interest
~, **užívateľský** beneficial interest
~, **vrátený** rebate
~, **vyplatený (vybraný)** disbursed interest
~, **vzniknutý** accrued interest
~ **z dlžnej čiastky** carrying charges
~ **z kapitálu** interest on capital
~ **z nadbytočných dní** odd-day's interest
~ **z obligácie** bond interest
~ **z úrokov** compound interest; compounded
~ **z úveru** credit interest
~, **základný (úrok, ktorý poskytujú banky najspoľahlivejším zákazníkom)** prime rate
~, **zákonný** lawful interest
~, **záporný** negative interest
~, **zložitý** compounded; compound interest
úrokový interest
úroky a preferenčné dividendy, zarobené times interest and preferred dividend earned
~, **dlžné** unpaid interest
~, **napočítané** accrued changes
~, **nedoplatené** back interests
~, **splatné** interest due
~, **vzniknuté** accrued changes
~ **z meškania** forbearance money
~ **z oneskorenia** interest for delayed pay-

ment; punitive interest; recomplement interest for delay
~ **z pohľadávok** interest accounts receivable
~ **z úrokov** compound interest
~, **zachránené** recaptured interest
~, **zarobené** times interest earned
úroveň standard; norm
~ **cien** standard of prices; price level; price line
~ **miezd** standard of wages
~ **miezd, minimálna povolená** minimum permissible level of wages
~, **mzdová** standard of wages
~, **najnižšia** low
~ **nákladov** level of cost
~, **oporná** support level
~, **prahová** treshold
~, **prevádzková** level of operation
~ **riadenia, stredná** middle management
~, **rozlišovacia** distinguishing level
~, **životná** standard of life; living standard; standard of living
urovnať extinguish; reconcile
~ **záležitosť** settle the matter
úrovne ekonomickej činnosti levels of economic activity
~ **úrokovej sadzby** interest rate tiers
urýchliť forward; expedite
~ **agendu** speed up processing
usadlíci residents
úsek slice; slot; field; division; stage; section
~, **administratívny** clerical department
~, **časový** slot; period of time
úschova safekeeping; custody
~ **cenných papierov** custody of securities
~ **dokladov** record retention
~ **šekov** truncation
úschovňa depository; cloakroom
úsilie ambition; effort
~, **vývozné na získanie dolárov** dollar drive
usilovať sa o niečo urge for st.; try hard
uskladnenie storage
uskladniť stockpile; house; store
úskok dodge; shift
uskutočnenie implementation; conduct; realization; consummation
uskutočniť execute; consummate; practice; effect
~ **(obchodnú transakciu)** effectuate
~ **dodávku** effect delivery
~ **platbu** lay out payment
~ **účtovnú uzávierku** close books
usmerňovať debug
úspech success
úspešný flourishing
uspokojenie (pohľadávky) satisfaction
~ **dlžobných úpisov** satisfaction of portion-debts
uspokojiť fill; meet; content; satisfy
~ **(dopyt)** satisfy
~ **dopyt** meet demand; fill a demand; meet a demand
~ **nároky** discharge claims
uspokojivý fair
úspora saving; economy
~ **nákladov** saving of cost
usporenie economization
usporiadanie configuration; system; collocation; disposition; form; organization; setting; order; ranking; arrangement; rank
~ **aktív** marshaling of assets
~, **priestorové** space layout
~ **triedením** sequencing-by-merging
~, **vnútorné** structure
~, **zvláštne (na burze)** special settlement
usporiadať sequence; settle; arrange; range
~ **podľa kľúčov** collate
~, **stupňovito** step
usporiť economize; sock away
úspornosť economy; thrift
úsporný saving; space-saving; compact
úspory stake; savings; economies
~, **čisté záporné** net dissaving
~, **firemné** corporate savings
~, **hrubé** gross savings
~, **ktoré neboli utratené ani investované** fluid savings
~, **likvidné** liquid saving
~ **na nákladoch** cost economies
~, **negatívne** dissaving
~, **osobné** personal savings
~, **plánované** planned savings
~, **prevádzkové** operating savings
~, **technologické záporné** technological diseconomies
~ **v hotovosti alebo ľahko premeniteľné na hotovosť** liquid saving
~, **vnútorné** internal economies
~, **vonkajšie** external economies
~ **z hromadnej výroby** internal economies
~ **z veľkosériovej výroby** economies of scale
~, **záporné** diseconomies
ustanovenia, finančné financial provisions
ustanovenie incorporation; regulation; provision; appointment; setting; establishment; enactment; disposition
~, **dispozičné** dispositive provisions
~ **o uplynutí doby** proviso for cesser of the term
~, **písomné** codification
ustanoviť constitute; establish; name; institute
~ **obchodnú spoločnosť** form a company
ústav institute; foundation; institution; establishment

~, **emisný** money creation authority
~, **finančný** financial standing
~, **peňažný** financial institution
~, **výpožičný** lending institution
~, **zúčtovací** clearing house
ústava fundamental law; constitution
ústavy, hypotekárne úverové real estate credit institutions
ústredie main office; head office; center; front office; central office
ústredňa, hlavná main exchange
~, **medzimestská** toll central office
~, **regionálna** regional exchange
ústrižok coupon; check
~, **kontrolný** counterfoil; tally
~, **podpisový** signature panel
ústrižok: kontrolný ú. šeku check stub
ustúpiť recede; defer
úsudok reason
usudzovať reason; deduce; judge
ušetrenie economization
ušetriť save; sock away
~ **z niečoho** spare from st.
utajenie safe custody and confidentiality
~ **(dát)** confidentiality
~ **(obchodných zámerov)** secrecy
utajiť suppress; conceal; keep secret
útek od doláru rush from the dollar
utiecť a nechať prepadnúť kauciu jump one's bail
utlmiť suppress
útočište recourse
útok vkladateľov na banku bank run
utrácanie splurge
útrata spending; score
utratiť expend; outlay; spend
útraty expenditure; charges
utrpieť podstatnú stratu whipsawed
~ **stratu** experience a loss; incur a loss
~ **škodu** sustain loss; sustain injury
útržok document-butt
útvar division; formation
utváranie formation
utvorenie incorporation
~ **spoločného fondu spoločností** pooling of interests
uvádzanie do činnosti operating
uvádzať list
~ **do chodu** start
~ **do prevádzky** commission
úvaha thought; consideration; reasoning
uvaliť clo na niečo impose duty on st.
~ **daň** establish tax
~ **dovozné clo na niečo** impose an import levy on st.
~ **embargo** apply an embargo; lay on an embargo
~ **poplatok** saddle
úväzok, skrátený part-time schedule
uvažovať consider
uvedenie ceny quotation
~ **do činnosti** line up
~ **do chodu** establishment; start
~ **do omylu** fraud; misrepresentation
~ **do poriadku** regularization
~ **do praxe** implementation
~ **majetku do predošlého stavu** reinstatement of the property
~ **produktu na trh** product introduction
uvedený present; explicit
uvedomenie si realization
uvedomiť si niečo wise up to st.
uvedomovať si aware; realize
Uveďte referenčné číslo Refer to
úver loan; jawbone; trust; credit
~, **akceptačný** acceptance credit
~, **akceptačný bankový** cash credit
~, **bankový** bank credit
~ **bez práva postihu** sponsored nonrecourse plan
~, **bezsplátkový** noninstallment credit
~, **bianko** blank credit
~, **daňový** tax credit
~, **dispozičný podmienený (čerpateľný pri dodržaní vymedzených podmienok)** standby credit
~, **dlhodobý** long credit; long-term loan; funded debt; closed-end credit
~, **dočasný** overdraft
~, **dodávateľský** supplier credit
~, **dokumentárny** documentary credit
~, **dolárový** dollar credit
~, **dovozný** import credit
~, **hraničný** swing/marginal credit; marginal credit
~, **hypotekárny** mortgage credit; real estate credit
~, **investičný** loan for fixed assets; investment credit
~, **investičný daňový** investment tax credit (ITC)
~ **istený depozitom** passbook loan; savings account loan
~, **jednorazovo splatný** single-lump-sum credit
~, **kartelový** syndicated loan
~, **kontokorentný** bank overdraft
~, **krátkodobý** overdrawal; short-term credit; short-term loan
~, **krátkodobý (denný)** morning loan
~, **krátkodobý a okamžitý** short and immediate term credit
~, **krátkodobý bankový v účte** bank overdraft credit
~ **kupujúceho** buyer credit
~, **lacný** easy credit
~, **lombardný** time loan; loan against goods; advance on security(ies); lombard; loan against securities
~, **maloobchodný** retail credit
~, **mimobilančný** off-balance sheet financing

~ **na dôchodok** past service benefit
~ **na pohľadávky** advance on receivables
~ **na voľnom trhu** open-market credit
~, **najvyšší** highest credit
~, **neistý** shaky credit
~, **nekrytý** uncovered credit; blank credit
~, **nekrytý (nezaistený)** unsecured credit
~, **neobmedzený** unlimited credit
~, **neodvolateľný** irrevocable credit
~, **neodvolateľný na cenné papiere** irrevocable documentary credit
~, **nepotvrdený dokumentárny** unconfirmed documentary credit
~, **obchodný** trade credit
~, **obyčajný (neopakujúci sa)** single credit
~ **od investičných firiem** loan from investors
~, **odložený** deferred credit
~, **odvolateľný** revocable credit
~, **okamžitý** immediate credit; on-the-spot loan
~, **okamžitý a odložený** immediate and deferred credit
~, **opakovaný** revolving credit
~, **opčný** optional credit
~, **osobný** personal loan; personal credit; individual credit
~, **osobný splátkový** personal instalment (installment) loan
~, **otvorený** open credit; blank credit
~, **peňažný** bank loan
~, **pohotový** top credit
~, **pokladničný** cash credit
~ **poskytnutý na základe iného úveru** back-to-back
~, **poskytnutý nový** new credit extended
~, **požadovaný** amount of credit asked
~, **predbežný** advance credit
~, **prechodný** facility overdraft; overdraft facility
~, **preklenovací** bridging loan
~, **preklenovací (prechodný)** temporary credit
~, **prémiový** premium loan
~, **prevádzkový** loan for operations; loan of operation
~, **priamy** straight credit
~, **prolongovaný** roll-over credit; rollover credit
~, **refinancovaný** refinanced loan
~, **refinančný** refinancing loan
~, **reimburzný** shipping credit; acceptance credit
~, **revolvingový** open-end credit
~, **revolvingový istený** revolving credit line
~, **rozpočtový** budget loan; grant
~, **servisný** service credit
~, **sezónny** seasonal credit
~, **splátkový** installment credit
~, **splátkový peňažný** installment cash credit
~, **spotrebný** consumer credit
~, **strednodobý** intermediate-term credit; medium-term credit
~, **šekový** check credit
~, **trvalý** evergreen credit
~, **účelový** specific loan
~ **ústrednej banky** reserve bank credit
~ **v tovare** charge account
~, **včas nesplatený** overdue loan
~, **večný** evergreen credit
~, **vedľajší rozpočtový** appropriation in aid
~, **verejný** public credit
~, **vymeraný** credit line; project line; line of credit
~, **výrobný** production loan
~, **vývozný** export credit
~ **zahraničnému zákazníkovi** export customer credit
~, **záložný** standby credit
~, **záložný bankový** reserve bank credit
~, **zaručený** secured loan
~, **zmenkový** acceptance credit; paper-credit; paper credit
~, **zmiešaný** blended credit
~, **zmluvný** negotiation credit
~, **zmrazený** frozen credit
~, **znížený** impaired credit
~, **zvláštny** special loan
~, **žiadny ďalší** no more credit; pass no more
úver: bankový ú. na tovar charge account banking
~ **na úver** on term; on credit
úverár, oprávnený refer authorized
uverejnenie release; insertion
uverejniť vynález disclose an invention
úverovanie bánk, maloobchodné retail repo
~, **inštitučné** nursery finance
~, **medzinárodné bankové** international bank lending
~, **mimobilančné** off-balance sheet financing
~, **vlastnícke (kupujúci si požičiava od predávajúceho)** owner financing
úverové možnosti, vyššie higher credit possibilities
~ **združenie (nezmluvná dobrovoľná forma)** axia
úverový credit
úveruhodný worthy of credit
úveruschopnosť credit worthiness
úvery credits
~, **komunálne** municipal loans
~, **paušálne** flat provisions
~, **rozpočtové** appropriated budget funds
~, **sprostredkované** mediated loans; loans negotiated by proxy

~, **swapové** swap credits
~ **zabezpečené základnými prostriedkami alebo nehnuteľnosťami** loans secured by lien on real estate
úveruchopnosť: firma poskytujúca informácie o ú. credit agency
uviaznutie deadlock
uviesť name; stipulate
~ **(na trh)** introduce st.
~ **ako dôkaz** adduce in evidence
~ **do činnosti** launch
~ **do omylu** misguide
~ **do platnosti** execute; validate
~ **do pohybu** set off
~ **do pôvodného stavu** reset
~ **do právoplatného vlastníctva** appoint
~ **do rovnováhy** equilibrate
~ **do súladu** reconcile; square; carry in conformity
~ **do vzájomného vzťahu** intercorrelate
~ **na trh** bring out; release; put on the market
~ **šek do obehu** utter a check
~ **v tabuľke** table
úvod do ekonomiky introductory economics
uvoľnenie deallocation; disconnection
~ **parity meny** float
~ **z dohľadu** decontrol
uvoľniť trip; enable; remise; ease; undo
~ **aktíva** liberate the assets
~ **do pamäti zavedený súbor** unload
~, **nútene (napr. zásoby obilia)** disgorge
~ **peniaze** unfreeze funds
~ **po colnom vybavení** release from the customs
~ **z dohľadu** decontrol
~ **zo zamestnania** ease out
uzancia usance; practice; practices
~, **burzová** usage of the stock exchange
~, **obchodná** usage of trade; trading habits; practice of the trade
uzatvorenie conclusion; cut-off
uzatvoriť obchod fix the business
~ **zmluvu** to make an agreement
uzavierací ending
uzávierka end procedure; trading unit; unit of trading; book closing; deadline; cut-off; lot
~, **auditovaná** audited statement of accounts
~, **colná** official seal
~, **colná (plomba)** customs seal
~, **denná** daily balance
~ **kníh** rest
~ **na burze** round lot
~ **obchodných kníh** settlement of the books
~, **plná (100 akcií na Newyorskej burze)** full lot
~ **pokladne** balancing of the cash accounts
~, **pokladničná** cash balance
~, **ročná** end-of-year processing; annual balance sheet
~ **účtov, ročná** annual balance sheet
~, **účtovná** financial statements; statement of finances
~, **účtovná (ročná)** accounts
~, **účtovná** balancing; closing of books
~ **účtu** balance of an account
~ **účtu, ročná** annual balance
~, **výročná finančná** annual financial statement
uzavretie hlavnej účtovníckej knihy closing the ledger
~ **obchodu** closing
~ **obvyklých poistiek** placing normal lines of insurance
~ **podmienenej zmluvy** escrow closing
~ **účtovníckych kníh** closing the books
~ **zmluvy** bargain
uzavrieť conclude; close out
~ **(napr. dlh alebo záväzok)** extinguish
~ **dodatok k zmluve** farm out
~ **dohodu** enter into an agreement
~ **dohodu (obchod)** close bargain
~ **kompromis** compromise
~ **obchod** make a bargain; strike up a bargain; clinch a deal; make a deal
~ **poistenie (poistku)** take out an insurance; take out a policy; write a policy; effect an insurance; make a policy
~ **pôžičku** contract a loan
~ **účet** close account
~ **zmluvu** enter into a contract; conclude a contract; contract; make a contract; conclude a treaty
územie domain
~ **firmy, odbytové** field
uznanie approval; appreciation
~ **dlhu** I owe you
~ **povinnosti pred súdom** recognizance
~ **účtu** recognition of account
~, **zvláštne** testimonial
uznať honour; honor; recognize; concede
~ **dlh** admit a debt
~ **niečo** avow
~ **platným** valid
~ **pohľadávku** answer a claim; compound
uznesenie resolution; decision
~ **korporácie** corporate resolution
uzol point
~ **(grafu)** corner
~ **(v sieťovej analýze)** event
~, **počiatočný** start
úžera usury
úžerník juice man; moneylender
užiť utilize
užitie národného dôchodku national expenditures
užitočnosť utility

úžitok profit; draw
užívanie, spoločné sharing
užívať enjoy
užívateľ beneficiary; user; employer; customer
~, ktorýkoľvek any user
užívateľ: u užívateľa on-site
užívateľský user

V

v cudzine abroad
~ **časovej tiesni** in the press of time
~ **danú dobu** at a given time
~ **depozite** at warehouse
~ **dobrej viere** bona fide
~ **dobrom stave** well-conditioned
~ **dobrom zmysle** in the best sense
~ **dohľade** in sight
~ **dôsledku niečoho** under authority of st.
~ **hotovosti** in specie
~ **hotovosti preplácané výdavky** out-of-pocket expense
~ **hotovosti súčasne s objednávkou** cash with order
~ **iných bankách** due from banks
~ **každom ohľade** in every sense
~ **lehote** in due time
~ **mene niekoho** on behalf of
~ **mieste** loco
~ **mieste predaja** in point-of-sale
~ **naturáliách** in kind
~ **obehu** actually outstanding; floating; abroad
~ **očakávaní** in abeyance
~ **omedzenom množstve** in limited supply
~ **opačnom zmysle** to the contrary
~ **peňažnej tiesni** hard up
~ **peniazoch** in terms of money
~ **pomere k ...** at the rate of ...
~ **posledný deň** per ultimo
~ **práci** at work
~ **pravý čas** in due time
~ **prípade nedobytnosti** in default
~ **prípade nutnosti** if required
~ **prípadoch ... sa použijú sankcie** sanctions are applicable in the event of
~ **prospech** on the behalf of
~ **skutočnosti** de facto
~ **splátkach** by installments
~ **stanovenom čase** at the stated time
~ **stĺpcoch** columnal; columnar
~ **súkromnom vlastníctve** privately owned
~ **súlade s** in abeyance
~ **tejto etape** at this stage
~ **tomto období** at this stage
~ **určitom meradle** on a scale
~ **určitom slova zmysle** in a sense
~ **zábere** in gear
~ **zahraničí** offshore
~ **záujme** on the behalf of
~ **zhode s** in abeyance
~ **zlej viere** bad faith
vacat (v štatistike) nil
väčšina majority
~ **(hlasov), potrebná** competent majority
~ **hlasov** majority of votes
~, **nepatrná** bare majority
~, **neskorá** late majority
~, **tesná** close majority
väčšinový majority
váha significance; weight
~, **čistá** net weight
~, **hrubá** gross weight
váhy scales
valorizácia valorization
valorizovať valorize; revalue
valuta value; foreign exchange
~, **dolárová** dollar exchange
~, **exportná** export bill
valuty foreign currency; foreign currency cash
~, **viazané** blocked exchange
varant warrant
variabilný variable
variancia variance
variant alternate; option
~, **opčný, na burze (neplatí sa pri uzávierke)** contingent option
varovanie warning
váš účet: due to balance
vaša značka your reference
väzba, rozhodovacia spätná decision feedback
~, **spätná** feedback; reaction
vážnosť worth
vážny serious; earnest
včas on schedule; in time; on time
~ **nesplatený** overdue
~ **nezaplatený** past due
včasnosť reklamácie claim in due time
~ **účtovníctva** timeliness of accounting
včítane dane included tax
~ **dane z pridanej hodnoty** including value-added tax
vec matter; cause; case; re; proposition; point
~ **daná do úschovy** trust; deposit
~, **nevyriešená** backlog
~, **súdna** chose
vec: vo veci samotnej on the merits
veci, cenné valuables
~, **hnuteľné** chose(s) in possession; pure personality
~, **kradnuté (kompromitujúce)** goods
~, **obnosené** scraps
vecný in rem; material; objective; unprejudiced
večný timeless
veda o riadení management science
vedenie management; conduct
~, **cenové** price leadership
~ **knihy** running a book
~ **obchodu** conduct of business
~, **podnikové** business management
~ **podniku** top management
~ **skladu** stock keeping
~ **účtov** maintenance of accounts

~ **účtovníctva o predaji** sales accounting service
~ **účtu** working of an account
~, **vrcholové** top management
vedľajší subordinate; odd; collateral
vedúci supervisor; superintendant; chief; controller; head
~ **cenných papierov na trhu** market leaders
~ **firmy** head of a firm
~ **kancelárie** chief clerk
~ **oblastného predaja** field manager
~ **odboru** head of department
~ **odbytu** sales manager
~ **oddelenia** officer; chief (head) of department
~ **podniku** head of a firm
~, **popredný** ranking
~ **saldokonta** account executive
~ **výroby** manufacturing manager
~ **zásobovacieho oddelenia** purchasing manager
vedy, ekonomické economics
vek, služobný precedence
veličina magnitude; variable
~, **približná** round figure
veličiny, identické identical quantities
veľké číslo (prvé 3 číslice devízového kurzu) big figure
veľkobankovníctvo wholesale banking
veľkodopravca bulk carrier
veľkokapacitný bulk
veľkokapitál high finance
veľkolepý magnificent
veľkoobchod wholesale; wholesale business
veľkoobchodník wholesale dealer; distributor; merchant wholesaler; merchant
~ **(hlavne dovozca-vývozca)** wholesale merchant
~ **poskytujúci všetky služby** full-service wholesaler
~ **predávajúci za hotové bez dopravy tovaru** cash and carry wholesaler
~, **špecializovaný (na obmedzený sortiment)** single line wholesaler
~, **zásielkový** mail-order wholesaler
veľkoobchodný wholesale
veľkopodnikanie big business
veľkosť magnitude; size
~ **dávky, optimálna** economic lotsize
~ **prírastku** increment size
~ **traty, priemerná** average draft size
veľkovýroba large-scale production; big production; mass production
veľmi dôležitý paramount; crucial; very important
~ **schopný** ambidextrous
veľmocenský power
veľtrh fair; trade fair
~, **národný (bez účasti zahraničných vystavovateľov)** national fair
~ **noviniek** novelty fair
~, **výstavný** display market
veľtržný fair
venovanie dedication
venovať dedicate; inscribe
~ **peniaze** kick in
~ **pozornosť** advert; note
~ **sa obchodu** design for business
verejnosť publicity
verejný common; open
verifikácia verification
veriteľ lender; demander; payee; debtee; creditor; obligee
~, **hlavný** leading creditor
~, **hypotekárny** mortgagee; encumbracer
~ **na zálohu** pawnbroker; pawnee
~, **naliehajúci** dun
~, **nezabezpečený** unsecured creditor
~, **preferenčný** preferred creditor
~, **zaručený** secured creditor
~, **záručný** pledgee
~, **zmenkový** bill holder
verzia revision
vestibul lobb
veta o strednej hodnote law of the mean
vetovať disallow
vetvenie, podmienené conditional jump
vetviť jump
vhodné: ak sa uzná za vhodné when deemed advisable
vhodnosť convenience
vhodný appropriate; competent; proper; convenient; due
~ **na niečo** conducive to st.
vchod opening
viac ako dostačujúco amply
viackriteriálny multicriterion
viacnásobný multi; multiple
viacsúborový multifile
viacúčelový multifunction
viazaný kauciou bonded
viazať freeze
viaznúci slack
viaznutie stagnation
vierohodný authentic
viesť keep track; carry on; run; direct
~ **(spravovať) obchod** run a business
~ **(účet)** handle
~ **(výrobok v ponuke, tovar na sklade)** carry
~ **firmu** manage a firm
~ **firmu/podnik** run a firm/business
~ **rokovanie** conduct negotiations
~ **knihy (účtovné)** keep books
~ **korešpodenciu** handle the correspondence
~ **niečo v evidencii** place st. on file; keep st. on file
~ **obchod** carry on trade
~ **pokladňu** act as cashier; keep the cash

~ **účet** conduct an account; manage an account
~ **účty** keep accounts
~ **živnosť** conduct a business
vina fault
vinkulácia restricted transferability
vinkulovať pledge
vitrína display case
vizitka calling card; card; visiting card
~, **kovová** shingle
vízum visa
~, **tranzitné** transit visa; permit of transit
~, **vstupné** entry visa; ingress visa
vklad deposit; ante; stock
~ **(kapitálový)** contribution
~ **bez výpovednej lehoty, upravený** adjusted demand deposit
~, **bežný** current deposit
~, **delený** split deposit
~, **doplňujúci** replenishment deposit
~, **inštitucionálny** institutional deposit
~, **kapitálový** contribution of capital
~, **odvodený (vklad na základe pôžičky)** derivate deposit
~ **s výpovednou lehotou** time deposit
~ **s výpovednou lehotou (otvorený účet)** time deposit (open account) (TDOA)
~, **splatený** paid contribution
~, **spoločný** pool
~, **termínovaný** time deposit
~, **úsporný** saving deposit
~, **úsporný bez výpovednej lehoty** saving account without notice
~ **v zahraničnej mene** foreign currency deposit
~, **viazaný, blokovaný** blocked deposit
~, **vypovedateľný** demand money
~ **zaslaný poštou** mail deposit
~, **zverený** trust deposit
vkladanie insertion
~ **dát** data insertion
vkladateľ depositor; bailer; bailor
vkladatelia, spoloční alternate depositors
vkladná knižka checkbook; passbook
vklady input; deposits
~ **bez výpovednej lehoty** demand deposits
~, **čisté bez výpovednej hodnoty** net demand deposits
~ **do akciového kapitálu, umožňujúce kontrolu nad podnikom** equity investments
~, **mobilné** fluid savings
~ **na požiadanie** demand deposits
~ **obyvateľstva** personal deposits
~, **poistené** insured deposits
~, **sporiteľné** savings deposits
~, **sporiteľné a termínové** saving and time deposits
~ **u prepážky** counter deposits
~, **verejné** public deposits
~, **vládne** government deposits
~, **zaručené** secured deposits
vláda rule; government
~, **„lacná“** minimal government
~, **minimálna** minimal government
vládnuť rule; dominate
vlastnícky proprietary
vlastníctvo proprietorship; ownership; holdings; possession; holding; property; proprietary; demesne; keeping
~, **absolútne** absolute ownership
~ **akcií** long
~, **bezpodielové** undivided right
~ **časti budovy, individuálne** condominium
~, **duševné** intellectual property
~, **nehmotné** intangible property
~, **neobmedzené** fee simple estate; estate in fee simple
~, **osobné** personal property
~ **pôdy** landownership
~ **pôdy, absolútne** domain
~, **spoločné** collective ownership; common property
~, **spoločné (kolektívne)** multiple ownership
~, **súkromné** private property; private ownership
~, **štátne** government ownership; state ownership; national domain
~, **úžitkové** tenure
~, **zákazníkove** customer ownership
vlastníctvo: v spoločnom v. commonable
vlastník proprietary; proprietor
~ **(zmenky)** payee
~ **akcií** shareholder
~ **dlžobného úpisu** bond creditor
~, **jediný** sole owner
~ **kontrolného balíka akcií** controlling shareholder
~, **krycí (najmä pri akciách)** beneficial owner
~, **nominálny** beneficial owner
~ **pozemku alebo nehnuteľnosti, ktorý nežije v mieste majetku** absentee landlord
~ **renty** annuitant
~, **spoločný** joint tenant
~ **účtu** accounting holder; account holder
vlastniť own
vlastnoručný podpis autograph
vlastnosť point; characteristic; property; cast
~, **charakteristická** middle name
~, **vhodná** merit
vlastnosti facilities
vlastný allodial; particular; proper
vložený paid-in
vložiť invest; enter
~ **do spoločného fondu** pool

~ **kapitál do niečoho** put capital into st.
~ **peniaze** pay in funds
vnímať take in
vnuknutie suggestion
vnútorný inside
vnútrajšok inside
vnútri inside
~ **v listine** infra
vnútropodnikový intraplant
vnútroštátny domestic; inland
vnútrozemie inland
vnútrozemský inland
vo finančnej tiesni hard run
~ **väčšine prípadov** in the majority of cases
~ **veci** re
~ **veľkom** by wholesale
~ **vopred dohodnutom čase** at a set time
~ **všetkou úctou** yours truly
~ **výpredaji** on sale
voči niekomu vis-a-vis
vodič nákladného vozidla truckman
vojna, cenová rate war
~**, colná** tariff war
volajúci (účastník) dial out
volatilita volatility
voľba choice
~ **priority** priority performance option
voliť choice; elect; select
~ **(telefónne číslo)** dial
voliteľnosť eligibility
voliteľný optional
voľné miesto (v rade) slot
voľnosť konania free hand
voľný dispensable; frank; open; disengaged
von outwards; outward
vonkajší objective
vopred dohodnutá hra (výsledok) setup
~ **ponúknutý** offered ahead
vouchery, splatné vouchers payable
vôľa, dobrá goodwill
~**, posledná** last will
~**, spoločná posledná** joint will
vpísať inscribe
vpisovať inscribe
vplyv, nenáležitý undue influence
vpred forward
vpredu forward
vrátane cum
~ **dividendy** cum dividend (c.d.); dividend on
~ **kupónu** cum coupon
~ **odberných práv** cum new
~ **upisovacieho práva (na nové akcie)** cum new
~ **úrokov** cum interest
vrátenie peňazí refund; refunding; kickback
~ **transakcie** charge back
vrátený tovar returns
vrátiť remit; remise
~ **časť zaplatenej čiastky** rebate
~ **kovu hodnotu úradného platidla** remonetize
~ **majetok štátu** escheat
~ **naspäť menej peňazí** short-change
~ **peniaze** repay
~ **šek vystavovateľovi** refer a cheque to drawer
vratný reversible
vrece, poštové mail bag
vreckové allowance; spending money; pin money
vrchný top; superior
vrchol culmination; cusp; apex; crest; top
~ **krízy** head
vrcholný paramount; top
vrcholový apex
vršok top
vrub poisťovne, hrubý gross line
~ **poisťovne, vlastný** line
~ **poisťovne, základný** underlying retention
~**, vlastný (podiel rizika pri poistení)** self-retention
vrúbkovanie milling
vrubopis, úplný endorsement in full
vstup source; admittance; enter; input; entry
~ **dát** data entry
~**, chybný** misentry
vstupenka, čestná complimentary card
vstúpiť do firmy ako spoločník enter into partnership
~ **do konkurencie s niekým** enter into competition with sb.
~ **do platnosti** to become effective
vstupné fee; entrance duty
~ **volanie** cold call
vstupný entry
vstupy do výroby production inputs
všedný workaday; ordinary
všeľudový nationwide
Všeobecná dohoda o clách a obchode General Agreement on Tariffs and Trade
všeobecne in every sense
všeobecný all-round
všestranný ambidextrous
všetci nečlenovia all those outside membership
všetko alebo akákoľvek časť (maklér.) all or any part
~ **vlastníctvo v poručníctve** corpus
všetky práva vyhradené all rights reserved
~ **riziká vrátane** all risks
všetkým dostupný comprehensive
všetok majetok total assets
vťahovanie (niečoho) crowding in (of st.)
vybavenie plant; equipment; settling
~ **nástrojmi** implementation
~**, technické** facilities

~ **základnými prostriedkami** capital equipment
vybavenosť práce kapitálom capital-labor ratio
~ **práce pôdou** land-labor ratio
vybaviť carry out; execute; endow; process; support
~ **(objednávku)** satisfy
~ **objednávku** honor an order; carry an order; execute an order; execute the order; process an order
~ **personálom** staff
~, **rýchlo** expedite
~ **si účty s niekým** square accounts with sb.
~ **žiadosti** clear applications
vybavovanie disposal; processing
~ **bankových obchodov z domu** home banking
~ **objednávok** order processing
~ **pôžičky** loan processing
výber choice; retrieval; withdraw operation; sample; withdrawal
~ **kont v určitej lokalite, hromadný** greenlining
~ **materiálu** material withdrawal
~, **viacnásobný (mnohonásobný)** multiple selection
~ **vzorky** sampling
vyberač taker
~ **daní** tax collector; tax-gatherer
~ **daní, okresný** county collector
~ **dlhov** debt collector
~ **splátok u zákazníkov** collector salesman
vyberanie collection
~ **(daní)** levy
~ **daní** revenue collection; tax-collection; tax-gathering; levying taxes
~ **poplatkov** collecting of duties
~ **vkladov, náhlivé** run on a bank
vyberať collect; select; levy; toll; extract
~ **(brať) vzorky** sample
~ **(z účtu)** make withdrawals
~ **clo** receive the duty; levy duties; take the duty
~ **daň** collect a tax
~ **dane** collect taxes; raise taxes
~ **si (úroky, peniaze)** draw
výberca collector; receiver; levy
~ **dávok** revenue officer
~ **spotrebnej dane** exciseman
výberový select; discretionary; retrieval; choice
výbor committee
~, **finančný poradný** prudential committee
~, **kontrolný** steering committee
~ **na podporu rozvoja** development aid committee
~, **národný** national committee
~ **poručníckej spoločnosti** trust instrument committee
~, **pôžičkový** loan committee
~, **riadiaci** steering committee
~, **rozpočtový** ways and means committee
~, **stály** standing committee
vybraný choice; elect; select
vybrať extract; detach; withdraw; cash for
~ **hotovosť** draw cash
~ **peniaze z banky** draw up
~ **poplatky (od príjemcu)** collect charges
~ **si (z účtu)** draw (a bill)
~ **v hotovosti** cash
výcvik education
vyčerpanie depletion
vyčerpaný down
vyčerpať draw down; exhaust; spend
vyčerpávajúci comprehensive
vyčiarknuť score out; strike out
vyčiarknutie zo zoznamu strike from the list
vyčlenenie (sesterskej spoločnosti z materského podniku) spin-off
výdaj outlay
~ **tovaru** stock release
~ **tovaru (zo skladu)** stock out
výdajka (materiálu) issue slip; material issue slip
vydané úradom delivered by an authority
vydanie issue; consignment; emission; disbursement
~ **(bankoviek, dokumentu)** issuance
~ **(vystavenie) šeku** issue of a check
~ **(vystavenie) zmenky** issue of a bill
~ **bankoviek** issue
~ **cenných papierov** floatation
~, **horúce** hot issue
~, **revidované** revision
~, **vreckové** pocket book
~, **zvláštne** special issue
vydanie: v prípade vydania when issued (WI)
vydať outlay; make up
~ **(zmenku, šek)** draw (a bill)
~ **faktúru** make out a bill
~ **peniaze** spend; pay away
~ **po colnom odbavení** release from the customs
~ **záručný list** execute a bond
~ **zmenku** hand over the draft; issue a bill of exchange
vydávanie peňazí (za nákupy tovaru, domácnosť) spending money of households
vydávať issue
~ **akcie** issue shares
~ **bankovky** issue banknotes
~ **cenné papiere** issue securities
~ **osvedčenia** deliver certificates
~ **peniaze** issue money
vydavateľ zmenky drawer of a draft
výdavky spending; expenditures; outgo;

charges; expense(s); outlays
~ **(náklady účtovného obdobia)** revenue expenditures
~ **a príjmy, rozpočtové** estimates
~ **a rôzne príjmy** charges and miscellaneous revenues
~, **bežné** running expenses; current expenditure
~ **budúcich období** accruals
~, **celkové** charge in full
~, **cestovné** travelling expenses; journey money
~, **časovo rozlíšené** accrued expenses
~, **daňové** tax expenditure; tax-expense
~, **deficitné** deficit spending
~, **dodatočné** added outlays
~, **dopravné** shipping charges
~, **drobné** petty charges; petties
~ **hotovosti** cash expenses
~, **inkasné** expenses for collection
~, **investičné** capital expenditures; investment expenditure
~, **kapitálové** capital outlay
~, **kontrolné** superintending charges
~, **ktoré si účtuje výstavca** reexchange
~, **manipulačné** fee for handling
~, **mimoriadne** extraordinary expenses
~, **mimoriadne (zvláštne)** extra expenses
~, **mŕtve (nepriame náklady)** dead charges
~ **na diškrécie** discretionary outlays
~ **na inzerciu** advertisement charges
~ **na prekládku** transhipment charges
~ **na prírastok investícií** capital outlay
~, **národné** national outlay
~, **návratné** recoverable expenditure
~, **nekontrolovateľné** uncontrollable expenses
~, **nepredvídané** contingencies
~, **neúčelné** waste
~, **obchodné (podnikové)** business expense
~, **obrovské** heavy expenses
~, **odpočítateľné** allowable expenses
~, **opakované** recurring charges
~, **osobné** personal expense
~, **poistné, dopravné** CIF - cost, insurance, freight
~, **predbežné** preliminary expenses
~, **predmetné** object
~ **preplácané v hotovosti** outlay cost
~, **predplatené** prepaid expenses
~, **presunuteľné rozpočtové** shiftexpenses
~, **prevádzkové** operation expenses
~, **priame** direct expenditures
~, **rôzne (drobné)** sundry expenses
~, **súvisiace** charges incurred
~, **spoločné** common expense
~, **spotrebiteľské** consumer spending
~, **spotrebné** consumption spending
~, **súčasné prevádzkové** current operation expenditures
~, **súdne** court costs
~, **štátne** government spending
~, **trhové** market expenditure
~ **v hotovosti** outlays
~, **vedľajšie** incidental expenses; extras
~, **vreckové** outlay cost; out-of-pocket expense
~, **vyvolané** induced spending
~ **za predaj** sales charge
~ **za stráženie** watching charges
~ **zaplatené vopred** charges prepaid
~ **závislé od času** time expenses
~, **zvláštne** special charges
výdavky: bez ohľadu na výdavky regardless of expenses
~ **Bez vedľajších výdavkov** No extras
~ **po odpočítaní v.** after deduction of expenses; less charges
výdavok reimbursement; outlay; expenditure
~, **finálny** final expenditure
~ **konečného použitia** final expenditure
~, **ktorý nebol zaplatený** accrued expense
~, **mimoriadny** extra charge; overhead
~, **pokladničný** cash paid
~, **pripísaný** assigned expense
~, **úrokový** interest expense
vydieranie extortion; racket; gouge
vydierať gouge
vydraženie foreclosure
vydržiavať endow
vyháňanie cien corner
výhľad view
vyhľadávací search; retrieval
vyhľadávanie (údajov) search
~ **(zákaziek)** canvass
vyhľadávať search
vyhlásenie declaration
~ **úpadku** petition in bankruptcy
vyhlásiť declare
vyhláška notice; public notice; manifestation; ordinance; call sheet; regulation
~ **o zriadení konkurznej správy** adjudication order
vyhliadka chance; prospect
vyhnať eject
~ **(ceny) hore** push up (prices)
~ **ceny** jump
~ **ceny do výšky** inflate
~ **ceny hore** screw up; screw out
vyhnúť sa daniam forestall taxes
~ **sa niečomu** avoid
~ **sa zmluvne záväzkom** contract out
vyhnutie sa povinnosti evasion
výhoda merit; convenience; preference
~, **daňová** tax advantage
~, **vzájomná** mutual advantage
vyhodiť z práce fire

vyhodnocovací scoring
vyhodnocovanie scoring
vyhodnotenie evaluation
~ **informačných prvkov** restitution
výhodný profitable
výhody, colné tariff concessions
~, **právne a finančné** legal and financial advantages
~, **sociálne** fringe benefits
vyhostenie ban
vyhotovenie účtovného dokladu voucher preparation
vyhotoviť execute
~ **colné prehlásenie** make entry; enter
~ **dvojmo** duplicate; make out duplicate
vyhovieť satisfy; comply with; meet
~ **podmienkam (finančným)** comply with the terms
~ **reklamácii** meet claims
výhovorka evasion
vyhovujúci accommodating; satisfactory; suitable
výhra win; velvet; prize
~ **v lotérii** prise
výhrada qualification; reservation; condition
~ **pri podpise** reservation on signature
~ **spätného prevodu** proviso of reassignment
výhrada: bez výhrad without reservation
~ **s výhradou** under reservation
vyhradenie appropriation
vyhradiť si reserve
vyhrať win
vyhýbanie sa daniam tax avoidance
vyhýbať sa plateniu daní dodge taxes
východiskový start; source
výchova education; formation; upbringing; training
vychovávať train
vyjadrenie, záväzné o poskytnutí pôžičky loan commitment
vyjadrený zlomkom fractional
vyjadriť sa express
~ **slovami** word
vyjasniť clear
vyjednať arrange; negotiate
vyjednávanie tariff bargaining
~, **kolektívne** collective bargaining
vyjednávať chaffer; negotiate; discuss
vyjmúc save; exempt; excerpt
vyjsť najavo appear
vykalkulovať cost out
výkaz summary; report; specification; statement
~ **analytických výsledkov** analysis history record
~, **auditovaný finančný** certificate of financial statement
~, **bilančný** statement balance; statement of assets and liabilities
~, **denný** daily statement; journal voucher
~, **denný pracovný** daily performance record
~, **finančný** accounts; statement of finances; statement of financial position
~ **hospodárenia** income statement
~ **hotovostných tokov (s obsahom hotovostných príjmov a výdavkov)** statement of cash flows
~, **konsolidovaný o finančnom stave** consolidated statement of financial position
~, **mesačný** monthly statement
~ **nákladov** statement of costs
~ **nákladov a výnosov** operating statement
~ **o držiteľovej karte** cardholder statement
~ **o finančnom stave** statement of financial position
~ **o nákladoch** statement of cost; cost report
~ **o nerozdelenom zisku** statement of retained earnings
~ **o obrate hotovosti** cash turnover report
~ **o rozpočte** future statement
~ **operácií** statement of operations
~, **pokladničný** cash statement; cash balance
~, **porovnávací zisku a straty** comparative profit and loss statement
~, **pracovný** time sheet
~ **prevádzkového kapitálu** statement of working capital
~ **príjmov** statement of income
~ **príjmov a výdavkov** income and expense statement
~, **ročný účtový** annual statement
~ **rozdelenia zisku** retained earnings statement
~ **skladu** stock report
~, **súhrnný** aggregate statement
~, **štatistický** statistical statement
~, **štvrťročný** quarterly report
~, **štvrťročný účtovný** quarterly statement
~, **účtovný** accounting statement
~, **účtový** statement of assets and liabilities
~ **valút** position sheet
~ **výdavkov** statement of charges
~ **zaknihovaných položiek, kontrolný** list posting
~, **zhustený** condensed statement
~ **ziskov a strát** profit and loss account
~ **zisku (kombinovaný) a straty skupiny firiem** consolidated income statement
~ **zmien vlastného majetku** statement of changes in owner's equity
vykázať manko show a deficit
výkazníctvo statistical returns system; financial reporting; record-keeping;

accounts; reporting
~ **podniku** company record-keeping
~, **povinné** regulatory reporting
vykazovanie množstva declaration of quantities
~ **odchýliek** disclosure of variances
vykazovať stratu show a loss
~ **zostatok** show a balance
výkazy, denné daily reports
~, **finančné** financial statements
~, **finančné, za zoskupenie podnikov** group accounts
~, **hypotetické účtovné** pro forma statements
~, **konsolidované** consolidated statements
~ **o zásobách** stock reporting
~, **účtovné** statements of account
~, **úradné** returns
výklad display; display case; construction
~, **nesprávny** misconstruction
vykládka discharge
~ **na účet príjemcu** free discharge
výkon production; excercise; function; produce; output; performance
~, **denný** daily output; daily run
~ **funkcie** discharge of one's office; incumbency; discharge of the function
~, **hodinový** man-hour output
~, **hraničný** maximal output
~, **maximálny (najvyšší)** maximal output
~, **maximálny (zariadenia)** ultimate capacity
~, **najväčší** ultimate capacity
~ **niečoho** discharge
~ **povinnosti** discharge of duty
~, **priemerný** average power
~, **priemerný (stredný)** mean power
~, **skutočný** actual output
~, **stredný** average power
~ **úradu** tenure
~, **užitočný** actual output; usable capacity
vykonať undertake; consummate; perform; fulfill; carry out; execute
~ **dôkaz** develop evidence
~, **exekučne** enforce
~ **uzávierku** balance the books
vykonávanie colných predpisov operation of customs regulations
vykonávať work; excercise; carry on
~ **bankové operácie** perform banking functions
~ **funkciu** execute
~ **obchod** conduct trade
výkonnosť performance; productive power; serviceability; capacity; performance efficiency
~ **trhu, technická** technical market action
výkonný operating; executive; power
výkony pre seba services rendered for own account
~, **realizované podnikové** products turned out
vykorisťovať exploit
výkup buyout; repurchase
vykúpenie buy-out; buyout; redemption
vykúpiť ransom; buy out; buy up
výkupné ransom
vykupovaný salable
výkyv, cenový swing
výkyvy (cien) fluctuation
~, **cenové** variations in prices
~, **devízové** exchange fluctuations
~ **kurzov (na burze)** ups and downs
~ **na trhu** market swing
~ **trhu** market fluctuations
vyloženie tovaru display
vyložiť unload; translate; set out
vylúčenie separation; exclusion
vylúčiť eliminate
~ **z niečoho** exclude from st.
výlučný monopoly
vyľudniť depopulate
vymáhanie levy; exaction; recovery
~ **dlhov** recovery of debts
~ **pohľadávky** debt recovery
~ **pohľadávky, dôrazné** exaction
vymáhať exact
~ **daňový poplatok** raise a charge
~ **peniaze** recover money
~ **pohľadávku** recover the outstanding debt
~ **pohľadávky** collect a claim
~ **poplatok** levy a charge
~ **stratu a ušlý zisk** claim loss and profits
~ **zmenku** recover a draft
vymáhateľný exekúciou distrainable
vymazanie clearance; cancelling; cancellation; cleardown
~ **(záznamu)** kill
~ **dlhu** wiping off a debt
vymazať delete; strike out; void
~ **dlh** cancel a debt
~ **hypotéku** release a mortgage
vymedzenie setting
vymedziť determine; define; delimitate
výmena shift; replacement; exchange; change
~, **blokovaná** blocked exchange
~ **cenných papierov** exchange of securities
~ **dlhopisov za nové, predčasná** advance refunding
~ **dlhu za kmeňové akcie** debt-equity swap
~ **meny** currency exchange (swap)
~, **naturálna** barter
~ **názorov** exchange
~, **nedostatočne krytá** wildcat money
~, **nútená** preemption
~ **obeživa, dlhodobá, medzi dvoma firmami v rôznych krajinách** currency exchange (swap)

~ **obligácií za nové** refunding
~, **priama naturálna** direct barter
~ **tovaru** truck
~ **úrokových sadzieb** interest rate swap
~ **úverových informácií, vzájomná** credit clearing
~ **v rovnakej parite** even-par swap
~, **vzájomná** trade-off
~, **vzájomná úverových informácií** credit interchange
vymeniť tovar za tovar barter
vymeniteľnosť exchangeability; convertibility; interchangeability
~ **meny** currency convertibility
vymeniteľný exchangeable
výmenný replacement
vymenovať list
výmer measure; assessment
~ **dane z príjmu** income tax assessment
~ **daní** rate of assessment
~, **daňový** rate of assessment; demand note; notice of assessment; tax demand note; tax bill; tax assessment; notice of tax assessment
~ **dôchodkovej dane** assessment of income
vymeranie dane, spätné retrospective assessment
~ **dane zo zisku** assessment on profits
~ **daní** tax assessment
vymerať assess
~ **clo** assess customs duties
~ **daň** rate; tax
~ **daň z niečoho** assess the tax upon st.
vymerateľný assessable
vymeriavanie daní metering taxes
vymieňať (tovar) traffic
vynálezca deviser of an invention
vynaložiť expend; outlay
vynášať net; admit of a profit
~ **(peniaze)** bring in money
vyňať withdraw
~ **z niečoho** exclude from st.
vyňatie exemption; separation
vynechať leave; delete
vyniesť vysokú cenu (v dražbe) fetch a high price
vynikajúci outstanding
výnimka clause; exemption; exception
~, **daňová** tax exemption
~, **rozväzovacia** condition subsequent
~ **z poistenia vlastníckeho práva** title exception
výnimočný extraordinary
výnos revenue; draw; decree; takings; gain; ordinance; payoff; profit; earning; finding; proceeds; avail; edict; earnings; produce; crop; income; yield; returns; production; income return
~ **a zisk** income and profit
~ **akcie** stock yield
~, **bežný** current return
~ **budúcich období** deferred income
~ **cenných papierov** yields
~ **cenných papierov za diskontné ceny** discount yield
~, **časove rozlíšený** accrued revenue; deferred revenue
~, **čistý** net yield; net avails; net proceeds; net gain
~ **daní, vnútorný (okrem ciel)** inland revenue; internal revenue
~, **daňový** tax yield
~, **diskontný** discount yield
~ **dividendy** dividend yield
~, **dlhodobý kapitálový** long-term capital gain
~, **hrubý** gross earnings; rough proceeds
~ **kapitálu** yield of capital
~, **kladný** positive carry
~, **kupónový** coupon yield
~, **marginálny** marginal revenue
~, **mimoriadny** extraordinary revenue
~, **minimálny požadovaný investorom pre investičné rozhodnutie** hurdle rate
~ **na akciu** earnings per share
~, **nominálny** nominal yield
~ **obligácie** bond yield
~ **obligácie, ekvivalentný** equivalent bond yield
~, **označený** indicate yield
~ **pôdy, ročný** purchase
~, **priemerný** average yield
~, **primeraný** fair return
~, **ročný** annual earnings
~, **ročný, skutočný** effective annual yield
~, **skutočný daňový** actual yield of taxes
~, **súčasný (z investície)** current return
~, **upravený umorovací** grossed-up net redemption yield
~, **určený úrokový** interest nominal yield
~, **výročný** annual return
~ **z akcií** yield on shares
~ **z kapitálu** return on capital
~ **z likvidácie** gain on disposal
~ **z pôdy** land revenue
~ **z pôžičky** loan proceeds
~ **z predaja mínus premenlivé výrobné náklady** contribution profit
~ **z priamych daní** revenues from direct taxes
~ **z umorenia** redemption yield
~ **z úroku** interest yield
~ **z užívania** usance
~ **z vloženého kapitálu** capital return
~, **zdaniteľný ekvivalentný** taxable equivalent yield
~ **zo spravovania** administrative revenues
výnosnosť income return; rate of profit; rate of return (ROR); income yield
~ **kapitálu (investícií), hraničná** margi-

nal return to capital
~ **produktívneho kapitálu** return on capital employed
~ **v pomere k najkratšej životnosti obligácie** yield to adjusted minimum maturity
~ **v pomere k splatnosti** yield to maturity
~ **investícií** rate of return on investment
~ **v pomere k opčnému predaju** yield to put
~ **v pomere k požičiavateľovi** yield to lessor
výnosný profit-yielding; profitable; remunerative; gainful; economic
výnosy avails; returns
~, **denné** daily receipts
~, **ekvitné** equity earnings
~, **hrubé** rough proceeds
~, **nepriame** indirect earnings
~, **odhadnuté** estimated revenues
~ **z podnikania** business revenues
~, **zmenšujúce sa** diminishing returns
vynucovať exact
vynulovanie cleardown
vynútenie dane zo zákona tax enforcement; recovery of tax
vynútiť enforce
vynútiteľný compellable
výpadok failure
~ **(stránky)** fault
~, **celkový** blackout
vypínať cut-off
výpis abstract; abbreviature; summary
~ **(účtu)** extract
~, **abecedný** alphabetic listing
~, **bankový** bank statement
~, **krátky** brief
~, **osobný finančný** personal financial statement
~ **pamäti** dump
~, **podrobný** breakdown listing
~, **popisný** descriptive statement
~, **poruchový** alarm printout
~, **pravidelný** periodic statement
~ **prijatých dávok** accepted batch listing
~, **skrátený** bobtail statement
~ **stavu bežného účtu** depositor's passbook
~ **transakcií** history run
~ **z bankového účtu** bank statement
~ **z bežného účtu** current account statement
~ **z bilancie** abstract of balance sheet
~ **z matriky** certificate of civil status
~ **z obchodného registra** certificate stating the legal status of a firm
~ **z pozemkových kníh** abstract of title
~ **z registra** extract from the register
~ **z účtu** passbook; statement of the bank; abstract of account; statement of account; bankbook; state of account

vypísať raise
~ **konkurz** throw open a place to competition
~ **pôžičku** float a loan
~ **verejnú pôžičku** put out public tender
vypisovanie položiek detail printing
vypisovať položky list
vypláca sa v hotovosti payable in cash
vyplácanie dávok, periodické periodic payment
vyplácať úrok pay out interest
výplata payout; wage; payoff; payment; disbursement
~, **balíková** package pay
~ **dividend** dividend payout
~ **miezd (šekmi), bezhotovostná** salary pay cheques
~ **šekom** paycheck
vyplatené freight prepaid
vyplatene expenses covered; Carriage Free; carriage paid; post-free; carriage-free
~ **na palubu lode** FOB - free on board
vyplatené vopred cash before delivery
vyplatenie payment settlement; disbursement; payoff; payout
~, **dobrovoľné** optional prepayment
~ **hypotéky** redemption of mortgage
~ **peňazí** draft
~ **v hotovosti** prepayment in money
~ **zálohy, primerané** equity of redemption
vyplatiť pay out
~ **(anuitu)** commute
~ **odškodné** compensate sb. for st.
~ **pôžičky** pay loans
~ **šek** cash the check
výplaty, ktoré nemožno vykázať ako výdavky nonexpenditure disbursements
vyplávať leave
vyplniť execute
~ **niečo** complete st.
vyplňovať daňové priznanie file a return
výplňový fill
vyplynúť ensue
vyplývajúci z interpretácie zákona constructive
vypnúť switch off; trip
vypnutie cut-off; trip
výpočet run; count; computing; working; computation
~ **ceny** pricing
~ **dane** tax calculation
~ **dávok** calculation of benefits
~, **chybný** miscount
~, **kontrolný** check computation
~ **miezd** salaries accounting
~ **mzdy** pay accounting; payroll accounting
~ **nového salda, elektronický** electronic balance forward
~, **overovací** cutover
~ **po riadkoch** row-wise recalculation

~ **po stĺpcoch** column-wise recalculation
~, **podvojný** double or reverse calculation
~, **predbežný** estimate
~, **približný** rough calculation; approximate computation
~ **vlastných nákladov** actual costing
~ **zdaniteľného príjmu** computation of income taxable
~ **ziskovosti (rentability)** calculation of profits
vypočítanie času timing
vypočítaný, špatne ill-calculated
vypočítať compute; rate
~ **fakturovanú čiastku** extend
~, **podrobne** item
~, **predbežne** estimate
vypočítavanie dávok reckoning benefits
vypočítavať medzisúčty subtotal
výpočtový computing
výpomoc subsidy; accomodation
~ **(peňažná)** accommodation
~ **v núdzi, finančná** emergency loan
výpoveď notice; recall; deposition; cancellation; warning; dismissal
~, **predčasná** cancellation, short-rate
~, **svedecká** examination
~ **zmluvy** notice of the termination of an agreement
vypovedanie zmluvy abrogation of a convention
vypovedať redeem bonds
~ **(zmluvu)** denounce
~ **dohodu** to withdraw from an agreement
~ **pod prísahou** depose
~ **pôžičku** call in loan
výpoveď, prísažná declaration on oath
vypovedať uzavretú poistku repudiate a policy
~ **zmluvu** terminate agreement
vypovedateľný callable
vypožičanie, dočasné interim borrowing
vypožičať si borrow
~ **si na hypotéku na niečo** raise a mortgage on st.
~ **si peniaze** raise; raise money
vypožičiavanie, komerčné commercial borrowing
~ **medzi bankami** interbank borrowing
vypožičiavateľ taker; lender
~ **do určitého limitu** marginal borrower
~, **oprávnený** eligible borrower
~ **pod štátnym dozorom** supervised lender
výpožička, nesplatená outstanding borrowing
vypracovanie conduct
~ **(projektu)** development
~ **hospodárskych opatrení** elaboration of economic measures
vypracovať (správu) elaborate
~ **hospodárske opatrenia** elaborate economic measures
~ **koncept** draft
~ **návrhy (plány)** elaborate proposals
~ **sa** make st.
výpravňa mail branch
vyprázdnenie depletion
vyprázdniť exhaust; dismantle
výpredaj closeout sale; sales clearance; sale; final sale; clearance sale
~ **(predaj cenných papierov alebo tovaru na zamedzenie strát v prípade poklesu cien)** unloading
~ **tovaru poškodeného požiarom obchodu** fire sale
vypredaný selling off; out of stock; sold out
vypredať sell out (up); sell off
~ **(tovar na dražbe)** sell off
vypršanie expiration
~ **lehoty** expiry; cesser; expiration of a term
~ **platnosti zmluvy** expiration of the treaty
~ **povinnosti** cesser
vypršaný overdue
vypršať fall; run out; come to term
vypudenie z držby ouster
vypudiť z držby evict
~ **z vlastníctva** eject
vypustiť eliminate
vyrábať manufacture; produce
~, **neoprávnene** forge
vyradenie (investície) retirement
~ **investícií z použitia** abandonment
~ **základného prostriedku** retirement of fixed asset
vyradiť displace; delete
~ **(z prevádzky)** disable
~ **z prevádzky** lay up
~ **z prevádzky, úplne** decapitate
výraz term
výrez (grafu, matice) slice
vyriešiť resolve
výroba production; output; manufacture; work; produce
~, **automatizovaná** computer-integrated manufacturing
~, **dokončená** finished goods; inventories
~, **hromadná** mass production
~, **malosériová** small batch production
~, **masová** mass production
~, **neefektívna** X-inefficiency
~, **nepretržitá** flow production
~, **plánovaná** target output
~, **plynulá** flow production
~, **pomocná** joint production
~ **pomocou počítača** computer-aided manufacturing (CAM)
~, **pásová** flow production; line of production
~, **rovnomerná** even production
~, **továrenská** fabrication
~, **združená** joint production

výroba: rozsah (objem) výroby output
výrobca maker; producer
vyrobené v ... made in st.
vyrobený na objednávku custom-made
výrobky products; goods; fabrics; commodities
~, **dohotovené** finished goods
~, **združené** complementary products; joint production
~, **zhotovené** products turned out
výrobňa manufactory
výrobnosť práce productiveness
výrobok product; makings; manufacture; make; work
~, **cudzokrajný (zahraničný)** made abroad
~, **domáci** domestic
~, **finálny** finished piece
~, **hlavný** major product; main product
~, **hmotný** tangible product
~, **hromadný** bulk article
~, **ktorý je (práve) k dispozícii** tangible product
~, **napodobnený** me-too product
~ **pre ďalšiu spotrebu vo firme** captive
~, **spotrebný** consumer brand; consumer product
~, **tuzemský** national produce
výročný annual
výrok proposition; statement
vyrovnané at even; received
~ **v účte (prevodom)** balanced in account
vyrovnanie line up; prompt settlement; discharge; compensation
~ **(dlhu)** repayment
~ **(účtu)** settlement
~, **cenové** price adjustment
~, **daňové** tax adjustment; tax offset
~ **daňových nedoplatkov** settlement of tax arrears
~ **hypotéky** satisfaction of mortgage
~, **koncové** yard-end adjustment
~ **majetku** settlement
~, **nútené** composition
~, **súdne** composition proceedings
~ **účtu** adjustment of an account; settlement of account
~ **zostatku** settlement of balance
vyrovnanie: na vyrovnanie vášho účtu in settlement of your account
vyrovnaný square; well-conditioned
vyrovnať conciliate; wipe off a debt; meet; countervail; settle
~ **(dlh, účet)** settle up
~ **(sa)** compensate
~ **(saldovať) účet** counter-balance
~ **(týka sa cenných papierov)** even up
~ **(účet)** liquidate
~ **(účty)** clear
~ **dlh** discharge a debt; settle up a debt
~ **náklady** offset the costs
~ **pohľadávku** answer a claim
~ **rozpočet** balance the budget
~ **sa** equal
~ **sa s veriteľmi** compound with creditors; square with creditors
~ **sa so svojimi veriteľmi** arrange with creditors
~ **schodok** make up deficit
~ **účet** settle an account; balance an account; settle the invoice; balance the account; discharge an account; counter-balance
~ **účty** to quit score; clear accounts
~ **zmenku** balance a bill
vyrovnávací compensatory
vyrovnávanie buffering
~ **vzostupov a poklesov obchodného cyklu** countercyclical (policy)
vyrovnávanie: vzájomné v. pohľadávok clearing
vyrozumenie o dodávke delivery notice
~ **o umorení** redemption notice
výsada privilege
~ **neregistrovaného obchodovania** unlisted trading privileges
~, **reinvestičná** reinvestment privilege
~ **výmeny** exchange privilege
výsady prerogatives
vysielanie transmission
výskum research
~, **katedrový** desk research
~, **konjunktúrny** prosperity research
~, **operačný** operations research (OR)
~, **sekundárny** desk research
~ **spotreby** consumer research
~ **verejnej mienky** opinion research
vyskúšať prove; test
vyskytovať sa range
vyslať depute
výsledný target; final
výsledok sequel; product; returns; outcome
~, **čistý** on balance
~, **finančný** effect
~ **hospodárenia** trading income
~, **hospodársky** income; economic result; profit
~, **nerozhodný** standoff
výsledovka quarterly report; income and expense statement; profit and loss statement; statement of income; operating statement; income sheet
~, **konsolidovaná** consolidated statement of income; consolidated income statement
~, **rozpočtová** estimated profit and loss account
výslovný specific; explicit; express
výsluch interrogatory
výslužné half pay
vysoko honorovaný, neúmerne overpaid
~ **výkonný** high-duty

vysokoškolák undergraduate
vyspelý advanced
vysťahovalec emigrant
výstava display; show; exhibit
výstavba construction
vystavenie display
vystaviť make up; exhibit; display
~ **(faktúru)** make out
~ **(listinu)** make
~ **(účet)** put up
~ **(zmenku)** draw (a bill)
~ **akreditív** establish letter of credit
~ **akreditív na hodnotu ...** establish L/C to the value ...
~ **dobropis** make out a credit note
~ **faktúru** draw invoice; make out an invoice; make-out invoice
~ **na niekoho zmenku** draft
~ **na predaj** set to sale
~ **návratnú zmenku** redraw
~ **objednávku** indent
~ **pôsobeniu** treat
~ **šek** draw a check
~ **účet** make out an account
~ **výnos** issue a decree
~ **zmenku** draw a draft; give a bill; issue a bill of exchange
~ **zmenku na niekoho** take a bill on sb.
~ **zmenku, šek** draw up
vystavovateľ promissor; maker
~ **vlastnej zmenky** obligator; obligor
~ **zmenky** giver of a bill
výstraha warning; alarm; caution; notice
~**, súdna** caveat
výstražný warning
výstroj equipment; trim
výstup output; exit
výstupy z výroby production outputs
vysvedčenie testimonial; certificate
vysvetlenie representation
vysvetliť resolve; translate
vysvetlivka comment; annotation
vyšetrovanie inquiry; enquiry
vyšetrovať try; search
výška (dokladu) depth
~ **mzdy** level of wages
~ **poistky** size of policy
~ **poistného príspevku** rate of insurance contribution
~ **sadzby** depth of page
~ **vývozu alebo dovozu, povinná maximálna** quota
vyšší superior
vyššia moc vis major
vyššie above; supra
výťah extract; abstract
~ **zo spisu, stručný** docket
vyťaženie (pracovníkov) loading
vyťažený heavy
výťažok return; produce; yield; takings; gain; proceeds; avail; payoff
~ **(výnos) z niečoho, čistý** net proceeds from
~ **v medzidobí** mesne profit
~ **z predaja** proceeds of the sale
~ **zo vstupného** take
vytesnenie crowding out (of st.)
vytiahnuť niekoho z dlhov get sb. out of the red
vytláčanie (niečoho) crowding out (of st.)
vytlačenie displacement; embossing
vytlačiť displace
~ **(hodnoty)** trend
~ **cenami z trhu** price out
~ **konkurenciu z...** edge the competition out of...
výtlačný delivery
výtlačok copy
~**, autorský** complimentary copy
~**, dokladový (napríklad časopisu)** checking copy
~**, povinný (pre knižnicu)** deposit copy
~**, redakčný** office copy
~**, rozmnožený** multigraphed copy
vytriediť screen out
vytrvalosť perseverance
vytvárať create; manufacture
~ **pracovné príležitosti** create jobs
výtvarný creative
vytvorený človekom man-made
vytvoriť (zriadiť) fond raise a fund
~ **niečo** compose st.
~ **podmienky** afford facilities
~ **rezervu** make provision
~ **zlaté rezervy** build up gold reserves
vytýčenie (úloh) set; setting
vyučený skilled
vyúčtovanie settlement
~**, konečné** final account
~ **nákupu** account purchase(s)
~ **pôžičky** payoff statement
~ **príjmov** income statement
~**, ročné** annual account
~**, súdne** judicial accounting
~**, základné** billed principal; billed principle
~ **zálohy** statement of deposit
vyúčtovať charge out; render an account
využiť exploit; utilize
využitie improvement
~ **dát** data assimilation
~ **regulácií** administrative protection
~ **údajov** data assimilation
využívať, hospodárne economize
vyvážať make out; export
vyvážený well-conditioned
vyvážiť counterbalance; countervail
~ **(rozpočet)** equilibrate
výveska public notice
vyviaznuť bez škody come off clear
vyvinúť sa develop
vyvlastnenie foreclosure

vyvlastniť dispossess; seize
~ **pre dlhy** condemn
vyvodzovať draw
vývoj development
~, **cenový** trend of prices; development of the price
~, **pravdepodobný budúci** trend
~ **trhu** trend of the market
vyvolanie (forma obchodovania na švajčiarskej burze) criée
~ **hodnotou** call by value
vyvolať call; raise
vyvolateľný (program) callable
vyvolávací fetch
vyvolávač pri dražbe broker
vývoz outward trade; export; export sales; foreign sales
~ **kapitálu** capital outflow
vyvrátiť disprove
vyvrcholenie acme; topping out; apex
výzbroj equipment
vyzdobiť decorate
vyzdvihnúť (peniaze) withdraw
~ **peniaze z banky** withdraw money from the bank
~ **peniaze z účtu** draw money from an account
~ **si peniaze** take the money
vyzdvihnutie peňazí withdrawal
vyzerať v porovnaní stack up
vyznačiť denote
vyznačovať sa feature
význam significance; signification
vyznamenať decorate
významnosť significance
významný material; considerable
vyzretosť maturity
výzva challenge; appeal
~ **akcionárom na zaplatenie splátky na upísané akcie** call letter
~ **na dodatkovú úhradu pri termínovaných obchodoch na burze** margin call
~ **na ponuky** call for tenders
~ **na splátky na akcie** call
~ **na splácanie úpisov** call on subscriptions
vyzvanie warning; call
~ **splatiť akc. kap.** call for funds
vyžadovať call; require
vyžaduje prepočítanie subject to count
vyžiadanie si šeku check requisition
výživné subsistence allowance
vzácnosť scarcity; luxury
~, **ekonomická** economic scarcity
vzácny precious; scarce
vzájomne vyrovnať cancel out
vzájomný reciprocal; cross
vzdanie sa daní tax waiver
~ **sa nároku** forbearance
~ **sa niečoho** renunciation
~ **sa práva** release; waiver
~ **sa práva, bankové** bank release
~ **sa prémie** waiver of premium
~ **sa úroku** interest waived
~ **sa vlastníckeho práva** abandon
vzdať sa renouncement; declare off
~ **sa (úradu)** vacate
~ **sa nároku** waive a claim; disclaim
vzdelanie education
vzdelávanie education
vzdialený distant
vzdialiť sa withdraw
vzhľad view
vzhľadom na okolnosti considering
vziať do práce take on
~ **do rúk** undertake
~ **do úvahy** take into account
~ **na seba** take on
~ **na seba finančné záväzky** incur liabilities
~ **na vedomie** note
~ **späť** withdraw; retire
~ **tovar na úver** take goods on trust
vzniesť námietku challenge; raise an objection
~ **nárok na niečo** raise claim to st.
~ **nárok voči niekomu** advance claim against sb.
~ **obvinenie z dumpingu** level charges of dumping
~ **požiadavku** lay claim
vznik rise
~ **pôžičky** loan origination
vznikať (záväzok) accrue
vzniknúť ensue
vzor specimen; design; type; sample; standard; pattern
~ **grafu** chart template
~ **listu** specimen letter
~, **podpisový** specimen signature; signature specimen
vzorec formula
~, **sumačný** addition formula
vzorka sample; specimen
~ **(štatistická)** sample
~, **referenčná** estimator
vzorkovací sample
vzorkovanie sampling
vzorkovať sample
vzorkovník range of patterns
vzorový specimen; sample
vzory (platidiel) specimens
vzostup increase; boom; ascension
~ **(cien), prudký** zoom
~ **ceny** appreciation
~ **cien, prudký** kite-flying
~, **ekonomický** take-off
~, **nerozvážny burzový** stock-market craze
~, **postupný všeobecnej cenovej hladiny o 2.5% za rok** creeping inflation
~, **prudký** boost

~, umelo vyvolaný manufactured advance; manipulated advance
vzostupný forward
vzrast raise; increase
~, dočasný v. cien bulge
~ obeživa, inflačný growing nominal money supply
vzrastajúce náklady escalating cost
vzťah relation; ratio; nexus
~ alebo závislosť, vzájomný correlation
~, substitučný trade-off
~ výnosu k hodnote income approach to value
vzťahujúci sa na zárobok earnings-related
vzťahy, pracovnoprávne labour-management relations
~, tovarovo peňažné commodity-monetary relations
~, vlastnícke v manželstve matrimonial regime
~, zúčtovacie (dlžníci a veritelia) debtors and creditors

Z

z ex
 ~ **nedostatku** in default
za babku for next to nothing
 ~ **bežných podmienok** on current terms
 ~ **hotové** net cash; for cash; for cash (money); cash down; for ready cash; in specie
 ~ **hotovosť** wanted for cash
 ~ **iných podmienok** under other conditions
 ~ **každý deň** per diem
 ~ **kurz ...** at the exchange of ...; at the rate of ...
 ~ **ľudové ceny** popularly priced
 ~ **mňa pánovi** pay to Mr.
 ~ **najlepších podmienok** at or better
 ~ **nákupnú cenu (bez zárobku)** at prime cost
 ~ **nízku cenu** at a cheap rate
 ~ **prijateľné ceny** within reach of their pockets
 ~ **protestovania** under protest
 ~ **rok** per annum (p.a.)
 ~ **rovnakú cenu** at the same price
 ~ **rovnakých podmienok** ceteris paribus
 ~ **výhodných podmienok** on accommodating terms; on easy terms
 ~ **vyšší kurz** plus tick
 ~ **znížené ceny** on sale
 ~ **žiadnych okolností** under no circumstances
zabaliť bundle
zabavenie foreclosure; attachment; sequestration; forfeiture; distraint; levy; distress
 ~ **nadmerných ziskov štátom** recapture
 ~ **pre nájom** distress for rent
 ~ **veci** detention
zabaviť escheat; seize; distrain; confiscate
 ~ **(majetok) za dlhy** attach (to) property for debts
zabaviť: nič nemožno z. nulla bona
zabezpečenie security; provision
 ~, **kádrové** staffing
 ~, **kryté** covered writing
 ~ **sa (pred rizikami opčným alebo termínovým obchodom)** short hedging
 ~, **sociálne** social security scheme; social security
 ~ **spätným prenosom** check back
zabezpečený secured
zabezpečiť support; provide; safe
 ~ **balenie** provide packing
 ~ **dodávku** ensure delivery
 ~ **si peknú kariéru** carve-out a career
 ~ **si podporu** sew up
zabezpečovať cover
zablokovanie (zmrazenie) investícií investment freeze
 ~, **dočasné** temporal inhibition
zablokovaný dead
zablokovať (prístup) disallow
zabranie veci detainer
zabrať take in; annex; seize
zabratie occupation
začať open; institute; start; open up; take in; launch
 ~ **konkurzné konanie** institute bankruptcy proceedings
 ~ **obchodovať** open a business
 ~ **obchody (podnikanie)** launch a business
 ~ **prevádzku** come into operation
 ~ **propagačnú akciu** release the publicity
začatie start; opening; commencement
 ~, **široké** wide opening
začiarkávať check off
začiatočník (nové akcie) newcomer
začiatok commencement; start
 ~ **platnosti** effective date
začlenený integrated
zadanie submission; set-up
zadarmo cost-free; gratis; at no cost; free of charge; without charge; gratuitous
zadať čiastkovú zmluvu subcontract
 ~ **externe** farm out
 ~ **niekomu objednávku** place an order with sb.
 ~ **objednávku** give an order; place an order with a firm
zadĺženie indebtedness
 ~, **budúce** forward commitment
zadĺženosť liability; backlog
 ~, **čistá** net debt; net indebtedness
 ~ **podniku** company indebtedness
 ~, **zahraničná** external indebtedness
zadĺžený encumbrance; in the red
zadĺžiť indebt
 ~ **sa** encumber; contract debts
 ~ **sa kvôli niekomu** go on the hook for sb.
zadržanie distress; distraint; retention
 ~ **karty** card pick-up
 ~ **niečoho** retainer; freeze
 ~ **osoby** detainer
 ~ **veci** detainer; detention
zadržaný withheld
zadržať (peniaze) freeze
 ~ **dávku** withhold benefit
zadržiavanie cudzej veci, bezprávne detinue
zahladiť extinguish
záhlavie title; top; caption
 ~ **s dátumom** date header
 ~ **účtu** billhead; bill head
zahltenie overload
zahnať do úzkych corner
zahraničie: do zahraničia outward
zahraničný abroad; foreign

zahrňovať niečo comprise st.
zahrňujúci celú ekonomiku economywide
zachovanie kapitálu preservation of capital
~ **výnosu** yield maintenance
zachovať save
zachovávať adhere
~ **svetové ceny** preserve world prices
záchrana saving
zachrániť save; salve
zachytiť sa na trhu gain a foothold on the market
zainteresovanie riadiacich pracovníkov management involvement
zainteresovanosť involvement; interest
~, **hmotná** economic interest; material interest; economic gain
zainteresovaný concerned
zaistenie reinsurance; provision; reinsurance protection; resource; security
~, **hypotekárne** landed security
~, **odovzdané** outwards reinsurance; reinsurance placed
~ **pred stratou na burze** hedging
~, **prevzaté** reinsurance received
~ **zásoby cenných papierov** portfolio hedging
zaistiť reinsure
zaisťovňa reinsurance company
zakalkulovanie allowances; inclusion
zákaz ban; interdiction
~ **akumulácie** rule against accumulation
~ **cestovania** travel ban
~, **súdny** charging order
~ **večnej anuity** rule against remoteness of vesting; rule against perpetuities
zakázať bar; ban; forbid
~ **obchod** lay on an embargo
zákazka order; job
~, **exportná** export order
~, **inzertná** insertion order
~, **zrušená** cancelled order
zákazkové krytie order backlogs
zákazníci custom; clientship; goodwill; the buying public; followings
~, **príležitostní** occasional customers
zákazníctvo clientele
zákazník taker; consumer; customer
~, **eventuálny** potential customer
~ **odbytu, potenciálny** sales prospect
~, **potenciálny** prospect
~, **príležitostný** chance customer
~, **starý** client of long standing
základ principle; foundation; footing; fundamental; root
~ **dane** tax base; tax assessment base
~, **daňový** income basis; tax base; taxable event; basis of assessment
~, **hotovostný** cash basis
~ **konta, úverový** credit footing of an account
~, **nulový** zero basis
~ **pôžičky bez úrokov** principal
~ **pre vymeranie dane** basic of assessment
~, **ročný** annual basis
~ **zdanenia** basis of taxation
zakladať lay in; found; establish
zakladateľ founder
~ **obchodnej spoločnosti** promoter
~ **podniku** promoter of company
~ **spoločnosti** company promoter
~ **zvereného majetku** trustor
základňa floor; base; basis
~, **cenová** cost basis
~, **hospodárska** economic basis; economic foundation
~, **odpisová** depreciable amount; depreciation base; depreciable cost
~, **peňažná** monetary base
~, **pohyblivá (pri štatistických indexoch)** moved-base
~, **rozvrhová (kalkulačná)** base of distribution
základný prime; master; cardinal; fundamental; collation; host
zaknihovanie entry; book; posting
~, **odložené** deferred posting
~ **položiek s oneskorením** deferred posting
zaknihovať make an entry
~ **hypotéku** register a mortgage
zakódovať inscribe
zákon canon; act; code
~, **bankový** Bank Charter Act
~, **cenový** law of price
~, **colný** tariff act; tariff law
~, **daňový** tax law; revenue act
~, **devízový** Exchange Control Act
~, **ekonomický** economic law
~, **finančný** finance act
~ **hodnoty** law of value
~ **klesajúcich výnosov** law of diminishing returns
~ **o dani z príjmu** law of income tax
~ **o konkurznom riadení** insolvent law
~ **o obchodných spoločnostiach** company law
~ **o poistení bankových vkladov** Bank Deposit Insurance Act
~ **o rovnakej možnosti úveru** Equal Credit Opportunity Act
~ **o vlastníctve bánk** Bank Holding Company Act
~ **ponuky a dopytu** law of supply and demand
~ **pre núdzovú podporu bánk** Emergency Banking Relief Act
~ **proti organizovanému vydieračstvu** Antiracketeering Law
~, **protifúziový v USA** Antimerger Act
~ **trhovej hodnoty** law of market value

~ **veľkých čísel** law of averages
~, **základný** fundamental law
~ **zmenšujúceho sa dopytu** law of diminishing demand
~, **železný mzdový** iron law of wages
zákonitý sound; lawful
zákonník code of laws; code
~, **daňový** tax code
~, **občiansky** Civil Code
~, **obchodný** commercial code
~ **práce** Labour Code
zákonodarstvo, daňové tax legislation
zákonodárstvo, ústavné fundamental law
zákony, cenové laws of price
~, **výnosové** laws of return
zakoreniť sa root
zakrývať conceal
záležitosť matter; proposition; concern; affair
záležitosti, daňové tax matters
~, **neodkladné** hot issues
záloha hansel; ante; earnest money; resource; payment in advance; advance payment; bind the bargain; pawn; advance; retainer; imprest; handsel; earnest; security; surety; backup; pledge; forfeiture; forfeit; trust
~ **(na plat)** advance for payroll
~, **finančná** advance money; advance of money
~, **likvidná** liquid cushion
~ **na mzdy** money advanced on wages; down pay; wages in advance; cash advanced on wages; advance wage payment
~ **na plat** advance on salary; subsistence money
~ **na vyúčtovanie** accountable advance
~, **nevyplatená** unredeemed pledge
~, **pokladničná** cash advance
~ **predávajúceho** vendor's lien
~, **šeková** cushion checking
~, **zaťažená** hot reserve; hot standby
zálohovanie, archívne archival backup
~ **dát** backup; data backup
~, **nedostatočné** short-funded
zálohy na platby advances
~ **prijaté od odberateľov** prepayments
založenie foundation; establishment; setup
založený na dohade conjectural
založiť found; establish; institute
~ **fond** fund
~ **nadáciu** endow
~ **obchod** start a business
~ **obchodnú spoločnosť** float a company
~ **organizáciu, podnik** establish an organization
~ **podnik** establish a business
~ **pôžičkou** stake
~ **zvláštny fond** launch a special fund
záložňa loan society; savings bank; mutual savings bank
záložný support
zamedzenia daňového úniku prevention of tax evasion
zámena replacement; permutation
~ **veriteľov** subrogation
zamenenie exchange
zameniť shift
zameniteľnosť interchangeability; exchangeability
~ **meny** currency convertibility
~, **vzájomná** interconvertibility
zameniteľný convertible; liquid
zámer objective; goal; layout; view; counsel
~, **podnikateľský** prospectus
~, **spoločný** common design
zameranie obchodu trade tendency
zamerať sa na niečo focus on st.
zamestnanci staff
~ **(podniku)** establishment
zamestnanec employee
~, **federálny slúžiaci za symbolický plat** dollar-a-year man
~ **pre reprezentáciu** front
~ **s mesačným platom** salaried employee
zamestnanie situation; work; exercise; occupation; career; post; job; business; employment
~ **(zmluvné)** engagement
~ **bez vyhliadok** dead-end job
~, **hlavné** full time employment
~, **jednorázové** short run
~, **súbežné** multiple jobholding
~, **vedľajšie** part-time employment
~, **výnosné** profitable job
zamestnanosť, čiastočná underemployment
~, **očakávaná** expected activity
~, **plná** full employment
zamestnaný engaged
zamestnať task; engage
zamestnateľný employable
zamestnávať niekoho employ sb.
zamestnávateľ employer; master
zamietnuť dismiss; disallow
zamietnutie úveru credit decline
zamlčať conceal
zámorský transmarine
zámožný well-off
zamyslenie thought
zanedbanie waste; failure
zanedbať fail
zanedbateľný negligible
zanechať leave
zaniesť (zapísať) položku na účet enter an item in an account
~ **do denníka** journalize
zánik destruction; cessation; extinction; sunset
~ **(nároku)** expiry
~ **(systému)** decay

~ **(zmluvy)** discharge
~ **zaužívaného postupu** desuetude
~ **platnosti** expiration
~ **zmluvy (kontraktu)** discharge of contract
zaniknúť lapse; forfeit
zaniknutie extinction
zaobchádzanie treatment
zaobstaranie provision
~ **si peňazí** providing funds
zaobstarávateľ provider
zaoceánsky transoceanic
zaokrúhliť round; floor
~ **(na tisícky)** round (to thousands)
~ **na najbližšie miesto** round off
~ **nadol** round down
~ **smerom hore** round up
zaokrúhľovanie discarding fractions
~**, automatické** automatic rounding off
zaopatriť stake
~ **si** obtain
zaostalosť underdevelopment
zaostalý backward
zápas o trhy, konkurenčný contest
zápis report; register; protocol; item; entry; record; script; minutes; notation
~**, aktualizačný** update write
~**, bežný** current entry
~**, červený** red entry
~ **dát** data entry
~**, debetný** debit entry
~ **do obchodného registra** incorporation
~ **do zoznamu na burze akvizíciou firmy, ktorá už na zozname je** backdoor listing
~**, dodatočný** later entry
~**, dodatočný účtovný** supplementary entry
~**, doplnkový** supplementary entry
~**, chybný** wrong entry
~**, interný** memo entry
~**, kalkulačný** costing statement
~ **na strane Dal** entry on the credit-side
~ **na strane Má dať** entry on the debit-side
~ **na vrub účtu** entry debiting an account
~**, neúplný** blind entry
~**, opravný** correcting entry
~**, podvojný** double entry
~**, povinný** mandatory entry
~**, pozičný** scale radix
~ **poznámky** comment entry
~**, prvotný** original entry
~**, súhrnný** aggregate entry
~**, súvzťažný** corresponding entry
~**, účtovný** book entry; accounting record
~ **v hlavnej knihe** posting
~ **v prospech** credit entry
~ **v prospech účtu** entry crediting an account
~**, zložitý** compound entry
zapísať enroll; make entry; list; check in; register; record; inscribe
~ **do hlavnej knihy** enter in the ledger
~ **do hlavnej účtovnej knihy** carry into ledger
~ **na burze** list
~ **na účet** bring to account
~ **položku do účtovnej knihy** make an entry
~ **sa do zoznamu** enregister
zápisné recording fee; admission fee; initiation fee; registration fee; entrance duty
zápisnica zo schôdze minutes of a meeting
zápisník notebook
zapisovač recorder
zapisovať write
~ **do kníh (účtovať)** enter in the books
zapisovateľ recorder
zápisový notation; write
zaplať a odnes cash and carry
zaplatené value received; received
zaplatenie payment; satisfaction; payment settlement; repayment
~ **(dlhu)** discharge
~ **dlhu určitým percentom** composition adjustment
~ **faktúry** payment on invoice
~**, okamžité** prompt settlement
~ **úroku, (včasné) obligácie a istiny** meeting bond interest and principal
~**, včasné** punctual settlement
zaplatenie: po zaplatení on being paid
zaplatený settled; settlement
zaplatí a odnesie cashing and carry
zaplatiť foot; honor; defray; clear; settle; pay; honour; satisfy; disburse; anticipate payment; meet
~ **(dlh)** discharge
~ **(uhradiť) dlh** meet a debt
~ **colné poplatky** pay customs duty
~ **dlh** settle debt
~ **dopredu** prepay
~ **na daniach** pay in taxes
~ **účet** settle a bill; foot a bill; answer a bill
~ **v hotovosti** pay down
~ **vyššiu cenu ako iní** outprice
~ **za** buy off
~ **zmenku** honor a draft; protect; honour a bill
zaplaťte „na rad" pay to order
~ **doručovateľovi** pay to bearer
~ **pánovi** pay to Mr.
~ **v prospech** pay to order
zaplaviť trh glut the market
~ **trh (tovarom)** congest the market
zaplnený full
zaplniť (súbor) saturate
zapnúť switch on
započítanie fiktívnej dane tax sparing credit; tax matching credit

~ **na robotnícky podiel** collation
započítať count
~ **vlastnú pohľadávku proti nároku žalobcu** set off against the claim
započítateľný chargeable
započítavanie, dvojnásobné double counting
zápor negation
záporný minus
zapožičanie lend; lease
zápožička na poistku policy loan
zapracovanie induction
~ **sa** employee orientation
zapracovávanie pracovných síl training new worker
zaprotokolovať file
zarábať profit; gain; earn
~ **na niečom** make money on st.
zaradenie rank
~, **colné** tariff classification
~, **funkčné** rate of pay
~, **pracovné** official position
zaradiť class
zaraďovač, termínový tickler file
zaraďovanie (dokladov) ranking
~ **podľa abecedy** alphabetization
zarazený (na burze cenných papierov) closed out
zaregistrovať register; enroll; calendar
~ **sa** enregister
zariadenia, úverové credit facilities
zariadenie stock-in-trade; equipment
~, **dobročinné** charitable institution
~, **kapitálové** capital equipment
~ **na dopravu určitých nákladov** cargoworthy
~, **prídavné** extras
~, **skartovacie** paper shredder
~ **spojov** communication engineering
~, **strojné** plant
~ **uľahčujúce prácu** labor-saving equipment
~ **voľby** choice device
~, **výrobné** production facilities
~, **výstražné** alarm device
~, **záznamové** recorder
zariadiť institute; fix; arrange
~ **si obchod (živnosť)** set up in business
zarobiť make; earn; make a profit
~ **si peniaze** make money
zárobkovo činný gainfully employed
zárobkový gainful
zárobky, pravidelné regular earnings
zárobok emolument; earning; earnings
~, **čistý** take-home pay
~, **hrubý** gross earnings
~, **reálny** real earnings
~, **ušlý** loss of earnings
~, **základný** basic earnings
zároveň concurrent; at the same time
zaručený bonded
~ **hypotékou** secured by mortgage
~ **zmluvou** contractual
zaručiť sa bail
~ **sa za niečo** undertake for st.
~ **sa za niekoho (na súde)** stand bail for sb.
záručný bail
záruka pledge; suretyship; warranty; bond; amount of guarantee; bail; warrant; assurance; guarantee; surety; cover; safeguard; caution; trust; guaranty; collateral; voucher
~, **banková** banker's guarantee; banker's collateral
~ **deficitu** deficiency guarantee
~ **dlhu** security for debt
~, **finančná** financial guaranty
~, **hypotekárna** real estate security
~ **istená cennými papiermi** collateral security
~, **komisionárska** guarantee
~ **na dlžobu podložená majetkom spoločnosti** blanket lien
~, **peňažná** warranty deposit
~ **podpisu** guarantee of signature
~ **pohľadávkami** pledge of accounts receivable
~ **pre prípad oneskorenia** springing lien
~ **proti poklesu cien** decline guaranty
~, **rovnaká** equal coverage
~, **trvalá** continuing guaranty
~, **vinkulovaná** pledged collateral
~, **vkladová** depository bond
~, **zaisťovacia** reinsurance deposit
~, **záložná** pawn
~ **zložením hotovosti alebo istiny** security by bond
~, **zmiešaná** mixed collateral
záruky, neodvolateľné irrevocable guarantees
~, **vedľajšie** pledged collateral
zásada policy; principle
~, **bilančná** balance sheet principle
~, **kalkulačná** principle of costing
~ **vyrovnaného rozpočtu** balance budget theorem
~ **zdanenia** principle of taxation
zasadanie sitting; session
~, **neverejné** private meeting
~ **rady** council
~, **riadne** due diligence session
~ **súdu** assize
~, **verejné** public meeting
zásadný fundamental
zásah intervention
~, **neoprávnený** encroachment; infringement
zasielateľ peňazí remitter
zasielateľstvo forwarding
~, **obchodné** carrying business
zásielka parcel; consignment

~ **ako vzorka bez ceny** by pattern post
~, **celovozidlová** carload lot
~ **na dobierku** collect shipment
~ **obeživa** currency shipment
~, **obyčajná** ordinary item
~, **poštová** mail posting
~, **poštová vyplatená a orazená frankotypom** metered mail
~, **rýchla** dispatch goods
~ **tovaru, jednokusová** package
~, **vagónová** carload
zásielky, cenné valuables
~, **poštové** mail matter
zaslanie consignment; transmission
~ **(tovaru)** consignation
~ **zmeniek do zúčtovacej banky** outclearing
zásluha merit; worth
zaslúžený well-earned
zaslúžiť si odmenu merit reward
zásoba reserve; hoard; supply; fund; supplement; inventory
~ **akcií, investičná** investment portfolio
~, **celková** aggregate supply
~, **celková tovaru v obchode** stock-in-trade
~ **cenných papierov** security portfolio
~ **cenných papierov, „obranná“** defensive portfolio
~, **dostatočná** in good of supply
~ **hypotekárnych pôžičiek** mortgage portfolio
~ **kryje potreby** supply meets demand
~, **menová** monetary reserve
~, **minimálna** inventory reserve; base stock; inventory safety stock; cushion stock; short on stock
~ **nevybavených objednávok** backlog demand (backlog of demand)
~ **obeživa** nation's money supply
~, **peňažná** money stock
~, **počiatočná** inventory at beginning; initial inventory
~, **pohotovostná** safety stock
~, **poistná** safety stock; cushion stock; safety stock level; base stock
~ **zmeniek** portfolio of bills
~, **železná** stockpile
zásobiť fill; purvey; store; provide
~, **pravidelne** ply
~ **sa** freight up; stock
~ **sa niečím** lay in st.
zásobník stack; tray; container; magazine; stock bin
zásobný magazine; store; storage
zásobovací feed
zásobovanie provision; supplies
~ **lodí a lietadiel** catering
~, **materiálno-technické** material supply
~, **prídelové** rationing
zásobovať feed; supply
~ **trh** feed the market
zásoby supplies; resource; stocks
~ **(na sklade)** inventories
~ **cenných papierov** security holdings
~ **cenných papierov, bankou ručené** bank-guaranteed bond funds
~, **dostupné** stock in hand
~, **nadnormatívne** excessive inventory
~, **nahromadené** accumulating supplies
~, **nevyužité zlaté** sterilizing gold
~, **pohotové** inventories
~, **poškodené** damaged stock
~ **potravín** provisions
~, **prevádzkové** operational stock
~, **skladové** warehouse stock
~ **tovaru** inventories
~, **výrobné** inventories
zastaralý stale; obsolete
zastarávanie kapitálu obsolescence of capital
zastávať serve
~ **(funkciu)** discharge
~ **úrad** perform
zástavca pawner
zastavenie cessation; suspension
~ **platieb v zlate** suspension of gold payments
~ **prevádzky** shutdown
~ **strát** stop loss
~ **straty** cutting a loss
~ **výroby** shutdown
zastavený closed out
zastaviť suspend; suppress
~ **platby** suspend payments
~ **prácu** close down
~ **vysokú infláciu** arrest high rates of inflation; arrest the inflation spiral
~ **vzostup cien** curb prices; putting a ceiling on the prices
zástupca agent; substitute; trustee; deputy; instrumentality; delegate
~, **diplomatický** minister
~, **exportný** export agent
~, **generálny** general representative
~, **obchodný** itinerant salesman; distributor; commercial representative; commercial agent; sales representative
~, **oprávnený** proxy
~, **právny** counsel
~, **právny alebo obchodný** attorney
~, **registrovaný** registered representative (trader)
~, **registrovaný (na burze)** account executive
~, **vývozný niekoľkých firiem** combination export salesman
zástupca: jeden z viacerých z. podniku corepresentative
~ **spoločný z. niekoľkých firiem** combination salesman
zástupcovia, cestujúci field salesmen

zastúpenie proxy; agency; representation
~, generálne general agency
~, obchodné trade agency; dealership
zastupiteľnosť fungibility; replaceability
zastupiteľný changeable
zastupiteľstvo representation; corporation
~, obchodné mercantile agency
zastupujúci substitute
zásuvka s peniazmi cash till
zaškoľovanie riadiacich pracovníkov management training
zaškoľovať train
zatajiť suppress
záťaž, pracovná workload
zaťaženie load; charge; loading
~, colné incidence of customs duties
~, daňové tax burden
~, najvyššie prípustné maximum load
~ nehnuteľností encumbrance
~, neúmerné overextension
~, predajné (užitočné) payload
~ účtu charge of account
~ úveru dodatočnou maržou remargining
zaťažiť to debit; debit; load up
~ daňou establish tax
~ hypotékou mortgage
~ nehnuteľnosť encumber
~ účet debit the account
zatelefonovať niekomu ring up sb.
zatiaľ de bene esse
zatriediť sort; class; earmark
~, chybne missort
zátvorka, guľatá round parenthesis
~, lomená diamond bracket
~, okrúhla round bracket
~, zložená ({}) composed bracket
zaúčtovanie posting
~, chybné misposting
zaúčtovať pass; carry to account; post; place; place on account
~ na opačnej strane účtu counterenter
~ niečo make charge for st.
~ niekomu debit sb.
záujem interest
~, dlhodobý long interest
~ o darovanie donative interest
~, poistný insurable interest
záujemcovia pri dražbe (aukcii) sale ring
zaujímať niekoho concern
zaútočiť attempt
zavádzanie dát data insertion; data entry
~ nového postupu innovation
záväzky (finančné) liabilities
~, dlhodobé fixed liabilities; long-term liability
~, konzorciálne participation liabilities; syndicated liabilities
~ nedaňového charakteru nontax liability
~, odložené deferred liabilities
~ podniku company commitments
~ priemyslových pôžičiek industrial loan commitments
~, splatné liabilities due
~ v rovnováhe s pohľadávkami debits in balance with payments
~ voči zahraničiu external liabilities
~, zmenkové bills payable
záväznosť indebtedness
záväzný effectual; valid
záväzok debt; engagement; pledge; joint debt; liability; incumbency; bill payable; obligation; bond; bind; commitment
~, daňový tax obligation
~, depozitný deposit liability
~, hypotekárny mortgage loan commitment
~, morálny moral obligation
~, obchodný business commitment
~, odložený deferred debt
~, platobný liability to pay
~, právny bind
~, predošlý preengagement
~, priamy direct obligation; direct liability
~, splatný liability fallen due
~ z pôžičky liability on borrowing
~, záložný secondary obligation
~, záporný záložný negative pledge clause
~, záručný maintenance bond
~, zmenkový note liability
~, zmluvný obligation of contract; contractual bond; obligation under contract
záväzok: v prípade nedodržania z. in case of default
zaväzovať sa incur liabilities
závažný serious; valid; relevant
závdavok arra (arrha); payment in advance; handsel; payment on account; imprest; hansel
~ pri podpisovaní zmluvy (ak sa zmluva neuzavrie, záloha prepadá) bind the bargain
zavedenie implementation
~ do výroby start-up
záver reason; conclusion; outcome; deduction; close
záverečný conclusive; final; closing
závery analýzy analysis paper
zavesiť suspend
závet last will
závety, vzájomné dvoch alebo viacerých osôb reciprocal wills
zaviazaný owing
zaviazať indebt
~ sa engage; covenant; undertake
~ zmluvou indent
zaviesť set up; introduce st.
~ cenovú kontrolu impose price controls
~ sa, obchodne implant o.s.
~ určitý druh výrobkov establish a line
zavinený due

závisieť od niekoho (od niečoho) depend on sb. (st.)
závislosť dependance; dependency; trade-off
závislý contiguous
~ **na okolnostiach** circumstantial
~ **na stave** condition-based
~ **patentový nárok** dependent claim
závod division; mill; enterprise; work; plant
~, **bankový** banking establishment
~, **banský** mining plant
~, **menší** workshop
~, **odštepný** branch
~, **pobočný** branch establishment, branch house
~, **spracovateľský** process plant
~ **verejných služieb** depreciable plant
~, **výrobný** manufactory
zavretie obchodu shutdown
zavrieť podnik close down
zaznačiť denote
záznam trace; row; tab; record; register
~ **(o stave)** log
~ **akcií** script
~, **analytický historický** analysis history record
~, **denníkový** journal entry
~, **kontrolný** check account
~, **kurzový** quotation
~, **magnetický** magnetic record
~ **na burze** listing
~, **následný** contiguous record
~, **notársky na zmenke o neprijatí alebo neplatení** noting a bill
~ **o cennom papieri** security record
~ **o odpracovanom čase** hour record
~ **o prevode** endorser
~ **o prevzatí** receiving report
~ **o spotrebe** consumption record
~ **o výrobe** production record
~ **o znížení cien** markdown; mark down
~, **podvojný** double posting
~ **prác, účtovný** job account log
~, **priamy kurzový** direct quotation
~, **reliéfny** embossing
~, **účtovný (kontrolný, evidenčný)** tally sheet
~, **výrobný** production record
~, **výstupný** output record
~, **závislý** contiguous record
~ **zmien, chronologický** journal
zaznamenanie entry
zaznamenaný (na burze) quoted
zaznamenať record; enroll; trend; ring up
~ **(pokles cien)** experience
~ **objednávku** book an order
zaznamenávanie, spoločné, položiek šekových účtov unit posting plan for checking account
~ **porúch** trouble recording
zaznamenávať trace; post
~ **výdavky** keep an account of expenses
zaznamenať cenu (kurz) quote
záznamník recorder
~, **magnetický páskový** magnetic tape recorder
~ **na evidovanie prvého zoznamu udalostí** blotter
záznamy, cenové cost records
~, **mzdové** labour records
~ **o návratných clách** debenture book
~ **o výplate miezd** payroll records
~, **podvojné** double entry records
~, **pracovné** labour records
~, **prvotné** primary records
~ **spoločnosti, povinné** corporate records
zažalovať pre dlh sue for a debt
~ **pre zmenku** sue on a bill
zbankrotovať turn bankrupt
zbavenie kontroly decontrol
~ **papieru obeživosti alebo vinkulácie** demonetization
~ **sa okrajových operácií** big bath accounting
~ **spôsobilosti na právne konanie** interdiction
~ **určitých povinností** franchise
zbaviť bremena remise
~ **držby** eject; evict; ouster
~ **funkcie** depose
~ **hodnosti** degrade
~ **hodnoty** demonetize st.
~ **kontroly** decontrol
~ **možnosti ovplyvniť trh cenných papierov** sterilize
~ **sa dlhov** clear off
~ **spôsobilosti** disable
~ **štátneho občianstva** denationalize
~ **účinnosti** avoid
~ **úradu** suspend
~ **záväzku** affranchise
zbavovanie sa cenných papierov v núdzi spilling stock
zbavovať sa niečoho unload
zber capture
~ **dát** data capture; data acquisition; data collection
~ **informácií** collection of information
~, **prvotný** primary acquisition
zberňa collecting place
zberný collective; summary
zbiehavosť convergence
zbierka, peňažná purse
~ **zákonov** code; collection of laws
zbohatlíci shoddy aristocracy
zbohatnúť make money
zbohatnutie enrichment
zbytočná práca make-work
zbytočný unprofitable; needless; dispensable
zdanenie taxation; imposition of taxes; assessment

~, **degresívne** degressive taxation
~, **dvojité** double taxation; duplicate taxation
~, **klasifikované** classified taxation
~ **majetku** property assessment
~, **odstupňované** differential taxation
~, **pobádacie** incentive taxation
~, **priame** direct assessment
~, **progresívne** progressive taxation
~, **proporcionálne** proportional taxation
~, **redistributívne** redistributive taxation
~, **regresívne** regressive taxation
~ **v prípade nebezpečenstva** jeopardy assessment
~, **vládne** government taxation
zdanený, nízko light taxed
zdaniť rate; charge; excise; excise duty (tax); tax; assess; impose a tax
~ **niečo** tax st.
zdaniteľnosť taxability; taxableness
~ **(miestnymi poplatkami)** ratability
zdaniteľný taxable; assessable; subject to taxation; chargeable; liable to taxation
~ **(miestnymi poplatkami)** ratable
~ **dôchodok** taxable income
zdanlivý apparent
zdar success
zdatnosť, obchodná business efficiency
zdokonalený advanced
zdôrazniť stress
zdravý sound
zdraženie rise
zdroj source; resource
~ **(energie)** power
~ **finančných prostriedkov** source of funds
~ **kapitalizačnej sadzby** over all capitalization rate(s)
~, **nákupný** source of supply
~ **príjmov** earner; source of income
~ **úspor** source of saving
zdroje resources
~ **financovania** financial resources
~, **finančné, iné ako z daní** nontax financial sector
~ **krátkodobého financovania** fluid cash
~ **krytia** resources of settlement
~, **ľadom ležiace** idle resources
~, **prírodné** natural resources
~, **verejné** public funds
~, **vlastné** capital and reserves
zdrojový source
združenie merger; combination; union
~, **akciové** stock association
~, **bankové** banker's pool
~, **finančné** syndicate; consortium
~, **nadnárodné** transnational corporations
~, **obchodné** pool
~ **podľa ekonomického záujmu** community of interest
~ **podnikov** group of firms
Združenie pre ochranu investorov do cenných papierov Securities Investor Protection Corporation (SIPC)
združenie, úverové credit association
~, **viacčlenné** corporation aggregate
~ **vlastníkov lodí** consortship
~, **zaisťovacie** reinsurance exchange
~, **zúčtovacie** clearing house
združovať combine
~ **sa** associate
zdržanie delay
zdržanlivý (ceny) shy
zdržať restrain
~ **(sa)** delay
~ **sa niečoho** abstain from st.
zdržné demurrage
zdržovať suspend
zdvojnásobiť double
zhadzovať cast
zhluk (slabík) cluster
~ **chýb** clustered errors
zhlukový cluster
zhoda consistency; union; concordance; correspondence; coincidence; concurrence; compliance
~ **názorov** consensus
~ **okolností** conjuncture
~, **všeobecná** concensus
zhodnosť congruence
zhodnotenie valorization
~, **opätovné** reappraisement
zhodnotený capitalized
zhodnotiť valorize; appraise; up-value; sum up
~ **výsledok** strike a balance
zhodnotiteľnosť ratability
zhodnotiteľný ratable
zhodnúť sa concur in st.
zhodný coincidence; concurrent; congruent; conformable
zhodovať sa coincide
~ **sa s niečím** check up with st.
zhon rush
zhora supra
zhoršenie akosti deterioration in the quality
zhoršiť sa deteriorate
zhotovený na objednávku made out to order
zhotoviť make up
~ **súpis** schedule
zhotoviteľ maker
zhovievavý charitable
zhrnúť sum up; resume
~ **všetky argumenty pre a proti** put the pros and cons on the table
zhrnutie conclusions
~ **skutočností** representation
zhromaždenie council; assembly
~, **mimoriadne valné** extraordinary general meeting

~, **valné** annual general meeting; general meeting
~ **veriteľov** meeting of creditors
zhromaždiť collect
~ **a triediť** collate
~ **sa** congregate
zhromažďovanie collection
~ **dát** capture
zhustenie (údajov) depression
zisk profit; earnings; obtainment; rake-off; proceeds; prize; makings; gain; surplus; margin
~, **bezprácne nadobudnutý** ill-gotten gains
~, **bilančný** balance profit
~, **celkový** overall gain
~, **čistý** earned surplus; clear profit; net earnings; net worth; net profit; net income; net gain
~, **čistý v pomere k čistej hodnote hmotných aktív** net profits on tangible net worth
~, **čistý v pomere k čistým predajom** net profits on net sales
~, **dlhodobý** long-term gain
~, **fiktívny** fictitious profit
~, **hrubý** pretax profit; total gain; pretax earnings; gross profit; bulk of the profit
~, **jednorazový** nonrecurring income
~, **kapitálový** capital gain
~, **kontribučný** contribution profit
~ **korporácie** corporate profit
~, **krátkodobý pred stiahnutím výrobku z trhu** harvesting strategy
~, **kurzový** profit by exchange; exchange rate profit
~, **malý** skimpy profit
~, **mimoriadny** extraordinary profit; excess profit
~, **minimálny** margin
~ **na papieri** paper profit
~ **na útratu** spendable earnings
~ **na vyrovnanie strát** evening up
~, **neočakávaný** windfall profit
~, **nepatrný** close margin of profit; bare profit
~, **nerozdelený** corporate surplus; unappropriated surplus; retained earnings; net surplus; undistributed profit; earned surplus; unappropriated retained earnings; retained profit
~, **obchodný** commercial profit; mercantile profit
~, **obmedzený** restricted surplus
~, **obvyklý** normal profit
~, **očakávaný** imaginary profit
~, **paušálny** lump-sum gain
~, **plánovaný** planned profit
~ **po zdanení** post-tax profit
~ **po zdanení, čistý** net income after income tax; net profit margin
~, **podnikateľský** earned surplus
~ **pred zdanením** pretax profit; pretax earnings
~ **pred zdanením, prevádzkový** operating earnings before taxes
~ **predávajúceho** seller's surplus
~, **prevádzkový** operating profit
~, **priamy** direct earnings
~, **realizačný** realization profit
~, **realizovaný** realized profit
~, **skutočný** actual profit
~, **skutočný čistý** net-net income
~, **slabý** skimpy profit
~, **súvahový** balance sheet profit
~, **syndikátny** promotion money
~, **špinavý** filthy lucre
~, **teoretický** paper profit
~, **trhový** market profit
~, **účtovný** accountable profit
~, **účtový** book profit
~, **upravený** adjusted income
~, **ušlý** loss of profit; profit missed; profit lost
~ **z bežnej činnosti** operating income
~ **z niečoho** gain advantage from st.
~ **z niečoho, čistý** net profit on st.
~ **z výmenného kurzu** exchange rate profit
~ **z výroby** product profit
~, **zakladateľský** promoter's profit; promotion money
~, **zarobený** earned income; earned profit
~ **zo základných prostriedkov** profit on fixed assets
zisk: čistý kapitálový z. na akciu net realized capital gain per share
~ **so ziskom** at a profit
získaná vec (inak ako dedičstvom) acquest
získať win; gain; yield (a profit); make a profit; obtain; get; draw; earn; sew up; make; acquire
~ **držbu** obtain possession
~ **korisť** loot
~ **majetok** come into property
~ **monopol** monopolize
~ **monopol na trhu** corner a market
~ **nadmerný zisk (predražovaním)** gouge
~ **odbyt** make a market
~ **poistenie** solicit insurance
~ **prospech** gain advantage from st.
~ **späť clo** refund the duty
~ **veľký majetok** carve-out a large fortune
~ **výhodu (náskok) proti niekomu** get the jump on sb.
získavanie zákazníkov canvassing customers
získavať prostriedky (peniaze) raise funds
~ **záväzky** canvass

ziskovosť profitability; rate of profit; gross profit margin
zisky gains
~ **akcionárov** shareholder returns
~ **budúcich období** accrued profits
~ **na jednej akcii** earnings per share
~, **nepridelené** unappropriated profits
~, **nerealizované** unrealized profits
~, **obchodné a priemyselné** income from trade or business
~ **predchádzajúcich období, časove rozlíšené** accrued profits
~, **reálne čerpateľné** real spendable earnings
~, **repatriované** repatriated earnings
~ **spoločnosti po zdanení** corporate profits after taxes
~, **účelovo zadržané** appropriated retained earnings
~ **z obchodovania** trading profits
~, **zadržané** retained earnings
~, **zadržané obmedzené** restricted retained earnings
zistenie straty establishment of loss
~ **výnosovej hodnoty** earnings valuation
zistiť determine; find out; acknowledge
~ **(vyšetriť) škodu** determine a loss
zisťovanie detection; survey
~ **(faktov)** finding
~, **daňové** tax examination
~, **štatistické** statistical survey
~ **vlastných nákladov** measurement of cost
zisťovať trace
~ **vyhliadky (možnosti)** prospect
~ **záujemcov** prospect
zjavný obvious
zjazd congress
zjednať stipulate; negotiate
zjednávať beat down
zjednodušenie účtovníctva simplification of accounting
zjednodušiť abbreviate
zjednodušovať (zlomok) reduce
zjednotenie union; consolidation
zjednotiť consolidate
~ **sa** combine
zlacniť depreciate; cheapen
zladenie timing
~ **niekoľkých operácií, časové** simultation of operations
zľahčovať derogate from
zlato gold
~, **deponované** earmarked gold
~, **mincové** fine gold; coined gold
~, **nerazené** gold bullion
~ **v prútoch** gold bullion
zľava reduction; charge deduction; mark down; discount; markdown; reduction in price; deduction; rebate; setoff
~, **dodatočná** rebate
~, **doplnková** additional allowance
~, **funkčná** functional discount
~, **mimoriadna** additional discount
~ **na dani** tax allowance
~ **na daniach** exemption
~ **na deti** dependence exemption
~ **na nájomnom** rent rebate
~ **na poistnom** bonus
~ **na poistnom za bezškodový priebeh poistenia** no-claim(s) bonus
~, **obchodná** trade discount
~, **obvyklá** ordinary discount
~ **pri nákupe** purchase allowance
~ **pri nákupoch** discount on purchases
~ **pri platení hotovosťou** allowance for cash
~ **pri platení v hotovosti** cash discont
~ **pri predajoch** discount on sales
~ **pri väčšom nákupe** quantity rebate
~ **u väčších inzerátov** space discount
~, **výlučná (výhradná)** exclusive allowance
~ **za skrátené vybavovanie** dispatch money
~ **za veľké čiastky** discount for large sums
~, **zvláštna** additional discount; special reduction; extra allowance
zľava: bez z. pri platení v hotovosti cash without discount
~ **postupne počítaná z. (zo znižovaného základu)** chain discount
~ **so zľavou** at a reduction
zľaviť reduce; make a reduction; deduct; make an abatement; rebate
~ **z niečoho** dispense
zľavovať climb down
zľavy, sezónne seasonal discounts
~ **z daní korporácií** capital allowances
zlepiť páskou tape
zlepšenie improvement
zlepšiť (sa) ameliorate
zlepšovanie development engineering
zliatina, mincová low-value coin
zlikvidovať eliminate; liquid
~ **(pohľadávku)** liquidate
~ **účet** wind up an account
zlom fold
~, **cenový** price slump
zlomkový fractional
zlomok submultiple
~, **desatinný** decimal
~, **jednoduchý** common fraction
~, **obyčajný** common fraction
~ **uzávierok (na burze)** odd lot
~, **zložený** compound fraction; composed fraction; complex fraction
zlosovať dispose of by lots
zloženie structure; composition; compound
~ **kaucie** bailment
~ **peňazí** consignation; lodgment of money

~ **zálohy** deposition
zloženka post money order; cheque; post remittance
zložený combined; composite
zložiť kill; give bail
~ **(náklad)** unload
~ **kauciu** provide security; deposit an amount as guarantee
~ **kauciu, vklad** make a deposit
~ **kauciu za niekoho** stand bail for sb.
~ **v hotovosti** buy down
zložitý complex
zložka portfolio; component; part; factor
~ **aktív** item of assets
~, **nedeliteľná** integrant
~ **obežného majetku (vklady, šeky, hotovosť)** cash and time deposits
~ **pasív** component of liabilities
zložky riadenia, vyššie upper management
zlúčenie merger; amalgamation; union; consolidation; takeover
~ **firiem** fusion
zlúčený combined
zlúčiť consolidate
zlučiteľnosť compatibility
~, **vzostupná** upward compatibility
zlučiteľný conformable
zlučovanie combination
~ **majetku** pooling of wealth
zlučovať (čísla) fold
~ **(sa)** amalgamate
~ **sa** combine
zlyhanie failure; fail(s)
~, **banky** bank failure
zlyhať fail
zmapovať plot
zmarenie poistenej cesty loss of venture
~ **záväzku** frustration
zmariť kill; defeat; circumvent
zmätok defective work; derangement; trouble; confusion
zmazať delete
zmena variance; change; shift; turn; conversion; alteration; tick
~ **cien** price alteration
~ **ekonomiky** shift of economy
~ **kurzu** exchange difference
~ **nehnuteľností na osobné vlastníctvo** conversion
~ **obchodnej zmluvy** amendment to the treaty of commerce
~, **predpokladaná** anticipatory modification
~ **spotreby** change in amount consumed
~ **trendu (znamienka)** reversal
~ **v spotrebných výdavkoch** change in amount consumed
~ **veľkosti** sizing
zmenáreň exchange; exchange office; exchange bureau
zmenárnik changer; money changer (dealer); exchanger; cambist
zmeniť convert; reverse; alter
~ **adresu** readdress
~ **ceny** alter the prices; change prices
~ **podmienky nájomnej zmluvy** modify terms of a lease
zmenka trade draft; bill; note; bill of exchange; draft; change; paper
~, **akceptovaná** accepted bill
~ **akceptovaná bankou** bank acceptance
~, **aktívna** note receivable; bill receivable
~, **anticipovaná** anticipated acceptance
~, **bankárova** banker's bill
~, **banková** bank currency; bank draft; bank note; banker's bill
~ **bez dokumentov** clean bill; clean draft
~, **bianko (bez mena doručiteľa)** blank bill
~, **cudzia** made bill
~, **čistá** net change; clean bill
~, **denná** bill payable at a fixed date
~, **devízová, splatná a vista (prípadne do 10 dní po videní)** short exchange
~, **dlhodobá** long-dated bill; long bill
~, **dlhodobá (trata)** draft at long sight
~, **dlhodobá s vymedzenou splatnosťou** time bill
~, **dlžobná** bill payable
~, **dobrá** fine bill
~, **dokumentárna** documentary bill
~, **dokumentárna (na tovar)** commodity paper
~, **domáca** domestic bill; inland bill
~, **domicilovaná** addressed bill; domiciled draft; draft made payable; indirect bill
~, **druhá** second of exchange
~, **druhoradá** second-class-paper
~, **eskontovaná** bill discounted
~ **eskontovaná pred žírovaním** original bill
~, **eskontovaná zmeškaná** bill discounted overdue
~, **finančná** office paper; finance bill
~, **fingovaná** fictitious bill
~ **in bianco** blank bill
~, **individualizovaná obchodná** personalized sales draft
~, **investičná** investment bill
~, **krátkodobá** short bill
~, **krycia** collateral draft
~, **kvalitná** prime bill of exchange
~, **lehotná** time bill
~, **lehotová (časová)** time draft
~, **miestna** local bill
~ **na dva mesiace vista** sight bill at two months
~ **na inkasovanie** bill to be collected for payment
~ **na krátku lehotu** post-bill
~ **na pokladničnú zálohu** cash advance

draft
~ **na predloženie** sight draft; sight bill of exchange
~ **na variabilnú čiastku** variable amount note
~ **na videnie** customer draft; sight draft
~ **na videnie (a vista)** after sight bill
~, **návratná** cross-bill; redraft; counter-draft; counter-draft; redrafted bill
~, **nedospelá (nesplatná)** unmatured bill
~, **nekrytá** opened draft; unsecured note
~, **nekrytá vlastná** certificate of indebtedness
~ **nesúca úrok** interest bearing note
~, **obchodná** commercial bill; trade paper; trade bill
~, **obiehajúca** draft in circulation
~ **platná na predloženie** demand draft
~, **platobná** payment bill
~ **po predložení** bill payable at sight; bill of sight
~, **podielnická** share draft
~, **podpísaná bianco** inchoate bill
~, **podriadená, s výberovou variabilnou úrokovou mierou** subordinated exchangeable variable-rate note
~, **pôžičková** loan bill
~, **predčasne preplatená** anticipated acceptance
~, **preplatená** discharged bill
~, **protestovaná** returned bill; protested bill
~, **prvá** first of exchange
~, **prvotriedna** gilt-edged bill; best bill
~ **s doložkou** claused bill of exchange
~ **s vypršaným termínom** overdue bill
~, **spätná** reexchange
~, **splatná** expired bill; collectable bill; bill payable; bill due
~ **splatná ihneď** demand bill
~ **splatná na videnie** sight draft
~ **splatná po predložení** demand draft
~, **superprima** supreprime instrument
~ **štátnej pokladne** treasury-bill
~, **šterlingová** sterling exchange
~, **termínovaná** time draft
~, **trhová** fair bill
~, **tuzemská** inland bill
~, **umiestnená** domiciled draft
~, **vista** sight draft; draft at sight; demand draft; demand bill; bill payable at sight; bill of sight; sight bill
~, **vlastná** promissory note; note of hand
~, **vnútroštátna** inland bill of exchange
~ **vydaná v niekoľných exemplároch** set bill
~ **vystavená pred odoslaním tovaru** advance bill
~ **z ochoty** accommodation draft; accommodation bill; pro forma bill
~, **zahraničná** external bill
~, **zaručená** secured note
~, **zaručená (k prijatiu)** bill receivable
~, **zastretá vlastná** house bill
~, **zastupiteľská** agency bill
zmenka: kto podpíše zmenku z ochoty accommodation party
~ **pri prijatí zmenky** on receipt of the draft
zmenkár bill jobber
zmenky bills; bank exchanges; returns
~, **aktívne** notes receivable
~ **D/A** D/A drafts
~, **dlhodobé** long-term notes
~, **dobré** good bills
~, **krátkodobé** papers at short date
~, **krátkodobé municipálne** revenue-anticipation notes (RANs)
~, **ľahko eskontovateľné** bankable bills
~, **miestne** bills in ours
~ **na prijatie** notes receivable
~, **nevybavené** bills outstanding
~ **po predložení vystavené v librách** demand sterling
~, **pasívne** notes payable
~, **reeskontované** rediscounted bills
~, **splatné** notes payable
~ **v duplikátoch** bills in sets
~ **vydané na banky alebo prvotriedne firmy** fine paper
~, **zbytkové** remainder notes
~, **zúčtovateľné** outclearing
zmenšenina reduction
zmenšiť diminish; demean; curtail; reduce
~ **(znížiť, zredukovať) výrobu** cut back production
zmenšovať reduce
~ **sa** be on the decrease
zmeny (kolísanie) cien variation of prices
~, **čisté** net variations
~, **devízové** exchange alterations
~ **dopytu** changes in demand
~, **krátkodobé nepredvídateľné** erratic fluctuations
~ **na trhu** variations in the market
zmerať čas time
zmeškanie default; failure
zmeškať fail
~ **trh** miss the market
zmier compromise; submission
zmieriť conciliate
zmierniť (trest) commute
zmierňovanie inflácie, postupné winding down inflation
zmluva contract; covenant; dicker; settlement; deed; agreement; indent; convention
~, **akciová opčná** strap; stock option contract; strip
~ **ber a plať** take-and-pay contract
~ **ber alebo plať** take-or-pay contract
~, **bezúplatná** gratuitous contract

~, **bilaterálna** bilateral treaty
~ **contra legem** illegal contract
~, **čiastková** subcontract
~, **dodacia** delivery contract
~ **držiteľa karty** cardholder agreement
~, **faktorská** factoring agreement
~, **fakturovaná podmienená** billed escrow
~, **hospodárska** economic contract
~ **je uzavretá** it's a deal
~ **jednostranne záväzná** contract of benevolence
~, **kolektívna** collective agreement
~, **komisionárska** commission contract
~, **ktorá pripúšťa čiastočné plnenie** divisible contract
~, **kúpna** contract of purchase; bill of sale (b.s.); deed of sale; contract of sale; agreement to sell; bargain and sale
~, **kúpna uzatvorená medzi nájomcom a výrobcom alebo predajcom zariadenia** purchase contract assignment
~ **medzi súkromnou spoločnosťou a štátom** charter
~, **medzinárodná, ktorá nevyžaduje ratifikáciu senátom** executive agreement
~ **na hypotéku, poistná** mortgage insurance policy
~ **na krytie nákladov a zisku** cost-plus contract
~, **nájomná** rental contract; tenancy agreement; lease; leasehold deed; charter party; hiring contract; release
~ **namiesto zabavenia** deed in lieu of foreclosure
~, **neplatná** void contract
~, **nezákonná** illegal contract
~ **o daňovej službe** tax service contract
~ **o generálnej záruke** general warranty deed
~ **o kúpe a prenájme** lease-purchase agreement
~ **o lodnej doprave** affreightment
~ **o nájme inzertnej plochy** space contract
~ **o obmedzení obchodu** combination in restraint of trade
~ **o odkúpení akcií** stock repurchase agreement
~ **o pôžičke** loan contract
~ **o predaji (hnuteľnosti), spísaná** bill on sale
~ **o predaji a spätnom prenájme** sell and leaseback agreement
~ **o prenájme, hlavná** master lease
~ **o prenájme lode** charter party
~ **o prepadnutí hypotéky** referee's foreclosed deed
~ **o pripoistení** open cover
~ **o splátkach** contract for deed
~ **o sporiteľnom účte** savings account contract
~ **o špeciálnej záruke** special warranty deed
~ **o údržbe** maintenance agreement
~ **o uvoľnení** deed of release
~ **o vzdaní sa nároku alebo práva** quitclaim deed
~ **o záručnom poistení vlastníckeho práva** title guaranty policy
~ **o zastúpení** agency contract
~ **o združení** partnership
~, **obchodná** commercial treaty; treaty of commerce
~, **obnoviteľná poistná** renewable term insurance
~, **obojstranná** bilateral contract
~, **odvážna** chance bargain
~, **opčná** put and call; option contract
~, **otvorená pristúpeniu ďalších strán** open treaty
~, **otvorená nájomná** open-end lease
~, **paušálna** blanket rate
~, **penalizačná** penalty bond
~, **písomná** contract in writing
~, **platná** contract in force
~, **plne záväzná** entire contract
~, **podmienečná** tying contract; escrow
~, **podmienečná kúpna** conditional sale agreement (CSA)
~, **poistná** insurance contract; insurance agreement; form; policy; contract of insurance
~, **poistná, chrániaca požičiavateľa pred stratami** nonfiling insurance
~, **poručnícka** trust indenture
~, **pracovná** contract of work; employment agreement; contract of service; engagement letter; contract of employment
~, **prepravná** freight contract
~, **prevádzková** management agreement
~, **príkazná (v akreditívnej praxi)** agreement on the establishment terms of the L/C
~, **rámcová** basic contract; general contract
~, **rovnoprávna** equal treaty
~, **služobná** contract of service
~, **splnená** executed contract
~, **spoločenská** articles of partnership; deed of association
~, **termínovaná poistná** time policy
~, **trhová** contract of sale
~ **týkajúca sa nehnuteľnosti** estate contract
~, **ústna** contract by word
~, **ústna nájomná** lease parole
~, **úverová poistná** credit policy
~ **vydaná na zabezpečenie dlhu** deed given to secure a debt
~, **vzájomná** reciprocal contract; reciprocal treaty

~ **z moci úradnej** contract of record
~, **zaisťovacia** reinsurance contract; reinsurance agreement
~, **zakladateľská** corporate indenture; memorandum of foundation
~, **záručná** guarantee agreement
~, **zrušiteľná** voidable contract
zmluva: podľa z. by contract
zmluvne dohodnúť stipulate
zmluvný signatory; contract; contract-hire; contractual
zmluvy, vzájomne závislé dependent covenants
zmocnenec proxy; fiduciary
~ **(správca kurzovej podstaty)** assignee
zmocnenie warrant
zmocniť proxy
~ **niekoho** delegate authority to sb.
zmocňovateľ (kto udeľuje plnú moc) donor of power
zmrazenie freeze
~ **(cien)** hold-down
~ **cien** price freeze
~ **miezd** pay freeze; pay curb; wage freeze
~ **pôdy** land freeze
zmraziť mzdy freeze the wages; impose a standstill on incomes
zmysel aim; reason
značka marker; character; marking sign; make
~, **čierna (na okraji formulára)** black mark
~, **identifikačná** answerback code
~ **mincovne** mint mark
~, **naša** our reference
~, **obchodná** trademark; marque; logo; brand name; chop
~, **ochranná** protection tag
~ **pri inzeráte** voucher
~, **puncová** hallmark
~, **rozlišovacia** distinctive mark
~, **vedúca (na trhu)** leading brand; brand leader
~ **výrobku** brand name
značkovací marker
značkovač marker
značky notation
~ **„** ditto marks
značný considerable
znak seal; code; characteristic
~ **"strieška„ (^)** circumflex
~, **číselný** code number, digit
~, **charakteristický** feature; character
~, **kontrolný** check character
~ **meny** currency sign
~ **návratu** change-in character
~, **nulový** nil
~ **pôvodu** characteristic of origin
~, **priraďovací (:=)** colon equal
~, **rozlišujúci** token
~ **účelu** characteristic of purpose
~, **volací** call letter
znalec insider; advisor; expert; authority; connoisseur
~, **autorizovaný účtovnícky** chartered accountant
~, **finančný** financial expert
~ **rizík** inspector of risks
~, **účtovnícky** certified accountant
znalosť technologického postupu, právne chránená know-how
znalosti know-how
~, **praktické** savvy
znamenie token; signal
znamienko (-), záporné (mínusové) minus sign
~, **diakritické** diacritical mark
~ **hodnoty** value sign
~ **násobenia** multiplication sign
~, **záporné** minus; negative sign
~ **zhodnosti** congruence sign
známka trace
~, **kovová** token
~, **ochranná** trademark; defensive trademark
~, **popisná ochranná** descriptive trademark
~, **poštová** stamp
~ **pravosti** token
~, **výmenná** token
~, **zapísaná obchodná** certification trademark
známkovanie trhu marks to the market
známkovať trh mark the market
znárodnenie nationalization
znárodniť nationalize
znášať výdavky defray
znázornenie účtu, schématické double T-account
znázorniť diagram; figure
~, **graficky** plot
znázorňovanie (grafické) representation
znečistenie contamination
znehodnocovací depreciatory
znehodnocovanie kapitálu depreciation of capital
~ **meny** depreciation of currency
znehodnotenie devaluation; depreciation
~ **(mincí)** debasement
~ **cudzej meny** exchange depreciation
~ **meny** currency depreciation; depreciation of money
znehodnotiť depreciate; deteriorate; adulterate
~ **(mince)** debase
~ **sa** decline
znemožniť disallow; disable; lay up
znepokojenie concern
znepokojovať trouble
zneužiť trespass; abuse; misuse
zneužitie dôvery jobbery
~ **počítača** computer fraud

~ **úradnej moci** malversation
~ **zverených peňazí** misappropriation of funds
zničenie disposal; destruction
~ **zásob** destruction of inventories
zničiť destroy; undo
~ **konkurenciu** nip the competition
znieť na good-fors
zníženie reduction; decrease
~ **(cien, platov)** cut
~ **akcií v obehu** stock split-down; split down
~ **ceny** depreciation; price reduction
~ **cien** price cut
~ **cien, kompenzačné** compensating depreciation
~ **dane** tax reduction
~ **daní** tax abatement
~ **daní, paušálne** across-the-board tax cut
~ **kapitálu** diminution of capital
~ **nákladov** decrease in cost
~, **nepatrné** shading
~ **pôrodnosti** fertility reduction
~ **sadzby** reduction of rate
~ **spotrebných cien** lowering consumer prices
~ **úrokov** conversion of a debt
~ **vlastných nákladov** reduction of cost
~ **výroby** cutback in production
znížený worked off
znížiť lower; shave; down; cut down; reduce
~ **(ceny)** bring down
~ **(úroveň)** demote
~ **bremeno dávok** derate
~ **cenu** undercut; depreciate; lower the price; reduce the price
~ **cenu po predchádzajúcom zvýšení** roll back the price
~ **ceny** deflate; mark down prices; cut in prices; reduce prices
~ **ceny, trocha** shade prices
~ **dane** remit taxes
~ **diskontnú sadzbu** lower the discount
~ **mzdu** lower the wage
~ **mzdy** level wages downwards
~ **náklady** cut expenses; chop cost
~ **nároky** downgrade the claims
~ **obchodný schodok** narrow the trade gap
~ **platy** cut in salary
~ **počet súčiastok** depopulate
~, **radikálne** slash
~ **rozpočet** slash a budget
~ **rozpočet o x percent** chop x% from budget
~ **saldo** reduce the balance
~ **stav obeživa** deflate
~ **tarify, sadzby** cut rates
~ **úrokovú mieru** lower the rate of interest; lower rate interest
~ **výdavky** remit costs

znižovanie cien price-cutting
~ **cien, postupné** price rollback
~ **nákladov** cost reduction
znižovať derogate from
~ **náklady** economize
~ **sa** decline
znižujúce sa sadzby decreased rate
znova investovať (zisk do podniku) plough back
znovu investovať reinvest; plow back
~ **oceniť** reassess
~ **poistiť** reinsure
~ **sa zásobiť** restock
~ **získať** resume
znovunadobudnutie repossession
~ **financií** refinancing of lendings
znovunastavenie reset
znovuustanovenie reinstate
znovuuvedenie mince do obehu po predchádzajúcom stiahnutí remonetization
znovuvydanie karty držiteľom, ktorým končí platnosť karty card reissue
znovuvytvorenie reproduction
znovuzastaviť (hypotéku) rehypothecate
znovuzískanie recapture
zo skladu ex stock; at short notice; ex store; ex warehouse
~ **sto** per centum
~ **závodu** ex factory
zobrazenie image; scheme; notation
~ **doplnku** complement representation
zobraziť display; view
~, **inverzne** reverse
zobrazovacia jednotka display unit
zobrazovanie imaging
zodpovedajúci appropriate; conformable; reply
zodpovedať (norme) satisfy
~ **požiadavkám trhu** comply with the market requirements
~ **za niečo** be liable for st.
~ **zákonníku** comply with a code
zodpovednosť amenability; account; liability; accounting
~, **sociálna** social accounting
~ **vlády voči parlamentu** executive responsibility
~ **výkonnej moci voči moci zákonodarnej** executive responsibility
~ **za náklady** responsibility for cost
~ **za chyby výrobkov** product liability
~ **za výplatu dávok** liability for benefits
zodpovednosť: s plnou zodpovednosťou with a full sense of responsibility
zohnať peniaze find money
zóna section; zone
~, **obchodná** trading area
~ **voľného obchodu** zone of free trade
~ **zahraničného obchodu** foreign trade zone

zónový zone
zoradenie setting; line up; sequence
zoradiť form; line; sequence; set up
~ **podľa veľkosti** size
zorný uhol angle
zosadiť ease out; degrade
~ **z funkcie** eject
zosilniť power
zoskupovať group; configurate; cluster
zoslabiť reduce
zosnulá, ktorá zanechala poslednú vôľu testatrix
zosnulý, ktorý zanechal poslednú vôľu testator
zostaňte pri telefóne! hold the line!
zostať remain
zostatky, čisté debetné customer's net debit balances
~, **nevyžiadané** unclaimed balances
~, **nominálne peňažné** nominal money balances
~, **reálne peňažné** real money balances
~, **transakčné** transaction balances
zostatok arrear; remainder; balance; rest; residue
~, **aktívny** balance in favour; credit balance
~ **bežného účtu** current account balance
~, **čistý** net payoff; direct balance; payoff balance
~, **debetný** balance due
~, **dlžný** balance owing
~ **fondu** fund balance
~, **kladný** positive remainder
~, **klesajúci** declining balance
~, **kompenzačný** compensating balance
~, **konečný** ending balance; closing balance
~, **minimálny** minimum balance
~ **na účte v banke** balance at the bank
~, **nesplatený** unpaid balance
~, **nový** new balance
~, **nulový** cipher-proof
~, **pasívny** debit balance
~ **pohľadávky, dlžný** remainder of a debt
~, **pokladničný** cash balance; balance in cash
~, **pôvodný** original balance
~, **predošlý** previous balance
~, **predpokladaný** anticipated balance
~, **preventívny likvidný** precautionary liquidity balance
~, **priemerný** average balance
~, **priemerný denný** average daily balance
~ **rastúci klesajúcim tempom** diminishing balance accrual
~, **splatný** due balance; balance due
~, **účtovný** ledger balance
~ **účtu** balance of an account
~ **účtu, hrubý** gross balance
~, **úhrnný** aggregate balance
~, **úrokový** balance of interest
~ **v prospech** balance in favour; credit balance
~, **vysoký** high balance
~, **záporný** negative balance; negative remainder
zostava summary; configuration; statement; line up
~, **komerčná (štyri hlavné doklady, týkajúce sa zásielky: účet, nákladový list, poisťovací certifikát a zmenka)** commercial set
zostáva v platnosti continue to be valid
zostava, výstupná report
zostavenie assembly; compilation
~ **dokladu (dokumentu)** document assembly
zostaviť provide; make; take off; draw; make up; compile
~ **bilanciu** strike a balance
~ **kódex (pravidiel)** make a code
~ **plán** draft
~ **predbežný rozpočet** estimate
~ **štatistiku** compile statistics
zostavovanie construction
~ **diagramov** charting
~ **kalkulácie** costing
~ **rozpočtu** budget setting
~ **súvahy** preparation of balance sheet
zostavovateľ odkazu donor
zostrojiť sieť (súradníc) lay off
zostup descent; fall
zostupný degressive; down; descending; reverse
zostupujúci downward
zoštátniť nationalize
zotavenie (trhu) rally
zotrvať pri niečom persist in st.
zoznam schedule; list; directory; register; repertory; table; tally; catalog
~, **abecedný krížový** alpha cross-reference file
~ **adries** mailing list
~ **cenných papierov** list of securities
~ **cien** list of prices; cost schedule
~ **colných sadzieb** schedule of duties
~ **členov** roster
~ **daňových poplatníkov** list of tax assessments
~ **daňových základov** register of assessment
~ **dávok (kontrolný zoznam)** batch sheet
~, **dodatočný** postlist
~ **dovážaného tovaru** import list
~ **druhov materiálov** list of material
~ **hlavných konkurentov banky** competitive profile
~, **importný** import list
~ **komodít** commodity list
~, **kontrolný** checklist
~, **lístkový** card-index; card index

- ~ **majiteľov karty, abecedný** alpha cardholder file
- ~**, menný** roster
- ~ **nákladov (v tabuľkovom usporiadaní)** cost schedule
- ~ **obchodníkov** merchant directory
- ~ **odkazov** citation index
- ~ **príkazov** command list
- ~ **sadzieb** schedule of charges
- ~**, šekový** checklist
- ~**, telefónny** telephone directory; telephone book; directory
- ~ **tovaru** cargo manifest
- ~ **tovaru podliehajúceho embargu** embargo list
- ~ **tovaru v povoľovacom konaní** positive list
- ~ **tovaru v sklade** stock account
- ~ **transakcií (cenných papierov na burze)** run
- ~ **účtov** list of accounts
- ~ **účtov, s ktorými sa dá manipulovať len na základe výsadného zmocnenia** negative authorization list
- ~ **vlastných zmeniek** notebook
- ~**, zaisťovací** reinsurance bordereau
- ~ **zákazníkov** list of customers
- ~ **zliav** discount sheet
- ~ **zvláštnych dávok** special assessment roll

zrazený (daň) withheld

zraziť deduct; down; slash; take off
- ~ **hodnoty (na burze)** shake out
- ~ **si** recoup
- ~ **zo mzdy** dock st. off a person's wages; take st. off a person's wages

zrážka markdown; abatement; deduction; rebate; setoff; encounter; withholding; discounting; mark down; discount; drawback; reduction
- ~**, amortizačná** new-for-old deduction
- ~**, cenová** price off; cash discont
- ~ **dane** tax-deduction
- ~**, obchodná** trade discount
- ~**, pokladničná** cash discont
- ~ **zo mzdy** wage deduction; rake-off; deduction from payroll
- ~ **zo základu** tax at source

zrážky z miezd deductions from payrolls
- ~ **z poistného** premium deductions
- ~ **z príjmu** income deductions
- ~ **zo mzdy** payroll deductions

zrejmý obvious; apparent

zrelosť maturity

zreteľ view

zreteľný explicit

zrevidovať účty go through the accounts

zriadenec banky, inkasný walk clerk

zriadenie foundation
- ~ **obcbodnej spoločnosti** formation of a company
- ~**, štátne (zákonné)** establishment
- ~ **účtu** opening of account

zriadiť establish; create

zriecť sa disclaim

zrieknutie sa renunciation
- ~ **sa (práva)** renouncement
- ~ **sa nejakého práva** abandonment

zrnko (zmenárenský termín pre 0,00001 nejakej jednotky) pip

zrozumiteľnosť simplicity

zrozumiteľný comprehensible

zručnosť faculty
- ~**, právne chránená** know-how

zručný skilled; wise

zruinovať bankrupt; kill

zrušenie cancellation; rescission; cancelling; forfeiture; revocation; recall; liquidation; defeasance; reversal
- ~ **cenovej kontroly** abolition of price control
- ~ **dobierky** withdrawal of a paid-on for value
- ~ **konkurzného riadenia** discharge in bankruptcy
- ~ **majetkového práva, dočasné** abeyance
- ~ **na žiadosť poisteného** short-rate cancellation
- ~ **podniku** dissolution of an enterprise
- ~ **pomerným dielom** pro rata cancellation
- ~ **registrácie** deregistration
- ~ **s vrátením časti prémie** pro rata cancellation
- ~ **slova** backout
- ~**, úplné** flat cancellation
- ~ **zľavy** markdown calcellation
- ~ **zmluvy** nullification of agreement; rescission of contract
- ~ **zmluvy bez penalizácie** recision

zrušiť violate; declare null and void; cancel; recall; adeem; countermand; delete; annul; destroy; abolish; lift; raise; void; undo; reverse; avoid; liquid; override; make void; suppress
- ~ **bez výpovednej lehoty** cancel without notice
- ~ **clá** abolish duties
- ~ **kontrakt (zmluvu)** void of contract
- ~ **križovanie šeku** open a crossing
- ~ **obchodnú spoločnosť** dissolve a company
- ~ **objednávku** countermand an order
- ~ **obmedzenie** derestrict
- ~ **poistku (nezaplatením poistného)** lapse a policy
- ~ **účet** wind up an account
- ~ **zmluvu** cancel a treaty; defeat a contract; undo a contract

zrútenie collapse
- ~ **banky** bank crash
- ~ **cien** drop of prices

~, **finančné** financial collapse
~, **hospodárske** economic collapse
zrútiť sa crash
zrýchlenie a oneskorenie leads and lags
zúčastnený concerned
zúčastňovať sa na obchode have a share in the venture
zúčtovacia banka, autorizovaná authorized settlement bank
zúčtovanie settling; setting clearing; billing; clearing; clearance
~ **a vysporiadanie** clearing and settlement
~, **devízové (valutové)** exchange clearing
~, **dodatočné** after account
~ **miezd** salary roll
~ **mzdy** pay accounting; payroll accounting
~ **nákladov** cost account
~, **paritné** par clearence
~ **poplatkov** accounting of fees
~ **prvotných nákladov** primary-expense distribution
~ **réžie** overhead application
~ **réžie (rozpočítanie na podnikové výkony)** burden application
~ **šekov** check clearing
~ **v ten istý deň** same-day settlement
~, **vnútorné** internal settlement
~, **vzájomné** bilateral clearing; accounting
~ **vzájomných pohľadávok a záväzkov** clearings
zúčtovaný cleared
zúčtovať clear the account; carry to account
~ **dobropis** redeem the credit note
~ **niečo** make charge for st.
zúčtovateľný billable
zúročiteľný interest-bearing
zúžitkovať utilize
zväčšenie extension; increase
~ **veľkosti** magnification
zväčšiť enhance; extend
zväz union
~, **odborový** labour union; trade union
zväzky (bankoviek) parcels
zväzok package; alliance; bundle; band
~ **(šekov)** block
~ **(10 balíkov)** parcel
~ **bankoviek** sheaf of notes
~ **spisov** dossier
zvážať carry
zvážiť consider
zvažovať sa decline
zveľadenie (pôdy) development
zveľaďovanie majetku reconditioning property

zverenie consignment
zveriť commit; vest
~ **niekomu určité oprávnenie** enable
zvitok bankoviek roll; bankroll
zvláštneho druhu sui generis
zvláštny extraordinary; specific; extra; special; optional; particular; emergency
zvolať schôdzu call a meeting
zvoliť select; elect
~ **si (povolanie)** enter
zvoz tovaru haulage of goods
zvrat reversal; reverse
zvrátiť reverse; traverse
zvrchovaný supreme
zvýhodnenie, daňové tax preferences; tax allowance
zvyk custom
~, **obchodný** usage of trade
zvyklosť convention; usance; custom; practice; practices
~, **obchodná** commercialism
zvyklosti, burzové exchange rules
~, **obchodné** trading habits; business custom
zvýšenie rise
~ **(ceny, platu)** hike
~ **akcií v obehu** split-up
~, **cenové** raising of prices
~ **ceny** increase of price
~ **cien** improvement; price increase; advance in prices; rise in prices
~ **cien, prudké** skyrocketing
~ **colných sadzieb** tariff increase
~ **dávok** increments in benefits
~ **kapitálu** increase of capital
~ **kvalifikácie** raise of the qualification
~ **miezd** wage increase; rise in wages
~ **miezd, jednorazové** wage boost
~ **platu** pay rise; rise in salary; rise
~ **platu, zaslúžené** merit increase (pay)
~, **prudké** spurt
~ **trhovej ceny cenných papierov** capital growth
~ **úverového limitu** upgrade
~ **vlastných nákladov** cost increase
zvýšiť raise; hike
~ **(úroveň)** promote
~ **cenu** up-value; mark up the price
~ **ceny** boost prices; raise prices
~ **clá** introduce increased customs duties
~ **dane** raise taxes; rack
~ **diskontnú sadzbu** raise the discount
~ **hodnotu** improve value; enhance
~ **hodnotu (šeku)** raise (himself)
~ **kurz** advance the rate
~ **množstvo** increase the quantity
~ **úrok** compound
~ **výrobu** speed up production; step up production
zvyšok rest; residue; remainder
zvyšky holdovers
~, **nepoužité** scraps
zvyšovanie konjunktúry upswing
~ **kvalifikácie popri zamestnaní** in-service courses
~ **miezd** wage-increase

~ **peňažnej ponuky** expansion of money supply
~ **ponuky** bidding up
~ **poplatkov** increases in fees
zvyšovať clá lift the tariff

Ž

žaloba complaint; declaration
- ~ **o dedičstvo** claim against estate

žargón, obchodný commercialese
žena vo vyššom postavení career woman
žiadanka order form; form of application; order
žiadaný (na trhu) sought after
žiadať require; reguest; demand; want
- ~ **možnosť voľby výberu** call option
- ~ **o zaplatenie** call for payment
- ~ **prevod** call for conveyance
- ~ **splatenie akcií** call up
- ~ **vysvetlenie** query
- ~ **zaplatenie** claim payment

žiadateľ demander; claimant
- ~ **o niečo** applicant for st.

žiadne krytie no effects
žiadni záujemcovia (o kúpu pri dražbe) no bidders
žiadosť apply for st.; application
- ~ **(písomná)** letter of application
- ~ **o cenovú ponuku** request for price quotation (RPQ)
- ~ **o doplňujúce dáta** prompting
- ~ **o finančné príspevky** call for funds
- ~ **o informáciu** request for a report
- ~ **o podmienený záväzok úverového ručenia** request for conditional commitent to guarantee loan
- ~ **o podporu v nezamestnanosti** jobless claim
- ~ **o povolenie stavby** building application
- ~ **o pôžičku** loan application
- ~ **o súhlas** referral
- ~ **o úverové ručenie** request for contract of guarantee
- ~ **o zamestnanie** job application
- ~ **o zmiernenie tvrdosti, o vyňatie** request for exemption

žírant endorser
žíro endorsement; indorsement; giro
- ~ **bez záväznosti** endorsement without recourse
- ~**, bianco** blank endorsement
- ~**, podmienené (kvalifikované)** qualified endorsement; conditional endorsement
- ~ **sine obligo** qualified endorsement
- ~**, vyplnené** full endorsement

žírovať endorse; giro
- ~ **šek** endorse a cheque

živnosť small business; trade; craft
živnostník tradesman
živobytie living; subsistence
život living; life
- ~**, poistený** insured life

životnosť service life; life; lifetime
- ~ **(údajov)** life span
- ~**, ekonomická** economic life
- ~**, priemerná** mean life; average duration of life

životný living
životopis résumé
živý living
- ~ **účet nedobytnej pohľadávky** active bad debt account

žurnál daybook

POZNÁMKY

POZNÁMKY

POZNÁMKY